lonely planet

FLORIDA

Amy Bizzarri, David Gibb, Jennifer Edwards, Adam Karlin, Regis St Louis, Terry Ward

INHALT

Reiseplanung

Reiseziele

Surfen, Jacksonville (S. 317)

Key West (S. 156)

Robbie's Marina, Islamorada (S. 144)

St. Petersburg (S. 348)

Praktisches

Storybook

SEAN PAVONE/SHUTTERSTOCK ©

Fort Lauderdale (S. 170)

WILLKOMMEN IN FLORIDA

Vielleicht ein wenig klischeehaft, aber mich begeistern vor allem Floridas Küsten. Die Sonne geht unter … und die Luft hat meine Haut mit einer feinen Salzschicht überzogen – wunderbar! Nicht, dass ich salzigere Haut bräuchte, wahrscheinlich bin ich zu diesem Zeitpunkt schon geschwommen. Wenn ich dann noch ein Zackenbarsch-Sandwich oder Mojo-Schweinefleisch mit Reis vor mir habe, dann ist der Tag am Meer so richtig „rund". Lieblingsküstenabschnitte? Die Auswahl ist groß, aber ich mag jede Art von Sandstrand. Auf Sanibel habe ich Muscheln unter den Füßen, auf den Keys höre ich Menschen in einer Kneipe lachen, im Panhandle gibt's weiße Dünen und Miami ist in Musik gehüllt. Ich liebe es, das Wasser zu riechen, denn was mich wirklich berührt ist der Ozean (oder der Golf).

Adam Karlin

@adamwalkonfine

Adam ist Journalist, Autor und Lehrer und hat an Dutzenden Lonely Planet Reiseführern für Asien, Afrika und Amerika mitgewirkt.

Am liebsten erlebe ich einen „typischen" Miami-Tag, einen dieser Tage, der mir den Atem raubt – großes Frühstück, Schwimmen, Galerien, ein karibisches Abendessen, eine Nacht inmitten von Neonlicht.

LIEBLINGSPLÄTZE

Hier schlägt für unsere Autor:innen und Expert:innen das Herz Floridas

„Folg' mir einfach", sagte Garl, mein barfüßiger Führer, als er ins knietiefe Wasser marschierte. Schon bald befanden wir uns unter Zypressen, umgeben von Bromelien und Epiphyten. Keiner, der einen Fuß unter dieses magische Blätterdach gesetzt hat, würde jemals die **Everglades** als Sumpf bezeichnen.

Regis St. Louis

@regis.stlouis

Regis schreibt über Reisen und Kultur und hat an über 100 Lonely Planet Titeln mitgewirkt.

Cocoa Beach kann voll sein, aber je weiter man nach Süden kommt, desto einsamer wird's. An der 13th St South, wo die Dünen besonders schön sind, tummeln sich vor allem Einheimische. Spaziergänge bei Sonnenaufgang, wenn Schnepfenvögel den Strand auf- und ablaufen, sind traumhaft.

Terry Ward

@TerryWardWriter

Terry ist Reiseschriftstellerin aus Tampa; sie taucht und zeltet mit großer Begeisterung.

Der **Henderson Beach State Park** ist nur 3,2 km vom Zentrum Destins entfernt – aber hier fühlt man sich wie im Florida vor dem Bevölkerungsboom. Im Wasser sieht man Delfine, Meeresschildkröten und manchmal sogar Quallen. Doch es ist die Abgeschiedenheit, die diesen Ort so besonders macht.

Jennifer M. Edwards

@fitjenned

Jennifer M. Edwards ist Redakteurin, Autorin und schrieb für mehrere Tageszeitungen.

Ein Besuch von **Cap's Place** am Lighthouse Point ist eine Zeitreise in die Ära des illegalen Rumhandels und des Glücksspiels. Wenn die morschen Holzwände sprechen könnten… was gäbe es zu erfahren über die Würdenträger, Berühmtheiten, Präsidenten und Sportler die hier vorbeigekommen sind? Während ich tolle Krabbenküchlein futtere und mir einen Schnaps hinter die Binde kippe, spüre ich fast Hemingways Geist neben mir sitzen.

David Gibb

@HappyWanderlusters

David ist Journalist, Autor und Reiseschriftsteller.

Selbst als Erwachsener liebe ich die Fahrt mit der Monorail in **Walt Disney World** um die Seven Seas Lagoon mit Cinderellas Schloss im Hintergrund. Das umweltfreundliche Transport-System, das seit 1971 unterwegs ist, verkörpert Walt Disneys Vision von einer besseren, grüneren Zukunft. Heute ist es mit über 150 000 Fahrgästen täglich eines der meistgenutzten Monorail-Systeme der Welt.

Amy Bizzarri

@amybizzarri

Amy ist Lehrerin an einer öffentlichen Schule und arbeitet zudem als freiberufliche Schriftstellerin.

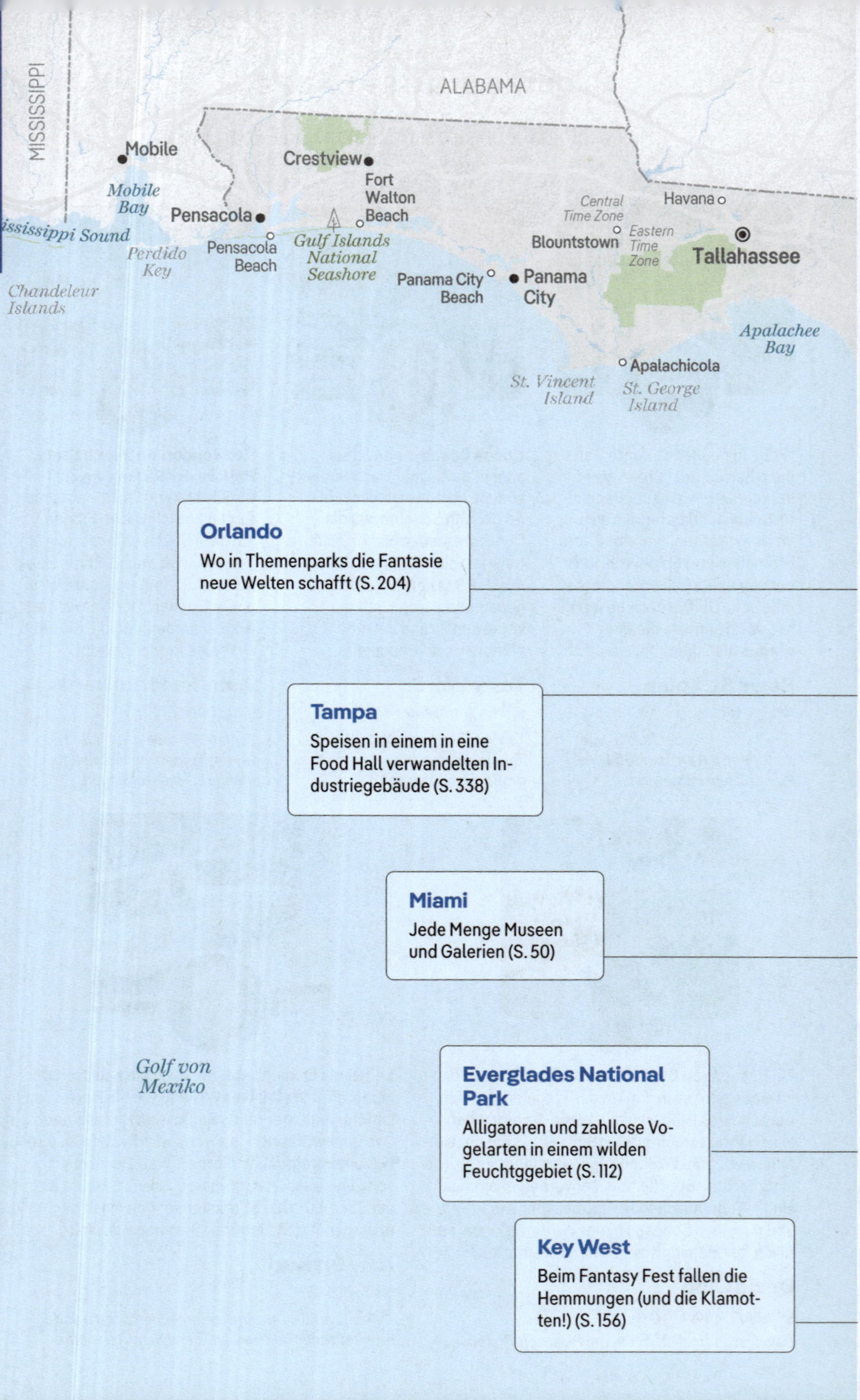

Orlando
Wo in Themenparks die Fantasie neue Welten schafft (S. 204)

Tampa
Speisen in einem in eine Food Hall verwandelten Industriegebäude (S. 338)

Miami
Jede Menge Museen und Galerien (S. 50)

Everglades National Park
Alligatoren und zahllose Vogelarten in einem wilden Feuchtggebiet (S. 112)

Key West
Beim Fantasy Fest fallen die Hemmungen (und die Klamotten!) (S. 156)

GEORGIA
0 200 km
0 100 Meilen
St. Augustine
Wochenmarkt mit Kunsthandwerk und Leckereien (S. 302)
ATLANTIK
Fernandina Beach
Amelia Island
Jacksonville
Lake City
St. Johns River
St. Augustine
Cross City
Suwannee River
Alachua
Gainesville
Palatka
South Cocoa Beach
Schöne Dünen, sanfte Wellen und ein Traum für Surfer (S. 281)
Suwannee
Ocala National Forest
Cedar Key
Ocala
Daytona Beach
Crystal River
Homosassa Springs
Titusville
Orlando
Cape Canaveral
Kissimmee
Cocoa Beach
Pelican Island National Wildlife Refuge
Ein subtropisches Wanderparadies (S. 203)
Florida's Turnpike (Maut)
Melbourne
Tampa
Lakeland
St. Pete Beach
St. Petersburg
Sebring
Kissimmee River
Fort Pierce
Bradenton
Sarasota
Okeechobee
Venice
Lake Okeechobee
Charlotte Harbour
Miami Beach
Schwüle Näche, grelles Neon, sehen und gesehen werden (S. 56)
Palm Beach
Fort Myers
Sanibel Island
Delray Beach
Boca Raton
Naples
Alligator Alley
Fort Lauderdale
Big Cypress National Preserve
Cape Romano
Miami Beach
Miami
BAHAMAS
Shark Valley
Shark Point
Florida City
Straits of Florida
Flamingo
Key Largo
Florida Bay
Islamorada
Biscayne National Park
Traumhafte Unterwasserwelt (S. 131)
Dry Tortugas National Park
Marathon
Florida Keys
Key West

SONNE, SAND & MEHR

Floridas Strände gehören zu den besten und abwechslungsreichsten am US-amerikanischen Festland. Zunächst stellen sich zwei Fragen: lieber Sonnenaufgang oder Sonnenuntergang? Surfen und Boogie-Boarding oder doch lieber Sonnenbaden und Sandburgen bauen? Für Sonnenaufgang und Surfen empfiehlt sich die mächtigere Brandung der Atlantikküste; zum Sandburgenbauen bei Sonnenuntergang eignen sich die sanften, nach Westen ausgerichteten Gewässer der Golfküste und des Panhandle (wo zudem wunderbare weiße Sanddünen warten).

Quellen

Floridas Süßwassergebiete sind wunderbar! Ein Bad in einer der 700 Quellen des Bundesstaates (alle sind um die 22°C warm) ist unvergesslich.

Top-Strände Online

Die einen schwimmen, die anderen sonnen sich. Und wieder andere posten, was sie umgibt, in den sozialen Medien. Gut zu wissen: Palm Beach, Fort Lauderdale und Miami Beach sind die Influencer-Strände.

Strandkleidung

Man geht auch in Florida nicht in Flip-Flops zu einem Vorstellungsgespräch, legere Strandkleidung ist dennoch bei vielen Anlässen völlig akzeptabel.

VON LINKS NACH RECHTS: EXPLORING AND LIVING/SHUTTERSTOCK ©, GAUDILAB/SHUTTERSTOCK ©, SIMON DANNHAUER/SHUTTERSTOCK ©

Calusa Beach, Bahia Honda State Park (S. 149)

❹
❷
❸
❶
❺

DIE BESTEN STRAND-ERLEBNISSE

Nicht jeder Strand in Miami dient auch als Laufsteg. Im schönen, lockeren **Crandon Park** ❶ gibt's einen tollen Blick auf die Skyline der Magic City. (S. 102)

Der **South Cocoa Beach** ❷ verspricht sanfte Wellen und einige der schönsten Dünen an Floridas Ostküste. (S. 281)

Der **Hollywood Beach** ❸ lockt mit feinem, heißen Sand und der Promenade, dem Broadwalk, mit jeder Menge Strandbars, Restaurants und Straßenkünstlern. (S. 180)

Der Panhandle hat einige der schönsten Sandstrände Floridas, darunter die Dünen des **Henderson Beach State Park** ❹ – leicht zugänglich und ein Traum für jeden Strandfan. (S. 390)

Der **Bahia Honda State Park** ❺ liegt draußen auf den Keys und umfasst die Ausläufer von Big Pine Key. Hier findet man angenehme Einsamkeit, seltene Vögel und die Ruinen einer Eisenbahnlinie. (S. 149)

EIN STAAT – UN-ENDLICHE WELTEN

Florida ist eine Welt, die Welten schafft. Hier ist selbst Künstliches authentisch – so z. B. Walt Disney World®, Universal Orlando Resort und LEGOLAND. Alles hier ist echt. Und alles erlaubt einem zu sein, was immer man sein will. Klar, hier wird jeder Buchstabe des Wortes „Kommerz" sehr großgeschrieben, aber es gibt unzählige, wahrhaftige Regenbogenfunken, die die Fantasie von Kindern (und Erwachsenen) auf tausend inspirierende Arten entfachen. Florida entstand (und entsteht) aus Träumen – und Themenparks sind die ultimative Wahrwerdung derselben.

Anstehen

Kein Fan von Warteschlangen? In den meisten Themenparks Floridas gibt's mittlerweile verschiedene Varianten von Fast Passes. Mit denen kann selbst das (dann nur noch kurze) Schlangestehen Spaß machen.

Schlafen im/am Park

In einem Park Resort zu übernachten ist natürlich praktischer – und bietet oft auch noch Vorteile beim Parkbesuch. Aber dies alles macht es auch um einiges teurer.

Kindgerecht oder Action?

Heutzutage kann man beides haben. Die meisten Parks bieten sowohl atemberaubende Fahrgeschäfte als auch familienfreundlichen Spaß.

VON LINKS NACH RECHTS: SHARON WILDIE/SHUTTERSTOCK ©, EQROY/SHUTTERSTOCK ©, UNIVERSAL ORLANDO RESORT ©

Universal Studios (S. 247)

DIE BESTEN THEMENPARKS

Walt Disney World® ❶ ist nach wie vor der Maßstab, an dem andere Themenparks gemessen werden – denn auch heute noch erfindet sich diese Welt voller Welten ständig neu. (S. 210)

Im **Universal Orlando Resort** ❷ warten tolle Rides und Verführungen wie die Wizarding World of Harry Potter. (S. 247)

Disney's Animal Kingdom ❸ ist mehr als ein Tierpark – es ist der Ort, an dem Disney-Träume auf echte Natur treffen und so ein ganz besonderes Erlebnis schaffen. (S. 232)

LEGOLAND ❹ ist ideal für all jene, die einen etwas ruhigeren Themenpark suchen, der dennoch die Möglichkeit bietet, (im wahrsten Sinne des Wortes!) neue Welten zu bauen. (S. 266)

Im **Kennedy Space Center Visitor Complex** ❺ gibt es themenparkähnliche Rides, die einen in die dunkelsten und wildesten Ecken des Sonnensystems führen. (S. 277)

GAUMENTOUREN

Floridas kulinarisches Angebot basiert auf einer verlockenden Zutaten-Mischung: Meeresfrüchte aus dem Golf und dem Atlantik, die besten Zitrusfrüchte der USA, Rezepte aus dem tiefen Süden der USA und aus Lateinamerika – zubereitet von einigen äußerst talentierten Kochtalenten. Fügt man noch skurrile Gerichte wie Alligatorschwanz und gebratene Schlange hinzu wird klar, dass man hier nicht nur satt wird, sondern kulinarische Erlebnisse der Sonderklasse warten. Für Top-Restaurants, insbesondere in Großstädten wie Miami, gilt: rechtzeitig im Voraus reservieren.

Alligator

Alligator schmeckt wie eine Mischung aus Fisch und Schweinefleisch und ist gesünder als Hühnchen (da es genauso viel Protein, aber halb so viel Fett, weniger Kalorien und weniger Cholesterin enthält).

Kubanische Küche

Die kubanische Küche ist eine Mischung aus karibischen, afrikanischen und lateinamerikanischen Einflüssen und in Tampa und Miami fester Bestandteil des Alltags und der Speisekarten.

Froschschenkel

Gute Froschschenkel schmecken ehrlich gesagt wie Hühnchen, allerdings mit eher fischiger Textur. Es heißt, die „besten" kommen aus den Everglades. Na, dann.

VON LINKS NACH RECHTS: HLPHOTO/SHUTTERSTOCK ©, LISA F YOUNG/SHUTTERSTOCK ©, HARMONY LYNN/FAT SNOOK ©

Poblano-Pesto-Garnelen, Fat Snook (S. 282)

DIE BESTEN RESTAURANTS

Morgens geht's zu **Enriqueta's** ❶ in Wynwood, Miami – aus Freude an kubanischem Kaffee und *chisme* (Klatsch). (S. 89)

Einst eine Straßenbahn-Reparaturwerkstatt, ist **Armature Works** ❷ heute Tampas beliebteste Food Hall mit mexikanischem Streetfood, kreativer Florida-Küche und frischen Backwaren. (S. 340)

Das Dole Whip, Vanilleeis mit Ananassorbet, bei **Aloha Isle** ❸ nahe des Enchanted Tiki Room im Magic Kingdom, ist Sonnenschein in Form eines Snacks. (S. 221)

Das **Fat Snook** ❹ in Cocoa Beach ist aus gutem Grund beliebt für seine karibisch inspirierte Meeresfrüchte in stilvollem Ambiente. (S. 282)

Wagyu-Steak hat man vielleicht schon mal gegessen – aber selbst zubereitet? Das geht im **Casa Sensei** ❺ in Fort Lauderdale, wo Tischgrills und Genuss im Mittelpunkt stehen. (S. 176)

TOLLE TIERWELT

Florida ist die Heimat einzigartiger Wildtierarten inmitten abwechlungsreicher Landschaften. Pumas und Schwarzbären, Alligatoren und Manatis (Rundschwanzseekühe) sind die prominentesten. Die fragilen Everglades bilden nicht nur ein wertvolles Ökosystem, sondern zudem eines der wichtigsten Wildnisgebiete der USA.

Das Land

Florida ist vieles, aber sicher nicht bergig, sondern (sehr) flach – weshalb vor allem das Zusammenspiel von Süß- und Salzwasser die Fauna bestimmt.

Der Panhandle

Das Einzugsgebiet des Apalachicola River im Panhandle ist ein Garten Eden, in dem eiszeitliche Pflanzen in abgelegenen Schluchten überlebt haben.

Das Klima

Florida liegt in einer subtropischen Übergangszone zwischen nördlich gemäßigtem und südlichem tropischem Klima – was für ganz besondere Voraussetzungen für Flora & Fauna sorgt.

DIE BESTEN TIERBEOBACHTUNGEN

Bei einer Fahrt entlang des **Black Point Wildlife Drive** ❶ im Merritt Island National Wildlife Refuge lassen sich u.a. Alligatoren, Manatis und Watvögel beobachten. (S. 280)

Die **Manatee Lagoon** ❷ in West Palm Beach lockt unzählige Manatis, Ammenhaie, Stachelrochen und andere Meereslebewesen an. (S. 187)

Das **Corkscrew Swamp Sanctuary** ❸ ist ein herrliches Naturschutzgebiet voller Alligatoren, Waldstörche und Florida-Pumas. (S. 375)

Auch den **Everglades National Park** ❹, eines der besten Wildtiergebiete Nordamerikas, sollte man sich nicht entgehen lassen. Zumal der Park nur wenige Minuten von Miami entfernt liegt! (S. 112)

Bei einem Spaziergang durch das **Big Cypress National Preserve** ❺ wird man zwar oft nass, bekommt dafür aber Alligatoren, andere wilde Tiere und viele Vogelarten zu sehen. (S. 115)

VON LINKS NACH RECHTS: PISAPHOTOGRAPHY/SHUTTERSTOCK ©, CAROLYN DAVIDSON HICKS/SHUTTERSTOCK ©, MARIAKRAY/SHUTTERSTOCK ©

Ocean Drive, Miami Beach (S. 60)

DURCH DIE NACHT

Lange, schwüle Nächte, Terrassen und Gärten, das ganze Jahr über gutes Wetter, Meerblick, eine unglaublich vielfältige Bevölkerung, die in Einwanderervierteln aber auch in Garnisionsstädten lebt, und ein weitverbreiteter Hang zum Hedonismus prägen Floridas Nachtleben. Man trifft sich im Club, oder am Straßenrand, oder in der College-Bar – es gibt unzählige Möglichkeiten.

Absacker

Im ganzen Bundesstaat Florida ist zwar offiziell um 2 Uhr früh Schluss mit lustig, manche Gemeinden haben allerdings ihre eigenen Regeln.

Drinks unter freiem Himmel

Ganzjährig gutes (und warmes) Wetter und/oder ein wunderbarer Blick aufs Wasser sorgen für jede Menge Außenbereiche und Terrassenbars.

DIE BESTEN NIGHTLIFE-TIPPS

Im **Broken Shaker** ❶ in Miami Beach gibt's Cocktails und hübsche Menschen. (S. 66)

Craft-Cocktails? Steampunk? Dann ab ins **Edison** ❷ in Disney Springs, eine Bar zwischen Old-School und Science Fiction. (S. 246)

Ins **Green Parrot** ❸, einer der coolsten Bars in Key West, geht man vor allem wegen der Shots. (S. 160)

In Fort Lauderdale strömen die „Schwulen und Schönen" in die Galerien, Restaurants und Bars von **Wilton Manors** ❹ – einem Lieblingsstädtchen der LGBTIQ+-Community. (S. 177)

Tampas Partyvolk zieht es nach **Ybor City** ❺, einem Viertel mit Bars und Zigarrenlounges ohne Ende. (S. 342)

AB INS NASS

Die Naturschützerin Marjory Stoneman Douglas sagte einmal, Florida sei wie ein Löffel Süßwasser, der sanft in einer Schüssel mit Salzwasser ruht – das Land ein schwammiger Kalkstein, der vom Atlantik und dem Golf von Mexiko umarmt wird. Diese beiden Gewässer sind sowohl Spielplatz als auch Kulisse für tausende Abenteuer für alle Wasserratten. Ob Surfen, Tauchen, Schnorcheln oder Kajakfahren – im Sunshine State mangelt es nicht an Aktivitäten am und im Wasser.

Paddeln

Die „Trockenzeit" im Winter ist am besten zum Kajakfahren geeignet. Zurückgehende Wasserstände sorgen entlang der Flüsse und Seen für ideale Bedingungen zur Tierbeobachtung.

Angeln

Für Angler, insbesondere Salzwasserangler, gibt's kaum einen besseren Bundesstaat als Florida. Tatsächlich können in puncto Vielfalt und Fülle nur wenige Orte auf der Welt mithalten.

Schnorcheln

Ob an den Riffen vor der Küste oder in kristallklaren Quellen an Land, nirgendwo kann man in den USA besser schnorcheln als im Sunshine State.

VON LINKS NACH RECHTS: FRANCISCO BLANCO/SHUTTERSTOCK ©, MARIDAV/SHUTTERSTOCK ©, F PHOTOGRAPHY R/SHUTTERSTOCK ©

Sebastian Inlet (S. 283)

DIE BESTEN ERLEBNISSE AM UND IM WASSER

Unterwassererkundungen inmitten vieler Meereslebewesen im **Biscayne National Park**. ❶ An Land warten wunderbare Vogelkolonien. (S. 131))

An der Space Coast gibt's tolle Wellen für Surfer – vom **Cocoa Beach** ❷ im Süden bis zu den bekannten Breaks am Sebastian Inlet. (S. 282)

Das Wasser an der Blue Heron Bridge im **Phil Foster Park** ❸ in West Palm Beach ist kristallklar – ein Highlight für Taucher und Schnorchler. (S. 187)

Der **John Pennekamp Coral Reef State Park** ❹, der erste Unterwasserpark des Landes, bietet ein eigenes Keys-Korallenriff. (S. 141)

Der Frachter *Oriskany* wurde 2006 absichtlich vor der Küste bei **Pensacola** ❺ versenkt. (S. 387)

FLORIDAS FESTE

In Florida mangelt es nicht an Festen & Events. Das ganzjährig sonnige Wetter gibt den Menschen immer einen Vorwand, sich draußen aufzuhalten und zu feiern – egal was. Auch die ethnische Vielfalt Floridas sorgt für einen vollen Feier-Kalender, schließlich will das jeweilige kulturelle Erbe gepflegt werden. Da die Wirtschaft Floridas ganz auf den Tourismus ausgerichtet ist, ist jede Stadt und Region ständig bemüht, Veranstaltungen zu organisieren, die immer mehr Besucher anziehen.

Herbst & Winter

Winter in Florida bedeutet: „Trockenzeit". In Norden ist Nebensaison, da die Luft kühler ist. In Südflorida dagegen ist Hochsaison für Veranstaltungen und Partys.

Frühling

Im Frühling füllen sich die Strände mit Spring Breakern, während die Städte versuchen, entweder Partygänger anzulocken, oder mithilfe von kulturellen Veranstaltungen die schlimmsten Auswüchse zu begrenzen.

Sommer

Hochsaison für Floridas Themenparks. Schwüles Wetter vertreibt einen Teil der Reisenden, die man mit Food-Festivals und ähnlichem zurückholen möchte.

VON LINKS NACH RECHTS: YES I SHOOT MODELS/SHUTTERSTOCK ©, RAWPIXEL.COM/SHUTTERSTOCK ©, CHUCK WAGNER/SHUTTERSTOCK ©

Fantasy Fest, Key West (S. 163)

DIE BESTEN FESTE & EVENTS

Beim **Fantasy Fest** ❶ in Key West gibt's einiges zu erleben. Im Oktober. Ausschließlich für Erwachsene. (S. 163)

Beim **Florida Seafood Festival** ❷ wächst die Bevölkerung des kleinen Apalachicola sprunghaft an. Kein Wunder bei der Fülle der angebotenen Leckereien. (S. 402)

Im Frühling erblüht das Land – und auch Disney World (insbesondere Epcot) erwacht beim **International Flower & Garden Festival** ❸ mit Formschnittgärten im haus- bzw. maus-eigenen Stil zum Leben. (S. 239)

Im Dezember sollte man sich die kreative Energie und das Chaos der **Art Basel** ❹ in Miami nicht entgehen lassen, einer der größten internationalen Kunstmessen der Welt. (S. 90)

Über 200 talentierte Kunsthandwerker bevölkern im Oktober während der **Las Olas Annual Art Fair** ❺ in Fort Lauderdale die Straßen. (S. 177)

ENTDECKEN, VERLIEBEN, BEZAHLEN

Florida verkauft alles, was man verkaufen kann – ohne Wenn und Aber. Von Originalkunstwerken für 10 000 US$ aufwärts in einer Kunstgalerie in Miami über handgefertigten Schmuck auf einer Kunsthandwerksmesse in Winter Park bis hin zu vielen (oft schrecklichen) T-Shirts. Florida ist der am zweithäufigsten besuchte Bundesstaat der USA. Hier findet jeder Mensch das passende Souvenir.

Malls

Egal, was man von diesen Einrichtungen hält, aber was Florida an Einkaufszentren zu bieten hat (vor allem auch unter freiem Himmel), ist schon bemerkenswert. Und verführerisch.

Boutiquen

Ein Schmelztiegel wie Florida wird zwangsläufig zu einem Zentrum für Kreativität. Dementsprechend gibt's hier zahllose Indie-Läden und -Boutiquen, vor allem in den großen Städten wie Miami und Tampa.

Galerien

Ein echtes Kunstwerk oder wahres Kunsthandwerk kann ein großartiges Geschenk sein. Selbst in Tourismusgebieten gibt's tolle Galerien und Märkte.

DIE BESTEN SHOPPING-ERLEBNISSE

Das schamlos noble Einkaufszentrum **Palm Court** ❶ im Design District von Miami bietet neben vielen Shops auch Kunstinstallationen. (S. 86)

Das historische **Cocoa Village** ❷ beherbergt in seinen wenigen, von Bäumen gesäumten Häuserblöcken ein Paradies an Vintage-Läden, Boutiquen und Galerien. (S. 283)

Der **Railroad Square Art District** ❸ in Tallahassee ist eine Art unterhaltsamer Jahrmarkt mit Imbisswagen, Kunstkuriositäten und Kunsthandwerk. (S. 406)

Das St. Augustine Amphitheatre (das Amp) bietet einen **Farmers Market** ❹ mit Händlern aus der Region, Live-Musik und Meeresbrise. (S. 308)

Im **Books & Books** ❺, einem tollen Indie-Buchladen, gibt's die Bücher von denen man immer geträumt hat. (S. 92)

WAHRE WUNDER

Wer glaubt, Florida habe keine intellektuelle, künstlerische Seite, irrt. Auch wenn die meisten Einwanderer und Einheimischen hauptsächlich auf der Suche nach einem besseren Leben sind, haben sie sich auch gegenseitig (und all jene, die zu Besuch kommen) mit fantastischen Museen beschenkt.

Kunstmuseen

Jede Stadt in Florida, die etwas auf sich hält, bietet ein Kunstmuseum. Die in Miami sind natürlich die berühmtesten, aber auch in Jacksonville und Pensacola wird man reich beschenkt.

Natur- & Wissenschaftsmuseen

Dass ein Staat mit derartig einzigartiger Natur über eine Fülle von Museen verfügt, die sich derselben widmen, ist kein Wunder. Auch wenn viele davon schlicht wunderbar sind.

Geschichtsmuseen

Von Museen speziell zum Thema Tauchen bis hin zu Museen, die sich Florida vor der europäischen Besiedlung widmen – an Auswahl mangelt es hier wahrlich nicht.

DIE BESTEN MUSEEN

Das neue und überraschend wunderbare (und wunderbar überraschende) **Wizard of Oz Museum** ❶ in Cape Canaveral beherbergt über 2000 Artefakte aus Büchern und Filmen. (S. 288)

Orlandos afroamerikanische Geschichte und Kultur lässt sich im **Wells' Built Museum** ❷ entdecken, einem Museumsjuwel, das im ehemaligen Wells' Hotel untergebracht ist. (S. 260)

Die lichtdurchfluteten Galerien mit Blick auf die Biscayne Bay im **Pérez Art Museum** ❸ – ein Architekturwunder in Miami – ist unbedingt einen Besuch wert. (S. 71)

Das **Flagler Museum** ❹ in einem grandiosen Herrenhaus in Palm Beach ist ein Zeugnis der Liebe eines Tycoons zu seiner Frau – erbaut von ebenjenem Tycoon selbst. (S. 191)

Wunderschöne Gärten und die Lage am Fluss bilden den perfekten Rahmen für die Vielzahl an Gemälden und Skulpturen, die im hervorragenden **Cummer Museum of Art** ❺ in Jacksonville ausgestellt sind. (S. 318)

FLORIDA ZU FUSS

Florida bietet einige außergewöhnliche Wandermöglichkeiten – auch wenn manche Routen aufgrund des Wetters und in den Everglades (wegen der Wege) eine Herausforderung sein können. In den Sümpfen im Süden Floridas verlaufen die meisten Wanderungen über Bohlenwege. Sie sind meist ca. 1,5–3 km lang, in sehr gutem Zustand und fast immer auch rollstuhlgerecht. Doch diese Wege decken natürlich nicht alles ab. In den Everglades gibt es aber auch „Wet Walks" (bei denen man tatsächlich nass wird) – auf diesen Touren watet man tief ins Herz der Sümpfe.

VON LINKS NACH RECHTS: EWY MEDIA/SHUTTERSTOCK ©, JAROMIR CHALABALA/SHUTTERSTOCK ©, SIMON DANNHAUER/SHUTTERSTOCK ©

Florida National Scenic Trail

Dieser weit über 2000 km lange Trail verläuft vom Big Cypress National Preserve durch den Ocala National Forest Richtung Norden und dann nach Westen bis zum Gulf Islands National Seashore.

Ausrüstung

Mücken gibt es auch in Florida. Und leider viele – daher braucht man in Florida beim Wandern neben Sonnen- auch guten Insektenschutz (und insektensichere Kleidung).

Trinkwasser

Über Höhenunterschiede müssen sich Wanderer in Florida keine Gedanken machen, das Wetter – Sonne und Hitze – sollte man aber immer bedenken. Am besten macht man sich in der „Trockenzeit" auf den Weg.

Mahogany Hammock Trail, Everglades National Park (S. 124)

DIE BESTEN WANDERUNGEN

Der Florida National Scenic Trail verläuft quer durch den Staat und bietet dabei auch einen unvergesslichen, knietiefen „feuchten Spaziergang" durch die Sümpfe des **Big Cypress National Preserve**. ❶ (S. 115)

Der Wekiwa River im **Wekiwa Springs State Park** ❷ gehört zu den National Wild and Scenic Rivers. Hierher verirren sich nur wenige Traveller. Was schade ist. (S. 268)

Der schöne Hobe Mountain Observation Tower im **Jonathan Dickinson State Park** ❸ ist der höchste Punkt des Staates (26 m). Die Sanddüne bietet eine wunderbare Aussicht. (S. 193)

Der **Anhinga Trail** ❹ führt über einige Bohlenwege durch die Landschaft der Everglades. Zwar eher Spaziergang als Wanderung, aber Alligatoren gibt's hier trotzdem reichlich. (S. 123)

Das **Pelican Island National Wildlife Refuge** ❺ bietet ca.2200 ha Florida-Wildnis mit unberührten Salzwiesen und Mangrovenwäldern. (S. 203)

STÄDTE & REGIONEN

Entdecke dein Sehnsuchtsziel.

Panhandle

WILDE STRÄNDE, MEER UND QUELLEN ERKUNDEN

Der geografisch nördlichste Teil Floridas hat kulturell gesehen am ehesten eine Südstaaten-Ausprägung, ein Land der wilden Weiten, der windgepeitschten Sanddünen, der einfachen Restaurants mit Hausmannskost und des Militärs. Hinzu kommen die zuckergleichen Sandstände von Destin und alte Austernsammlerdörfern wie Apalachicola.

S. 376

Nordost-Florida

OLD FLORIDA, NEUE ERFAHRUNGEN

St. Augustine besteht seit fast 400 Jahren und hat einen charmanten historischen Kern, der von dieser langen Geschichte zeugt. Jacksonville hingegen ist eine Mischung aus Barbecue, Taucherbars und Surfkultur, während Amelia Island vornehmen Charme mit der Schönheit der Südstaaten und der ländlichen Küste verbindet.

S. 296

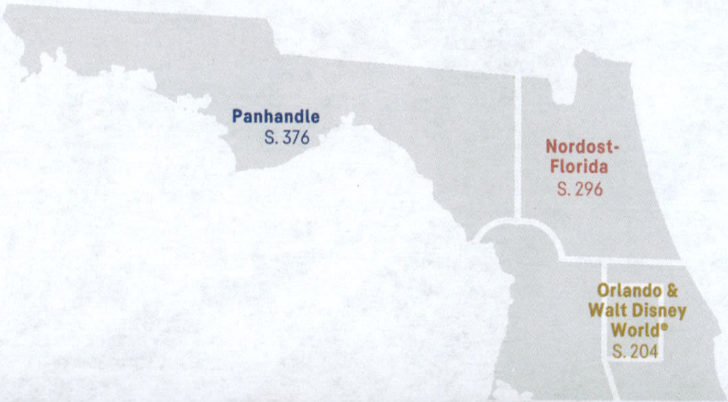

Orlando & Walt Disney World®

VOM SUMPF ZUR THEMENPARK-HAUPTSTADT DER WELT

Themenparks dominieren den Großraum Orlando, und Disney, Universal und die anderen Parks haben die Schaffung von fantastischen Welten wahrlich perfektioniert. Aber nicht alles, was Spaß macht, ist künstlich. Orlando ist eine weltoffene Stadt mit einer begeisterten Kunst- und einer blühenden LGBTIQ+-Szene.

S. 204

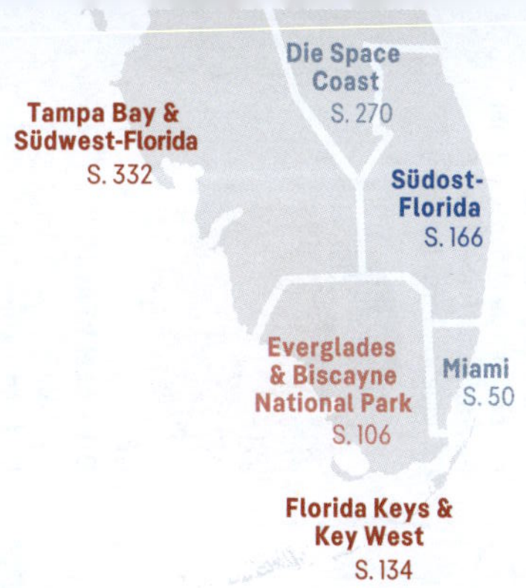

Tampa Bay & Südwest-Florida

INSELN, OUTDOOR-ERLEBNISSE UND CITY LIFE

Die Gewässer des Golfs von Mexiko sind ruhiger als der Atlantik, deshalb ist die Golfküste aber noch lange nicht beschaulich. In Tampa locken wilde Nächte, während Sarasota und St. Petersburg mit familienfreundlichen Stränden und Kultureinrichtungen aufwarten und idyllische Inseln der Küste vorgelagert sind.

S. 332

Tampa Bay & Südwest-Florida S. 332
Die Space Coast S. 270
Südost-Florida S. 166
Everglades & Biscayne National Park S. 106
Miami S. 50
Florida Keys & Key West S. 134

Die Space Coast

RAKETEN, SURFEN UND NATUR

Die Space Coast, die ihren Namen dem NASA-Standort Cape Canaveral verdankt, zeichnet sich auch durch die längste unberührte Atlantikküste des Bundesstaates aus, mit Surfspots, Kajakmöglichkeiten und vielen familienfreundlichen Badeorten.

S. 270

Everglades & Biscayne National Park

FEUCHTGEBIETE, WILDE TIERE UND INSELN

Die Everglades sind eine Naturlandschaft inmitten scheinbar endloser Zersiedelung, ein ökologisches Rückzugsgebiet, das auf den ersten Blick trügerisch sanft erscheinen kann. Doch diese vom Wasser überflutete Wildnis birgt eine raue, urzeitliche Schönheit: Alligatoren und unzählige Vogel- und Fischarten, die durch überschwemmte Graslandschaften und neblige Sümpfe miteinander verbunden sind.

S. 106

Florida Keys & Key West

INSELN AM RAND DER VORSTELLUNGSKRAFT

Die Florida Keys liegen in einem blaugrünen Halbschatten aus Bars, Stränden und Anglercamps. Jede der Inseln hat ihre Eigenheiten, aber keine ist so einzigartig und kreativ wie Key West, die bunte Endstation des Bogens der Keys.

S. 134

Miami

WO SICH LATEINAMERIKA UND DIE KARIBIK TREFFEN

Keine andere Stadt als Miami vermag es, die Vielfalt und Energie Lateinamerikas und der Karibik so überzeugend zu vereinen und zugleich diese Seele in eine Mischung aus Glamour, Neonlicht, tropischem Wetter, Stränden und Sonnenuntergängen zu packen. Hinter dem ganzen Trubel liegen kleine Viertel, in denen tiefe Gemeinschaftsbande Enklaven aus aller Welt verbinden.

S. 50

Südost-Florida

STRÄNDE, SCHÄTZE UND NATURWUNDER

Während Miami zwar ein Teil von Florida, aber doch eine Welt für sich ist, verkörpern Städte wie Fort Lauderdale mit ihren Jachten, Malls und riesigen Villen die Identität des Staates, in dem alles möglich zu sein scheint. Aber es gibt auch Kunstmuseen von Weltrang, hervorragende Restaurants und die besten Surfspot des Landes.

S. 166

REISEROUTEN

Kultiges Südflorida

Dauer: 10 Tage
Strecke: 205 Meilen (330 km)

Wer in Südflorida etwas erleben möchte, kommt an Miami, den Everglades und den Florida Keys nicht vorbei, wobei damit gleich drei verschiedene Ökosysteme zur Wahl stehen: eine Stadt, ein Sumpf und ein Archipel. Bei der Fahrt hierher entlang der Atlantikküste kann man die Sonne genießen, die dem Staat seinen Spitznamen einbrachte.

FOTOLUMINATE LLC/SHUTTERSTOCK©

Riverwalk, Fort Lauderdale (S. 173)

JUPITER 2 TAGE

Die „Treasure Coast" ist eher für Natur als für Eigentumswohnungen und Weltbürgertum bekannt. Los geht's in **Jupiter** (S. 193, Foto). Neben den Parks sollte man auch den Geysir am Meer im Blowing Rocks Preserve nicht verpassen. Von der Spitze des Jupiter Inlet Lighthouse hat man einen schönen Blick auf den Loxahatchee River, oder man holt die Kletterausrüstung heraus und besteigt den höchsten Punkt Floridas – den Hobe Mountain Observation Tower (ca. 26 m).

JON BILOUS/SHUTTERSTOCK ©

2

DIE PALM BEACHES 1 TAG

Im durch und durch noblen **Palm Beach** (S. 190) kann man die Superreichen dabei beobachten, wie sie vor ihren Villen in ihre Bentleys steigen und damit zum Strand fahren. Im Flagler Museum erfährt man, wie alles angefangen hat. Zudem lockt ein Abstecher nach **West Palm Beach** (S. 185), dem hipperen und lebendigeren Nachbarort.

FORT LAUDERDALE 1 TAG

Fort Lauderdale (S. 170) hält die typischen Vergnügungen der Gold Coast bereit: Man stolziert gemeinsam mit rollschuhfahrenden Schönheiten und nur mit Stringtangas bekleideten Schwulen über die Promenade, macht eine romantische Gondelfahrt durch die Kanäle und genießt die Kunst und die Gourmet-Küche. Für etwas Abwechslung besucht man das örtliche Kunstmuseum oder mietet ein Fahrrad, um an den Kanälen entlang zu radeln.

4

MIAMI 3 TAGE

Für **Miami** (S. 50) und **Miami Beach** (S. 56) sollte man drei Tage einplanen. Floridas aufregendste Stadt bietet alles, von Art-déco-Hotels in South Beach und hedonistischer Strandkultur bis zu kubanischen Sandwiches, jüdischen Delikatessenläden, haitianischen Botanicas und moderner Kunst. Dazu gibt's Latin-Hip-Hop und Mojitos. Und Punk-Shows und Graffiti-Kunst in einem Lagerhaus in Wynwood. Die Liste ist endlos.

5

EVERGLADES 1 TAG

Ein Tag ist für den **Everglades National Park** und seine Alligatoren reserviert (S. 112; Foto). Unterwegs gibt's in Homestead tolle Attraktionen am Straßenrand (z. B. Coral Castle und Robert Is Here). Die Flamingo Marina bietet die Möglichkeit, mit dem Kajak durch die Mangroven zu fahren oder Manatis im Hafen zu beobachten, während man auf dem Boardwalk am Royal Palm Visitor Center den Alligatoren ins Auge blicken kann.

STEVEN HODEL/SHUTTERSTOCK ©

6

KEYS 2 TAGE

Auf den **Florida Keys** (S. 134) sollte man mindestens zwei Tage bleiben. Der erste Halt ist Key Largo, wo man einen Key Lime Pie, Muschelkroketten (*conch fritters*) und tolle Korallenriffe genießt. Dann kann man in Islamorada Tarpune angeln und ein Nickerchen am Strand des Bahia Honda State Park machen. Am Ende geht's nach Key West, um den verrückten Mallory Square zu erleben und einen Cocktail zu trinken, während die Sonne in den Ozean taucht.

REISEROUTEN

Entlang der Golfküste

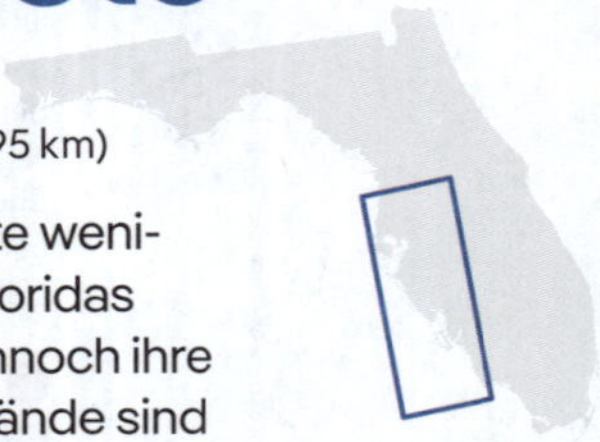

Dauer: 8–9 Tage
Strecke: 245 Meilen (395 km)

Obwohl die Golfküste weniger bekannt ist als Floridas Ostküste, hat sie dennoch ihre Bewunderer: Die Strände sind nicht so dicht bebaut, das angenehm warme Wasser umspült weißen Sand und die Sonne geht über dem Meer unter. Außerdem ist es einfach, die urbane Lebensart mit Abenteuern in den Sümpfen zu verbinden.

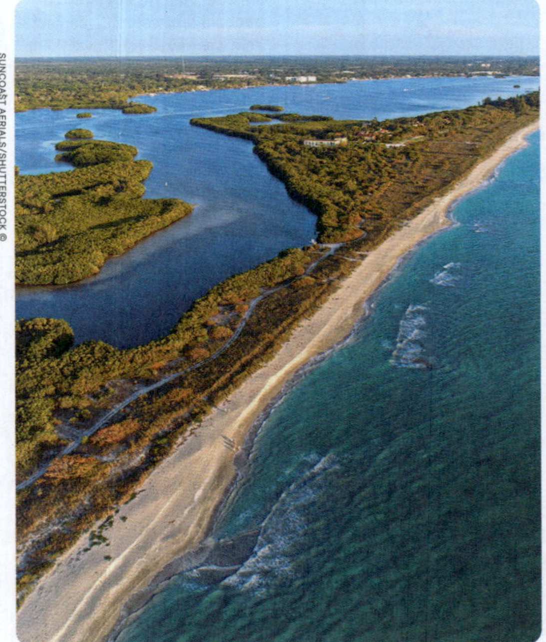

SUNCOAST AERIALS/SHUTTERSTOCK ©

Siesta Key (S. 365)

1 TAMPA & ST. PETERSBURG

2 TAGE

Den ersten Tag verbringt man in **Tampa** (S. 338), dem wichtigsten städtischen Verkehrsknotenpunkt an der zentralen Golfküste Floridas. Neben dem Besuch der Museen und Parks am Riverwalk kann man hier die spanische Küche, die Zigarren und die Nachtclubs von Ybor City genießen. Am nächsten Tag bietet **St. Pete** (S. 348; Foto) ein ähnliches urbanes Flair. Nicht verpassen sollte man das Salvador Dalí Museum und die Craft-Biere.

CATERINA TASSARA/SHUTTERSTOCK ©

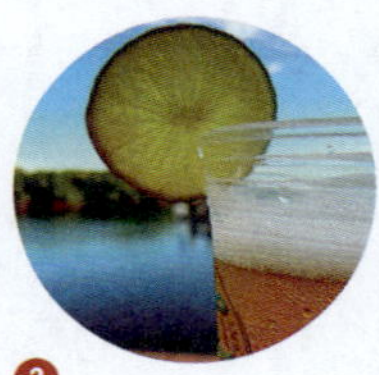

2 BARRIEREINSELN

1 TAG

Gen Westen liegen die Barriereinseln (Barrier Islands) im Golf von Mexiko. Die Westküste Floridas ist bei Menschen aus so unerwarteten Gegenden wie den atlantischen Provinzen Kanadas sehr beliebt. Entweder man verbringt einen Tag auf den unberührten Inseln **Honeymoon Island** (S. 354) und **Caladesi Island** (S. 354), oder man genießt **St. Pete Beach** (S. 353).

3 SARASOTA

2 TAGE

Nächster Halt: **Sarasota** (S. 359), für das man sich ruhig zwei Tage Zeit nehmen sollte, um den prächtigen Ringling Museum Complex, die Marie Selby Botanical Gardens mit ihren zahllosen Orchideen oder ein Theaterstück zu besuchen. Wer noch immer nicht genug von Sonne und Meer hat, kann an den weißen Sandstränden von Siesta Key entspannen. Naturfans fahren mit dem Kajak durch die Mangroven des Jim Neville Marine Preserve und halten nach Manatis Ausschau.

Lake Louisa
Sawgrass Lake
2 Barriereinseln
START
1 Std.
1 Tampa & St. Petersburg
Lakeland
Brandon
Alafia River
St. Petersburg
Tampa Bay
Egmont Key
1 Std.
Bradenton
Lake Manatee
Manatee River
Myakka River
Sarasota 3
2 Std.
Golf von Mexiko
Port Charlotte
Punta Gordan
Gasparilla Island
Charlotte Harbor
Matlacha
Fort Myers
4
Cape Coral
50 Min.
5
Sanibel Island
1 Std. 45 Min.
Bonita Springs
Naples
6
ZIEL
Golf von Mexiko
Everglades (72 Meilen)
Marco Island
0 20 km
0 10 Meilen

4

FORT MYERS 1 TAG

Weiter geht's nach **Fort Myers** (S. 369). Dies ist noch immer die Golfküste, aber die Mentalität hier ist anders: weniger mondän als Sarasota und (je nach Jahreszeit) weniger aufdringlich als Tampa. Bei einem Spaziergang durch den historischen Downtown River District kann man nach Kunst und Geschenken stöbern und dann Thomas Edisons ehemaliges Wohnhaus in Florida und sein Labor besuchen.

SANIBEL ISLAND 1 TAG

Man sollte unbedingt Zeit für **Sanibel Island** (S. 371) einplanen. Die für ihre Muscheln bekannte Insel ist sehr fahrradfreundlich, man kann hier gut essen und die Buchten voller Tiere laden zum Kajakfahren ein. Reisen wird hier mit viel Nähe zur Natur verbunden. Das zeigt sich am besten bei einer Fahrt durch den Dschungel des JN „Ding" Darling National Wildlife Refuge, das auch ein Paradies für Vogelbeobachter ist.

6

NAPLES 1 TAG

Der Roadtrip endet in **Naples** (S. 372; Foto), dem Inbegriff eines Badeorts an der Goldküste: gehoben, künstlerisch und einladend für alle Altersgruppen mit dem vielleicht unberührtesten Stadtstrand Floridas und einem der schönsten botanischen Gärten des Staates.

Abstecher:*Ein Tagesausflug zu den* ***Everglades*** *(S. 106) lässt sich leicht einbauen. Dafür folgt man dem Tamiami Trail zum Shark Valley und macht dann eine Trolleybus-Führung mit oder eine Fahrradtour.* *6 Std.*

UNIVERSAL ORLANDO RESORT ©

Volcano Bay, Universal Orlando Resort (S. 248)

REISEROUTEN

Themenpark-Parade

Dauer: 8–9 Tage Strecke: 140 Meilen (225 km)

Die Kids wollen Disney, aber die Eltern wollen (zudem) Strand, gutes Essen und etwas Kultur. Und für alles ist nur eine Woche Zeit. Keine Panik! Florida ist ein großer Staat, und die Attraktionen rund um die Themenparks bieten neben den Fantasiewelten auch einige lohnenswerte Sehenswürdigkeiten.

JEROME LABOUYRIE/SHUTTERSTOCK ©, JILLIAN CAIN PHOTOGRAPHY/SHUTTERSTOCK ©, UNIVERSAL ORLANDO RESORT ©

1

DISNEY WORLD 2 TAGE

Die Maus lebt! Man sollte mindestens zwei Tage (wenn nicht mehr) einplanen, um das Beste aus **Walt Disney World®** (S. 210; Foto) herauszuholen. Es gibt so viele Attraktionen und Rides, dass die Auswahl schwerfällt. Unsere Favoriten sind klar: Avatar Flight of Passage oder Star Wars: Rise of the Resistance. Und für Nostalgiker: It's a Small World.

2

ORLANDO 1 TAG

Nun sind die Erwachsenen dran. **Orlando** (S. 260) hat als Stadt nämlich noch weit mehr zu bieten als Freizeitparks. Man kann durch das tropische Grün der Harry P. Leu Gardens (Foto) schlendern, in den Galerien des Orlando Museum of Art stöbern oder den Wekiwa Springs State Park besuchen, der etwa 40 Minuten vomZentrum entfernt liegt und dessen klare Gewässer ein wahres Wunderland bilden.

3

UNIVERSAL ORLANDO RESORT 2 TAGE

An diesem Ort treffen Kindheit und Erwachsensein in purer Glückseligkeit aufeinander: die **Universal Studios** (S. 255). Zauberstab gefällig? Aber natürlich! Die Diagon Alley führt in die bezaubernde Wizarding World of Harry Potter (Foto). Und dann stürzt man sich in die unheimliche Faszination des Simpsons Ride. Los geht's! Ein Kind steckt doch in jeder und jedem von uns.

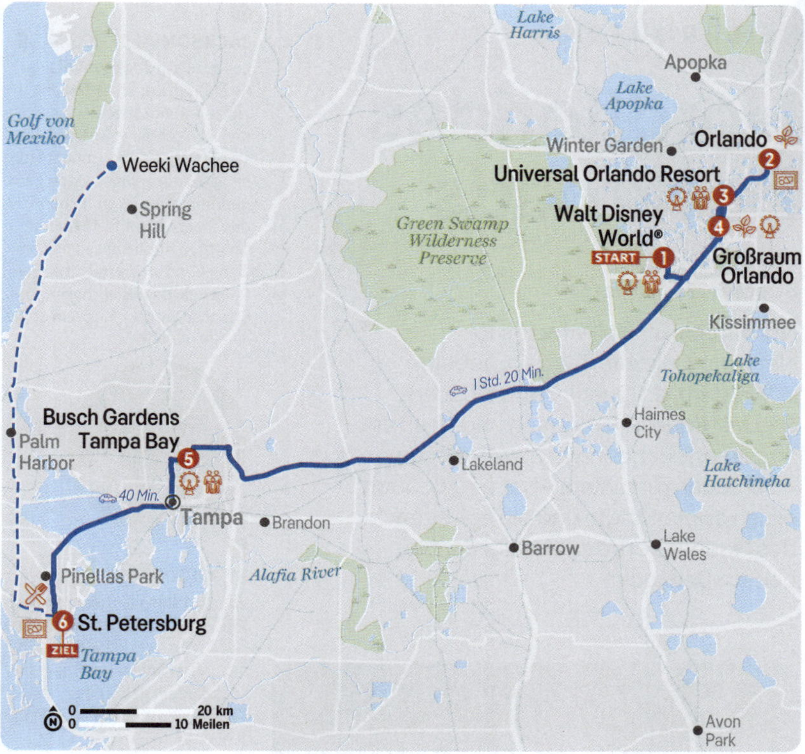

Lake Harris
Apopka
Lake Apopka
Golf von Mexiko
Weeki Wachee
Spring Hill
Winter Garden
Orlando
Universal Orlando Resort
Walt Disney World®
START
Green Swamp Wilderness Preserve
Großraum Orlando
Kissimmee
Lake Tohopekaliga
1 Std. 20 Min.
Haimes City
Busch Gardens Tampa Bay
Palm Harbor
Lakeland
Lake Hatchineha
40 Min.
Tampa
Brandon
Barrow
Lake Wales
Pinellas Park
Alafia River
St. Petersburg
ZIEL
Tampa Bay
0 20 km
0 10 Meilen
Avon Park

4

GROSSRAUM ORLANDO ⏱ 1 TAG

Zurück in **Orlando** (S. 260) kann man noch einen Ort besuchen, der sich an Kinder und Erwachsene zugleich richtet: WonderWorks, ein Mix aus Science Center und Vergnügungspark. Dann geht's nach Süden zum Bok Tower Gardens Bird Sanctuary (Foto), wo die natürliche Schönheit Zentralfloridas durch schöne Gärten, klassische Musikkonzerte und einen 62 m hohen steinernen Glockenturm in Szene gesetzt wird.

5

BUSCH GARDENS TAMPA BAY ⏱ 1 TAG

Themenparks sind allseits beliebt. Warum also nicht zwei miteinander kombinieren? Das Ergebnis: **Busch Gardens** (S. 345; Foto), das einige sehr gute Achterbahnen mit einer afrikanischen Safari-Erfahrung verbindet (ganz im Stil Floridas natürlich). Es ist ein seltsam angenehmes Gefühl, wenn der Magen auf der unglaublich steilen Achterbahn Iron Gwazi unkontrollierbar herumhüft.

6

ST. PETERSBURG ⏱ 1 TAG

Kann großartige Kunst Eltern und ihre Kinder genauso verbinden wie eine Achterbahn? Diese Frage kann man nach einem Besuch im Salvador Dalí Museum (Foto) in **St. Petersburg** (S. 348) beantworten. Hier gibt es auch noch mehr Museen zu entdecken, und die Gastronomieszene ist erstklassig.

Abstecher: *Man kann auch eine Tagestour nach Norden machen, um die Meerjungfrauen-Show in* ***Weeki Wachee*** *(S. 344) und die Manatis in* ***Homosassa Springs*** *(S. 345) zu sehen.* ⏱ *4–5 Std.*

REISEROUTEN

Nordfloridas Backroads

Dauer: 8 Tage
Strecke: 225 Meilen (360 km)

Nordflorida ist ein Paradies für Naturfans, die ihre Tage am liebsten in Wäldern, an Quellen und Flüssen und mit Angeln verbringen und abends am Lagerfeuer dann gern von diesen Abenteuern erzählen. Aber es gibt auch einige coole Städte und ein aufregendes Nachtleben, das abseits der Nebenstraßen lockt.

MATHEW COWGER/SHUTTERSTOCK ©

Anastasia Island (S. 307)

JACKSONVILLE 2 TAGE

Los geht's in **Jacksonville** (S. 315), wo der erste Tag den vielen Atlantikstränden gewidmet ist. Wer die volle Dosis Südstaatenflair erleben möchte (das hier paradoxerweise stärker ausgeprägt ist als im südlichen Teil des Staates), sollte im Southern Charm zu Abend essen und anschließend im Viertel Little Five Points ein paar Bier trinken. Das örtliche Cummer Museum of Art ist eine Wucht.

SEAN PAVONE/SHUTTERSTOCK ©

2

ST. AUGUSTINE 1 TAG

Von Jacksonville (gegründet 1822) geht's nach **St. Augustine** (S. 302). Es wurde 1565 gegründet und ist immer noch sehr beliebt. Zudem gehört es zu den ältesten Städten der USA. Man schlendert hier durch die St. George St (Foto), die Hauptstraße des historischen Viertels der Stadt, bestaunt die Cathedral Basilica of St. Augustine und macht es sich dann auf der Plaza de la Constitución gemütlich.

ANASTASIA ISLAND 1 TAG

Gegenüber von St. Augustine liegt die schöne **Anastasia Island** (S. 307), die mit rund 6,5 km^2 samtweicher Dünen und einer Atlantikküste lockt, die das Herz aller Besucher:innen in ihren salzigen Bann ziehen und nicht mehr loslassen wird. Hier kann man viel unternehmen: segeln, mit den Kindern auf einen Spielplatz gehen oder schwimmen (Vorsicht vor den Gezeiten) – andererseits hat es auch etwas für sich, einfach einmal nichts zu tun.

Cumberland Island National Seashore
Fernandina Beach
Amelia Island
6 ZIEL
Nassau River
Jacksonville
START 1
Jacksonville Beach
St. John's River
50 Min.
St. Augustine
2
10 Min.
2 Std.
3 Anastasia Island
30 Min.
Matanzas River
4
Potka
Crescent Lake
Palm Coast
50 Min.
Drayton Island
Lake George
Ocala National Forest
St. John's River
5
Daytona Beach
Lake Dexter
DeLand
0 20 km
0 10 Meilen

MATANZAS RIVER 1 TAG

So (über-)erschlossen sich die Küste Floridas auch anfühlen mag, entlang des Highways ist noch viel von der ursprünglichen Schönheit Nordfloridas zu finden. Das **River to Sea Preserve** (S. 312), das sich über etwa 36 ha erstreckt und vom Matanzas River gespeist wird, ist ein solcher Ort. Mit einem Kajak oder SUP geht es durch die ruhigen Gewässer und marinen Wälder, während man nach Vögeln und Fischen Ausschau hält.

DAYTONA BEACH 1 TAG

Daytona Beach (S. 327) ist das Ergebnis, wenn man die Küste Nordfloridas mit einer Nascar-Rallye und einer neonbeleuchteten Strandpromenade kombiniert. Es ist vielfältiges Reiseziel. Hier kann man ein Rennen auf dem Daytona Speedway (Foto) verfolgen, mit den Kindern in die Spielhallen der Daytona Lagoon gehen oder einfach durch einen der 15 Küstenparks spazieren, die in der Umgebung zu finden sind.

AMELIA ISLAND 2 TAGE

Nach all den Stränden, Spielhallen und malerischen Flüssen kann man einen Gang zurückschalten. Auf dem Rückweg lässt man Jacksonville links liegen und verbringt einen letzten Tag auf **Amelia Island** (S. 323), das den Spagat zwischen Country-Club-Vibes und ländlicher Inselidylle meistert. Hier kann man sich in einem viktorianischen B&B verwöhnen lassen und Meeresfrüchte genießen oder die Natur bei einer Paddeltour um die Barriereinseln erkunden.

BESTE REISEZEIT

Floridas Strände, Großstädte und Themenparks locken Reisende ganzjährig an. Das Sommerwetter ist aber oft extrem heiß und feucht.

Im Winter (Dez.–März) ist im Süden Floridas Hauptsaison: Dann überschwemmen Kälteflüchtlinge aus dem Norden die Strände von Miami, die Florida Keys und die Küste südlich von Tampa. Im Sommer (Juni–Ende Aug.) ist Hauptsaison im Panhandle, während das extrem schwülheiße Wetter die Zahlen der Reisenden im übrigen Bundesstaat reduziert. Die Hurrikan-Saison dauert von Juni bis November.

Und Outdoor-Abenteuer in den Everglades? Die wärmeren Monate (Mai–Nov.) sind dort feucht und insektenreich. Von Dezember bis März stehen weniger Wanderwege unter Wasser. Dann lassen sich auch mehr Wildtiere blicken – darunter Manatis: Zu dieser Zeit flüchten die großen Pflanzenfresser aus dem vergleichsweise kälteren Meer und versammeln sich landeinwärts in den natürlichen Quellen.

Übernachten: Saisonale Preise

In der Nebensaison (Feb. & Ende Aug.–Ende Nov.) sind die Unterkünfte in Florida günstiger. Besonders teuer wird es während der Haupt-Urlaubssaison im Winter (Mitte Dez.–Mitte Jan.).

LOCAL TIPP

FRÜHLING IN DEN EVERGLADES

Garl Harrold ist der Gründer von Garl's Coastal Kayaking in the Everglades. Er arbeitet auch immer wieder als Guide für Medienriesen wie National Geographic.

Vor vielen Jahren zog ich aus Michigan hinunter ins südliche Florida, verliebte mich in die Region und ging nie wieder weg. Im Frühling (vor allem April & Mai) sind die Everglades besonders schön: Dann ist der Wasserstand am niedrigsten, während sich zahllose Wildtiere in den Zypressensümpfen und Süßwasserteichen tummeln.

Sturmwetter, Jacksonville (S. 315)

REGENTAGE

Mit 114,3 cm Jahresniederschlag gehört Florida zu den regnerischsten US-Bundesstaaten. Ganzjährig kann es hier kräftig die Himmelsschleusen öffen. Am häufigsten ist dies aber in den wärmeren Monaten (Mai–Okt.) der Fall.

Reisewetter

	JANUAR	FEBRUAR	MÄRZ	APRIL	MAI	JUNI
Max. ø-Temp.:	21,1 °C	21,7 °C	23,3 °C	26,1 °C	28,9 °C	31,1 °C
Regentage:	7	7	8	7	9	15

ATLANTIK ODER GOLF

An Floridas Golfküste ist das Meer im Sommer wärmer und im Winter kälter als an seiner Atlantikküste: Wer im Februar vor Marco Island schwimmt, muss kühle 21 °C ertragen – während das Wasser in Miami angenehmere 24 °C hat.

Große Feste & Events

Florida State Fair (Tampa) Über 100 Jahre alt und ein uramerikanischer Klassiker: Zwei Wochen lang gibt's dabei Nutzvieh-Leistungsschauen, fettiges Essen, laute Musik und altmodische Fahrgeschäfte **Februar**

Okeechobee Music & Arts Festival (Sunshine Grove) Bringt vier Tage lang über 100 Musik-Acts auf sechs verschiedene Bühnen. Hinzu kommen Kunstinstallationen, Yogakurse, Imbissstände, Campingmöglichkeiten und einen Strand am Seeufer. **März**

Mickey's Not-So-Scary Halloween Party (Disney World; S. 209) Sorgt über drei Monate an bestimmten Abenden mit gruseliger Unterhaltung, Süßes oder Saures und speziellen Feuerwerk-Shows für Spannung. **August–Oktober**

Art Basel (Miami Beach; S. 90) Gehört zu Nordamerikas größten Ausstellungen für moderne Kunst. Über 280 Galerien aus ca. 40 verschiedenen Ländern stellen dabei Einzigartiges aus. **Dezember**

Lokale & schräge Festivals

Fort Myers (S. 336) feiert den Erfinder Thomas Edison an zwei Wochenenden mit Konzerten, Kunsthandwerk, einem Straßenfest, einer Wissenschaftsmesse und schrägen Wettbewerben (z. B. Bettzerstörungs-Rennen). Highlight ist ein kreativer Nachtumzug. **Februar**

Beim berühmten **Interstate Mullet Toss** (Perdido Key) werfen Einheimische tote Fische über die Staatsgrenze zwischen Florida und Alabama – teils sehr stilvoll, aber Distanz gewinnt. **April**

Fantasy Fest (Key West; S. 139) Zehntägiges Spektakel mit Kostümen, Poolpartys und einem Umzug von Feierwütigen mit spärlicher Bekleidung (sprich: Körperbemalung). Am ersten Wochenende steigt das familienfreundlichere Goombay Festival im Stil der Bahamas. **Oktober**

Victorian Christmas Stroll (S. 341) Das Tampa Bay Hotel von 1891 (nun ein Museum) feiert die Weihnachtszeit mit Themenausstellungen, passender Musik und Winter-Snacks. **Dezember**

LOCAL TIPP

DER SOMMERHITZE ENTKOMMEN

Terry Ward lebt als Reiseautorin in Tampa *@TerryWardWriter*

Während der größten Sommerhitze locken mich Zentral-Floridas unglaubliche Quellen von der Küste landeinwärts. Deren faszinierend türkisblaues Wasser hat das ganze Jahr über konstante 22 °C. Orte wie der Ichetucknee Springs State Park sind toll fürs Tubing mit Freunden. Ginnie Springs lädt zu Kajaktrips zwischen Sprüngen ins kühle Nass ein. Und den Rainbow Springs State Park liebe ich für Schnorchelausflüge durch ein wahres Meerjungfrauen-Wunderland.

Ginnie Springs bei Jacksonville (S. 315)

SONNENTAGE

Niemandem verraten: Florida schafft es gerade so unter die zehn sonnigsten US-Bundesstaaten. Dennoch genießt der Sunshine State pro Jahr etwa 230 Tage mit wolkenlosem Himmel (regionaler Rekordhalter: Fort Myers mit ca. 270 Tagen).

JULI	AUGUST	SEPTEMBER	OKTOBER	NOVEMBER	DEZEMBER
Max. ø-Temp.: **32,2 °C**	Max. ø-Temp.: **31,7 °C**	Max. ø-Temp.: **30,6 °C**	Max. ø-Temp.: **28,3 °C**	Max. ø-Temp.: **25 °C**	Max. ø-Temp.: **22,8 °C**
Regentage: **18**	Regentage: **18**	Regentage: **16**	Regentage: **9**	Regentage: **6**	Regentage: **7**

LINKS: FORESTPATH/SHUTTERSTOCK ©; RECHTS: FRANCISCO BLANCO/SHUTTERSTOCK ©

BESTENS VORBEREITET AUF FLORIDA

Nützliches zum Vorbereiten und Einstimmen.

Kleidung

Hitze: Selbst im Winter kann es hier tagsüber um die 28 °C warm sein. Somit empfiehlt es, sich leichte und luftdurchlässige Kleidung mitzubringen.

Kälte: Abends sinken die Temperaturen teilweise recht stark. Auch im Sommer ist eine leichte Jacke für windige Küstenspaziergänge empfehlenswert.

Regen: In Florida ganzjährig möglich (die stärksten Unwetter gibt es im Sommer). Daher eine leichte Regenjacke und/oder einen Regenschirm parat haben.

Kopfbedeckung: Ob Wanderhut oder vornehmes Panama-Modell zum Ausgehen: Eine breite Krempe ist sinnvoll. Baseball-Caps sind auch beliebt, erfordern aber zusätzlich Sonnencreme im Nacken.

Etikette

Die meisten Einheimischen sind recht freundlich und geben gern Auskunft (z.B. zu lokalen Attraktionen, Restaurants, Bars).

Die meisten Einheimischen vermeiden brisante Themen wie Politik, sondern reden lieber über Sport: Mit fast einem Dutzend Profi- und diversen College-Teams ist in dieser Hinsicht in Florida immer was los.

Grüßen bei einer Begegnung ist in Kleinstädten und weniger touristischen Ecken (z.B. State Parks) üblich.

Schuhe: Wasserschuhe empfehlen sich für Märsche auf sumpfigen Pfaden und in den Everglades. Sandalen bzw. Flip-Flops sind gut für den Strand, Wanderschuhe für (längere) Stadterkundungen.

LESEN

Swamplandia! (Karen Russell; 2011) Humorvolle, aber nachdenklich stimmende Geschichte über die Betreiberfamilie eines Alligatorenparks in den Everglades.

The Everglades: River of Grass (Marjory Stoneman Douglas; 1947) Bahnbrechendes Buch, das die öffentliche Wahrnehmung von Floridas Feuchtgebieten veränderte.

Florida: Erzählungen (Lauren Groff; 2018) Surreale und toll geschriebene Kurzgeschichten von einer von Floridas besten Belletristik-Autorinnen.

Squeeze Me (Carl Hiaasen; 2020) Das neueste Werk von Floridas produktivstem Humoristen ist eine beißende Satire auf die Politikszene.

Vokabeln

Conchs (*konks*) Ursprünglich die Bezeichnung für Eingewanderte von den Bahamas mit europäischen Wurzeln, heute für die Einwohner von Key West – und für die leckeren Meeresschnecken (meist frittiert) der Region.

Cracker Regionale Bezeichnung für frühe Pioniere, die als Farmer und Viehtreiber arbeiteten. Einheimische verwenden den Ausdruck teilweise bis heute, wenn ihre Familie eine lange Beziehung zum ländlichen Florida hat.

Gladesmen Raubeinige Typen, die gern in den Everglades angeln, jagen und zelten.

Hammock Keine Hängematte aus Stoff, sondern ein erhöhtes Areal mit Hartholz-Gewächsen (beispielsweise Eichen, Palmen, Schwarzholz-Akazien).

Intracoastal Waterway Netzwerk aus Kanälen, Buchten, Meeresarmen und Flüssen, das ruhige Bootstouren an der Golf- und Atlantikküste ermöglicht.

Key (von span. *cayo*) Kleines und uraltes Korallenatoll. „The Keys" sind die 1700 Inselchen in Floridas äußerstem Süden.

Old Florida Das gute alte Florida wozu man u.a. State Parks, nicht modernisierte Kleinstädte und traditionelle Küstengemeinden zählt.

Panhandle Teil von Nordwest-Florida zwischen der Apalachee Bay und der Staatsgrenze zu Alabama (ca. 400 km).

Snowbirds Kälteflüchtlinge aus weiter nördlich gelegenen Regionen der USA, die über den Winter vorübergehend in Florida leben.

Y'all Kurzform von *you all*, mit der üblicherweise Personengruppen begrüßt bzw. angesprochen werden.

ANSCHAUEN

Adaptation – Der Orchideen-Dieb (Spike Jonze; 2002) Preisgekrönter Film auf der Basis von Susan Orleans Sachbuch *Der Orchideen-Dieb*.

Moonlight (Barry Jenkins; 2016) Geschichte übers Erwachsenwerden, die Sexualität und Selbstentdeckung thematisiert.

The Florida Project (Sean Baker; 2017) Eindrucksvoller Film über kindliche Unschuld in einer unscheinbaren Gemeinde.

Gangster in Key Largo (John Huston; 1948) Film-noir-Klassiker (Hauptrollen: Bacall und Bogart) über Flucht, Doppelspiel und einen verhängnisvollen Hurrikan.

Mein Freund, der Delfin (Charles Martin Smith; 2011) Beliebter Familienfilm über einen verstümmelten Delfin, der mit einer künstlichen Schwanzflosse ein neues Leben beginnt.

REINHÖREN

Danger High Voltage (Betty Wright; 1972) Stimmungsvolle Grooves von Miamis bahnbrechender Königin des Soul.

Songs You Know by Heart (Jimmy Buffett; 1985) Compilation mit Buffetts größten Hits (inkl. *Margaritaville* und *Cheeseburger in Paradise*).

Signs (Tedeschi Trucks Band; 2019) Band aus Jacksonville, die Blues, Jazz und Südstaaten-Rock unter der Leitung eines Ehepaars mixt.

The Miami Guide (Miami Mike; 2022) Podcast aus Süd-Florida, der urbane Kunst, Natur, Entwicklung und Nachhaltigkeit thematisiert.

Straßenschild, Walt Disney World® (S. 210)

TOP-TIPPS

DIE THEMENPARKS

Walt Disney World®, Universal Orlando Resort und LEGOLAND locken jedes Jahr Millionen Besucher:innen nach Orlando, der Welthauptstadt der Themenparks. Auch Busch Gardens nahe von Tampa und ein paar weiterer weniger bekannter Parks haben ihre Fans. Hier eine Zusammenfassung des Angebots und Vorschläge für unvergessliche Erlebnisse.

Die Großen Vier

WALT DISNEY WORLD®

Walt Disney World® (S. 210), auch als „glücklichster Ort der Welt" bekannt, erstreckt sich über ca. 109 km² und bietet vier völlig unterschiedliche Themenparks mit Rides und Shows für alle Altersgruppen- von Kleinkindern bis zu Erwachsenen: **Magic Kingdom** (S. 217), **Disney's Hollywood Studios** (S. 226), **Disney's Animal Kingdom** (S. 232) und **Epcot** (S. 237). Zudem gibt's zwei Wasserparks (Typhoon Lagoon & Blizzard Beach), mehr als 32 Resorts, 200 Restaurants und zwei Einkaufs- und Ausgehviertel (Disney Springs & Disney's BoardWalk) sowie vier Golfplätze, zwei Minigolfplätze und Lagunen mit Wassersportmöglichkeiten. Alle sind durch ein System von kostenlosen Bussen, Booten und Monorails miteinander verbunden.

UNIVERSAL ORLANDO RESORT

Das **Universal Orlando Resort** (S. 247) ist ein Komplex mit zwei tollen Themenparks – **Islands of Adventure** (S. 250) und **Universal Studios** (S. 255) – und einem Wasserpark (**Volcano Bay**; S. 248), acht Resorts und dem CityWalk (S. 249) – einem Vergnügungsviertel mit allerlei Restaurants. Alle Bereiche sind durch Wege und einen Bootsshuttle verbunden. Fans von Mario und Luigi können in der neuen Super Nintendo World Teil des Spiels werden, indem sie beim Augmented-Reality-Mario-Kart-Ride um die Wette fahren, in einem von Toad inspirierten Restaurant essen und mit Mario, Luigi und Prinzessin Peach Selfies machen.

REISEZEIT

Viel/wenig los In den Schulferien in den USA, inklusive der Sommerferien (Juni–Aug.), der Frühjahrsferien (März–Mitte April), des Thanksgiving-Wochenendes und zwischen Weihnachten und Neujahr sind Andrang und Preise am höchsten. Falls möglich, sollte man diese Zeiten meiden. Auch an Feiertagswochenenden können die Menschenmassen erheblich sein, insbesondere am President's Day (Feb.), Memorial Day (Mai) und Veterans Day (Nov.).

Am ruhigsten ist es Mitte Januar bis Februar, September bis Mitte Oktober, die erste Hälfte im Mai und zwischen dem Thanksgiving-Wochenende und Mitte Dezember.

Besondere Events & Ticket-Planung Zu den lohnenswerten Veranstaltungen gehören das Epcot International Food & Wine Festival (Mitte Juli–Mitte Nov.), Mickey's Very Merry Christmas Party (Nov.–Dez.) und Universal Orlandos Halloween Horror Nights (Sept./Okt.).

Bei Disney und Universal sinken die Kosten für den Eintritt pro Tag, je mehr Tage man bucht. Auf den Websites der Parks gibt's aktuelle Angebote, Unterkunfts- und Verpflegungspakete. Für den Zutritt zu den Ferienanlagen selbst benötigt man kein Ticket, nur für die Themen- und Wasserparks. Außerhalb der Themenparks (vor allem in Walt Disney World®) werden allerlei Unterhaltungs- und Aktivitätsmöglichkeiten angeboten.

LEGOLAND

Im **LEGOLAND** (S. 266) erwachen LEGO-Sets in voller Größe zum Leben. Der Park ist kleiner als die anderen Top-Themenparks Floridas, die Atmosphäre ist ruhiger und weniger überlaufen, was das Klemmbausteinland zu einer guten Wahl für Familien mit kleinen Kindern macht. Der **Peppa Pig Theme Park** (S. 266) liegt nur wenige Schritte entfernt. Hier können die Kleinen in die bunte Welt von Peppa und ihren Freunden eintauchen.

BUSCH GARDENS

Busch Gardens (S. 345) steht für die Zeiten, als Freizeitparks vor allem Achterbahnen bedeutete, und ist großartig für all jene, die es schnell und schweißtreibend mögen. Neben diversen Shows und Musik-Events bietet Busch Gardens Tierbeobachtung in zehn unterschiedlichen afrikanischen Themenbereichen – über 2700 Tiere sind hier zu Hause.

Achterbahn Cheetah Hunt, Busch Gardens (S. 345)

STRATEGIEN FÜR DIE PARKS

Vor der Abreise

- Unbedingt die Apps der Parks herunterladen. Mit ihnen lassen sich Eintrittskarten kaufen, das Programm planen und Unterhaltungs- und Verpflegungspakete reservieren. Vor Ort bieten die Apps My Disney Experience und Official Universal Orlando Resort Angaben zu den aktuellen Wartezeiten, Karten und die Möglichkeit Speisen und Getränke zu bestellen.
- In vielen Parks sind die Eintrittskarten im Vorverkauf günstiger. Reduziert auch die Zeit in Warteschlangen. Online-Kalender bieten die Möglichkeit, Preise über mehrere Monate hinweg zu überprüfen.
- Der Kauf von Mehrtageskarten erlaubt Flexibilität und bessere Planung. Stoßzeiten lassen sich so dort verbringen, wo gerade weniger los ist.
- Disney-Restaurants kann man bis zu 180 Tage vorher reservieren. Reservierungen lohnen sich oft in jenen Restaurants, die man unbedingt besuchen will.

Im Park

- Am besten ist man schon vor Ort, bevor die Parks geöffnet werden, um sich dann direkt die beliebtesten Rides vorzunehmen. Gegen Mittag ist der Andrang am größten. Vielleicht plant man für diese paar Stunden andere Aktivitäten ein.
- Wer ein paar Snacks einpackt – Sandwiches/Obst – spart Zeit, Geld und Stress.
- Unbedingt die Zeit bedenken, die man braucht, um von einem Ort zum nächsten zu kommen – im Park und außerhalb.

PETER ACKER/SHUTTERSTOCK ©

Grouper Sandwich

ESSEN WIE DIE LOCALS

Florida ist ein Paradies für Feinschmecker:innen, ob leckeres Obst vom Markt oder fangfrische Meeresfrüchte

Die kulinarischen Genüsse Floridas beruhen auf einer Mischung ausgezeichneter Zutaten – Meeresfrüchte aus Golf und Atlantik, die besten tropischen und Zitrusfrüchte der USA, Einflüsse der Südstaatenküche und Lateinamerikas – die von begabten und kreativen Köchinnen und Köchen verarbeitet werden.

Auf der schmalen Halbinsel ist kein Ort weiter als 128 km von der Küste entfernt. So verwundert es nicht, dass fangfrischer Fisch und Krustentiere jeder Art und Größe überall die Speisekarten beherrschen, ob als Grouper Sandwich in der rustikalen Hafenkneipe oder mehrgängigem Menü in einem der vielen preisgekrönten Restaurants.

Abgesehen von Meeresfrüchten bietet Florida aber auch ganz anderes Essen, insbesondere Gerichte aus der ganzen Welt in einem der beliebten Food Courts. Und auch an Getränken hat Florida einiges zu bieten, von tropischen Fruchtsmoothies über kubanischen Kaffee bis zu unzähligen Craftbieren.

Früchte des Meeres

Der Grouper oder Zackenbarsch ist der mit Abstand beliebteste Fisch in Florida. Und so ist das Grouper Sandwich für Florida was das Cheesesteak für Philadelphia und die Pizza für Manhattan sind – das typische Gericht und der Maßstab für die Qualität des ganzen Restaurants. Dabei kann die Frage, wie der Fisch am besten gegrillt oder gebraten wird, durchaus zu handfesten Auseinandersetzungen führen, ebenso, wie die Frage, wo es den besten Fischeintopf gibt.

Ebenfalls sehr beliebt sind Snapper oder Rotbarsch in allen Variationen, Mahimahi (Goldmakrele, die Travellern aber oft als Delfin verkauft wird) und Catfish, eine Art Wels.

Noch vielfältiger ist das Angebot an Krustentieren: von rosa Shrimps über Rock Shrimps bis zu den berühmten Blue Crabs mit der weichen Schale – sie werden in Florida speziell gezüchtet und sind deshalb das ganze Jahr über erhältlich. Die Krabben werden, wie in den Südstaaten üblich, zumeist gekocht, im Nordosten aber meist nur gedämpft. Unbedingt beides probieren!

Languste und Steinkrabbe haben in Florida nur im Winter (Oktober bis April) Saison. Außerhalb der Saison werden tiefgefrorene Tiere verarbeitet. Die Langusten hier haben einen langen, fleischigen Schwanz und keine Zangen wie ihre Artgenossen in Maine. Von der süßlich schmeckenden Steinkrabbe wird dagegen nur die Zange gedämpft mit Butter oder der allgegenwärtigen Senfsauce serviert.

Obst & Gemüse

Die meisten gehobenen Restaurants verweisen heute stolz auf die örtliche Herkunft ihrer Lebensmittel. Floridas Landwirtschaft hat sich nur sehr langsam entwickelt, ist mittlerweile aber weltweit bekannt für leckere Zitrusfrüchte. Der Staat ist der größte Erzeuger von Orangen, Grapefruits, Mandarinen und Zitronen in den USA. Es gibt aber auch Zuckerrohr und Mangos, Bananen, Erdbeeren, Kokosnüsse, Avocados (die früheren „Alligatorbirnen") und alle tropischen Obst- und Gemüsesorten. Das Zentrum der Landwirtschaft liegt rund um Lake Okeechobee, wo sich Feld an Feld und Plantage an Plantage reiht, soweit das Auge reicht.

Kubanische & lateinamerikanische Küche

Die kubanische Küche ist eigentlich eine Mischung aus karibischen, afrikanischen und lateinamerikanischen Küchen und vor allem in Tampa und Miami weit verbreitet. Die *Loncherias* (Snackbars) bieten *Sándwich Cubano*, also kubanisches Sandwich: gegrilltes Baguette, das mit Schinken, Schweinefleisch, Käse, Senf und eingelegtem Gemüse belegt wird.

Wesentliche Bestandteile der meisten kubanischen Gerichte sind *Mojo* (eine Vinaigrette mit viel Knoblauch), *Adobo* (Fleischmarinade mit Knoblauch, Salz, Cumin, Oregano und Bitterorangensaft) und *Sofrito* (Eintopf aus Knoblauch, Zwiebeln und Chilischoten). Die sehr fleisch- und stärkelastige Küche wird in riesigen Portionen serviert. Zum Hauptgeericht aus Fleisch gibt's zumeist Reis, Bohnen und gebratene Kochbananen.

Aufgrund der vielen Einwander:innen aus Mittel- und Lateinamerika ist Miami ein kulinarischer Schmelztiegel. Hier gibt's haitianisches *Griot* (mariniertes gebratenes Schweinefleisch), jamaikanisches *Jerk chicken*, brasilianisches Barbecue, mittelamerikanisches *Gallo pinto* (rote Bohnen mit Reis) und nicaraguanischen *Tres leches* (Kuchen aus drei Sorten Milch).

Morgens gibt's kubanischen Kaffee bzw. *Café Cubano* oder *Cortadito*. Die Koffeinspritze ist ein stark gesüßter Espresso,

MARIDAV/SHUTTERSTOCK ©

Sándwich Cubano

CLAYTON HARRISON/SHUTTERSTOCK ©

Austern

DIE BESTEN FESTE FÜR ESSEN & TRINKEN

Visit Lauderdale Food & Wine Festival (S. 176). Im Januar wird das Ende des Winters mit Grillschlachten am Swimmingpool, Kochvorführungen und Cocktail-Wettbewerben gefeiert.

Isle of Eight Flags Shrimp Festival (S. 326) Im Mai feiert Fernandina Beach seine berühmten Schalentiere mit Essensständen, Kunst und Kunsthandwerk, Livemusik und einem Umzug.

Marathon Seafood Festival (S. 138) Bei dem zweitägigen Fest im März gibt's jede Menge fangfrische Meeresfrüchte, Fahrgeschäfte und Musik.

Florida Seafood Festival (S. 402) Im November strömen die Menschen nach Apalachicola zum großen Austernessen mit Umzug und 5-km-Lauf.

Orlando Whiskey Festival (S. 208) Im März dreht sich hier alles um Single-Malt-Whiskey, Essen und Zigarren.

Lions Seafood Festival (S. 300) Im März gibt's in St. Augustine jede Menge Meeresfrüchte, Fahrgeschäfte für Kinder und eine Craftbier-Messe.

während der *Café con leche* ein einfacher Milchkaffee aus gleichen Anteilen Kaffee und heißer Milch ist.

Eine weitere kubanische Spezialität ist *Guarapo*, frisch gepresster Zuckerrohrsaft. Die kubanischen Snackbars servieren den grünlichen Saft pur oder auf Eis, er ist auch wichtiger Bestandteil des Mojito. Manchmal ist er auch im Batidos, dem milchigen lateinamerikanischen Obstsmoothie, zu finden.

Südstaatenküche

Je weiter nördlicher man in Florida kommt, desto „südlicher" wird die Küche. Die Südstaatenküche zeichnet sich weniger durch Raffinesse als durch viel Fett aus. „Fleisch plus drei" lautet das Motto der Südstaatenküche für das typische Hauptgericht aus Fleisch – gebratenes Hühnchen, Catfish, gegrillte Spareribs, Steak oder Schweineinnereien – und drei Beilagen wie fritierte Maispuffer, Käsegrütze (eine Art Weizenpolenta), Maisbrot, Krautsalat, Kartoffelbrei, Schwarzaugenbohnen, gebratene grüne Tomaten, Grünkohl oder Maiskolben. Zum Nachtisch gibt's Pecannusskuchen. Das berühmte „Po' boy"-Sandwich ist ein längliches Brötchen, das mit Fleisch oder Fisch gefüllt wird, selbstverständlich in viel Fett gebraten.

Beim Grillen im amerikanischen Süden kommt alles auf den Rauch an. Tatsächlich wird in Amerika nicht über offenem Feuer gegrillt, sondern eher langsam geräuchert, wobei dem Rauch teilweise noch Gewürze und sogar Essig zugesetzt werden, um den Geschmack zu verstärken.

Die „Cracker"-Küche ist Floridas rustikale Variante der Südstaatenküche, wobei jedoch mehr Reptilien und Amphibien verspeist werden. Außerdem führen Einflüsse der Cajun und Kreolen zu würzigen Suppen und Eintöpfen, die ihren Ursprung in den Sümpfen des benachbarten Louisiana haben.

Allerdings beschränkt sich diese Südstaatenküche heute nicht mehr nur auf den Norden Floridas. Schicke Variationen, eine Art Haute Cuisine der Südstaaten, finden sich mittlerweile auch von Jacksonville bis Key West.

Floribische Küche

Unter „floribischer" Küche ist die grandiose Verbindung von fangfrischen Meeresfrüchten, tropischen Früchten und superscharfem Pfeffer zu verstehen, die zu Gerichten im Stil von Nicaragua, El Salvador, der Karibik, Haiti, Kuba, der Cajun und Südstaaten verarbeitet werden. Sie wird auch als „Fusion", „Nuevo Latino", „Neue Welt", „Nouvelle Florida" oder „Palmenküche" bezeichnet. Hier ist alles zu finden, vom Ceviche aus Zitronen, Muscheln, Paprika und Chili bis zum gegrillten Zackenbarsch mit Mango, Adobo und gebratenen Kochbananen.

Margaritas am Ocean Drive in Miami (S. 60)

DIE BESTEN DRINKS

Wie überall in den USA sind auch in Florida die neuen kreativen Cocktails der Hit. Es gibt aber auch noch die guten alten Klassiker im Stil von Ernest Hemingway und Jimmy Buffett.

Mojitos sind mittlerweile auf der ganzen Welt zu bekommen, doch die besten werden immer noch in Miami gemixt, wo die krautig-süße Mischung aus Minze, Zucker und Rum auch einfach am besten schmeckt, vor allem beim Sonnenuntergang am Strand oder mit Blick auf die Stadt.

Auch der **Cuba libre** – aus Rum, Cola und Zitrone – wurde in den Südstaaten berühmt und beliebt. Tatsächlich dürfte der Cocktail der erste mit Cola gewesen sein. Da er jedoch nach dem kubanischen Freiheitskampf Anfang des 20. Jhs. benannt wurde, erhielt er noch eine ganz andere Bedeutung für die Exilkubaner während der Castro-Diktatur.

Der **Rum Runner** wurde wirklich in Florida erfunden, und zwar angeblich in der Holiday Isle Tiki Bar in Islamorada auf den Florida Keys. Der Überlieferung zufolge sollte der Barkeeper einen Weg finden, den überschüssigen Rum in der Bar gewinnbringend loszuwerden. Also mixte er Rum, Grenadine, Brandy und Bananenlikör zu der süßen Legende zusammen.

Piña colada liebte vor allem Hemingway, und Jimmy Buffett machte den Margarita berühmt. Heute behauptet jede Strandbar der Halbinsel, garantiert den besten zu machen.

Örtliche Spezialitäten

Die Spezialitäten sind von Region zu Region verschieden, haben aber meistens mit Meeresfrüchten zu tun.

Meeresfrüchte

Peel-and-eat shrimp Bei dieser uralten Spezialität in ganz Florida werden die gekochten Shrimps in der Schale serviert. Die Cocktailsauce kommt extra dazu.

Conch fritters Bei diesem Gericht der Keys werden riesige Meeresschnecken in Butter gebraten und als Snack am späten Nachmittag serviert.

Stone crabs Von der Steinkrabbe wird nur die Zange verwendet, der Rest wird wieder ins Meer geworfen. (Die Zange wächst in 12 bis 18 Monaten nach).

Süßigkeiten

Key lime pie Ein knuspriger Teig wird mit einer Art Pudding aus Zitronensaft, süßer Kondensmilch und Eigelb gefüllt und mit Eischnee bedeckt.

Gewöhnungsbedürftig

Gekochte Erdnüsse Im ländlichen Nord-Florida werden grüne, unreife Erdnüsse zu einem matschigen Brei verkocht und mit Cajun- oder anderen Gewürzen abgeschmeckt.

Alligatorenschwanz Alligatoren schmecken wie eine Mischung aus Fisch und Schweinefleisch. Das Fleisch ist gesünder als Hühnchenfleisch, denn es enthält mehr Eiweiß, nur halb so viel Fett und weniger Cholesterin. Zudem hat es weniger Kalorien.

Alligatorenschwanz

Cracker-Küche Die für Florida typische Küche verarbeitet nicht nur Alligatoren, sondern auch Räucheraal und Schlangen.

Froschschenkel Fachleute behaupten, dass die besten Froschschenkel aus den Everglades kommen. Importierte Schenkel sind kleiner und nicht so schmackhaft.

Swamp cabbage „Sumpfkohl" sind knackige Palmherzen, die leicht süßlich schmecken.

DIE BESTEN RESTAURANTS

Fat Snook (S. 282) Das Meeresfrüchte-Restaurant in Cocoa Beach bietet eine kleine, sehr feine Speisekarte und himmlische Desserts.

Casa Sensei (S. 173) Das elegante Restaurant in Fort Lauderdale serviert kreative lateinamerikanische Gerichte mit asiatischem Touch.

Enriqueta's (S. 89) Das altmodische Restaurant in Miami bietet hervorragende Tagesgerichte wie Eintopf mit Ochsenschwanz und Meeresfrüchte-Paella.

Blue Heaven (S. 161) In einem schönen Hinterhof in Key West kommt Languste und Key Lime Pie auf den Tisch.

Sandbar (S. 366) Das klassische Restaurant auf Anna Maria Island serviert fangfrischen Fisch zum Sonnenuntergang am Strand.

ESSEN IM JAHRESLAUF

FRÜHJAHR

Im Frühjahr ist das Angebot der Bauernmärkte am größten. Es gibt Blaubeeren, Cantaloupe-Melonen, Grapefruits und Orangen. Weiter nördlich werden auch die in der Südstaatenküche so beliebten Felderbsen angeboten.

SOMMER

Im heißen Sommer gibt's vor allem tropische Früchte wie Mango, Papaya, Maracuja, Lychees und Drachenfrucht. Es ist auch Angelsaison, und so findet sich jeden Tag fangfrischer Fisch auf den Speisekarten.

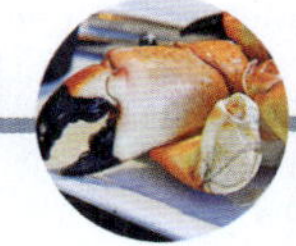

HERBST

Kürbis und Cidre? Fehlanzeige. Der Herbst in Florida ist die Zeit von Zucchini, Grünkohl, Auberginen und Blattsalaten. Mitte Oktober beginnt die Steinkrabbensaison, die bis Mitte Mai dauert.

WINTER

Von November bis Juni gibt's die leckeren rosa Shrimps von Key West. Im Süden ist Erdbeersaison. Von Ende Dezember bis Anfang April kannst du auf vielen Farmen wie z. B. der Knaus Berry Farm bei den Everglades die leckeren Früchte selbst pflücken.

FINE ART PHOTOS/SHUTTERSTOCK ©

Meeresschildkröte, Florida Keys (S. 134)

OUTDOOR-ERLEBNISSE

Als einziger Bundesstaat, der sowohl an die Atlantik- als auch an die Golfküste grenzt, ist Florida ein Spielplatz für Abenteuerlustige mit erstklassigen Wassersportmöglichkeiten sowie Wander- und Radtouren.

Florida ist seit über einem Jahrhundert ein Top-Reiseziel für Outdoor-Fans. Hunderte von Kilometern Strand, artenreiche Feuchtgebiete und subtropische Wälder bilden die Kulisse für mehrtägige Abenteuer. Dank seiner Lage bietet Florida tolle Möglichkeiten zum Kajakfahren, Schnorcheln, Angeln und Surfen. An Land kann man auf Wegen zu Fuß oder mit dem Fahrrad unterwegs sein oder eine mehrtägige Wanderung auf dem über 2400 km langen Florida National Scenic Trail planen. Zudem gibt es viele weniger alltägliche Aktivitäten, vom Höhlenwandern bis zum Fallschirmspringen.

Tauchen & Schnorcheln

Florida hat das größte Korallenriffsystem des Kontinents. Die beiden besten Ziele sind der John Pennekamp Coral Reef State Park in Key Largo und der Biscayne National Park südlich von Miami. Biscayne ist der einzige US-Nationalpark, der hauptsächlich unter Wasser liegt – und zwar zu 95 %. Weiter an den Keys bieten der Bahia Honda State Park oder Key West ebenfalls tolle Möglichkeiten.

Wracktauchen in Florida ist nicht weniger aufregend, und einige Wracks sind sogar nur mit Schnorchelausrüstung zugänglich. Vor der Emerald Coast bei Panama City Beach, sind so viele spanische Galeonen gesunken, dass der Ort auch als „Wrack-Hauptstadt des Südens" bezeichnet wird. Im Biscayne National Park gibt es auch einen beeindruckenden Maritime Heritage Trail unter Wasser.

Die Dry Tortugas, die nach den dort lebenden Meeresschildkröten benannt sind, sind

Outdoor-Sport

REITEN
Die Lazy H. Ranch bietet geführte, landschaftlich reizvolle Ausritte am See und im Wald bei **Kissimmee** (S. 268).

PADDELN IN DER DÄMMERUNG
Beim abendlichen Paddeln auf der **Indian River Lagoon** (S. 278) staunt man über das von Biolumineszenz beleuchtete Seegras.

SLOUGH SLOGGING
Auf geführten Sumpfwanderungen in den **Everglades** (S. 123) bewegt man sich unter einem Dom aus Zypressen.

FAMILIEN-ABENTEUER

Interessantes über die Delfine vor **Marco Island** (S. 119) lässt sich auf einer naturkundlichen Bootstour erfahren.
Einen Surfkurs am **Cocoa Beach** (S. 282) buchen; ideal für Unerfahrene.
Die Unterwasserwelt auf einer Tour mit dem Glasbodenboot vorbeigleiten lassen oder beim Schnorcheln im **John Pennekamp Coral Reef State Park** (S. 141) hautnah erleben.
Tiere an den Bohlenwegen an der Main Park Rd in den Everglades beobachten und dann in **Flamingo** (S. 125) einen Bootsausflug machen.
Eine Kajaktour auf einem kristallklaren Fluss und anschließend eine Meerjungfrauen-Show im Unterwassertheater von **Weeki Wachee Springs** (S. 344) unternehmen.
Eine malerische Fahrradtour auf dem knapp 30 km langen Timpoochee Trail machen, der sich durch die schöne Landschaft des **Panhandle** (S. 396) schlängelt.

einen Abstecher wert, denn ihre unberührten Gewässer laden zum Schnorcheln ein.

Kanu- & Kajakfahren

Kanu- und Kajakfahren sind zwei hervorragende Möglichkeiten, diesen wasserreichen Staat zu erkunden. Was die Flüsse angeht, so verkörpert der 333 km lange Suwannee River Florida in Reinkultur: Er ist ein mäanderndes, schlammiges Band mit 60 klaren blauen Quellen, das vom Okefenokee Swamp in Georgia bis zum Golf von Mexiko reicht.

Ebenfalls unvergessliche Erlebnisse bieten folgende Flüsse: der Loxahatchee River im Jonathan Dickinson State Park, der Wekiwa River in Orlando im Wekiwa Springs State Park und der friedliche Hillsborough River in der Region Tampa.

BEST OF
Die besten Outdoor-Spots und Routen sind auf der Karte auf S. 46 zu finden.

FRANCISCO BLANCO/SHUTTERSTOCK ©

Kajakfahren, Nine Mile Pond (S. 125)

Im Everglades National Park gibt's sowohl Salzwasser- als auch Süßwasser-Paddeltouren, darunter auch Streifzüge durch Mangroven-Tunnel im Nine Mile Pond. In den nahen Ten Thousand Islands warten noch mehr Abenteuer in der Wildnis.

Weitere großartige Gebiete zum Paddeln sind der Bill Baggs Cape Florida State Park in Miami, Little Talbot Island, Econfina Creek und die Indian River Lagoon bei Vero Beach.

Wandern & Trekken

Die Wege können wegen des Wetters und – in den Everglades – aufgrund der Wegbeschaffenheit herausfordernd sein, wenn man sich abseits der Bohlenwege bewegt.

In den Sümpfen Südfloridas gibt es meist 1-Meilen-(1,6 km)-Wanderwege; diese sind hervorragend angelegt und fast immer rollstuhlgerecht. Aber auf ihnen kommt man eben nur bis zu einem bestimmten Punkt. In den Everglades sind auch „Wet Walks" möglich, bei denen man durch das Schwarzwasser im Herzen der Sümpfe waten kann.

Der Florida National Scenic Trail führt von den Sümpfen des Big Cypress National Preserve nach Norden, um den Lake Okeechobee herum, durch den Ocala National Forest und dann nach Westen zum Gulf Islands National Seashore bei Pensacola.

Weitere erstklassige Wandergebiete sind die Pinien- und Zypressenwälder des Jonathan Dickinson State Park und die maritimen Laubwälder des Weedon Island Preserve.

FALLSCHIRMSPRINGEN
Wer sich im **World Skydiving Center** (S. 322) aus dem Flugzeug stürzt, kann einen unvergesslichen Rausch erleben.

KUNST-TAUCHEN
Bei einem Tauchgang zum **Underwater Museum of Art** (S. 396) kann man Kunstwerke unter Wasser bewundern.

ZIPLINING
Nach einem Rundgang in den Baumwipfeln gleitet man in dem Abenteuerpark **Jungle Island** (S. 75) auf Ziplines über die Baumkronen.

GEISTERJAGD
Bei einer nächtlichen Geisterwanderung in **St. Augustine** (S. 307) sucht man nach Spuren des Übernatürlichen.

Nationalparks & Schutzgebiete

1. Everglades National Park (S. 112)
2. Dry Tortugas National Park (S. 157)
3. Biscayne National Park (S. 131)
4. Gulf Islands National Seashore (S. 388)
5. Castillo de San Marcos National Monument (S. 305)
6. Fort Matanzas National Monument (S. 305)
7. Canaveral National Seashore (S. 279)
8. Big Cypress National Preserve (S. 115)

Wandern & Trekken

1. Everglades National Park (S. 113)
2. Jonathan Dickinson State Park (S. 193)
3. Hillsborough River State Park (S. 346)
4. Big Cypress National Preserve (S. 115)
5. Pelican Island National Wildlife Refuge (S. 203)
6. Corkscrew Swamp Sanctuary (S. 375)
7. Wekiwa Springs State Park (S. 268)

Tauchen & Schnorcheln

1. John Pennekamp Coral Reef State Park (S. 141)
2. Biscayne National Park (S. 133)
3. Florida Panhandle Shipwreck Trail (S. 386)
4. Dry Tortugas National Park (S. 157)
5. Looe Key (S. 155)
6. Lauderdale-by-the Sea (S. 183)
7. Robbie's Marina (S. 144)

ACTION AREAS

Die besten Outdoor-Erlebnisse in Florida.

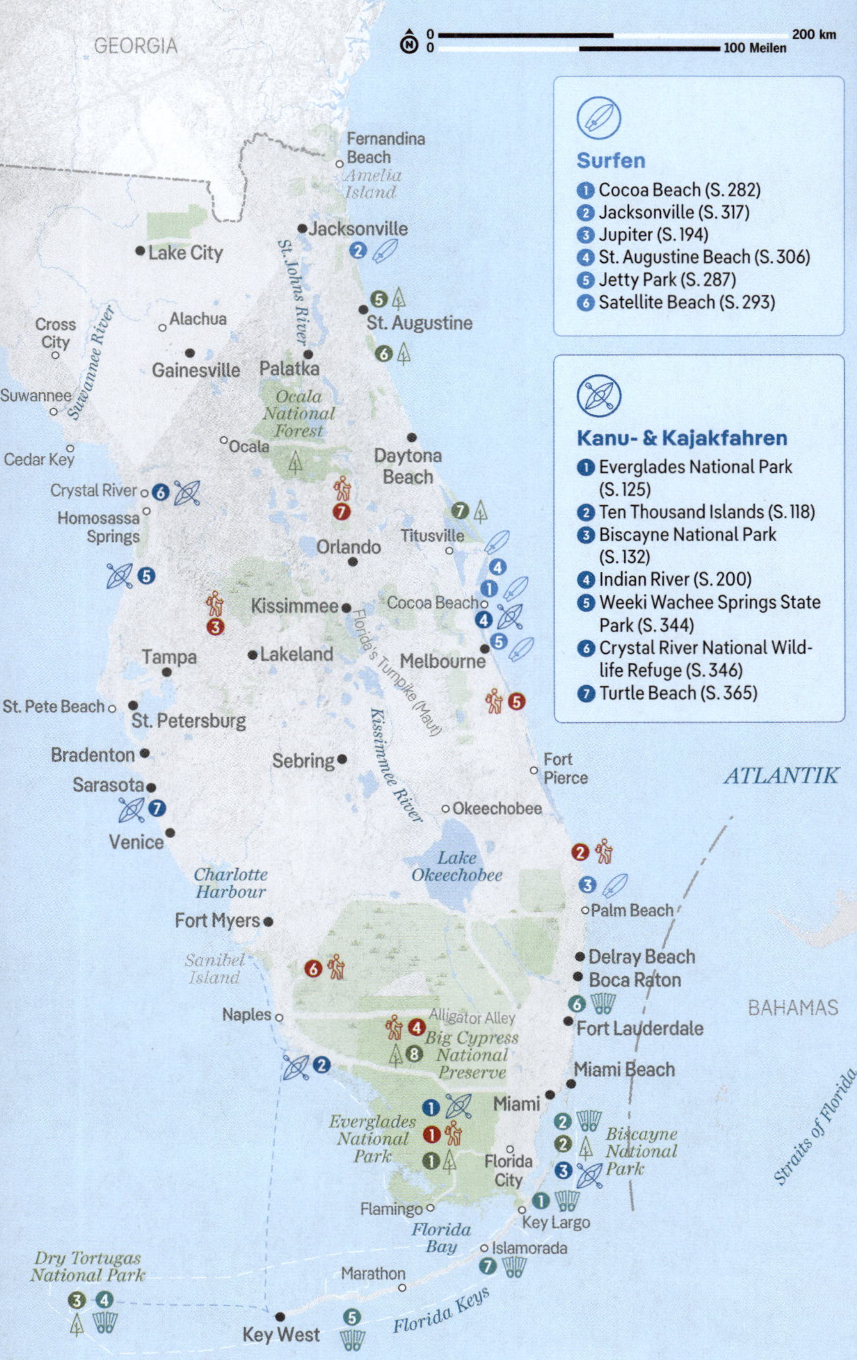

0 200 km
0 100 Meilen
Surfen
1 Cocoa Beach (S. 282)
2 Jacksonville (S. 317)
3 Jupiter (S. 194)
4 St. Augustine Beach (S. 306)
5 Jetty Park (S. 287)
6 Satellite Beach (S. 293)
Kanu- & Kajakfahren
1 Everglades National Park (S. 125)
2 Ten Thousand Islands (S. 118)
3 Biscayne National Park (S. 132)
4 Indian River (S. 200)
5 Weeki Wachee Springs State Park (S. 344)
6 Crystal River National Wildlife Refuge (S. 346)
7 Turtle Beach (S. 365)
GEORGIA
Fernandina Beach
Amelia Island
Jacksonville
Lake City
St. Johns River
St. Augustine
Cross City
Alachua
Suwannee River
Gainesville
Palatka
Suwannee
Ocala National Forest
Ocala
Cedar Key
Daytona Beach
Crystal River
Homosassa Springs
Titusville
Orlando
Kissimmee
Cocoa Beach
Florida's Turnpike (Maut)
Tampa
Lakeland
Melbourne
St. Pete Beach
St. Petersburg
Kissimmee River
Bradenton
Sebring
Fort Pierce
ATLANTIK
Sarasota
Okeechobee
Venice
Lake Okeechobee
Charlotte Harbour
Palm Beach
Fort Myers
Sanibel Island
Delray Beach
Boca Raton
BAHAMAS
Naples
Alligator Alley
Fort Lauderdale
Big Cypress National Preserve
Miami Beach
Miami
Everglades National Park
Biscayne National Park
Florida City
Straits of Florida
Flamingo
Key Largo
Florida Bay
Islamorada
Dry Tortugas National Park
Marathon
Florida Keys
Key West

FLORIDA

REISEZIELE

In jeder Region starten wir mit dem perfekten Standort, um die Umgebung zu erkunden. Entdecke einzigartige Erlebnisse, Tipps unserer Autor:innen und Expert:innen, Hintergründe und Empfehlungen.

Cape Florida Lighthouse (S. 104)

MIAMI

LATEINAMERIKA TRIFFT AUF DIE KARIBIK

Miami definiert Südflorida und steht zugleich für sich. Dafür sorgen kulturelle Enklaven mit Einflüssen aus aller Welt, vereint durch Kunst und Kreativität, die alle Sinne ansprechen.

In Miami verschmelzen die Karibik, Nordamerika und Lateinamerika auf einzigartige Weise miteinander. Die Vielfalt spiegelt sich in einer ausgeprägten hedonistischen Lebensfreude und der Wertschätzung schöner Dinge (und Menschen!) wider. Art-déco-Architektur und Graffitis sind die Kulisse, kubanischer Kaffee der Treibstoff und *reggaetón* sowie klickende Dominosteine der Soundtrack einer Stadt mit rosaroten Sonnenuntergängen über einer silbernen Skyline und der feuchten Luft der Biscayne Bay.

Kreativität ist ein Markenzeichen der Stadt. Ob Kunst, Design oder internationale Küche, Miami ist stets offen für Neues. Originelle Restaurants verbinden östliche, westliche, südamerikanische und lateinamerikanische Einflüsse miteinander, während Freiluftgalerien in einst verlassenen Lagerhallen hochwertige Kunst zeigen. Die einzige Konstante Miamis ist die Fähigkeit zu überraschen.

Nur wenige amerikanische Städte sind mit solch wunderschöner Natur gesegnet wie Miami. Weiße Sandstrände grenzen an das blaugrüne Wasser – perfekt für einen Abendspaziergang an den ruhigen Abschnitten von Mid-Beach oder eine malerische Kanutour auf der Suche nach Manatis vor Virginia Key. Auf den Wegen des Oleta River State Park lassen sich farbenfrohe Vögel entdecken und in der Stadt locken tropische Gärten. Ganzjähriger Sonnenschein und die Liebe zum Feiern sorgen für ausgelassene Partys unter freiem Himmel, sei es in Form von großen Musik- und Tanzfestivals oder von zahlreichen Stadt-Fiestas.

Auch abseits der Strände weiß Miami zu bezaubern. Die großartigen Hotels aus den 1930er-Jahren entlang des Ocean Drive sind Teil der weltweit eindrucksvollsten Sammlung von Art-déco-Gebäuden. Tropische Motive, skurrile nautische Elemente und ikonische Pastelltöne sorgen bei der Entdeckungstour in den Straßen von Miami Beach für eine filmreife Kulisse.

Am Abend, wenn die für Südflorida typischen farbenfrohen Sonnenuntergänge den Himmel färben, beginnt für Miamis Partygemeinde der beste Teil des Tages. Bei Mondlicht entfaltet sich die ganze Magie der Stadt, wobei abseits des Glamours etwas für jeden Geschmack geboten wird, von Hinterhofbars voller Indie-Rock-Fans bis hin zu Vergnügungsetablissements, die sich hinter neonbeleuchteten Taco-Ständen verstecken.

WICHTIGE ZIELE

DOWNTOWN & BRICKELL
Museen, eine Monorail und glitzernde Skylines. S. 68

MIAMI BEACH
Sonne, Sand, Clubs und Ästhetik. S. 56

LITTLE HAVANA
Wandmalereien, Bars, Geschäfte und Cafés. S. 78

Rechts: Wachturm, South Beach (S. 60); oben: Ocean Drive (S. 60)

Erste Orientierung

Miami und Miami Beach sind zwei eigene Städte, verbunden durch verschiedene Dammstraßen. Der Großraum Miami im Norden und Süden ist durch verkehrsreiche Schnellstraßen angebunden. Die Wasserwege und größeren Highways in Miami dienen oft als Grenzlinien der Stadtviertel.

ATLANTIK

NORMANDY SHORES
NORTH BEACH
UPPER EAST SIDE
NORTH BAY VILLAGE
Miami Beach
S. 56
Patricia & Phillip Frost Museum of Science
Pérez Art Museum Miami
Miami Children's Museum
South Beach
Art Deco Historic District
Freedom Tower
Bayfront Park
Downtown & Brickell
S. 68
Fisher Island
VIRGINIA KEY
Crandon Park
KEY BISCAYNE
Bill Baggs Cape Florida State Park

VOM/ZUM FLUGHAFEN

Die üblichen App-Fahrdienste sind am Miami International Airport an zehn Standorten im ersten Stock im Ankunftsbereich vertreten. Ansonsten stehen im Erdgeschoss vor der Gepäckausgabe Taxis mit Taxameter bereit. Es gelten feste Tarife (ca. 35 bis 50 US$ nach Miami Beach, 25 US$ nach Downtown).

AUTO & MOTORRAD

Die wichtigste Schnellstraße, die I-95, endet am US Hwy 1 südlich der Downtown. Wer zwischen 7 und 9 Uhr bzw. 15 und 18 Uhr in der Stadt unterwegs ist, sollte mindestens eine zusätzliche Fahrtstunde einplanen, insbesondere wenn Miami Beach das Ziel ist.

FAHRRAD

Das Fahrradverleihsystem Citi Bike hat verschiedene Stationen in Miami und Miami Beach. Miami ist eben, der Verkehr teils jedoch katastrophal. Im Großraum Miami kann man Roller über Drittanbieter-Apps ausleihen.

BUS

Miamis städtisches Busnetz nennt sich Metrobus. Damit kommt man fast überall hin, wenn auch nicht sehr schnell. Die Buslinien haben eigene Fahrpläne und verkehren in der Regel zwischen 5 und 23 Uhr, teils auch rund um die Uhr.

Perfekte Tage

Der Tag startet mit einem *cafecito* (starker, süßer kubanischer Espresso) mit *pastelito* (Blätterteiggebäck) – der Kaffee allein verleiht Energie für die nächsten 48 Stunden!

LAZYLLAMA/SHUTTERSTOCK ©

Radtour am Strand, Ocean Drive (S. 60)

Tag 1

● Los geht's mit einem Morgenspaziergang in South Beach, danach gibt das **Art Deco Museum** (S. 61) einen Überblick über das ikonische Architekturviertel. Die Art-déco-Schönheiten am Ocean Drive bestaunt man auf eigene Faust oder schließt sich einer Führung der **Miami Design Preservation League** (S. 61) an. Art-déco-Kontext liefert die **Wolfsonian-FIU** (S. 56).

● Nach einem Mittagessen im **11th Street Diner** (S. 62) spaziert man die Lincoln Road entlang, einen verkehrsberuhigten Boulevard mit Geschäften, Restaurants, Models, staunenden Schaulustigen und dergleichen.

● Abends gibt's moderne amerikanische Küche im **Stubborn Seed** (S. 65), bevor die spanische Architektur am **Española Way** (S. 58) lockt. Der Tag endet mit ein paar Drinks im **Sweet Liberty** (S. 65).

... nicht verpassen

In Miami hat man Südflorida direkt vor der Nase – diese Magische Stadt ist das urbane Herz der feuchten, wilden Region.

FESTIVALFIEBER

Mindestens einmal pro Monat gibt es etwas zu feiern, sei es beim **Jüdischen Filmfestival** oder auf riesigen **Straßenpartys**.

DIE SCHULBANK DRÜCKEN

Der Campus der **University of Miami** (S. 91) mischt traditionelles College-Leben mit dem tropischen Stil von Coral Gables.

KUNST ERLEBEN

Das **Museum of Contemporary Art North Miami** (S. 104) überzeugt mit guten Ausstellungen und fachkundiger Kuration.

YES MARKET MEDIA/SHUTTERSTOCK ©, YES MARKET MEDIA/SHUTTERSTOCK ©, JEAN BAPTISTE LACROIX/GETTY IMAGES ©

Tag 2

- Der Tag beginnt mit einem Espresso bei **Enriqueta's** (S. 89) am Rand von Wynwood. Dann bestaunt man die Wandkunst der **Wynwood Walls** (S. 85) und erkundet die **Margulies Collection at the Warehouse** (S. 85). Hintergründe zur Straßenkunst liefert das **Museum of Graffiti** (S. 84).

- Am Nachmittag lockt das **Pérez Art Museum Miami** (S. 71), dessen zeitgenössische Kunst zur besten der Stadt zählt. Danach geht's zum **Bayfront Park** (S. 71), wo man sich die **Noguchi-Skulpturen** (S. 85) ansieht und wie die Einheimischen am Meer picknickt.

- Zurück in Wynwood gibt's Abendessen in der asiatischen Food Hall **1800 Lucky** (S. 89) und anschließend ein paar Drinks bei **Sylvester** (S. 88) oder beim **Wynwood Marketplace** (S. 86).

Tag 3

- Ein morgendlicher Spaziergang führt durch die europäischen Gärten und die mit Kunst und Antiquitäten gefüllten Innenräume der **Villa Vizcaya** (S. 93). Dann stehen eine Shoppingtour in Coconut Grove und der **Barnacle Historic State Park** (S. 91) mit hübscher Aussicht auf dem Programm.

- Fürs Mittagessen ist das **Xixon** (S. 82) in Little Havanna eine gute Wahl, dann kann man sich im **Máximo Gómez Park** (S. 79) Dominospiele ansehen. Für Erfrischung sorgt ein frisch gepresster Saft von **Los Pinareños Frutería** (S. 82).

- Nach einem modern-kubanischen Abendessen bei **Doce Provisions** (S. 82) gibt's Livemusik im **Cafe La Trova** (S. 81), wo Latin Jazz, Flamenco, kubanischer Son und andere Stile gespielt werden.

OUTDOOR-ABENTEUER

Mit einem geliehenen Kajak oder Paddel-Board von **ROAM Oleta River Outdoor Center** (S. 65) geht's vor dschungelähnlicher Kulisse ins Wasser.

STRANDVERGNÜGEN

Ein Tag am Strand ist sicherlich kein Geheimtipp, doch nur wenige Reisende besuchen den **Crandon Park** (S. 102) draußen in Key Biscayne.

LITTLE HAITI GANZ GROSS

Beim **Sounds of Little Haiti** (S. 101) treten jeden dritten Freitag im Monat haitianische Bands auf.

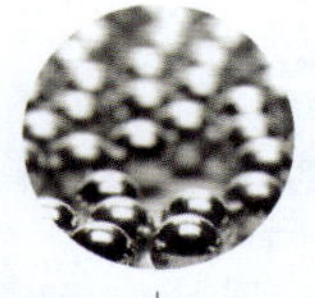

AUF ZUM RUBELL

Selbst Einheimische haben das **Rubell Museum** (S. 74) oft nicht auf dem Schirm, dabei bietet es erstklassige Kunst.

MIAMI BEACH

SONNE, SAND UND KÖRPERKULT

Wenn sich Außenstehende Miami vorstellen, denken sie meist an die separate Stadt Miami Beach, insbesondere an das Viertel South Beach. „SoBe" erfüllt viele Südflorida-Klischees: Traumstrand, wunderschöne Art-déco-Architektur, edle Boutiquen sowie belebte Bars und Restaurants. Doch auch abseits des Glamours und der teuren Unterkünfte hat das Viertel viel zu bieten. Neben tollen bodenständigen Bars und guten Lokalen gibt es wunderbare Museen – und das alles vor der überaus reizvollen pastellfarbenen Art-déco-Kulisse.

In South Beach kommt jeder auf seine Kosten. Wer früh aufsteht, geht zum Strand, gönnt sich ein veganes Frühstück, praktiziert Yoga und beschließt den Tag mit einem gesunden Abendessen und einem Konzert im New World Center. Nachteulen starten mit Kaffee und Bloody Marys, faulenzen am Strand, shoppen auf der Lincoln Rd, essen in Sunset Harbour zu Abend und machen nachts Lounges, Dachbars und Tanzclubs unsicher.

TOP TIPP

South Beach bietet etwas für jeden Geschmack. Es kann chaotisch und hedonistisch sein (Ocean Dr rund um 9th St), aber auch bodenständig und gesetzt (SoFi oder die Blocks südlich der 5th St). Wobei „gesetzt" ein relativer Begriff ist – die Nacht zum Tage machen kann man im Grunde überall!

JAMES KIRKIKIS/SHUTTERSTOCK ©

Das Carlyle, Art Deco Historic District

Art Deco Historic District

ZEITLOSES TROPISCHES DESIGN

Das weltbekannte Art-déco-Viertel von Miami Beach steht für Überfluss pur. Die Architektur prägen kühne Linien, originelle tropische Motive und eine Farbpalette, die all die Schönheit der Palmenwälder und Prärien, die einst Südflorida bedeckten, heraufbeschwören. Jedes der 800 Gebäude, die zum National Register *of Historic Buildings* zählen, hat sein eigenes Design und ein Spaziergang zu den restaurierten Schönheiten ist sehr eindrucksvoll. Art-déco-Architektur in ihrer schönsten Form findet sich zwischen 11th St und 14th St, wo jedes Haus ein Kunstwerk ist.

Wolfsonian-FIU

INNENEINRICHTUNG ALS MUSEUMSKUNST

Das exzellente Designmuseum besucht man am besten gleich zu Beginn der Reise, um die Ästhetik von Miami Beach zu verstehen. Zu sehen, wie sich Reichtum, Muße und das Streben nach Schönheit manifestieren, ist eine Sache, doch die Wurzeln und feinen Unterschiede der Kunstbewegungen zu kennen, ist eine andere. Das Wolfsonian beschreibt die Entwicklung des Innendesigns. Es legt dabei den Fokus auf die Zeit vom späten 19. Jh. bis zum Ende des Zweiten Weltkriegs und zeigt, wie sich diese Trends in den Art-déco-Fassaden von SoBe niederschlugen. Auch das Wolfsonian selbst weiß architektonisch zu beeindrucken.

HIGHLIGHTS
1 Art Deco Historic District
2 Betsy Orb/Poetry Rail
3 Española Way Promenade
4 Lincoln Road
5 New World Center
6 South Beach
7 South Pointe Park
8 Wolfsonian-FIU

SEHENSWERTES
9 11th Street Diner
10 Art Deco Museum
siehe 1 Cardozo
siehe 1 Carlyle
11 Eden Roc
12 Faena Forum
13 Fontainebleau
siehe 1 Leslie Hotel
14 Maurice Gibb Memorial Park
15 Miami Beach Boardwalk
16 Miami Beach Botanical Garden
17 Miami Beach Community Church
18 Miami Beach Holocaust Memorial
19 Temple Emanu-El
20 US Post Office
21 Winter Haven Hotel

ÜBERNACHTEN
22 Faena Hotel

AUSGEHEN & FEIERN
23 True Loaf

SHOPPEN
24 Faena Bazaar
25 Sunset Clothing Co
26 Taschen

Española Way Promenade

ANDALUSISCHE FLANIERMEILE

Der Española Way (Bild links) ist eine spanische Promenade, so „authentisch“ wie in einem Themenpark à la Florida. Der mit Kopfsteinen und Terrakotta gepflasterte Weg mit rosa- und cremefarbener spanischer Architektur bietet von den vielen Restaurants Blicke auf das bunte Treiben. Das Ganze ist ein Touristenmekka, entsprechend hoch sind die Preise. Dafür bietet die Promenade unterhaltsame Abwechslung vom Strandleben sowie die eine oder andere Restaurantperle von South Beach.

New World Center

New World Center

MEERESBRISE & UNTERHALTUNG

Die von Frank Gehry entworfene Konzerthalle thront majestätisch inmitten einer gepflegten Rasenfläche gleich oberhalb der Lincoln Rd. Passend zu der himmelsgleichen Musik umhüllt die Fassade aus Glas und Stahl für Gehry typische segelartige Formen im Inneren, die zu der hervorragenden Akustik und der futuristischen Qualität des Konzertsaals beitragen. Rundherum erstreckt sich ein 1 ha großer öffentlicher Park mit dem passenden Namen **SoundScape Park**. Manche Vorstellungen werden nach draußen auf eine 650 m² große Projektionswand (den sogenannten **WALLCAST**) übertragen, die ein einzigartiges Freiluftkinoerlebnis garantiert. Die 45-minütigen Führungen r eserviert man im Voraus.

Lincoln Road

SHOPPEN & FLANIEREN

Auf der Lincoln Road Mall, einer Fußgängerzone zwischen Alton Road und Washington Avenue in South Beach, heißt es Sehen und Gesehenwerden – manchmal gleicht sie mehr einem Laufsteg als einer Straße. Carl Fisher, der Gründungsvater von Miami Beach, konzipierte sie als eine Art Fifth Avenue des Südens. Hauptverantwortlich für das Design ist Morris Lapidus, ein Mitbegründer des unkonventionellen neobarocken Miami-Beach-Stils. Er schuf schattige Überstände, Springbrunnen und Verkehrsabsperrungen, die riesenhaften Murmeln ähneln. Die Westseite der Straße flankiert das 1111 Lincoln Road, ein geometrisches Potpourri aus spitzen Winkeln, gewundenen Korridoren und ungewöhnlichen Ecken, das wie die luzide Fantasie eines verkaterten Pythagoras aussieht.

South Pointe Park

FAMILIENPARK MIT TRAUMBLICKEN

Die äußerste Südspitze von Miami Beach wurde in einen hübschen Park mit gepflegtem Rasen zur Entspannung, einem beliebten Pier, warmen blanken Steinwegen, einem kleinen Wasserpark für Kinder, einem Restaurant und einem Erfrischungsstand verwandelt. Hierher kommen viele, vor allem Familien, um das gute Wetter und die Aussicht auf das blaugrüne Meer abseits des Trubels in South Beach zu genießen. Die Ausblicke sind wirklich toll; folgt man einer 6 m breiten Promenade, kann man Fisher Island und die Skyline von Miami bewundern.

South Pointe Park

Betsy Orb/Poetry Rail

LITERATURFANS AUFGEPASST

Zwei großartige Beispiele für Kunst im öffentlichen Raum zieren den Española Way auf Höhe des stilvollen Betsy Hotel. **The Orb** (Bild links) präsentiert sich als riesiges weißes, in eine Gasse zwischen Ocean Drive und Collins Avenue gequetschtes Ei. Manchmal werden Videos oder Fotoausstellungen auf die Oberfläche des Orb projiziert – einfach im Hotel nachfragen. Der **Poetry Rail** ganz in der Nähe, eine Metallwand mit den Worten von zwölf Literaturschaffenden wie Adrian Castro, Richard Blanco und Gerald Stern, ist eine Hommage an Miamis multikulturelle Bevölkerung und die einzigartige Geografie. Das Betsy veranstaltet regelmäßig Lesungen und stellt Gastautor:innen Unterkünfte.

Jewish Museum of Florida-FIU

REUBEN-SANDWICH & ROPA VIEJA

Dieses kleine Museum ist in der 1936 erbauten Synagoge untergebracht, in der die Gottesdienste der ersten jüdischen Gemeinde Miamis stattfanden. Es erläutert den beachtlichen Anteil, den die jüdische Gemeinschaft an der Entwicklung von Florida und insbesondere vor Ort hatte. So wie die kubanische Gemeinde Miami prägte, prägte die jüdische Miami Beach, sowohl materiell als auch kulturell. Sie steht hinter dem Bau der ersten Art-déco-Hotels und dem Kampf für den Erhalt dieser Bauten im späten 20. Jh. Es gab jedoch auch Zeiten, in denen jüdischen Menschen der Zugang zu der von ihnen erschaffenen amerikanischen Riviera verwehrt wurde. Auch diese Geschichte erzählt das Museum sowie so manche amüsante Anekdote (etwa über Purim-Gewänder aus Muscheln). Es gibt auch Stadtführungen zu bekannten jüdischen Bauwerken.

Ocean Drive

FLANIEREN IM NEONLICHT

Der Ocean Drive ist die Flaniermeile Miamis schlechthin, eine endlose Ansammlung von Oldtimern, Promis im Touristenmodus, Tourist:innen im Promimodus, schönen und weniger schönen Menschen, ganz normalen Menschen sowie den eindrucksvollsten historischen Art-déco-Gebäuden am Strand. Zu letzteren gehören das **Carlyle** (1250 Ocean Dr), wo *The Birdcage* gefilmt wurde, das **Cardozo** nebenan, eines der ersten Hotels, das die **Miami Design Preservation League** rettete, und das **Colony** (736 Ocean Dr), das erste Hotel in Miami, wenn nicht in den USA, das sein Schild (ein Neon-Wunderwerk in Zickzackform) in das Gesamtdesign integrierte.

Ocean Drive

The Bass

KUNST MIT DEM GEWISSEN ETWAS

Das beste Kunstmuseum in Miami Beach (Bild links) besticht mit einer futuristischen Fassade, einem klaren Linienspiel und hellen, weißen Räumen – so ungefähr stellt man sich eine orthodoxe Kirche auf einer griechischen Insel im Raumfahrtzeitalter vor. Entworfen wurde das Ganze 1930 von Russell Pancoast, einem Enkel von John A. Collins, nach dem die Collins Avenue, die Hauptverkehrsstraße von Miami Beach, benannt wurde. Auch die Sammlung kann sich sehen lassen: Die Werke stammen aus der ganzen Welt und der Fokus liegt auf innovativer zeitgenössischer Kunst. Schließlich brachte Miami Beach die Art Basel in die westliche Hemisphäre und im Bass sind hauptsächlich Werke dieses Festivals für zeitgenössische Kunst zu sehen. Das Museum ist immer für eine Überraschung gut. Die Galerien zeigen moderne Ausstellungen und bei jedem Besuch gibt's etwas Neues zu sehen.

Das Museum bildet einen Punkt im Dreieck des **Collins Park Cultural Center**. Die beiden anderen sind das dreistöckige **Miami City Ballet** und die wunderbar einladende **Miami Beach Regional Library**; ursprünglich war das Bass übrigens auch eine Bibliothek.

South Beach

SONNE, SAND, LEGENDE

Wer an Miami Beach denkt, hat oft South Beach (SoBe) vor Augen. Die Bezeichnung bezieht sich sowohl auf den Strand als auch auf das angrenzende Viertel mit seinen Clubs, Bars, Restaurants und der charakteristischen Art-déco-Architektur. Der goldene Sandstrand mit farbenfrohen Rettungsschwimmerhäuschen im Art-déco-Stil ist sehr beliebt und die Szenerie ein allgegenwärtiges Motiv auf Social-Media-Plattformen. In der Hauptsaison (Dez. bis März) und an den meisten Wochenenden ist hier viel los. Ruhiger geht es abseits des am dichtesten bebauten Abschnitts (5th bis 15th St) südlich der 5th Street in „SoFi" zu.

BYVALET/SHUTTERSTOCK ©

Art Deco Museum

WEITERE HIGHLIGHTS IN MIAMI BEACH

Art-déco-Spaziergang

GESCHICHTE UND HOTELS

Los geht's am **Art Deco Museum** an der Ecke Ocean Drive und 10th Street (am Barbara Capitman Way, benannt nach der Gründerin der Miami Design Preservation League). Dort sieht man sich eine Art-déco-Ausstellung an und läuft dann nordwärts entlang des Ocean Drive, wo zwischen 12th und 14th Street drei Art-déco-Hotels stehen: das **Leslie**, ein kastenförmiges Gebäude mit abgesetzten Sonnendächern („Augenbrauen") an einer Seite, das **Carlyle** im modernistischen Stil und das anmutige **Cardozo** mit seinen abgerundeten Kanten, das von Henry Hohauser erbaut wurde und Gloria Estefan gehört.

In der 14th Street lohnt sich ein Blick ins **Winter Haven Hotel** mit seinen großartigen Terrazzo-Böden, bestehend aus in Mörtel gesetzten Steinsplittern, die nach dem Trocknen poliert werden. Nun biegt man links ab und folgt der 14th Street

WARUM BEACH?

Offiziell wird der Bereich über South Beach als Miami Beach bezeichnet, doch Einheimische nennen ihn Mid-Beach (rund um die 40th St) und North Beach (70th St und darüber). Gemeinden wie Surfside, Bal Harbour und Sunny Isles weiter nördlich werden auch dazu gezählt. Der Indian Creek trennt die Luxushotels und Hochhausblöcke von den Wohnvierteln im Westen. Übrigens: Die separate Stadt North Miami Beach (nicht zu verwechseln mit der Region Northern Miami Beach) liegt nicht auf dem Gebiet von Miami Beach, sondern auf dem Festland. Verwirrt? Das geht vielen Einheimischen ebenso.

ÜBERNACHTEN IN MIAMI BEACH

Hotel Shelley
Die Art-déco-Schönheit hat eine belebte Lobby-Lounge und erschwingliche, stilvolle (wenn auch recht kleine) Zimmer. $$

Cavalier South Beach
Die Fassade spielt mit tropischen und maritimen Motiven, und im Inneren gibt's freigelegtes Mauerwerk und Marmorbäder. $$

Aqua Hotel
Zimmer mit klaren Linien, Marinetönen, Holzböden und ein paar Kunstwerken. $

INSIDER-TIPPS: SOUTH BEACH ERLEBEN

Neysa King verfasste zwei kleine Gedichtbände und ist Mitgründerin und Geschäftsführerin des Miami Poetry Club. Man kann ihr unter *@neysaking* und *@miamipoetryclub* folgen.

South Pointe Park zum Sonnenuntergang
Jeden Tag findet an der Südspitze von Miami Beach eine Block-Party mit Musik, Yoga und Tanz statt. Einfach mit einer Decke und einer Flasche Wein im Gepäck den Sonnenuntergang bestaunen.

La Playa
Mini-Markt mit Theke, hinter der zu guter, lauter Musik frischer Fisch, Kochbananen und Empanadas zubereitet werden.

Stubborn Seed
Lockt mit exquisiter Küche und Cocktails südlich der Fifth Street Einheimische und Reisende an (sehr zu empfehlen ist der hauseigene Negroni).

Miami Beach Holocaust Memorial

bis zur Washington Avenue und zum **US Post Office** in der 13th Street, einem kurvigen weißen Block im klassischen minimalistischen Art-déco-Stil. Das Innere zieren ein Wandgemälde, eine Kuppeldecke und Stempeltische aus Marmor. Nach einer Stärkung im **11th Street Diner**, einem glänzenden Pullman-Wagen, der 1992 aus Wilkes-Barre in Pennsylvania hierhergebracht wurde, läuft man einen halben Block nach Osten zur imposanten **Wolfsonian-FIU**; das exzellente Designmuseum war früher die Washington Storage Company. In den 1930er-Jahren lagerten wohlhabende „Snowbirds" hier ihre wertvollen Besitztümer, bevor sie wieder in den Norden zogen.

Dunkle Geschichte: Miami Beach Holocaust Memorial

BEWEGENDER ORT DER TRAUER UND REFLEXION

Die Holocaust-Gedenkstätte ist besonders eindringlich und umfasst über 100 Skulpturen. Herzstück ist die **Sculpture of Love and Anguish**, ein riesiger oxidierter Bronzearm mit eintätowierter Häftlingsnummer, so gewählt, weil sie nie vergeben wurde. Verzweifelte Gefangene klettern den Arm hinauf und

ÜBERNACHTEN IN MIAMI BEACH

Setai
Der Innenraum beeindruckt mit einem Stilmix aus südostasiatischer Tempelarchitektur und modernem Luxus. **$$$**

Delano
Die fast schon übertrieben weißen Zimmer haben lange, weiche Linien, spiegelnde Oberflächen und modernen, luxuriösen Komfort. **$$$**

Royal Palm
Im eindrucksvollsten Beispiel für Architektur im Kreuzfahrtschiff-look in South Beach erinnert sogar das Aquarium an den Art-déco-Stil. **$$$**

versuchen sich gegenseitig noch irgendwie zu helfen. Darunter drücken Figuren in verschiedenenen Lebensaltern auf unterschiedliche Arten ihr Leid aus.

Rund um die Gedenkstätte erläutern dutzende Tafeln die dunkle Geschichte, die zum schlimmsten Genozid des 20. Jhs. führte. Sie zeigen auf, dass der Holocaust nicht einfach so passierte, sondern das Ergebnis von jahrtausendelanger struktureller Unterdrückung und staatlich gefördertem Hass war. Danach werden die Namen vieler Opfer aufgeführt, die natürlich nur einen Bruchteil der Ermordeten darstellen. Das Licht, das durch einen Davidstern fällt, wird durch das hingeschmierte Wort „Jude" getrübt. Ein Besuch ist eine sehr bewegende Erfahrung.

OOLITE ARTS

Die Ausstellungsfläche ArtCenter/South Florida South Beach umfasst dutzende Künstlerateliers, von denen viele öffentlich zugänglich sind. Das Oolite bietet zudem sehr begehrte Wohnungen, die Kunstschaffenden mit geringem Einkommen vorbehalten sind, deswegen trifft man hier auf viele aufstrebende Talente. Monatlich wechselnde Ausstellungen sorgen für ein frisches, avantgardistisches Programm. Neben Kunst gibt es einen Printshop, der nach Anmeldung öffnet (E-Mail: *printshop@oolitearts.org*), zudem werden vor Ort und virtuell Kunstkurse veranstaltet.

Strände hinter South Beach

WO GEHT'S ZUM STRAND?

South Beach ist der Strand, den die meisten mit „Miami Beach" assoziieren, es gibt jedoch noch viel mehr Küste zu entdecken. Wenn nicht anders angegeben, gehen die nummerierten Straßen von der Collins Ave (A1A) aus, die nördlich und südlich parallel zum Strand verläuft.

Mid-Beach umfasst die Strände zwischen 23rd und 63rd Street. Auch diese sind noch Model- und Influencer-Terrain, in dem man sich zu inszenieren weiß, doch zumindest ein paar von ihnen gehen es nach den vielen Tik-Tok-Posts der letzten Nacht entspannter an. In der Gegend stehen viele der großen Luxushotels wie das Fontainebleau und das Faena. Zur Bucht hin verläuft die North Bay Rd, wo man einen Blick hinter die Mauern einiger der größten Villen von Mid-Beach erhaschen kann. Das Gebiet umfasst den offiziellen **Miami Beach Boardwalk** (21st bis 46th St), wo sich oft Jüdisch-Orthodoxe unter die Social-Media-Meute mischen.

North Beach verläuft zwischen 63rd Street und 87th Terrace. Die Strände sind kleiner und familienfreundlicher, allerdings findet man hier auch **Haulover Beach** (ca. 7 km nördlich der 71st St); im nördlichen Abschnitt des Strandparks ist Nacktbaden erlaubt und er erfreut sich seit den 1990er-Jahren bei FKK-Fans großer Beliebtheit.

Kirchen, Tempel & Gärten

ERLEUCHTUNG AM STRAND

Wer denkt bei Miami Beach schon an ruhige, andächtige Einkehr, doch tatsächlich gibt es hier ein paar lohnenswerte Gotteshäuser und spirituelle Orte.

ESSEN IN MIAMI BEACH

Big Pink
Eine Art Rock'n'Roll-Schuppen aus den 1950er-Jahren und South-Beach-Club mit bodenständiger US-Küche samt dem gewissen Etwas. **$$**

Pubbelly
Hippe Fusionküche mit asiatischen und lateinamerikanischen Aromen, serviert auf kleinen Tellern. **$$**

Taquiza
Die Tacos dieses mexikanischen Imbissstands haben in Miamis Streetfood-Szene einen erstklassigen Ruf. **$**

Die **Miami Beach Community Church** steht in starkem Kontrast zu den hypermodernen Bauten im vom Art-déco-Stil geprägten South Beach und erinnert an eine spanische Mission, die in einer Gegend, die auf Extravaganz setzt, elegant und dezent daherkommt. 1921 erbaut, ist sie die älteste Kirche in Miami Beach und blickt auf eine progressive Geschichte zurück: Afroamerikanische Männer und Frauen wurden hier geweiht und die gleichgeschlechtliche Ehe ist anerkannt. Der Sonntagsgottesdienst beginnt um 10.30 Uhr.

Nicht weit entfernt erblickt man die glatte Kuppel und den geschmeidigen, fast aerodynamischen Umriss des **Temple Emanu-El** von 1938. Das Design erinnert an Art-déco, ist jedoch eher byzantinisch und maurisch beeinflusst, auch wenn gewisse Elemente davon zu erkennen sind. Gottesdienste zum Sabbat finden freitags um 18 und samstags um 10 Uhr statt.

Wer einen spirituellen Ort abseits der Gotteshäuser sucht, ist im **Miami Beach Botanical Garden** richtig. Die wenig bekannte 1 ha große Grünanlage wird vom Miami Beach Garden Conservancy verwaltet und ist eine kleine Naturoase im Großstadtdschungel mit Palmen, blühenden Hibiskusbäumen und klaren Teichen.

KOSCHERE KÜCHE IN MIAMI BEACH

Als Zentren amerikanisch-jüdischen Lebens gelten New York oder Los Angeles, doch auch Miami Beach hat hier seinen Platz, insbesondere in der Gegend um Arthur Godfrey Road (41st St) und Harding Avenue zwischen 91st und 96th Street in Surfside. Die jüdische Gemeinde weist eine einzigartige Vielfalt auf, mit Eingewanderten aus dem Nordosten und aus den früheren Sowjetstaaten sowie mit hier geborenen „Jewbans" mit jüdisch-kubanischen Wurzeln.

So wie die jüdische Bevölkerung Miami Beach prägte, prägte die Stadt sie: Zu essen gibt es *lox y arroz con moros* (Lachs mit Reis und Bohnen) und während orthodoxe Juden die Kippa und Jüdinnen Kopftücher tragen, sieht man auch viele mit sonnengebräunter Haut und schicken SUVs.

Stylishes Faena

ARCHITEKTENTRÄUME IN MIAMI BEACH

Zwischen 32nd und 36th Street nennt sich Mid-Beach (nach einem argentinischen Geschäftsmann und Stadtentwickler) **Faena District**. In dem Designerviertel, einer Miami-Beach-Version von Wynwood auf dem Festland, sorgen Kunst und Kommerz für urbanes Flair. Ein Wahrzeichen der Gegend ist das eindrucksvolle **Faena Forum**. In einem runden, von Rem Koolhaas entworfenen Gebäude finden dort Vorstellungen, Ausstellungen, Lesungen und andere Veranstaltungen statt.

Das **Faena Hotel** in der Nähe setzt auf Stoffe mit Tiermotivdrucken sowie Korallen und Muscheln als Dekorelemente. Jedes Zimmer bietet Butler-Service – wer kann, der kann! Auf einer Luxus-Shoppingtour darf schließlich der **Faena Bazaar** nicht fehlen: Auf vier Etagen findet hier die Kundschaft (die sicherlich kein Problem mit Gepäckobergrenzen hat) teure Haushaltswaren und Möbel.

Outdoor-Aktivitäten

UNTERWEGS IN NORTH BEACH

Wem der Sinn angesichts Miamis tropischem Wetter nach Outdoor-Aktivitäten steht, der ist im Norden von Miami Beach richtig.

ESSEN IN MIAMI BEACH

Chotto Matte
Peruanisch-japanische Küche in eindrucksvoller Kulisse ohne Dach und mit tropischem Garten. **$$$**

Macchialina
Die belebte Trattoria in rustikalem Schick bietet die perfekten Zutaten für einen tollen Abend. **$$**

Lilikoi
Entspanntes Lokal mit Innen- und Außenbereich sowie gesunden, vegetarierfreundlichen Gerichten, vorwiegend aus Biozutaten. **$$**

Oleta River State Park

DIE BESTEN BARS IN SOUTH BEACH

Mac's Club Deuce
Die älteste Bar in Miami Beach mit schäbigem Kneipenflair par excellence.

Kill Your Idol
Liebenswerter Hipster-Spot mit Graffiti und Regalen voller Retro-Krimskrams an den Wänden.

Sweet Liberty
Freundliches Barpersonal mixt hier zwischen flackernden Kerzen und einer langen Holzbar exzellente Cocktails.

Bay Club
Tolle Bar in Sunset Harbour mit gedämpfter Beleuchtung, Vintage-Tapeten und alten Kerzenleuchtern.

Mit einem Spielplatz, Grünflächen, intaktem dichtem Hartholzwald, Mangrovenhainen und Aussicht auf den Oleta River bietet der 100 ha große **Greynolds Park** frische Luft und Familienspaß.

Echte Outdoor-Abenteuer warten im großartigen **Oleta River State Park**. Bereits 500 v. Chr. waren die Tequesta im Mündungsgebiet des Oleta River unterwegs, sodass man sich mit einer Kanu- oder Kajaktour in dem Park in eine altehrwürdige Tradition stellt. Mit fast 400 ha ist er der größte städtische Park im Bundesstaat und einer der besten Orte in Miami, um dem hektischen Trubel zu entkommen. Hier kann man mit dem Boot zu einer Mangroveninsel fahren, Adler beobachten oder einfach nur am unprätentiösen Strand entspannen.

Wie man zu den Mangroven und Inselchen kommt? Vor Ort sorgt das **ROAM Oleta River Outdoor Center** für Outdoor-Abenteuer mit oder ohne Anleitung. Es verleiht Kajaks, Kanus, Stehpaddel-Boards und Mountainbikes, mit denen man diesen Abschnitt der North Biscayne Bay erkunden kann, und veranstaltet täglich Paddeltouren, Yogakurse auf

FÜR OUTDOOR-FANS

Hat man den Rickenbacker Causeway überquert, lädt das Inselchen Key Biscayne zum Erkunden ein, insbesondere der **Crandon Park** (S. 102) mit vielen Wegen durch Mangroven und hübschen Stränden.

Stubborn Seed
Die kreative amerikanische Haute Cuisine kann einen Michelin-Stern und den James Beard Award vorweisen – ein Highlight! **$$$**

Paul
Gourmet-Sandwichs und leichte Backwaren laden zu einer Mittagspause auf der Lincoln Road ein. **$**

Puerto Sagua
Der beliebte kubanische Imbiss kredenzt seit 1962 *ropa vieja* (die Portionen sind riesig!). **$**

WORLD EROTIC ART MUSEUM (WEAM)

Das WEAM beherbergt eine eindrucksvolle Erotica-Sammlung, u.a. mit sinnlichen Bildern von Rembrandt und Picasso, alten Sex-Handbüchern, nicht jugendfreier chinesischer Porzellankunst, expliziten präkolumbischen Skulpturen, den stilisierten Genitalien, die in *Uhrwerk Orange* als Mordinstrument dienten, und einem kunstvollen Kama-Sutra-Himmelbett mit Schnitzereien, die 128 verschiedene Stellungen zeigen. Die meisten Exponate sind fachmännisch präsentiert und vom Kinsey Institute, einem Forschungszentrum für menschliche Sexualität, aufbereitet.

2005 verwandelte Naomi Wilzig ihre persönliche Erotica-Sammlung in diese beliebte Attraktion von South Beach. Das WEAM befindet sich im **Wilzig Museum Building**, das außerdem ein kleines Museum für den Fotografen George Daniell beherbergt.

FOTOLUMINATE/SHUTTERSTOCK ©

Fontainebleau

Stehpaddel-Boards und andere Aktivitäten. Der Park befindet sich abseits der 163rd St NE/FL 826 in Sunny Isles, rund 8 Meilen (12,9 km) nördlich von North Miami Beach.

Bay-Flair

DIE RUHIGE ECKE VON SOUTH BEACH

Abseits des Ocean Drive locken palmengesäumte Promenaden und diverse Geschäfte an der Bucht einen Mix aus Einheimischen und kundigen Reisenden an, die sich weniger für Glamour, Clubs und Couture interessieren. Ihr Fokus liegt auf den Indie-Läden, Galerien, Straßencafés und Bäckereien, die dem Viertel jede Menge Charakter verleihen.

Der Tag beginnt mit frischen Backwaren von **True Loaf**. Die renommierte Bäckerei verkauft auf kleinem Raum köstliche Croissants, Torten und *kouign amman* (Butterkuchen nach bretonischer Art).

Nur einen Block weiter hat die tolle kleine Boutique **Sunset Clothing Co** stilvolle, nicht allzu teure Mode im Angebot.

AUSGEHEN IN MIAMI BEACH ...

Twist
In der zweistöckigen Schwulenbar mit sieben verschiedenen Bars wird's einem nie langweilig.

Broken Shaker
Gut sortierte Bar; die fachkundig gemixten Cocktails werden gerne im hübschen Garten mit sanfter Beleuchtung genossen.

Abbey Brewery
Die älteste Brauereikneipe in South Beach ist gesellig und beliebt; spielt Hits vergangener Zeiten.

Neben hochwertigen Hemden gibt es weiche Baumwoll-T-Shirts, Leinenschuhe zum Schnüren, gut geschnittene Jeans (z. B. Levi's-Klassiker), warme Pullover (nicht dass man sie bräuchte) und andere Freizeitkleidung.

Fünf Gehminuten entfernt liegt der **Maurice Gibb Memorial Park**. Die kleine palmengesäumte Grünfläche mit Meerblick hat einen Spielplatz, Bänke und Grasflächen. Hier werden gerne Gassi- und Joggingrunden gedreht, zudem sieht man viele Familien mit Kindern. Allein die schwankenden Segelboote und der Venetian Causeway als Kulisse lohnen einen Besuch.

Zuletzt bietet das **Taschen** an der Lincoln Road eine attraktive, gut sortierte Auswahl an Kunst, Fotografie, Designstücken und edlen Wälzern, die sich beim nächsten Zoom-Meeting zu Hause überaus gut machen.

DIE BESTEN UNTERKÜNFTE IN MIAMI BEACH

1 Hotel
Eines der besten Hotels der USA mit einer gelungenen Balance aus Luxus und Klimaschutz. **$$$**

Betsy Hotel
Historisches Juwel mit einem Flügel im tropischen Kolonialstil und einem im Art-déco-Design. **$$$**

Surfcomber
Elegante Zimmer in Art-déco-Ästhetik mit modernen Farbtupfern. **$$**

Millionaire's Row

LUXUSBAUTEN

Läuft man auf der Collins Ave nach Norden, wird die Art-déco-Architektur von South Beach von den Hochhäusern von Mid-Beach abgelöst. Die Wohnhäuser werden imposanter und prachtvoller, bis man schließlich eine Gegend mit dem Spitznamen Millionaire's Row erreicht. Zu den echten Schmuckstücken zählt das **Fontainebleau**. Viele haben dieses zumindest auf der Kinoleinwand schon gesehen – hier wurde der Showdown von Brian de Palmas *Scarface* gedreht.

Das 1954 errichtete Schlachtschiff ist eine Schöpfung des großen Miami-Beach-Architekten Morris Lapidus. Da es vielfach renoviert wurde, ist von dem ursprünglichen Bau teils nicht mehr viel geblieben, der Glanz vergangener Zeiten ist jedoch noch immer präsent.

Dasselbe trifft auf das **Eden Roc** zu, das zweite bahnbrechende Resort von Morris Lapidus, fünf Gehminuten vom Fontainebleau entfernt. Auch das Eden Roc wurde renoviert, die sogenannte MiMo-Architektur (Miami Modern) blieb jedoch besser erhalten. Lapidus' Stil ist nicht mehr überall erkennbar, dennoch ist das Gebäude noch immer ein Wahrzeichen der Miami-Beach-Architektur und ein Beispiel für den prachtvollen Glamour der Millionaire's Row. Übrigens traf sich hier in den 1960er-Jahren das Rat Pack (Sammy Davis Jr., Dean Martin, Frank Sinatra und Co.).

FÜR MUSEUMFANS

Design und Ästhetik sind das Herz des urbanen Miami Beach. Mehr zur Geschichte der zwei Bewegungen sowie wunderschöne Kunst- und Designstücke bietet die **Wolfsonian-FIU** (S. 56).

Bob's Your Uncle
Klassische Cocktails, gutes Bier, großzügiger Sitzbereich, alte Spiele, freundlicher Service und das entspannteste Flair in Miami Beach.

Bodega
Beliebter Taco-Stand und große Bar mit Glamour alter Schule.

Pool Bar at the Sagamore
Das Bier und die leckeren Cocktails schmecken hinten am Pool im Schatten besonders gut.

DOWNTOWN & BRICKELL

GLITZER UND GLAS

Downtown Miami, das Finanz- und Bankenzentrum der Stadt, teilt sich in ältere Passagen sowie neue Apartments und Luxushotels. Bei Nacht werden die Hochhäuser in Pink und Blau angeleuchtet – magisch. Ein Auto braucht man nicht, es gibt kostenlose öffentliche Verkehrsmittel. Teile von Downtown wie der Bayfront Park und das Ufer lassen sich gut zu Fuß erkunden.

Irgendwo wird immer etwas gebaut, es gibt jedoch auch rebellische Kreativinseln sowie eines der besten Museen der Stadt. Mit den Attraktionen inklusive des Besuchs einer Performing-Arts-Show ist man ein paar Tage beschäftigt. Zudem locken Dachbars, Nachtclubs und originelle Restaurants, in denen sich die gut betuchten Bewohner:innen der Wohntürme tummeln.

TOP TIPP

Downtown Miami prägt die leuchtende pinkblaue Ästhetik der 1980er-Jahre. Die Farben sind in Brickell-Hochhäusern besonders präsent und setzen sich eindrucksvoll vom Nachthimmel ab. Am besten ist das Farbenspiel bei einer Fahrt auf der A1A-Dammstraße (selbst in Neonlicht getaucht) zwischen Downtown und Miami Beach zu bewundern.

FELIX MIZIOZNIKOV/SHUTTERSTOCK ©

Patricia & Philip Frost Museum of Science

Patricia & Phillip Frost Museum of Science

WISSENSCHAFT FÜR DIE GANZE FAMILIE

Das Museum in Downtown beherbergt auf einer Fläche von 23000 m² ein dreistöckiges Aquarium, ein topmodernes Planetarium mit 250 Sitzplätzen und zwei separate Flügel, die sich den Wundern von Natur und Wissenschaft widmen. Die Ausstellungen behandeln z.B. Wetterphänomene, Krabbelgetier, gefiederte Dinosaurier oder Mikroben. Highlights sind außerdem Floridas Everglades und artenreiche Korallenriffe. Das Museum bietet sich für einen Familienausflug an, spricht jedoch kleinere Kinder weniger an als das Kindermuseum am MacArthur Causeway.

Miami-Dade Arena

HEIMAT VON MIAMI HEAT

Die Halle erinnert an ein riesiges Raumschiff, das am Rand der Biscayne Bay schwebt und ist seit 2000 das Heimstadion des hiesigen NBA-Teams Miami Heat. Das ganze Jahr über finden hier Konzerte, Broadway-Shows und Ähnliches statt. Das Gebäude prägt wie Miamis Wolkenkratzer die Skyline und wirkt nachts bei grellem Schweinwerfer- und Neonlicht wie ein UFO vom Nachtclub-Planeten.

HIGHLIGHTS
1 Adrienne Arsht Center for the Performing Arts
2 Bayfront Park
3 Black Archives – Historic Lyric Theater
4 Freedom Tower
5 HistoryMiami
6 Miami Children's Museum
7 Miami Riverwalk
8 Miami-Dade Arena
9 Patricia & Phillip Frost Museum of Science
10 Pérez Art Museum Miami

SEHENSWERTES
11 Brickell Avenue Bridge
12 Jungle Island
siehe 4 Miami Museum of Art & Design (MOAD)
13 MiamiCentral

Black Archives – Historic Lyric Theater

THEATER IN OVERTOWN

Duke Ellington und Ella Fitzgerald standen einst auf der Bühne des Lyric, das in der Zeit der offenen Ausgrenzung von Schwarzen in den USA eine wichtige Station des „Chitlin' Circuit" der afroamerikanischen Unterhaltungsszene war. In späteren Jahren verfielen das Theater und das Viertel, in dem es liegt, und durch die Abwanderung Einheimischer wirkte die Gegend verlassen und trist. Schließlich übernahm die **Black Archives History & Research Foundation of South Florida** das Gebäude (Bild links), gerade als sich das Viertel erneut wandelte, dieses Mal im Rahmen der lokalen Gentrifizierung. Heute zeigt das Theater Bühnenshows, während das Archiv Ausstellungen zum afroamerikanischen Erbe in Miami und darüber hinaus bietet.

Adrienne Arsht Center for the Performing Arts

ZENTRUM FÜR DARSTELLENDE KÜNSTE

Das Zentrum für darstellende Künste (Bild links) wirkt wie ein geometrisch aufgestapelter Haufen und ist das wunderschöne, heißgeliebte architektonische Baby von Downtown Miami. Es beherbergt mehrere lokale Kunstinstitutionen wie die **Florida Grand Opera Miami** und das **Miami City Ballet**. Der von César Pelli (dem Architekten der Petronas Towers in Kuala Lumpur) entworfene Bau besteht aus zwei Hauptflügeln, die eine schmale Fußgängerbrücke miteinander verbindet.

Die Innenräume erinnern ans Meer und an die Natur, geformt vom Wind. Die Balkone steigen spiralförmig an und ähneln einer geöffneten Muschel. Die Innenarchitektur birgt ausgefeilte, topmoderne Akustik, die dafür sorgt, dass kein Geräusch von außen eindringt und dass ideale Bedingungen für die über 300 Veranstaltungen, die alljährlich hier stattfinden, herrschen.

Miami Riverwalk

SPAZIERGANG IN DIE VERGANGENHEIT

Die Tequesta errichteten hier, wo der Miami River auf die Biscayne Bay trifft, die erste Siedlung, wobei sich die Kulisse im Laufe der Jahrhunderte wohl kaum drastischer hätte verändern können. Heute verläuft in diesem bedeutsamen Stück Land eine Promenade entlang dem Nordufer des Flusses auf seinem Weg durch Downtown. Sie führt vorbei an hohen Wohntürmen und ramponierten Lagerhallen, während ein paar kleine Schlepper durch die glasklare Wasseroberfläche pflügen. Fischerboote bringen ihren Fang an Land, während schicke Jachten die Bucht ansteuern. Bei Nacht kann man hier die erleuchtete Brickell-Skyline aus nächster Nähe bewundern.

Miami Riverwalk

Pérez Art Museum Miami

Pérez Art Museum Miami

KREATIVITÄT AN DER KÜSTE

Das von den Schweizer Architekten Herzog & de Meuron entworfene Museum zählt zu den eindrucksvollsten Ausstellungsflächen Miamis. Es verbindet Natur, Glas und Holz zu einem Wechselspiel aus tropischer Vitalität und frischem Modernismus, das perfekt nach Miami passt. Das Pérez Art Museum Miami (PAMM) zeigt einige der besten zeitgenössischen Ausstellungen der Stadt, wobei etablierte Namen und eindrucksvolle frische Talente vertreten sind. Die Sammlung umfasst erstklassige Werke aus den letzten 80 Jahren, die alle paar Monate neu präsentiert werden.

Die modernen Shows und Retrospektiven locken große Besuchermassen an (in der Vergangenheit wurden z.B. Werke von Ai Weiwei und dem kinetischen Künstler Julio Le Parc gezeigt). Für das Anlegen der hängenden Gärten im Außenbereich waren zwei Monate nötig.

Wer eine Pause von all der zeitgenössischen Kultur benötigt, entspannt im erstklassigen Café im PAMM, im grasbewachsenen Park oder in einem Liegestuhl mit Blick auf das Wasser.

Das Museum gehört zum **Museum Park**, der das blaue Nass der Biscayne Bay überblickt.

Bayfront Park

GRÜNES HERZ VON DOWNTOWN

Nur wenige amerikanische Parks grenzen an so traumhaftes türkisblaues Nass wie das von Biscayne Bay, die Einheimischen können sich also glücklich schätzen. Zu den Attraktionen des Bayfront Park (Bild unten) gehören zwei Veranstaltungsstätten: Das **FPL Solar Amphitheatre** bietet exzellente Blicke über die Bucht sowie gute Livemusik-Shows, während der kleinere **Tina Hills Pavilion** mit 200 Sitzplätzen und einer Grasfläche für über 800 Personen im Frühjahr Gratis-Vorstellungen zeigt.

Im Norden befinden sich die **JFK Torch of Friendship** und ein Brunnen zu Ehren des US-Kongressabgeordneten Claude Pepper. Fast jeden Tag werden hier verschiedene Aktivitäten angeboten, z.B. Kurse am Trapez oder Yogaunterricht. Auf den Spielplätzen tummeln sich jede Menge Kinder, andere lassen sich in geselliger Runde ein Picknick mit Traumblicken schmecken oder tanken nach einem Museumsbesuch neue Energie.

Freedom Tower

Freedom Tower

ARCHITEKTUR UND MIGRATION

Der verzierte Freedom Tower ist einer von zwei erhaltenen Türmen, die dem Giralda-Glockenturm der Kathedrale von Sevilla nachempfunden sind. Als „Ellis Island des Südens" diente er in den 1960er-Jahren als Einwanderungsstation für fast eine halbe Million kubanischer Flüchtlinge. Das Gebäude zählt seit 1979 zum National Register of Historic Places und beherbergt das **Miami Museum of Art & Design (MOAD)**, dessen Ausstellungen von zeitgenössischen Skulpturen bis hin zu historischer Fotografie reichen. Der Turm und das MOAD sollen so bald wie möglich wieder zugänglich sein.

Miami Children's Museum

FANTASIEWELT

Das Museum (Bild rechts) am MacArthur Causeway zwischen South Beach und Downtown Miami ist eine riesige Spielwiese, in der Kinder alle möglichen Erwachsenentätigkeiten ausprobieren können, von Bankgeschäften und Einkäufen über die Pflege von Haustieren bis hin zur Arbeit bei der Feuerwehr. In anderen fantasievollen Bereichen können Kids Musik machen, Unterwasserabenteuer erleben, Wände bemalen, kleine Burgen aus Buntglassteinen erkunden oder im Freien auf Spielplätzen herumtollen. Das Museum zählt zu den größten ausgewiesenen Kinderattraktionen der Stadt, wobei auch Erwachsene ihren Spaß haben.

HistoryMiami

FLORIDAS GESCHICHTE

Südflorida, ein Land der entflohenen Sklav:innen, aufständischen Native Americans, Gangster, Piraten, Touristenattraktionen und Alligatoren, hat eine besondere Geschichte, für die es eines besonderen Museums bedarf. Das History Miami im **Miami-Dade Cultural Center** ist genau das und verbindet die Geschichten der verschiedenen Besiedlungswellen, von Native Americans bis hin zu Menschen aus Nicaragua, miteinander.

Interaktive Ausstellungen zeigen das Leben der Seminolen sowie frühe Industriezweige Floridas wie das Schwammtauchen. Andere Bereiche widmen sich der Geschichte der jüdischen und afroamerikanischen Gemeinden in South Beach, kubanischen Flüchtlingen (samt einem Boot, mit dem die gefährliche Überfahrt nach Florida unternommen wurde) und kulturellen Ausdrucksweisen in öffentlichen Bereichen mit dem Fokus auf Elementen wie Straßenkunst, Umzügen, Protesten und sogar Autotuning.

JEAN'S WORLD/SHUTTERSTOCK ©

Metromover

UNDERLINE

Der Metromover ist nicht die einzige Hochbahn vor Ort. Miamis **Metrorail** verbindet Downtown mit Wohnbezirken wie Coral Gables und Coconut Grove. Unser Fokus liegt hier jedoch auf dem, was darunter entsteht, nämlich einem 6 km langen linearen Park mit dem passenden Namen **Underline**, der unter dem Großteil der Metrorail-Schienen verlaufen soll. Für 2025 ist die Fertigstellung geplant, der Abschnitt in Brickell ist jedoch schon zugänglich. Neben Yogakursen (sie scheinen für öffentliche Parks eine feste Größe zu sein!) gibt es hier einen Fitnessbereich, einen Meditationsgarten und natürlich einen Spazier- und Radweg.

WEITERE HIGHLIGHTS IN DOWNTOWN & BRICKELL

Metromover-Tour

LUFTIGE GRATISTOUR DURCH DOWNTOWN

Was ist denn das für ein Zug, der da oben durch eines der dicht bebautesten Gebiete Miamis surrt? Der Metromover ist eine elektrische Monorail, die als öffentliches Transportmittel die verkehrsreichen Viertel Downtown und Brickell entlasten sollte. Dieses Ziel wurde nicht erreicht, wie man bei einer Fahrt durch Südflorida unschwer erkennen kann, dennoch erfreut sich die Zuglinie großer Beliebtheit und transportiert pro Monat tausende Menschen durch Downtown – und das kostenlos. Zudem kann man im Metromover Miamis Zentrum aus der Höhe erleben, angesichts der vielen Hochhausschluchten eine tolle Perspektive (und gleich nochmal: es ist gratis!).

Der Metromover wurde 1986 in Betrieb genommen und weist jene hypermoderne Ästhetik, die damals typisch war und heu-

ESSEN IN DOWNTOWN MIAMI

Niu Kitchen
Stilvolles Restaurant in Wohnzimmergröße mit leckerer katalanischer Küche (teils als Tapas) und einer erstklassigen Weinkarte. **$$**

Verde
Das Lokal im Pérez Art Museum überzeugt Einheimische mit Leckereien aus marktfrischen Zutaten sowie einer tollen Kulisse. **$$**

River Oyster Bar
Unweit des Miami River serviert das betriebsame kleine Restaurant exzellente Meeresfrüchte. **$$**

Jungle Island

BRICKELL CITY CENTRE

Es gibt gewöhnliche Malls und es gibt Megamalls – das Brickell City Centre gehört zu letzterer Kategorie. Der gewaltige milliardenschwere Komplex erstreckt sich über drei Stadtblocks und umfasst glitzernde Wohntürme, modernistische Büroblocks und ein hoch aufragendes Fünf-Sterne-Hotel (EAST, Miami).

Restaurants, Bars, ein Kino und viele Edelmarken (Ted Baker, All Saints, Kendra Scott) locken Einheimische und Reisende gleichermaßen an. Läden verteilen sich auf beide Seiten der S Miami Avenue zwischen 7th und 8th Street, darunter ein großes Kaufhaus von Saks Fifth Avenue. Außerdem gibt es ein dreistöckiges italienisches Feinkost-Emporium mit Restaurants, Cafés, einer Bäckerei, einer Enoteca und einer Kochschule.

te eher veraltet wirkt, auf. Drei verschiedene Linien verbinden auf 4,4 Meilen (7 km) wichtige Ziele in Downtown wie den Bayfront Park, das Pérez Art Museum und das Adrienne Arsht Center miteinander. Bei einer Fahrt eröffnet sich die ganze architektonische Größe und Schönheit des **Freedom Tower** und es ist eine Erweiterung nach Wynwood im Norden im Gespräch. Züge verkehren von 5 bis 24 Uhr etwa alle drei Minuten (in der Rush Hour häufiger).

Aufstrebende Talente im Rubell Museum

KUNST IN ALLAPATAH

Seit ihrer Hochzeit 1964 sammeln Don und Mera Rubell Kunst und haben sich im Laufe der Jahrzehnte den Ruf erworben, einen beneidenswerten Riecher für noch unbekannte Talente zu haben. Auch dank der privaten Kunstsammlung der Familie Rubell steht Miami heute sinnbildlich für zeitgenössische Kunst, und das Museum in Wynwood war mitverantwortlich für die Gentrifizierung des Viertels.

ESSEN IN DOWNTOWN MIAMI

Soya & Pomodoro
Italienisches Lokal mit Boheme-Flair, das unter Vintage-Postern frische Pasta kredenzt. **$$**

Bonding
Exzellente Fusion verschiedener asiatischer Küchen wie der thailändischen, japanischen und koreanischen. **$$**

Pollo & Jaras
In dem peruanischen Lokal gibt es erstklassiges Grillhähnchen und frittierte Hähnchenhaut (lecker!). **$$**

2019 zog das Familienmuseum nach **Allapattah**, einem Viertel nordwestlich von Downtown Miami unterhalb von Wynwood, das mittlerweile eine rasante Gentrifizierungswelle erlebt. Das neue, von Selldorf Architects gestaltete Rubell Museum besteht aus sechs Industriegebäuden, die in eine moderne, einladende Museumsfläche verwandelt wurden, und zählt zu einer der größten Privatsammlungen für zeitgenössische Kunst in Nordamerika.

Die rund 5000 m^2 große Ausstellungsfläche teilt sich in 40 Galerien, z. B. mit Werken von Kehinde Wiley, Jeff Koons, Cindy Sherman und Cady Noland. Während viele Kunstmuseen dieser Größe sich hauptsächlich durch Wechselausstellungen finanzieren, erwirtschaftet das Rubell rund 65 % seiner Einnahmen durch die Dauersammlung und 35 % durch Sonderausstellungen.

Das Rubell ist dafür bekannt, seine Werke thematisch zu präsentieren und adäquat in Kontext zu setzen. Das Kuratorenteam versteht seine Arbeit und ist stolz auf die ausgestellten Stücke.

MiamiCentral: futuristischer Bahnhof

ORIGINELLE BRIGHTLINE-STATION

Der Bahnhof wurde in einen Multifunktionskomplex verwandelt, der sich über ganze sechs Blöcke erstreckt und kein Ende zu nehmen scheint. Auf dem Gelände gibt es einen Food Court, Einkaufspassagen, Büros und Wohnungen. Architektonisch gesehen mutet das Ganze futuristisch an: MiamiCentral ist ein auffälliges Geflecht aus schiefen Winkeln, riesigen Fenstern und verdrehtem Stahl, entworfen von Skidmore, Owings & Merrill, die für Dubais Burj Khalifa verantwortlich sind. In der Station starten auch die Brightline-Züge, die Miami mit Fort Lauderdale und West Palm Beach verbinden.

Auf Safari in Jungle Island

ZIPLINES UND WASSERSCHWEINE

Jungle Island verspricht mit seinen tropischen Vögeln, Alligatoren, Orang-Utans, Schimpansen, Lemuren und vielen anderen Tiere jede Menge Spaß. Kinder werden unbedingt hierher wollen – am besten gibt man nach und macht sich bereit für einen künstlichen, in sich abgeschlossenen Dschungel mit jeder Menge Federvieh und Stallgeruch. Zum Angebot gehören außerdem Seilbrücken in den Bäumen, ein Windtunnel, in dem man fliegen kann, ein Escape Room und die Adventure Bay mit Kletterwänden und Bungeejumping für Kinder. All diese Aktivitäten kosten natürlich ordentlich extra.

DIE BESTEN HOTELS IN DOWNTOWN MIAMI

EAST Miami
Designhotel mit moderner Ästhetik sowie vier Pools, einer Dachbar und großzügigen, attraktiven Zimmern und Suiten. $$$

YVE Miami
Einfache, aber trendbewusste erschwingliche Bleibe unweit der pulsierenden Neonkulisse von Downtown. $

Mandarin Oriental Miami
Eine eigene Welt in Brickell Key mit schicken Restaurants, einem privaten Spa und Skyline-Ausblicken. $$$

Guild Downtown
Privatsphäre gepaart mit Miamis Skyline bieten diese Apartments. $$

Garcia's Seafood Grille & Fish Market
Frischer Fisch und hübsche Flussblicke warten am Miami River. $$$

Manna Life Food
Das luftige, stilvolle Lokal begeistert mit pflanzenbasierter Superfood-Küche. $$

CVI.CHE 105
Wunderschön angerichtete Ceviches und peruanische Cocktails. $$

DIE BESTEN BARS IN DOWNTOWN MIAMI

Baby Jane
Klein, aber sexy: Bar in Brickell mit tropischen Akzenten und viel Neonlicht.

Blackbird Ordinary
Tolle Cocktails und eine angenehme Balance zwischen entspannt und hedonistisch.

Mama Tried
Dunkle Bar mit verruchtem Touch, riesigen Metalllampen und Retroschick-Ästhetik.

Lost Boy
Riesige Kneipe mit kubanischen Vintage-Möbeln, freigelegtem Mauerwerk und altem Holz.

OMAR GHRAYEB/SHUTTERSTOCK ©

Brickell

Gläserne Türme in Brickell

NEONLICHTER UND WOLKENKRATZER

Beton, Neon sowie dicht gedrängte Häuser, die beides miteinander verbinden, prägen Downtown Miami und vor allem Brickell, das wohl nobelste Viertel der Stadt (und das will was heißen!). Es liegt direkt südlich von Downtown und gilt als Finanzzentrum Südfloridas und von einem großen Teil des Südens der USA. Veredelt wird dieses Image durch eine Flut von Restaurants, Bars und Nachtclubs. Bei einem Abendspaziergang begegnet man hier – ähnlich wie in South Beach – jeder Menge Schönen und Reichen.

Die nördliche Grenze von Brickell bildet der Miami River, über den zwischen SE 4th Street und SE 5th Street die hübsche Brickell Avenue Bridge führt. An deren Rand zielt die Bronzestatue eines Tequesta-Kriegers (Native American) mit seinem Pfeil in den Himmel; die Brücke selbst zieren Reliefs, die Stadtbewohner:innen ehren, darunter die Everglades-Umweltschützerin Julia Tuttle. Zu Fuß lassen sich die Skulpturen am besten betrachten, zudem erspart man sich die äußerst irreführende Verkehrsführung vor Ort.

Die Insel **Brickell Key** gehört offiziell zu Brickell und ähnelt einem schwimmenden Stachelschwein mit Glastürmen anstelle von Stacheln. Wer einmal in Miamis Jetset hineinschnuppern möchte, kommt hierher, tut so, als gehöre er dazu, und steuert einen VIP-Treff wie das **Mandarin Oriental Miami Hotel** an, wo die Lobby und die intimen Lounges Traumblicke auf die Biscayne Bay gewähren.

FÜR NEONLICHT-FANS

Ein Downtown-Bummel ist wie ein Bad in einem Meer aus Neonlichtern, doch es glitzert nicht nur dort. Hinter der Bucht am Ocean Drive (S. 60) in Miami Beach leuchten Neonfarben regenbogengleich am Strand.

AUSGEHEN IN DOWNTOWN MIAMI

Sugar
Grüne Oase und Dachbar mit weitläufiger Terrasse voller Pflanzen und Bäume.

Elleven
Go-Go-Tanz, Luftakrobatik und an Striptease erinnernde Shows gepaart mit einem hochmodernen Soundsystem.

Esotico
Üppige Pflanzen, grüne Wandbilder, exzellente Tiki-Drinks und viel Neon sorgen für Dschungelflair.

STADTSPAZIERGANG: DOWNTOWN

Downtown Miami erfindet sich ständig neu, dafür sorgen Neubauten und ein ausgeprägtes Bewusstsein für aktuelle Trends. Diese Route ist direkt am Puls der Zeit und führt zu den glamourösesten Ecken Miamis, wo man auf die Jungen und Coolen der Stadt trifft. Das luftige, stilvolle 1 **Manna Life Food** überzeugt mit pflanzenbasierter Küche aus gesunden Zutaten wie rotem Quinoa, gebackenem Tofu, geröstetem Gemüse, braunem Kokosnussreis und Falafel. Außerdem gibt's hier frische Säfte, Kaffee und Matcha-Cappuccino. Nächste Station ist 2 **Supply & Advise** mit Männermode, die ins Auge sticht. Die hübschen Stücke werden in einem historischen Gebäude aus den 1920er-Jahren verkauft.

Dann spaziert man durch den 3 **Bayfront Park** und zum 4 **Miami Riverwalk** .Vom südlichen Ende des Bayfront geht es unter Brücken hindurch und am Ufer entlang bis zu seinem Ende westlich der SW 2nd Avenue Bridge. Beim Überqueren der hübschen 5 **Brickell Avenue Bridge**, die zwischen SE 4th Street und SE 5th Strret über den Miami River führt und vor einigen Jahren breiter und höher gemacht wurde, bieten sich noch bessere Blicke auf die Skyline von Downtown. Bemerkenswert ist die 5 m hohe Bronzestatue des kubanischstämmigen Bildhauers Manuel Carbonell; sie zeigt einen Tequesta-Krieger und seine Familie, die hoch oben auf der Säule „Pillar of History" thronen.

LITTLE HAVANA

DIE CALLE OCHO RUFT

Das kubanische Flair von Little Havana ist ein wenig touristisch aufbereitet, dennoch versprüht die Gegend mit klackenden Dominosteinen, Zigarrengeruch und Salsa-Klängen auf der Straße viel Atmosphäre. Sehenswert sind die Wandbilder; ältere Werke beziehen sich oft auf die kubanische Revolution, während neuere auf moderneren Kontext wie Hip-Hop oder Miami Heat verweisen.

Die Hauptverkehrsstraße von Little Havana, die Calle Ocho (SW 8th St), ist das Herz des Viertels. Am lebendigsten ist sie am Tag (vor allem am Wochenende), wenn gewitzte Senioren sich zu schnellen Dominopartien im Máximo Gómez Park treffen und die Galerien mit moderner Kunst locken. Beim Souvenir- und Zigarrenshoppen sorgt ein starker Kaffee für neue Energie. Abends lässt man sich gute kubanische Küche (oder andere Köstlichkeiten) schmecken und zum Abschluss gibt es Livemusik in einem Salsa-Club oder Gourmetcocktails in einer Bar.

TOP TIPP

In Little Havana geht es nicht um Sightseeing im herkömmlichen Sinn. Vielmehr lässt man die Atmosphäre auf sich wirken und verbringt etwas Zeit in den Snackbars. Der **Cuban Walk of Fame**, eine Reihe von Sternen auf dem Gehweg mit den Namen von kubanischen Prominenten, verläuft ein gutes Stück die 8th Street entlang.

HIGHLIGHTS
1 El Nuevo Siglo
2 Little Havana Art District
3 Máximo Gómez Park

SEHENSWETES
4 Cuban Memorial Boulevard Park

ESSEN
5 Los Pinareños Frutería
6 Lung Yai Thai Tapas

AUSGEHEN & FEIERN
7 Bar Nancy

UNTERHALTUNG
8 Cafe La Trova
9 Cubaocho

Máximo Gómez Park

DOMINO UND SPANISCHER SMALL TALK

Little Havanas wohl atmosphärischste Hommage an Kuba ist der Máximo Gómez Park („Domino Park"). Hier werden die Gespräche der älteren Herren beim Dominospiel vom schnellen Klappern der Steine und dem etwas skurrilen Anblick fotografierender Schaulustiger begleitet. Die Spieler selbst scheinen diese übrigens nicht zu stören, sondern vielmehr anzuspornen. Der schwere Zigarrenduft und ein knallbuntes Wandgemälde, das den Amerikagipfel von 1994 zeigt, tragen ebenfalls zum Flair bei.

Dominospiel im Máximo Gómez Park

El Nuevo Siglo

EIN LEBENSMITTELGESCHÄFT (UND VIEL MEHR)

Wer nach Miami eingewandert ist oder aus einer Migrantenfamilie stammt, weiß, dass das Herz der Gemeinschaft nicht in Statuen oder Kulturzentren schlägt, sondern in den Läden und Restaurants, die die Aromen der alten Heimat bewahren. Deshalb mischt man sich am besten im Supermarkt El Nuevo Siglo unter die vielen Einheimischen und genießt an der glänzenden schwarzen Theke in unprätentiöser Atmosphäre leckeres, günstiges Essen. Hier schmeckt einfach alles, ob Braten, frittierte Yucca, würzige kubanische Sandwichs, gegrillter Snapper mit Reis, Bohnen und Kochbananen oder andere Tagesangebote.

Little Havana Art District

STRASSENKULTUR

Der Abschnitt zwischen SW 15th und 17th Avenue ist für Reisende der wohl pulsierendste (und auch touristischste) Teil von Little Havana. Neben farbenfrohen Wandbildern gibt es hier Galerien unweit des **Futurama Building**, einem Coworking Space für Kreative in der 1637 SW 8th Street, und des **Ball & Chain** (Bild oben), einer Konzertstätte mit Restaurant, die Erinnerungen an das alte Havanna mit der Schmelztiegelkultur von Little Havana verbindet.

Die Feierlichkeiten der **Viernes Culturales** (kulturellen Freitage) konzentrieren sich auf das Kunstviertel: Jeden dritten Freitag im Monat wird hier eine große Bühne aufgebaut und die Galerien haben zudem bis 23 Uhr geöffnet. Das Fest gibt tolle Einblicke in das Leben der spanischsprachigen Gemeinde vor Ort und startet meist mittags.

VAMOS A VERSAILLES

Fast nirgendwo in Little Havana fängt der Magen so laut an zu knurren wie beim Anblick des grünweißen Schilds des **Versailles**. Das selbsternannte „berühmteste kubanische Restaurant der Welt" (womöglich stimmt das sogar) ist seit 1971 im Geschäft. Ganze Generationen der kubanisch-amerikanischen Gemeinde sowie Miamis lateinamerikanische politische Elite lassen sich hier Seite an Seite schwarze Bohnen, *ropa vieja*, *croquetas* (Kroketten) und jede Menge süßen, starken kubanischen Kaffee schmecken. Neben den Klassikern gibt es auch raffiniertere regionale Küche von der Insel wie Meeresfrüchte-Paella, gezupftes getrocknetes Rindfleisch und gegrillte Leber.

Eternal Torch of Brigade 2506

WEITERE HIGHLIGHTS IN LITTLE HAVANA

Cuban Memorial Boulevard Park

HEILIGER SCHREIN UND GELEBTE GESCHICHTE

Der Boulevard zeugt von der immensen kulturellen Bedeutung einer Insel, die viele Tausend Miami-Bewohner:innen noch nie betreten haben und die dennoch einen wesentlichen Teil ihrer Identität ausmacht.

Im Grunde handelt es sich um einen schmalen öffentlichen Park auf dem Mittelstreifen der SW 13th Avenue, der sich über vier Blocks erstreckt und den einige Statuen und Denkmäler zieren. Viele davon weiß man nur mit etwas kulturellem oder historischen Kontext zu schätzen.

Die **Eternal Torch of Brigade 2506** ist den Soldaten gewidmet, die bei der Invasion der Schweinebucht 1961 ums Leben kamen. Auch die Bronzestatue von **Nestor „Tony" Izquierdo** ist als Kommunismuskritik zu verstehen; der Schweinebucht-Veteran kämpfte danach für das rechtsgerichtete Somoza-Regime in Nicaragua.

SHOPPEN IN LITTLE HAVANA

Havana Collection
Umfangreiche, eindrucksvolle Auswahl an klassischen traditionellen *guayaberas* (kubanische Anzughemden).

Guantanamera
Hier gibt's hochwertige handgerollte Zigarren, starken kubanischen Kaffee sowie eine Bar und Schaukelstühle.

La Isla
Hipper kleiner Laden mit großem Sortiment an kubanisch inspirierten Pop-Art-Bildern und Souvenirs.

Außerdem erwähnenswert sind z. B. die Büste von **Antonio Maceo Grajales**, einem Helden des Kubanischen Unabhängigkeitskriegs, und die **Plaza de Los Periodistas Cubanos**, die Castro-kritischen kubanischen Journalist:innen gewidmet ist.

Auf halber Höhe des Blocks zwischen SW 10th Street und Calle Ocho (SW 8th St) steht ein imposanter **Kapokbaum**, der für Santería-Gläubige von Bedeutung ist. Die afrokubanische Religion verbindet auf ähnliche Weise wie *vodou* (Voodoo) traditionelle westafrikanische Glaubensinhalte mit dem Katholizismus. Manchmal sieht man hier Opferkerzen oder andere Gaben wie Rum oder Tabak.

TURMTHEATER

Wer denkt, die beste Art-déco-Architektur Südfloridas beschränke sich auf South Beach, sollte sich das **Tower Theater** direkt an der Calle Ocho ansehen. Der renovierte Prachtbau von 1926 mit stolzer Art-déco-Fassade und hübsch modernisierten Innenräumen war in seiner Blütezeit das Zentrum des gesellschaftlichen Lebens von Little Havana. Die gezeigten Filme dienten als Brücke zwischen Einwanderergemeinde und amerikanischer Popkultur. Heute werden regelmäßig Independent-Filme und Spanischsprachiges (manchmal in Kombination) gezeigt, zudem gibt es verschiedene Kunstausstellungen in der Lobby. Das Theater ist außerdem attraktiver Treffpunkt, Wahrzeichen und Referenzpunkt für viele Generationen, die mit ihm aufgewachsen sind und für seinen Erhalt gekämpft haben.

Musik in Little Havana

LIEDER EINER DIASPORA

Musik bewegt das Herz der kubanischen Diaspora und in Little Havana gibt es viele Möglichkeiten, der Seele der Insel durch Lieder näher zu kommen.

Ein echtes Juwel im Little Havana Art District ist das **Cubaocho**, bekannt für Konzerte mit exzellenten Bands aus der spanischsprachigen Welt. Es ist außerdem Begegnungsstätte, Kunstgalerie und Anlaufstelle für Infos rund um Kuba. Das Innere erinnert an ein alte Zigarrenbar in Havanna, wobei die Werke an den Wänden sowohl die klassische Vergangenheit kubanischer Kunst als auch die avantgardistische Zukunft repräsentieren.

Holzelemente, schick gekleidete Barkeeper und verblichene Wände im Havanna-Stil sorgen im **Cafe La Trova** für das Kubaflair vergangener Zeiten (wie man dazu steht, ist wieder eine andere Sache). Regelmäßige Liveshows mit klassischer kubanischer Tanzmusik und Gäste in schicker Kleidung und *guayaberas* garantieren gute Stimmung. Hier wagt sich auch der größte Tanzmuffel auf die Tanzfläche!

Nicht immer beschwört die Musik in Little Havana das alte Kuba herauf und Einheimische benötigen auch nicht zwangsläufig Congas, um die Hüften zu schwingen. In der Craft-Cocktail-Zentrale **Bar Nancy** tanzen kubanisch-amerikanische (und andere) Millenials und Angehörige der Generation Z zu Hard Rock, Punk, Southern Blues, Latin Trap, Chiptune und allem, was sonst so angesagt ist.

Comer, beber y ser feliz

ESSEN, TRINKEN UND GLÜCKLICH SEIN

All das ist natürlich auch anderswo in Miami möglich, in Little Havana taucht man dabei jedoch in die spanischsprachige Welt ein. Der Begriff Welt ist nicht übertrieben, denn die kubanische

INTERNATIONALE KÜCHE IN LITTLE HAVANA

Yambo
Nicaraguanisches *carne asada* (gegrilltes Rindfleisch), süße Kochbananen, viel Reis und Bohnen sowie lange Öffnungszeiten. **$**

San Pocho
Herzhafte, fleischlastige, überaus sättigende Gerichte – willkommen in Kolumbien! **$**

Lung Yai Thai Tapas
Die würzigen thailändischen Snacks zum Teilen passen perfekt zur Straßenszenerie der Calle Ocho. **$$**

JUAN LLAURO/SHUTTERSTOCK ©

Kubanisches *picadillo*

DIE BESTEN RESTAURANTS IN LITTLE HAVANA

Doce Provisions
Kreative Karibik trifft auf amerikanische Küche (wie wär's mit Brathähnchen an süßer Kochbananenwaffel?) sowie lokales Craft-Bier. $$

El Carajo
Großartiges spanisches Tapas-Restaurant mit Weinkeller im hinteren Bereich einer Tankstelle (!). $$

La Camaronera Seafood Joint and Fish Market
Der exzellente Markt punktet mit *pan con minuta* (Fisch-Sandwich) und vielem mehr. $

Taqueria Viva Mexico
Aus einem Imbissfenster reichen lächelnde Damen mit die besten Tacos der Stadt. $

Küche deckt nur einen kleinen Teil der panlateinamerikanischen Gastroszene des Viertels ab. Die kulinarische Bandbreite umfasst den gesamten *Sud,* von Ecuador bis El Salvador, und von Mexiko bis Mendoza in Argentinien. Laut Einheimischen gibt's die beste *comida latina* (lateinamerikanisches Essen) jenseits der Calle Ocho, tatsächlich aber kann man mit den kleinen Lokalen in Little Havana kaum was falsch machen.

Dabei muss man sich nicht mal an die westliche Hemisphäre halten. Orte wie das großartige kleine Restaurant **Lung Yai Thai Tapas** beweisen, dass das Konzept, sich an einem feuchtwarmen Nachmittag mehrere kleine Portionen zu teilen, kein Privileg der spanischsprachigen Welt ist (und die Hähnchenflügel sind fantastisch!).

Die perfekte Erfrischung an einem schwülen Nachmittag in Miami ist ein kalter frischer Saft (oder *batidos* – Milchshakes) von **Los Pinareños Frutería**. Der Obst- und Gemüsestand erfreut sich bei Generationen von Einheimischen großer Beliebtheit. Hier wird bei einem *guarapa* (Zuckerrohrextrakt) *batido* wie in einem Pitbull-Song gepost, getratscht und in kubanischem Spanisch debattiert: Mehr Miami geht nicht!

INTERNATIONALE KÜCHE IN LITTLE HAVANA

Azucar
Eine der ältesten Eisdielen in Little Havana mit Leckereien, die einst die *abuela* machte. $

El Cristo
Bodenständiges Lokal mit Gerichten aus der ganzen spanischsprachigen Welt; Fisch ist das Highlight. $$

Xixon
Modernes spanisches Tapas-Restaurant mit exzellenten *bacalao*-(Kabeljau-)Bällchen, brutzelnden Garnelen und Babyaal. $$

WYNWOOD & DESIGN DISTRICT

THEMENPARK FÜR KUNSTFANS

Auf den Straßen von Wynwood im Schatten von Public Art und Instagram-tauglichen Food Halls findet sich so gut wie jeder Trend wieder, wenn er nicht sogar hier entstanden ist. Der Design District ist ein Edel-Shoppingrevier, in dem die Grenzen zwischen Wohnviertel und Mall verschwimmen.

Bevor die rasante Gentrifizierung einsetzte, war Wynwood von der spanischsprachigen Arbeiterklasse geprägt. Das bereits tagsüber lebendige Viertel erreicht abends seine Betriebstemperatur, wenn Kreativköpfe sich in Brauereikneipen und Musikbars treffen. Der Design District ist edler und auf der Haupteinkaufsstraße gibt es tolle Stücke zu astronomischen Preisen. Es lässt sich gut in einem Tag erkunden – tagsüber locken Läden und Galerien, abends ein Restaurantbesuch und das Nachtleben.

TOP TIPP

Die Attraktionen des weitläufigen Wynwood verteilen sich über viele Blocks. Am dichtesten konzentrieren sich die Sehenswürdigkeiten an der NW 2nd Avenue. Am besten läuft man von der 23rd Street nordwärts bis zur 29th Street und wirft unterwegs einen Blick in die Seitenstraßen.

Institute of Contemporary Art

Institute of Contemporary Art

INNOVATIVE KUNST

Das ICA, ein solides Museum für zeitgenössische Kunst im Design District, bietet neben den Dauer- auch Wechselausstellungen. Das bemerkenswerte, 2017 vomArchitektenbüro Aranguren & Gallegos entworfene Gebäude zeichnet sich durch klare Linien, große Fenster mit Gartenblick i und eine metallicgraue Fassade im Industrie-Schick aus. Bei einem Besuch fallen das geometrische Design und viele ästhetische Elemente ins Auge. Das Museum empfiehlt, Tickets vorab zu reservieren.

Bakehouse Art Complex

INDOOR- UND OUTDOOR-KUNST

Das Bakehouse ist eine der Schlüsselinstitutionen der Kunstszene von Wynwood (und das will etwas heißen!) und setzte noch weit vor den Wynwood Walls künstlerische Impulse. Die Ausstellungsfläche – eine einstige Bäckerei – wird gemeinnützig betrieben, deswegen wurde sie von der unverfrorenen Kommerzialisierung des Viertels verschont und der Eintritt ist gratis. Heute beherbergen die Galerien rund 60 Ateliers sowie Wandmalereien, die rund um die Uhr zugänglich sind. Die Website (bacfl.org) informiert über Gesprächsrunden und andere Veranstaltungen.

WYNWOOD & DESIGN DISTRICT

HIGHLIGHTS
1 Bakehouse Art Complex
2 Institute of Contemporary Art
3 Margulies Collection at the Warehouse
4 Museum of Graffiti
5 Palm Court & Fly's Eye Dome
6 Wynwood Marketplace
7 Wynwood Walls

SEHENSWERTES
8 De La Cruz Collection
9 Locust Projects
10 Walt Grace Vintage
11 Wynwood Building

ESSEN
12 1 800 Lucky
13 Enriqueta's
14 Michael's Genuine

AUSGEHEN & FEIERN
15 Miam Cafe
16 Wynwood Brewing Company

Museum of Graffiti

GRAFITTI 2.0

TIM CLARK/ALAMY STOCK PHOTO ©

Das Museum of Graffiti (Bild links) gibt einen kurzen Überblick über die Geschichte dieser speziellen Kunstform, die einem auf den Straßen im umliegenden Wynwood so eindrucksvoll ins Auge springt. Für ein Museum ist es etwas klein, wird jedoch mit Herzblut betrieben. Es gibt Kunstkurse für Kinder, Fotos aus den Anfängen der Graffiti-Kunst, zeitgenössische Ausstellungen von großen Namen der Szene und Anfänger-Workshops – der Unterschied zur Aquarellmalerei ist gar nicht so groß, nur dass anstelle von Wasserfarben und Leinwänden Sprühdosen und Betonwände zum Einsatz kommen. Der Souvenirshop lohnt für sich genommen auch schon einen Besuch, wenn man sich für Graffiti oder Pop Art interessiert.

Wynwood Walls

EINDRUCKSVOLLE WANDKUNST

Zu den meistfotografierten Motiven in Miami (zumindest gemessen an Social-Media-Hashtags) gehören die Wynwood Walls. Die verschiedenen Wandmalereien in einem offenen Hof beeindrucken mit ihren bunten Farben und der imposanten Präsenz. Was gerade zu sehen ist, hängt von den jeweiligen Kunstveranstaltungen wie der Art Basel ab, die Werke sind jedoch immer ausdrucksstark und interessant, und rund um die Walls herrscht eine lebendige, quirlige Atmosphäre.

Je nach Sichtweise erfüllen die Walls Wynwoods Mission, zeitgenössische Straßenkunst für die breite Masse zugänglich zu machen, oder sie stehen für den Kommerz, dem die kreative Energie der Straße geopfert und für den Konsum aufbereitet wurde. Eine kontroverse Sichtweise? Nun ja, darum geht's ja in der Kunst. Wer ein kleines Souvenir mit nach Hause nehmen möchte, steuert den Laden vor Ort an.

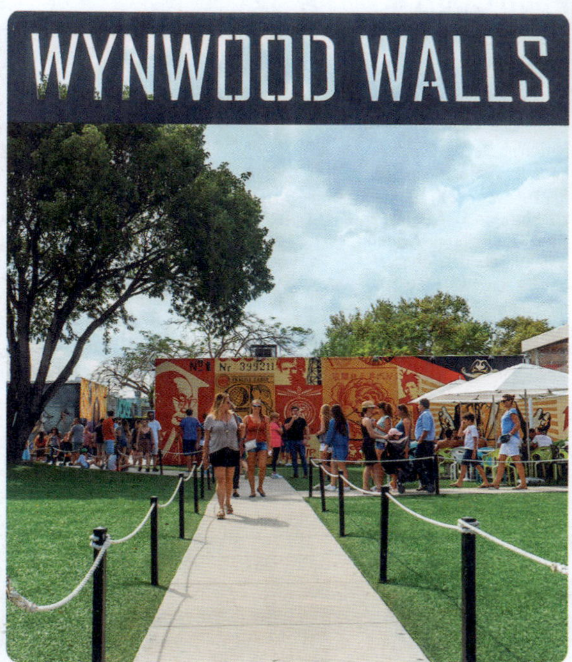

Wynwood Walls

Margulies Collection at the Warehouse

GIGANTISCHE KUNSTARENA

Die rund 4600 m² große Ausstellungsfläche unter gemeinnütziger Verwaltung beherbergt eine der größten Kunstsammlungen von Wynwood: Martin Margulies' Sammlung umfasst 4000 Stücke, darunter **Skulpturen** von Isamu Noguchi und Olafur Eliasson (und vielen anderen) sowie Klanginstallationen und raumgroße Arbeiten. Im Fokus stehen zum Nachdenken anregende Installationen sowie das Bemühen, Werke führender zeitgenössischer Kunstschaffender zu pflegen und in Szene zu setzen. Dabei beschränkt sich der Komplex nicht auf Kunst aus dem 21. Jh., wie Ausstellungen mit Werken beispielsweise von Dorothea Lange und Walker Evans zeigen. Obwohl es sich um eine gemeinnützige Einrichtung handelt, wird ein Eintrittsgeld von 10 US$ erhoben. Alternativ lohnt es sich über die Collection eine Führung für 25 US$ zu buchen, die oft von hauseigenen Sammler:innen oder Kurator:innen geleitet werden.

Palm Court & Fly's Eye Dome

KOMMERZ TRIFFT AUF DESIGN

Mitten im Design District liegt dieser pompöse Hof, der kurz vor der Art Basel 2014 öffnete. Den **Palm Court** zieren hohe Palmen, reflektierende Spiegel an den Seiten, zwei Etagen mit Edelgeschäften (der Fokus liegt erwartungsgemäß auf Haushaltswaren, Dekor, Möbeln und dergleichen) und eine besonders auffällige Skulptur als Herzstück, der **Fly's Eye Dome**.

Die von Buckminster Fuller entworfene geodätische Kuppel scheint in einem kleinen spiegelnden Teich zu schweben. Gesäumt wird dieser von schlanken, im Wind wiegenden Palmen, die oft zeitgenössische Kunst schmückt. Fuller nannte die 7,3 m hohe Skulptur eine „autonome Wohnmaschine", als er sie 1965 entwickelte, heute dient sie Edelboutiquen als Kulisse. Ein überdachter Zugangsbereich verbindet die Tiefgarage mit dem Palm Court.

Innerhalb und außerhalb der Kuppel bieten sich großartige Fotomotive. Abends ist das Licht besonders schön, wenn Lichterketten, Flutlicht und die sich im verspiegelten Glas reflektierenden Geschäfte für ein besonderes Ambiente sorgen.

NICHOLAS LAMONTANARO/SHUTTERSTOCK ©

Wynwood Marketplace

Wynwood Marketplace

BUNTER BASAR

Ein riesiger Freiluftmarkt mit Kunsthandwerkständen, Imbisswagen, einer Bühne, Livemusik und Kunstausstellungen erstreckt sich an den Wochenenden abends in Wynwood über mehrere Blocks. Im Grunde ist der Marketplace ein wöchentliches Straßenfest, über das man bei dem konstant guten Wetter gerne schlendert. An manchen Abenden scheint sich hier ganz Miami zu versammeln, was angesichts des Unterhaltungsprogramms vor beleuchteter grüner Kulisse kein Wunder ist. Viele bringen ihre Kinder mit, denn obwohl vor Ort Alkohol verlauft wird, ist das Ambiente familienfreundlich.

FELIX MIZIOZNIKOV/SHUTTERSTOCK ©

Bacardi Building

WAHRZEICHEN: DAS BACARDI BUILDING

Die ehemalige Firmenzentrale von Bacardi in Miami (2100 Biscayne Blvd) ist ein Meisterwerk tropischer Architektur und gehört zum National Register of Historic Places. Herzstück ist ein wunderschön dekoriertes Gebäude von 1973, das an ein Schmuckkästchen erinnert und von einem einzigen zentralen Stützpfeiler getragen über dem Boden zu schweben scheint. Die Fassade ist mit 2,5 cm dicken Stücken aus gehämmertem Glas bedeckt; das mesoamerikanische Muster ist einem Mosaik des deutschen Künstlers Johannes M. Dietz nachempfunden.

Auf dem Gelände steht außerdem noch das ältere Gebäude von 1963, ein mit rund 28 00 handgefertigten blauen und weißen Fliesen verkleideter Turm, dessen auffälliges Keramikmuster vom brasilianischen Künstler Francisco Brennand entworfen wurde.

WEITERE HIGHLIGHTS IN WYNWOOD & IM DESIGN DISTRICT

Kunst & Design

ÄSTHETIK PUR

Der Design District ist kompakt, dennoch finden sich hier zahllose Galerien, edle Designerboutiquen und Restaurants. Zudem gibt es hübsche zeitgenössische Architektur sowie faszinierende Freiluft-Installationen, die Kunst raus aus Galerien auf die Straße bringen. Die Hauptstraßen sind die NW 39th Street und die 40th Street.

Locust Projects ist für aufstrebende Talente in der Szene für zeitgenössische Galeriekunst zu einem wichtigen Begriff geworden. Die 1998 von Kunstschaffenden gegründete gemeinnützige Einrichtung hat im Lauf der Jahre Werke von über 250 Kunstschaffenden aus der Region, den ganzen USA und aus aller Welt ausgestellt. Die Galerie zeigt oft eigens für diesen Ort entwickelte Installationen und ist bereit, größere Risiken als kommerzielle Einrichtungen einzugehen.

ESSEN IN WYNWOOD & IM DESIGN DISTRICT

Buena Vista Deli
Morgens gibt's leckere Backwaren, später dicke Quiche-Stücke. **$**

SuViche
Verschiedene peruanische Gerichte (u.a. ein halbes Dutzend Ceviche-Varianten) und Sushi. **$**

Beaker & Gray
Das gut besuchte Lokal bietet Cocktails und international inspirierte Kneipenküche. **$$**

Kaffee im Panther Coffee

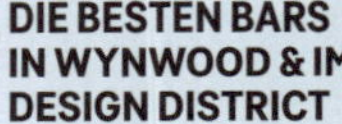

DIE BESTEN BARS IN WYNWOOD & IM DESIGN DISTRICT

Sylvester
Lokales Flair, zeitgenössische Kunst und viele schöne Menschen, vor allem am Wochenende.

Gramps
Einladend und unprätentiös mit Livemusik, DJs und gelegentlichen Synthesizer-Duellen oder Bingo-Abenden.

Coyo Taco
Eine geheime Bar, die sich hinter einem Taco-Stand versteckt? Wir sind dabei, vor allem wenn DJs afrokubanischen Punk auflegen.

R House
Leckere Gerichte und Cocktails; eigentliches Highlight ist jedoch der ungemein beliebte Drag-Brunch (weit im Voraus reservieren!).

Außerdem locken das **Palm Court**, ein Herzstück des Viertels, und das **Institute of Contemporary Art**, das als Ort für mutige künstlerische Innovation (oder das, was die zeitgenössische Kunstszene dafür hält) und für die Ästhetik der Gegend steht.

Eine Pause gefällig? Dann geht's ein Stück zurück zu **Michael's Genuine**. Die alteingesessene Edelkneipe kombiniert exzellenten Service mit ausgefeilter Küche in Form von Gerichten aus dem Holzofen, üppigen Salaten und rohen Meeresfrüchten.

Schlusspunkt ist die **De La Cruz Collection** in der 41st Street. Die 2800 m^2 große, dreistöckige Galerie mit erstklassiger zeitgenössischer Kunst ist kostenlos.

Essen in Wynwood: Alt trifft Neu

GESCHMACKSEXPLOSIONEN

Kreativität ist einer der Grundpfeiler der kulinarischen Szene von Wynwood. Hier gibt es innovativ interpretierte amerikanische Hausmannskost, über offenem Feuer zubereitete, japanische Fusionküche, Tacos mit einfallsreichem Topping, gesunde ve-

ESSEN IN WYNWOOD & IM DESIGN DISTRICT

1800 Lucky
Miamis Version eines asiatischen Essensmarkts mit jeder Menge Straßenessen und Neonlichtern à la Wynwood. **$**

Salty Donut
Für die kunstvoll angerichteten Kreationen mit saisonalen Zutaten wie Guave und Käse stehen viele Leute gerne an. **$**

Michael's Genuine
Der Tempel für neue amerikanische Küche bietet nationale Klassiker aus lokalen Zutaten und ein sehr lebendiges Flair. **$$$**

gane Kost, Gourmetkaffee, experimentelle Donuts und vieles andere mehr.

Ein perfektes Beispiel dafür und ein Zeugnis davon, dass Wynwood immer mehr zu einer Spielwiese kosmopolitischer Globetrotter wird, ist das **1 800 Lucky**. Das weitläufige Restaurant imitiert mitten in Südflorida eine asiatische Food Hall. Für tolle Atmosphäre sorgen rote Laternen, dröhnende Lounge- und Hip-Hop-Musik, eine schicke Bar und die stilbewusste Klientel. Auch das Essen ist ziemlich gut und reicht von Sashimi-Bowls über Hähnchenflügel nach Thai-Art bis hin zu chinesischen Schweinebauchbrötchen. Im Laufe des Abends verwandelt sich die Food Hall in eine Art Freiluftbar, in der sich die Menschen genauso drängen wie in den beliebten Clubs.

Aber was kam hier eigentlich auf den Teller, bevor die massive Gentrifizierung das alte Wynwood verschwinden ließ? Ein herausragender Vertreter dieses Genres ist das stimmungsvolle **Enriqueta's**, eine Art Außenposten des alten Miami mitten in einem der schicksten Viertel der Stadt. In dem Imbisslokal sind spanischsprechende Einheimische und nicht die internationale Installationskunstszene in der Überzahl. Zu empfehlen sind der exzellente Kaffee, *pan con bistec* (Steak-Sandwichs), *croquetas,* kubanische Sandwiche, Tagesangebote wie *picadillo* (würziges Rinderhack) und *lechón asado* (Schweinebraten); dazu gibt's Small-Talk auf Spanisch.

Kunst, Kultur, Kaffee, Bier

WAS WILL MAN MEHR?

Wynwood ist Miamis inoffizielle Metropole für Kunst und Avantgardismus. Die von Wandmalereien gezierten Straßen sind eine Art riesige Leinwand, die sich ständig verändert, und die hiesige Galerieszene sucht ihresgleichen.

Los geht's mit **Art by God**, das sich der Welt der Natur verschrieben hat. Triceratops-Hörner, ausgestopfte Tiere in allen Größen und Formen und sogar prähistorische menschliche Schädel füllen die Regale dieses Kuriositätenkabinetts. Hat man genug von Dinosaurierknochen, kann man sich bei **Panther Coffee** mit einem Espresso stärken. Die beliebte lokale Rösterei macht sich mit ihren hochwertigen Kaffees einen internationalen Namen.

Nun geht's die NW 2nd Avenue hinauf, links in die 26th Street und zur NW 3rd Avenue. Hierbei stößt man auf eindrucksvolle Wandkunst-„Galerien". An der Ecke NW 27th Street steht das wie ein Zebra gestreifte **Wynwood Building**, das als Kreativbüro und Ladenfläche dient. Hier gibt es auch das **Miam Cafe**, ein weiteres gutes Café.

KUNSTSPAZIERGÄNGE IN WYNWOOD

Mit die besten Einblicke in Miamis Kunstszene bietet die **Wynwood Art Walk Block Party**, die an jedem zweiten Samstag im Monat stattfindet. Viele Galerien in Wynwood veranstalten Sonderevents und Galeriepartys mit jeder Menge Drinks (nicht immer kostenfrei), Livemusik, Imbisswagen und Spezialmärkten.

Alternativ lässt sich das Viertel mit **Wynwood Art Walk** (wynwoodartwalk.com) erkunden. Dabei handelt es sich um eine 90-minütige Führung zu einigen der aktuell besten Galerieausstellungen mit interessanten Einblicken in die Straßenkunstszene des Viertels. Es gibt auch noch andere Touren, z.B. mit dem Golfwagen zu den Graffiti-Highlights der Gegend.

FÜR KUNSTFANS

Wynwood gilt als offizielle Kunstenklave der Stadt, doch Ästhetik und Kreativität gibt's auch anderswo. Sehr lohnend ist das Rubell Museum (S. 74), eine der größten privaten Kunstsammlungen der Welt.

Lemoni Cafe
Entspanntes Café mit French Toast, Panini, Pfannkuchen und vielen hübschen Sitzgelegenheiten im Freien. **$**

Amara at Paraiso
Das Restaurant am Wasser kredenzt moderne amerikanisch-lateinamerikanische Fusionküche vor edler Kulisse. **$$$**

Mandolin
Das griechische Restaurant in mediterranem Blauweiß serviert gegrillten Barsch, Lamm-Kebabs und mehr. **$$$**

Nun läuft man nach rechts die 27th Street hinunter. Nach zwei Blocks erreicht man die Margulies Collection at the Warehouse (S. 85). Die riesige Galerie kostet Eintritt, ist mit ihrer eindrucksvollen Sammlung für zeitgenössische Kunst jedoch jeden Cent wert. Danach führt ein kurzer Fußmarsch zur **Wynwood Brewing Company**, einem der Pioniere von Miamis Kleinbrauereiszene.

Walt Grace Vintage

FERRARIS UND FENDERS

In Wynwood gibt es hunderte Galerien, doch Walt Grace Vintage ist die einzige, die sich zwei spezifischen Produkten verschrieben hat: Oldtimern und alten Gitarren. Wer sich für eines davon – oder beides – interessiert, kann hier makellos polierte Gibsons, Fenders, Porsches und Jaguars bewundern. Dabei geht es nicht darum, mit Luxusspielzeug zu protzen, vielmehr vermittelt die Galerie Respekt und Bewunderung für ihre Verbindungspunkte: Technik, Kunst und pure Coolness. Wer ein paar tausend Dollar (oder auch ein paar hunderttausend, wenn's ein Auto sein soll) übrig hat, kann ein Ausstellungsstück erstehen – vielleicht hilft's ja gegen die Midlife-Crisis …

Art Basel

SEHEN UND GESEHEN WERDEN

Die Art Basel zählt zu den größten internationalen Kunstmessen der Welt und steht sinnbildlich für Miami. Selfie-Sticks, herausgeputzte Menschen, offenkundiger Konsum (oft in Kombination mit etwas Aktivismus oder Intellektualismus) und Partys, die als Kulisse für virale Schnappschüsse dienen: So ist Miami. Auch wenn man keine milliardenschwere Kunstsammlung aufweisen kann, ist das Festival übrigens sehr lohnend, dafür sorgen Freiluft-Installationen in der ganzen Stadt, Sonderausstellungen in zahlreichen Galerien, Open-Air-Filmvorführungen und vieles mehr. Einiges findet in Miami Beach statt, doch auch Wynwood ist mit einem Wandkunst-Festival und verschiedenen Locations zum Essen, Trinken und Spaßhaben ein wichtiger Standort.

DIE BESTEN RESTAURANTS IN WYNWOOD

Dasher & Crank
Hausgemachte Eiscreme mit Geschmacksrichtungen wie Passionsfruchtsorbet oder Mojito. $

Kush
Gourmet-Burger und Craft-Bier sind das simple Erfolgsrezept dieses betriebsamen Lokals. $$

Zak the Baker
Die zu Recht gehypte lokale Bäckerei verkauft Brote, Croissants und Gebäck, alles frisch gebacken und überaus lecker. $

La Latina
Midtowns Eigengewächse und Eingewanderte lassen sich hier *arepas*, gezupftes Schweinefleisch und venezolanische Klassiker schmecken. $

AUSGEHEN IN WYNWOOD & IM DESIGN DISTRICT

Dante's HiFi
Entspannte Lounge, in der man zu exzellenten Cocktails Schallplatten hören kann.

Dirty Rabbit
Farbenfrohe Cocktails, provokante Kunst und Livemusik für eine coole Klientel.

Wynwood Brewing Company
Die erste Craft-Brauerei in Wynwood produziert noch immer das beste Bier und serviert dieses in einem großen Kneipenraum.

CORAL GABLES & COCONUT GROVE

PASTELLFARBENE PALÄSTE UND BANYANBÄUME

Coral Gables mit seinen pastellfarbenen Villen wirkt wie eine eigene Welt jenseits vom restlichen Miami. Hier gibt es hübsche, von Banyanbäumen gesäumte Straßen und ein kompaktes dorfähnliches Zentrum. Eine einzigartige Stadtplanung und Ästhetik, die an ein mediterranes Städtchen erinnert, prägen große Teile des Viertels. Boutiquen, Cafés und gehobene Restaurants finden sich an (oder nahe) der so genannten Miracle Mile.

In der einstigen Hippie-Kolonie Coconut Grove leben heute Mall-Fans und College-Studierende. Das kompakte Viertel mit tollen Geschäften und Cafés ist abends besonders reizvoll, wenn sich die Außentische der Lokale füllen. Es grenzt ans Wasser, die salzige Brise, die Miami so magisch macht, ist also nie weit.

TOP TIPP

Einblicke in die lokale Lebensart bietet der **Coral Gables Farmers Market**, der samstagmorgens (ca. 8–14 Uhr) vor der City Hall (405 Biltmore Way) stattfindet und saisonales Obst, frische Brote und andere Leckereien verkauft. Einheimische trifft man auch im **GableStage** mit einer dynamischen Theaterszene.

JOHNNY MICHAEL/SHUTTERSTOCK ©

Barnacle Historic State Park

Barnacle Historic State Park

HISTORISCHES REFUGIUM

Im Zentrum von Coconut Grove steht das Wohnhaus des Pioniers Ralph Munroe, Miamis erstem offiziellen Snowbird. Es stammt von 1891 und kann im Rahmen von Führungen (So–Mi 10–14.30 Uhr, alle 90 Min.) besichtigt werden. Der 2 ha große umliegende Park ist eine schattige Oase, die zum Spazieren einlädt und in der sich Kinder wunderbar austoben können. Im Barnacle finden regelmäßig Veranstaltungen statt, von Segelregatten über Yogakurse bis hin zu Mondscheinkonzerten, meist mit Jazz oder klassischer Musik. Als Freiluft-Location für diese Art von ruhiger Musik ist der Park einfach unschlagbar!

Lowe Art Museum

KUNST AUF DEM CAMPUS

Der hübsche Campus der **University of Miami** lädt zu einem Spaziergang ein. Neben dem für die Gegend typischen schicken mediterranen Stil gibt es hier ein paar echte Highlights, etwa das Lowe. Das universitätseigene Kunstmuseum hat eine solide Sammlung moderner Werke, eine Dauerausstellung mit Bildern aus der Renaissance und dem Barock, westliche Skulpturen aus dem 18. bis 20. Jh. sowie archäologische Artefakte, Kunst und Kunsthandwerk aus Asien, Afrika, dem Südpazifik und dem präkolumbischen Amerika.

CORAL GABLES & COCONUT GROVE

HIGHLIGHTS
1 Barnacle Historic State Park
2 Books & Books
3 Kampong
4 Lowe Art Museum
5 Plymouth Congregational Church
6 Venetian Pool

SEHENSWERTES
7 Biltmore Hotel
8 Merrick House
9 Peacock Park

UNTERHALTUNG
10 GableStage

Books & Books

BÜCHER, BÜCHER … UND NOCH MEHR BÜCHER!

Die wohl bekannteste unabhängige Buchladenkette in Südflorida hat Filialen in der ganzen Stadt, das Flaggschiff in Coral Gables ist jedoch ein besonderer Ort. Man stelle sich eine wunderbare alte Bibliothek vor, platziere diese in den Tropen und vermische das Ganze mit Miamis goldenem Sonnenschein. Nicht nur wir sind Books & Books verfallen: Fast jeder Literaturschaffende scheint bei einem Floridabesuch die Bühne dieses Ladens betreten oder das exzellente hauseigene Café-Restaurant mit mediterran gestalteter Terrasse besucht zu haben. Hinter Books & Books steht Mitchell Kaplan; der frühere Lehrer gründete die Miami Book Fair International, die in dieser Filiale sehr präsent ist.

Ermita de la Caridad

KIRCHE AN DER BUCHT

Die katholische Kirche kaufte einen Teil des Uferareals, das zum Grundstück von Deerings Villa Vizcaya gehörte, und errichtete darauf einen Schrein für ihre aus Kuba geflohenen Gläubigen. Das Gebäude ist genau auf das 470 km weiter südlich gelegene Kuba ausgerichtet und gilt als Fanal für all jene, die sich nach einem Land sehnen, das sie teils noch nie betreten haben. Auch sonst ist Kuba in der Kirche Santuario Nacional de Nuestra Señora de la Caridad, so ihr vollständiger Name, präsent: Ein Wandbild zeigt die Geschichte der Insel und in Gottesdiensten wird Spanisch gesprochen. Die Grasfläche am Meer vor der Kirche lädt zu einem Picknick ein.

Ermita da la Caridad

Vizcaya

MAGISCHE STADT, MAGISCHE VILLA

1916 begründete der Industrielle James Deering eine hiesige Tradition, indem er viel Geld machte und sich dann protzige Prachtbauten errichten ließ. Er beschäftigte damit 1000 Personen (damals 10 % der örtlichen Bevölkerung) und staffierte seinen Wohnsitz Vizcaya mit Möbeln, Wandteppichen, Gemälden und Kunsthandwerk der Renaissance aus.

Die Villa ist ein Klassiker von Miamis Mediterranean-Revival-Stil. Der größte Raum ist das informelle Wohnzimmer, das wegen der hier befindlichen Werke aus dem 14. bis 17. Jh. auch „Renaissance Hall" genannt wird. Das Musikzimmer fasziniert mit wunderschönen Wandmalereien aus Norditalien, während der Bankettsaal mit seiner pompösen Einrichtung an die Pracht königlicher europäischer Speisesäle erinnert.

An der Südseite des Hauses erstrecken sich Gartenanlagen, die den klassischen italienischen Gärten des 17. und 18. Jhs. nachempfunden sind und einen Kontrast zu den wildwachsenden Mangroven dahinter bilden. Skulpturen, Springbrunnen und mit Weinranken bewachsene Mauern geben der Anlage einen antiken Touch. Eine erhöhte Terrasse, der Garden Mound, bietet hübsche Ausblicke auf das ganze Grün.

Matheson Hammock Park

GABLES GRÜNE OASE

Der Matheson (Bild links), der erste Park in Dade County und somit der älteste Miamis, ist eine 255 ha große grüne Oase mit hungrigen Waschbären, duftenden Rasenflächen, Banyanbäumen, Palmen, dichten Mangrovensümpfen und einem Jachthafen mit Segelschule direkt südlich von Coral Gables. Manchmal lassen sich sogar Allligatoren blicken. Neben der Natur und der Landschaftsgärtnerei beeindruckt auch ein künstlich angelegtes Gezeitenbecken, das sich nach dem Wasserstand der nahen Biscayne Bay richtet und bei einheimischen Familien beliebt ist.

Plymouth Congregational Church

MISSION IN MIAMI

Mit ihrem soliden Mauerwerk und einer handgeschnitzten Tür, die aus einem Kloster in den Pyrenäen stammt und aussieht, als warte sie nur darauf von Antonio Banderas – in einem Arm einen Gitarrenkoffer voller Handgranaten und Salma Hayek im anderen – eingetreten zu werden, gehört die korallenrote Kirche von 1917 zu den eindrucksvollsten Gotteshäusern der Stadt. Sie ist eines der schönsten Beispiele für den spanischen Missionsstil in Miami, und das will angesichts der großen Konkurrenz etwas heißen. Die Kirche ist nur sporadisch geöffnet, alle (und dies schließt in dieser LGBTIQ+-freundlichen Gemeinde jeden mit ein) sind jedoch zur Sonntagsmesse mit Orgel und Chor willkommen.

OBEN: ENRIQUE TRUJILLO/SHUTTERSTOCK © UNTEN: IMAGEMD/SHUTTERSTOCK ©

Kampong

Kampong

TROPISCHES PFLANZENPARADIES

David Fairchild, der Indiana Jones der Botanik und Gründer von Fairchild Tropical Garden, erholte sich zwischen seinen Reisen, auf denen er nach schönen und wirtschaftlich nutzbaren Pflanzen suchte, in Kampong (Malaiisch/Indonesisch für „Dorf“). Als Pionier der tropischen Pflanzenwelt geizte Fairchild nicht in seinem eigenen Garten. Heute gehören Kampong und die üppigen Gärten zum National Register of Historic Places und das fruchtbare Gelände dient als Klassenzimmer für den National Tropical Botanical Garden. Nach vorheriger Anmeldung kann man die Anlage selbst erkunden (mindestens 1 Std. einplanen), außerdem gibt es einstündige Führungen für 25 US$. Besonders interessant sind die Erdnussbutterfrucht, die Ylang-Ylang-Blüte sowie Baum und Frucht des Jackfruchtbaums.

Venetian Pool

MIAMIS SCHÖNSTER POOL

Pools gibt es in allen Variationen, dieser jedoch gehört zu den wenigen, die es ins National Register of Historic Places geschafft haben. Hier wartet ein wahrhaft königliches Bad der Luxusklasse in einem Wunderland aus Felsenhöhlen, stufenförmigen Wasserfällen, einer palmenbestandenen Insel und Liegeplätzen im venezianischen Stil. Könnte sich Miami – und vor allem das mediterrane Coral Gables – in einen Pool verwandeln, wäre dies das Ergebnis. Hier haben sich schon Stars wie Esther Williams und Johnny „Tarzan" Weissmüller erfrischt.

1923 wurde Gestein für die Fertigstellung von Coral Gables abgebaut. Dadurch entstand eine hässliche Grube, die in der „City Beautiful" empfindlich störte. Wer bei der Stadtplanung den Spitznamen „Schöne Stadt" im Hinterkopf hat, belässt es natürlich nicht dabei, sondern schmückt den Schandfleck mit Mosaiken und Fliesen und füllt ihn mit Wasser. Damals fuhren hier noch Gondeln und gelegentlich wurde der Pool trockengelegt, damit das Miami Symphony Orchestra auftreten und die natürliche Akustik genießen konnte.

Orchesteraufführungen und Gondeln gehören der Vergangenheit an, doch der Venetian Pool wirkt noch immer wie eine kaiserliche Badespielwiese (es gibt sogar eine 3,5 m hohe Grotte). Die Wassertiefe beträgt 1,2 bis 2,4 m, und es gibt auch einen 60 cm tiefen Kinderbereich.

Venetian Pool

CORAL GABLES CITY HALL

Tatsächlich verrichtet der Stadtrat sein oftmals ödes Tagesgeschäft in diesem prachtvollen Gebäude von 1928, wobei die Architektur einen eher an Romantik und Macht und nicht an Parkverordnungen denken lässt. Der korinthische Säulengang, die Stuckfassade und der zentrale Uhrenturm sollen die Anmut iberisch-mediterranen Designs heraufbeschwören. Bemerkenswert sind das Deckengemälde **Die vier Jahreszeiten** im Turm sowie das gerahmte namenlose Bild einer Unterwasserwelt im oberen Stock, beide von Denman Fink.

TORE ZUR CITY BEAUTIFUL

Der Stadtentwickler George Merrick plante eine Reihe von kunstvollen Eingangstoren nach Coral Gables, doch aufgrund einer Immobilienkrise wurden viele Projekte nie vollendet. Schade, denn das zauberhafte Gables hätte ein paar schicke Zugänge verdient. Andererseits versprühen die unvollendeten Bauten eine zeitlose Atmosphäre; doch vielleicht sprechen sie auch nur für die menschliche Hybris. Eindrucksvoll sind sie allemal.

Zu den lohnenden vollendeten Stadttoren, von denen viele den Eingangstoren prachtvoller andalusischer Anwesen ähneln (und entsprechend benannt sind), gehören der **Country Club Prado**, der **Alhambra Entrance**, der **Granada Entrance** und der **Coral Way Entrance**. Zu erwähnen ist außerdem der **Alhambra Watertower**; er steht dort, wo Greenway Court und Ferdinand Street auf den Alhambra Circle treffen, und ähnelt einem maurischen Leuchtturm.

Fairchild Tropical Garden

WEITERE HIGHLIGHTS IN CORAL GABLES & COCONUT GROVE

Botanisches Erbe: Fairchild Tropical Garden

BOTANISCHE FARBENPRACHT

Der Fairchild zählt zu den größten tropischen botanischen Gärten des Landes. Ein Schmetterlingshain, ein Gewächshaus für tropische Pflanzen, die ruhige Aussicht auf Marsch- und Key-Habitate sowie regelmäßige Kunstinstallationen, u. a. von Roy Lichtenstein, machen die Schönheit des idyllischen 33 ha großen Gartens aus.

Der Garten wurde 1936 von Robert Montgomery, einem Geschäftsmann und Liebhaber für tropische Pflanzen, gegründet. Benannt ist er nach dem Forscher und Wissenschaftler David Fairchild, der beim Anlegen des Komplexes eine Schlüsselrolle

AUSGEHEN IN CORAL GABLES & COCONUT GROVE

Taurus
Holztäfelung, gediegene Ledersessel, rund 100 Biersorten und geselliges Flair – ein toller Mix!

Seven Seas
Authentische lokale Kneipe mit Dekor wie im Wasserthemenpark und bunt gemischter Klientel.

Titanic
Typisch amerikanischer Braugasthof, der abends zur Lieblingskneipe von Studierenden der University of Miami wird.

spielte. Er stiftete viele der Pflanzen, darunter den großen afrikanischen Affenbrotbaum beim Pförtnerhaus. Zudem unternahm er offizielle Expeditionen, um Pflanzen für den Garten zu sammeln, und segelte kurz vor Ausbruch des Zweiten Weltkriegs mit einer chinesischen Dschunke um den indonesischen Archipel.

Im **Wings of the Tropics** flattern hunderte Schmetterlinge mit schimmernden Flügeln frei durch die Luft. Ein Highlight, das einen Blick hinter die Kulissen gewährt, ist das **Vollmer Metamorphosis Lab**, wo man in Echtzeit beobachten kann, wie Schmetterlinge aus Larven schlüpfen. Die Tiere werden dann mehrmals am Tag im Wings of the Tropics freigelassen.

Auf den grün gesäumten Fußwegen des **Tropical Plant Conservatory** und des **Rare Plant House** stößt man auf eine Glasskulptur mit farbenfrohen Ranken, die sich wie flackerndes Feuer gen Himmel strecken. Der vom amerikanischen Künstler Dale Chihuly erschaffene **End of Day Tower** steht in einem kleinen Teich, in dem afrikanische Buntbarsche um seinen Sockel schwimmen.

Biltmore Hotel

GRANDE DAME DES JAZZ AGE

Im opulentesten Viertel einer der protzigsten Städte der Welt strahlt das **Biltmore Hotel** eine klassische Schönheit aus, der die Zeit nichts anhaben kann.

Das prachtvolle Hotel umfasst eine 60 ha große Anlage mit hübschen tropischen Gärten, Tennisplätzen, einem riesigen Pool und einem restaurierten 18-Loch-Golfplatz. Auch drinnen ist für Unterhaltung gesorgt und mit den vielen Aktivitäten könnte man sich einige Tage beschäftigen. Das lokale Theaterensemble **GableStage** zeigt z. B. in einem Flügel des Biltmore vor intimer Kulisse mit durchweg guten Sitzplätzen zeitgenössische Stücke, die zum Nachdenken anregen.

Der hoch aufragende zentrale Turm fällt gleich ins Auge und ist dem Giralda-Turm aus dem 12. Jh. im spanischen Sevilla nachempfunden. Die auffällige Pracht setzt sich drinnen fort, von der kolonnadenartigen Lobby mit handbemalter Decke, antiken Kronleuchtern und korinthischen Säulen bis hin zum üppig bewachsenen Hof mit einem zentralen Springbrunnen. Früher brachten Gondeln auf einem hoteleigenen Kanalsystem im hinteren Bereich prominente Gäste wie Judy Garland oder die Vanderbilts hierher. Die Kanäle gibt es nicht mehr, der luxuriöse Pool ist jedoch geblieben.

AUF DER SUCHE NACH EVA MUNROES GRAB

Die hübsche **Coconut Grove Library** von 1963 hat Kalksteinwände und ein steiles Dach als Reminiszenz an die Originalbibliothek von 1901, die einst hier stand. Drinnen gibt es eine kleine, sachkundig gestaltete Abteilung zu Südflorida.

In einem umzäunten Bereich in der Nähe verbirgt sich der einfache Grabstein von Eva Monroe, die 1882 in Miami starb. Ihr Grab ist das älteste US-amerikanische Grab in Miami-Dade County. Tatsächlich sind örtliche afroamerikanische Siedler:innen schon vorher in der Gegend gestorben, deren Tod wurde aber nicht offiziell vermerkt. Evas Mann Ralph fiel in eine Depression und suchte Trost im Bau des **Barnacle**, eines der ältesten Häuser der Gegend.

FÜR FANS HISTORISCHER ANWESEN

Unangefochtenes Highlight ist die Vizcaya-Villa (S. 93), der opulente, zur Realität gewordene Traum einer Residenz. An dem gigantischen Bau messen sich alle anderen.

ESSEN IN CORAL GABLES & COCONUT GROVE

Matsrui
In Miami gibt es viele trendige Sushi-Lokale, richtig gut ist dieses hier in einer Mall. **$$**

PLANTA Queen
Das helle, wunderschöne Queen ist mit seiner pflanzenbasierten, asiatisch inspirierten Küche ein Veganerparadies. **$$**

Coral Bagels
Die Bagels sind günstig und schmecken einfach hervorragend. **$**

Noch ein Detail für Abergläubische: Thomas „Fatty“ Walsh wurde im 13. Stock von einem Gangsterkollegen erschossen – manche sagen, dass sein Geist noch immer durch die Flure wandert.

Das bescheidene Merrick House

DIE WIEGE VON GABLES

Es ist schon komisch, dass dieses einfache Wohnhaus mit subtilen mediterranen Anleihen zum Ausgangspunkt des protzigen Coral Gables wurde. Als George Merricks Vater das Grundstück, ohne es gesehen zu haben, für 1100 US$ erwarb, gab es hier nichts außer Schlamm, Felsen und Guaven. Die bescheidene Familienresidenz sieht noch so aus wie 1925, mit Familienfotos, Möbeln und Kunst. An den meisten Wochenende finden zwischen 13 und 15 Uhr zur vollen Stunde kostenlose Führungen statt. Da das Haus für Privatveranstaltungen genutzt wird, sollte man vor einem Besuch anfragen (305-774-0155), ob es geöffnet ist.

Ausblicke im Peacock Park

AUSSICHT AUF DIE BUCHT UND FAMILIENSPASS

Der sich bis ans Ufer erstreckende Peacock Park bildet den großen, offenen Hinterhof von Coconut Grove. Junge Familien steuern den Spielplatz und die Sportplätze an und bei einem langen Spaziergang eröffnen sich Blicke auf die Bucht. Tatsächlich zählt die Aussicht vom Promenadenweg entlang der Bucht auf die Biscayne Bay zu den unverstelltesten und idyllischsten auf dem Festland. Und warum „Pfauenpark“? Tatsächlich stolzierten hier keine Pfauen umher, vielmehr war auf dem 3,6 ha großen Komplex früher das Bayview Inn ansässig, das Charles und Isabella Peacock gehörte. Die Peacocks beschäftigten Arbeiter:innen von den Bahamas, die den Kern der ältesten schwarzen Gemeinschaft Miamis bildeten.

WARUM ICH CORAL GABLES & COCONUT GROVE LIEBE

Adam Karlin, Autor

Wynwood mag mehr Boheme-Flair versprühen, South Beach bekannter sein und Little Havana internationaler. Doch Coral Gables und Coconut Grove vereinen all dies miteinander. Die zwei Viertel sind vielleicht nicht die künstlerischsten/bekanntesten/internationalsten Miamis, durch ihre Vielfalt jedoch besonders interessant. Zudem sind sie wunderschön, einzigartig, weitläufig, besonders. Nach einem leckeren italienischen, argentinischen, thailändischen oder veganen Essen genießt man die Sonne und die Brise von Biscayne auf der Haut, trinkt einen kubanischen Kaffee an der Ponce oder Grand Avenue und denkt sich: Ist das Leben nicht schön?

FÜR PARKFANS

Bayfront Park (S. 71) in Downtown ist nicht so grün wie andere Parks in Coral Gables und Coconut Grove, dafür bietet er jedoch tolle Ausblicke und Zugang zu einigen der besten Sehenswürdigkeiten der Stadt.

ESSEN IN CORAL GABLES & COCONUT GROVE

Threefold
Starker Espresso, weiche Eier Benedikt und frischer Lachssalat machen dieses Café zu etwas Besonderem. **$$**

LoKal
Hier gibt's Bier, Craft-Burger und gute Stimmung. **$**

Caffe Abbracci
Das gehobene italienische Restaurant serviert köstliche Pasta und Rotwein an Straßentischen. Einfach perfekt. **$$$**

GROSSRAUM MIAMI

NOCH MEHR MAGIE GEFÄLLIG?

Little Haiti und die Upper East Side liegen am nördlichen Rand von Miamis Festland. Little Haiti ist die größte haitianische Gemeinde in Nordamerika und wirkt ähnlich karibisch wie das übrige Miami, hat jedoch eine Besonderheit: Hier ist *kreyòl* die dominierende Sprache im Alltag, in Geschäften und Institutionen. Die Upper East Side weiter östlich ist vor allem für MiMo on Bibo, „Miami Modern on Biscayne Blvd", bekannt, eine Reihe fotogener Häuser zwischen 50th Street und 77th Street.

Key Biscayne und das benachbarte Virginia Key sind gut von Downtown Miami aus zu erreichen und bieten großartige Strände, grüne Naturpfade in State Parks und zahlreiche Wasseraktivitäten. Die Sehenswürdigkeiten erstrecken sich auf zwei Inseln. Eines der größten Highlights, der Bill Baggs Cape Florida State Park, begrenzt das südliche Ende von Key Biscayne. Vor Ort benötigt man ein Auto oder ein Fahrrad.

TOP TIPP

Marky's Gourmet bietet eine herausragende Auswahl an Käse, Brot, Wein, Feinkostartikeln und anderen Spezialitäten aus Europa. Danach geht's zum **Morningside Park**, wo man geräucherten Hering, dunkles Brot und Aufschnitt für ein Gourmetpicknick erstehen kann.

WEITERE HIGHLIGHTS IM GROSSRAUM MIAMI

Überraschungen in der Upper East Side

ARCHITEKTUR, KUNST UND URBANE OASEN

Die Upper East Side nordöstlich von Wynwood bietet zahlreiche kreative Geschäfte, Kunstateliers und Cafés, von denen viele in den letzten paar Jahren geöffnet haben. Hier locken tolle Überraschungen, von Architektur aus der Mitte des 20. Jhs. bin hin zu innovativen Kunstkollektiven.

Ein Wahrzeichen im Viertel MiMo (Miami Modern) ist das **Vagabond Hotel**. In dem Motel und Restaurant von 1953 gingen einst Frank Sinatra und andere Mitglieder des Rat Pack ein und aus. Heute findet man hier ein Boutique-Hotel mit toller Bar, das den Charme der Vergangenheit bewahren konnte.

Ein paar Blocks entfernt bietet das einladende Kreativzentrum **Miami Ironside** Kunst- und Design-Ateliers, Ausstellungsräume und Galerien sowie Restaurants und Bars. Das landschaftlich schön gestaltete Gelände zieren ein paar faszinierende Beispiele öffentlicher Kunst.

BOTANICAS

In Little Haiti gibt es ein paar Ladenfronten mit dem Schild „botanica". Diese Geschäfte sind auf den afrokaribischen Glauben *vodou* spezialisiert. Mit Stereotypen wie Nadeln in Puppen hat das Ganze wenig zu tun, vielmehr sieht Vodoo übernatürliche Kräfte in Alltagsgegenständen. Die menschenähnlichen Statuen repräsentieren *loa* („lwa" gespochen), Geister eines Pantheons unterhalb Gottes. In die Opferschüsseln vor den *loa* kann man etwas Geld werfen.

AUSGEHEN IM GROSSRAUM MIAMI

Vagabond Pool Bar
Diese attraktive Bar hinter dem Vagabond Hotel serviert perfekt gemixte Cocktails.

Boteco
Freitagabends findet hier das größte Treffen der brasilianischen Einwanderergemeinde in Miami statt. Cariocas, vereint euch!

Anderson
Tolle lokale Bar mit gedämpftem Licht, roten Sofas, Stoffen mit Tierdruckmotiven und Neon-Tapete.

GROSSRAUM MIAMI

SEHENSWERTES
1 Arch Creek Park
2 Bill Baggs Cape Florida State Park
3 Cape Florida Lighthouse
4 Crandon Park
siehe 12 Little Haiti Cultural Center
5 Marjory Stoneman Douglas Biscayne Nature Center
6 Miami Ironside
7 Museum of Contemporary Art North Miami
8 Pan American Art Projects
9 Virginia Key Beach North Point Park

ÜBERNACHTEN
siehe 10 Hotel New Yorker
10 Vagabond Hotel

AUSGEHEN & FEIERN
11 Anderson

SHOPPEN
12 Caribbean Marketplace
siehe 12 Libreri Mapou
siehe 12 Sweat Records
13 Upper Buena Vista

Gegen den Durst hilft das **Anderson**, eine wunderbare Bar mit dezent beleuchtetem Innenraum, roten Sofas, Stoffen mit Tiermotivdrucken, wilder Tapete und einer Vorliebe für die 1980er-Jahre. Auf der Terrasse mit tropischem Dekor hinterm Haus kann man (ganz ohne Meer) die Zehen in den Sand bohren.

Das **Hotel New Yorker** mit seinen kühlen weißen Wänden und Vintage-Neonlichtern wirkt mit seinem MiMo-Flair wie eine Tarantino-Filmkulisse. In der Bar im Hof kann man wunderbar die faszinierende, bunt gemischte, kreative Klientel auf sich wirken lassen.

Little Haiti entdecken

MUSIK UND MACHE

Seit Ende der 1970er-Jahre ist Little Haiti ein Zentrum der haitianischen Diaspora. In dem Viertel dient das **Little Haiti Cultural Center** als deren Treffpunkt und Anlaufstelle. Die dortige Galerie zeigt nachdenklich machende Ausstellungen mit Bildern, Skulpturen und Multimedia-Exponaten von haitianischen Kunstschaffenden. Zudem gibt es Tanzkurse, Theaterproduktionen und einen karibischen Markt während Sonderveranstaltungen. Das Gebäude selbst zeichnet sich durch kräftige tropisch anmutende Farben, steile Dächer und filigranes Dekor aus. Nebenan befindet sich der **Caribbean Marketplace**, auch *Mache Ayisyen* genannt. Der über 800 m² große Marktplatz ist dem Marché en Fer in Port-au-Prince, Haitis Hauptstadt, nachempfunden.

Little Haiti ist ein weitläufiges Viertel, in dem Straßenkriminalität ein Thema ist. Einen Besuch startet man am besten im Cultural Center, wo am dritten Freitag im Monat von 18 bis 22 Uhr das Musik- und Foodfest „Sounds of Little Haiti" mit Musik, karibischer Küche und Aktivitäten für Kinder stattfindet.

Nicht versäumen sollte man außerdem **Pan American Art Projects**. PAAP zog 2016 von Wynwood nach Little Haiti und folgte damit einem Trend, weil viele Galerien die Preise in dem Viertel, zu deren Beliebtheit sie beitrugen, nicht mehr zahlen können. Drinnen gibt es exzellente zeitgenössische Arbeiten von aufstrebenden und etablierten Kunstschaffenden aus der westlichen Hemisphäre.

Platten, Bücher, Banyanbäume

BÜCHER, BOUTIQUEN, BUENA VISTA

Ein paar Läden, einige am Rand von Little Haiti und einer mittendrin, stehen für die Wurzeln des Viertels und das sich rasch wandelnde Stadtbild der Upper East Side.

DIE BESTEN RESTAURANTS IN LITTLE HAITI & IN DER UPPER EAST SIDE

Boia De
Grandiose moderne italienische Küche, zubereitet und serviert von einem Punkrock-Team. $$

Blue Collar
Vollendete amerikanische Klassiker vor einer Café-Kulisse aus den 1960er-Jahren. $$$

Chef Creole
Köstliche karibische Gerichte wie Meeresfrüchte, frittiertes Schweinfleisch und Ochsenschwanz. $

Phuc Yea
Latino- und Cajun-Einflüsse mit einem ordentlichen Schuss Vietnam: einfach köstlich! $$$

Jimmy's East Side Diner
Einfaches Lokal, das mit üppigem Frühstück und später mit Burgern punktet. $

FÜR KULTURFANS

Wer sich für die verschiedenen Kulturen Miamis interessiert, ist bei den **Viernes Culturales** (S. 79; kulturelle Freitage) richtig. Das große Straßenfest findet jeden dritten Freitag im Monat statt.

AUSGEHEN IM GROSSRAUM MIAMI

Kaiju
Kleine Barkneipe mit japanischer Popkultur in der Food Hall Citadel.

Jada Coles
Die dunkle, gemütliche Bar am Rand des schicken Coral Gables gehört zu den besten der Stadt.

Miami Kava & Coffee
Hier gibt's Kava (hergestellt aus der Kava-Wurzel) und Kratom-Tees, die auf natürliche Art gegen Stress helfen sollen.

Sweat Records in Little Haiti wirkt wie ein Neuling, ist jedoch bereits seit über zehn Jahren im Geschäft und erfüllt fast jedes Klischee eines alternativen Plattenladens: originelle Kunst und Graffitis an den Wänden, tätowiertes Personal, das über Insider-Alben fachsimpelt, und eine Aura aus geballtem musikalischem Sachverstand gepaart mit überzeugter Coolness. Toller Laden!

Libreri Mapou gilt als Zentrum des literarischen Lebens in Little Haiti. Der Buchladen ist auf englische, französische und kreolische Titel und Zeitschriften spezialisiert und bietet neben tausenden Büchern auch Liveveranstaltungen. Der Besitzer Jan Mapo ist ein nicht unbedeutender Autor und politischer Denker.

In Sachen neuerer Gentrifizierung gibt's wohl keine attraktivere Adresse als das **Upper Buena Vista**. Mit ihren riesigen Bäumen und einer Reihe von Ständen im Freien, die durch hübsche Durchgänge miteinander verbunden sind, umschreibt man diese „Outdoor Mall" wohl am besten mit dem Begriff „Banyan-Schick". Vertreten sind durchweg lokale Anbieter von hochwertigen Waren, vornehmlich Kleidung, Haushaltswaren und Schmuck.

PICKNICKZUTATEN

Lust auf ein Picknick? Dann auf zum betriebsamen Bauernmarkt im **Legion Park**, dem bisher noch die Balance zwischen Alteingesessenen und neuen Gesichtern gelingt. Hier gibt's Obst und Gemüse (vor allem tropische Früchte), Käse und Brot für ein leckeres Picknick, zudem kann man hier wunderbar bummeln und die entspannte Atmosphäre auf sich wirken lassen.

Eine Alternative, die bei der hiesigen osteuropäischen Gemeinde beliebt ist, ist das **Marky's Gourmet**, eine Institution der Stadt seit 1983. Sachkundige Gourmets von nah und fern finden hier russischen Feinkostkäse, Oliven, Würste nach europäischer Art, Wein, Kuchen, Tee, Marmelade, Schokolade, Kaviar und vieles mehr vor.

Auf nach Key Biscayne

TRAUMHAFTE BUCHT

Key Biscayne glitzert wie ein Diamant in der gleichnamigen Bucht und ist wie das benachbarte Virginia Key von Downtown Miami schnell und bequem zu erreichen. Hat man ein paar malerische Dammstraßen passiert, lockt jenseits von Miami ein schwimmender Vorort mit großartigen Stränden, grünen Naturwegen in State Parks und zahlreichen Wasseraktivitäten. Der Ausflug lohnt sich allein schon wegen der eindrucksvollen Skyline Miamis.

Der **Virginia Key Beach North Point Park** ist eine attraktive Grünanlage mit mehreren kleinen hübschen Stränden und ein paar kurzen Naturpfaden. Neben dem hübschen Blick aufs Meer sind Touren mit Kajaks oder Paddel-Boards vom **Virginia Key Outdoor Center** (vkoc.net) hier das Highlight.

Das kinderfreundliche **Marjory Stoneman Douglas Biscayne Nature Center** bietet allen Altersklassen eine tolle Einführung in Südfloridas einzigartige Ökosysteme mittels interaktiver Exponate und kleiner Aquarien mit vielfältigem lokalem Meeresleben. Zudem gibt es einen Weg durch den charakteristischen Hartholzwald an der Küste und einen Strand.

Und zuletzt lockt der 486 ha große **Crandon Park** mit einer idyllischen Landschaft aus dichtem Küstenwald, Mangrovensümpfen und einem 3 km langen, sauberen, gepflegten Strand am wunderschönen türkisblauen Nass. Selbst in einer Stadt, die für ihre Strände bekannt ist, gehört dieser zu den schönsten.

ESSEN IM GROSSRAUM MIAMI

MsCheezious
Einer der beliebtesten Imbisswagen Miamis mit köstlichen Grillkäse-Sandwichs. $

Kebo
Der spanische Außenposten in Key Biscayne serviert exzellente gegrillte Garnelen und galizischen Oktopus. $$$

Lots of Lox
Das betriebsame Deli kredenzt großartige gehackte Leber auf Roggenbrot. $$

753CRISTIANPHOTO/SHUTTERSTOCK ©

Key Biscayne

Die Keys im Bill Baggs erleben

FAST WIE DIE KEYS

Wer es nicht zu den Florida Keys schafft, dem gibt der **Bill Baggs Cape Florida State Park** tolle Einblicke in die einzigartigen Inselökosysteme. Das 200 ha große Gelände ist dicht bewachsen mit tropischer Fauna und dunklen Mangroven (bemerkenswert sind die Atemwurzeln, die halb versunkene Mangroven mit Sauerstoff versorgen), verbunden durch sandige Wege und Holzstege und umgeben vom endlosen hellblauen Ozean.

Ein Imbissstand verleiht Kajaks, Fahrräder, Inlineskates, Strandliegen und Schirme. Im Westen des Parks kann man wunderbar an der Küste angeln, zudem laden in diesem Teil der Insel teils asphaltierte Wege zum Wandern, Radfahren oder Inlineskaten ein. Ein kleiner Strand am Atlantik bietet sich zum Baden an, allerdings auf eigenes Risiko, denn es gibt dort keine Badeaufsicht.

HISTORIC VIRGINIA KEY PARK

Eine kurze Fahrt (per Auto oder Rad) von Downtown Miami entfernt lädt der **Historic Virginia Key Park** mit einem kleinen, hübschen Strandabschnitt und Spielplätzen (plus Karussell) zu einer Pause in der Natur ein. Manchmal finden hier Konzerte, ökologisch angehauchte Familienpicknicks und andere Veranstaltungen statt. Aus Downtown Miami kommend, handelt es sich um den zweiten Parkeingang linker Hand (nach dem Eingang zum Virginia Key Beach North Point Park).

In den dunklen Zeiten der „Rassentrennung" war der ursprünglich nur mit dem Boot zugängliche Strand Menschen aus Afrika, Kuba, Haiti und lateinamerikanischen Staaten vorbehalten. Erst Anfang der 1960er-Jahre waren die Strände der Stadt endlich für alle zugänglich.

FÜR STRANDFANS

In Miami Beach dreht sich nicht alles um Glamour. Der **South Pointe Park** (S. 59) ist ein Beispiel für einen Park in South Beach, der ohne prätentiöses Getue auskommt und sich für einen Familienausflug anbietet.

Boater's Grill
Restaurant am Wasser in Key Biscayne mit vielen Südflorida-Leckereien aus dem Meer. **$$**

Andiamo
Exzellente Pizzas mit dünner Kruste aus einem Backsteinofen auf einer umgebauten Industrieanlage am Biscayne Blvd. **$$**

Gold Hog
Die perfekte Adresse in Key Biscayne, um sich mit Zutaten für ein Picknick am Strand oder in den State Parks einzudecken. **$**

STILTSVILLE

Am Südufer des Bill Baggs Cape Florida State Park sieht man in der Ferne sieben Häuser, die in der Biscayne Bay auf Stelzen stehen. Sie werden **Stiltsville genannt und gehen auf die frühen 1930er-Jahre zurück**, als „Crawfish Eddie Walker" eine Hütte im Meer baute. Das „Dorf" diente bereits als Spielhölle, Schmugglerhafen und Bikini-Club.

Zu seiner Blütezeit 1960 gab es hier 27 Häuser, doch Hurrikane und Erosion forderten erwartungsgemäß ihren Tribut. Heute lebt niemand mehr in Stiltsville, das Biscayne National Park Institute (biscaynenational parkinstitute.org) veranstaltet jedoch Bootstouren hierher, bei denen man die Häuser aus der Nähe sieht.

Cape Florida Lighthouse

An der südlichen Spitze des State Parks steht das backsteinerne **Cape Florida Lighthouse** von 1845, das älteste Bauwerk in Florida. Es ersetzte einen anderen Leuchtturm, der 1836 während des Zweiten Seminolenkriegs schwer beschädigt worden war, und hat schon viel erlebt, von einer Sabotageaktion konföderierter Soldaten im Bürgerkrieg bis hinzum Kauf durch James Deering, eben jenem, der die Villa Vizcaya bauen ließ. Donnerstag bis Montag finden um 10 und 13 Uhr kostenlose Führungen statt.

Zeitgenössische Kunst im Norden

KUNST IN ÜBERRASCHENDER LAGE

Das **Museum of Contemporary Art North Miami** ist schon lange ein Grund für einen Abstecher nach Norden (genauer gesagt in die NE 125th St). Die Galerien zeigen exzellente Wechselausstellungen mit zeitgenössischer Kunst aus der Region, den gesamten USA und dem Ausland, die sich oft sozialer

ESSEN IM GROSSRAUM MIAMI

BarMeli69
Fröhlich-freundliches mediterranes Café mit riesiger Weinauswahl, vielen Tapas und Livemusik. **$$**

Novocento
Das Bistro im Buenos-Aires-Stil in Key Biscayne serviert Gnocchi und leckeres Steak. **$$$**

Legion Park Farmers Market
Hier gibt's frische Lebensmittel und die Möglichkeit, das Flair der Upper East Side zu erleben. **$**

Themen annimmt. Für das **Jazz@MOCA** am letzten Freitag im Monat von 19 bis 22 Uhr mit Jazzkonzerten im Freien zahlen Gäste, was sie wollen.

Natur im kleinen Rahmen

GRÜNE PARKFLÄCHEN UND MUSEEN

Der kompakte, hübsche **Arch Creek Park** in der Nähe des Oleta River beherbergt ein kleines Biotop mit tropischem Hartholzwald um eine charmante natürliche Kalksteinbrücke. Für Naturinteressierte gibt es kinderfreundliche Ökotouren durch das Gelände inklusive des Besuchs eines sehenswerten Schmetterlingsgartens, zudem zeigt ein kleines, gut aufgestelltes Museum Artefakte von Native Americans und aus der Pionierzeit.

Deering Estate at Cutler

ABENTEUER UND RUHESTÄTTE

Das Deering Estate at Cutler ist eine Art Vizcaya light, schließlich wurde es von Charles Deering, dem Bruder des bekannten Vizcaya-Erbauers James Deering, errichtet. Auf dem 60 ha großen Grundstück gibt es jede Menge tropische Vegetation und verschiedene Aktivitäten wie Kajaktouren bei Mondschein in die Mangrovenwälder vor Ort und Ausflüge in das umliegende Naturschutzgebiet.

Auf dem Anwesen befindet sich außerdem der **Cutler Burial Mound**, einer der wenigen verbliebenen prähistorischen Grabhügel der Region. Seit den 1860er-Jahren fanden hier immer wieder Ausgrabungen statt, wobei einige der gefundenen Knochen umgebettet wurden. Man nimmt an, dass der Grabhügel zwölf bis 18 Native Americans als letzte Ruhestätte diente. Hierher führt ein Bohlenweg.

DAS BESTE ESSEN IM GROSSRAUM MIAMI

Islas Canarias
Ein Anwärter für die beste kubanische Küche in Miami. $

Kush by Stephen
Die Pastrami im ältesten Deli Miamis ist fast schon eine religiöse Erfahrung. $

Fritanga Montelimar
Das beliebte Lokal serviert riesige Portionen nicaraguanischer Klassiker, darunter gegrilltes Schweinefleisch und Hähncheneintopf. $

Steve's Pizza
Lokal geprägte Kette, die mit hausgemachter, knusprig dünner Pizza aus guten Zutaten überzeugt. $

Chayhana Oasis
Wunderbarer Außenposten für usbekische Küche mit Seidenstraßenflair und Gerichten wie Pilaw und gedämpften Lammteigtaschen. $$

ÜBERNACHTEN IM GROSSRAUM MIAMI

Vagabond
Modernismus der 1950er-Jahre trifft auf luxuriösen Komfort des 21. Jhs. $$

Silver Sands
Unabhängiges Resort im alten Florida-Stil mit warmem, herzlichem Flair und einem hübschen Pool. $$

Landon Hotel
Fröhliche, hippe Bleibe mit sauberen, klaren Linien, durchbrochen von leuchtenden, lebhaften Farben. $$$

GALYNA ANDRUSHKO/SHUTTERSTOCK ©

Oben: Zypressen, Everglades. Rechts: Kanadareiher, Big Cypress National Reserve (S. 115)

EVERGLADES & BISCAYNE NATIONAL PARK

FEUCHTGEBIETE, WILDE TIERE UND INSELN

Die Everglades gehören zu den größten biologischen Reichtümern der Welt und beherbergen eine einzigartige Tier- und Pflanzenwelt. Der nahe gelegene Biscayne National Park beherbergt Riffe, Wracks und Inseln.

Keine andere Naturlandschaft auf der Welt ist mit den Everglades vergleichbar. Der „Fluss aus Gras", wie ihn die amerikanischen Ureinwohner nennen, ist nicht nur ein Feuchtgebiet, ein See, ein Fluss oder Grasland. Er ist all das zugleich, und alles verbindet sich zu einem Bild aus sanften Horizonten, weiten Ausblicken und Sonnenuntergängen, die sich über das gesamte Sichtfeld erstrecken. Und überall wimmelt es von außergewöhnlichen wilden Kreaturen.

Die stille Erhabenheit der Everglades zeigt sich im Anblick eines Anhingas (Schlangenhalsvogels), der nach dem morgendlichen Fressen seine glitzernden Flügel der Sonne entgegenstreckt, oder im langsamen, rhythmischen Flügelschlag eines großen Kanadareihers, der über die glatte Oberfläche einer satten Prärie gleitet. Oder in der urzeitlichen Stille eines Zypressensumpfes, die nur durch das hoffnungsvolle Klopfen eines Saftleckers oder das urzeitliche Brüllen eines Alligators unterbrochen wird. Draußen in der Florida Bay geht das Sumpfgebiet in eine scheinbar endlose Weite seichten Meeres über, wo Manatis (Seekühe) an die Wasseroberfläche tauchen und Vögel zu Tausenden in den Mangroven nisten.

JASON HEID/SHUTTERSTOCK ©

Der drittgrößte Nationalpark auf dem amerikanischen Festland ist nach wie vor durch die fortschreitende Erschließung, invasive Arten und die Landwirtschaft bedroht. Die Bedeutung dieses ökologischen Schatzes wird jedoch dank der unermüdlichen Bemühungen von visionären Naturschützern wie Marjory Stoneman Douglas nicht mehr infrage gestellt.

Ganz in der Nähe befindet sich der Biscayne National Park, der für seine Korallenriffe und Wracktauchgänge, geschichtsträchtigen Bootstouren und Kajakausflüge zwischen den von Mangroven gesäumten Inseln bekannt ist.

DIE WICHTIGSTEN ZIELE

NÖRDLICHE EVERGLADES
Panoramastraßen, Radfahren, indigene Kultur. S. 112

SÜDLICHE EVERGLADES
Wandern, Kajakfahren, Feuchtgebiete. S. 121

BISCAYNE NATIONALPARK
Bootsfahrten, Schnorcheln, Paddeln. S. 131

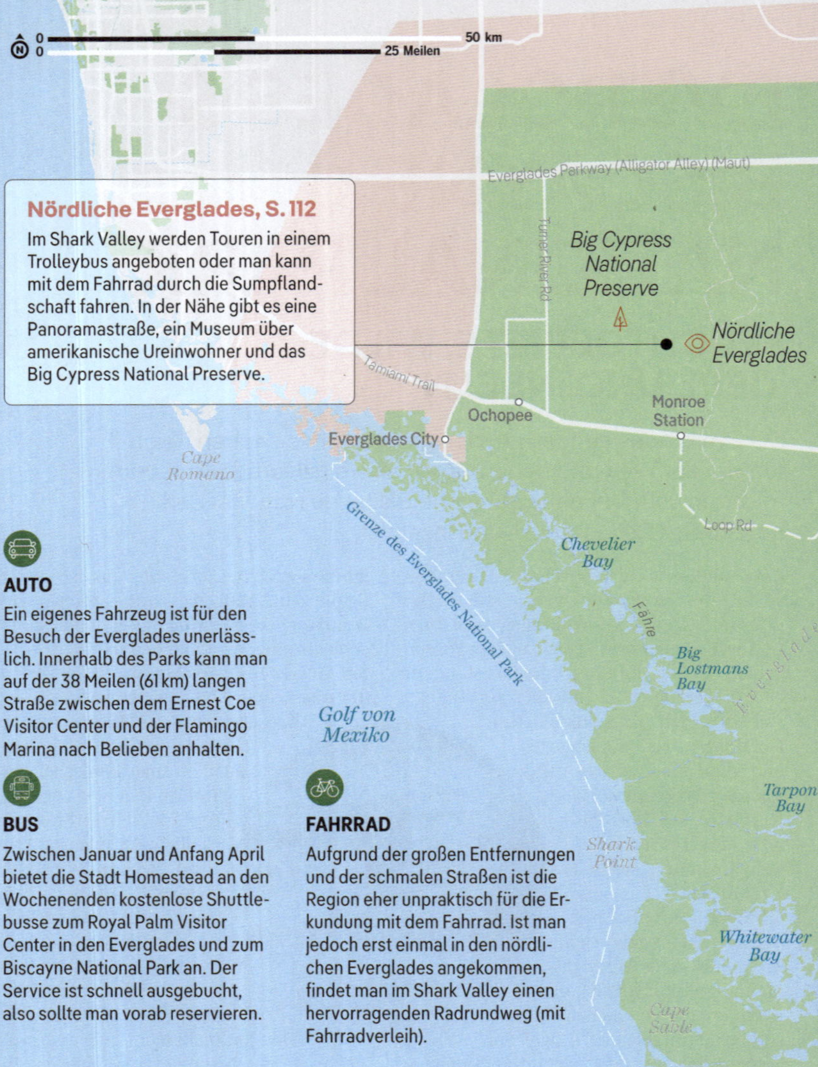

Nördliche Everglades, S. 112

Im Shark Valley werden Touren in einem Trolleybus angeboten oder man kann mit dem Fahrrad durch die Sumpflandschaft fahren. In der Nähe gibt es eine Panoramastraße, ein Museum über amerikanische Ureinwohner und das Big Cypress National Preserve.

AUTO

Ein eigenes Fahrzeug ist für den Besuch der Everglades unerlässlich. Innerhalb des Parks kann man auf der 38 Meilen (61 km) langen Straße zwischen dem Ernest Coe Visitor Center und der Flamingo Marina nach Belieben anhalten.

BUS

Zwischen Januar und Anfang April bietet die Stadt Homestead an den Wochenenden kostenlose Shuttlebusse zum Royal Palm Visitor Center in den Everglades und zum Biscayne National Park an. Der Service ist schnell ausgebucht, also sollte man vorab reservieren.

FAHRRAD

Aufgrund der großen Entfernungen und der schmalen Straßen ist die Region eher unpraktisch für die Erkundung mit dem Fahrrad. Ist man jedoch erst einmal in den nördlichen Everglades angekommen, findet man im Shark Valley einen hervorragenden Radrundweg (mit Fahrradverleih).

Erste Orientierung

Die Everglades sind das Herzstück von Floridas unterem Zipfel. In den nördlichen Everglades locken Radtouren, im Süden kann man auf kurzen Wanderungen die Tierwelt beobachten. Östlich der Everglades schützt der Biscayne National Park ein mit Inseln übersätes Meeresschutzgebiet.

Biscayne National Park, S. 131

In diesem Meeresschutzgebiet erfährt man auf einer Bootstour mehr über die Geschichte der Inseln, man kann über Riffen schnorcheln, mit dem Kajak durch Mangroven fahren oder eine Segeltour machen.

Fort Lauderdale
Florida's Turnpike (Maut)
Miccosukee Indian Reservation
Hollywood
North Miami Beach
Hialeah
Miami Beach
Miccosukee Village
Miami
Shark Valley
Tram Tour
Key Biscayne
Kendal
ATLANTIK
Peters
Everglades National Park
Goulds
Boca Chita Key
Florida Keys National Marine Sanctuary
Biscayne National Park
Homestead
Elliott Key
Florida City
Biscayne Bay
Adams Key
Südliche Everglades
Card Sound
Key Largo
Barnes Sound
Florida Bay
Key Largo
Key Largo National Marine Sanctuary

Südliche Everglades, S. 121

Hier locken einfache Wanderungen auf Bohlenwegen, von Rangerinnen und Rangern geführte Touren, die Erkundung von Zypressensümpfen und Kajakausflüge im Süßwasser und in den Meeresbuchten.

Perfekte Tage

Ein kurzer Ausflug reicht aus, um einen Eindruck von den Everglades zu bekommen, doch wer mehr Zeit hat, kann auch Kajak- oder Radfahren oder eine Nachtwanderung machen. Der Biscayne National Park wird meist in einem Halb- oder Ganztagesausflug besucht.

FRANCESCO BLANCO/SHUTTERSTOCK ©

Kajakfahren, Nine Mile Pond (S. 124)

Kurztrip

● Für einen guten Start in den Tag sorgt ein Milchshake mit tropischen Früchten bei **Robert Is Here** (S. 129), dann geht es hinaus in die Wildnis. Im **Ernest F. Coe Visitor Center** (S. 123) verschafft man sich einen Überblick über den Everglades National Park und hält dann auf dem **Anhinga Trail** (S. 123) Ausschau nach Alligatoren, Stelzvögeln und anderen Wildtieren. Auf der Hauptstraße des Parks sollte man es langsam angehen lassen und immer wieder für Fotos, einen kleinen Spaziergang auf Bohlenwegen oder Aussichtsplattformen anhalten.

● In **Flamingo** (S. 126) angekommen, mietet man sich ein Kajak und paddelt den von Mangroven gesäumten Kanal entlang oder hinaus in die Florida Bay, oder man bucht eine Bootstour. Dabei immer nach Manatis und dem seltenen Spitzkrokodil Ausschau halten.

Beste Reisezeit

Von Juni bis Oktober ist es heiß, schwül – und mückenreich. Der Winter bringt mildere Temperaturen mit sich, während man im Frühling die besten Wildtierbeobachtungen machen kann.

JANUAR

Sehr beliebt dank milder Temperaturen und geringer Niederschläge. Daher: Touren rechtzeitig buchen und morgens früh aufstehen, um den Massen zu entgehen.

FEBRUAR

Das angenehme, nahezu perfekte Wetter hält an – eine schöne Kulisse für das dreitägige **Seafood Festival** in Everglades City.

MÄRZ

Der Duft von frischem Obst liegt in der Luft, während sich die Menschen an den Ständen der örtlichen Bauernhöfe mit Leckereien eindecken.

MARIDAV/SHUTTERSTOCK ©, IRINA WILHAUK/SHUTTERSTOCK ©, PELOW MEDIA/SHUTTERSTOCK ©

Ein Wochenendbesuch

● Nach einem Tag in den Everglades geht's nach Osten zum **Biscayne National Park** (S. 131). Im **Dante Fascell Visitor Center** (S. 132) informiert man sich über die verschiedenen Ökosysteme des Parks, seine Tierwelt und die Geschichte der Menschen, die hier leben und lebten, bevor man an einer Tour durch den Park teilnimmt (nur nach Voranmeldung).

● Lust auf ein bisschen Abenteuer? Dann sollte man einen Paddel- und Schnorchelausflug buchen, bei dem man sich die Korallenriffe der Bucht (oder, wenn das Wetter es zulässt, eines der Schiffswracks) aus der Fischperspektive anschauen kann. Oder man beobachtet die Meeres- und Vogelwelt, während man auf einem Stand-up-Paddleboard am Rande eines Mangrovenwaldes entlanggleitet. Abschließend geht's wieder zurück in die Everglades zu einem Nachtspaziergang auf dem **Anhinga Trail** (S. 123).

Drei Tage oder mehr

● Am dritten Tag steht das **Shark Valley** (S. 114) auf dem Programm. Mit einem gemieteten Fahrrad erkundet man den 15 Meilen (24 km) langen Rundweg, auf dem es Alligatoren, Vögel, Schildkröten und Schlangen zu beobachten gibt. Der Blick vom Aussichtsturm sollte man auf keinen Fall verpassen. Anschließend kann man im Freilichtmuseum **Miccosukee Village** (S. 115) mehr über indigene Traditionen erfahren. Ein Stück weiter entlang dem Hwy 41 folgt eine **Panoramastraße** (S. 115). Die landschaftlich reizvolle Loop Rd ist von Wäldern gesäumt, die unterwegs zu Wanderungen und Tieraufnahmen einladen.

● Einen anderen Blickwinkel auf die Region bietet **Everglades City** (S. 118), das Tor zu den **Ten Thousand Islands** (S. 118), einer Wasserwelt, die für ihre Delfine und Vogelvielfalt bekannt ist.

APRIL

Die Temperaturen steigen, aber die Wasserstände sind niedrig, so dass es die perfekte Zeit ist, um in den Zypressensümpfen Wildtiere zu beobachten.

JUNI

Steigende Temperaturen und Mückenschwärme halten viele Reisende fern. Es ist auch der Beginn der Hurrikansaison (bis Nov.).

JULI

Die ideale Zeit für Wasseraktivitäten in den ruhigen Gewässern des **Biscayne National Park** und der **Ten Thousand Islands**.

DEZEMBER

Durchziehende Vogelarten, z. B. der Goldkehl-Waldsänger, locken Vogelfans an. In Homestead gibt's um Weihnachten tolle Feste wie **Las Posadas** (S. 129).

NÖRDLICHE EVERGLADES

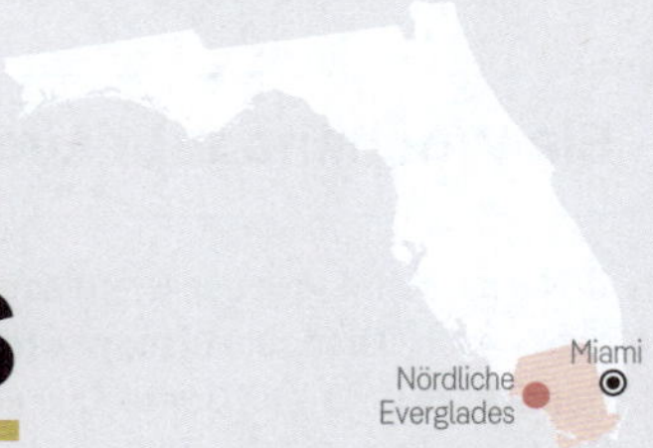

Es ist kaum zu glauben, dass die größte Stadt Floridas an das größte Wildnisgebiet des Bundesstaates grenzt. Weniger als eine Autostunde westlich von Miamis Stadtteil Little Havana verblassen die Anzeichen der Zivilisation schnell angesichts der riesigen Weite der Feuchtprärie. Der schnurgerade, zweispurige Tamiami Trail bildet die Nordgrenze des Nationalparks und seiner Hauptattraktion, dem Shark Valley.

1946 gab man die Pläne für zwei Öl-Erkundungsbohrungen in dem Gebiet auf, und ein Jahr später wurden die Everglades zum Nationalpark erklärt. Doch schon lange bevor die Ölarbeiter auf den Plan traten, lebten amerikanische Ureinwohner in dieser scheinbar unwirtlichen Region. Der Stamm der Miccosukee ist noch immer präsent und betreibt ein Freilichtmuseum, verschiedene Sumpfboottouren und eine Tankstelle. Wer auf dem Tamiami Trail weiter nach Westen fährt, kann das Big Cypress National Preserve sowie kuriose Attraktionen am Straßenrand besuchen – beispielsweise das Skunk Ape Research Headquarters und die Clyde Butcher Gallery.

TOP TIPP

Wer nur wenig Zeit hat, kann auch an nur einem Tag viel erleben. Dafür startet man im Shark Valley und beendet seine Tour in der Galerie Big Cypress. Die Verpflegungsmöglichkeiten sind sehr begrenzt, deshalb sollte man sich Snacks und ein Picknick mitbringen.

Radfahren, Everglades

STEVE HEAP/SHUTTERSTOCK ©

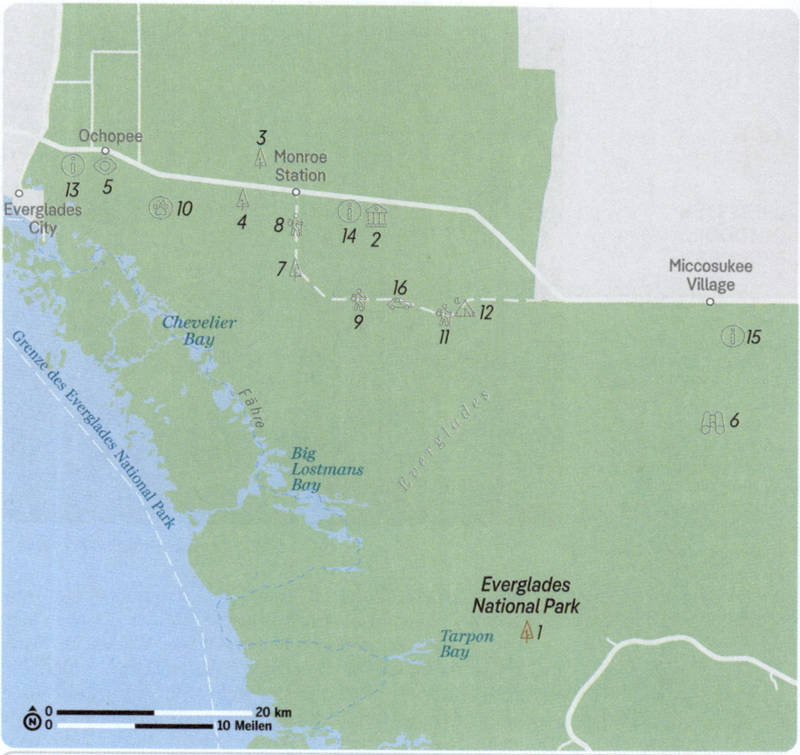

HIGHLIGHTS
1 Everglades National Park

SEHENSWERTES
2 Big Cypress Gallery
3 Big Cypress National Preserve
4 Kirby Storter Roadside Park
5 Ochopee Post Office
6 Shark Valley Observation Tower
7 Sweetwater Strand

AKTIVITÄTEN, KURSE & TOUREN
8 Gator Hook Trailhead
9 Roberts Trail
10 Skunk Ape Research Headquarters
11 Tree Snail Hammock Trail

ÜBERNACHTEN
12 Mitchell Landing Campground

PRAKTISCHES
13 Nathaniel P. Reed Visitor Center
14 Oasis Visitor Center
15 Shark Valley Visitor Center

TRANSPORT
16 Loop Road

Mit dem Fahrrad durch ursprüngliche Wildnis

EIN RUNDWEG MIT ZAHLREICHEN WILDTIEREN

Das für viele Besucher:innen der Everglades wichtigste Ausflugsziel wurde nicht nach seiner Meeresfauna benannt, sondern nach seiner Lage am Oberlauf des kaum bekannten Shark River, der in den Golf von Mexiko mündet. Die große Attraktion ist der 15 Meilen (24 km) lange geteerte **Rundweg**, der in den Shark River Slough führt. Dabei kommt man an kleinen Bächen, tropischen Wäldern und sogenannten *borrow pits* (von Men-

PROVIANT AUS MIAMI

Auf der Fahrt von Miami nimmt man sich in Little Havana (S. 78), das weniger als eine Autostunde vom Shark Valley entfernt ist, am besten ein Lunchpaket aus einem lateinamerikanischen Restaurant mit. Sandwiches, Taco-Bowls oder Burritos liefern die Energie, die man nach einem Vormittag im Park braucht.

DIE BESTEN OUTDOOR-ERLEBNISSE

Everglades National Park
Von Dezember oder Januar bis April bietet der Nationalpark kostenlose geführte Touren rund um das Shark Valley an, z.B. Radtouren bei Vollmond, Spaziergänge in der Natur und *slough slogs* (Sumpfwanderungen).

Big Cypress National Preserve
Hier kann man sich von Rangerinnen und Rangern geführten Spaziergängen auf dem Kirby Storter Boardwalk anschließen, Sumpfwanderungen machen oder Kanufahren (Boote sind kostenlos erhältlich).

Everglades Adventure Tours
Vom Skunk Ape Research Headquarter aus bietet EAT hervorragende private Touren an, darunter Kajaktouren, Nachtsafaris und Ausflüge mit traditionellen Stechkähnen.

MIA2YOU/SHUTTERSTOCK ©

Big Cypress National Preserve

schenhand geschaffene Löcher, in denen sich nun Alligatoren, Schildkröten und Vögel sonnen) vorbei. Reiher pirschen sich auf dem Wasser an ihre Beute heran, und die Wolken am Himmel spiegeln sich auf dem riesigen „Fluss aus Gras" wider.

Der für Autos gesperrte, flache Weg ist ideal für Fahrräder. Auf halber Strecke befindet sich der spiralförmige, 45 m hohe **Shark Valley Observation Tower**, ein brachiales Betonbauwerk, das einen dramatischen 360°-Blick bietet.

Für alle, die keine Lust auf sportliche Betätigung haben, gibt es eine zweistündige **Tram Tour**, die in einem Trolleybus entlang des gesamten Rundwegs durch das Shark Valley führt. Dies ist die beliebteste und schmerzloseste Art, in die Everglades einzutauchen. Wenn man nur für eine einzige Aktivität in den Everglades Zeit hat, sollte man sich für diese entscheiden. Die Guides sind sachkundig und witzig, und vielleicht sieht man sogar Alligatoren, die sich am Straßenrand sonnen.

Sowohl Fahrräder als auch die Trolleybus-Tour können im Voraus über **Shark Valley Tram Tours** (im Visitor Center) reserviert werden, was besonders im Winter ratsam ist. Am besten startet man früh. So entgeht man der Hitze und erhöht seine Chance, wilde Tiere zu sehen.

ÜBERNACHTEN AM TAMIAMI TRAIL

Trail Lakes Campground
Hier stellt man entweder sein eigenes Zelt auf, übernachtet in einer Hütte mit Klimaanlage oder schläft in einem traditionellen Seminolen-*chickee*. **$$**

Explore Big Cypress
Die gut ausgestatteten Bungalows hinter der Big Cypress Gallery bieten von der überdachten Veranda aus eine bezaubernde Aussicht. **$$$**

Monument Lake Campground
Kleiner, vom NPS betriebener Campingplatz mit rosaroten Sonnenuntergängen über dem Wasser. **$**

Interessantes am Straßenrand

KULTUR, KUNST UND FABELWESEN

Der Hwy 41, besser bekannt als **Tamiami Trail**, markiert die nördliche Grenze des Everglades National Park. Entlang dieser zweispurigen Schnellstraße findet man ausgedehnte überschwemmte Waldgebiete, Kiefernwälder, Sumpfbuggy-Touren und Imbissbuden am Straßenrand.

Trotz des unwirtlichen Geländes sind die Miccosukee tief in den Everglades verwurzelt. Das **Miccosukee Village** westlich der Abzweigung zum Shark Valley ist ein großartiger Ort, um mehr über ihre Kultur zu erfahren. Auf *chickees* (Holzplattformen über dem Wasser) wird Kochen, Perlenstickerei, Patchworkarbeit und anderes Kunsthandwerk vorgeführt; im Museum sind Fotos, Filmausschnitte und lebensgroße Dioramen zu sehen. Der Höhepunkt ist die Alligatoren-Vorstellung, bei der mutige Mitarbeiter:innen einem dieser furchterregenden Tiere ganz nahe kommen und einige ihrer erstaunlichen Eigenschaften erläutern (die Zähne wachsen ständig nach!).

20 Autominuten westlich stellt die **Big Cypress Gallery** die Werke von Clyde Butcher aus, einem amerikanischen Fotografen in der Tradition von Ansel Adams. Seine großen Schwarz-Weiß-Bilder rücken die Sümpfe in ein ganz besonderes Licht.

Etwa 15 Meilen (24 km) weiter liegt das **Skunk Ape Research Headquarters**, das sich der Suche nach der Südstaaten-Version von Bigfoot widmet, dem Skunk Ape, einem großen Gorilla-Mensch-Mischwesen, das angeblich zum Himmel stinkt. Man wird den Skunk Ape zwar wohl nicht zu Gesicht bekommen, dafür gibt's hier einen Zoo mit farbenfrohen Vögeln und Reptilien, darunter Goldie, eine 7,3 m lange Netzpython.

Kurz vor der Abzweigung nach Everglades City befindet sich in **Ochopee** das kleinste Postamt Amerikas. Es ist in einem ehemaligen Geräteschuppen untergebracht, wo freundliche Mitarbeitende geduldig für Schnappschüsse posieren.

Panoramastraße durchs Feuchtgebiet

ALLIGATOREN, VÖGEL UND ZYPRESSENSÜMPFE

Das **Big Cypress National Preserve**, das sich über fast 3000 km² erstreckt, spielt eine wichtige Rolle für das Gleichgewicht seines bekannteren Nachbarn im Süden, der Everglades. Der Regen, der die Prärien und Feuchtgebiete des Schutzgebiets überflutet, fließt langsam durch die Everglades und wird dabei gefiltert. Eine der besten Möglichkeiten, die urzeitliche Landschaft von Big Cypress zu erleben, ist die 24 Meilen (39 km) lange reizvolle **Loop Road** (County Rd 94), die vom Tamiami Trail abzweigt. Etwa 4 Meilen (6,4 km) westlich des Oasis Visitor Center

TORE ZUR WILDNIS

Nathaniel P. Reed Visitor Center
Hat eine Ausstellung zur Pflanzen- und Tierwelt und zeigt einen kurzen Film über das Big Cypress Preserve. Die Aussichtsplattform liegt an einem Kanal, in den sich manchmal Manatis verirren.

Kirby Storter Roadside Park
Dieser kurze (1,6 km hin & zurück), erhöht gelegene Holzsteg führt zu einem schönen Aussichtspunkt, an dem man inmitten von hohen Zypressen und Würgefeigen oft viele Vogelarten (wie Ibisse und Rotschulterbussarde) beobachten kann – und natürlich Alligatoren.

Oasis Visitor Center
Etwa 20 Meilen (32 km) westlich von Shark Valley bietet Oasis eine Plattform mit Blick auf einen kleinen, mit Wasser gefüllten Graben; ein großartiger Ort, um Alligatoren zu beobachten, besonders in der Trockenzeit (Dez.–Mai).

TIERBEOBACHTUNG AM TAMIAMI TRAIL

Mississippi-Alligator
Die berühmten Räuber sonnen sich mitten auf der Straße oder lauern in Abflusskanälen oder in der Nähe des Sweetwater Strand.

Silberreiher
Diese anmutigen, weißen, langbeinigen Stelzvögel können direkt an der Straße beobachtet werden, wie sie geduldig Fische fangen.

Florida-Knochenhecht
Langer, schmaler, oliv-brauner Fisch mit kleinen Flossen, der über 60 cm lang werden kann.

steht auf der linken Straßenseite ein braunes Schild mit der Aufschrift „Monroe Station/Loop Road". Hier beginnt die Straße, die schon bald durch eine Sägegras-Prärie führt. Wer aufpasst, kann Falken und andere Greifvögel beobachten, die auf toten Bäumen mit Blick auf das offene Gelände sitzen.

Bei Meile 2,2 gelangt man zu einem kleinen Picknickplatz und dem **Gator Hook Trailhead** – der beste Ort, um tief in die Sumpflandschaft einzutauchen. Der Weg (8 km hin & zurück) folgt anfangs einer erhöhten Trasse für Holztransporte. Je nach Jahreszeit (im Frühjahr ist es am trockensten) geht man aber bald knöchel- oder knietief durch Wasser. Dabei stapft man an Zypressen vorüber und genießt den Anblick der Prärie. Es empfiehlt sich, einen Wanderstock zu benutzen, um nicht über Wurzeln und andere unsichtbare Hindernisse zu stolpern.

Auf der Weiterfahrt säumen Zypressen den Straßenrand, wobei die Aussicht bei Meile 5, dem sogenannten **Sweetwater Strand**, besonders beeindruckend ist. Aus dem etwas tieferen Wasser ragen Zypressen empor, die mit Farnen, Bromelien und spanischem Moos bewachsen sind. Im Wasser kann man Alligatoren und Fische beobachten, in den Bäumen Singvögel.

Bei Meile 10 erreicht man den blau markierten **Roberts Trail**, einen 13,2 km (einfache Strecke) langen Weg, der zum Oasis Visitor Center am Tamiami Trail führt. Von dort kann man dem **Florida National Scenic Trail** weiter folgen, einem gewundenen, ca. 2400 km langen Wanderweg, der sich durch den ganzen Bundesstaat zieht. Der Abschnitt im Big Cypress Preserve führt nicht selten durch knietiefes Wasser.

Bei Meile 15,6 kann man eine weitere kleine Wanderung machen. Der kurze **Tree Snail Hammock Trail** schlängelt sich durch ein Hartholz-Wäldchen, eine dschungelartige Umgebung mit Laubbäumen wie dem Gumbo Limbo, die in den höheren (und trockeneren) Abschnitten des Feuchtgebiets wachsen. Unbedingt nach den endemischen Liguus-Baumschnecken Ausschau halten, die sich an den Baumstämmen festsetzen.

Ein paar Meilen östlich davon passiert man die Überreste von **Pinecrest**, einer verlassenen Stadt, die in ihrer Blütezeit in den 1930er-Jahren 400 Einwohner zählte. Die Legende besagt, dass Al Capone hier ein Hotel und ein Bordell betrieb. Wer länger in Big Cypress bleiben will, kann ganz in der Nähe sein Zelt in **Mitchell Landing** aufschlagen, einem einfachen Campingplatz mit Stellplätzen, die verteilt an einer unbefestigten Straße liegen.

Auf den letzten Meilen führt die Straße durch eine Miccosukee-Gemeinde mit Häusern, die mitten im Grün stehen. Am Ende der Runde (die technisch gesehen eigentlich gar keine ist) trifft man wieder auf den Tamiami Trail, von wo aus man zurück zum Startpunkt gelangen kann, der 20 Meilen (32 km) westlich liegt.

HÜTER DER GLADES

Marjory Stoneman Douglas, eine der beliebtesten Ikonen Floridas, kämpfte unermüdlich für die Rettung der Everglades, Jahrzehnte bevor Naturschutz zu einem populären Thema wurde. 1947 veröffentlichte sie ihren wunderschön geschriebenen Klassiker *The Everglades: River of Grass*. Das Buch war ein kommerzieller Erfolg und trug dazu bei, dass sich die öffentliche Wahrnehmung der Sumpfgebiete vom „höllischen Sumpf" zum „nationalen Schatz" wandelte.

Jahrelang schrieb und sprach sie über die Bedrohungen durch die Erschließung und die Landwirtschaft. 1970 (im Alter von 79 Jahren) gründete Douglas die „Friends of the Everglades", eine gemeinnützige Organisation, die auch heute noch eine wichtige Rolle dabei spielt, politische und finanzielle Unterstützung für die Renaturierung des Gebiets zu gewinnen.

TIERBEOBACHTUNG AM TAMIAMI TRAIL

Kokardenspecht
Seltener Vogel von der Größe eines Rotkehlchens mit gestrichelten, schwarz-weißen Querstreifen. Nistet nur in lebendigem Kiefernholz.

Schweinsfrosch
Grün-bräunliche Amphibien deren Paarungsruf (zu hören April–Aug.) an das Grunzen eines Schweins erinnert.

Florida-Puma
Es ist unwahrscheinlich, dass man diese bedrohte Raubkatze zu Gesicht bekommt, dennoch schadet es nicht, nach Fußspuren und Kot Ausschau zu halten.

Rund um die nördlichen Everglades

Außerhalb des Nationalparks locken ein von Inseln umgebenes Naturreservat, ein Museum über das kulturelle Erbe der Seminolen und faszinierende Begegnungen mit Delfinen.

Der östliche Rand der Everglades grenzt an die Mangrovenwälder der Ten Thousand Islands, ein großes Wildnisgebiet, das perfekt für große und kleine Wasserabenteuer ist, von mehrtägigen Campingausflügen mit dem Kanu bis zu kurzen Bootsfahrten durch das Labyrinth der baumbewachsenen Inseln.

Meist sind die Inseln unbewohnt, es gibt aber auch ein paar erschlossene, z. B. Chokoloskee (350 Ew.), die einst nur per Boot erreichbar war. Über 1500 Jahre lang lebten Ureinwohner in dem Gebiet und hinterließen große Muschelhügel, die später von den Siedlern des 19. Jhs. als Hausfundamente genutzt wurden.

Die nordwestlich gelegene Marco Island ist die größte Barriereinsel der Kette und ein beliebtes Ziel für Boot- und Badefans.

TOP TIPP

Man sollte sorgfältig und lang im Voraus planen, wo man übernachten möchte, denn in Everglades City gibt es nur wenige Unterkünfte und auf Marco Island kann es ziemlich teuer werden.

Chokoloskee, Ten Thousand Islands

JOHN APTE/SHUTTERSTOCK ©

LOKALE GESCHICHTE ERKUNDEN

Museum of the Everglades
Erforscht die heutige Besiedlung der Region, angefangen bei den weißen Siedlern in den 1800er-Jahren bis zur Blütezeit in den 1920er-Jahren, sowie die verheerenden Stürme in der Region (einschließlich des Hurrikans Donna 1960).

Smallwood Store
Dieses rustikale Gebäude auf Chokoloskee Island stammt von 1906, als es als Handelsposten, Postamt und Gemischtwarenladen diente. Die Holzregale sind mit Antiquitäten und alten Artefakten sowie mit Beschreibungen von Ereignissen und Persönlichkeiten aus der Pionierzeit bestückt.

Marco Island Historical Museum
Auf Marco Island locken die Besichtigung eines nachgebauten Calusa-Dorfs und faszinierende archäologische Relikte, darunter die 500 bis 1500 Jahre alte Key Marco Cat, eine kleine, kunstvoll gearbeitete Schnitzarbeit aus Hartholz, die eine Katze darstellt.

MATT A CLAIBORNE/SHUTTERSTOCK ©

Im Kajak zum *chickee*, Wilderness Waterway

Inselreiche Wildnis

BOOTSFAHRTEN UND WILDTIERBEOBACHTUNG

Am Westrand der Everglades geht der „Fluss aus Gras" in eine Reihe meist unbewohnter Inseln und kleinen Mangroveninseln über, die voller Leben sind. Große Tümmler gleiten durch die Gewässer, während Fischadler und Weißkopfseeadler über ihnen schweben, Unechte Karettschildkröten nisten auf Sandinseln, während Kanadareiher, Alligatoren und sogar das seltene Spitzkrokodil sich heimlich an ihre Beute heranpirschen.

Die **Ten Thousand Islands** erstrecken sich vom südlichen Rand von Marco Island bis hinunter nach Flamingo und sind sowohl für große Abenteuer als auch für kurze Tagesausflüge geeignet. Geübte Nautiker:innen (mit aktuellen NOAA-Karten) können den **Wilderness Waterway**, eine 99 Meilen (160 km) lange Wasserstraße, per Kajak oder Motorboot erkunden und unterwegs in *chickees* campen.

Das kleine Hafenstädtchen **Everglades City** ist das wichtigste Tor zu den Inseln. Der National Park Service (NPS) betreibt das **Gulf Coast Visitor Center**, das wichtige Informationen zur Erkundung der Region bereitstellt. Vom Besucherzentrum aus bietet **Everglades Florida Adventures** 90-minütige Touren an Bord eines 13,7 m langen Katamarans an, die durch die Chokoloskee Bay, den Indian Key Pass und zu verschiedene Mangroveninseln in den Everglades führen. Zudem ist es möglich, eigene Kajaks und Kanus zu mieten, um für einige Stunden oder bis zu zehn Tage lang die Inseln zu erkunden.

ESSEN IN EVERGLADES CITY

Camellia Street Grill
Dieser Klassiker in Everglades City serviert auf seiner Terrasse Meeresfrüchte aus frischem Fang. **$$**

HavAnnA Cafe
Hier genießt man auf einer Terrasse kubanische Sandwiches im Latin-Fusion-Stil oder gegrillten Zackenbarsch. Auf Chokoloskee Island. **$$**

Island Cafe
In diesem gemütlichen Diner gibt es morgens Pfannkuchen und später Krabben-Tacos und gebratenen Alligator. **$**

Bei **Everglades Adventures Kayak & Eco Tours** können private geführte Ausflüge gebucht werden. Das Unternehmen bietet mehrtägige Touren an, bei denen unterwegs auf Inseln unterm Sternenhimmel gezeltet wird. Es gibt aber auch kürzere (2- und 3-stündige) Paddeltouren.

Indigene Traditionen & Landschaften der Vorfahren

EPIZENTRUM DER SEMINOLENKULTUR

Man fährt lang in den Norden der Everglades – vom Shark Valley fast zwei Stunden –, aber es lohnt sich, um eines der wichtigsten Museen über die indigene Bevölkerung Floridas zu besuchen. Das **Ah-Tah-Thi-Ki** liegt in der Big Cypress Indian Reservation und macht seinem Namen alle Ehre, der in der Sprache der Seminolen „ein Ort zum Lernen, ein Ort zum Erinnern" bedeutet.

Der Besuch beginnt mit dem 17-minütigen Film *We Seminoles*, der die Geschichte, die Mythen und die Traditionen des Stammes beleuchtet. Dann kann man die Galerien des Museums erkunden, in denen Kleidung, Korbwaren, Schmuck und Einbäume, die einst durch das Sumpfgebiet fuhren, ausgestellt sind. Dioramen mit lebensgroßen Figuren zeigen Szenen aus dem traditionellen Leben der Seminolen, von der feierlichen Begegnung eines angehenden Ehepaars im Haus der Brautmutter bis zu bunt gekleideten Feiernden beim Catfish Dance, einem wichtigen Teil der heiligen Green Corn Ceremony, die jedes Jahr stattfindet.

Im Ah-Tah-Thi-Ki spielt auch die Natur eine wichtige Rolle: Hinter dem Museum verläuft ein 1,6 km langer Fußweg, der durch einen üppig grünen Zypressensumpf führt. Schilder am Weg weisen auf Pflanzen- und Tierarten hin, die nicht nur für die Seminolen lebenswichtig sind (wie z. B. das Wassernabelkraut, ein traditionelles Mittel gegen Asthma und andere Lungenkrankheiten), sondern für das gesamte Ökosystem der Everglades. Andere Stationen am Bohlenweg führen an Zeremonienplätzen und den Behausungen und Werkstätten eines nachgebauten traditionellen Seminolendorfes vorbei.

Delfinbeobachtung vor Marco Island

MIT DEN MEERESSÄUGERN AUF TUCHFÜHLUNG

Etwa 65 Meilen (105 km) westlich von Shark Valley ist **Marco Island** der Startpunkt für eine der besten Bootstouren Floridas. Seit 2006 führt **Dolphin Explorer** eine wissenschaftliche Langzeitstudie über das Verhalten und die Wanderbewegungen der Großen Tümmler im Südwesten Floridas durch. Anhand von

FAKAHATCHEE STRAND STATE PRESERVE

Der Fakahatchee hat nicht nur einen fantastischen Namen, sondern beherbergt auch ein ca. 260 km² großes Feuchtgebiet im Mündungsbereich eines Flusses, das seit Urzeiten zu existieren scheint. Mehrere Pfade führen durch diese wilde Landschaft, in der Panther inmitten der dunklen Gewässer auf Beutejagd gehen. Die scheuen Raubkatzen wird man wohl kaum zu Gesicht bekommen, dafür aber blühende Orchideen, Vögel und Reptilien (von winzigen Skinks bis zu riesigen Alligatoren).

Für einen kurzen Besuch bietet sich ein Spaziergang auf dem 800 m) langen **Big Cypress Bend Boardwalk** an, der am Tamiami Trail liegt. Wer mehr Zeit zur Verfügung hat, nimmt den holprigen, unbefestigten Janes Scenic Dr (ab SR 29) und wandert dann auf einem der alten Holzfällerpfade, z. B. dem atemberaubenden **East Main Tram**, der 3,2 km nach Norden zu einer alten Hütte führt (und danach immer mehr zuwuchert).

WANDERWEGE NAHE DER ALLIGATOR ALLEY (I-75)

Florida Trail Ochopee
Der 24 km lange Rundweg entlang eines Teils des Florida National Scenic Trail ist optimal, um den Menschenmassen zu entfliehen.

Sabal Palm Hiking Trail
Bei einem Spaziergang zwischen den Zypressen des Picayune Strand State Forest kann man dem Klopfen der Spechte lauschen.

Panther Trail
Auf dem 2 km langen Pfad im Florida Panther National Wildlife Refuge (an der SR 29) kann man nach Spuren der Raubkatzen Ausschau halten.

LOCAL TIPP: DELFINGESCHICHTEN

Naturforscher **Bob McConville** von Dolphin Explorer weiß alles über die Wasserbewohner der Marco Bay.

Einer unserer bekanntesten Delfine hier ist Skipper, die einen Haibiss überlebt hat. Wir retteten ihr Leben, als wir eine Angelschnur von ihrem Schwanz entfernten, als sie ein Jahr alt war und gerade ihr erstes Kalb geboren hatte. Skippers Mutter Halfway ist der wichtigste Delfin hier: Sie hat sieben Kälber. Wenn Skipper dieses Gen vererbt bekommen hat, könnte sie also für acht, neun oder sogar zehn Nachkommen sorgen.

Vielleicht seht ihr auch Clover, einen Delfin, der von den Fischer:innen den Spitznamen „Satan" erhalten hat, weil er ihnen gern den Fang von der Leine stiehlt.

SUNFLOWERMOMMA/SHUTTERSTOCK ©

Tigertail Beach, Marco Island

Fotos der Rückenflossen kann man sich an der Beobachtung, Zählung und Bestätigung der Sichtungen beteiligen. Die Daten werden dann an das Mote Marine Laboratory in Sarasota und andere Meeresschutzorganisationen weltweit weitergeleitet.

Während der Katamaran ablegt, können die Teilnehmenden in einem Album blättern, in dem die Rückenflossen der rund 130 hier lebenden Delfine abgebildet sind. Die Expert:innen an Bord weisen auf Bisswunden und Risse hin, die helfen, die Delfine Wyatt, Dolly und Fireball zu unterscheiden, und klären über die Lebensgeschichte der verschiedenen Tiere auf: welche Bullen (Männchen) gern zusammen abhängen (z. B. Capri und Hatchet), wie sie manchmal bei der Fütterung und Verteidigung gegen Haie zusammenarbeiten und wer vor kurzem ein Kalb geboren hat. Die Delfine erkennen das Boot und tauchen manchmal auf und schlagen mit dem Schwanz auf das Wasser, um anzuzeigen, dass sie im Kielwasser des Bootes mitschwimmen wollen. Ab und zu versammeln sich ganze Schulen, um die Passagiere zu begrüßen, und teilweise springen sie sogar hinter dem Boot aus dem Wasser. Sollte ein Delfin gesichtet werden, der noch nicht katalogisiert ist (z. B. neugeborener Nachwuchs), dürfen alle an Bord über den Namen entscheiden. Die Tour endet mit einem Stopp zum Muschelsuchen auf der abgelegenen und schönen Insel **Keewaydin**, Südfloridas größter Barriereinsel ohne Brücke.

Die Exkursionen dauern drei Stunden und starten an der Rose Marina.

KÜSTENTRÄUME

Marco Island hat eine malerische Küste (vor allem am Tigertail Beach), aber wer Lust auf mehr Wasseraction hat, sollte nach **Naples** (S. 372) fahren, das nur eine halbe Autostunde weiter nördlich einige atemberaubende Strände zu bieten hat.

ESSEN AUF MARCO ISLAND

Dolphin Tiki Bar
Bei frischen Meeresfrüchten und Drinks zur Happy Hour kann man hier beobachten, wie die Boote träge im Hafen vor sich hindümpeln. **$$**

Lee Be Fish
Mahimahi-Tacos oder Zackenbarsch-Sandwiches sind ein guter Appetizer bevor man sich in diesem entspannten Lokal einen Key Lime Pie genehmigt. **$**

Oyster Society
Die Raw Bar, die Sushi-Teller, die gegrillten Meeresfrüchte und das Lammfleisch dieses lebhaften Restaurants sind unbedingt empfehlenswert. **$$$**

SÜDLICHE EVERGLADES

Miami
Südliche Everglades

In den südlichen Everglades rückt die Natur in den Mittelpunkt. Am Eingang des Nationalparks lässt man die geordneten Straßen und landwirtschaftlichen Felder hinter sich und kommt in ein Reich aus Süßwasserprärien, Pinienwäldern und Hartholz-Hammocks sowie sechs weiteren ausgeprägten Ökosystemen, von von Arten wimmelnden Zypressensümpfen über grasbewachsene Sümpfe mit Mangroveninseln bis zur flachen Florida Bay, der Heimat von Manatis und anderen Meerestieren.

Hier herrscht der Kreislauf der Natur, und die jahreszeitlich bedingten Niederschläge führen zu dramatischen Veränderungen in der Landschaft. Während der Regenzeit (Mai–Nov.) sorgen starke Regenfälle für eine Explosion des Pflanzen- und Tierlebens, wenn sich Fische, Frösche, Schnecken und Krebse im Sumpfgebiet vermehren. Im Dezember beginnt der Wasserstand im Grasland zu sinken, und im Frühjahr sammeln sich Fische und andere Meerestiere in den wenigen verbliebenen Wasserlöchern – eine leichte Beute für Vögel, Reptilien und andere Tiere.

TOP TIPP

Das einzige Transportmittel zum Park ist der kostenlose saisonale Bus, der von Homestead zum Royal Palm Visitor Center fährt und von Januar bis Anfang April nur an Wochenenden verkehrt.

Pine Glades Lake (S. 124)

SÜDLICHE EVERGLADES

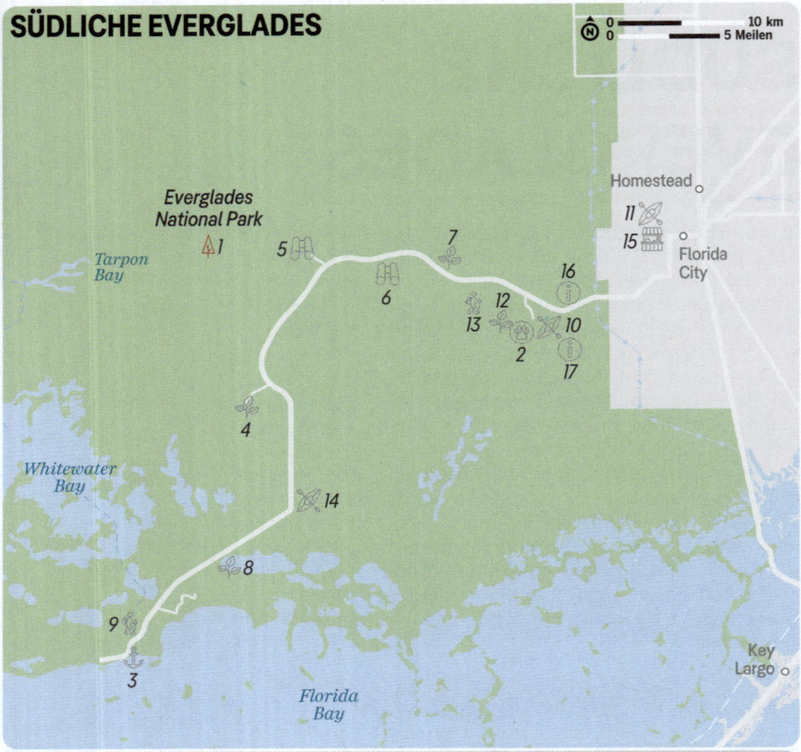

0 10 km
0 5 Meilen

Everglades National Park
Tarpon Bay
Whitewater Bay
Florida Bay
Homestead
Florida City
Key Largo

HIGHLIGHTS
1 Everglades National Park

SEHENSWERTES
2 Anhinga Trail
3 Flamingo
4 Mahogany Hammock Trail
5 Pa-hay-okee Overlook
6 Pine Glades Lake
7 Pinelands Trail
8 West Lake Trail

AKTIVITÄTEN, KURSE & TOUREN
9 Christian Point Trail
10 Everglades National Park Institute
11 Garl's Coastal Kayaking
12 Gumbo Limbo Trail
13 Long Pine Key
14 Nine Mile Pond

ESSEN
15 Robert Is Here

PRAKTISCHES
16 Ernest Coe Visitor Center
17 Royal Palm Visitor Center

Wanderwege in Royal Palm

ALLIGATOREN, ANHINGAS UND REIHER BEOBACHTEN

Etwa 2 Meilen (1,6 km) hinter dem Parkeingang zweigt eine Straße zum Royal Palm Visitor Center ab. Dies ist einer der besten Orte, um die verschiedenen Bewohner der Everglades

ÖKOSYSTEME DER EVERGLADES

Hartholz-Hammocks
Schattige Inselwälder auf etwas höher gelegenen Flächen beherbergen tropischen Mahagoni, Lebenseichen und Gumbo Limbo.

Zypressen
Die langlebigen Zypressen gedeihen in überschwemmten Wäldern und wachsen oft in Form einer Kuppel (*dome*).

Mangroven
Sie wachsen dort, wo sich Süß- und Salzwasser mischen, und bieten wichtige Lebensräume für Fische und Stelzvögel.

zu beobachten. Auf dem kurzen, meist aus einem Bohlenweg bestehenden **Anhinga Trail** (1,3 km), der sich durch grünes Grasland schlängelt, kann die Tierwelt aus nächster Nähe beobachtet werden. Anhingas (Schlangenhalsvögel) stürzen sich auf ihre Beute und verschiedene Stelzvögel pirschen hochmütig durch das Schilf. In den teefarbenen Gewässern darunter schwimmen Florida-Knochenhechte und Koboldkärpflinge unter herzförmigen, lilienartigen Teichrosen, während Schildkröten ihre Köpfe über die Oberfläche strecken, um dann wieder abzutauchen. An verschiedenen Aussichtspunkten können manchmal Dutzende von Alligatoren beim Sonnenbaden beobachtet werden.

Wenn man abends wiederkommt (Taschenlampe nicht vergessen), kann man die Alligatoren beim Schwimmen beobachten – manchmal sogar direkt neben einem. Nach Einbruch der Dunkelheit werden von Ranger:innen geführte Spaziergänge auf den Bohlenwegen angeboten, der Park ist aber rund um die Uhr geöffnet, sodass dies auch auf eigene Faust möglich ist. Es ist ein unvergessliches Erlebnis, die glitzernden Augen der Alligatoren zu sehen, wie sie sich durch die Wasserwege bewegen.

Der nahe **Gumbo Limbo Trail** (650 m) führt durch eine völlig andere Umgebung als das offene Sumpfgebiet. Hier verläuft der Weg durch einen tropischen Hartholz-Hammock, der inmitten von Würgefeigen, Farnen und Gumbo-Limbo-Bäumen – zu erkennen an ihrer roten, abblätternden Rinde – wie ein dichter Dschungel wirkt. Wer sich leise bewegt, hat bessere Chancen, Vögel zu beobachten, darunter Kanadareiher, Kormorane, Reiher und Waldsänger. Unterwegs passiert man auch einen kleinen Teich, der ebenfalls ein beliebter Rückzugsort für Alligatoren ist.

Quer durch die Everglades

WANDERN, KANUFAHREN UND WILDE TIERE

Die 38 Meilen (53 km) lange Fahrt zwischen dem Parkeingang und dem Ende der Straße in Flamingo dauert nur eine Stunde, man könnte in diesem Teil des Nationalparks aber viele Tage mit Aktivitäten wie Trekking, Nachtspaziergängen, Kanufahrten und Sumpfwanderungen (*slough slogging*) verbringen.

Erster Stopp ist das **Ernest F. Coe Visitor Center**, wo Ausstellungen über die Ökosysteme der Everglades und die dort lebende Tierwelt informieren. Ein 18-minütiger Film beleuchtet die Schönheit und Komplexität des Gebietes, aber auch die vielen Faktoren, die seinen Fortbestand bedrohen. Im hinteren Teil des Gebäudes gibt es eine Terrasse mit Blick auf einen kleinen Teich, in dem man manchmal Alligatoren beobachten kann.

Am **Long Pine Key** kann man zu Fuß oder mit dem Mountainbike dem 10 km langen Long Pine Key Trail durch Kieferbestände folgen. Die ebene Wanderung durch Pinienwälder mag

DIE BESTEN GRATIS-AKTIVITÄTEN IM PARK

Slough Slog
Bei einer faszinierenden geführten (Sumpf-)Wanderung durch nasses Gelände zu einem *cypress dome* in die Wildnis eintauchen.

Starlight Walk
Abendspaziergang auf dem Anhinga Trail auf der Suche nach Alligatoren und anderen Tieren. Taschenlampe nicht vergessen.

Canoe the Wilderness
Dreistündige Paddeltour durch einige der erhabensten Landschaften der Everglades.

Early Bird Walk
Bei einer morgendlichen Wanderung einige der gefiederten Bewohner der Everglades beobachten.

Glades Glimpse
Bei einem der täglichen Vorträge in den Visitor Centers mehr über die wunderbare Welt der Everglades erfahren.

Pinienwälder (*pineland*)
Seltene Lebensräume in den Everglades mit Kiefernwäldern, Sägepalmen und etwa 200 verschiedenen tropischen Pflanzen.

Süßwasser-Sümpfe (*sloughs*)
Sumpfige, langsam fließende Flüsse, die das Wasser durch die Everglades leiten und das ganze Jahr über überschwemmt sind.

Küstenebenen
Zwischen Watt und Land liegen die Küstenprärien mit salzresistenten Pflanzen, die regelmäßig überflutet werden.

WILDTIERBEOBACHTUNG

Ein Highlight abseits der Hauptstraße ist der **Anhinga Trail (S. 123)** in Royal Palm. Hier kann man auch an Rangergesprächen und Nachtwanderungen teilnehmen.

SIMON DANNHAUER/SHUTTERSTOCK ©

Mahogany Hammock Trail

WARUM ICH DIE EVERGLADES LIEBE

Regis St. Louis, Autor

Ich weiß noch, wie ich vor Jahren erstmals hierherkam und mich fühlte, als wäre ich am Set eines Naturfilms gelandet. Der Anblick der prähistorisch anmutenden Alligatoren neben den Stelzvögeln, die regungslos auf das glitzernde Wasser starrten, während aus den Zypressenwäldern das Grunzen eines gewaltigen Tieres ertönte (ein Schweinsfrosch, wie ich heute weiß) hat mich tief beeindruckt. Beim Kajakfahren auf der Florida Bay habe ich diese unglaubliche Wildnis zudem schätzen gelernt. Auf meiner letzten Reise habe ich einen vom Aussterben bedrohten Sägerochen gesehen, bin mit einem neugierigen Manati auf Tuchfühlung gegangen und habe einen unvergesslichen Sonnenuntergang über dem Wasser erlebt.

auf den ersten Blick uninteressant erscheinen, aber es gibt eine große Vielfalt an Vögeln und man kann sogar Spuren von Wildtieren (darunter Bären und Panther) entdecken. Am Ende der Wanderung lässt sich noch der Blick auf den **Pine Glades Lake** genießen (auch von der Hauptstraße aus erreichbar).

Nur wenige Kilometer weiter führt der **Pinelands Trail** durch einen Pinienwald mit einer der größten Vielfalt an Pflanzenarten im Park – und einer der am stärksten gefährdeten Kieferngesellschaften Nordamerikas. Auf dem Weg vorbei an tropischen Pflanzen und Kakteen sollte man nach Baumschnecken suchen, die sich an den Zweigen und der Rinde von Bäumen festsetzen.

Wenn die Straße nach Süden abfällt, liegt der **Pa-hay-okee Overlook** rechts. *Pa-hay-okee* bedeutet in der Sprache der Seminolen „Fluss aus Gras", und von dieser Aussichtsplattform an einem kurzen Bohlenweg hat man einen weiten Blick über die flache Landschaft – ein magischer Ort bei Sonnenuntergang.

Etwa 10 Meilen (16 km) weiter liegt der Bohlenweg des **Mahogany Hammock Trail**. Das dichte Unterholz wirkt fast wie im Amazonasgebiet, mit Lianen, die den Holzweg kreuzen, und Luftpflanzen, die zwischen den Ästen der tropischen Harthölzer sprießen. Hinzu kommt der unverwechselbare Ruf der Schleiereulen, der gelegentlich die Luft durchdringt. Ein paar hochgewachsene Mahagonibäume, darunter einer der ältesten in den USA, sind aber das Highlight. Wenn man den Weg entgegen dem Uhrzeigersinn geht, steht er nach etwa 120 m links.

Weiter die Straße hinauf gibt es eine Handvoll Kanurouten. Auf dem **Nine Mile Pond** kann man zwischen Sägegraswiesen und Mangroven paddeln und dabei Stelzvögel und Alligatoren beobachten. Trotz des Namens ist die ausgewiesene Strecke nur etwa 5 Meilen (8 km) lang, man kann aber auch eine kürzere

PICKNICKEN IM PARK

West Lake
Offener Pavillon mit schön schattigen Tischen mit Blick auf den See.

Long Pine Key
Von den Picknicktischen im Schatten der Pinien blickt man auf einen kleinen Teich.

Flamingo
Beim Picknick nahe des Jachthafens hält man Ausschau nach Manatis und Spitzkrokodilen.

Schleife mit einer Länge von 5,3 km wählen. Wer kein eigenes Kanu hat, kann sich in der Flamingo Marina eines leihen oder eine geführte dreistündige Kanutour buchen, die vom **Everglades National Park Institute** angeboten wird.

Auf dem **West Lake Trail** gibt ein 800 m langer Bohlenweg durch einen Mangrovenwald, der zu einem Aussichtsdeck mit Blick auf den See führt, einen guten Einblick in das Leben zwischen Land und Meer. Dabei sollte man nach drei einheimischen Arten Ausschau halten: Rote, Schwarze und Weiße Mangroven.

Kurz vor Flamingo bietet sich mit dem **Christian Point Trail** eine letzte Wandermöglichkeit. Der 2,6 km langen Weg (einfache Strecke) führt durch abwechslungsreiches Gelände, u. a. durch Knopfmangrovenwälder, Küstenprärie und an den Rand der Snake Bight, einer Bucht innerhalb der größeren Florida Bay.

Eintauchen in die Glades

GANZTÄGIGE WANDER- UND KAJAKERLEBNISSE

Bei einer ganztägigen geführten Tour kann man drei einzigartige Ökosysteme der Everglades hautnah erleben. Der renommierteste Anbieter ist **Garl's Coastal Kayaking** am Robert Is Here Fruit Stand in Homestead. Er ist auch der einzige, der Mehrtagesausflüge organisiert.

Während man sich auf dem Weg zu den **Zypressensümpfen** (*cypress domes*) durch Sägegras schlängelt, kann das Wasser knöchel- oder knietief werden (je nach Jahreszeit). Angesichts hoch aufragender Zypressen, die mit Luftpflanzen bewachsen sind, und einer Stille, die nur durch das Zwitschern der Vögel unterbrochen wird, fühlt man sich wie in einer anderen Welt. Vielleicht lassen sich auch Alligatoren, Schlangen und andere Wildtiere beobachten. Die Guides liefern unterwegs interessante Informationen über die Flora und Fauna der Everglades.

Weiter geht's zum **Nile Mile Pond**, wo man beim Paddeln über den See und durch schmale Kanäle, die dicht mit Mangroven bewachsen sind, nach weiteren Alligatoren und Krokodilen Ausschau halten kann. Am Wasser tummeln sich verschiedene Reiherarten und in den Bäumen nisten viele Ibisse.

Zum Schluss geht's im Kajak in die **Florida Bay**. Die Möglichkeiten zur Vogelbeobachtung sind hier noch besser, denn je nach Jahreszeit gibt es Hunderte oder sogar Tausende von Vögeln zu sehen: Weißkopfseeadler, Rosalöffler oder sogar Flamingos. Gelegentlich tauchen Manatis an der Wasseroberfläche auf.

Sofern das Wetter es zulässt, geht es anschließend noch auf den **Anhinga Trail**, wo man bei einem Abendspaziergang auf einem Bohlenweg die Chance hat, Falkennachtschwalben und andere Tiere im Schein der Taschenlampe zu beobachten.

LOCAL TIPP: JAHRESZEITEN DER EVERGLADES

Garl Harrold, der bereits Filmteams von National Geographic begleitet hat, beleuchtet die saisonalen Veränderungen in den Everglades.

Es heißt, in den Everglades gäbe es zwei Jahreszeiten – die Regen- und die Trockenzeit –, aber ich bin anderer Meinung. Es sind eher elf oder zwölf Jahreszeiten. Hier ändert sich so viel: was Pflanzen und Tiere zu den verschiedenen Jahreszeiten tun, die Wasserstände und welche Vögel kommen und gehen.

Der Sommer ist eine meiner Lieblingsjahreszeiten. Dann kommen kaum Gäste und man kann die Tierwelt besonders gut beobachten. Es ist ungemütlicher und heißer, aber es regnet jeden Tag, was für Abkühlung sorgt. Die Stürme sorgen für wunderschöne Sonnenuntergänge und die tollsten Regenbögen.

UNVERZICHTBARE AUSRÜSTUNG FÜR OUTDOOR-ERLEBNISSE

Für die Augen
Mit einer polarisierten Sonnenbrille sieht man die Tiere im Wasser besser, mit einem Fernglas kann man Vögel ganz nah betrachten.

Richtige Kleidung
Hosen, helle, langärmelige Hemden (dunkle Farben ziehen Mücken an) und Wasserschuhe (keine Flip-Flops oder Crocs) tragen.

Essen & Trinken
Verpflegung und ausreichend Wasser für den Tag mitbringen. An der Flamingo Marina gibt es einige wenige Möglichkeiten, Snacks zu kaufen.

WANDERN AN DER KÜSTE

Wer im restlichen Park noch nicht genug gewandert ist, der sollte sich an den **Coastal Prairie Trail** wagen. Im Gegensatz zu den Bohlenwegen ist dieser gut 19 km lange Wanderweg (hin & zurück) ein echtes Abenteuer. Man sollte sich auf Schlamm und kurzes Waten einstellen, aber am Ende erreicht man einen muschelbedeckten Strand, an dem sogar gezeltet werden darf (Genehmigung für das Hinterland erforderlich). Auf dem Weg sollte man Ausschau nach Fischadlern und Stelzvögeln halten, während man sich seinen Weg durch Knopfmangrovenwälder und die dichte Belaubung der Küstenprärie bahnt. Der Startpunkt befindet sich in der Nähe des westlichen Endes der C-Schleife des Flamingo-Campingplatzes.

Flamingo Marina

Die Wasserstraßen von Flamingo

KAJAK- UND BOOTSTOUREN

Am Südende des Parks gelegen, beherbergt **Flamingo** ein kleines Visitor Center, einen Campingplatz und eine Lodge mit Restaurant. Der Hauptgrund für einen Besuch ist die Flamingo Marina, von wo aus man Paddel- oder Bootstouren machen kann.

Flamingo Adventures bietet zwei Bootstouren an. Der 90-minütige Ausflug ins Hinterland führt durch den von Mangroven gesäumten Buttonwood Canal, entlang des Tarpon Creek und in die Mündung der mit Inseln übersäten Whitewater Bay. Guides geben Einblicke in das Ökosystem und weisen auf Kanadareiher, Schmuckreiher, Rosalöffler und viele andere Tiere hin, die beobachtet werden können. Etwas weniger Dschungel-Feeling bietet die Florida Bay Tour, bei der man die Chance hat, Fischadler, Meeresschildkröten und Delfine zu beobachten.

Man kann auch auf eigene Faust eine Paddeltour machen, denn im Jachthafen können Kajaks gemietet werden. Beim Paddeln auf dem Buttonwood Canal kann man mit etwas Glück Manatis im Wasser und Alligatoren, die sich sonnen, sehen. Bis zur Coot Bay sind 4,8 km zu paddeln. Für den Hin- und Rückweg sollte man insgesamt mindestens drei Stunden einplanen, auch Zeit, um anzuhalten und die Landschaft zu bewundern.

Vor oder nach dem Ausflug lohnt es sich, an den Anlegestellen zu verweilen. Manchmal sieht man hier Manatis, Alligatoren und auch das seltene Spitzkrokodil; dies ist einer der wenigen Orte weltweit, an dem diese beiden Reptilienarten nebeneinander vorkommen.

ÜBERNACHTEN IN DEN EVERGLADES

Long Pine Key Campground
Gute Lage mit 108 Zelt- und Wohnmobilstellplätzen inmitten dürrer Pinienbäume. Buchung über Flamingo Adventures. **$**

Flamingo Campground
Am Ende der Straße gelegen, mit Zelt- und Wohnmobilstellplätzen, Ökozelten in Glamping-Manier und Hausbooten. **$**

Flamingo Lodge
Die Gästezimmer in dieser 2023 eröffneten Lodge mit Restaurant blicken auf die Florida Bay. **$$$**

Rund um die südlichen Everglades

Wenig beachtete Attraktionen außerhalb des Parks entdecken, darunter tropische Früchte, eine „Burg" aus dem 20. Jh. und ein buddhistischer Tempel.

Homestead und das benachbarte Florida City (2 Meilen bzw. 1,6 km südlich) eignen sich sehr gut als Ausgangspunkt für Ausflüge in den Everglades National Park, wirken bei der Ankunft aber wenig anziehend – im Geiste gleichen sie eher Miami als dem Fluss aus Gras. Dieser belebte Korridor ist Teil der ständig wachsenden Vororte von South Miami und wirkt wie eine endlose Straße mit Einkaufszentren, Autohäusern und Tankstellen.

Aber hinter der Fassade verbirgt sich mehr, als es zunächst den Anschein hat: seltsame Kuriositäten wie eine „Burg", die von einem liebeskranken Einwanderer eigenhändig erbaut wurde; ein prächtiger buddhistischer Tempel, der aussieht, als sei er aus Thailand eingeflogen worden; eine Weinkellerei, in der die besten Produkte Floridas angeboten werden (Tipp: es sind keine Trauben); und einer der besten Verkaufsstände der USA.

TOP TIPP

Die fast schon malerische Hauptstraße von Homestead verläuft an der Krome Ave in der Nähe des historischen Rathauses. Von September bis April finden hier gelegentlich Konzerte und kulinarische Feste statt.

Fruit & Spice Park (S. 129)

MARGARITA HINTUKAINEN/SHUTTERSTOCK ©

MADHU KONERU/SHUTTERSTOCK ©

Coral Castle

EVERGLADES OUTPOST

Der Everglades Outpost beherbergt, ernährt und pflegt misshandelte oder vernachlässigte Wildtiere, die bei illegalen Händlern beschlagnahmt oder von Menschen abgegeben wurden, die sich nicht um sie kümmern konnten. Hier leben u.a. ein Lemur, Wölfe, ein Schwarzbär, ein Zebra, Kobras, Alligatoren und ein majestätischer Tiger. An den Wochenenden kann man die Krokodile in Aktion erleben. Es besteht auch die Möglichkeit, eine private Führung hinter die Kulissen zu buchen und einen Tag lang die Arbeit eines Freiwilligen zu begleiten.

Skurrile Schnitzereien in Stein

EIN BURGÄHNLICHES MEISTERWERK

Die Inschrift an einer grob behauenen Steinmauer lautet: „Hier werden Sie außergewöhnliche Errungenschaften sehen". Das ist stark untertrieben. Es gibt wohl keinen größeren Tempel für das obsessive Genie eines Mannes als das **Coral Castle**, ein monumentales Kunstwerk nördlich von Homestead, etwa 30 Autominuten vom Eingang des Everglades Parks entfernt.

Es heißt, dass der in Lettland geborene Edward Leedskalnin einen Tag vor der Hochzeit von seiner großen Liebe sitzen gelassen wurde. Mit gebrochenem Herzen wanderte er in die USA aus und landete schließlich in einer damals dünn besiedelten Gegend im Süden Floridas, wo er sein Lebenswerk begann: eine riesige, burgähnliche Installation, die der unerwiderten Liebe gewidmet ist und an der er 28 Jahre lang bauen sollte.

Zu dieser von Felsen umgebenen Anlage gehören ein „Thronsaal", eine raffinierte Sonnenuhr, die sowohl die Tageszeit als auch den Monat anzeigt, eine steinerne Einfriedung, die als „Auszeit"-Bereich für die Kinder gedacht war, die er nie haben würde, eine Art Teleskop, das genau auf den Polarstern ausge-

ÜBERNACHTEN IN HOMESTEAD

Hoosville Hostel
Günstige Schlafsäle und Privatzimmer mit Gemeinschaftsbädern sowie ein begrünter Garten mit Pavillon. $

Hotel Redland
Vintage-Zimmer mit großmütterlichem Charme in einem Gebäude von 1904. Unten im Hotel gibt's ein anständiges Restaurant und eine Bar. $$

Fairway Inn Florida City
Preisgünstiges Hotel direkt am viel befahrenen Highway mit komfortablen Zimmern und einem von Palmen gesäumten Swimmingpool. $

richtet ist, und ein drehbares, 9 t schweres Felsentor, das sich einst mit nur einem Finger öffnen ließ.

Noch unglaublicher ist, dass all dies von einem einzigen zierlichen Mann gebaut wurde – Edward war nur 1,80 m groß und wog 45 kg –, der allein und ohne schwere Maschinen arbeitete. Er bewältigte alles mithilfe von Flaschenzügen, Handwerkzeug und anderen improvisierten Hilfsmitteln und arbeitete oft nachts im Licht einer Laterne, um seine eigene Privatsphäre zu schützen.

Engagierte Guides weisen auf einige der beeindruckenden Details hin, die sich in Edwards Arbeiten verbergen, wie den Tisch in Form von Florida (mit dem perfekt platzierten Lake Okeechobee) oder das Maschinenteil, das er zu einer Art primitivem Kochtopf umfunktionierte.

Früchte der Götter

VERKAUFSSTÄNDE, WEINKELLEREIEN UND OBSTGÄRTEN

Felder, Palmenplantagen und Baumschulen prägen die Landschaft außerhalb von Homestead. Man könnte einen ganzen Nachmittag damit verbringen, einige der exotischen Wunder zu bestaunen, die es in dieser grünen Ecke Südfloridas gibt, angefangen bei einem der besten Obststände des Landes: **Robert Is Here**. Dabei handelt es sich um viel mehr als einen Verkaufsstand, es ist eine echte Institution. Hier wird das Flair des alten Floridas, das so sehr von den Glades und der Landwirtschaft ringsum geprägt ist, auf den Höhepunkt getrieben. Es gibt Unmengen exotische, in Florida angebaute Früchte, die man sonst nirgendwo findet: Schwarze Sapote, Karambola (Sternfrucht), Drachenfrüchte, Sapodilla, Stachelannonen (Guanabana), Große Sapote, Tamarinde, Jackfruit, Litschis, Mangos und Passionsfrüchte. Die Säfte, das Kokoswasser und die Smoothies sind fantastisch, und im Laden gibt's auch jede Menge hausgemachte Konserven, Honig und Saucen. Hinter dem Stand kann man den Bauernhof besuchen und dort Hühner, Enten, Ziegen, Schildkröten, Schweine und Emus sehen.

Etwa 7 Meilen (11 km) nördlich von Robert Is Here liegt der **Fruit & Spice Park**, ein üppig grüner, 15 ha großer Garten, in dem man die Tropen in ihrer ganzen Fülle erleben kann. Die Anlage lädt zu einem ruhigen Spaziergang vorbei an insgesamt rund 500 verschiedenen Arten von Früchten, Gewürzen und Nüssen ein. Leider darf nichts vom Baum gepflückt werden, aber man kann alles essen, was auf den Boden fällt. Für die beste Ausbeute lohnt es sich, früh hinzugehen. Einen Überblick über das Angebot verschafft man sich am besten auf einer zweimal täglich stattfindenden Trolleybus-Tour (11 & 13.30 Uhr), die im Eintritt inbegriffen ist. Oder man zahlt den kleinen Aufpreis für die Verkostungstour (15 Uhr) und probiert einige der saiso-

LITTLE MEXICO

Seit mehr als zwei Generationen sind Mexikanerinnen, Mexikaner und mexikanisch stämmige Amerikaner:innen ein fester Bestandteil der Gemeinschaft rund um South Miami, Homestead und Florida City. Ursprünglich arbeiteten sie auf den Farmen, heute sind viele von ihnen in den unterschiedlichsten Branchen tätig und bekleiden Führungspositionen im Stadtrat.

Hier findet man auch eine der buntesten Weihnachtstraditionen Südfloridas: Während **Las Posadas** (16.–24. Dez.) finden jeden Abend Prozessionen statt. Begleitet von einem Esel ziehen Kinder, die als Maria, Josef, Engel und Hirten verkleidet sind, durch die Straßen und singen traditionelle Lieder wie „Burrito de Belén". Den Abschluss des Abends bildet jeweils eine Fiesta mit Essen, Livemusik und Piñatas.

ESSEN IN HOMESTEAD

Yardie Spice
Liebevoll zubereitete jamaikanische und haitianische Gerichte, von Klassikern wie Ziegen-Curry bis zu veganem Jerked Tofu. **$$**

La Patrona
Vor einer Wanderung deckt man sich hier mit Guave-Teigtaschen und anderen lateinamerikanischen Backwaren ein. **$**

Casita Tejas
Freundliches, schlichtes Lokal mit dem besten Tex-Mex der Stadt. Große Speisekarte und tolle Kombi-Platten. **$**

WAT BUDDHA-RANGSI

Die steilen goldenen Dächer des **Wat Buddharangsi** liegen versteckt zwischen grünen Feldern und palmengesäumten Gassen nordöstlich von Homestead und scheinen einem Märchen entsprungen zu sein. Statuen schmücken die von Bougainvillea eingerahmten Gehwege, und zwei geschnitzte Löwen bewachen den Haupteingang. Im Inneren thront ein eleganter, mit Blattgold überzogener Buddha in friedlicher Atmosphäre. Der 1998 errichtete buddhistische Tempel ist das Ergebnis von zwei Jahrzehnten der Bemühungen der thailändischen Gemeinde um einen geeigneten Versammlungsort. Gäste sind im Wat Buddharangsi willkommen, und regelmäßig finden geführte, englischsprachige Meditationen statt.

IMAGEMD/SHUTTERSTOCK ©

Wat Buddharangsi

nalen Köstlichkeiten. Das Mitbringen eines eigenen Picknicks ist gestattet.

Im Winter (ca. Mitte Dez.–Anfang März) kann man auf der **Knaus Berry Farm**, einem berühmten Erzeuger, den es seit den 1950er-Jahren gibt, seine Erdbeeren (und auch Tomaten) selbst pflücken. Knaus betreibt auch eine Bäckerei mit Imbiss, die hungrige Fans selbst aus Miami hierher lockt. Es gibt himmlische Zimtschnecken, Guave-Kuchen, Obst-Käse-Kuchen und viele andere Verlockungen. Lecker sind auch die cremigen Milchshakes und das Eis. In den wärmeren Monaten, etwa von Mitte April bis Oktober, sowie sonntags (ganzjährig) ist hier alles zu. Dann kann man sich den Weg sparen. Nur Barzahlung.

Schnebly Redland's Winery stellt aus den tropischen Produkten der Region überraschend gute Süßweine her. Aufgrund des Klimas gibt's hier keinen Malbec, Pinot Noir oder Zinfandel – die Weine werden aus Mango, Passionsfrucht, Litschi, Guave, Avocado und Kokosnuss gemacht. Schnebly liegt an einer ruhigen Landstraße westlich von Homestead und gilt als südlichstes Weingut in den USA. Verkostungen, bei denen fünf verschiedene Weine angeboten werden, sind jederzeit möglich, oder man nimmt am Wochenende an einer Führung über das Weingut teil (auf dem allerdings keine Früchte angebaut werden), bei der man auch mehr über die Weinherstellung erfährt. Außerdem gibt es ein Restaurant mit Blick auf einen begrünten Wasserfall im Hintergrund und eine Brauerei.

NACHTLEBEN IN HOMESTEAD

Miami Brewing Company
Erstklassige Craft-Biere, Kneipenessen und gelegentlich Livemusik. Hinter der Schnebly Redland's Winery.

City Hall Bistro & Martini Bar
Ungezwungener Ort, um tropische Cocktails zu schlürfen und Mahimahi-Sandwiches oder Lammkarree zu essen.

Exit One Taproom
Einladende Innen- und Außenbereiche mit wechselnden Foodtrucks und regionalen und internationalen Craft-Bieren.

BISCAYNE NATIONAL PARK

Östlich der Everglades und direkt vor der südlichen Haustür Miamis liegt der Biscayne National Park, der zu 95% aus den Gewässern der Biscayne Bay und des Atlantiks besteht. Ein Teil des drittgrößten Riffs der Welt befindet sich hier unmittelbar vor der Küste neben Mangrovenwäldern und den nördlichsten Florida Keys. Hier gibt's mit die besten Möglichkeiten für Riffbeobachtungen und Schnorchelausflüge, die die USA zu bieten haben (abgesehen von Hawaii und dem nahegelegenen Key Largo).

Die Anwesenheit des Menschen im Park reicht mehr als 10 000 Jahre zurück – von prähistorischen Nomadenstämmen bis zu wahnwitzigen Bauunternehmern im 20. Jh. Die Riffe sind mit Dutzenden von Schiffswracks übersät, von denen einige noch aus dem 18. Jh. stammen. Zwar sind die zum Nationalpark gehörenden Keys heute unbewohnt, doch kann man bei einem Besuch der Inseln mehr über die Geschichte der ehemaligen Siedler und Industriellen des 19. Jhs. erfahren.

Miami
Biscayne National Park

TOP TIPP

Das Dante Fascell Visitor Center (auf dem Festland) ist das Tor zum Park und zeigt Ausstellungen über Ökologie, Meereslebewesen und menschliche Besiedlung. Ein Film (20 Min.) gibt einen guten Überblick über die vier Ökosysteme des Parks, während in der Galerie Werke von Künstlern ausgestellt sind, die sich mit der Natur und der Tierwelt befassen und mit verschiedenen Medien arbeiten.

Biscayne National Park

FOTOLUMINATE LLC/SHUTTERSTOCK ©

WEITERE ERLEBNISSE IM BISCAYNE NP

Kayak the Mangroves
Kajaktour unter fachkundiger Leitung (1½ Std.) und mit genug Zeit, um die Küste auf eigene Faust zu erkunden.

Sail, Paddle, Snorkel & Island Visit
Ganztägiger Ausflug auf einem 12,80 m langen Segelboot, bei dem man, wie der Name erwarten lässt, alles Mögliche ausprobieren kann (max. 6 Pers.).

Snorkel & Paddle Eco-Adventure
Verbindet zwei der schönsten Park-Aktivitäten: Paddeln inmitten von Mangroven und Schnorcheln über Korallenriffen.

Erlebnisse über & unter Wasser

BOOTSTOUREN, PADDELN UND SCHNORCHELN

Die meisten Reisenden kommen für einen Tagesausflug in den Nationalpark, der Kajakfahren, Schnorcheln oder die Erkundung der Inseln beinhalten kann. Das **Biscayne National Park Institute**, das im Dante Fascell Visitor Center untergebracht ist, bietet diverse Exkursionen an, die man am besten schon vor Ankunft im Park reserviert. Welchen Teil von Biscayne man auch besucht, man wird wahrscheinlich viele Seevögel beobachten können, von Kormoranen, die auf Anlegestellen sitzen, über Schwärme von Braunpelikanen, die in Formation fliegen, bis hin zu Fischadlern mit eiskaltem Blick, die dicht über dem Wasser dahingleiten. Schwärme von Großen Tümmlern huschen über den Horizont, während sich Krabben und Eidechsen zwischen den Wurzeln der roten Mangroven am Ufer tummeln.

Die halbtägige **Bootstour Heritage of Biscayne** führt über die Bucht und vorbei an den Keys Adams, Elliott und Boca Chita. Dabei lassen die Guides die Vergangenheit der Inseln lebendig werden und erzählen die Geschichten von Personen, die hier im Lauf der Jahre leben. Etwa die von Israel Jones, ein Afroamerikaner, der sich in den 1850er-Jahren auf **Porgy Key** niederließ und die Insel zu einer der florierendsten Key-Limetten- und

ESSEN RUND UM DEN BISCAYNE NP

Black Point Ocean Grill
Hervorragende Meeresfrüchte und luftige Sitzgelegenheiten mit Blick aufs Wasser; zudem lebt in der Lagune ein Krokodil, das sich oft blicken lässt. **$$**

El Puerto de Vallarta Mexican Seafood
Leckere Ceviches, Fisch-Tacos, Seafood-Platten und Margaritas in einem farbenfrohen Ambiente. **$$**

La Playa Grill
Mit Blick auf den Bayfront Park kann man sich hier Conch Fritters und gebratenen Snapper schmecken lassen. **$$**

Ananasfarmen Südfloridas machte. Seine Nachkommen trugen maßgeblich dazu bei, die Inseln für künftige Generationen zu erhalten (statt viel Geld von Bauunternehmern zu kassieren).

Der Industrielle Mark Honeywell hingegen hinterließ seine Spuren auf **Boca Chita Key**. Nach der Gründung seines gleichnamigen Thermostat- und Heizungsunternehmens kaufte er Boca Chita als Urlaubsdomizil, errichtete einen Leuchtturm und eine Kapelle und polierte einige alte spanische Kanonen auf, die abgefeuert wurden, um die Gäste zu den üppigen Partys zu begrüßen, die er veranstaltete. Das Boot legt meist in Boca Chita an, wo man auf den Leuchtturm steigen und die Aussicht bewundern, einen kurzen Spaziergang durch die Mangroven machen und am winzigen Strand der Insel entspannen kann.

Wer die natürliche Schönheit des Parks aus nächster Nähe erleben möchte, kann sich verschiedenen **Paddeltouren** anschließen. Versteckt zwischen Totten Key und Old Rhodes Key wartet die von Mangroven gesäumte **Jones Lagoon** mit ruhigem, klarem Wasser auf. Nach einer 30-minütigen Fahrt mit dem Motorboot vom Festland steigt man auf ein Stand-up-Paddelboard um (von dem man die Meeresbewohner besser beobachten kann als aus einem Kajak) und hält nach Kanadareihern, Silberreihern und Rosalöfflern Ausschau. Im aquamarinblauen Wasser unterhalb des SUPs kann man manchmal Meeresschildkröten, Babyhaie, Rochen, auf dem Kopf stehende Quallen oder Seesterne entdecken.

Bei einem **Schnorchelausflug** kann man in das vielfältigste Ökosystem des Parks eintauchen. Auf einer halbtägigen Tour werden zwei verschiedene Orte angesteuert, an denen man Korallenriffe und ein Schiffswrack oder eine Bucht inmitten von Mangroven erkunden sowie Weichkorallen und Meeresschwämme sehen kann. Tauchfans mit Tauchschein können sich für eine sechsstündige Tour mit zwei Tauchgängen anmelden. Bei einem Ausflug zum **Maritime Heritage Trail** besteht die Möglichkeit, ein halbes Dutzend versunkener Schiffe im Park zu erkunden. Drei der Schiffe sind für Taucher geeignet, die anderen – vor allem die *Mandalay*, ein schöner Zweimastschoner, der 1966 gesunken ist – können beim Schnorcheln auch von der Wasseroberfläche aus bewundert werden.

SPITE HIGHWAY

Auf Elliott Key verläuft der längste Wanderweg des Nationalparks, eine bewaldete Strecke, die als **Spite Highway** bekannt ist. In den 1960er-Jahren hatten Bauunternehmer mit diesem Küstenstreifen Großes vor. Sie planten Hotels, Straßen und sogar einen kleinen Flughafen, der Teil der neuen Stadt „Islandia" sein sollte. Naturschützern gelang es aber, die Öffentlichkeit davon zu überzeugen, dass diese Region erhalten werden muss.

Nachdem sie den Kampf um die öffentliche Meinung verloren hatten, schickten die Bauunternehmer Bulldozer nach Elliott Key und legten in der Mitte der Insel eine sechsspurige, 7 Meilen (11,2 km) lange Schneise an, in der Hoffnung, die Erhaltung des Gebiets so verhindern zu können. Diese mutwillige Zerstörung scheiterte jedoch, und Präsident Lyndon B. Johnson unterzeichnete 1968 das Gesetz zur Gründung des Biscayne National Monument.

AUSFLÜGE AB MIAMI

Das **Biscayne National Park Institute** (biscaynenationalparkinstitute.org) bietet Ausflüge von Coconut Grove in Miami aus an, z.B. Schnorchel- und Kajaktouren sowie Inselbesuche und Touren nach Stiltsville.

UNTERWEGS VOR ORT

Wer kein Auto hat, sollte seinen Besuch auf ein Wochenende zwischen Januar und Anfang April legen, denn dann bietet Homestead einen kostenlosen Shuttlebus zum Dante Fascell Visitor Center an (Reservierung empfohlen).

FLORIDA KEYS & KEY WEST

INSELN JENSEITS JEDER VORSTELLUNGSKRAFT

Brücken überspannen türkisfarbenes Wasser und verbinden Dutzende von Inseln, auf denen ein buntes Völkchen alles gibt, um sich zu entspannen.

Unterhalb von Südflorida liegen die Florida Keys – ein 180 km langer Archipel aus Mangroven- und Sandbankinseln, kristallklarem Wasser und traumhaften Sonnenuntergängen. Eine unvergessliche Tour über den Overseas Highway führt vom geschäftigen Key Largo nach Key West, vorbei an kunstbegeisterten Dörfern, altmodischen Straßenrestaurants und Laubwäldern. Unterwegs werden 42 Brücken überquert, darunter eine, die sich 11 km über offenes Wasser erstreckt.

Paddeln durch spiegelglatte Buchten und Tanzen mit den ausgelassenen Partytieren in Key West sind nur einige Beispiele für die großartigen Highlights der Florida Keys. Es locken zudem eine außergewöhnliche Pflanzen- und Tierwelt sowie die faszinierende Geschichte, die entlang dieser Ufer immer noch sichtbar wird – von verlassenen Eisenbahnlinien aus dem frühen 20. Jh. bis hin zu prächtigen Häusern und Museen, die mit Schätzen gefüllt sind (von denen viele aus der Zeit der florierenden Strandpiratenindustrie in dieser Region stammen).

Die nicht selten schelmenhafte Weise, wie man sich hier einst um Schiffswracks „gekümmert" hat, dieses geradezu Seeräuberhafte, prägt die Identität der Keys seit ewigen Zeiten. Kurz gesagt: Diese Region stellt ihre eigenen Regeln auf. Vor allem Key West war schon immer ein Ort, an dem sich die Menschen gern den Trends widersetzen. Am Ende der Großen Depression versammelte sich hier eine große Gruppe von Künstlern und Handwerkern. Aus dieser Gemeinschaft wuchs allmählich die Bevölkerung einer der der bekanntesten und am besten organisierten schwulenfreundlichen Städte des Landes heran.

DIE WICHTIGSTEN ZIELE

UPPER KEYS
Tauchen, Kajakfahren und einsame Inseln. S. 140

MIDDLE & LOWER KEYS
Beeindruckende Brücken – und noch beeindruckendere Strände. S. 148

KEY WEST
Tropische Ausgelassenheit und traumhafte Sonnenuntergänge. S. 156

Links: Seven Mile Bridge (S. 154); oben: Dry Tortugas National Park (S. 157)

Erste Orientierung

Die Florida Keys sind über den 170 km langen Overseas Highway (Rte 1) mit dem Festland verbunden. In Bezug auf Straßen und Adressen ist hier alles entweder „bayside" oder „oceanside" und durch Mile Markers (MM) gekennzeichnet, absteigend zu MM 1 (Key West).

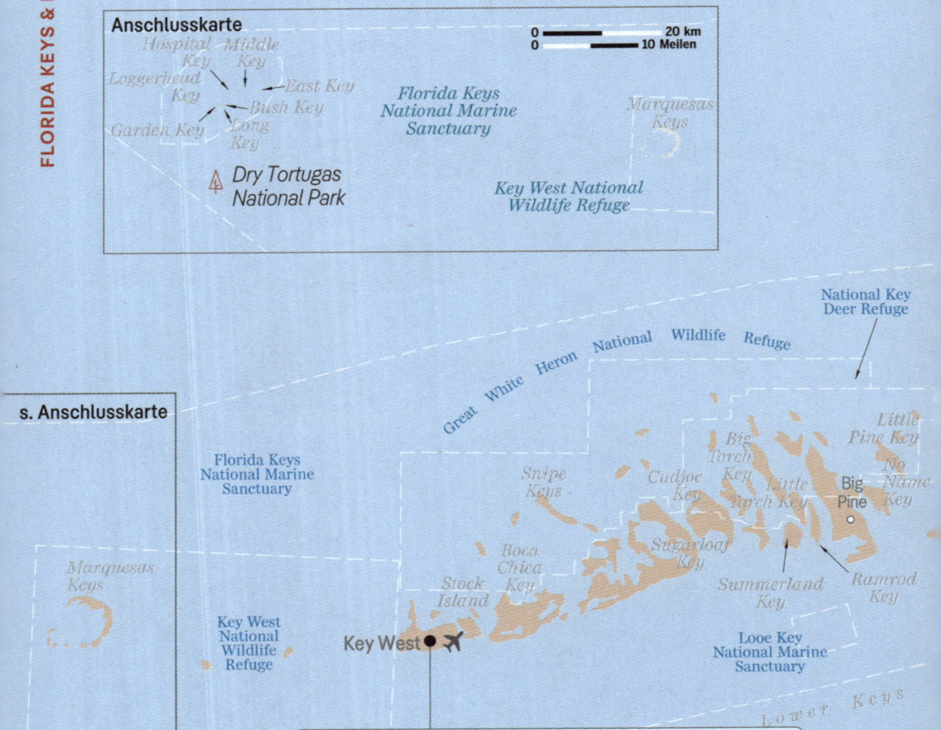

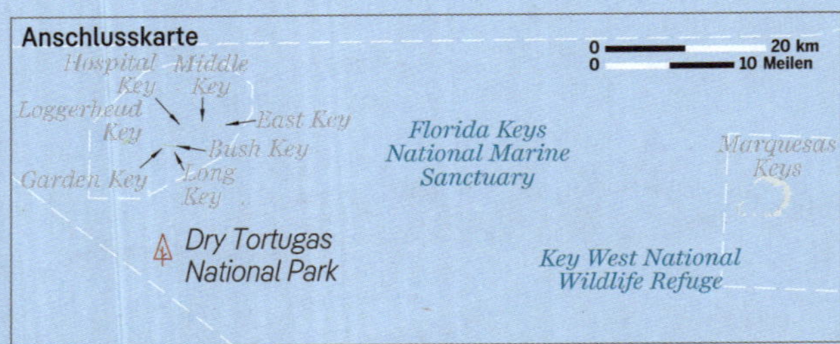

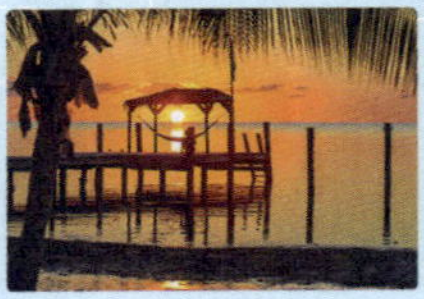

Key West, S. 156

Diese wunderschöne Stadt ist ein ganz besonderes Reiseziel und verbindet tropisch-karibische Architektur mit dem Motto „Alles ist erlaubt" sowie einer guten Portion Exzentrik.

AUTO

Mit eigenem Auto reist es sich zwischen den Keys am besten. An einem guten Tag ist eine Fahrt auf dem Overseas Highway *der* US-Roadtrip in tropischer Perfektion. An einem schlechten Tag steht man hingegen stundenlang im Stau.

BUS

Key West Transit betreibt den Lower Keys Shuttle, der zehn Mal am Tag zwischen Key West und Marathon verkehrt. Er wird vor allem von Pendlern genutzt, bringt aber auch alle anderen nach Key West. Auch Greyhound steuert Key West an.

FAHRRAD

Fehlende Steigungen und die allgegenwärtige Meeresbrise machen die Region perfekt zum Radfahren, und der **Florida Keys Overseas Heritage Trail** bietet wunderschöne Aussichtspunkte entlang der Strecke. Etwa 145 km (von 170 km) dieses Trails sind fertiggestellt.

Cape Sable
Gator Lake
Bear Lake
Coot Bay
Flamingo
Seven Palm Lake
Everglades National Park
Barnes Sound
Key Largo
John Pennekamp Coral Reef State Park
Florida Bay
Plantation Key
Tavernier
Plantation
Windley Key
Upper Matecumbe Key
Islamorada
Lignumvitae Key
Layton
Long Key
Conch Key
Duck Key
Grassy Key
Great White Heron National Wildlife Refuge
Pigeon Key
Marathon
Key Vaca
Boot Key
Bahia Honda State Park
Florida Keys National Marine Sanctuary
Upper Keys
Middle Keys
Straits of Florida
ATLANTIK

Upper Keys, S. 140

Key Largo ist eines der besten Tauch- und Schnorchelgebiete der USA, während Islamorada und die nahen Inseln viele Möglichkeiten zum Kajakfahren bieten.

Middle & Lower Keys, S. 148

Hier gibt's einige der besten Strände der Keys, großartige Restaurants direkt am Wasser, ausgefallene Bars sowie dschungelartige Naturpfade.

0 — 20 km
0 — 10 Meilen

Perfekte Tage

Es ist so leicht (und absolut angemessen!) sich den entspannten Keys-Vibes hinzugeben. Also auf zu der Insel, die dich am meisten lockt – oder gleich zu einer mehrtägigen Entdeckungsreise?

SIMON DANNHAUER/SHUTTERSTOCK ©

Bahia Honda State Park (S. 149)

Wenig Zeit

- Direkt nach **Key West** (S. 156), am Ende des Overseas Hwy fahren – ja, zwischen hier und dem Festland liegen viele wunderschöne Inseln, aber es gibt einen Grund, warum Key West *das* Synonym für die Keys ist.

- Bei einem Spaziergang durch die Stadt sollte man den **Friedhof** (S. 162) besuchen und die Katzen in **Ernest Hemingways altem Haus** (S. 159) grüßen. Vor allem aber sollte man sich Zeit nehmen, um sich inmitten der bunten karibischen Häuser der Old Town zu verlieren.

- Am **Mallory Square** (S. 163) lässt sich wunderbar der Sonnenuntergang genießen. Anschließend schlendert man dann langsam und zielstrebig (na ja, nicht zu zielstrebig) die belebte **Duval Street** (S. 163) hinunter.

Beste Reisezeit

Außerhalb der spätsommerlichen Hurrikansaison gibt es keine schlechte Zeit für einen Besuch. Orientieren kann man sich an den Festivals in Key West.

JANUAR

Das jährliche viertägige **Key West Literary Seminar** ist ein Fest für Bücherliebhaber und zieht Spitzenautoren aus dem ganzen Land an.

FEBRUAR

Vom Wetter her ist dies die **Hauptsaison auf den Keys**: Es ist etwas kühler, aber immer noch tropisch und trocken.

MÄRZ

Das **Marathon Seafood Festival** ist eines der größten auf den Inseln und findet an einem Wochenende im März statt (in Marathon).

BILLION PHOTOS/SHUTTERSTOCK ©, STOCKDONKEY/SHUTTERSTOCK ©, CHUCK WAGNER/SHUTTERSTOCK ©

Drei Tage Zeit

● Noch sind wir nicht fertig mit Key West. Bei einer Tour in den **Dry Tortugas National Park** (S. 157) kann man nahe bei einem historischen Fort schnorcheln und dann das **Florida Keys Eco-Discovery Center** (S. 165) besuchen, um mehr über den natürlichen Lebensraum der Inseln zu erfahren – den man nun ernsthaft erkunden sollte.

● Anschließend fährt man weiter in Richtung Festland – unbedingt unterwegs einen Zwischenstopp im **Bahia Honda State Park** (S. 149) einlegen, um ein wenig Zeit am Strand zu verbringen. Nächster Stopp: die Insel **No Name Key** (S. 152), mit Pizza und Bier im **No Name Pub** (S. 152). Ausschau halten nach den kleinen Key-Weißwedelhirschen!

Länger Zeit

● Man wird einige Stunden im Auto verbringen, während denen es u. a. über die Seven-Mile Bridge geht, die Big Pine Key mit der **Insel Marathon** (S. 155), der zentralen Insel der Keys, verbindet. Auf Marathon wartet z. B. der Dschungel von **Crane Point Hammock** (S. 151), in dem man sich inmitten der Küstenaussicht und der tropischen Bäume verlieren kann.

● Dann geht's weiter nach Islamorada, wo man in **Robbie's Marina** (S. 144) einen Kajakausflug buchen kann – von diesem quirligen Jachthafen aus kann man zu unheimlichen Inseln wie **Indian Key** (S. 145) hinauspaddeln. Nachdem man am **Anne's Beach** (S. 147) die Füße ins Wasser gesteckt hat, folgt die Fahrt nach Key Largo. Dort warten im **John Pennekamp Coral Reef State Park** (S. 141) Schnorchel- und Tauchabenteuer.

APRIL

Die **Conch Republic Independence Celebration** feiert das Bedürfnis nach noch mehr exzentrischer Autonomie u. a. mit dem Drag-Queen Footrace.

MAI

Die Regenzeit beginnt (und dauert den ganzen Sommer über an), aber Angler sollten wissen, dass dies die beste Zeit zum **Sportfischen** ist.

SEPTEMBER

In Key West findet das **Womenfest** statt, eines der größten Lesbenfeste des Landes.

OKTOBER

Das **Fantasy Fest** in Key West (S. 163) bietet 10 Tage lang Burlesque-Partys, Paraden, Straßenfeste, Konzerte und jede Menge kostümierte Veranstaltungen.

UPPER KEYS

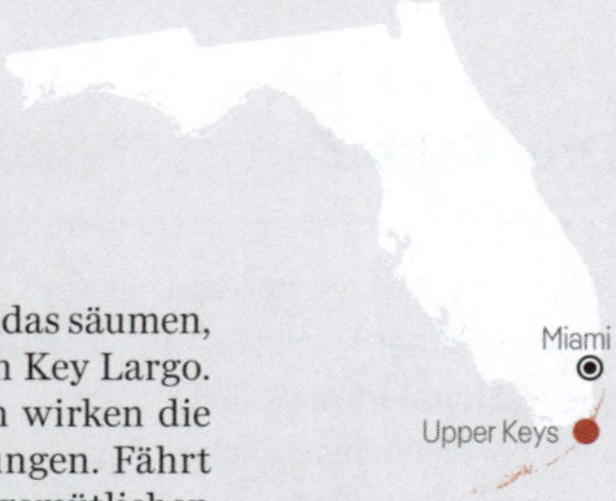

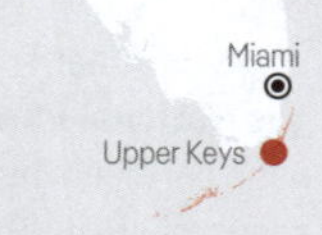

Die Mangrovenwälder, die die Küste im Süden Floridas säumen, erstrecken sich wie ein bewaldeter Sumpf bis nach Key Largo. Während der Fahrt zu (und zwischen) den Inseln wirken die Eilande wie eine Reihe flacher Hügel und Erhebungen. Fährt man jedoch in eine Seitenstraße und hält in einer gemütlichen kleinen Bar oder kehrt in ein umgebautes Plantagenhaus ein, werden die jeweiligen Eigenheiten der Inseln deutlicher.

Weiter im Süden machen die Mangroven breiteren Straßen und dem Meer Platz, bis man auf Islamorada (is-luh-murr-ah-da) ankommt und man plötzlich von Wasser umgeben ist. Islamorada, das auch als „Dorf der Inseln" bekannt ist, ähnelt einer wunderschönen Perlenkette, oder besser gesagt, fünf Keys – Plantation, Upper und Lower Matecumbe, Windley und Teatable – die als einer der schönsten Abschnitte der Keys schimmern. An die Stelle des Mangrovengestrüpps treten ununterbrochene Horizonte aus Meer und Himmel, ein perfekter Blauton spiegelt den anderen.

TOP TIPP

Wer den Verkehr auf der US 1 südlich von Florida City meiden will, kann die weniger befahrene FL 997 und die Card Sound Rd bis zur FL 905 (Maut 1 US$) nehmen, die am Alabama Jack's vorbeiführt, einer berühmten Bar und einem Restaurant, das bei Anglern und Trinkern (und bei Menschen, die gern angeln und trinken) beliebt ist.

Islamorada

OCUDRONE/SHUTTERSTOCK ©

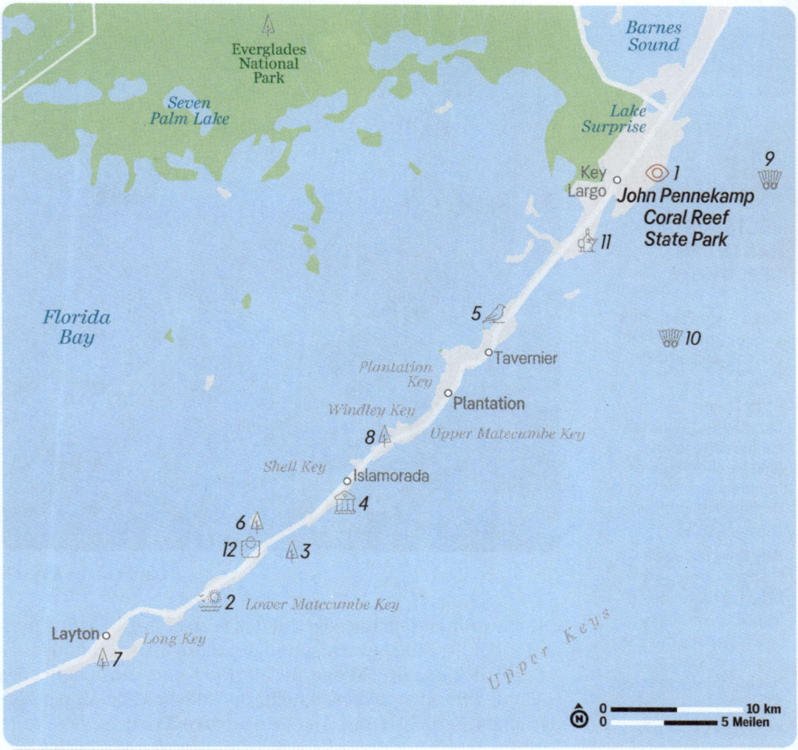

HIGHLIGHTS
1 John Pennekamp Coral Reef State Park

ESSEN
2 Anne's Beach
3 Indian Key Historic
4 Keys History & Discovery Center
5 Laura Quinn Wild Bird Sanctuary
6 Lignumvitae Key
7 Long Key State Recreation Area
8 Windley Key Fossil Reef Geological State Park

AKTIVITÄTEN, KURSE & TOUREN
9 Christ of the Abyss
10 Molasses Reef

AUSGEHEN & FEIERN
11 Keys Meads

SHOPPEN
12 Robbie's Marina

Den John Pennekamp Coral Reef State Park erkunden

MIT DEM GANZEN KÖRPER EINTAUCHEN

John Pennekamp war der erste Unterwasserpark der USA. Hier gibt es 69 ha trockenes Parkland und über 19 400 ha Feuchtgebiete, wobei der größte Teil der geschützten Fläche dem Meer

ÜBERNACHTEN AUF DEN UPPER KEYS

Baker's Cay Resort
Hilton-Unterkunft mit sauberen, in Blau- und Grüntönen gehaltenen Designerzimmern mit Balkonen. Meerblick. **$$**

Sunset Inn
Dieses ehemalige Motel ist dank seiner hellen, geräumigen Zimmern und ansprechenden Annehmlichkeiten beliebt. **$$**

Jules Undersea Lodge
Einst eine Forschungsstation – heute ein herrlich kitschiges Unterwasser-Motel. **$$$**

BESTE RESTAURANTS DER UPPER KEYS

Key Largo Fisheries
Lässige Fischbude mit extrem frischem Seafood. **$$**

Lazy Days
Lazy Days ist dank seiner hervorragenden (und frischen) Meeresfrüchte eines der kulinarischen Highlights von Islamorada. **$$**

Key Largo Conch House
Eklektische, moderne Inselküche in einem prächtigen historischen Haus, das wie eine Hochzeitstorte aussieht. **$$**

Fish House
Macht seinem Namen alle Ehre – großartiger Fisch aus lokalem Fang. Zubereitung nach Wunsch. **$$**

Square Grouper
Kreative Salate, Jasminreis-Bowls und (natürlich) hervorragende Meeresfrüchte. **$$$**

IMAGE SOURCE TRADING LTD/SHUTTERSTOCK ©

Christ of the Abyss

gilt. Bevor man sich ins oder auf das Wasser begibt, sollte man einige der Strände besuchen und die Naturpfade erkunden.

Der Park bietet drei **Wege**, die alle kurz sind und über flaches Gelände führen – sie dienen mehr der Information als der körperlichen Ertüchtigung. Der **Mangrove Trail** ist eine gute Einführung in diese ökologisch beeindruckende Spezies (die Bäume, die oft unter Wasser stehen, atmen über lange Wurzeln, die wie Schnorchel funktionieren). Mit einer Länge von knapp 1 km ist der **Grove Trail** der längste der Wege und führt, wie der Name schon sagt, durch tropische Obsthaine, die gelegentlich Schmetterlinge anlocken. Wer sich für die Bäume der Keys interessiert, sollte einen Abstecher zum **Wild Tamarind Trail** machen, wo viele der Gewächse beschriftet sind.

Abends gibt's lohnenswerte Veranstaltungen um ein Lagerfeuer. Das **Visitor Center** ist informativ, hat ein kleines Salzwasseraquarium und zeigt Naturfilme, die einen Eindruck davon vermitteln, was unter der Wasseroberfläche liegt. Um wirklich unter die Oberfläche zu blicken, kann man eine 2½-stündige Glasbodenboot-Tour machen. Ein Katamaran bringt einen zum **Molasses Reef**, wo filigrane Weichkorallen, vielfarbene Fisch-

ÜBERNACHTEN AUF DEN UPPER KEYS

Largo Resort
Resort am Meer umgeben von viel Grün. Das Design neigt zum Zen-ähnlichen Minimalismus. **$$$**

La Siesta Resort
Hübsche Anlage mit lichtdurchfluteten, renovierten Suiten und Apartments. **$$$**

Lime Tree Bay Resort
Rund 1 ha großes Refugium am Wasser. Die Hängematten und Liegestühle bieten einen Platz in der ersten Reihe für spektakuläre Sonnenuntergänge. **$$$**

schwärme, gefährlich aussehende Barrakudas und zwar riesige, aber doch anmutige Meeresschildkröten zu sehen sind.

Die berühmteste Attraktion des Parks ist der von Korallen gesäumte **Christ of the Abyss**, eine 2,6 m hohe, 1800 kg schwere Bronzeskulptur von Jesus – eine Kopie einer ähnlichen Skulptur vor der Halbinsel Portofino in Norditalien. An ruhigen Tagen bietet der Park Schnorchelausflüge zu der 9,5 km vor der Küste gelegenen Statue an. Es lassen sich auch Tauchausflüge arrangieren, die sehr beliebt sind, oder man kann mehrere Kilometer entlang „blauer Wege" zwischen den Mangroven paddeln.

Einen Blick ins Laura Quinn Wild Bird Sanctuary werfen

FEIN GEFIEDERTE FREUNDE FINDEN

Die Florida Keys sind nicht nur bei Travellern beliebt. Die Inseln dienen – wie ein großer Teil des südlichen Floridas – als Durchflugsstation für Zugvögel; Hektar für Hektar ist das Archipel ein Paradies für Vogelfreunde. Doch viele Vögel verletzen sich unterwegs, und genau hier setzt dieses Schutzgebiet an. Das knapp 3 ha große Areal dient als sicherer Ort für viele verletzte Vögel. Eine Promenade führt durch verschiedene Gehege. Zu den hier lebenden Vogelarten gehören u. a. Maskentölpel, Virginia-Uhus, Grünreiher, Braunpelikane. Dieselbe Organisation betreibt auch ein Vogelkrankenhaus etwas weiter südlich an der Hauptverkehrsstraße. Sollte man auf der Reise verletzte Vögel sehen, kann man sich an das Sanctuary wenden.

Wer Vögel von nah sehen möchte, kann sich an **Garl's Coastal Kayaking** (garlscoastalkayaking.com) wenden. Das Unternehmen ist zwar auf Ausflüge in die Everglades spezialisiert, bietet aber auch einen Salzwasser-Paddeltrip durch die klaren Gewässer der Florida Bay – das Miami Beach der Vogelwelt.

Sich im Keys History & Discovery Center fortbilden

MEHR ÜBER DIESE LEGENDÄREN INSELN ERFAHREN

Die Florida Keys wirken heutzutage einfach traumhaft, doch es lohnt der Hinweis, dass diese Inseln einst Los Martires (Die Märtyrer) genannt wurden, weil Ponce de León meinte, sie sähen aus wie Leidende. Lange Zeit war das Leben hier hart – ein ständiger Kampf all jener, die versuchten hier mit der Fischerei (oder dem Bergen von Schiffswracks) über die Runden zu kommen.

Diese faszinierenden Geschichten lassen sich im gut ausgestatteten **Keys History & Discovery Center** in Islamorada

HISTORY OF DIVING MUSEUM

Das History of Diving Museum ist nicht zu übersehen – es ist das Gebäude mit der riesigen Wandmalerei von Walhaien an der Seite. Diese Reise „unter das Meer" umfasst 4000 Jahre, mit faszinierenden Stücken wie der Kupferkessel-Tauchmaschine von Klingert von 1797, einem skurrilen Raum, der Jules Vernes Kapitän Nemo gewidmet ist, riesigen Tieftauchanzügen und einer exquisiten Ausstellung von Taucherhelmen aus aller Welt. Die fantasievollen Ausstellungen des Museums spiegeln die charmanten Eigenheiten der Keys wider.

Das Museumspersonal gibt gernAuskunft über das Tauchen in einem alten Mark V-Tauchanzug (die mit den bauchigen Zwiebelköpfen, über die sie mit den Oberflächenpumpen verbunden werden). Jeden dritten Mittwoch im Monat finden um 19 Uhr unter dem Titel Immerse Yourself kostenlose Vorträge zum Thema Tauchen statt.

ESSEN AUF DEN UPPER KEYS

Lorelei
Offen gestaltetes Restaurant mit Blick auf die Florida Bay. Exzellentes Seafood, garniert mit Blick auf den Sonnenuntergang. **$$**

Mrs. Mac's Kitchen
Klassisches Diner mit Jalapeño-Speck und karibischen Krabbenküchlein (und satt Kalorien). Bei den Einheimischen beliebt. **$**

Midway Cafe
Gemütliches Café mit hervorragendem Kaffee, guten Sandwiches, Wraps, Salaten und Omeletts. **$**

erkunden. Das Museum befasst sich mit den Menschen und wichtigen Ereignissen, die die Vergangenheit des Archipels geprägt haben. Der Kontext, den das Zentrum bietet, ist nicht nur historisch, sondern erstreckt sich auch auf Flora und Fauna. In der ersten Etage werden z. B. Korallenriffe (mit mehreren Aquarien, in denen lebende Korallen sowie elegante Kaiserfische, Falterfische und Feuerfische zu sehen sind), die indigenen Völker Amerikas und die spanischen Schatzflotten (sowie die Strandräuber und Piraten, die von ihnen lebten) vorgestellt.

Man kann auch zwischen den Ruinen spazieren gehen und in einem Kanu oder Kajak in völliger Abgeschiedenheit Rochen und Delfine beobachten. Im Zentrum selbst lernt man die Geschichten der Menschen kennen, die hier siedelten, fischten, pflanzten und ernteten, sich zurückzogen, oder sich der Kunst hingaben. Im Obergeschoss werden in einem gemütlichen Kino eine Reihe sehenswerter Filme gezeigt, die die unglaublichen Herausforderungen beim Bau von Henry Flaglers Overseas Railroad (die 1912 fertiggestellt wurde) und die Berichte der Überlebenden des schrecklichen Hurrikans am Labor Day 1935 zeigen.

Außerdem gibt es ein hübsches **Modell** von Indian Key (1836 erster Verwaltungssitz von Dade County). Vier Jahre später wurden die auf der Insel Lebenden im Zweiten Seminolenkrieges bei einem Angriff der Ureinwohner getötet oder vertrieben. Nach Indian Key gelangt man nur mit dem Kajak. Von der historischen Stätte ist nicht viel übrig – nur das Fundament und einige Zisternen. Die einzige Möglichkeit, sie zu besuchen, ist per Boot oder Kajak, was den Reiz allerdings erhöht.

DER ORIGINAL RUM RUNNER

Der Rum Runner ist der typische Cocktail der Florida Keys. Er ist mehr oder weniger ein tropischer Garten im Glas, bestehend aus Ananassaft, Orangensaft, Bananensaft, Grenadine und, ja, Rum. Sehr viel Rum. Manchmal mit Bacardi 151 gekrönt. Herrje.

Das Getränk wurde in der Tiki Bar des Holiday Isle in Islamorada erfunden, angeblich, um überschüssigen Rum loszuwerden, bevor eine Lieferung von Spirituosen eintraf. Der Plan ging auf. Das Holiday Isle ist nun das Postcard Inn Resort, aber die Tiki Bar gibt es immer noch – ein hübsches Etablissement, in dem man den Sand unter den Zehen spüren kann, was in etwa das Höchste an körperlicher Aktivität ist, zu der man nach zwei Rum Runners noch in der Lage ist.

Robbie's Marina genießen

RIESENFISCHEN & KAJAKTOUREN

Robbie's Marina, das schmuddelige Juwel von Islamorada, bietet alles, was das Herz begehrt: einen Flohmarkt, einen schäbigen Touristenladen, ein Gehege für Tarpune (riesige Fische), ein Restaurant am Wasser und einen Ausgangspunkt für Angelausflüge – alles in einem einzigen, von Treibholz gesäumten Gebäude. Bootsverleih und Touren werden ebenfalls angeboten.

Hat man das Auto abgestellt, sieht man gegenüber dem Markt von Robbie's, der Kunsthandwerk (und Kunst) aus der ganzen Inselwelt ausstellt und ideal ist, um ein einzigartiges Erinnerungsstück zu erwerben. Wenn die Leute nicht gerade Gemälde betrachten, trinken sie vielleicht ein Bier, während sie den Blick auf das Wasser genießen. Wird einem das alles zu viel, kann man ein Kajak leihen, um durch die Mangroven und Lagunen der Umgebung zu paddeln. Dies ist der wichtigste Ausgangspunkt für Paddler, die nach Indian Key und Lignumvitae Key wollen, die beide nur per Boot erreichbar und beide State Parks sind.

ESSEN AUF DEN UPPER KEYS

Bad Boy Burrito
Hervorragende Fisch-Tacos. Die gleichnamigen Burritos sollte man probieren. Alles mit hochwertigen Zutaten zubereitet. **$**

Harriette's
Klitzeklein, charmant – und weit und breit für seine süchtig machenden Key-Lime-Muffins berühmt. **$**

Shipwreck's Bar & Grill
Hier gibt's Fischsandwiches, Krabben, Burger und Conch Fritters während unter einem das Wasser gluckert. **$$**

FELIX MIZIOZNIKOV/SHUTTERSTOCK ©

Indian Key

Indian Key, das heute einsam und etwas unheimlich wirkt, war einst eine blühende Stadt mit einem Lagerhaus, Docks, Straßen, einem Hotel und etwa 40 bis 50 ständigen Einwohnern. **Lignumvitae Key** ist eine 113 ha große Insel mit unberührtem Tropenwald, die von wunderschönen Gewässern umgeben ist. Die offizielle Attraktion ist das **Matheson House** von 1919 mit seiner Windmühle und Zisterne; die eigentliche Attraktion ist jedoch das Gefühl der schiffbrüchigen Abgeschiedenheit. Würgefeigen, Mastix, Gumbo-Limbo und Lignum-vitae-Bäume bilden ein dunkles Blätterdach, das mehr an den Südpazifik als an Südflorida erinnert.

Im Robbie's kann man einen Schnorchelausflug buchen und inmitten von Korallenriffen schwimmen. Wer trocken bleiben möchte, kann die riesigen Tarpune vom Dock aus füttern (4 US$/Eimer, 2,25 US$ wenn man nur zusehen will). „Zusehen" heißt in diesem Fall nicht nur, die Fische zu beobachten, sondern auch die schockierten Reaktionen der Anwesenden zu sehen, wenn ein Fisch mit den Maßen eines großen Hundes aus dem Wasser stößt und nach dem Futter schnappt.

DIE BESTEN UNTERKÜNFTE AUF DEN UPPER KEYS

Casa Morrada
Zeitgenössischer Schick, Süßwasserpool und eine Bar, die jedem Design-Magazin würdig wäre. **$$$**

Kona Kai Resort
Dieser Zufluchtsort in Key Largo ist ein botanischer Garten mit integriertem Hotel. **$$$**

Ragged Edge Resort
Beliebter Apartmentkomplex in Islamorada mit hübschen Räumen, freundlichen Gastgebern und entspannter Atmosphäre. **$$$**

Bay Harbor Lodge
Üppiges, rund 1 ha großes Anwesen in Key Largo mit Privatstrand und gut temperiertem Pool. **$$$**

FÜR TROPEN-WANDERER

Crane Point Hammock (S. 151) auf Marathon ist super für Spaziergänge geeignet – und um die natürliche Dschungel- und Mangrovenumgebung der Keys aufzusaugen (und, falls es geregnet hat, darin zu versinken).

AUSGEHEN AUF DEN UPPER KEYS

Sundowners
Der Name passt! Die Sonnenuntergänge in diesem Bar/Restaurant in Key Largo sind legendär.

Florida Keys Brewing Company
Ungewöhnliche Biere nach Tropen-Art (z.B. mit Hibiskus- und Key-Lime-Geschmack).

Morada Bay
Jeden Monat Vollmondpartys, die ab 21 Uhr das gesamte Party-Volk der Keys anziehen.

KEY LIME PIE

Der kultige Keys-Kuchen war schon bei *The Great British Bake-Off* (das Original des deutschen *Das Große Backen*) zu sehen und ist sozusagen Floridas Staatskuchen. Die knusprige Graham-Cracker-Kruste wird durch die süße Sahne ausgeglichen, die durch die Zitronensäure der Limette noch weiter aufgelockert wird. Müssen unbedingt Key Limes verwendet werden? Die winzigen, süß-säuerlichen Früchte sind außerhalb der Keys nur schwer zu finden, also geht's auch anders. Die noch wichtigere Zutat ist wohl die gezuckerte Kondensmilch, die im Florida der Vorkriegszeit für Süße und Cremigkeit sorgte, und auch ohne Kühlung nicht umkippte.

Wer während des ersten Juliwochenendes auf den Keys ist, sollte unbedingt das Key Lime Festival besuchen – mit Kuchen, Cocktails und Margaritas im Überfluss.

STEVE HEAP/SHUTTERSTOCK ©

Anne's Beach

Windley Key & Anne's Beach erleben

DER PERFEKTE SCHLÜSSEL ZU DEN KEYS

Islamorada ist nicht nur deshalb besonders, weil das Städtchen einen der ruhigsten Strände der Keys bietet – sondern auch, weil man hier sehen kann, was unter diesen Stränden liegt.

Um seine Eisenbahnlinie über die Inseln zu bauen, musste Henry Flagler einige große Teile der Keys abbauen. Der beste Beleg für diese Bemühungen findet sich in einem ehemaligen Steinbruch, der zum State Park wurde: **Windley Key Fossil Reef Geological State Park** (gewöhnlich nur Windley Key genannt). Auf der Insel, die heute vom Staat verwaltet wird, sind die Reste der Steinbruchs entlang einer 2,4 m hohen ehemaligen Steinbruchwand sichtbar, in deren Felsen versteinerte Hirn-, Stern- und Fingerkorallen eingebettet sind. Die Wand bietet einen faszinierenden (und seltenen) Blick auf die Korallen, die die Keys ausmachen – die Schichten aus versteinerten Muscheln waren früher als Key-Largo-Kalkstein oder Keystone bekannt.

Es gibt auch mehrere kurze Pfade durch tropische Hartholzwälder, die einen angenehmen Einblick in die wildere Seite der Keys gewähren. Zudem tummeln sich hier zahlreiche Vögel. Im Informationszentrum kann man sich einen kostenlosen Wanderführer ausleihen.

AUSGEHEN AUF DEN UPPER KEYS

Hog Heaven
Altehrwürdiger Saloon mit grandioser Veranda – wunderbar für allerlei Genüsse unter freiem Himmel.

Alabama Jack's
Abgedrehte Angler, Exilanten vom Festland und Harley-Fahrer kommen vor allem auf ein kühles Bier in diese Mangrovenbucht.

Cruisin' Tiki's Key Largo
Sonnenuntergangs-Kreuzfahrt (die im Voraus gebucht werden muss!), bei der das „Boot" eine schwimmende Tiki-Bar ist. Weil ... Florida!

Etwa 17 km nach Windley Richtung Süden kann man sich die Füße nass machen. **Anne's Beach**, benannt nach der örtlichen Umweltschützerin Anne Eaton, bietet eine der schönsten Meereslandschaften der Region. Das schmale Sandband öffnet sich zu einem hellen Wattenmeer und einem grünen Tunnel aus leichten Erhebungen und Feuchtgebieten. Eine kurze (400 m) Uferpromenade führt durch die Mangroven mit Aussichtspunkten und Picknicktischen. Für den Zugang zu Anne's Beach gibt es zwei Parkplätze, die etwa 400 m voneinander entfernt sind, am Mile Marker 73 kann man sich orientieren.

Kurzer Halt in der Long Key State Recreation Area

MEERBLICK & CAMPEN

Die 390 ha große Long Key State Recreation Area nimmt den Großteil von Long Key ein. Sie liegt etwa eine halbe Stunde südlich von Islamorada und umfasst eine Ansammlung tropischer Bäume und einen Picknickplatz, in dessen Nähe sich meist viele Watvögel aufhalten. Zwei kurze Naturpfade führen zu diversen Pflanzen. Der Park verfügt auch über einen 2,4 km langen Kanupfad durch eine Salzwasserlagune. Es werden auch Kajaks vermietet, mit denen man raus aufs Meer fahren kann.

Wer hier übernachten will, sollte noch in dieser Minute reservieren! Es ist schwierig, einen der 60 Stellplätze auf dem Campingplatz zu ergattern. Sie liegen alle direkt am Wasser, sodass man hier den günstigsten (und wahrscheinlich unberührtesten) Blick auf den Ozean hat, der sich in Florida abseits von Ferienanlagen finden lässt.

Sich einen süßen Schluck gönnen

HONIGWEIN NACH INSELART

Lust auf was Neues? Na, dann nichts wie hin zu Jeff Kesling. Der stellt in seinem familiengeführten Unternehmen **Keys' Meads** auf den Upper Keys Met her. – Ja, Met, das sagenumwobene Honiggetränk der Götter. Jeff verfügt über ein enzyklopädisches Wissen über alles, was mit Met zu tun hat, und hat viele einzigartige Sorten seines preisgekrönten Getränks kreiert, die alle aus lokalem Honig hergestellt werden. Wer braucht da schon Rum?

Bei einer Verkostung kann man bis zu zwölf verschiedene Met-Sorten probieren (in kleinen Mengen, da der Alkoholgehalt zwischen 7 und 14 % liegt), die regelmäßig wechseln, darunter Jackfrucht, jamaikanische Kirsche und Orangenblüte.

DIE TEQUESTA

Die Tequesta (Tekesta) gelten als die frühesten bekannten Bewohner der Region. In der heutigen Innenstadt Miamis haben sie der Nachwelt 24 Löcher in Form eines perfekten Kreises hinterlassen – mit 2000 Jahren die älteste Struktur ihrer Art an der Ostküste der USA.

Nach dem ersten Kontakt mit den Spaniern, der Gewalt und den Krankheiten, die diese mit sich brachte, wurden die Tequesta größtenteils ausgelöscht. Die Überlebenden gingen wahrscheinlich in den Miccosukee- und Seminole-Nationen auf. Es gibt Hinweise auf Muschelhaufen, die die Tequesta in Key Largo und den Upper Keys zurückgelassen haben. Ihr Leben scheint relativ friedlich, ja sogar recht komfortabel gewesen zu sein; die flachen Gewässer der Biscayne Bay boten einen unaufhörlichen Strom von Schalentieren, Haien, Schildkröteneiern und anderen leicht verfügbaren Kalorien.

UNTERWEGS VOR ORT

Das Adressensystem der Keys – die Mile Marker (MM) am Overseas Hwy – beginnt hier in den Upper Keys. Ist man mit dem Auto unterwegs, ist es nicht schwer, einen Parkplatz zu finden. Auch ist die Fahrradinfrastruktur in Ordnung. Tatsächlich ist Islamorada eine der schönsten Gegenden der Inseln für Radfahrer. Greyhound-Busse halten hier auf ihrer Fahrt zwischen Miami und Key West.

MIDDLE & LOWER KEYS

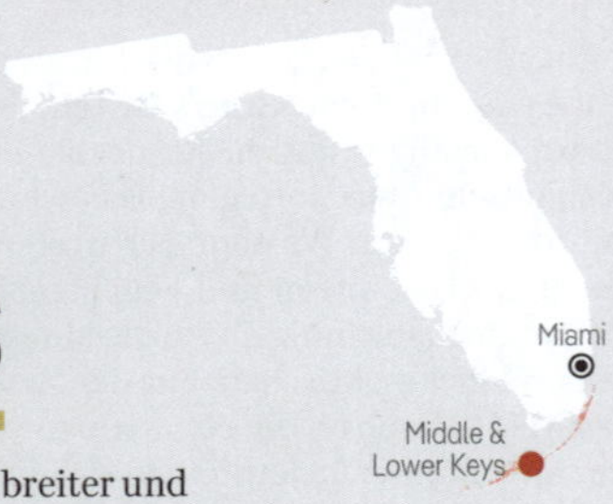

Auf diesem Abschnitt der Keys werden die Gewässer breiter und die Brücken eindrucksvoller. Hier findet man die berühmte Seven Mile Bridge, eine der längsten Dammstraßen der Welt und eine natürliche Trennlinie zwischen den Middle und Lower Keys. Auf dem Overseas Hwy passiert man Orte wie Conch Key und Duck Key, das grüne, ruhige Grassy Key sowie Key Vaca, wo sich Marathon, die zweitgrößte Stadt und die größte Keys-Gemeinde des Archipels, befindet.

Die Menschen der Lower Keys sind in der Regel entweder Winterflüchtlinge oder einheimische „Conchs" – einige Familien sind schon seit Generationen den Keys verfallen. Die Inseln hier sind am isoliertesten und ländlichsten, bevor sie sich zum (relativ) kosmopolitischen, heterogenen und freigeistigen Key West öffnen. Abgesehen von den Menschen hier ist die Natur auf den Lower Keys die große Attraktion. Hier gibt's den schönsten State Park der Keys und eine der seltensten Tierarten der Region.

TOP TIPP

Das National Key Deer Refuge erstreckt sich über 3200 ha auf Big Pine Key und No Name Key. Die Geschwindigkeitsbegrenzung innerhalb des Schutzgebietes liegt bei 35 Meilen/h (rund 55 kmh), was zur Sicherheit der Tiere streng durchgesetzt wird (und ahnungslose Autofahrer mit Strafzetteln belegt).

Bahia Honda State Park

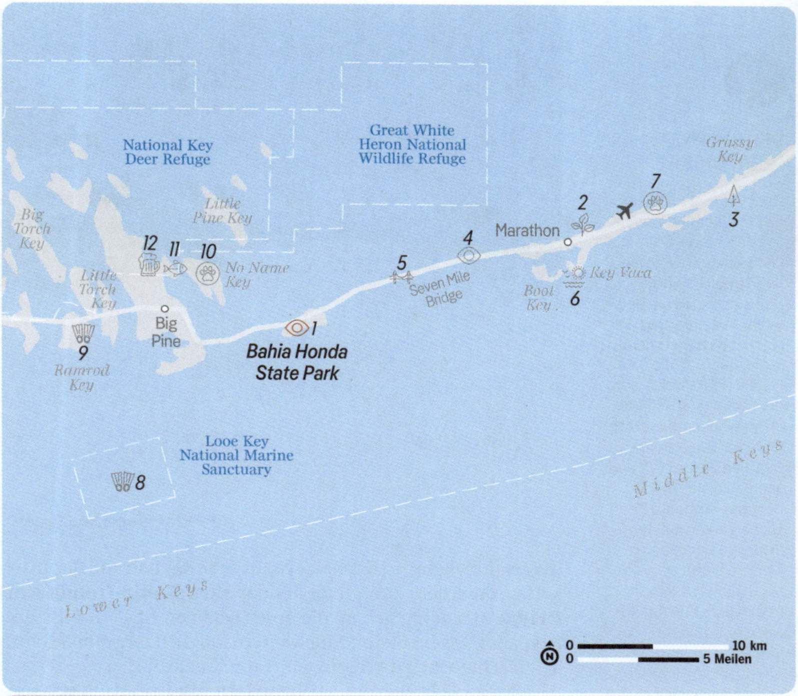

HIGHLIGHTS
1 Bahia Honda State Park

SEHENSWERTES
2 Crane Point Hammock
3 Curry Hammock State Park
4 Pigeon Key National Historic District
5 Seven Mile Bridge
6 Sombrero Beach

AKTIVITÄTEN, KURSE & TOUREN
7 Florida Keys Aquarium Encounters
8 Looe Key
9 Looe Key Dive Center
10 No Name Key
11 Old Wooden Bridge Guest Cottages & Marina

AUSGEHEN & FEIERN
12 No Name Pub

Im Sand des Bahia Honda State Park entspannen

BRÜCKEN AND STRÄNDE

Mit seinem langen, oft mit Seegras übersäten weißen Sandstrand (von den Einheimischen **Sandspur Beach** genannt) ist dieser Park die große Attraktion der Lower Keys. Da es sich bei den Keys um Mangroveninseln handelt, verfügen sie in der Regel auch über Mangrovenstrände, aber für einen Keys-Strand ist

ÜBERNACHTEN AUF DEN MIDDLE & LOWER KEYS

Parmer's Resort
Bietet auf Little Torch Key einladende Zimmer mit Blick auf die hiesigen Wasserwege. **$$**

Old Wooden Bridge Resort & Marina
Jachthafen mit spärlich eingerichteten Cottages an Land und kleinen, aber charmanten schwimmenden Hütten. **$$**

Bahia Honda State Park Campground
Der Himmel ersetzt das Dach – und das Meer die Dusche (doch Vorsicht ... Sandfliegen!). **$**

DER BIG PINE FLEA MARKET

Denkt man an die Florida Keys, kommen einem sofort Strände, Daiquiris und Hemingway in den Sinn. Doch im Alltag dreht sich alles um Boote, die Fischerei und die Menschen hier – und für die ist der Big Pine Flea Market (Flohmarkt) einer der wichtigsten Märkte.

Der wöchentlich stattfindende Basar (samstags von 8 bis 15 Uhr und sonntags von 8 bis 14 Uhr), der in puncto Besucherzahlen mit den örtlichen Kirchen konkurriert, bietet ein wahres Sammelsurium an regionalem Kunsthandwerk, Antiquitäten, Vintage-Kleidung, Handtaschen, Sonnenbrillen, Souvenir-T-Shirts, Strandtüchern, Holzschnitzereien, Windspielen und Handwerkszeug – sowie (natürlich) alles, was man für einen Angelausflug braucht. Lebensmittelverkäufer gibt's reichlich, man kann sich also prima eindecken, sollte man ein Picknick planen.

Sombrero Beach

dies wahrscheinlich der beste natürliche Sandstrand der Inselkette. Außerdem kann man auf der alten **Bahia Honda Rail Bridge** spazieren gehen, die einen schönen Blick auf die umliegenden Inseln bietet. Eine weitere Möglichkeit, einen sonnigen Nachmittag zu verbringen? Eine Kajaktour!

Es lassen sich auch einige **Naturlehrpfade** und ein **wissenschaftliches Zentrum** besuchen, in dem hilfsbereite Menschen dabei helfen, Steinkrebse, Feuerwürmer, Pfeilschwanzkrebse und Rippenquallen zu identifizieren. In Ufernähe kann man zwar auch schnorcheln, aber wahrscheinlich wird man nicht viel mehr als etwas Sand und die Füße anderer Leute zu sehen bekommen. Der Park bietet allerdings **Bootsausflüge** zu einem Riff an, wo es viel mehr Meeresleben zu sehen gibt.

Und was hat es mit der Eisenbahnbrücke auf sich? In den Keys ist nahezu alles nach Henry Flagler benannt, dem Industriellen, der (buchstäblich) den Weg für die Massenbesiedlung Südfloridas ebnete. Diese Eisenbahnbrücke war ursprünglich Teil der Overseas Railway, die die Keys mit dem Festland verband. Sie wurde 1935 durch einen Hurrikan weitgehend zerstört und 1938 durch den Overseas Highway ersetzt.

Jeder unberührte Ort auf den Keys eignet sich gut zur Vogelbeobachtung, aber Bahia Honda sticht hervor. Der Park beheimatet alle Arten von Vögeln, von Greifvögeln (Falken) über Watvögel (Kanadareiher und Schmuckreiher, um nur einige zu

ÜBERNACHTEN AUF DEN MIDDLE & LOWER KEYS

Deer Run on the Atlantic
Staatlich zertifizierte Öko-Lodge und haustierfreundliches B&B an schönem Abschnitt des Long Beach Drive. **$$$**

Seascape Resort
Der unaufdringliche Luxus dieses B&B zeigt sich auch in den Zimmern mit ihrem minimalistischen, schlichten Dekor. **$$$**

Sea Dell Motel
Ein Klassiker der Keys: helle, niedrige Zimmer in Pastellfarben und mit geblümten Tagesdecken. **$$**

nennen) bis hin zu Küstenvögeln (u. a. Sanderlinge und Regenpfeifer). Im Sommer nistet die gefährdete Weißkopftaube gerne in den hiesigen Poisonwood (Metopium)-Bäumen.

Durch den Dschungel des Crane Point Hammock wandern

DIE KEYS PUR

Die Umwelt der Florida Keys ist absolut einzigartig und, wie man sich denken kann, oft durch Zersiedelung bedroht – Key West zum Beispiel ist fast vollständig bebaut. Es ist schwer, auf den Inseln Beispiele für unberührte Ökosysteme aus der Zeit vor der Bebauung zu finden, aber es gibt sie – wie in diesem 25 ha großen Reservat in Marathon, das dichte tropische Haine, Karstlöcher (Karstgruben, die entstanden, als der Grundwasserspiegel und der Meeresspiegel niedriger waren), Mangroven, eine Schmetterlingswiese und einen schönen Küstenabschnitt umfasst. Ein 2,4 km langer Rundweg mit verschiedenen Abstechern über die Promenade führt einen schnell in die wilde Natur.

Zu den Highlights entlang des Weges gehören das restaurierte **Adderley House** (1903 von Neuankömmlingen von den Bahamas erbaut), die dschungelartige Gruppe von Palmen (die nur zwischen den Mile Markers 47 und 60 wachsen) und ein Wildvogelzentrum (wo verletzte Vögel wieder gesund gepflegt werden). Am besten beginnt man mit einem kurzen Film, der einen Überblick über den Park gibt, und einem Besuch des Naturkundemuseums (Einbaumkanus, Piratenausstellungen, ein simuliertes Korallenriff). Ein toller Ort für Kinder.

Auf der anderen Seite des Overseas Highway, an der Sombrero Beach Rd, liegt der **Sombrero Beach**, einer der wenigen weißen, mangrovenfreien Sandstrände auf den Keys. Hier kann man gut im Sand faulenzen oder schwimmen, der Strand ist für Rollstühle zugänglich und es gibt einen kleinen Spielplatz. Schildkröten (vor allem Unechte Karettschildkröten) nisten hier gerne von April bis Oktober – Monate, in denen menschlichen Aktivitäten in Bereichen, in denen eine Schildkröte ihre Eier abgelegt hat, beschränkt werden.

Im Curry Hammock State Park die Nase in den Wind halten

RUHIGES REFUGIUM FÜR OUTDOOR-ABENTEUER

Das größte Stück naturbelassenes Land zwischen Key Largo und den Lower Keys ist Curry Hammock, ein State Park auf Little Crawl Key, der bei Wanderfalken, den schnells-

TOP-RESTAURANTS AUF DEN MIDDLE & LOWER KEYS

Keys Fisheries
Teuer, doch die sehr guten frischen Meeresfrüchte (vor allem die Hummer-Gerichte) und die Aussicht aufs Meer sind es wert. **$$**

Burdine's Waterfront
Sehr beliebter Treffpunkt mit strohgedeckter Bar und Picknicktischen. **$$**

Good Food Conspiracy
Tolle Sandwichs und frische Säfte – nette Alternative zu den üblichen frittierten Keys-Gerichten. **$**

Kiki's Sandbar
Hier treffen sich die Einheimischen zu Drinks mit Aussicht, hervorragenden Meeresfrüchte und (oft) Livemusik. **$$$**

FÜR SHOPPING-FANS

In Key West mangelt es nicht an Galerien, Geschäften und Souvenirständen. Viele liegen in der **Duval Street** (S. 163), wo man nach dem Gemälde, dem Shirt oder dem Mitbringsel seiner Träume stöbern kann.

ESSEN AUF DEN MIDDLE & LOWER KEYS

Wooden Spoon
Uriges Diner-Ambiente und großartiges Frühstück, von fluffigen Pfannkuchen bis hin zu luftigen Biscuits. **$**

Coco's Kitchen
Ausgezeichneter Diner mit einer guten Mischung aus amerikanischer und kubanischer Küche. **$**

Mangrove Mama's
Tolles Lokal am Straßenrand mit abwechlungsreichen Meeresfrüchte-Variantionen, die man am besten auf der Terrasse im Hinterhof genießt. **$$**

DER KEY-WEISS-WEDELHIRSCH

Was würde Bambi noch niedlicher machen? Ein Mini-Bambi. Zum Beispiel der Key-Weißwedelhirsch, eine vom Aussterben bedrohte Unterart des Weißschwanzhirsches, der sich vor allem auf Big Pine und No Name tummelt. Fährt man die Nebenstraßen von Big Pine Key entlang, hat man Chancen, welche zu sehen. Die Hirsche, die einst auf dem Festland lebten, strandeten bei der Entstehung der Inseln auf den Keys. Nachfolgende Generationen wurden kleiner und hatten Einzelgeburten, keine großen Würfe, um sich an das knappe Nahrungsangebot des Archipels anzupassen. Man wird keine Herden von diesen Zwergenhirschen sehen, aber wer geduldig ist, wird sie zu Gesicht bekommen. Die Tempolimits beachten!

ten Vögeln der Welt, ebenso beliebt ist wie bei Menschen aus nah und fern. Die hübsche Küstenlandschaft lädt zum Paddeln ein, sei es mit dem Kajak oder einem Stand-up-Paddleboard (beides lässt sich im Park mieten).

An windigen Tagen beherrschen die Kiteboarder:innen die Szenerie, und es ist ein Vergnügen, ihnen bei ihren Schwerkraft trotzenden Kunststücken zuzusehen. Es gibt auch einen 2,4 km langen Wanderweg durch tropische Hartholz- und Mangrovenwälder. Der Wanderweg beginnt 1, 6 km hinter dem Haupteingang des Parks auf der Buchtseite (in Richtung Marathon) – nach dem Parkplatz auf der rechten Seite Ausschau halten.

Wer hier zelten möchte, muss sehr rechtzeitig buchen. Die 28 Plätze sind sehr beliebt.

Auf No Name Key nach Rotwild Ausschau halten

KEYS OHNE NAMEN

Die Insel No Name, die vielleicht den besten Namen der Inselgruppe trägt, wird nur von wenigen Travellern aufgesucht, denn sie ist im Grunde eine ruhige, leere Insel, auf der nur ein paar Häuser stehen. Sie ist einer der zuverlässigsten Orte zur Beobachtung von Key-Weißwedelhirschen. Vom Overseas Highway geht's über die Wilder Road bis zum Watson Bouelvard, dann über die Bogie Bridge… und dann ist man da, auf der Insel, deren Name keiner ist.

Und was gibt's hier? Nun, nicht viel … aber ist es nicht fantastisch, eine namenlose Insel zu besuchen? Abgesehen von dieser Besonderheit gibt es hier mehrere kaum ausgeschilderte Wanderwege, darunter einen, der etwa 1,2 km nach dem Überqueren der Bogie Bridge nach rechts abzweigt. Er führt durch Mangrovenwälder und, vorbei an einem alten Steinbruch, ans Wasser.

Und es gibt hier Pizza! Gute Pizza. Der **No Name Pub** ist einer dieser Orte, die jeder zu kennen scheint. Trotz der abgelegenen Lage kommen die Leute von überall her, um ihre Dollarnoten an den Wänden anzubringen, lokal gebrautes Bier zu trinken, sich an Rockmusik zu erfreuen und Pizza, Burger und andere Kneipengerichte zu verspeisen.

Das verrückte Ambiente kann man von einem Barhocker aus genießen oder vom schattigen Hof mit seinen Picknicktischen. Hinweis: Der No Name Pub befindet sich nicht auf No Name Key, sondern auf Big Pine, gleich hinter dem Damm. Ebenfalls in dieser Richtung – wiederum auf Big Pine, kurz vor der Brücke nach No Name – liegt das **Old Wooden Bridge Guest Cottages & Marina** mit schlichten Cottages. Auch Angeltouren rund um die Lower Keys werden angeboten.

FÜR UNTERWASSER-FORSCHER

Das **Florida Keys Eco-Discovery Center** (S. 165) in Key West informiert mit interaktiven Ausstellungen über die Meeresbewohner und das Ökosystem der Inseln.

ESSEN AUF DEN MIDDLE & LOWER KEYS

Stuffed Pig
Beliebtes Frühstücksrestaurant mit ausgezeichneten Omeletts und frischen Meeresfrüchten (sowie tollen Bloody Marys). $

Baby's Coffee
Cooles Café mit eigener Rösterei. Berühmt für seine Bagel-Sandwichs. $

Sunset Grille
Riesiges Lokal mit umfangreicher Speisekarte (leckere Meeresfrüchte und Grillfleisch) und großartiger Aussicht. $$

DANIELE NOVATI/SHUTTERSTOCK ©

Turtle Hospital

Teil der Florida Keys Aquarium Encounters werden

ALLES ÜBER DAS LEBEN IM MEER

Wer bislang über die Upper Keys gefahren ist, ohne sich darum zu kümmern, was unter den Wellen passiert, muss sich keine Sorgen machen – dieses Ausflugsziel in Marathon schafft Abhilfe. Der Besuch des kleinen, interaktiven Aquariums beginnt mit einer kostenlosen Führung durch die regionalen Meeresökosysteme. Nach der „Unterrichtsstunde" kann man auch im Korallenriff-Aquarium oder in der Lagune, die mit tropischen Fischen gefüllt ist, schnorcheln.

Zu den Ökosystemen, die einen erwarten, gehören ein mit Mangroven gesäumtes Becken voller Tarpune, ein Gezeitenbecken mit Großen Fechterschnecken und Pfeilschwanzkrebsen sowie ein 760 000-Liter-Korallenriff-Aquarium mit Muränen, Zackenbarschen und verschiedenen Haiarten. Außerdem kann man faszinierende Feuerfische, Papua-Weichschildkröten, junge Alligatoren und verschiedene Fischarten aus den Everglades sowie Schmuckreiher und kleine Blaureiher beobachten, die hier gelegentlich auf einen Besuch vorbeikommen.

Umstrittener sind die „Touch Tanks" und der „Stingray Encounter", bei denen man Flachwasser-Meerestiere anfassen und Stachelrochen berühren kann (die Stacheln wurden entfernt). Unbedingt dabei bedenken, dass der Stress durch menschliche Interaktion dem Wohlbefinden der Wasserlebewesen schaden kann!

DAS TURTLE HOSPITAL

In Marathon gibt's erstaunlich viele Ausflugsziele, die sich der Tierwelt widmen. Etwa 6,4 km von Florida Keys Aquarium Encounters entfernt befindet sich Marathons berühmtes Turtle Hospital (Schildkrötenkrankenhaus). Egal, ob die Tiere Opfer einer Krankheit, eines Schiffsschraubenschlags, eines Verhedderns der Flossen in Angelschnüren oder einer anderen Gefahr geworden sind, eine verletzte Meeresschildkröte in den Keys landet hoffentlich an diesem Ort, der auch als Rettungsstation dient. Es ist traurig, die verletzten und kranken Schildkröten zu sehen, aber auch ermutigend, dass man sich so gut um sie kümmert. Die neunzigminütigen Touren sind lehrreich und unterhaltsam und werden alle 30 Minuten von 9 Uhr bis 16 Uhr angeboten. Eine Reservierung ist dringend empfohlen.

Hier leben auch etwa ein Dutzend Schildkröten dauerhaft, da sie zu verletzt oder traumatisiert sind, um ausgewildert zu werden.

AUSGEHEN AUF DEN MIDDLE & LOWER KEYS

My New Joint
Großzügige Lounge auf Cudjoe Key mit kunstvoll zubereiteten Cocktails, ausgezeichneten Bieren – und Austernplatten.

SS Wreck Galley & Galley Grill
Beliebt bei den Fischern auf Grassy Key. Kühles Bier und knusprige Chicken Wings.

Island Fish Company
Freundliche Menschen servieren starke Cocktails in einer Tiki-Bar in Marathon mit Blick auf die Florida Bay.

MIA2YOU/SHUTTERSTOCK ©

Seven Mile Bridge

FÜR TIERFREUNDE MIT KINDERN

Kurz bevor man Key West erreicht, bietet sich ein kurzer Abstecher zur **Sheriff's Animal Farm** auf Stock Island an. Sie wird von der örtlichen Polizei in Zusammenarbeit mit einem Landwirt betrieben und ist ein Zuhause für Tiere aus Monroe County, die ausgesetzt oder abgegeben wurden. Es ist ein schöner (und kostenloser) Ort, zu dem man die Kinder mitnehmen kann. Die Farm ist allerdings nur am zweiten und vierten Sonntag jedes Monats von 13 bis 15 Uhr für die Öffentlichkeit zugänglich. Es gibt Miniaturpferde, Hängebauchschweine, Kinkajous, Faultiere, Vögel, Schlangen, Alpakas, einen Strauß, Lemuren und einige riesige Schildkröten.

Seven Mile Bridge überqueren & Pigeon Key erkunden

GROSSE BRÜCKE, KLEINE INSEL

Marathon ist über die Seven Mile Bridge mit den Lower Keys (genauer gesagt mit dem winzigen Little Duck Key) verbunden. Schon das Überqueren der Brücke ist ein cooles Unterfangen, das es so nur auf den Keys gibt – denn wo sonst findet man eine Infrastruktur, die einem das Gefühl gibt, vom Erdboden verschwunden zu sein. Beim Überqueren fällt auf, dass es eine parallele Brücke gibt. Es handelt sich um die (wahnsinnig fantasievoll benannte) **Old Seven Mile Bridge**, die über die kleine Insel Pigeon Key führt und nur für Fußgänger und Radfahrer (und einen kleinen Touristenzug) zugänglich ist.

Jahrelang beherbergte dieses Fleckchen Land, das 3,2 km westlich von Marathon liegt, die Eisenbahn- und Wartungsarbeiter, die die Infrastruktur zur Anbindung der Keys bauten. Heute können die Gebäude des **Pigeon Key National Historic District** besichtigt werden (oder man entspannt sich am Strand und geht schnorcheln). Tickets gibt's im Informationszentrum beim Mile Marker 47,5 an der Hauptstraße. Man kann auch online eine Tour buchen – unter pigeonkey.net.

Man kann entweder eine kurze Zugfahrt nach Pigeon Key unternehmen oder zu Fuß oder mit dem Fahrrad über die alte Brücke hierher gelangen. Wer sich für Letzteres entscheiden, sollte daran denken, dass die Brücke nur von 9 bis 17

FÜR FANS VON BRÜCKEN

Mit am schönsten an einer Autofahrt über die Florida Keys ist die schiere Masse an Brücken über blaues Wasser. **Islamorada** (S. 140; wörtlich „Dorf der Inseln“) ist voll von Brücken und Dammstraßen.

AUSGEHEN AUF DEN MIDDLE & LOWER KEYS

JJ's Dog House & Sports Bar
Mehrmals die Woche Livemusik, Sport-Übertragungen und jede Menge kaltes Bier.

Coconuts
Bei Einheimischen beliebte Bar in Big Pine mit Billardtischen und einen Drive-Thru.

Brass Monkey
Die Arbeiter-Kneipe in Marathon bietet nach Dienstschluss alles, was das Herz begehrt.

Uhr geöffnet ist (und ausreichend Flüssigkeit mitnehmen – die karibische Sonne ist heftig!).

Kurz vor der Seven Mile Bridge, auf der Golfseite des Highways, befindet sich die **Marathon City Marina**, besser bekannt als Boot Key Harbor. Dies ist einer der am besten gepflegten Hafenanlagen der Keys, ein Ort, an dem man Pelikane beobachten kann, die sich um die von Fischern zurückgelassenen Eingeweide streiten. In der Weihnachtszeit findet hier eine ‚Parade' von Booten statt, die mit Lichtern geschmückt sind.

Auf Looe Key in Meeresgeheimnisse eintauchen

EIN ORT MIT TIEFGANG

Looe (ausgesprochen *luu*) Key, 5 Seemeilen vor Big Pine gelegen, ist gar kein Key, sondern ein U-förmiges Riff, das Teil des **Florida Keys National Marine Sanctuary** ist. Dabei handelt es sich um ein Gebiet von etwa 2800 Quadratseemeilen, das von der National Oceanic & Atmospheric Administration verwaltet wird. Das Riff kann nur im Rahmen eines speziell organisierten Charterbootausflugs besucht werden, der am besten über ein beliebiges Keys-Tauchunternehmen abgewickelt wird. Empfehlenswert ist das **Looe Key Dive Center**. Dieses Zentrum befindet sich in dem gleichnamigen Resort auf Ramrod Key und bietet morgens und nachmittags Tagesausflüge für Tauch- und Schnorchelfans zum Riff an.

Looe Key selbst ist nach einer englischen Fregatte benannt, der HMS Looe, die 1744 während des Jenkins' Ear War auf das Riff auflief. Unbeeindruckt vom Verlust ihres Schiffes enterte die Besatzung der Looe kleinere Boote und kaperte eine nahe gelegene spanische Schaluppe, bevor sie ihr eigenes, irreparabel beschädigtes Schiff in Brand setzte.

Die Überreste der ursprünglichen Looe und ihrer Ladung sind Teil des Meeresschutzgebiets, aber sie ist nicht das einzige versunkene Schiffe in diesen Gewässern. Im Riff von Looe Key liegt auch die 64 m lange Adolphus Busch, die in dem Film *Spiel mit dem Feuer* (1957) verwendet und 1998 hier versenkt wurde (in 33 m Tiefe).

Die Gewässer rund um das Riff sind im Allgemeinen seicht und somit ideal zum Schorcheln und für erste Tauchversuche. Allerdings gibt es auch einen tieferen Abschnitt des Riffs mit einem Steilabfall (an einer Stelle etwa 30 m), der für Fortgeschrittene interessant ist. Alle Könnerstufen können hier Arten wie Barrakudas, Stachelmakrelen und Papageienfische sehen – natürlich mit etwas Glück.

DAS BLUE HOLE

Das **Blue Hole** befindet sich auf Big Pine Key, am Key Deer Blvd unweit des Mile Marker 30,5. Es ist ein kleiner Teich (und ehemaliger Steinbruch), der heute das größte Süßwasser-Gewässer der Keys ist. Das mag nicht viel heißen, aber das Loch ist ein hübscher blauer (naja, algengrüner) Fleck, der von einem kleinen Pfad und Informationsschildern umgeben ist. Das Wasser ist die Heimat von Schildkröten, Fischen, Watvögeln und dem einen oder anderen Alligator – aber bitte nichts und niemanden füttern! Die Tiere fühlen sich in der Nähe von Menschen schon jetzt viel zu wohl! Schwimmen kann man hier nicht, aber das will man auch gar nicht (... wie gesagt: Alligatoren). Rund 400 m weiter entlang derselben Straße befinden sich der **Watson's Nature Trail** (weniger als 1,6 km lang) und **Watson's Hammock**, ein kleiner Keys-Wald.

UNTERWEGS VOR ORT

Greyhound-Busse halten in Marathon und Big Pine auf der Strecke von Miami nach Key West. Keys West Transit verbindet Marathon und die Lower Keys mit Key West (viele Menschen, die in Key West im Service, in Schulen oder Krankenhäusern arbeiten, leben tatsächlich hier draußen).

In Marathon gibt es gute öffentliche Parkplätze, wie auf den Keys üblich. Radfahren kann hier sehr viel Spaß machen, vor allem auf den Nebenstraßen von Big Pine oder auf der Old Seven Mile Bridge, aber man sollte immer bedenken, dass die Seitenstreifen sehr schmal sind.

KEY WEST

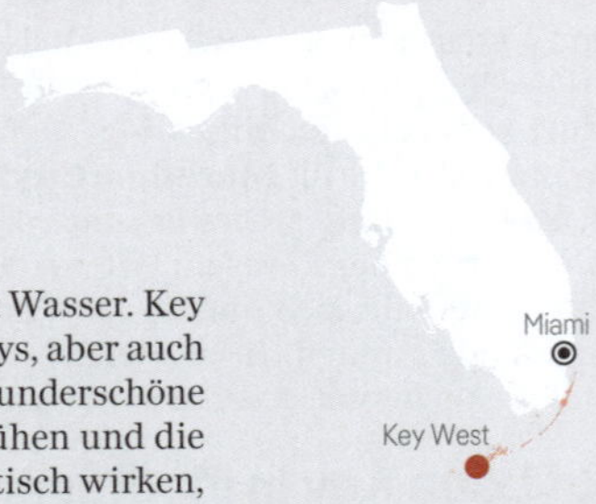

Key West ist die Grenze – danach kommt nur noch Wasser. Key West ist kantiger, exzentrischer als die anderen Keys, aber auch fesselnder. Im Grunde ist diese 18 km²-Insel eine wunderschöne tropische Oase, in der nachts die Mondblumen blühen und die typisch karibischen Häuser so traurig und romantisch wirken, dass es schwerfällt, sie ohne Seufzer zu betrachten.

Key West hat zwar eine Anziehungskraft, der man sich kaum entziehen kann, ist aber nicht ohne Widersprüche: Auf der einen Seite der Straße gibt es Literaturfestivals, karibische Villen, tropisch anmutende Speisesäle und teure Kunstgalerien. Auf der anderen sieht man eine Parade von S&M-Fans, Jugendliche, die auf dem Bürgersteig ohnmächtig werden, und Bars mit bärtigen Burnouts. So gesehen ist es einfach, in dieser Umgebung seinen Groove zu finden, ganz gleich, wo die Interessen liegen. Weil eben alles Mögliche möglich ist.

Wie in anderen Teilen der Keys spielt auch hier die Natur die Hauptrolle. Atemberaubende Sonnenuntergängen sind nur einer der Gründe für die abendlichen Feiern auf dem Mallory Square.

TOP TIPP

Key West ist praktisch in zwei Hälften geteilt – die östliche Hälfte mit Einkaufszentren, Tankstellen, billigeren Unterkünften, Jachthäfen und anderen modernen Einrichtungen sowie die Altstadt mit den historischen Gebäuden, den Restaurants, dem Nachtleben und fast allem anderen, was für Traveller interessant ist.

Ufer, Key West

GAGLIARDIPHOTOGRAPHY/SHUTTERSTOCK ©

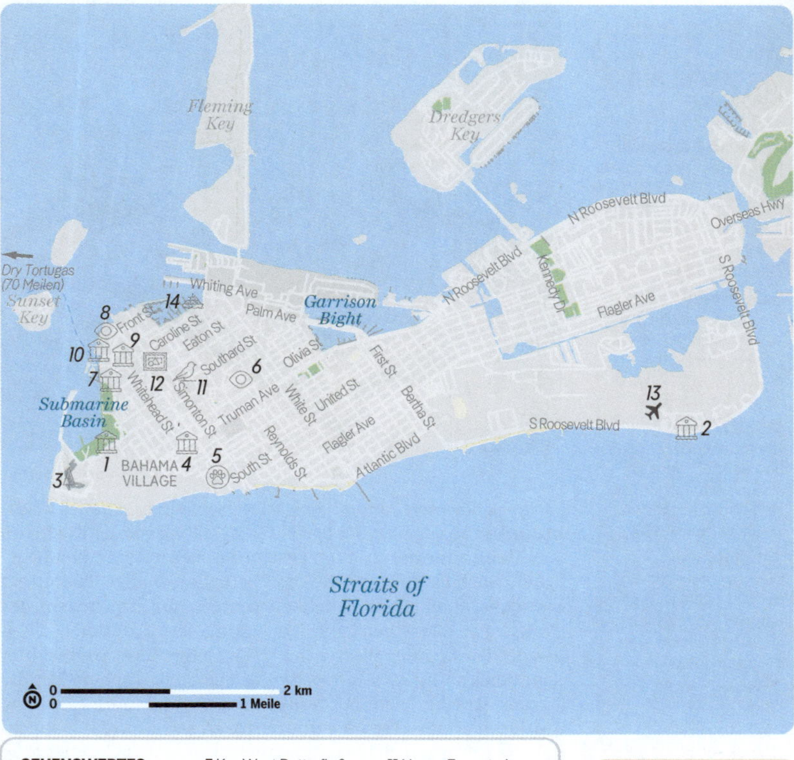

SEHENSWERTES
1 Florida Keys Eco-Discovery Center
2 Fort East Martello Museum
3 Fort Zachary Taylor State Park
4 Hemingway's House
5 Key West Butterfly & Nature Conservatory
6 Key West Cemetery
7 Little White House
8 Mallory Square
9 Mel Fisher Maritime Museum
10 Museum of Art & History at the Custom House
11 Nancy Forrester's Secret Garden
12 Studios of Key West

TRANSPORT
13 Key West Seaplane Adventures
14 Yankee Freedom Dry Tortugas Ferry

Im Dry Tortugas National Park nass werden

GESCHICHTE UND TÜRKISFARBENES WASSER

Nach all den Keys, die durch Straßen miteinander verbunden sind, erfordert das Erreichen der schönsten Inseln des Archipels ein wenig Aufwand. Was uns zu den **Dry Tortugas** bringt, einem der am wenigsten zugänglichen Parks des National Park Service. Hierher kommt man nur per Boot oder Wasserflugzeug.

Ist die Gegend die Mühe wert? Die Antwort lautet: Ja, verdammt! Der Park belohnt die Wegzeit hierher mit fantastischen Schnorchelmöglichkeiten inmitten von Korallenriffen voller

STRÄNDE

Spoiler-Alarm: In Key West geht's nicht um Strandurlaub. Zum Sonnen und Surfen geht es nach Bahia Honda auf Big Pine. Dennoch sind die drei Stadtstrände auf der Südseite wunderschön. Der winzige **South Beach** liegt am Ende der Simonton Street. Der **Higgs Beach** am Ende der Reynolds Street bietet Grillplätze, Tische und einen Steg. Der weiter östlich gelegene **Smathers Beach** ist länger, aber nicht leicht zu Fuß zu erreichen. Der beste Strand ist der am Fort Zachary Taylor – einfach den Eintritt zahlen und die Ruhe genießen!

TOP-UNTERKÜNFTE IN KEY WEST

Mermaid & Alligator
Dieses Herrenhaus aus dem Jahr 1904 bietet tropische Gärten, einen Springbrunnen, ein Tauchbecken und Hängematten. $$$

Saint Hotel
Die plüschigen Zimmer spielen mit den Themen „Heilige" und „Sünder"; die Lobby ist schick und minimalistisch. $$$

Tropical Inn
Hervorragender Service und viele individuell gestaltete Zimmer, die sich auf ein historisches Anwesen verteilen. $$$

Artist House
Dieses Herrenhaus aus dem Jahr 1890 verfügt über attraktive Zimmer mit hohen Decken und polierten Holzböden. $$$

MIA2YOU/SHUTTERSTOCK ©

Fort Jefferson

Meereslebewesen. Außerdem lässt sich ein gut erhaltenes **Backsteinfort** aus dem 19. Jh. besichtigen (112 km vor der Küste von Key West), eine der größten Festungen dieser Art in den USA.

Rein nach Fakten sind die Dry Tortugas mit über 180 km² ein riesiges Gebiet. In Wirklichkeit besteht nur ein Prozent des Parks (etwa 58 ha) aus Landfläche, sodass der Großteil des Reizes des Parks unter Wasser liegt. Die Unterwasserwelt ist hier sehr reichhaltig und bietet die Möglichkeit, Tarpune, große Zackenbarsche, viele bunte Korallen und kleinere tropische Fische sowie die eine oder andere Meeresschildkröte zu beobachten, die durch das Meer gleitet.

Der Entdecker Ponce de León nannte diese aus sieben Inseln bestehende Kette „Las Tortugas" (Die Schildkröten) nach den in ihren Gewässern gesichteten Meeresschildkröten. Durstige Seeleute, die auf der Durchreise kein Wasser vorfanden, fügten dem Namen später den Zusatz „trocken" hinzu. In den folgenden Jahren errichtete die US-Marine hier einen Außenposten als strategische Position im Golf von Mexiko. Doch während des amerikanischen Bürgerkriegs wurde **Fort Jefferson**, das wichtigste Bauwerk auf den Inseln, zu einem Gefängnis für Deserteure der Union und mindestens vier weitere Personen, darunter Dr. Samuel Mudd, der wegen Beteiligung an der Ermordung von Abraham Lincoln verhaftet worden war. Daher auch der neue Spitzname: Devil's Island – Teufelsinsel.

FÜR TIERLIEBHABER

Auf den Keys gibt es sehr viele Tierschutzeinrichtungen und -gebiete. Sehr schön ist das **Laura Quinn Wild Bird Sanctuary** (S. 143) in Key Largo. Es beherbergt viele Arten verletzter, gefiederter Freunde.

ÜBERNACHTEN IN KEY WEST

Seascape Tropical Inn
Einzigartig gestaltete Zimmer mit geblümten Bettdecken und Kunstwerken; einige haben Flügeltüren, die auf private Terrassen führen. $$$

Avalon Bed & Breakfast
Restauriertes viktorianisches Haus mit aufmerksamem Service, großen alten Deckenventilatoren und tropisch anmutenden Teppichen in den Gemeinschaftsräumen. $$

Ridley House
Dieser Rückzugsort verfügt über eine umlaufende Veranda, viel Grün, einen Swimmingpool und geräumige, luftige Zimmer. $$$

Der Name war passend: 1867 starben bei einem Gelbfieberausbruch 38 Menschen, und nach einem Wirbelsturm 1873 wurde das Fort aufgegeben. Es wurde 1886 als Quarantänestation für Pocken- und Choleraopfer wiedereröffnet, 1935 von Präsident Franklin D. Roosevelt zum Nationaldenkmal erklärt und 1992 von George Bush Sr. zum Nationalpark erhoben.

Für Leute mit eigenem Boot: Die Dry Tortugas sind in der National Ocean Survey Karte Nr. 11438 verzeichnet. Ansonsten betreibt **Yankee Freedom** eine Expressfähre zwischen Garden Key und dem Historic Seaport (am nördlichen Ende der Margaret St). Wer die 2½-stündige Überfahrt buchen möchte, sollte im Voraus reservieren. Ein schlichtes Frühstück, ein Mittagsbuffet, Schnorchelausrüstung, eine 45-minütige Führung durch das Fort und der Parkeintritt sind im Preis inbegriffen.

Key West Seaplane Adventures nimmt bis zu 10 Passagiere (Flugzeit 40 Min./Strecke) mit zu einer Halbtagestour (Dauer: 4 Std, inkl. 2,5 Std. Aufenthalt). Auch dieser Ausflug sollte mindestens eine Woche im Voraus reserviert werden.

Hemingways Katzen besuchen

LITERATURGESCHICHTE

Der berühmteste Einwohner von Key West, Ernest Hemingway, lebte von 1931 bis 1940 in einem prächtigen Haus im Kolonialstil. Papa zog mit seiner zweiten Frau Pauline Pfeiffer, einer Vogue-Moderedakteurin und (ehemaligen) Freundin seiner ersten Frau, hierher (er verließ das Haus, als er mit seiner dritten Frau durchbrannte). Das *kurze glückliche Leben des Francis Macomber* und *Die grünen Hügel Afrika*s entstanden hier, und viele Katzen. Die Katzen könnten einem Nachbarn gehört haben, aber egal – ihre Nachkommen bevölkern heute das Gelände. Etwa die Hälfte von ihnen ist polydaktyl (sechszehig).

Das Haus wäre auch dann einen Besuch wert, wenn nicht einer der berühmtesten Schriftsteller des 20. Jhs. hier gelebt hätte. Es wurde 1851 von dem berühmten Bergungsunternehmer Asa Tift erbaut und sieht aus wie eine tropische Hochzeitstorte. Der **Pool** soll doppelt so viel gekostet haben wie das Haus selbst. Pfeiffer ließ ihn bauen, als Hemingway unterwegs war. Er zahlte einen Cent für den Bau des Pools an – angeblich seinen letzten. Selbige Münze wurde in den Beton neben dem Pool einbetoniert (nachdem Hemingway begonnen hatte, sich daran zu erfreuen und die Angewohnheit hatte, nackt zu schwimmen – daher auch die hohen Ziegelwände).

Der Eintrittpreis beinhaltet eine Führung. Man kann sich aber auch auf eigene Faust im Haus und auf dem Gelände umsehen.

DER SÜDLICHSTE PUNKT

Wir sollten den meistfotografierten Punkt der Insel zumindest erwähnen… und erklären, warum er enttäuscht. Die Rede ist von der großen, tonnenförmigen Markierung, die den Leuten anzeigen soll, dass sie es bis zum Mile Marker 0 geschafft haben, dem Ende der Straße, dem (Trommelwirbel) südlichsten Punkt der kontinentalen USA. Aber das ist eine Lüge! Erstens ist diese rot-schwarze Boje nicht der südlichste Punkt der USA (der liegt in der verbotenen Marinebasis um die Ecke). Zweitens ist sie… eine Enttäuschung. Eine unauffällige, langweilige Boje, um die kleine Kindern herumturnen. Der berühmte (und falsch platzierte) Southernmost Point hat einfach nicht viel zu bieten.

Curry Mansion Inn
Südstaaten-Kolonnaden und ein Witwengang im Neuengland-Stil umschließen helle, floridianische Zimmer mit Himmelbetten. **$$$**

Lighthouse Hotel
Schöne Holzböden und luftige Zimmer in erfrischenden Farben. **$$$**

Gardens Hotel
Umweltbewusstes Boutique-Hotel inmitten üppigem Grün und mit großzügigen Zimmern. **$$$**

NACHTLEBEN IN KEY WEST

Green Parrot
Diese älteste Bar auf einer Insel voller Bars ist eine unverzichtbare Keys-Einrichtung.

La Te Da
Hier treffen sich die Einheimischen, um die gute Stimmung, das gute Bier, die hochkarätigen Drag-Acts und alle Arten von Kabarett zu genießen.

Captain Tony's Saloon
Gemütliche Spelunke, liebevoll-ruppig. Hier trank schon Hemingway.

Virgilio's
Lounge mit Kerzenlicht, in der man zu Jazz chillen und zu Salsa tanzen kann.

Auf ins Museum of Art & History im Custom House

STRANDRÄUBER UND RUMSCHMUGGLER

Dieses ausgezeichnete Museum ist in einem prächtigen roten Backsteingebäude aus dem Jahr 1891 untergebracht, das einst als Zollhaus der Insel diente. Es befasst sich mit der Geschichte der südlichsten Stadt auf dem amerikanischen Festland und der viertältesten Stadt Floridas. Es gibt hier eine ganze Menge Geschichte zu entdecken. Zu den Highlights gehören: Archivmaterial vom Bau des ehrgeizigen Overseas Highway (und dem Hurrikan, bei dem 400 Menschen ums Leben kamen), ein Modell der verunglückten USS Maine (die im Spanisch-Amerikanischen Krieg versenkt wurde), Ausstellungen über die Rolle der Marine (einst der größte Arbeitgeber in Key West) und die „Wracker" (je nachdem: Strandräuber oder Bergespezialisten – oder beides) von Key West, die gesunkene Schatzschiffe ausnahmen (und einem der Hauptbeschäftigungsmodelle hier unten nachgingen). Außerdem gibt es Informationen über den Rumschmuggel zwischen Havanna und hier während der Prohibition sowie hervorragende Volkskunst. Darunter auch die naiven Gemälde von Mario Sanchez über Key West aus den 1960er- und '70er-Jahren.

Das großartige „kleine" White House entdecken

TRUMANS RÜCKZUGSORT

In diesem weitläufigen Herrenhaus aus den 1890er-Jahren (einer ehemaligen Marineoffiziersresidenz) machte Präsident Harry S. Truman Urlaub, wenn er gerade mal nicht die Geopolitik nach dem Zweiten Weltkrieg gestaltete. Das erste Mal kam der Präsident 1946 her, als ein Arzt ihm erklärte, er brauche eine Pause im Warmen. Truman kam im November an – und schwor sich bei der Abreise, jedes Jahr wiederzukommen.

Viele Würdenträger und wichtige Persönlichkeiten besuchten das „kleine" White House, wo Truman sie zu (was denn sonst?) Angelausflügen einlud. Im März 1948 berief der Präsident die Joint Chiefs of Staff (die Chefs der amerikanischen Streitkräfte) hierher ein, wo sie das *Key West Agreement* ausarbeiteten, ein Grundsatzpapier, das für die Organisation und Funktion der Streitkräfte von großer Bedeutung war.

Das „kleine" White House ist ein wunderschön erhaltenes Gebäude, eines der schönsten architektonischen Zeugnisse der Insel, das nur für Führungen geöffnet ist – obwohl eine kleine Galerie mit Fotos und Exponaten (und einem kurzen Video) im Erdgeschoss der Öffentlichkeit grundsätzlich zugänglich ist.

GUT ESSEN IN KEY WEST

Mo's Restaurant
Haitianische Hausmannskost, die einem ein paar Gramm auf die Rippen und ein Lächeln ins Gesicht zaubert. **$$**

The Cafe
Sonnige (fast) vegetarische Luncheonette, die sich abends in ein geschäftiges Restaurant verwandelt. **$$**

BO's Fish Wagon
Sieht aus wie ein Schiffswrack und serviert fantastische Meeresfrüchte: Conch Fritters, Sandwichs mit Weichschalenkrabben und Fisch-Tacos. **$$**

FOTOLUMINATE LLC/SHUTTERSTOCK ©

Key West Cemetery (Friedhof von Key West)

Viele von Trumans Besitztümern sind hier zu bestaunen, aber den eigentlichen Charme verbreiten die Guides, die etwas schrullig, aber äußerst sachkundig und hilfsbereit sind.

Im Key West Butterfly & Nature Conservatory Regenbogen fliegen sehen

ALLE FARBEN AUF HAUCHZARTEN FLÜGELN

In diesem riesigen, kuppelförmigen Konservatorium kann man durch einen üppigen, bezaubernden Garten mit blühenden Pflanzen, winzigen Wasserfällen, farbenfrohen Vögeln (einschließlich Flamingos) und bis zu 1800 flatternden Schmetterlingen aus rund 50 Arten spazieren – allesamt Lebendimporte aus aller Welt. Die blau schimmernden Morphofalter, die hier vorbeifliegen, sind besonders faszinierend, obwohl man das von allen Bewohnern sagen könnte, die alle winzige, flatternde Wunder sind. In einem kleinen Beobachtungsraum kann man Zeuge werden, wenn die Schmetterlinge aus ihren Puppen schlüpfen (meist am Morgen). In einem kleinen Ausstellungszentrum gibt es faszinierende Videos und Schautafeln, die den Lebenszyklus, die Anatomie und die Wanderungen dieser wundersamen Geschöpfe beschreiben.

Vögel gibt es hier ebenfalls: „Schmetterlingsfreundliche" Vögel, die die anderen Bewohnern des Wintergartens nicht belästigen und deren Federkleid so bunt wie das der Schmetterlinge ist.

DIE CONCH REPUBLIC: EINE FAMILIE!

Ein *conch* (ausgesprochen: „conk") ist jemand, der auf den Keys geboren und aufgewachsen ist. Die Flagge der Conch-Republik ist überall auf den Inseln zu sehen.

1982 errichteten US-Zollbeamte in Key Largo eine Straßensperre, um Drogenschmuggler zu fangen. Als die Staus zunahmen, blieben die Touristen aus. Daraufhin gründete eine Gruppe von Conchs die Conch Republic und gab drei Erklärungen ab: Abspaltung von den USA, Kriegserklärung an die USA samt Kapitulation sowie die Bitte um 1 Million Dollar.

Heute ist die Conch-Republik vor allem ein Marketing-Gag, was aber nichts an ihrem offiziellen Motto ändert: *One Human Family* – eine Menschenfamilie. Die Betonung auf Toleranz und gegenseitigen Respekt hat dazu geführt, dass sich Menschen jeglicher Herkunft, sexueller Orientierung und Religion mit der Republik identifizieren konnten – und von ihr aufgenommen wurden.

Nine One Five
Modernes und elegantes Restaurant, mit kreativer, wechselnder New-American-Speisekarte mit internationalen Akzenten. **$$$**

Blue Heaven
Man trifft sich in diesem verwahrlosten tropischen Garten (mitsamt freilaufendem Geflügel) und genießt karibische Küche. **$$$**

Little Pear
Beliebt für asiatisch inspirierte Gerichte. Schön für ein Abendessen. **$$$**

WARUM ICH KEY WEST LIEBE

Adam Karlin, Autor

Wie auch nicht? – Man stelle sich Folgendes vor: Regenbogenfarbene Häuser, die Besessenheit von individueller Verrücktheit, aber dennoch mit Gemeinschaftssinn, der Geruch kubanischer Zigarren, Rum, der Lippen berührt, die von der salzigen Brise rissig sind, der Sonnenuntergang und der Geruch von frischem Fisch und Mangos, Mondlicht, das durch Palmwedel fällt und das ein Kolonialhaus bescheint, das tagsüber noch so pastellig schön war und nachts plötzlich Geister vermuten lässt. Es ist nicht eins davon, sondern all diese Dinge, und wie sie irgendwie zueinander finden auf einer Insel, abgeschieden vom Rest der Welt.

Mallory Square

Key Wests lebendiger Friedhof

DER TOTE WINKEL DER STADT

Ein dunkles, verführerisches Labyrinth lockt im Zentrum dieser pastellfarbenen Stadt: Der 1847 errichtete **Key West Cemetery** liegt auf dem Solares Hill, dem höchsten Punkt der Insel (mit einer schwindelerregenden Höhe von 4,8 m). Einige der ältesten Familien der Keys ruhen hier in Frieden. Da der Platz knapp bemessen ist, stehen die Mausoleen praktisch Schulter an Schulter. Die Eigenart der Insel durchdringt die Düsternis: Muscheln und Makramee schmücken die Grabsteine mit Inschriften wie „Ich habe dir doch gesagt, dass ich krank bin".

Grusel & Geschichte in Fort East Martello Museum & Gardens

VOLKSKUNST UND MÖRDERPUPPEN

Diese alte Festung wurde nach dem Vorbild eines alten italienischen Küstenwachturms im Martello-Stil erbaut, eine Konstruktion, die mit dem Aufkommen der Sprengstoffgranaten schnell veraltet war. Jetzt dient das Gemäuer einem neuen Zweck: der Bewahrung der Vergangenheit. Es gibt historische Erinnerungsstücke über Key Wests Rolle im Bürgerkrieg, die Blütezeit der Berge- und Zigarrenindustrie sowie die Volkskunst von Mario Sanchez, dem autodidaktischen Sohn eines Zigarrenrollers, und dem „Schrott-Bildhauer" Stanley Papio, einem Kanadier, der aus Altmetall Dinge von chaotischer, anarchischer Schönheit geschaffen hat.

FÜR GESCHICHTSFANS

Wer in die Geschichte der Keys eintauchen (nun ja, darin herumpaddeln) will, sollte nach **Indian Key** (S. 145) in den Upper Keys fahren, einst eine Stadt, heute eine Insel voller Geister und Mangroven.

ESSEN IN KEY WEST

Croissants de France
Hier gibt es Eggs Benedict, Zimt-Brioche-Toast, herrliches Gebäck und köstliche Baguette-Sandwichs. **$$**

Duetto Pizza & Gelato
Kleiner Pizza- und Gelato-Stand – günstige Anlaufstelle für einen schnellen (leckeren) Snack. **$**

Pierogi Market Place
Saisonarbeiter aus Mittel- und Osteuropa (und Einheimische) kommen hierher, um Pierogi, Knödel, Blinis und mehr zu kaufen. **$**

Außerdem wird hier das vielleicht gespenstischste Objekt von Key West aufbewahrt: *Robert the Doll*, ein Kinderspielzeug aus dem 19. Jh., das Berichten zufolge denen, die seine Kräfte in Frage stellen, viel Unglück bringt (die Hintergrundgeschichte gibt's auf robertthedoll.org). In der Tat sieht die Puppe aus, als wäre sie einem Stephen-King-Roman entstiegen, um nun die Seelen der Anwesenden zu verschlingen. Was manche Menschen amüsant finden. Andere wiederum nicht.

Straßenspaß auf dem Mallory Square

SONNENUNTERGANG IM QUADRAT

Man nehme alle Energien, Subkulturen und Merkwürdigkeiten des Lebens der Keys und bündele sie in einer fackelbeleuchteten, familienfreundlichen (aber spielerisch eigenwilligen) Straßenparty bei Sonnenuntergang. Das Ergebnis all dieser rauen Kräfte heißt **Mallory Square**: eine filmreife, wenn auch touristenüberfüllte Show, die in den Stunden vor der Abenddämmerung beginnt, wenn die untergehende Sonne das Signal für den Beginn des Wahnsinns gibt. Die Lage am Wasser ist großartig, und oft finden sich hier Essensverkäufer ein. Man kann zuschauen, wie ein Hund über ein Drahtseil läuft, wie ein Mann Feuer schluckt und wie britische Akrobaten sich gegenseitig schier über den Haufen rennen. Die Kunstfertigkeit und Kameradschaft der Artisten wird durch die Energie der Menschenmassen und das abnehmende Licht des Tages ergänzt. Am besten beginnt man die Sause am Anfang der **Duval Street**. Die Duval Street ist die Hauptstraße in Old Town Key West, einer Ansammlung von Neonröhren und historischen Gebäuden. Vor allem im oberen Teil der Straße gibt es viele Bars und Restaurants, während am südlichen Ende eher Galerien und Souvenirläden zu finden sind (an Bars und Restaurants mangelt es allerdings auch hier nicht).

Sich beim Fantasy Fest gehen lassen

GLITZER, GLAMOUR UND JEDE MENGE AUSSCHWEIFUNGEN

Das Fantasy Fest, das dem ausgelassenen Mardi Gras in New Orleans ähnelt, ist ein 10-tägiges Fest mit Burlesque-Partys, Paraden, Straßenfesten, Konzerten und vielen Kostüm-Veranstaltungen Ende Oktober. Bars und Restaurants wetteifern um die Dekoration ihrer Räume, und alle verkleiden sich in den ausgefallensten Kostümen (oder zeigen sich mit gewagter Körperbemalung größtenteils nackt. Öffentliche Nacktheit ist in Key West zwar verboten, aber Frauen mit bemalten Brüsten können in der Fantasy Fest-Zone polizeilichen Maßnahmen entgehen – mit etwas Glück).

TOP-LOKALE IN KEY WEST

Santiago's Bodega
Beliebte Tapas-Bar mit gemütlicher Veranda, elegantem Interieur und skurrilen Kunstwerken. **$$**

Banana Cafe
In diesem sonnenverwöhnten Lokal werden kreative, fluffige Omeletts und köstliche Sandwichs serviert. **$**

Cafe Sole
Südfranzösische Küche mit Zutaten aus Südflorida, serviert in gemütlichem, luftigem Ambiente. **$$$**

5 Brothers Grocery & Sandwich Shop
Einheimische kommen wegen des erstklassigen kubanischen Kaffees, Guavengebäcks, der Speck- und Eierspeisen und der Sandwichs her. **$**

FÜR ALLE, DIE SONNENUNTERGÄNGE LIEBEN

Der **Bahia Honda State Park** (S. 149) in den Lower Keys ist ein prima Platz, um den Sand zwischen den Zehen zu spüren, während die Sonne im Meer versinkt.

NACHTLEBEN IN KEY WEST

Viv
Kleine, äußerst charmante Bar unter französischer Leitung. Samtige Weine im Glas oder in der Flasche.

Lagerheads
Strandbar mit Stühlen unter Sonnenschirmen und einem kleinen Schwimmbereich, in dem man sich abkühlen kann.

Burgundy Bar
Diese gesellige Bar verdient besondere Erwähnung für ihre Bloody Marys, die zu den besten gehören, die man hier findet.

TENNESSEE WILLIAMS MUSEUM

Tennessee Williams, Autor von Stücken wie *Die Glasmenagerie, Die Katze auf dem heißen Blechdach* und *Endstation Sehnsucht*, lebte über 30 Jahre lang in Key West. Obwohl er eigentlich knapp eineinalb Kilometer entfernt wohnte (in der 1431 Duncan St), wird in diesem kleinen Museum sein Beitrag zur literarischen Welt dargestellt.

Zu sehen sind Fotos, Manuskripte, Schreibmaschinen, Zeitungsartikel und vieles mehr. Williams lebte unter anderem in Key West, weil dort viele Schwule ihr Zuhause hatten. Er schrieb oft über Probleme, mit denen diese Menschen konfrontiert waren, lange bevor solche Themen in literarischen Kreisen allgemein angesprochen wurden. Seine eigene Homosexualität war ein offenes Geheimnis.

So wild das Fantasy Fest auch sein mag, der Wahnsinn hat auch einen Grund – hier wird die LGBTIQ+-Kultur gefeiert und das Key West-Ideal der *One Human Family* zelebriert, in der alle akzeptiert werden, solange sie alle anderen akzeptieren. Natürlich geht es beim Fantasy Fest nicht nur um positive Botschaften ... es ist die größte Touristenveranstaltung des Jahres in Key West. Wer zu dieser Zeit nach Key West kommt, darf sich auf hohe Hotelpreise einstellen und sollte Unterkünfte und Restaurants rechtzeitig reservieren.

Nancy Forrester's Secret Garden

VÖGEL ÜBER VÖGEL

Nancy, eine Umweltkünstlerin und feste gesellschaftliche Größe auf den Keys, lädt in ihre Gartenoase ein, wo eine Schar gesprächiger geretteter Papageien wie Aras auf Besucher:innen wartet. Sie gibt täglich einen Überblick über diese wunderbar intelligenten und seltenen Vögel (*Parrot 101*, wie sie es nennt). Dieser **geheime Garten** ist ein großartiger Ort für Kinder. Familienfreundliche Aktivitäten auf den Keys können gelegentlich unispiriert wirken – aber die Erfahrungen, die man hier machen kann, sind absolut einzigartig. Musiker sind herzlich eingeladen, ihre Instrumente mitzubringen und im Garten zu spielen. Die Vögel lieben es – besonders Flötentöne!

The Studios of Key West besuchen

DIE KUNST DER INSELN

Diese gemeinnützige Organisation beherbergt etwa ein Dutzend Künstlerateliers in einem dreistöckigen Gebäude und veranstaltet regelmäßig einige der besten Vernissagen in Key West sowie Ausstellungen mit offenen Ateliers. Einzelheiten gibt es unter tskw.org. Neben den öffentlichen Kunstausstellungen finden hier auch Lesungen, Literatur- und Grafikworkshops, Kunstauktionen, Malkurse, Konzerte, Vorträge und Diskussionen statt. Die Studios veranstalten auch ein beliebtes Residenzprogramm – was die ständig wechselnde Präsenz von kreativen Talenten auf der Insel erklärt. Nicht verpassen sollte man **Hugh's Views**, eine Dachterrasse, die einen schönen Blick über die Stadt bietet und dienstagsabends von 17 bis 19 Uhr für die Öffentlichkeit zugänglich ist.

FÜR LITERATUR-BEGESTERTE

Ernest Hemingway lebte ebenfalls in Key West, und sein riesiges **Haus** (S. 159), in dem heute sechszehige Katzen leben, ist ein Anziehungspunkt für Traveller.

Im Mel Fisher Maritime Museum regionale Geschichte kennenlernen

MEERES-GESCHICHTE(N)

Das beliebte Museum in Hafennähe bietet einen faszinierenden Einblick in die komplizierte Geschichte von Key West in Ver-

NACHTLEBEN IN KEY WEST

Vinos on Duval
Gute Auswahl an Weinen aus aller Welt in gemütlichem Ambiente.

Bourbon Street Pub
Klasse DJs, Drag-Shows und tolle männliche Tänzer sorgen in dieser Bar im New-Orleans-Stil für gute Laune.

Aqua
Ort fantastischer Drag-Shows, die Menschen aller Altersgruppen und sexuellen Orientierungen anziehen.

bindung mit den Gewässern, die hier Leben und Leiden erheblich mitbestimmen. Das Museum ist vor allem für seine Sammlung von Goldmünzen, seltenen Juwelen und anderen Schätzen bekannt, die Mel Fisher und seine Mannschaft aus spanischen Galeonen geborgen haben. Die Ausstellung über den Sklavenhandel mit Artefakten aus dem Wrack der Henrietta Marie, einem im Jahr 1700 gesunkenen Sklavenhandelsschiff, macht deutlich, wie wichtig die Sklaverei im oft romantisierten alten Florida war. Das Museum ist in einem neoklassizistischen Gebäude aus der Zeit um die Jahrhundertwende untergebracht, das einst als Lagerhaus der US-Marine diente.

Im Florida Keys Eco-Discovery Center

DER SCHLÜSSEL ZUR NATUR DER KEYS

Dieses beliebte Natur- und Wissenschaftsmuseum ist einer der besten Orte auf den Keys, um etwas über die außergewöhnliche Meereswelt Südfloridas zu erfahren. Tatsächlich ist es das Vorzeigemuseum des Florida Keys National Marine Sanctuary. Nach einer umfassenden Renovierung und Modernisierung soll das Zentrum ein noch besseres Allround-Ziel für das Lernen über die lokalen Ökosysteme sein. Der Schwerpunkt soll auf interaktiven und virtuellen Erlebnissen liegen – man kann in simulierte Riffe „eintauchen", durch künstliche angelegte Mangrovenküsten „paddeln" und ähnliche Aktivitäten unternehmen.

Im Fort Zachary Taylor Historic State Park Strände und Geschichte erleben

SÜDLICHSTES, STAATLICHES NATURSCHUTZGEBIET

„America's Southernmost State Park" beherbergt ein beeindruckendes Fort, das Mitte des 18. Jhs. erbaut wurde und im Bürgerkrieg und im Spanisch-Amerikanischen Krieg eine Rolle spielte. Der Strand hier ist der beste, den Key West zu bieten hat (auch wenn er teilweise felsig ist). Das Wasser ist tief genug, um darin zu schwimmen, und unter den Wellen tummeln sich tropische Fische. Außerdem lässt sich hier auch wunderbar der Sonnenuntergang beobachten. Mehr über das Fort erfährt man bei den kostenlosen Führungen, die um 11 Uhr angeboten werden.

Das Fort war während des Bürgerkriegs ein wichtiger Stützpunkt der Union in den Gewässern der Konföderation und diente als Verteidigungslinie gegen Blockadebrecher. An jedem dritten Wochenende im Monat gibt's historische Darstellungen durch Schauspieler.

BAHAMA VILLAGE

Das Bahama Village war das alte bahamaische Viertel der Insel und hatte früher ein buntes, karibisches Flair. Heute sind viele Bereiche Teil einer Pseudo-Duval-Street-Peripherie. Wer einen Eindruck vom alten Rhythmus des bahamaischen Dorflebens bekommen will, sollte das Goombay Festival besuchen, das etwa zur gleichen Zeit wie das Fantasy Fest stattfindet (in der Regel am dritten Oktoberwochenende). Goombay ist eine familienfreundlichere Party, trotz der manchmal lauten Musik. Zu essen gibt's frittierte Conch Fritters, dazu trinkt man einen Switcha (eine spritzige, kohlensäurehaltige Limonade – und das Nationalgetränk der Bahamas) oder einen Goombay Smash (ein Cocktail, der hält, was der Name verspricht).

FÜR STRAND-FANS

Fort Zachary Taylor mag den besten Strand in Key West haben, aber der ist bei Weitem nicht der einzige. Es gibt mehrere andere **Strände in der Umgebung** (S. 157), die zum Faulenzen und Träumen einladen.

UNTERWEGS VOR ORT

Am besten kommt man mit dem Fahrrad vorwärts. Die Drahtesel lassen sich in fast jedem Hotel um die Duval Street herum mieten. Für Fahrten entlang der Duval Street gibt's den kostenlosen Duval Loop Shuttle (carfreekeywest.com/duval-loop), der von 8 Uhr morgens bis 22 Uhr abends fährt.

Key West Transit (mit farblich gekennzeichneten Bussen) ist eine weitere Möglichkeit; sie fahren etwa alle 15 Minuten.

Parken kann in der Stadt schwierig sein. An der Fort Street in der Nähe der Truman Avenue gibt es einen kostenlosen Parkplatz.

FOTOSFORTHEFUTURE/SHUTTERSTOCK ©

Oben: Fort Lauderdale (S. 170); rechts: Treasure Coast (S. 202)

SÜDOST-FLORIDA

STRÄNDE, SCHÄTZE UND NATURWUNDER

Erkunde einige der wohlhabendsten Orte der USA an der Gold Coast und entdecke dann deine eigenen Schätze auf einer inspirierenden Tour entlang der Treasure Coast.

Neben den attraktiven weißen, von Palmen gesäumten Sandstränden, an denen man sich zum Surfen, Tauchen und Sonnenbaden trifft, bietet der Südosten Floridas auch eine interessante Kunst- und Kulturszene, kulinarische Genüsse und zahlreiche hedonistische Aktivitäten. Alles wirkt hier frisch und natürlich, aber gleichzeitig auch wild bis dekadent. Reichtum wird hier ohne Scham zur Schau gestellt.

Die Region zelebriert ihre wohlhabende, bisweilen etwas schrille Geschichte mit vielen Museen und historischen Stätten, die stolz ihre Entwicklung von einem tropischen Außenposten zu einem Zentrum für Urlaubsreisende zeigen. Und sie entwickelt sich weiter: Fort Lauderdale wird heute weithin als die LGBTIQ+-Hauptstadt Floridas gefeiert.

Sonnenhungrige müssen sich nicht weit von Fort Lauderdales berühmter weißer Mauer und Promenade oder dem Broadwalk von Hollywood Beach entfernen, wo sich der heiße Sand endlos hinzuziehen scheint. Abenteuerlustige können in den kristallklaren Gewässern unterhalb der Blue Heron Bridge in West Palm Beach tauchen oder schnorcheln oder vor der Küste von Sebastian ein Boot zum Fischen chartern. Oder sie können in den unzähligen Parks, botanischen Gärten und Naturzentren der Region wandern oder im Environmental Learning Center in Vero Beach die Flora und Fauna der Region studieren. Wem es in den Fingern juckt, kann eines der schillernden Casinos besuchen oder sich einen Metalldetektor ausleihen und an den Stränden der Treasure Coast nach versteckten Schätzen suchen – dieser Küstenabschnitt macht seinem Namen alle Ehre!

Von entspannter Abgeschiedenheit bis hin zu nächtelangem Feiern gibt es hier viel zu erleben, und das alles innerhalb weniger Autostunden. Los geht's!

DIE WICHTIGSTEN ZIELE

FORT LAUDERDALE
Strände, gutes Essen und Bar-Hopping. **S. 170**

WEST PALM BEACH
Luxus-Shopping, Tauchen und Familienspaß. **S. 185**

VERO BEACH
Schatzsuche, Hochseefischen, Naturerlebnisse. **S. 197**

Erste Orientierung

Entlang der Atlantikküste geht es von der lebhaften Gold Coast in Hollywood nach Norden an die ruhigere Treasure Coast in Sebastian. Jeder Halt auf dieser schönen, 230 km langen Route bietet eine einzigartige Mischung aus Sehenswürdigkeiten, bunter Geschichte und Charme.

SERGEY AND MARINA PYATAEV/SHUTTERSTOCK ©

Vero Beach, S. 197

Auf der Suche nach vergrabenen Schätzen an einsamen Stränden entlangschlendern, botanische Parks und artenreiche Schutzgebiete erkunden oder einen Hochseeangeltörn unternehmen.

West Palm Beach, S. 185

Mit Flossen und Taucherbrille die Tiefen des Ozeans erkunden. Oder sich unter die Blaublüter mischen, die auf der noblen Worth Ave shoppen gehen.

Fort Lauderdale, S. 170

Das „Venedig Amerikas" mit luxuriösen Restaurants und Entspannung am Strand. Hier kann man auf einer Yacht Cocktails schlürfen oder die ganze Nacht durchfeiern.

AUTO

Das Auto ist zweifellos das beste Fortbewegungsmittel, denn es bietet die Freiheit, beliebige Abstecher zu machen, um die Gegend zu erkunden. Auf der Interstate 95 braucht man nur 2½ Stunden von Hollywood nach Sebastian.

TAXI & RIDESHARE

Keine Lust zu navigieren? Da viele Städte und Orte in diesem Abschnitt relativ nahe beieinander liegen, sind Taxis und Fahrdienste (Rideshare) eine bequeme Alternative. (Ein Rideshare-Ticket von Vero Beach nach Sebastian kostet weniger als 25 US$.)

KAMIRA/SHUTTERSTOCK ©

Perfekte Tage

Sonnenbaden am Strand? Die ganze Nacht durchfeiern? Naturwunder entdecken? Nach verborgenen Schätzen tauchen? Je nachdem, was du vorhast, sind Timing und die richtige Planung das A und O.

Wenig Zeit

● Wer in **Fort Lauderdale** (S. 170, s. o.) übernachtet, kann sich an den Stränden vergnügen, Cocktails auf dem Las Olas Blvd schlürfen, über den **Riverwalk** (S. 173) schlendern, eine Rundfahrt mit Führung zum **Hollywood Beach** (S. 180) und eine Radtour auf dem berühmten **Broadwalk** (S. 180) unternehmen. Danach geht's mit einem Coffee-to-go zum schönen **ArtsPark at Young Circle** (S. 181).

Eine Woche Zeit

● Weiter geht es zur **Treasure Coast** (S. 202) und nach **Palm Beach** (S. 192). Danach ein Besuch des **Flagler Museums** (S. 191), eine Radtour auf dem **Palm Beach Lake Trail** (S. 192) und ein Trip zum **Jupiter Inlet Lighthouse** (S. 194). Eine Bootstour auf dem Loxahatchee River im **Jonathan Dickinson State Park** (S. 193) und das **Mel Fisher's Treasure Museum** (S. 202) sollte man auch einplanen.

Beste Reisezeit

WINTER

Snowbirds (Senior:innen aus dem Norden der USA) suchen hier die Wärme. Ebenso die **Manatis**. Die Temperaturen sind angenehm – perfekt, um das Landesinnere zu erkunden.

SOMMER

Heiß, feucht und regnerisch. Das ruhige Meer bietet **herrliche Tauchgänge**. Wenig Trubel und günstige Nebensaisonpreise. Das Hurrikanrisiko erreicht im August/September seinen Höhepunkt.

FRÜHLING

Warme, **sonnige Tage** mit kühlen Brisen am Abend. Die Nebensaison beginnt im Mai, aber die US-Schulferien im März (March break) sollte man meiden. Mückenspray nicht vergessen!

HERBST

Die Hitze ist etwas erträglicher. Die Regenzeit endet im Oktober, die Hurrikansaison Mitte November. Eine gute Zeit, um am Strand nistende **Meeresschildkröten** zu beobachten.

FORT LAUDERDALE

Nachdem 1960 der Film *Where the Boys Are* in die Kinos kam, wurde Fort Lauderdale zu einem Anlaufort für sexversessene, biersaufende Spring Breakers. In den folgenden 25 Jahren strömten die Studierenden in Scharen herbei und füllten die mittelmäßigen Motels entlang der Uferpromenade. Bars waren für Minderjährige geöffnet, und Alkoholkonsum, sexuelle Ausschweifungen und sogar Todesfälle waren an der Tagesordnung – bis die Einheimischen dem ganzen Treiben schließlich einen Riegel vorschoben.

35 Jahre später: Sicher, die Spring Breakers kommen immer noch, aber nicht mehr so zahlreich. Fort Lauderdale hat sich stattdessen als Reiseziel für gemäßigte, ruhigere Urlaubssuchende neu erfunden – und ist nun vor allem attraktiv für Bootsbesitzer:innen, Sonnenhungrige, Senior:innen und Familien. Mit 300 Meilen Binnenwasserstraßen und über 50 000 Yachten hat sich Lauderdale die Titel „Venedig Amerikas" und „Yachthauptstadt der Welt" verdient. Die Gastronomie ist nobel, und Luxushotels säumen die Küstenstraße A1A. Das neue, saubere Gesicht von Lauderdale zieht Reisende jeden Alters an.

TOP TIPP

Um unnötige Fahr- und Parkgebühren zu vermeiden, sollte man bei der Wahl der Unterkunft Prioritäten setzen. Wer Strandnähe favorisiert, hat die Wahl zwischen vielen Hotels entlang der A1A, die leicht zu Fuß zu erreichen sind. Wer aber lieber in der Nähe von Restaurants, Nachtleben und Einkaufsmöglichkeiten in der Innenstadt sein möchte, sollte ein Hotel in der Nähe des Las Olas Blvd nehmen.

Waterfront, Fort Lauderdale

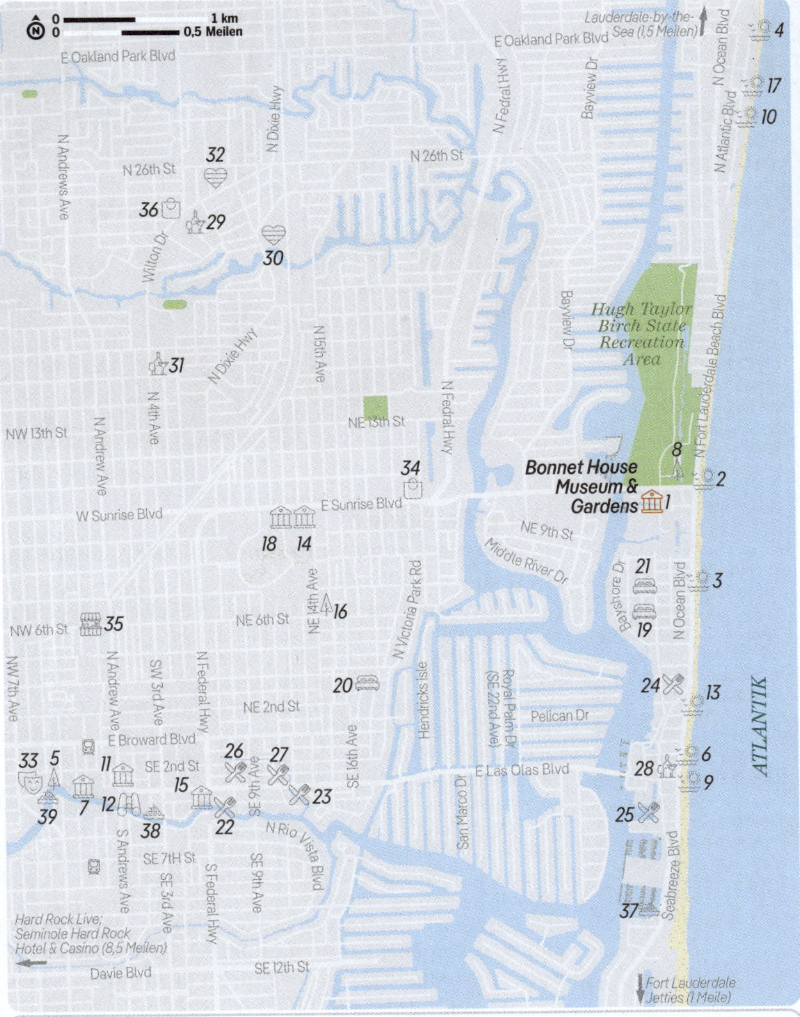

HIGHLIGHTS
1 Bonnet House

SEHENSWERTES
2 Canine Beach
3 Central Beach
4 Earl Lifshey Ocean Park Beach
5 Esplanade Park
6 Fort Lauderdale Beach & Promenade
7 History Fort Lauderdale
8 Hugh Taylor Birch State Park
9 Las Olas Beach
10 Loggerhead Park Beach
11 NSU Art Museum
12 Riverwalk
13 Sebastian Street Beach
14 Stonewall National Museum & Archives
15 Stranahan House
16 Victoria Park
17 Vista Park Beach
18 World AIDS Museum

ÜBERNACHTEN
19 Grand Resort & Spa
20 Pineapple Point
21 Royal Palms

ESSEN
22 Boathouse at the Riverside
23 Casa Sensei
24 Casablanca Cafe
25 Coconuts
26 El Camino
27 YaMas! Tavern

AUSGEHEN & FEIERN
28 Elbo Room
29 Georgie's Alibi
30 Pride Center
31 Ramrod
32 The Manor

UNTERHALTUNG
33 Broward Center

SHOPPEN
34 Out of the Closet
35 Sistrunk Marketplace & Brewery
36 To the Moon

TRANSPORT
37 Jungle Queen Riverboat
38 Riverwalk Water Trolley
39 Water Taxi Stop

THE ELBO ROOM: A FORT LAUDERDALE TRADITION

Diese berühmte, zweistöckige Strandbar (an der Kreuzung von A1A und Las Olas Blvd) besteht seit 1938 und ist die ultimative Retro-Bar. Unsterblich geworden durch den Film *Where the Boys Are* von 1961, wurde sie zum Magneten für die alljährlich einfallenden Spring Breakers, ein Übergangsritual für eine Generation von College-Kids. Heute wirkt der legendäre Elbo Room, der oft als die beste Strandbar der Welt bezeichnet wird, tagsüber einsam und vergessen. Doch nachts verwandelt sich die Bar in eine laute, ausgelassene Partyzone. Die Menschen stehen so dicht gedrängt, dass es schwer ist, durchzukommen (nur Bargeld). Der Elbo Room mag zwar etwas in die Jahre gekommen sein, liegt aber immer noch wie eh und je voll im Trend.

Fort Lauderdale Beach

Ab in die Sonne

AN DEN ATEMBERAUBENDEN STRÄNDEN VON FORT LAUDERDALE

Der Strand von Fort Lauderdale, der sich kilometerweit am Atlantik entlangzieht, ist in einzelne individuelle Abschnitte aufgeteilt, die alle ihr ureigenes Flair haben.

Fort Lauderdale Beach ist der größte Strand der Stadt – er ist mondän und schick und bei Instagrammer:innen sehr beliebt. Das Zentrum bildet der **Fort Lauderdale Beach Park** mit Volleyball- und Basketballplätzen, einem Spielplatz, Toiletten und Duschen. Wer bei sengender Hitze trainieren möchte, kann dies im meist menschenleeren Outdoor-Fitnessbereich tun. Auf der Strandpromenade wimmelt es nur so von Inlineskater:innen und Jogger:innen, und am Strand tummeln sich die Yogis. Luxushotels, noble Geschäfte und Restaurants direkt am Meer reihen sich aneinander; Parkplätze gibt's für 6 US$ pro Stunde.

Wer lieber die vorbeifahrenden Kreuzfahrtschiffe, Frachter und Fischerboote anschauen möchte, sollte ein Stück weiter südlich zu den **Fort Lauderdale Jetties** fahren. Dieser versteckte Abschnitt liegt direkt neben den Kreuzfahrtdocks von Port Everglades. Parken sollte man am besten am Fort Lauderdale Beach und dann zu Fuß hinuntergehen; gebührenpflichtige Parkplätze sind nur begrenzt vorhanden.

Las Olas Beach ist eine kleine Enklave am Ende des belebten Las Olas Blvd. Wegen der vielen Kneipen, Souvenirläden und Burgerbuden geht es hier meist hektisch zu und lauter als an

GÜNSTIGE RESTAURANTS AM LAS OLAS BLVD

Luigi's Pizza
Leckere Pizzen aus dem Holzkohleofen, Wein zum halben Preis, günstiges Bier und Gerichte für 4 US$ während der Happy Hour (15 bis 18 Uhr) $

Coyo Taco
Dienstags gibt's 50 % Rabatt auf Tacos! Empfehlenswert sind die leckeren geräucherten Blumenkohl-Tacos. $

Wild Sea
Overnight Oats (mit frischen Beeren) zum Frühstück (4 US$), Mittagstisch für 10 US$ und Getränke zur Happy Hour für 5 US$. $

anderen Stellen entlang des Boulevards. Auf der anderen Straßenseite befindet sich der **Elbo Room**, eine 85 Jahre alte Bar, die durch den Film *Where the Boys Are* von 1960 berühmt wurde. An Wochenenden, wenn Live-Bands auf der kleinen Bühne spielen, gibt es nur Stehplätze.

Der **Sebastian Street Beach** ist in der LGBTIQ+-Szene sehr beliebt, und jeder ist willkommen. Hier kann man sich bequem zurücklehnen und entspannen. Ohne eigenen Sonnenschirm ist man jedoch aufgeschmissen, da es nicht viel Schatten gibt. Seltsamerweise gibt es zwar Duschen, aber keine Toiletten. Einen Parkplatz sucht man am besten in der Garage in der Cortez St. Wer durstig ist, sollte die Straße zum **Casablanca Cafe** überqueren, wo man zur Happy Hour (wochentags von 16 bis 19 Uhr) auf der luftigen Terrasse gute Drinks bekommt.

Lust auf Party? Dann ab zum **Central Beach**, wo sich die Gäste der umliegenden Luxushotels tummeln. Die Pizzerien und Bierstände in der Nähe sorgen bisweilen für etwas Unruhe.

Das bestgehütete Geheimnis unter Strandbesucher:innen ist der **Hugh Taylor Birch State Park**. Er liegt zwischen dem Meer und dem Intracoastal, und für 6 US$ Eintritt kann man hier den ganzen Tag parken. Ein Fußgängertunnel führt unter der A1A hindurch zum Strand.

Wer einen Hund hat, sollte zum Canine Beach fahren, der sich an der A1A in der Nähe des Sunrise Blvd befindet. Es ist der einzige Strand, an dem Tiere willkommen sind.

In Richtung Norden gibt es ruhigere Strände, die gern von Einheimischen besucht werden. Der **Loggerhead Park Beach** bietet Abgeschiedenheit und tolle Fotomotive bei Sonnenaufgang. Am **Vista Park Beach**, der versteckt in einer Wohnsiedlung am Meer liegt, kann man die Seele baumeln lassen. Das flache Riff in Ufernähe ist bei Tauchern beliebt und eignet sich hervorragend zur Beobachtung von Meeresschildkröten. Der **Earl Lifshey Ocean Park Beach** am East Oakland Blvd ist eine versteckte Oase mit günstigen Parkplätzen.

Eine Fahrt auf dem Wasser

DER INTRACOASTAL WATERWAY

Fort Lauderdale verfügt über mehr als 480 km Binnenwasserstraßen, darunter der Intracoastal und der New River.

Der Riverwalk, der beide Uferseiten des New River überspannt, bietet wunderbare Ausblicke. Am besten parkt man in der Garage des Riverside Hotels an der SE 4th St und gönnt sich einen Cocktail auf der Terrasse des **The Boathouse at the Riverside Restaurant**, bevor man loszieht, um die eleganten Segelboote und millionenschweren Yachten zu bewundern.

FEIERN IN EINER GONDEL ODER SCHWIMMENDEN TIKI-BAR

Geburtstag? Jahrestag? Auf der Suche nach einem besonderen Ort für einen Heiratsantrag? Im „Venedig Amerikas" gibt es viele Möglichkeiten.

Las Olas Gondola, die einzige echte venezianische Gondel in Florida, bietet 75-minütige, romantische Fahrten durch die malerischen Kanäle und Wasserstraßen von Fort Lauderdale, begleitet von sanfter Musik und mit Cocktails (selber mitbringen). Die Preise beginnen bei 100 US$.

Alternativ bietet **Riverfront Gondola Tours** eine modernisierte Elektrogondel an (90-minütige Touren, 229 US$, für bis zu 6 Pers.). In Zusammenarbeit mit dem benachbarten **Casa Sensei** werden auch Dinner Cruises veranstaltet.

Magst du Tiki-Bars? Oder Kreuzfahrten? Mit der Tour **Cruisin' Tikis** kannst du beides kombinieren und an den Villen der Reichen und Berühmten Floridas vorbeischippern. Keine Toiletten (325 US$, bis zu 6 Pers., Getränke selbst mitbringen).

Boathouse am Riverside
Versteckt hinter dem Riverside Hotel, bietet dieses Restaurant am Wasser frische Meeresfrüchte zu günstigen Preisen. **$$**

Argentino Las Olas
Sangria für 3 US$, Empanadas zum selber Kombinieren (15 Optionen: drei für 12 US$). Besonders lecker: Spinat, Käse und Ricotta. **$**

Ann's Florist & Coffee Bar
Mittagessen und Blumen kaufen. Einzigartige, von Blumen inspirierte Getränke an der hinteren Bar. Auch leckere Snacks. **$$**

LOCAL TIPP: ANGESAGTE ORTE

Captain Danny Grant, verrät uns seine Lieblingsorte zum Essen und Trinken.

Boardroom Bar
Ein cooler Saloon im nördlichen Vergnügungsviertel, der starke Drinks in einem Surf-Skate-Hot-Rod-inspirierten Ambiente serviert. Samstagabends finden kostenlose Oldtimer-Shows statt.

Bohemian Latin Grill
Ein freundliches Paar serviert die leckersten lateinamerikanischen Gerichte der Stadt. Sie bringen die Speisen sogar zu deinem Barhocker nebenan (in der Boardroom Bar).

Southport Raw Bar
Die Locals genießen gern frische Austern mit einen Pitcher Bier in diesem lässigen Restaurant am Wasser. Leckere Meeresfrüchte!

Café Seville
Jedes Gericht auf der spanischen Karte ist ein echter Renner. Als Vorspeise gibt's *gambas ajillo* und *ensalada maite*, gefolgt von einem Fleischgericht. Tolle Weinkarte. Reservierung empfohlen.

Für diesen Spaziergang sollte man sich auf jeden Fall ein paar Stunden Zeit nehmen – wem die Hitze zu schaffen macht, kann auf den **Riverwalk Water Trolley** umsteigen. Er hält an acht Stopps und ist gratis! Fahrräder und Segways können ebenfalls gemietet werden, aber die schmalen Wege und scharfen Kurven sind schwierig zu meistern, wenn viel los ist.

Interessante Eindrücke bietet das **Jungle Queen Riverboat** mit seinen 90-minütigen Rundfahrten für 29,95 US$ an, bei denen man die Häuser der Reichen und Berühmten („Millionaire's Row") bewundern kann. Wer es etwas intimer mag, kann mit Kapitän Danny von **Floridian Coastal Charters** auf seiner Mako 221 eine private, zweistündige, ganz individuelle Waterway Discovery Tour für 350 US$ unternehmen.

Das **Water Taxi** bietet für 35 US$ pro Tag (nach 17 Uhr 20 US$) coole Rundfahrten mit 10 Haltestellen in der Stadt an. Ein- und Ausstieg nach Belieben, täglich zwischen 10 und 22 Uhr.

Ein Blick in die lokale Geschichte

MUSEEN UND GÄRTEN

Wer mehr über die Entwicklung von Fort Lauderdale – vom Fort in Kriegszeiten zur boomenden Metropole – erfahren möchte, sollte einen Abstecher zum **History Fort Lauderdale** in der Innenstadt am Riverwalk machen. Umgeben von riesigen modernen Bauten stehen hier drei Gebäude, die wie aus der Zeit gefallen scheinen: Das **New River Inn** (1905) beherbergt das History Museum, daneben das Pioneer House (1907) und das Schoolhouse Museum (1899). Exponate und Ausstellungen würdigen auch die Beiträge und Einflüsse der amerikanischen Ureinwohner und der Afroamerikaner. Für die sehr unterhaltsame Führung sollte man ein bis zwei Stunden einplanen.

Nur einen kurzen Spaziergang entfernt liegt das **Stranahan House**, das älteste noch erhaltene Gebäude von Fort Lauderdale. Der 1901 als Handelsposten errichtete Bau wurde fünf Jahre später von Frank Stranahan (dem Gründer der Stadt) in ein Wohnhaus für seine Familie umgewandelt. Es diente auch als Postamt und Rathaus. Stranahan beging später Selbstmord; nach dem Wall Street Crash von 1929 stürzte er sich in den nahen New River.

Bonnet House Museum & Gardens ist ein skurriles Anwesen im Plantagenstil direkt am Meer, umgeben von 14 ha subtropischen Gärten, in denen eine der renommiertesten Orchideensammlungen Amerikas zu bewundern ist. Die Gebäude wurden von Frederic Bartlett, einem professionellen Künstler und autodidaktischen Architekten, in den frühen 1920er-Jahren entworfen. Frederics zweite Ehefrau Evelyn vermachte das Anwesen vor ihrem Tod im Jahr 1997 einer historischen Stiftung,

ÜBERNACHTEN IN FORT LAUDERDALE

La Quinta Inn by Wyndham Fort Lauderdale NE
Einfache saubere Zimmer, Pool, kostenloses Frühstück. Strandnähe. Kostenloser Flughafen-Shuttle. **$$**

Riverside Hotel
Historische Pracht verbunden mit moderner Ausstattung. Verkehrsgünstig an Las Olas gelegen, direkt am Riverwalk. **$$$**

Kimpton Shorebreak
Komfortable, geräumige Zimmer, Bar und Pool auf der Dachterrasse, gemütliche Restaurants und nahe am Strand. **$$$**

TASFOTONL/SHUTTERSTOCK ©

Bonnet House Museum & Gardens

um es vor skrupellosen Bauunternehmern zu schützen. Ihr ist es zu verdanken, dass man auf dem letzten Fleck unbebauten Küstenlandes in der Region herrliche **Naturpfade** genießen kann, die sich durch verschiedene Ökosysteme schlängeln. Mit etwas Glück sind in den Baumwipfeln Klammeraffen zu sehen.

Weiße Tischdecken und Barbecue-Bars

GAUMENFREUDEN IM ÜBERFLUSS

Fort Lauderdale bietet eine Fülle an köstlichen Restaurants, die zum Schlemmen und Genießen einladen. Ya Mas! Taverna ist ein charmantes mediterranes Restaurant im Mykonos-Stil. Auf den bequemen Sitzplätzen im Freien kann man entlang der Las Olas Leute beobachten und dabei in einen saftigen Lamm-Burger beißen (die geheime Soße ist köstlich).

Das **El Camino** erinnert an ein typisches mexikanisches Auto und serviert in seinem originellen Speiseraum, der aus drei Garagen gebildet wurde, leckere mexikanische Gerichte. Die Brisket-Nachos machen einen ganzen Tisch voller hungriger Autofans satt, und auch das Bier, Wein, Spirituosen und Cocktails – darunter unglaublich gute Margaritas und köstliche Kaffee-Tequila-Getränke – werden hier am laufenden Band ausgeschenkt.

SPASS IM „LOOP"

Las Olas Oceanside Park („the LOOP" genannt) an der Ecke A1A und Las Olas Blvd ist das Zentrum für Familienspaß in Fort Lauderdale. Nach einer umfassenden Renovierung im Jahr 2019 heißt der LOOP seine Gäste nun zu besonderen Veranstaltungen, täglichen Fitnesskursen und Live-Konzerten willkommen. Ein Planschbecken gibt es auch.

Auf dem samstäglichen Farmer- und Kunsthandwerksmarkt (9 bis 16 Uhr) kann man sich mit frischem Obst und Gemüse, Smoothies, Käse, Gebäck, handgearbeiteter Kleidung, Geschenken und Schmuck eindecken.

Bei den **Friday Night Sound Waves** (März–Juli, 18.30–21.30 Uhr) gibt's Live-Musik: alternativ geht's mit Popcorn in der Hand zu **Movies by Moonlight**.

Das vollständige Programm der kommenden Veranstaltungen ist unter theloopflb.com zu finden.

FRÜHSTÜCKEN IN FORT LAUDERDALE

Lester's Diner
Ein bisschen Vintage-Look, ein unendlich langer Tresen, riesige Portionen und freundliches Personal. Die Corned-Beef-Omeletts sind hervorragend. **$**

Egg & You Diner
Seit 1956 werden hier hausgemachte Spezialitäten in großzügigen Portionen serviert – und das zu Retro-Preisen. **$**

Peter Pan Diner
Soda-/Shake-Counter, gefliester Boden, tolle Preise und freundlicher Service. Eine Reminiszenz an einfachere Zeiten. **$**

TRINKEN MIT MEERJUNGFRAUEN

Fort Lauderdale ist der einzige Ort in den USA, an dem man eine Meerjungfrauen-Burlesque-Show sehen kann, während man Espresso-Martinis und fangfrische Meeresfrüchte genießt. Die historische **Wreck Bar** im **B Ocean Resort** wurde in den 1950er-Jahren eröffnet, als Frank Sinatra sich in der Gegend aufhielt. Die extravagant eingerichtete Bar mit dem Tresen aus geschnitztem Holz und dem maritimen Dekor vermittelt den Eindruck, man befände sich auf einer spanischen Galeone aus dem 16. Jh.

Vor allem aber sind es die Bullaugen des Aquariums hinter der Bar, die einen außergewöhnlichen Anblick bieten. Freitags und samstags tauchen dort sexy Meerjungfrauen und Wassermänner auf, die eine aufreizend gute Show für Gäste ab 21 Jahren bieten. Auf dem Programm stehen einzigartige „Aquamen Boylesque"-Shows und auch einige familienfreundliche Darbietungen.

GEOFFREY CLOWES/SHUTTERSTOCK ©

Broward Center for the Performing Arts

Im **Casa Sensei** ist die interaktive Wagyu-Zubereitung vor allem für Steakfans ein besonderes Erlebnis: Unter Aufsicht können die Gäste dieses panasiatischen Fusion-Hotspots ein Wagyu-Steak (eine japanische Delikatesse) auf ihrem eigenen Tischgrill zubereiten. Dazu gibt es eine Whiskey-Begleitung, ein Stück cremigen Cheesecake und köstliche Zuckerwatte – und schon fühlt man sich wie auf Wolke sieben.

Die ganze Welt ist zu Gast im **Sistrunk Marketplace & Brewery**, dem ultimativen Ess- und Trinktempel am Ort. Sitzbänke, hohe Holztische und Live-Musik tragen zum freundlich-rustikalen Ambiente bei. Das kulinarische Angebot reicht von Tacos über Pizza und Crêpes bis hin zu Sushi. Der Shady Vodka und der 12-Mile-Rum, die beide vor Ort gebrannt werden, sollte man unbedingt probieren. Frag den Barkeeper nach einem Coconut Coffee Rumtini. Aber Vorsicht – Suchtgefahr!

Um den perfekten Sonnenuntergang zu erleben, geht man am besten ins **Coconuts** mit Blick auf den Intracoastal Waterway. Mit ein paar Scoobies (in einer köstlichen Olivenöl-Knoblauchbutter-Sauce marinierte Krabbenhappen mit Brot zum Dippen) kann man von der Außenterrasse aus die vorbeiziehenden Yachten beobachten, während der Himmel in Flammen aufgeht.

Kunst, Theater & Musik

GALERIEN UND DARSTELLENDE KUNST

Das **NSU Art Museum** bietet 7500 permanente Kunstwerke und großartige Wechselausstellungen. Es handelt sich um Floridas größte Sammlung ethnografischer Kunst, in der indigene

VERANSTALTUNGEN IN FORT LAUDERDALE

Fort Lauderdale International Boat Show
Gigantische Veranstaltung im Oktober, bei der neue Superyachten vorgestellt viele familienfreundliche Aktivitäten angeboten werden.

Fourth of July Spectacular
Kostenlose Veranstaltung zum Unabhängigkeitstag mit Live-Musik, Aktivitäten für die ganze Familie, Spielen am Strand - und Feuerwerk.

Visit Lauderdale Food & Wine Festival
Einwöchige Veranstaltung im Januar, bei der renommierte und aufstrebende Köche und die lokale Gastronomieszene im Mittelpunkt stehen.

amerikanische sowie westafrikanische, kubanische, präkolumbianische und ozeanische Werke ausgestellt sind (Montags geschlossen).

Unabhängig vom Kunstgeschmack lohnt es sich, die **Las Olas Annual Art Fair** zu besuchen, die jedes Jahr im Oktober auf dem berühmten Boulevard stattfindet. Auf der Messe, die zu den 100 besten Kunstfestivals des Landes zählt, stellen 200 Künstler:innen ihre einzigartigen Kreationen aus: Gemälde, Fotografien, Skulpturen und verschiedene Glaskunst.

Wer sich für Theater interessiert, sollte sich ein Broadway-Stück im **Broward Center for the Performing Arts** am Ende des Riverwalk ansehen. Hier werden auch Ballettvorstellungen, Opern und hochkarätige Konzerte aufgeführt. Sitzplätze gibt es reichlich, aber Vorsicht, ab einer Körpergröße von 1,70 m wird es eng für die Knie. Das Parkhaus ist meist sehr überfüllt – bei der Ausfahrt ist viel Geduld gefragt.

Hard Rock Live im Seminole Hard Rock Hotel & Casino im nahe gelegenen Hollywood (das gitarrenförmige Gebäude, das man beim Landeanflug vom Flugzeug aus sehen kann) ist der Hotspot für Fans von Headbanging-Konzerten. Eigentümer ist der Seminole-Stamm, ein indigenes Volk des Staates Florida. Hier treten hochkarätige Musiker und Comedians ... sowie die Headbanger und die Mixed Martial Arts (MMA)-Kämpfer auf.

Beim **Sunday Jazz Brunch**, der jeden ersten Sonntag im Monat zwischen 11 und 14 Uhr im **Esplanade Park** stattfindet, sorgen lokale Jazz-Größen für mitreißende Rhythmen.

Floridas LGBTIQ+-Hauptstadt

FORT LAUDERDALES LEBENDIGE LGBTIQ+-COMMUNITY

Fort Lauderdale gilt als Floridas LGBTIQ+-Hauptstadt und hat sich zu einem der wichtigsten LGBTIQ+-Urlaubsziele der Welt entwickelt. Vor allem LGBTIQ+-Menschen im Rentenalter und Remote Worker strömen nach **Wilton Manors** (und ins Nachbarviertel **Victoria Park**) und festigen den Status des Ortes als *das* Zentrum für LGBTIQ+-Nachtclubs, -Bars, -Restaurants und -Social Clubs. Eine extravagante, mit Regenbogenfarben bemalte Brücke mit dem Schriftzug „Love Wins“ heißt die Gäste in Wilton Manors willkommen, wo Straßenlaternen mit kunstvollen Drahtskulpturen erstrahlen. Das lokale Gemeindezentrum, das **Pride Center**, informiert über die Highlights der Gegend.

Der **Wilton Drive** („The Drive“) ist voller Restaurants, Geschäfte und Kneipen, darunter **Georgie‘s Alibi**, ein LGBTIQ+-Nachtclub, der immer gut besucht ist, und das **Manor**, ein glamouröser Club mit funkelnden Kronleuchtern und mehr Bars, als man aufzählen kann. Das jüngere Publikum strömt

LIPS: DRAG AS DRAG CAN

Sei bereit für ein energiegeladenes Drag-Dining im glitzernden **Lips** Club in Oakland Park, wo nichts so ist, wie es scheint. Besuche das berühmte Sonntagsbrunch mit Bottomless Mimosas („all you can drink“) oder eine der wöchentlich wechselnden Veranstaltungen: Diva Nights, Bitchy Bingo, Tilted Tuesdays oder die Taboo Show (samstags um Mitternacht), die definitiv nichts für schwache Nerven ist. Das Lips ist vor allem bei jüngeren Junggesellinnen sehr beliebt, und wenn du zufällig Geburtstag oder Jahrestag hast, wirst du von 14 akrobatischen Künstlern mit großer „Zuwendung“ überschüttet. Rechtzeitig reservieren – das ist ernst gemeint, Baby!

BESTE RESTAURANTS IN WILTON MANORS

Rosie's Bar & Grill
Hier gibt's besonderen Service und preisgekrönte Burger. **$$**

Bubbles & Pearls
Romantisches Lokal, das von Bravo's *Top Chef*-Kandidatin, Josie Smith-Malave, geführt wird. Frische Austern, saftiges Blumenkohlsteak ... **$$**

Voo la Voo Cafe
Leckere French Omelets (besonders lecker: *pulled pork*) und authentische, herzhafte Crêpes, die man in gemütlicher Gartenatmosphäre genießt. **$$**

DIE LEGENDE VON PORKY'S HIDEAWAY

Fans der kultigen Porky's-Filmreihe aus den 1980er Jahren werden vielleicht schockiert sein, wenn sie erfahren, dass nicht alles Fiktion war. Es gab wirklich ein Porky's.

In den 1950er-Jahren gründete Donald „Porky" Baines einen beliebten Supper-Club, Porky's Hideaway, am 3900 N Federal Hwy in Oakland Park, der Berühmtheiten wie Lawrence Welk, Flip Wilson und Guy Lombardo anlockte. Im krassen Gegensatz dazu betrieb er gleich nebenan eine heruntergekommene Kneipe: den Birdcage, wo er Berichten zufolge College-Studenten für 1,50 US$ unbegrenzt Bier verkaufte – und hinter der Theke eine Löwin in einem Käfig hielt.

Das Porky's wurde geschlossen, als Baines 1968 wegen Steuerhinterziehung verhaftet wurde. Sein Tod im Jahr 1972 wurde als Selbstmord eingestuft.

MIKE KUHLMAN/SHUTTERSTOCK ©

Pride Fest, Wilton Manors

oft in die zweite Etage. Wer auf Leder steht, wird Gefallen an der rauen Cowboy-Atmosphäre im **Ramrod** finden, das seit 1994 ein beliebter Szenetreff ist. Hier rocken die Gäste in einer mittelalterlichen Kerkerkulisse zu schrägen Klängen.

Lust auf Shopping? **Out of the Closet**, ein Secondhand-Laden, der Stilettos in Größe 12 verkauft, bietet auch kostenlose HIV-Tests an. Nostalgisches aller Art gibt's im **To the Moon** – einschließlich Süßigkeiten aus dem Jahr 1806!

Das **Stonewall National Museum & Archives** in Victoria Park zeigt eine herausragende Sammlung an LGBTIQ+-Büchern und Archivmaterial. Mit fast 30 000 Werken ist es eine der größten LGBTIQ+-Bibliotheken des Landes. Im **World AIDS Museum** nebenan kann man eine erschütternde und düstere, aber auch inspirierende und ermutigende Ausstellung besuchen.

LGBTIQ+-Resorts gibt es in Fort Lauderdale zuhauf, darunter **The Grand Resort & Spa**, Pineapple Point und Royal Palms (Infos unter gayftlauderdale.com). Außerdem findet in der Stadt jedes Jahr im Oktober das beliebte **OUTshine LGBTIQ+ Film Festival** statt.

Aktuelle Informationen über die Community bietet die neueste Ausgabe der **South Florida Gay News** oder die Website sfgn.com.

UNTERWEGS VOR ORT

Überhöhte Parkgebühren und der chaotische Verkehr am Strand lassen sich vermeiden, wenn man öffentliche Verkehrsmittel nutzt. Um Wagen, die 20 US$ verlangen, sollte man einen Bogen machen und stattdessen die LauderGO! Community Shuttle-Busse nutzen. Sie verkehren tagsüber auf fünf Routen mit Haltestellen am Strand, in Las Olas und in der Innenstadt. Am besten die LauderGO! App herunterladen, um aktuelle Fahrpläne und Karten abzurufen. Micro Mover, ein kostenloses elektrisches Mitfahrprogramm, ergänzt dieses Angebot (über die App Micro Mover by Circuit). Rideshares sind eine weitere gute und günstige Möglichkeit, um sich in der Stadt fortzubewegen.

- Pompano Beach
- Lauderdale-by-the-Sea
- **Fort Lauderdale**
- Dania Beach
- Hollywood

Rund um Fort Lauderdale

Nur eine Autostunde von Fort Lauderdale entfernt, gibt es eine Vielfalt an atemberaubenden Landschaften, unterhaltsamen Aktivitäten und großartigen Naturerlebnissen zu entdecken.

Südlich von Fort Lauderdale, in Richtung Floridas großer Metropole Miami, liegen die geschäftigen und lebhaften Küstenstädte Dania Beach und Hollywood. Hollywood ist ein klassischer Strandort in Florida, der schon in den 1920er-Jahren große Anziehungskraft hatte und bis heute vor allem bei Bohemiens sehr beliebt ist. Die pulsierenden Ortschaften bieten außerdem eine große Vielfalt an unterschiedlichsten Aktivitäten und Veranstaltungen.

Etwas nördlich von Fort Lauderdale ist zwar auch einiges geboten, doch insgesamt geht hier alles etwas langsamer und gemütlicher zu. In der Regel sind hier ältere Menschen anzutreffen, denen es weniger um Party, als vielmehr um entspannte Gelassenheit geht. Strenge Bauvorschriften sehen vor, dass die meisten Hotels und Eigentumswohnungen die Palmen nicht überragen dürfen, sodass in diesen Küstenorten eine überschaubare, fast familiäre Atmosphäre herrscht.

TOP TIPP

Auch wenn das Meer natürlich die größte Aufmerksamkeit auf sich zieht, sollte man sich die Schönheit und den Charme des Intracoastal Waterway auf keinen Fall entgehen lassen.

Dania Beach (S. 182)

DIE BESTE UNTERKUNFT IN HOLLYWOOD – OHNE WENN UND ABER!

Das 17-stöckige **Margaritaville Beach Resort** erhebt sich eindrucksvoll vor dem Strand von Hollywood Beach und verkörpert wie kein anderes die manchmal fast surreale, tropische (Urlaubs-)Atmosphäre dieser Region. Alle Zimmer sind in dezentem, tropischem Stil gestaltet und bieten entweder einen Blick auf den Atlantik oder den Intracoastal – oder beides. Margaritaville ist jedoch weit mehr als nur ein cooler Ort zum Übernachten, es ist ein eindrückliches Erlebnis mit einem einzigartigen Freizeit- und Unterhaltungsangebot.

Jimmy Buffett, der ursprüngliche Miteigentümer der Marke, nahm sich eine Auszeit, um den Strandkomplex im Jahr 2015 zu eröffnen und seine Fans, die „Parrotheads", in der Bandshell zu unterhalten. Jeden Abend wird dort Live-Musik gespielt, die das Publikum stimmungsvoll durch die lauen Nächte trägt. Hol dir eine Margarita aus der Tiki-Bar **Lone Palm** und feiere mit.

ANDRIY BLOKHIN/SHUTTERSTOCK ©

The Broadwalk

Unterwegs auf dem Broadwalk

WEISSER SAND UND BREITE PROMENADE

Nur knapp 18 km südlich von Fort Lauderdale gelegen, ist ein Ausflug nach Hollywood ohne einen Spaziergang über die berühmte 4 km lange, mit Ziegeln gepflasterte Promenade, den **Broadwalk**, nicht möglich. Mit dem Auto (oder Rideshare) ist man in 15 bis 20 Minuten dort. Als Hauptattraktion dieser klassischen Strandstadt in Florida ist der Broadwalk ein Anziehungspunkt für Sporttreibende, Schaulustige und Straßenkünstler:innen. Kleine Motels, riesige Resorts, Souvenirläden, Taco-Stände und Strandbars konkurrieren um Kundschaft. Es gibt eine pulsierende Tacos-und-Piña-Colada-Szene, die parallel zum weißen Strand und dem kristallklaren Wasser des Atlantiks verläuft. Leih dir ein Fahrrad, einen Motorroller oder einen Tretbuggy, lerne surfen oder miete dir einen Liegestuhl und einen Sonnenschirm beim **Margaritaville** und lass dich einfach treiben! (Parkmöglichkeiten gibt es in Hülle und Fülle.)

Gleich hinter dem nördlichen Ende des Broadwalk befindet sich **Keating Beach**, ein ruhiger Zufluchtsort vor dem ganzen Trubel weiter hinten. Hier kann man eine Hängematte aufhängen, ein wenig Romantik genießen - oder beides. Vorsicht vor den Quallen, die in den flachen Gewässern häufig herumtreiben.

Für eine nahtlose Bräunung muss man in Richtung Süden zum **Haulover Beach** fahren, wo man sich stellenweise ganz legal ausziehen kann (an der Lifeguard-Markierung 14).

RESTAURANTS AM BROADWALK VON HOLLYWOOD

Taco Joint
Tolle Strandatmosphäre. Super Hummer-Tacos und gerösteter Mais. Auch die Erdbeer-Daiquiris sind spitze. **$**

Nick's Bar & Grill
Beliebtes Strandlokal im Pub-Stil. Am besten das Blackened Mahimahi Sandwich mit Key Lime Pie bestellen und ein Lächeln ernten. **$$**

Grumpy Gary's Bar & Grill
Strandrestaurant unter Palapas. Burger, Lobster Mac and Cheese, Italian Beef Eggrolls und Key Lime Pie. **$$**

Downtown

KUNST, HANDWERK – UND AUTOS

Mitten in einem Kreisverkehr (an der US1 und dem Hollywood Blvd) liegt der **ArtsPark at Young Circle**, in dem bildende und darstellende Künste mit den Grünflächen verschmelzen.

Breite Wege führen zu einem Amphitheater im Freien, das Platz für 2500 Gäste bietet. Außerdem gibt es einen überdachten Spielplatz, ein Planschbecken, eine Kunstgalerie und einen Pavillon für bildende Kunst. Hier werden Glasbläservorführungen von **Hollywood Hot Glass** angeboten. Wenn keine Bank frei ist, kann man sich unter einem der afrikanischen Affenbrotbäume niederlassen. Freitags werden im Park auch kostenlose Filme für Kinder gezeigt.

Der **Downtown Hollywood ArtWalk** findet jeden dritten Samstag von 18 bis 23 Uhr statt – eine gute Gelegenheit, die lokale Galerien, Cafés und urigen Geschäfte sowie die besten Kunstwerke, Musik, Wandmalereien und Märkte des Viertels kennenzulernen. Bequeme Schuhe sind ratsam. Wer die Veranstaltung verpasst, kann die über 30 Wandmalereien auch auf eigene Faust besichtigen; Straßenkarten weisen den Weg.

Am ersten Sonntag eines jeden Monats finden sich Autofans und Muscle-Car-Begeisterte im Block 1900 des Hollywood Blvd zum **Dream Car Classic** ein, der von 10 bis 14 Uhr stattfindet. Dutzende Hot Rods, Spezialanfertigungen und Oldtimer wetteifern dann um die Aufmerksamkeit der Schaulustigen.

Paddeln in naturbelassenen Mangrovenwäldern

STELZVÖGEL, KREBSE UND ALLIGATOREN

Der **West Lake Park**, der in den 1970er-Jahren von Umweltschützern vor der Bebauung gerettet wurde, liegt nur 25 km von Fort Lauderdale entfernt und beherbergt über 600 ha der ursprünglichen Mangrovenfeuchtgebiete der Küste.

Man kann sich im Jachthafen ein Kanu oder Kajak (15 US$/Std.) ausleihen und die auf einer Karte eingezeichneten Routen durch die Sümpfe und über den See abfahren. Mit etwas Glück sieht man Fischadler und Krabben – und hört Garnelen, die sich bei Ebbe mit Klick- und Ploppgeräuschen bemerkbar machen. Im **Anne Kolb Nature Center** nebenan wandert man auf Bohlenstegen und Naturpfaden (viele sind kinderwagen- und rollstuhlgerecht). Auf einem Abschnitt des Intracoastal Waterway kann man Manatis und Delfine beobachten. Am **Fishing Pier Trail** kann man bei der Anlegestelle eine Angel auswerfen oder auch einfach nur die vorbeifahrenden Boote beobachten.

SURFEN LERNEN

Wolltest du schon immer mal ein Surfboard in die Hand nehmen, einen Neoprenanzug anziehen und auf riesigen Wellen surfen? In der **FlowRider**-Wellenmaschine des Margaritaville Beach Resort auf Hollywoods berühmtem Broadwalk kannst dein Talent testen. Hier können auch Anfänger in kontrollierter und überwachter Umgebung problemlos auf den Wellen reiten. Es ist sicher, macht Spaß und ist sogar für kleine Kinder geeignet. Die Leidenschaft der fachkundigen und geduldigen Surflehrer:innen ist absolut ansteckend. Doch Vorsicht – es ist nicht so einfach, wie es aussieht, und man purzelt schon häufiger mal vom Brett. Aber es ist trotzdem ein Riesenspaß! Die Kurse sind für jeden zugänglich und kosten etwa 1 US$ pro Minute. Für Hotelgäste gibt es spezielle Angebote.

RESTAURANTS AM DANIA BEACH

Oceans at Dania Beach
Netter kleiner Sandwich-Laden. Besonders lecker: das Dania Beach Reuben mit einem tropischen Krautsalat. **$$**

Tarks of Dania Beach
Unscheinbares Lokal, das seit 1966 frisch geerntete Austern, dampfgegarte Krabben und die typischen Curly Fries serviert. **$**

Grampa's Cafe
Eröffnet im Jahr 1957. Grampa's handgerollte Water Bagels und Carnegie Corned Beef Sandwiches sind legendär. **$$**

RÜCKKEHR DES JAI ALAI IN DANIA

Nach einer kurzen Unterbrechung, in der allgemein das Ende von Jai Alai prophezeit wurde, verkünden Spieler und Fans die Rückkehr des schnellsten Ballsports der Welt im **Casino @ Dania Beach**.

Jai Alai stammt ursprünglich aus dem spanischen Baskenland und kam 1924 zum ersten Mal nach Florida. Das Fronton (Spielfeld) in Dania wurde als zweites in den USA im Jahr 1953 eröffnet.

Während der Hochphase in den 1970er- und 80er-Jahren strömten Tausende von Fans in die Arenen, aber die Zahlen gingen zurück, als bald darauf professionelles Eishockey, Baseball und Basketball nach Florida kamen.

Das heutige Sitzplatzangebot ist mit 500 zwar weit entfernt von den 5600 Plätzen von damals, aber die Fans sehen jetzt aus weniger als fünf Reihen zu, wie die Pelotas, die härter sind als ein Golfball, mit bis zu über 300 km/h durch die Gegend zischen.

Wer sich vorsichtig auf den Wanderwegen bewegt, trifft vielleicht auf Waschbären oder Leguane. Sonnenschutz, Wasser, Proviant und Insektenschutzmittel sind empfehlenswert.

Vor der Abfahrt lohnt es sich, den Panoramablick vom ca. 20 m hohen **Aussichtsturm** hinter dem Nature Center zu genießen. Nach oben geht's entweder mit dem Aufzug oder über die Treppe.

Parkplätze gibt es reichlich, und sie kosten nie mehr als 2 US$. Manche Leute parken ihre Autos hier – und gehen dann zu Fuß oder fahren mit dem Rad zu den nahegelegenen Stränden von Hollywood.

Ein Spielchen wagen

SPIELAUTOMATEN UND KLASSISCHE KLÄNGE

Nur knapp 10 km und weniger als 12 Autominuten südlich von Fort Lauderdale wartet das **Casino @ Dania Beach** auf Spielernaturen. Was diesem kleinen Casino an Las-Vegas-Pracht fehlt, macht es mit Charme und Komfort wieder wett. Nach einer 64-Mio.-US$-Renovierung im Jahr 2016 bietet dieses rauchfreie Lokal über 750 Slot-Machines und 20 Pokertische. Obwohl die berühmten Buffets nach COVID-19 nicht mehr stattfinden, serviert das **Luxe Restaurant** reichhaltige Gerichte zu vernünftigen Preisen. An den Wochenenden gibt's kostenlose Live-Musik auf der **Sunrise Bar Stage**. Die beste Musik ist jedoch für die **Stage 954** reserviert, wo regelmäßig große Namen und herausragende Coverbands auftreten (Tickets: 30 US$). Und wer ein gutes Timing hat, kann eine Wette auf eine blitzschnelle Runde Jai Alai abschließen.

Mit dem Kanu oder Kajak unterwegs

SCHMUGGLERPARADIES IN DER PARKLANDSCHAFT

Der **Dr. Von D. Mizell-Eula Johnson State Park** ist eine Hommage an zwei Bürgerrechtler:innen aus der Zeit der Rassentrennung und befindet sich an einem ehemaligen „Strand für Farbige", nur 11 km südlich von Fort Lauderdale – eine 15-minütige Fahrt mit dem Auto oder Rideshare. Während der Prohibition wurde der Strand von Rumschmugglern als Versteck genutzt. Gelegentlich findet man noch heute antike Whiskey- und Rumflaschen, die an den tieferen Mangrovenwurzeln festgebunden sind.

Heute ist der Park bei Einheimischen sehr beliebt, die den (noch) ruhigen Strand als Geheimtipp schätzen. Es gibt Wege, die man zu Fuß oder mit dem Fahrrad erkunden kann, und im **Whiskey Creek Hideout** kann man Kajaks und Kanus mieten (20 US$/Std.). Eine Snackbar serviert kleine Gerichte, Eis und alkoholische Getränke. Bei Ebbe ist das Wasser in den Kanälen

BESTE RESTAURANTS IN POMPANO BEACH

Rusty Hook Tavern
Romantische Aussicht auf den Intracoastal; gegrillter Snapper, Lava Cake und Mango Margaritas sind gleichbedeutend mit ... göttlichem Genusserlebnis. **$$**

Briny Irish Pub
Gehobener Pub, in dem seit 1945 hervorragende Fish and Chips serviert werden. Und dazu natürlich ein frisches Guinness. **$$**

Brendan's Sports Pub
Manche nennen es eine Spelunke. Andere lieben den Billardtisch, die Darts, das hervorragende Käsesteak und die Chicken Wings. **$**

Dr. Von D. Mizell-Eula Johnson State Park

nur knietief – perfekt zum Kajakfahren (und für die Schmuggler von damals, denn größere Schiffe konnten hier nicht durchfahren). Ganz gewiefte Leute umgehen die Parkgebühr von 6 US$, indem sie mit ihren Booten am Strand anlegen.

Ruhiger Strand, hübsches Städtchen

ENTSPANNTER STRAND- UND STADTBUMMEL

Nur 15 Autominuten nördlich von Fort Lauderdale liegt das Küstenstädtchen **Lauderdale-by-the-Sea**, das einen ganz besonderen Charme versprüht. Wer hier ankommt, hat das Gefühl, eine laute Party zu verlassen und an einem ruhigen Pier zu stranden. Das entschleunigende Tempo des Städtchens zieht Ruhesuchende und Naturfreunde an. Auf Spaziergängen am Strand kann man Pelikane beobachten, die nach Meeräschen tauchen. Leider wurde der bei Anglern beliebte Anglin‘s Pier durch den Hurrikan Nicole im November 2022 vollständig beschädigt und anschließend abgerissen. Die prächtige Unterwasserwelt hat zum Glück keinen Schaden genommen, und das nahegelegene, dreigliedrige Korallenriff ist ein beliebtes Revier zum Schnorcheln (nicht umsonst ist hier das weltweit beste Revier des Offshore-Tauchens). Samstags findet im Ort ein belebter Farmermarkt statt, und das Parken ist kostenlos.

SPEAKEASY FÜR POLITIKER, BERÜHMTHEITEN UND MAFIOSI

Die 1928 von Kapitän Eugene „Cap“ Knight gegründete Flüsterkneipe und Spielhölle **Cap’s Place** ist eine Reminiszenz an die Zeit der Prohibition. Bis heute wird in dem ursprünglichen Holzhaus am Wasser Alkohol ausgeschenkt. Der Geruch vergangener Zeiten durchdringt dieses rustikale Restaurant, das die Atmosphäre einer etwas in die Jahre gekommenen Fischerhütte ausstrahlt. Aber das hat der Beliebtheit beim Who’s-Who der Prominenz bisher keinen Abbruch getan – darunter Legenden wie Johnny Carson, Walt Disney, Joe DiMaggio, Al Capone, Bugsy Siegel, Forrest Tucker, George Harrison und Colonel Sanders. Winston Churchill speiste hier sogar mit Präsident Roosevelt, um die Strategie für den Zweiten Weltkrieg zu besprechen. Das Restaurant liegt auf einer Halbinsel am Lighthouse Point und ist mit einer Fähre zu erreichen. Die Crab Cakes sind legendär.

Beach House
Gemütliche Terrasse mit Postkartenblick auf das Meer. Leckere gegrillte Fischsandwiches; und der Bread Pudding ist der Hammer. **$$**

Oceanic
Gehobenes Restaurant direkt am Meer; unbedingt den Cashew-Crunch-Lachs und die Conch Chowder (Meeresschnecken-Suppe) probieren. **$$$**

Lucky Fish
Legeres Tiki-Restaurant mit tollem Blick auf den Strand und den Pier. Hervorragende Conch Fritters. **$$**

DIE BESTEN BARS IN HOLLYWOOD

Sunset Club
Bar auf dem Dach des Costa Hotels mit spektakulärem Blick auf den Intracoastal Waterway. Happy Hour ist von 18.00 bis 20.00 Uhr.

LandShark Bar & Grill
Beliebte Strandbar mit Fisch-Tacos, gebratenen Shrimps und Margaritas. Faszinierender Blick auf den Strand.

5 o'Clock Somewhere Bar & Grill
Entspannte Hafen-Bar (am Intracoastal), ideal zum Zurücklehnen und Genießen von Bier und Chicken Wings.

Butterfly World

Nimm dir Zeit, um die malerischen und ungewöhnlichen Läden des Ortes zu durchstöbern, z. B. **Diamonds & Doggies**, der Souvenirs – und kleine Hunde verkauft. Hol dir bei **Kilwins** eine Superman-Eiswaffel und schlemme dann bei **Harat's by the Sea**. In diesem ehemaligen T-Shirt-Laden an der Ecke, gleich beim Strand, gibt's eine Happy Hour mit 21 Bieren vom Fass. Unbedingt probieren: Lobster Mac and Cheese.

Schmetterlinge, Luftschiffe & Pferde

EINE RASANTE TOUR DURCH POMPANO

Nur 15 Autominuten von Fort Lauderdale entfernt liegt **Butterfly World** in Coconut Creek, der größte Schmetterlings- und Vogelpark der Welt mit Hunderten von Vögeln und über 20 000 Schmetterlingen. Kinder und Junggebliebene lieben es, die neblige Höhle und die Hängebrücke zu erkunden und sich im lebenden Insektenzoo umzuschauen. Es kitzelt auf der Handfläche, wenn einem die Aras direkt aus der Hand fressen.

Gleich nebenan, im **Tradewinds Park**, befindet sich ein Pferdestall, der Gruppen- und Einzelausritte anbietet. Außerdem gibt's einen Streichelzoo und Ponyreiten für die Kleinsten.

Die Bodenstation des Luftschiffs **Goodyear Blimp** ist im **Pompano Beach Airpark** positioniert. Das Luftschiff kann von November bis März besichtigt werden (es verbringt den „Winter" hier). Der Besuch ist kostenlos und öffentlich, und wer den richtigen Zeitpunkt erwischt, kann es vielleicht sogar in Action sehen.

UNTERWEGS VOR ORT

Diese Ziele sind nur eine kurze Fahrt mit dem Auto oder per Rideshare von Fort Lauderdale entfernt. Broward County Transit bietet außerdem regelmäßige Busverbindungen zu all diesen Gebieten zum Preis von 2 bis 3 US$ an, wobei die Fahrtzeit zwischen 15 und 40 Minuten beträgt. Für eine Rundfahrt mit dem „Hollywood Express" kann man das Wassertaxi in Fort Lauderdale nutzen. Dies ist eine von insgesamt 11 Stationen, die in der 35-US$-Tageskarte enthalten sind.

WEST PALM BEACH

Einst Heimat der indigenen Jaega, wurde dieses Gebiet Floridas von dem Eisenbahnmagnaten Henry Morrison Flagler bei seinem ersten Besuch im Jahr 1893 als „wahres Paradies“ bezeichnet. Seine Pläne sahen vor, die dünn besiedelte Barriereinsel Palm Beach in ein Luxusresort mit Hotels und Villen zu verwandeln. Um seine Belegschaft unterzubringen, wollte er auf der anderen Seite der Lagune eine „Arbeiterstadt“ errichten. Und so entstand ein Jahr später West Palm Beach, das sich schnell zu einer boomenden Grenzstadt mit Geschäften und Saloons entwickelte.

Heute ist West Palm Beach ein Ort mit palmengesäumten Boulevards und einem spektakulären Blick auf den Intracoastal. Es ist die Hauptstadt des Countys und bietet erstklassige Einkaufsmöglichkeiten, Restaurants und Unterhaltungsviertel. Trotzdem strebt West Palm Beach immer noch nach der Pracht und dem Reichtum seines wohlhabenderen Nachbarn Palm Beach auf der anderen Seite der Brücke.

TOP TIPP

Zwar gibt es in der Stadt viele große Geschäfte, Malls und Outlet-Stores, doch die kleineren Läden entlang der Clematis Street sollte man sich keinesfalls entgehen lassen. Hier findet man viele einzigartige Angebote in wunderschönen historischen Gebäuden. Auch ein Besuch des Flohmarkts auf dem GreenMarket am Samstagmorgen ist ein Erlebnis.

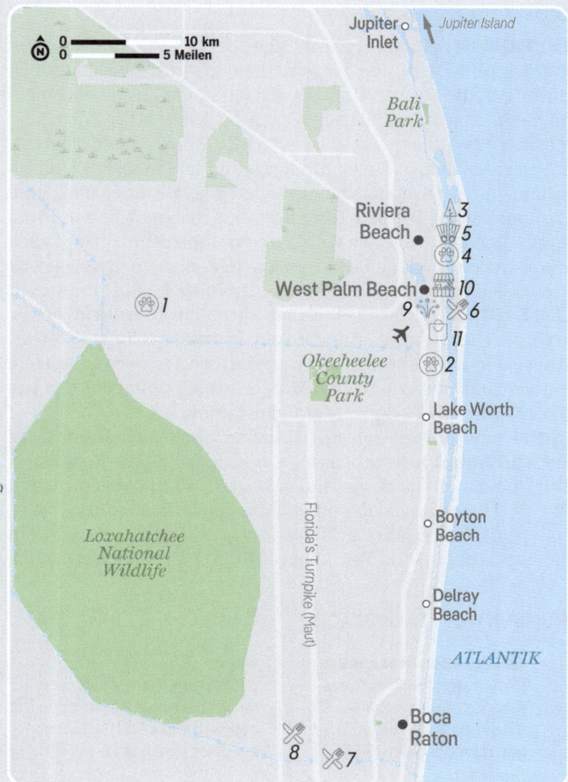

SEHENSWERTES
1 Lion Country Safari
2 Palm Beach Zoo
3 Phil Foster Park

AKTIVITÄTEN, KURSE & TOUREN
siehe 2 Cox Science Center & Aquarium
4 Manatee Lagoon
5 Peanut Island

ESSEN
6 ER Bradley's
7 Sloan's Ice Cream
8 Sushi Yama Asian Bistro

UNTERHALTUNG
9 Clematis Street

SHOPPEN
10 GreenMarket
11 The Square

BESTE UNTERKÜNFTE IN WEST PALM BEACH

Hilton West Palm Beach
Dieses luxuriöse Hotel liegt günstig gegenüber vom Square sowie 3 km vom Strand entfernt und besticht mit Charme und Eleganz. Die modernen Suiten, der Pool im Resort-Stil, die ausgezeichneten Restaurants, das Spa mit umfassendem Angebot und der kostenlose Parkservice sorgen dafür, dass die Gäste sich rundum wohlfühlen. Es gibt kostenlose morgendliche Yogakurse (für Nichtgäste 10 US$), und es stehen Fahrräder und offene, elektrische Moke Carts gratis bereit. **$$$**

The Ben
Dieses luxuriöse Boutiquehotel ist Teil der Marriott Autograph Collection. Nur einen Block von der Clematis Street entfernt, bieten zahlreiche Balkone einen schönen Blick auf die Palm Harbor Marina und den Intracoastal Waterway. Zum Angebot gehören ein Salzwasser-Pool mit Cocktailservice, eine elegante Dachterrassen-Lounge, ein Shuttle zum Strand (mit kostenlosen Liegestühlen und Schirmen) und ein kostenloser Buch-Butler-Lieferservice. **$$$**

Palm Beach Zoo

Wildnis entdecken

ZOOS, AQUARIEN UND SAFARIS

Der **Palm Beach Zoo** erstreckt sich über ca. 9 ha subtropischen Waldes und ist in vier verschiedene geografische Regionen unterteilt, die alle von einem zentralen Punkt ausgehen: einem Springbrunnen und Planschbecken für Kinder. Die Wege sind leicht zu bewältigen und barrierefrei. Sie führen unter schattenspendenden Ficusbäumen hindurch und schlängeln sich durch Sumpfzypressenwälder, nachgebildete Maya-Ruinen und lichte Bambuswälder. Die 550 Tiere des Zoos scheinen sich in ihren tropischen Behausungen vollkommen wohlzufühlen, und auch wenn vielleicht einige Lieblingstiere fehlen, so gibt es doch jede Menge Spannendes zu entdecken. Das einzige Restaurant vor Ort, **Latitude 26**, bietet eine Auswahl an Burgern, Sandwiches, alkoholischen Getränken und leckere Parmesan-Trüffel-Pommes. Am besten ist ein Besuch an einem kühlen Tag, wenn die Tiere aktiver sind, oder am frühen Morgen. Geöffnet hat der Zoo von 9 bis 17 Uhr, die Parkplätze sind kostenlos.

Mit Kindern lohnt sich ein Abstecher zum **Cox Science Center and Aquarium** nebenan – ein ideales Ziel für Regentage. Dort kann man durch die Hall of Discovery schlendern, die mit über 100 interaktiven Exponaten das ganze Spektrum von Wissenschaft, Raumfahrt und Technologie abdeckt. Es gibt ein Salzwasseraquarium mit knapp 40 000 l Fassungsvermögen,

GEHOBENE GASTRONOMIE IN WEST PALM BEACH

Spruzzo
Die einzige Open-Air-Dachterrassen-Bar und Dining Lounge in WPB. Unbedingt die Lamm-Pappardelle probieren. Witzige, glamouröse Energie. **$$$**

Okeechobee Steakhouse
In dem ältesten Steakhaus Floridas stillt das Kansas City Sirloin auch den größten Hunger. Unvergesslich. **$$$**

Galley
Großzügige Terrasse im Freien mit knisterndem Kaminfeuer. Die besten Smoky Old Fashioneds auf dieser Erde. **$$$**

eine Minigolfanlage im Freien, ein Planschbecken und coole Planetarium-Shows.

Lust auf eine Safari? Dann nichts wie los in westliche Richtung zur selbstgeführten **Lion Country Safari**. Über 900 exotische Tiere bewegen sich dort frei in offenen Habitaten. Man kann außerdem Karussell fahren, einen Wasserpark besuchen und auf einem KOA-Campingplatz übernachten.

Manatis & Meerjungfrauen

SPASS IN WARMEM SALZWASSER

Nachdem Florida Power & Light entdeckt hatte, dass das warme Wasser des Kraftwerks in Riviera Beach im Winter Manatis (Seekühe) anlockt, eröffnete das Unternehmen ein Öko-Erlebniszentrum zu Ehren dieser sanften Giganten. Die **Manatee Lagoon** bietet lehrreiche Ausstellungen und zwei Aussichtsplattformen, von denen aus man die Manatis (zusammen mit Ammenhaien, Meeresschildkröten und anderen bunten Meeresbewohnern) beobachten kann. Die beste Zeit zum Beobachten ist von November bis März. Eintritt und Parken sind kostenlos.

Manatis und sogar Meerjungfrauen tummeln sich auch im kristallklaren Wasser vor dem **Phil Foster Park** (Tiere erlaubt) unterhalb der Blue Heron Bridge. Diese weltberühmten Gewässer sind wegen ihrer einzigartigen Vielfalt an Meerestieren ein Mekka für Meeresbiolog:innen und Taucher:innen. Oktopusse, Seepferdchen, Seesterne, Rochen, Meeresschildkröten, Hummer und Schiffswracks sind nur wenige Schwimmzüge vom Ufer entfernt zu entdecken. Der 8000 m² große **Snorkel Trail** (Schnorchelpfad) führt Neulinge an einem 3 m tiefen künstlichen Riff entlang, das von Kalksteinblöcken und Unterwasserskulpturen gesäumt ist. Familien lieben den bewachten Strand und den Angelsteg, von dem auch zahlreiche Boot- und Kajakfahrer ihre Touren starten. Das Parken ist kostenlos, aber das Auto sollte unbedingt abgeschlossen werden, denn Diebstähle sind hier an der Tagesordnung, und es treiben sich so manche zwielichtige Gestalten herum.

Als Schiffbrüchige auf einer Insel

PEANUT ISLAND

Obwohl sie künstlich angelegt wurde, ist **Peanut Island** ein liebenswertes, kleines tropisches Paradies. Die 32 ha große Insel wurde 1918 aus Sand gebildet, der aus der Bucht von Lake Worth gebaggert wurde. Ursprünglich trug sie den Namen Inlet Island, wurde dann aber umbenannt, um ihren ursprünglichen Zweck – zur Verschiffung von Erdnussöl – widerzuspiegeln; diese Pläne wurden jedoch in den 1940er-Jahren wieder auf-

WIE WERDE ICH EINE MEERJUNGFRAU?

Bei einem Besuch von **Blue Heron Bridge** mag man seinen eigenen Augen nicht trauen. Sind das echte Meerjungfrauen? Nun – ja und nein.

Kayleigh „Keke" McBride, eine PADI-zertifizierte Meerjungfrauenausbilderin, bietet einen vierstufigen Kurs (plus Kurse für Ausbilder:innen) an, um eine Meeresgöttin zu werden. Sie und ihr Partner Farrell Tiller betreiben **Live Free Diving** (livefreediving.com), und der Meerjungfrauenkurs ist ein Ableger ihrer beliebten Tauch-, Schnorchel- und Freitauchprogramme. Die in vielen leuchtenden Farben erhältlichen und erstaunlich echt aussehenden Fischschwänze sind aus Silikon geformt und mit wasserdichtem Material mit schuppenartigen Mustern überzogen. Wenn du schon immer davon geträumt hast, einmal Arielle zu sein, dann ist das deine Chance!

Pistache French Bistro
Bistro im Pariser Stil mit weißen Tischdecken, raffiniertem Gebäck und montags Muscheln „all you can eat". **$$$**

Blind Monk
Stilvolle, romantisch beleuchtete Tapas- und Weinkneipe. Stummfilme unterstreichen das Retro-Chic-Ambiente. **$$**

Proper Grit
Gemütlich, stimmungsvoll. Empfehlenswert ist die Vorspeise „Hanging Bacon". Wer dann immer noch Hunger hat: Es gibt auch leckeren Wildlachs. **$$$**

LOCAL-TIPP: BESTE CAFÉS IN WEST PALM BEACH

Kaleigh McBride, Tauch- und Meerjungfrauen-Lehrerin bei Live Free Diving, gibt Tipps, wo man nach dem Tauchgang den besten Kaffee bekommt.

Salento Coffee Shop
In der Clematis Street, der beste Kaffee der Welt! Der Laden wird von einem kolumbianischen Ehepaar betrieben, das Stofffilter statt Papierfilter verwendet (sie erklären gerne den wichtigen Unterschied). Dazu Pandebono-Brötchen zum Eintunken in den Kaffee bestellen – das ist gar nicht so übel, wie es klingt.

Subculture Coffee
Das Café ist mit Splash Art, bemalten Skateboards und kreativen T-Shirts dekoriert. Allerdings unbedingt Ohrstöpsel mitbringen, denn die Musik ist sehr laut!

Pumphouse Coffee Roasters
Das ist der Knaller! Das Café befindet sich im Grandview Public Market und verfügt über eine große Terrasse, von der aus man Leute beobachten kann. Der Draft Latte und sämtliche Croissants sind empfehlenswert.

SEAN PAVONE/SHUTTERSTOCK ©

The Square

gegeben. Als die Spannungen mit Castros kubanischer Regierung im Vorfeld der Kubakrise eskalierten, baute die US-Marine hier im Dezember 1960 einen Atombunker für Präsident Kennedy.

Da es keine Brücke zur Insel gibt, kann man nur per Boot, Kajak oder mit einem der Shuttleboote hinüberfahren (16 US$ hin und zurück, Kinder 8 US$, Haustiere kostenlos; regelmäßige Abfahrten vom Riviera Beach Marina).

Umgeben von seichtem, kristallklarem Wasser, ist die Insel ein Paradies zum Schnorcheln. Sogar vom Dock aus lässt sich das exotische, natürliche Aquarium unter Wasser bestaunen. Ein leicht begehbarer, barrierefreier, 2 km langer, gepflasterter Weg führt einmal um die Insel herum, vorbei an Mangroven, bewachten Badestränden (Vorsicht vor Quallen!), Picknickplätzen und Aussichtsplattformen. Viele Leute ankern hier mit ihren Booten, legen Musik auf und genießen die karibische Atmosphäre der abgelegene Insel – schließlich ist sie nur etwa 95 km von den Bahamas entfernt.

Es gibt Campingplätze und Sanitäranlagen, aber keine Geschäfte (und keinen Alkohol), also auf jeden Fall Proviant einpacken. Das letzte Shuttleboot verlässt die Insel um 17 Uhr.

Hotspot für Gourmet- und Shoppingfans

EIN PARADIES ZUM SHOPPEN UND SCHLEMMEN

Einst berüchtigt für sein Nachtleben, bietet West Palm Beach heute ein reichhaltiges Angebot an Einkaufsmöglichkeiten und Restaurants in der Innenstadt. **The Square** ist ein 300 ha gro-

FÜR NASCHKATZEN

Ganache Bakery
Unvergleichliche Kuchen und Cupcakes. Hier werden auch Backkurse angeboten. $

Hive Bakery & Cafe
Ein Genuss für Leckermäuler: Kokos-Cremetorte, Key-Lime-Torten, Kürbis-Käsekuchen und noch viel mehr. $$

Le Macaron French Pastries
Leckere Macarons, traumhafte Red Velvet Cakes und köstliche Eclairs – hier fühlt man sich wie in Paris. $$

ßes Einkaufs- und Vergnügungsviertel im Zentrum der Stadt. Hier kann man shoppen, sich anschließend ein gemütliches Plätzchen suchen und freitags und samstags von 18 bis 22 Uhr am zentralen Springbrunnen kostenlose Classic-Rock- und Country-Konzerte genießen. Der Brunnen ist ein Treffpunkt für Groß und Klein, der zum Verweilen einlädt.

Ein Stück weiter befindet sich die **Clematis Street**, eine lebendige, geschichtsträchtige Unterhaltungsmeile – Flagler, der Gründer von West Palm Beach, war von Blumen besessen und benannte daher die Straßen der Innenstadt nach Pflanzen und Blumen. Trendige Restaurants haben sich hier angesiedelt und stehlen den schrillen Nachtclubs in der Nachbarschaft die Show. **Clematis By Night**, eine kostenlose Live-Konzertreihe, findet hier jeden Donnerstagabend von 18 bis 21 Uhr statt.

Im **Sushi Yama Asian Bistro** gibt's leckeres Essen zu günstigen Preisen: Täglich von 15.30 bis 18.30 Uhr ist Happy Hour mit Vorspeisen für 4 US$, Sushi-Roll-Platten für 6 US$ und Wein und Bier für 4 US$.

Wenn Willy Wonka eine Eisdiele besäße, würde sie wie **Sloan's** aussehen. Dieser farbenfrohe Laden erscheint wie ein wahr gewordener Kindertraum. Verwendet werden ausschließlich natürliche Zutaten und Früchte der Saison. Unbedingt probieren!

ER Bradley's ist ein klassisches Strandrestaurant, das über 50 Jahre lang als illegale Spielhölle betrieben wurde (anscheinend zahlt es sich aus, die richtigen Leute zu kennen). Heute ist es familienfreundlich (und legal) und serviert legendäre Fisch-Tacos mit Mahimahi, frisch aus dem Meer.

Direkt hinter dem Restaurant findet samstagmorgens (Oktober bis April) der **GreenMarket** statt, ein riesiger Farmermarkt mit 110 Ständen. Noch weiter die Clematis hinauf bieten 60 Marktverkäufer:innen Dinge an, die du vielleicht noch nie im Leben gesehen oder gekostet hast. Plane am besten einen ganzen Tag ein, um so viel wie möglich zu probieren. Etwa die glutenfreie Ananasmarmelade von **Pascale's**, die Apfelwein-Mini-Donuts oder unzählige andere köstliche Süßigkeiten.

BARRIEREFREIHEIT LT. ADA

Das US-Gesetz für Menschen mit Behinderungen (Americans with Disabilities Act, ADA) schreibt vor, dass öffentliche Einrichtungen Menschen mit Hör-, Seh-, Mobilitäts- oder kognitiven Beeinträchtigungen uneingeschränkten Zugang gewähren müssen, und enthält Normen für die barrierefreie Gestaltung. Weitere Infos über barrierefreies Reisen siehe S. 420.

DIE BESTEN BARS FÜR CRAFT-COCKTAILS

Proper Grit
Die schicke Bar im Speakeasy-Stil bietet lange Happy Hours und Live-Musik. Empfohlener Cocktail: Blueberry Old Fashioned.

Kapow Noodle Bar
Beliebtes asiatisches Fusion-Restaurant im Zeichen von Anime und Manga. Empfohlener Cocktail: Blueberry Lavender Mojito.

Honor Bar (Palm Beach)
Gemütliche Bar mit dunklem Holzambiente. Empfohlener Cocktail: Churchill Martini.

Treehouse
Lockere Rooftop-Bar mit toller Aussicht und ebenso guten Drinks. Empfohlener Cocktail: Spicy Watermelon Margarita.

Spruzzo
Beliebte Rooftop-Bar mit 360°-Aussicht, ideal für Sonnenuntergänge. Empfohlener Cocktail: Fumo Mule.

UNTERWEGS VOR ORT

Der Verkehr kann sehr dicht sein und das Parken teuer, daher empfiehlt es sich, auf die Downtown West Palm Beach Trolleys oder den Circuit West Palm Beach umzusteigen – beide bieten kostenlose Fahrten im Stadtgebiet an. Fahrräder und Elektrofahrzeuge können oft in den örtlichen Hotels gemietet werden. Auch Rideshares sind eine beliebte Option.

Rund um West Palm Beach

Villen am Meer, Museen, Strände und schöne Wanderwege sind von West Palm Beach aus in einer nur halbstündigen Fahrt zu erreichen.

TOP TIPP

Lake Worth Beach ist ein Muss. Er wird von vielen als der schönste Strand Südfloridas angesehen und ist beliebt bei Surfbegeisterten, Ruhesuchenden und Bohemiens.

Der nördliche Streifen von Floridas Gold Coast lockt Besucher:innen mit ganz besonderen Perlen, wie dem Küstenstädtchen Jupiter. Nicht ohne Grund hat der legendäre Schauspieler Burt Reynolds diesen Ort als „den besten Ort der Welt" bezeichnet. Das wohlhabende, malerische Örtchen, dessen Skyline von einem schmucken Leuchtturm aus den 1860er-Jahren dominiert wird, strahlt eine angenehm zurückhaltende Stimmung aus. Palm Beach auf der anderen Seite zeigt dagegen eine ausgeprägte Dekadenz und Überheblichkeit – und stellt dies auch ganz offen und unverhohlen zur Schau. Aber es macht Spaß, beim Schaufensterbummel die Reichen und Berühmten zu beobachten und die ebenso reiche Geschichte der Stadt zu erkunden. Und in Delray Beach, einer beliebten Partystadt mit zahlreichen Unterhaltungsangeboten, wird es nie langweilig.

Jupiter Inlet Lighthouse **(S. 194)**

SEAN PAVONE/SHUTTERSTOCK ©

SEAN PAVONE/SHUTTERSTOCK ©

Flagler Museum

Paläste, Villen & Kirchen

HISTORISCHE GEBÄUDE UND STÄTTEN

Überquert man die Brücke nach Palm Beach, taucht man ein in eine andere Zeit. Der Eisenbahn-, Öl- und Immobilienmagnat Henry Flagler gab hier 1901 für 5 Mio. US$ das 75-Zimmer-Gebäude Whitehall als Hochzeitsgeschenk für seine Frau Mary Lily Kenan in Auftrag. Das monumentale Herrenhaus im Beaux-Arts-Stil wurde von dem Architekturbüro geplant, das auch die New York Public Library und die Gebäude des US-Senats entworfen hat, und ist heute als **Flagler Museum** bekannt. Im Innern des Gebäudes zeigt sich die dekadente Seite des Flagler-Imperiums – von rosafarbener Aluminiumtapete (damals teurer als Gold) über Marmorböden bis hin zu Baccarat-Kristallleuchtern. Dekor im Stil der italienischen Renaissance mischt sich mit anderen Stilepochen zu Zeiten Ludwigs XIV., XV., XVI. und Franz I. Bei einem Gang durch Flaglers privaten Eisenbahnwaggon Nr. 91 oder einer Tasse Tee in Marys Kokospalmengarten begibt man sich auf eine Reise in die Vergangenheit.

Im Jahr 1904 ließ Flagler ein erstklassiges Hotel an der nahegelegenen Atlantikküste errichten. Heute besitzt das **Breakers** 538 Zimmer, zwei 18-Loch-Golfplätze und beschäftigt Tausende von Mitarbeitenden. Es ist nur einen kurzen Spaziergang von Whitehall entfernt. Das Hotel bietet traumhafte Ausblicke auf den den kilometerlangen Strand, ein unergessliches Brunch-

PALM BEACH CHARIOTS

Schon bald nachdem er sich in Palm Beach niedergelassen hatte, begeisterte sich Henry Flagler für ein innovatives Transportmittel, das seiner Meinung nach perfekt für die Insel geeignet war. Der von dem aus Palm Beach stammenden John Thomas (JT) Havens entwickelte „Wicker-Wheel Chair" wurde von Flagler schon nach kurzer Zeit als einziges akzeptiertes Transportmittel auf der Insel eingeführt. Das kutschenähnliche Gefährt bestand aus einem Sessel aus weißem Korbgeflecht für zwei Personen, der auf zwei großen Rädern gelagert war und von einem hinten sitzenden uniformierten „Fahrradpiloten" gesteuert wurde. Wohlhabende Hotelgäste, vor allem Frauen, ließen sich damit gern zum Strand oder zu glamourösen Veranstaltungen fahren.

Die von Rikschas inspirierten Fahrzeuge wurden liebevoll „Palm Beach Chariots" genannt. In den 1960er-Jahren wurden sie schließlich ausgemustert, aber es sind noch zwei Originale im Flagler Museum ausgestellt.

FESTIVALS & EVENTS IN DER UMGEBUNG VON PALM BEACH

Oktoberfest
Jährlich stattfindende Veranstaltung mit Musikkapellen und Volkstanz, reichlich Schnitzel und Schnaps in Lake Worth.

Lake Worth Beach Street Painting Festival
Im Februar werden die Bürgersteige von talentierten Künstler:innen mit Kreidebildern verziert – dazu gibt es gutes Essen und Musik.

Palm Beach Pride
Beliebte Veranstaltung zur Förderung der Gleichberechtigung und des Respekts für die LGBTIQ+-Gemeinschaft, bei der jedes Jahr im März der Bryant Park rappelvoll ist.

RESTAURANTS IN PALM BEACH

Green's Pharmacy
Klassische Soda Fountain. Hier gibt's Frühstück, Mittagessen und Milchshakes. Viele Kennedys kamen nach dem Besuch der nahe gelegenen Kirche hierher zum Mittagessen. $

Pizza al Fresco
Versteckter Ort abseits der Worth Ave. Hier wird die beste Holzofenpizza der Stadt im Garten des Innenhofs serviert. $$$

Buccan Sandwich Shop
Die besten Sandwiches in Palm Beach, mit entsprechendem Service. Das Buffalo Chicken ist göttlich. $$

Ta-boo
Gemütliches Bistro in der Worth Ave, von dem aus man wunderbar Leute beobachten kann. Angeblich wurde hier die Bloody Mary erfunden. $$

Palm Beach Grill
Prime Rib, koscherer Hotdog, Kohl mit Ziegenkäse – alles sehr lecker. Kann aber sehr voll werden. $$$

Wanderweg am Palm Beach Lake

Buffet und wunderbar angelegte Gartenanlagen. Gelegentlich werden über das Flagler Museum Führungen angeboten.

Auch Donald Trump besitzt hier sein majestätisches Anwesen **Mar-a-Lago**, das viele Neugierige anlockt. Obwohl es für die Öffentlichkeit geschlossen ist, kann man von einem Parkplatz westlich des Anwesens einen Blick auf die Lagune erhaschen – und wenn sich das Tor öffnet, auch auf die Villa selbst.

Die Kirche **Bethesda-by-the-Sea**, in der Trump 2005 seine Frau Melania heiratete, besticht durch ihre atemberaubende Architektur im gotischen Stil. Das mittelalterliche Dekor dieser 1925 erbauten Episkopalkirche wirkt in der Küstenregion Floridas völlig bizarr. Bei einem Rundgang durch den Kreuzgang kann man anhand der dort ausliegenden Karte die 10 verschiedenen Palmenarten identifizieren, die in den Gärten wachsen.

Wanderwege, Strände und Geschäfte in Palm Beach

NATÜRLICHE SCHÖNHEIT UND KAUFEXZESSE

Trotz des überbordenden Reichtums in Palm Beach gibt es immer noch ein paar Dinge, die kostenlos sind. (Auch wenn die Parkgebühren manchmal ein Vermögen kosten.)

Der gepflasterte **Palm Beach Lake Trail** erstreckt sich über 8 km entlang des Intracoastal, von der Indian Rd im Norden

ORTE FÜR NASCHKATZEN IN PALM BEACH

Mary Lily's
In diesem winzigen Laden im prächtigen Breakers Hotel gibt's himmlische Eiscreme, Frozen Custards und Gelato. $$$

Blue Provence
Ein kleiner Abstecher nach Paris, um exquisites französisches Gebäck zu genießen. Köstliche Torten, Kekse und Donuts. $$

Piccolo Gelato
Hier sollte man unbedingt ein paar Sorten probieren, bevor man sich für eine der vielen frisch zubereiteten italienischen Eissorten entscheidet. $$$

bis zur Worth Ave im Süden. Von West Palm Beach aus sind es nur fünf Minuten mit dem Auto oder dem Fahrrad über die Brücke. Fahrräder und E-Bikes können im **Palm Beach Bicycle Trail Shop** in der Cocoanut Row gemietet werden (unbedingt nach einer Übersichtskarte fragen). Der Weg ist leicht zu befahren und barrierefrei und wurde ursprünglich von Flagler entworfen, um seinen Gästen die Schönheit der Gegend zu zeigen. Viele von ihnen waren begeistert, in zweisitzigen Wicker Wheel Chairs den fürstlichen, palmenbewachsenen Weg am malerischen Waterway von Palm Beach entlangchauffiert zu werden.

In Südostflorida gibt es unzählige Möglichkeiten, sein Geld auszugeben, z. B. in der extravaganten Worth Ave am südlichen Ende des Weges. Hier befinden sich eine ganze Reihe von Luxusgeschäften und Restaurants mit entsprechend hohen Preisen. Den Beginn der extravaganten Meile markieren zwei Säulen am South Ocean Blvd – die Straße erstreckt sich über vier Blocks bis zum Lake Worth. Bei einem Schaufensterbummel staunt man über 500-Dollar-T-Shirts und flaniert vorbei an mediterraner Architektur und schicken Modegeschäften, wie Gucci, Chanel, Brioni und Tiffany's. Parkmöglichkeiten gibt es entlang der Worth Ave, der Peruvian Ave und dem South Ocean Blvd – für 6 US$ pro Stunde.

Wenn du irgendwann eine Pause brauchst, kannst du einen kurzen Abstecher machen und deine Füße am Palm Beach Municipal Beach ins Wasser tauchen. Dieser Strand, an dem es vor allem darum geht, zu sehen und gesehen zu werden, ist bei einem jungen und sportlichen Publikum beliebt. Für einen kürzeren Aufenthalt gibt's auf der Barton Ave in der Nähe der South County Rd kostenlose Parkplätze für zwei Stunden.

JAGD NACH PRÄHISTORISCHEN HAIFISCHZÄHNEN

An den Sandstränden von Palm Beach Island, Jupiter und Boca Raton werden regelmäßig versteinerte Haifischzähne angeschwemmt – ein ideales Revier für Sammler:innen.

Kadaver von Haien, denen im Lauf ihres Lebens 30 000 bis 50 000 Zähne gewachsen sind und deren Skelett aus Knorpel (und nicht aus Knochen) besteht, verwesen schnell und lassen nur die rasiermesserscharfen Zähne zurück. Die meisten Zähne, die an Floridas Küsten gefunden werden, sind über 10 000 Jahre alt – einige sogar prähistorisch.

Da, wo die Flut auf das Ufer trifft, kann man zwischen Muscheln und Algen nach dunklen, dreieckigen Gebilden suchen. Das geht am schnellsten mit einem Sieb. Die meisten Zähne sind 1,5 bis 5 cm groß. Wenn du einen entdeckst, der länger als 10 cm ist, gratuliere, dann hast du wahrscheinlich einen Megalodon-Zahn gefunden!

Ein Berg, Leuchtturm und Geysir-Felsen

NATÜRLICHE UND KÜNSTLICHE WUNDER

Auf der halbstündigen Fahrt von West Palm Beach nach Jupiter fällt auf, dass Florida so flach ist, dass eine Sanddüne schon als Berg durchgeht. Tatsächlich ist der **Hobe Mountain Observation Tower** im **Jonathan Dickinson State Park**, der höchste natürliche Punkt in ganz Südflorida, nichts weiter als eine 26 m hohe Düne. Dennoch ist die Aussicht von der Spitze des Turms atemberaubend. Ein leicht ansteigender (nicht barrierefreier) Bohlensteg ermöglicht einen leichten Zugang zu den 120 Stufen, die am Fuß der Düne beginnen.

Der Park, in dem sich einst eine geheime Radar-Trainingseinrichtung aus dem Zweiten Weltkrieg befand, umfasst eine Fläche von 4250 ha und verfügt über zwei Campingplätze mit

TOLLE CAFES IN JUPITER

Lokomotive
Eklektisches Dekor; man könnte schwören, dass der Filmregisseur Tim Burton dieses rustikale Jugendstil-Café entworfen hat. Ausgezeichneter Kaffee!

Pumphouse Coffee Roasters
Nur Sitzplätze im Freien, mit Kaffeesorten aus der ganzen Welt. Kleine Tassen, aber Qualitätskaffee. Tiere erlaubt.

I Need Coffee
Gemütliches Refugium auf der Plaza mit Reggae- und Jazzmusik. Unbedingt den Butterkaffee und den koffeinhaltigen Apple Cider probieren.

TRAPPER NELSON VOM LOXAHATCHEE

1931 ließ sich der 23-jährige Vince Natulkiewicz aus New Jersey, ein erfahrener Fallensteller und Jäger, in der rauen Einsamkeit des abgelegenem Loxahatchee in Florida nieder – und taufte sich selbst **„Trapper Nelson"**.

Als Selbstversorger lebte er von der Ausbeute seiner Fallen. Bald kursierten in der High Society Gerüchte über den eigenartigen Einsiedler im Dschungel. Neugierige bezahlten dafür, ihn beim Ringen mit Boas und Alligatoren zu beobachten, und so machte er mit dem Bau eines Zoos Kasse. Die Nachfrage nach seinen Fellen stieg rapide an. Er hortete sein Geld und kaufte Land wie andere Bonbons.

1968, als er kurz vor einem millionenschweren Grundstücksgeschäft mit der Regierung stand, wurde Trapper Nelson erschossen aufgefunden – offiziell ein Selbstmord, doch ein Beigeschmack bleibt. Eine Besichtigung seiner **Heimstätte** im Jonathan Dickinson State Park lohnt sich.

Cabin-Vermietung. 32 km Naturpfade und knapp 15 km Mountainbikerouten führen durch verschiedene Ökosysteme. Die Sandkiefernwälder an der Küste, in denen viele geschützte Tiere wie der Gopher-Frosch, der Florida-Buschhäher und die Florida-Maus leben, machen 20 % des Parks aus.

Mit dem Pontonboot *Loxahatchee Queen II* kann man eine zweistündige Fahrt bis zum Gehöft des legendären Trappers Nelson unternehmen. Man kann auch ein Kanu, ein Kajak oder ein Fahrrad im River Store mieten und auf eigene Faust auf Entdeckungstour gehen.

Wer einen noch beeindruckenderen Blick auf den Loxahatchee River und Jupiter Inlet genießen möchte, sollte die 105 Stufen des **Jupiter Inlet Lighthouse** hinaufsteigen, der 1860 erbaut wurde und 33 m hoch ist. Die Lampen des Leuchtturms, der zu den ältesten Leuchttürmen an der Atlantikküste gehört, warnen die Schiffe bis heute vor den vorlagernden Riffen. Man kann das Haus der Pioniere, die Werkstatt des Leuchtturmwärters und ein *chickee* (eine hölzerne Plattform über dem Wasser) besichtigen, das 2009 als Hommage an die Geschichte der indigenen Seminole errichtet wurde. Der Blick auf den Loxahatchee River bietet tolle Fotomotive. (Das angrenzende Museum war bei Redaktionsschluss wegen Brückenreparaturen geschlossen).

Über den South Beach Blvd gelangt man zum **Blowing Rocks Preserve**, einer faszienierenden Kalksteinformation, die wie ein Schweizer Käse durchlöchert ist. Vor allem bei Flut bieten diese Felsen ein beeindruckendes Naturschauspiel, wenn die Meeresgischt wie ein Geysir durch die Löcher stiebt. An diesem Strandabschnitt geht es sehr ruhig und überschaubar zu – perfekt für ein gemütliches Picknick.

An allen Stränden von Jupiter und Jupiter Island, also auch im **Coral Cove Park**, **Carlin Park** und **Jupiter Beach Park**, gibt es kostenlose Parkplätze. Im Carlin Park kann man begeisterten Surffans dabei zusehen, wie sie auf riesigen Wellen reiten, die von einem der besten Breaks an der Küste erzeugt werden.

Die natürliche und luxuriöse Schönheit von Jupiter Island

JUPITER ISLAND UND INLET COLONY

35 Autominuten nördlich von West Palm Beach liegt **Jupiter Island**. Zu den 817 Menschen, die hier leben, zählen viele prominente Persönlichkeiten, darunter Tiger Woods, Tammy Wynette, Alan Jackson und Celine Dion. Trotzdem ist die Gegend angenehm unprätentiös. Im Gegensatz zu anderen noblen Vierteln stehen hier viele Tore offen und und bieten einen freien Blick auf die dahinterliegenden, stattlichen Häuser.

EINZIGARTIGE RESTAURANTS IN JUPITER

Beacon
Das direkt am Wasser gelegene Beacon gehört der Football-Legende Joe Namath und bietet einen atemberaubenden Blick auf den Leuchtturm. **$$$**

Twisted Tuna
Der Inbegriff von Florida und ein Favorit bei den Locals in Sachen frischer Fisch und Sushi. Tolle Mojitos – und pikante Calamari. **$$**

Dune Dog Cafe
Ein Klassiker im Retro-Stil mit großen, köstlichen Portionen zu fast historischen Preisen. Und natürlich tolle Hot Dogs. **$**

Obwohl viele Locals dazu raten, die malerische 16 km lange Beach Rd mit dem Fahrrad abzufahren, ist diese zweispurige Straße nicht besonders fahrradfreundlich. Es gibt keinen Radweg, und wegen der Enge der Straße ist das Fahren nicht ganz ungefährlich – vor allem, wenn man sich von den prächtigen Villen ablenken lässt! Zum Glück ist nicht viel Verkehr. Parken? Tja, viel Glück dabei. Am besten lässt man sein Auto am Hobe Sound Beach (kostenlos) am Nordende der Insel stehen und bewegt sich von dort aus zu Fuß oder mit dem Fahrrad weiter.

Hobe Sound Beach ist wahrscheinlich der am besten gehütete Geheimtipp in der Region und bei den Locals sehr beliebt. Rettungsschwimmer bewachen diesen Strand, Tiere sind willkommen, und Menschen mit Mobilitätsproblemen werden die barrierefreien Picknicktische zu schätzen wissen. Allerdings ist festes Schuhwerk zu empfehlen, da der graue Sand des Strandes oft brütend heiß wird.

Der Strand des **Nathaniel P Reed Hobe Sound National Wildlife Refuge**, knapp 5 km nördlich, ist ein weiterer Geheimtipp. Beide Strände sind sauber, friedlich und eignen sich hervorragend zum Muschelsuchen. Vielleicht trifft man hier sogar mehr Schildkröten als Menschen. Hunde sind nur auf bestimmten Wegen erlaubt und müssen angeleint bleiben. Parken kostet 5 US$, aber Fahrräder sind kostenlos.

Die winzige, nicht abgeschottete Gemeinde **Jupiter Inlet Colony** am südlichen Ende der Insel bietet optimale Bedingungen zur Sternenbeobachtung. Perry Como lebte hier bis zu seinem Tod im Jahr 2001 und Olivia Newton-John bis zum Jahr 2013. Auch Kid Rock hat sich hier niedergelassen – und wird Berichten zufolge gelegentlich beim Einkaufen im örtlichen Baumarkt gesehen. Die Bewohner:innen des Ortes haben sogar die Handynummer des diensthabenden Polizeibeamten – nur für den Fall, dass ihre Katze in einem Baum festsitzt oder andere alarmierende Situationen eintreten.

PARADIES EINES BANDITEN

Als Sexsymbol in den 1970er- und 80er-Jahren war **Burt Reynolds**, der Star von Kinohits wie *Ein ausgekochtes Schlitzohr* und *Auf dem Highway ist die Hölle los*, von 1978 bis 1982 Amerikas Kassenmagnet schlechthin. Doch trotz seines Hollywood-Erfolgs blieb Reynolds' Herz im Südosten Floridas, wo er seine prägenden Jahre verbrachte.

Reynolds drehte Szenen für *Ein ausgekochtes Schlitzohr* auf seiner 62 ha großen Ranch an der 16133 Jupiter Farms Rd in Jupiter.

Doch 1996 meldete er Konkurs an, nachdem er schwere Zeiten durchgemacht hatte. Das Anwesen, die Reynolds Ranch, wurde schließlich zu einer bewachten Luxus-Wohnsiedlung mit Reitwegen. Inzwischen werden die Häuser an Straßen wie Bandit Run für etwa 3 Mio. US$ verkauft.

Zen entdecken

MEDITIEREN IN EINEM JAPANISCHEN GARTEN

Nur eine angenehme halbstündige Fahrt von West Palm Beach entfernt, fühlt man sich wie auf einem anderen Kontinent. Die **Morikami Japanese Gardens** sind vielleicht nicht geheim, aber sie wirken wahre Wunder, wenn es darum geht, negative Energie zu vertreiben und sich auf die Kraft des positiven Denkens zu konzentrieren. Dieses etwa 80 ha große Anwesen wurde von Sukeji „George" Morikami (1886–1976) gestiftet, einem japanischen Ananasfarmer und einem der 140 Gründungsmitglieder der Yamato-Kolonie in der Region.

AUSSERGEWÖHNLICHE LÄDEN IN DELRAY BEACH

Just Hearts
Dieser romantische Laden, der sein 35-jähriges Bestehen feiert, verkauft nur Artikel mit Herzen: Kleidung, Geschirr, Schmuck, Kunst und noch vieles mehr.

Murder on the Beach Mystery Bookstore
Der Heilige Gral für Krimifans: Diese Buchhandlung bietet ein unglaubliches Angebot an spannenden Krimis.

Scoopy Doo's
Diese Eisdiele und Bäckerei ist im wahrsten Sinne des Wortes auf den Hund gekommen. Hier gibt's sogar Geburtstagstorten für Hunde!

Bei einem Spaziergang durch die gepflegten Gärten kann man dem Trubel Südostfloridas entfliehen und Ruhe finden. Mit einem Lunchpaket und einem Buch im Gepäck schlendert man die idyllischen Wege entlang, überquert Koi-Teiche über schmale Holzstege, durchwandert Bambushaine und genießt die entspannte Atmosphäre in den prächtigen Gärten. Umgeben von üppiger tropischer Flora, die sowohl in Japan als auch in Florida heimisch ist, kann man zur Ruhe kommen oder sich in einen abseits gelegenen, erhöhten Kontemplationspavillon zurückziehen, um zu meditieren und seinen Gedanken nachzuhängen. Interessant ist auch die Sammlung kunstvoll gestalteter Bonsaibäume, die auf Yamato Island ausgestellt sind. Anschließend kann man im **Cornell Cafe** authentische japanische Küche genießen: Miso-Suppe, Kokosgarnelen und Sesamkugeln werden serviert mit heißem und kaltem Grüntee und japanischem Bier.

BUSCH WILDLIFE SANCTUARY

Wer Tiere liebt, dem treibt das Busch Wildlife Sanctuary wahrscheinlich Tränen der Freude und des Schmerzes in die Augen. Diese Auffangstation rettet jedes Jahr über 6000 kranke, verletzte und verwaiste Tiere und pflegt sie in ihrer Wildtierklinik wieder gesund.

Bedauerlicherweise leiden fast 90% der hier behandelten Tiere an Krankheiten, die durch Misshandlungen oder Fahrlässigkeit von Menschen verursacht wurden. Die meisten werden erfolgreich ausgewildert, aber diejenigen, deren Verletzungen zu schwerwiegend sind, werden hier weiterhin gepflegt und in natürlichen Lebensräumen untergebracht. Viele dieser Schützlinge sind auf dem 4,5 ha großen Gelände zu sehen – darunter Rotluchse, Alligatoren, Bären und Schildkröten. Der Eintritt ist gratis, aber Spenden sind willkommen. Sonntags geschlossen.

Reise in die Vergangenheit

RETRO-SPIELHALLE

Südlich von West Palm Beach, in **Delray Beach**, beginnt eine Zeitreise zu den Flipper-Spielhallen der 1970er- und 80er-Jahre.

In der wahrscheinlich coolsten Bar aller Zeiten (die sich selbst als „Museum" bezeichnet) gibt es auf zwei Etagen in der **Silverball Retro Arcade** reichlich Alkohol, leckeres Essen und jede Menge Retro-Spaß. (In der Happy Hour kosten die Getränke montags bis freitags von 12–19 Uhr nur die Hälfte.) Die Einrichtung ist eine Hommage an alles, was retro ist, darunter Bands, TV-Shows und Popkultur aus den 1970er- und 80er-Jahren. Überraschenderweise sind in diesem Flower-Power-Salon mehr Millennials als Gen-Xer anzutreffen, aber die Altersspanne ist – anders als in der Nachtclubszene – breit gefächert.

Das Unterhaltungsprogramm bietet 88 Flipper und 24 Arcade-Spiele, darunter Klassiker wie Playboy, Happy Days, Charlie's Angels, Indiana Jones, Pac-Man, Galaga und Donkey Kong. Also schmeiß dich in deine Jeansjacke, bring deine Finger in Schwung und setz dich in den Chevrolet Camaro. (Am besten zwischen 22 Uhr und 2 Uhr, dann kann man für 10 US$ unbegrenzt spielen).

Speziell für Kinder

KINDERFREUNDLICHES UMWELTZENTRUM

Ebenfalls in Delray Beach, 35 Autominuten südlich von WPB und nur wenige Schritte vom Strand entfernt, befindet sich das **Sandoway Discovery Center**, das in einem historischen Haus am Strand aus dem Jahr 1936 untergebracht ist und die natürliche Küstenlandschaft Floridas präsentiert.

UNTERWEGS VOR ORT

Um Delray Beach und Palm Beach zu erreichen, braucht man zwar ein Auto, Rideshare oder Busse, aber in der Stadt stehen kostenlose Shuttle-Dienste zur Verfügung. Circuit bietet kostenlose Fahrten in Palm Beach, während Freebee umweltschonende Fahrten mit Elektroautos im Zentrum von Delray Beach anbietet. Allerdings ist der Service am späten Abend in der Regel nicht mehr verfügbar. Palm Tran, ein lokaler Busservice, bietet Fahrten zwischen Palm Beach und Jupiter für 1,50 US$ an; sonntags verkehrt er nicht. Rideshares sind hier überall weit verbreitet.

VERO BEACH

An Floridas Treasure Coast kommen Erholungssuchende voll auf ihre Kosten. Vom Angeln bis zum Strandspaziergang, vom Sonnenbaden bis zum Stand-Up-Paddling, vom Antiquitätenkauf bis zum Kunst- und Kulturgenuss – alles ist hier geboten.

Es lohnt sich, etwas Zeit einzuplanen, um Vero Beachs unberührte Strände und den Charme der Kleinstadt zu genießen. „Sunrises, not high-rises" (Sonnenaufgänge, keine Hochhäuser) ist hier das Motto. Die entspannte Atmosphäre verzaubert und entschleunigt. Die Sängerin Gloria Estefan, Star aus den Achtzigern, entschied sich für Vero Beach, um dort ein Haus und ein Resort zu bauen, weil es sie an das ruhigere Miami ihrer Jugend erinnerte. Neben Strandleben bietet diese Küstenstadt schicke Kneipen, malerische Cafés, gutes Essen, Orangenhaine und botanische Highlights. Das jüngere Nachtclub-Publikum mag sich hier nicht angesprochen fühlen, aber weiter südlich gibt es viele Orte, die diese Bedürfnisse stillen. Und damit scheinen die Einheimischen in Vero Beach ganz zufrieden zu sein.

TOP TIPP

Zur Erkundung der historischen Viertel der Innenstadt sollte man sich Zeit nehmen. Ein Besuch in der American Icon Brewery, die in einem historischen Dieselkraftwerk aus dem Jahr 1926 untergebracht ist, bietet Abkühlung mit einem kühlen Power Plant Lager. Ein antiker Generator ist das dekorative Herzstück dieser attraktiven Mikrobrauerei im Herzen des Art District von Vero.

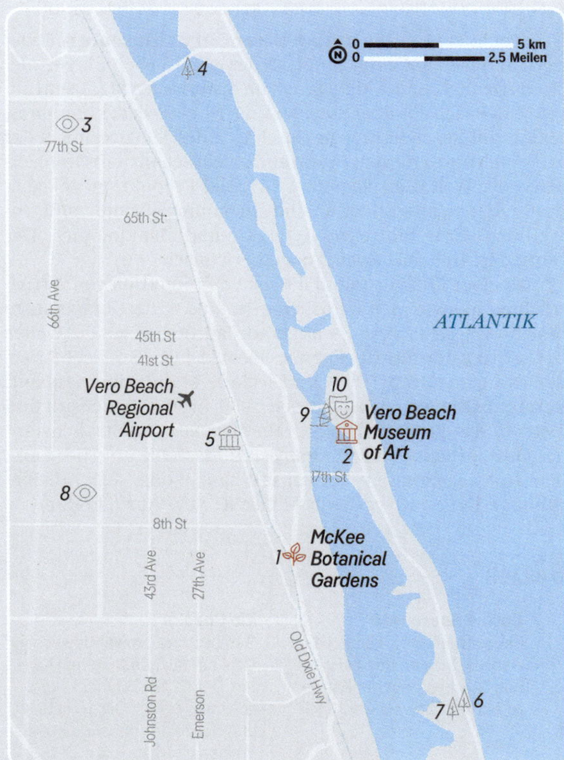

HIGHLIGHTS
1 McKee Botanical Gardens
2 Vero Beach Museum of Art

SEHENSWERTES
3 Countryside Family Farms
4 Environmental Learning Center
5 Indian River Citrus Museum
6 Round Island Beach Park
7 Round Island Riverside Park
8 Schacht Groves

KURSE & TOUREN
9 Paddles by the Sea

UNTERHALTUNG
10 Riverside Theatre

TOLLE UNTERKÜNFTE

Costa d'Este Beach Resort
Gloria Estefans Resort direkt am Strand. Hier kann man das Leben eines Rockstars genießen: kostenloses Yoga bei Sonnenaufgang, Cocktails am Pool, Parkservice. **$$$**

Driftwood Resort
In den 1920er-Jahren aus heimischem Treibholz gebautes, einzigartiges und nostalgisches Strandhotel. **$$**

Holiday Inn Oceanside
Ein preiswertes, etwas rustikales Hotel, ohne viel Schnickschnack, aber direkt am Strand gelegen. **$**

Disney's Vero Beach Resort
Familienfreundliches Resort mit riesigem Pool und Wasserpark und einem schönen Sandstrand. **$$$**

NORM LANE/SHUTTERSTOCK ©

Round Island Riverside Park

Zitrusfrüchte, Farmen und Parks

KLEINODE DOWNTOWN UND KLEINE REFUGIEN AUF DEM LAND

Das schuhkartongroße **Indian River Citrus Museum** befindet sich im Heritage Center inmitten der gemütlichen Early-American-Architektur der Main Street im historischen Stadtzentrum von Vero Beach. Heather Stapleton, die Direktorin des Museums, erklärt mit Begeisterung die Geschichte des Anbaus einiger der saftigsten und süßesten (wenn auch nicht schönsten) Orangenarten der Welt. Zu sehen sind Original-Produktionsanlagen, uralte Kisten, alte Etiketten und ein Sammelsurium an Retro-Werbung sowie zahlreiche Artefakte und Memorabilien. Der Eintritt ist frei, aber Spenden sind erwünscht.

Nach einer Einführung in die lokale Produktion von Zitrusfrüchten möchte man natürlich gern eine echte Obstplantage besichtigen. Je nachdem, was gerade Saison hat, geht es weiter zu **Countryside Family Farms**, einem kleinen Familienbetrieb, der Orangen, Grapefruits und leckere Mandarinen anbaut. **Schacht Groves** ist bereits seit 1950 in Familienbesitz und bietet in seinem Hofladen mit dem Charme eines Straßenstandes Obst, Milchprodukte, Honig und Eiscreme an. Hier kann man frisch gepressten Orangensaft kaufen oder selber die berühmten Indian River Citrus pflücken (Nov.–April, Fr–So).

TOLLE CAFES IN VERO BEACH

Cravings
Bäckerei-Café. Große Auswahl an Gebäck mit Füllungen aus Obst und Milchprodukten. Sitzplätze im Freien, nur wenige Schritte vom Strand entfernt. **$$**

Coffee House 1420
Pariser Ambiente, köstliches Gebäck, leckere Sandwiches und Quiches – nur der Kaffee ist ein bisschen schwach. **$$**

Rio Coco
Gemütliches, umweltbewusstes Café mit fair gehandeltem Kaffee. Der Kaffee schmeckt köstlich und wird vor Ort geröstet - und das zu den günstigsten Preisen überhaupt. **$**

Wer einen weiteren Lieblingsort der Locals besuchen möchte, sollte ein Stück weiter südlich entlang der A1A zum **Round Island Beach Park** fahren. Das türkisfarbene Wasser dieses abgelegenen Strandabschnitts ist der perfekte Ort für einen schönen Spaziergang am Ufer.

Auf der anderen Straßenseite der A1A liegt der **Round Island Riverside Park**. Parkplätze sind reichlich vorhanden, und die Chancen stehen gut, dass man den Park für sich allein hat. Bei einem Spaziergang auf den verschlungenen, idyllischen Wegen über Bohlenstege und Piers kann man in dieser geschützten Umgebung Manatis (Seekühe), Delfine, Meeresschildkröten und springende Meeräschen beobachten.

Theater & Kunst

LOKALE KULTUR ERLEBEN

Auf der Suche nach einem Theaterstück, das einen verregneten Tag versüßt? Dann ist das **Riverside Theatre** in Vero die richtige Adresse. Das Theater, das 2022 sein 50-jähriges Bestehen feierte, präsentiert Broadway-Theaterstücke, lustige Comedy-Acts und eine vielfältige Auswahl an Konzerten. Von April bis Dezember kann man sich unter den hoch aufragenden Eichen in einen Liegestuhl setzen und von 17.30 bis 21.00 Uhr Live-Musik genießen und sich mit Burgern, Hühnchen und Eiscreme stärken. Danach geht es drinnen in der Comedy Zone weiter, wo um 21 Uhr eine Stand-up-Show stattfindet.

Wer mehr auf bildende Kunst steht, sollte sich das **Vero Beach Museum of Art** ansehen. Die ständige Sammlung des Museums ist zwar klein, aber die wechselnden Ausstellungen von Gemälden, Fotografien und Skulpturen sind sehr interessant. Montags geschlossen.

Wunder der Natur und Botanik

BEZAUBERNDE PARKS UND GÄRTEN

1932 eröffneten die visionären Architekten Arthur McKee und Waldo Sexton einen außergewöhnlichen Spielpark, die McKee Jungle Gardens, in einem 32 ha großen, tropischen Laubwald , den sie ein Jahrzehnt zuvor erworben hatten. Dafür hatten sie Tausende von exotischen Pflanzen – darunter Orchideen und Bromelien – aus der ganzen Welt gesammelt, um sie mit der heimischen Flora des Küstenwaldes zu mischen und eine üppige Dschungelwelt zu schaffen. Dieser Beta-Themenpark sollte neugierige Reisende ansprechen, die auf der US 1 vorbeifuhren, und lockte abenteuerlustige Tarzan-Fans mit Affen, Schimpansen und Alligatoren, die sie hier ansiedelten. Bis 1976 war der

DIE FLORIDA HIGHWAYMEN

Im Fort Pierce der 1950er Jahre rebellierte eine Gruppe von 26 afroamerikanischen Männern gegen kulturelle Normen und verfolgte ihren Traum, Künstler zu werden. Diese inzwischen weltberühmten professionellen Landschaftsmaler wurden als **Florida Highwaymen** bekannt. Bei einem Spaziergang durch eine Gasse im Theatre Plaza (ein altes Theater in Vero Beach, das in ein Einzelhandelsgeschäft umgewandelt wurde) trifft man auf einen dieser geschickten Meister: Roy McLendon.

Der mittlerweile 90-Jährige schuftet täglich in seinem kleinen Atelier (Unit 14) und kreiert immer noch meisterhafte Kunstwerke (mehr dazu auf S. 430). Ray McLendon, Roys Sohn, der selbst ein erfolgreicher Landschaftsmaler ist, betreibt die **Florida Highwaymen Landscape Art Gallery** in der 14. Straße, wo er mehrere Highwaymen-Gemälde ausstellt und verkauft.

SENSATIONELLE BARS IN VERO BEACH

Boiler
Kleine Bar am Strand, in der verrückte und talentierte Mixkünstler:innen unglaubliche Cocktails kreieren (am besten: die Whiskey Sours).

Kilted Mermaid
Lebendiger Ort mit rustikalem, aber auch skurrilem Charme. Umfangreiche Auswahl an Craft-Bieren und Cider.

American Icon Brewery
Große Auswahl an selbst gebrauten Craft-Bieren in einem historischen Dieselkraftwerk aus rotem Backstein.

RESTAURANTS IN VERO BEACH, DIE MAN NICHT VERPASSEN SOLLTE

Waldo's
Rustikales, zwangloses Restaurant direkt am Meer, das hervorragende Meeresfrüchte zubereitet. Die Kokosgarnelen und Conch Fritters sind ein Muss. **$$**

El Sid Taqueria
Köstliche Tacos, die auf Bestellung frisch zubereitet werden – mit GOAT-Sauce („großartig auf jedem Taco"). Auch die Margaritas sind fantastisch. **$**

Lemon Tree
Gemütliches Diner mit Kleinstadt-Charme gegenüber vom Strand, das leckere Hausmannskost serviert. Zum Nachtisch gibt es kostenlose Mini-Muffins. **$**

Casey's Place
Beliebtes Open-Air-Diner im Stil der 1970er-Jahre; hier gibt es die besten Burger in Vero Beach – mit der obligatorischen Soße nach Geheimrezept. **$**

Riverside Café
Familienfreundliches Restaurant am Wasser. Thunfisch-Nachos nach Geheimrezept – so lecker, dass sogar Fischer von den Bahamas hier speisen. **$$**

Park ein voller Erfolg. Sein Ende wurde eingeläutet durch eine neue Interstate-Autobahn, die den Verkehr umlenkte und durch den Bau der Disney-Mega-Parks im nahe gelegenen Orlando.

Der größte Teil des Geländes lag 25 Jahre lang brach und fiel schließlich Bauträgern für Eigentumswohnungen und Golfplätze zum Opfer. Glücklicherweise wurden jedoch etwa 7 ha, die als das „Herz der Jungle Gardens" gelten, von engagierten Anwohnern gerettet. Heute sind die **McKee Botanical Gardens** für die Öffentlichkeit zugänglich und wunderbar angelegt mit Teichen, Bächen, Wasserfällen, einer Steinbrücke und über 2000 Arten einheimischer und exotischer Pflanzen. Sehenswert ist auch die polynesisch inspirierte Hall of Giants, die 1941 erbaut wurde, um darin den größten Mahagonitisch der Welt aus einem Stück unterzubringen. Das Spielland mit einem großen Piratenschiff im **Children's Garden** ist ein Highlight für kleine Abenteurer; es fehlt nur noch Peter Pan. Man sollte mindestens zwei Stunden einplanen – mit Kindern den ganzen Tag.

Wer nach einem Besuch im McKee mehr über die regionale Artenvielfalt erfahren möchte, kann sich im **Environmental Learning Center (ELC)** weiterbilden. Das knapp 26 ha große, vor allem mit Säbelpalmen und Würgefeigen bewachsene Gelände ist eine Art Klassenzimmer, in dem man viel Interessantes über die verschiedenen Ökosysteme Floridas erfährt. Auf geführten Touren (zu Fuß, mit dem Kajak oder Kanu) bekommen die Gäste Infos zu der regionalen Flora, essbaren Pflanzen und wie man aktiv etwas für die Umwelt tun kann. Auf dem Indian River kann man mit Pontonbooten die artenreichsten Flussmündungen Nordamerikas erkunden. Aquarien und Becken mit Fischen zum Streicheln sind für Kinder ein Highlight. Außerdem können Kanus, Kajaks und Paddelboards gemietet werden.

Spaß auf dem Wasser

STAND-UP-PADDLING, KAJAK- UND BOOTSTOUREN

Wenn du schon immer mal Stand-up-Paddling ausprobieren wolltest, dann packe die Gelegenheit beim Schopf und lass es dir hier von einem erfahrenen, geduldigen und motivierenden Profi beibringen, der die teils kniffligen Übungen mit einer gesunden Portion Spaß begleitet. Auf diese Weise lernst du ganz entspannt die Balance-Tricks und Manöver mit dem Board.

Verbringe einen ganzen Tag auf dem Indian River mit Chris Woodruff, dem Inhaber von **Paddles by the Sea/Vero Beach Tackle & Watersports**. Wer seine fachkundige Anleitung nicht benötigt, kann das Paddelboard auch auf eigene Faust mieten. Chris und sein Team bieten auch malerische Katamaran-Touren und Charter-Angeltouren an, die an den Docks in der Nähe des Riverside Café starten.

UNTERWEGS VOR ORT

Mit dem Auto ist man am flexibelsten, aber auch Ridesharing und Busse sind problemlos verfügbar. Go-Line, ein kostenloser, bequemer und barrierefreier Busservice, verkehrt auf 15 Routen im gesamten Indian River County.

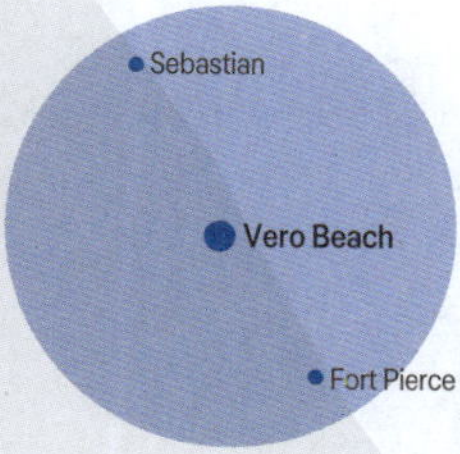

Rund um Vero Beach

Nur einen Katzensprung von Vero Beach entfernt liegen an Floridas Treasure Coast charmante Fischerei- und Tauchzentren, in denen Gäste mit offenen Armen empfangen werden.

Im Umkreis von einer Autostunde um Vero Beach warten jede Menge Spaß und Abenteuer. In Richtung Süden liegt Fort Pierce, der Ort, an dem sich die erste Trainingsakademie der US Navy SEALs befand und der heute ein Museum zu Ehren dieser Helden beherbergt. Es ist ein ursprüngliches Fischerstädtchen, in dem sich alles um das Meer dreht – ein idealer Ort für eine Bootsfahrt oder eine Tour zum Hochseeangeln. Das weiter südlich gelegene Stuart ist bekannt als die „Fächerfisch-Hauptstadt der Welt". Die Stadt verfügt über ein historisches, fußgängerfreundliches Einkaufsviertel im Zentrum sowie eine aktive Angel- und Wassersportszene. Nördlich von Vero Beach liegt Sebastian, ein kleines Fischerdorf, das bei Schatzsucher:innen berühmt ist für seine Schiffswracks und Bergungstauchgänge.

TOP TIPP

Auf dem Historic Jungle Trail von Sebastian, einer unbefestigten Straße, die durch Palmenwälder und naturbelassene Feuchtgebiete führt, kann man kilometerweit radeln oder wandern.

Kajak fahren auf dem Blue Cypress Lake (S. 203)

BESTE RESTAURANTS AN DER TREASURE COAST

Blackfins
Im Captain Hiram's Resort in Sebastian. Köstliche Chowders, panierte Shrimps und eine herrliche Aussicht aufs Meer. **$$**

Earl's Hideaway
Die freundliche Biker-Bar in der Nähe von Mel Fisher's in Sebastian bietet günstiges Bier und Pizza im New York Style. **$**

Marsh Landing
In diesem Lokal in Fellsmere werden außergewöhnliche Gerichte (z. B. Alligator-Happen und Froschschenkel) serviert. **$$**

Mrs Peters Smoke House
Für den leckersten Fischdip diesseits von Atlantis stehen die Leute in Jensen Beach Schlange. Sehr gute Preise. **$$**

Roasted Record Coffee & Vinyl
Coole urbane Stimmung in Stuart. Cappuccinos, Quiche, Cupcakes – und Schallplatten. **$$**

McLarty Treasure Museum

Auf Schatzsuche

BEACHCOMBING AN FLORIDAS TREASURE COAST

Goldbarren zum Anfassen und vieles mehr bietet das **Mel Fisher's Treasure Museum**. Nur 20 Autominuten nördlich von Vero Beach auf der US-1 (etwas länger auf der landschaftlich reizvolleren A1A) liegt **Sebastian**, das auf eine spannende Schatzgräbergeschichte zurückblickt. Hier kann man Funde bestaunen, die in den vergangenen 50 Jahren vom Meeresboden gehoben wurden und die Familienmitglieder kennen lernen, die Mels Erbe fortführen. Die spektakuläre Sammlung umfasst Artefakte von spanischen Galeonen, die bis ins 17. Jh. zurückreichen. Einige stehen sogar zum Verkauf! (In der Dokumentarserie *Beyond Oak Island* des History Channel ist Mel Fisher Jr. zu sehen, der Enkel des verstorbenen Mel Fisher).

Im Souvenirladen kann man einen Metalldetektor ausleihen (30 US$/Tag), um an der Treasure Coast, die sich südlich durch die Countys St Lucie und Martin erstreckt, nach Schätzen zu suchen. Gelegentlich finden glückliche Beachcomber Gold, Silber und Juwelen, die von den Schiffswracks an Land gespült wurden. Der ruhige **Treasure Shores Beach** ist ein guter Aus-

STRÄNDE, AN DENEN MAN NACH ANGESPÜLTEN SCHÄTZEN SUCHEN KANN

Treasure Shores Beach
Dieser ruhige, unbewachte Strand bietet schöne Dünen, atemberaubende Aussichten und viele Parkplätze.

Sebastian Inlet State Park Beach
Die Gezeiten sind vielversprechend, und vor der Küste liegen zahlreiche Wracks, darunter eine spanische Flotte aus dem Jahr 1715.

Ambersand Beach
Man weiß nie, was man an diesem geschützten Strandabschnitt findet – mitunter auch nistende Schildkröten.

gangspunkt, aber auch die Strände in Fort Pierce im Süden sind sehr beliebt. (Die Chancen sind am größten bei Ebbe.)

Weitere Schätze warten im **McLarty Treasure Museum** im **Sebastian Inlet State Park**. Nachdem 1715 ein gewaltiger Wirbelsturm mehrere spanische Galeonen vor der Küste versenkt hatte, kämpften sich 1500 Überlebende an Land und schlugen hier ihr Lager auf. Waffen, Ausrüstung und Schätze, die von den Schiffen geborgen wurden, sind im Museum ausgestellt; ein informatives Video beschreibt die Bergungsarbeiten.

Pelikane & Sonnenaufgänge

DIE SCHÖNHEIT DER NATUR ENTDECKEN

Das **Pelican Island National Wildlife Refuge**, das 1903 zum Schutz der heimischen Pelikane gegründet wurde, liegt nur 20 Autominuten nördlich von Vero Beach und umfasst 2200 ha geschützte Gewässer und Flächen. Mit über 218 Vogelarten ist das Gebiet ein Hotspot für Vogelbeobachtungen. Knapp 13 km Naturpfade führen durch verschiedene Habitate mit vielfältiger Tierwelt. Der **Centennial Trail** ist barrierefrei und endet an einem Aussichtsturm. (Vorsicht – abzweigende Nebenwege können verwirren und auf eine ungewollte, ewig lange, falsche Fährte führen.) Eintritt und Parken sind kostenlos.

Hobbyfotograf:innen sollten den nahegelegenen **Blue Cypress Lake** besuchen, ein verstecktes Juwel, das für seine Sonnenaufgänge bekannt ist, sich über eine Fläche von mehr als 2500 ha erstreckt und eine durchschnittliche Tiefe von knapp 2,5 m aufweist. Für besonders eindrucksvolle Aufnahmen empfiehlt es sich, zum **Middleton's Fish Camp** zu gehen und dann dem Fußweg zum Wasser zu folgen. Mückenspray nicht vergessen!

Manatis und Navy SEALs

SCHUTZ DER NATUR, SCHUTZ DER USA

Von der Aussichtsplattform des **Manatee Observation and Education Center** in Fort Pierce (ca. 30 Min. südlich von Vero Beach) werden jährlich über 400 Sichtungen von Manatis gemeldet. Ein Film mit Untertiteln informiert über die regionalen Maßnahmen zum Schutz der bedrohten Säugetiere. Auch ein paar Fisch- und Amphibienaquarien gibt es zu sehen.

Das **National Navy SEAL Museum** informiert über die Eliteeinheiten der US-Marine-Sondereinsatzkräfte. Das Museum, das die glorreiche Geschichte der SEALs zelebriert, befindet sich an dem Ort, an dem 1942 die erste Ausbildungsstätte für die Kampftruppen eingerichtet wurde. Interaktive Schautafeln zeigen die zermürbenden Ausbildungsbedingungen der SEALs sowie einige ihrer heldenhaften, inzwischen nicht mehr geheimen Missionen. Vor dem Verlassen des Museums kann man sich wie ein SEAL verkleiden und fotografieren lassen.

DIE „SHRIMP LADY“

Wer an einem Samstag nach Fort Pierce kommt, kann sich glücklich schätzen. Dann nämlich verkauft eine freundliche Einheimische namens Kelly (mit dem liebevollen Spitznamen **„Shrimp Lady“** Shrimps am Straßenrand auf der Festlandsseite des Damms. Als ihr Ehemann, ein Veteran, vor einigen Jahren verstarb, übernahm sie eifrig seine Aufgaben. Niemand scheint zu wissen, woher sie die schmackhaften Schalentiere bekommt, und es scheint auch niemanden zu interessieren, denn es sind die leckersten Garnelen, die es gibt. Man achte auf das große, gelbe Schild „SHRIMP“ und bringe etwas Geld mit, um sich eine oder zwei Tüten zu kaufen.

UNTERWEGS VOR ORT

Obwohl Autofahren und Rideshares nach wie vor die bevorzugten Transportmittel sind, bedient GoLine (ein kostenloser, rollstuhlgerechter Busservice) alle Orte im Indian River County.

ORLANDO & WALT DISNEY WORLD®

DIE THEMENPARK-HAUPTSTADT DER WELT

„Das ist das wirkliche Problem mit der Welt: Zu viele Leute werden erwachsen." – Walt Disney

Es war einmal ein ruhiger Sumpf fast genau in der Mitte des Sunshine State. Doch dann kam Walter Elias Disney, ein in Chicago geborener Trickfilmzeichner, Produzent und Unternehmer, der wahrscheinlich vor allem als der „Vater" von Mickey Mouse bekannt ist. Disney kaufte heimlich über 34 km² Sumpfland zum Schnäppchenpreis von 268 US$ pro Hektar zusammen, um dort einen großen Themenpark zu errichten, in dem seine beliebten Filmfiguren von der Filmleinwand direkt in das Leben und die Erinnerungen von Millionen Besucher:innen springen sollten (und nicht nur das!).

Am 1. Oktober 1971 öffnete Walt Disney World seine Tore und umfasst heute über 122 km². Über das Gelände verteilen sich mehr als 173 spannende Rides, die das innere Kind aus jedem Gast herausholen können. Es ist der einzige Ort auf der Welt, wo man mit Arielle schwimmen, auf Aladdins Zauberteppich in die Nacht entschweben und mit Cinderella in ihrem Märchenschloss dinieren kann.

Später kamen noch weitere Themenparks hinzu und so verwandelte sich diese einst aus Sumpfland bestehende Ecke Zentral-Floridas in die mit fantastischen Abenteuern angefüllte Themenpark-Hauptstadt der Welt. Zu den neueren Parks gehören das Universal Orlando Resort, LEGOLAND und das Orlandos inoffiziellem Maskottchen gewidmete Gatorland.

Abgesehen vom Trubel und Gewusel der Themenparks hat Orlando, die sogenannte „City Beautiful" viele Aktivitäten zu bieten, die Naturfans, Kulturbegeisterte und Feinschmecker:innen gleichermaßen u. a. mit unberührten Parks und Seen, lebenssprühenden Museen und angesagten Restaurants zufriedenstellen.

WICHTIGE ZIELE

WALT DISNEY WORLD®
Der „glücklichste Ort auf Erden". S. 210

MAGIC KINGDOM
Alle bejubeln Mickey Mouse. S. 217

DISNEY'S HOLLYWOOD STUDIOS
Die Stars kommen und spielen. S. 226

DISNEY'S ANIMAL KINGDOM
Themenpark und Megazoo. S. 232

EPCOT
Themenpark der Zukunft. S. 237

ESB PROFESSIONAL/SHUTTERSTOCK ©

Links: Plüschfiguren von Minnie und Mickey Mouse; oben: Lake Eola Park, Orlando (S. 262)

Erste Orientierung

AUTO

Die I-4 verbindet die bekanntesten Attraktionen und die wichtigsten Gebiete, darunter Walt Disney World, Universal Orlando Resort und Downtown Orlando. Man sollte versuchen, den morgendlichen und abendlichen Berufsverkehr zu meiden, denn dann ist wirklich extrem viel los.

SHUTTLE-SERVICE DER HOTELS & RESORTS

Viele Hotels nahe der I-4 bieten preiswerte Shuttles zu den nahen Themenparks. Wenn man in einem der Hotels am International Dr wohnt, sollte man überlegen, ob man einen I-Ride-Trolley-Pass kauft. Die Busse verbinden sechs kleinere Themenparks, das Orlando Convention Center und die Orlando International Premium Outlets.

ÖFFENTLICHE VERKEHRSMITTEL

LYNX, das Bussystem von Orlando, bringt Reisende in fast alle Teile der Stadt, aber Wartezeiten, die je nach Strecke 15 bis 60 Minuten lang sein können, lassen einen Mietwagen oder einen Fahrdienst attraktiver erscheinen. Auf golynx.com gibt's Fahr- und Routenpläne.

Lake Apopka
WINTER GARDEN
Silver Star Rd
COLLEGE PARK
Florida's Turnpike (Maut)
W Colonial Dr
W Colonial Dr
E Colonial Dr
East-West Expwy (Maut)
Orlando
Johns Lake
WINDERMERE
Florida's Turnpike (Maut)
S Kirkman Rd
S Orange Blossom Tr
John Young Pkwy
Lake Butler
Islands of Adventure
Universal Studios
W Oak Ridge Rd
DOCTOR PHILLIPS
Lake Tibet
W Sand Lake Rd

Islands of Adventure, S. 250

Fabelwesen, Monster, Superhelden, Zauberer und schräge Charaktere aus der Welt von Dr. Seuss treffen sich in diesem Park voller epischer Abenteuer.

Universal Studios, S. 255

Filmfans werden sich in diesem wunderbaren Park, in dem Filmstars durch die Straßen spazieren und Blockbuster und klassische TV-Serien zum Leben erweckt werden, wie zu Hause fühlen.

Magic Kingdom, S. 217

Das Magic Kingdom mit dem Cinderella Castle im Zentrum ist Disneys berühmtester Themenpark. Seine Attraktionen, das Feuerwerk und die Paraden mit viel Musik sind schlicht wunderbar.

Disney's Animal Kingdom, S. 232

In diesem als Zoo getarnten Themenpark trifft man Löwen, Tiger, Gorillas sowie andere exotische Tiere und erkundet fremde Welten mit fantastischen Rides.

Disney's Hollywood Studios, S. 226

Inspiriert vom Glanz und Glamour des Kinos bringen Disney's Hollywood Studios ihre Gäste zurück ins Goldene Zeitalter Hollywoods und in eine weit, weit entfernte Galaxis.

Disney Springs, S. 243

Marken- und Disney-Boutiquen, tolle Restaurants, Amphibienfahrzeuge, Bowling und sogar ein Erlebnis im Heißluftballon sorgen für Spaß in Disney Unterhaltungs-Hotspot an einem See.

Epcot, S. 237

In Walt Disney's Experimental Prototype Community of Tomorrow erforscht man das Weltall, die Tiefsee, die Länder der Welt und die Zukunft.

VOM/ZUM FLUGHAFEN

Der Orlando International Airport ist ca. 10 Meilen (16 km) von Universal und 25 Meilen (40 km) von Walt Disney World entfernt. Taxis und Fahrdienste gibt es bei Ground Transportation, Ebene 1 der Terminals A, B and C. Viele örtliche Hotels bieten kostenlose Shuttles vom/zum Flughafen an.

Mears Destination Services (Terminal B, Ebene 1) bietet Transportmöglichkeiten (per Bus, Limousine und Shuttle-Van) zu vielen Zielen in Orlando und darüber hinaus an, u.a. auch Walt Disney World.

Universal's SuperStar Shuttle (Terminal A, Ebene 1) ist der offizielle Shuttle-Service zu allen Universal Orlando Resort Hotels.

Perfekte Tage

Orlandos Themenparks bieten das ganze Jahr über Spaß. Wann aber ist das Wetter für einen Besuch am besten? Und welche anderen saisonalen Events stehen auf Orlandos Entertainment-Kalender?

WOODY WOODS/SHUTTERSTOCK ©

Das Riesenrad im Icon Park, Orlando (S. 260)

Wenig Zeit

● **Walt Disney World®** (S. 210) ist wirklich eine eigene Welt und steht für sich allein; dieser riesige Park mit Tausenden Hektar voller Amüsement, ist eine Ikone in Orlando, die man gesehen haben muss. Am besten beschränkt man sich, wenn man nur einen Tag hat, auf einen einzigen der vielen Themenparks. Das **Magic Kingdom** (S. 217), in dem das Cinderella Castle steht und es viele beliebte Disney-Vintage-Rides sowie topmoderne Rides wie den erst kürzlich eingeweihten Tron Lightcycle/Run gibt, ist eine tolle Option für Kinder und Erwachsene, die sich im Herzen ihre Kindheit bewahrt haben. Dieser Park bietet sich dank der Vielfalt seiner Attraktionen an, zu denen auch für kleine Kinder geeignete Begegnungen mit Figuren (*character meet-and-greet*) und superschnelle Achterbahnen gehören.

ANNA SCHEIBNER/SHUTTERSTOCK ©, JOSEPH SOHM/SHUTTERSTOCK ©, MELANIE BECHARD/EYEEM/GETTY IMAGES ©

Beste Reisezeit

Für einen Besuch Orlandos bieten sich die Monate von März bis Mai an, weil dann das Wetter am angenehmsten ist. Wegen der starken Hitze und hohen Feuchtigkeit ist der Sommer die schlechteste Reisezeit.

MÄRZ

Wegen des Sonnenscheins und des Spring Breaks ist der Andrang riesig. Im März finden das **Epcot International Flower & Garden Festival** und das **Orlando Whiskey Festival** statt.

JUNI

Trotz Feuchtigkeit und Hitze ist der Sommer wegen der Schulferien eine der geschäftigsten Zeiten in Orlando. An den **Gay Days** feiert die LGBTIQ+-Gemeinde.

JULI

Es sind Ferien, und die Besucherzahlen in den Themenparks steigen. Große Feuerwerke erhellen den Himmel am 4. Juli, dem **Independence Day**.

Drei Tage Zeit

- Man sollte einen Vor- oder Nachmittag für den Park reservieren, mit dem alles anfing, das **Magic Kingdom** (S. 217). Anschließend kauft man sich einen Park Hopper Pass und fährt mit der Monorail oder dem Skyliner zu **Disney's Animal Kingdom** (S. 232), **Epcot** (S. 237) oder **Disney's Hollywood Studios** (S. 226).

- Mit einem Tagespass des Universal Studios Resort schaut man sich die beiden dortigen Themenparks an, **Islands of Adventure** (S. 250) und **Universal Studios** (S. 255), der Heimat der **Wizarding World of Harry Potter** (S. 258), wo man durch die Winkelgasse schlendern und sich mit einem Hippogreif in die Lüfte erheben kann.

- Jenseits der riesigen Themenparks wagt man sich ins kleinere **Gatorland** (S. 266), einen Alligatorpark, der schon seit 1949 Besucher:innen empfängt.

Länger Zeit

- Außerhalb des Themenpark-Trubels verdient auch das muntere **Orlando** (S. 260) selbst einen zweiten Blick. Mit Kaffee gestärkt steht ein Bummel durch das **Charles Hosmer Morse Museum of American Art** (S. 265) und die anderen Kunstgalerien in Winter Park, einer bezaubernden Vorstadt Orlandos, auf dem Programm.

- Dann relaxt man im Schatten 200-jähriger Zypressen im **Kraft Azalea Park** (S. 265) am Ufer des Lake Maitland oder fährt Kajak auf den smaragdgrünen Bächen im **Wekiwa Springs State Park** (S. 268). Der Park liegt rund 20 Meilen (32 km) nordwestlich von Downtown Orlando in Apopka. Mal schauen, wie viele der über 190 hier vorkommenden Vogelarten man erspähen wird!

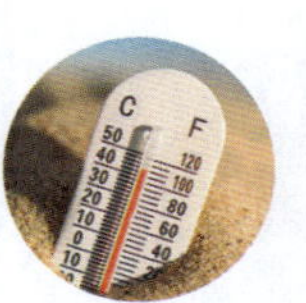

AUGUST

Schwüle Hitze und nachmittägliche Gewitter dämpfen im August den Spaß. Auf der **Megacon** dreht sich alles um Comics, Sci-Fi, Horror, Anime und Gaming.

SEPTEMBER

Weniger Andrang als im Sommer. Die Themenparks starten mit Halloween-Events wie **Mickey's Not-So-Scary Halloween Party** und den **Halloween Horror Nights**.

OKTOBER

Geister, Kobolde und herbstliche Wein- und Schlemmerfeste sorgen für erneute Menschenmassen zu Halloween. Im Central Park findet das **Winter Park Autumn Art Festival** statt.

NOVEMBER

Der Tourismus erreicht einen Höhepunkt zu **Thanksgiving**, wenn die ersten Weihnachts-Events stattfinden. Die Hurrikan-Saison (seit Juni) erstreckt sich bis in den November.

WALT DISNEY WORLD®

Cinderella. Micky Maus. Belle. Buzz. Dumbo. Donald Duck. Darth Vader. Überrascht es irgendjemanden, dass die denkwürdigsten fiktiven Charaktere diesen Themenpark bevölkern?

Walt Disney World® ist mehr als ein Themenpark: Seit der Eröffnung 1971 zieht der Park alle und immer neue Register, um einen Ort zu schaffen, an dem die Phantasie regiert und die Besucher:innen die „normale" Welt vergessen können – sei es die erzwungene Perspektive, dank der Cinderellas Castle hoch in die Wolken zu ragen scheint, seien es Easter Eggs und „versteckte Mickeys" überall in den Parks.

Während die Schlagzeilen sich heute meist auf Hightech-Rides wie Star Wars: Rise of the Resistance oder Tron Lightcycle/Run konzentrieren, führen noch immer klassische Rides wie Peter Pan's Flight, Pirates of the Caribbean oder It's a Small World zu bezaubernden Orten, die von zeitlosen Figuren inspiriert sind.

TOP TIPP

Am besten meidet man in Walt Disney World den Nachmittag, denn dann ist es am heißesten und der Andrang am größten. Besser man kommt gleich morgens zur Öffnung der Parks und plant für 15 oder 16 Uhr Erholung am Pool oder ein Nickerchen ein.

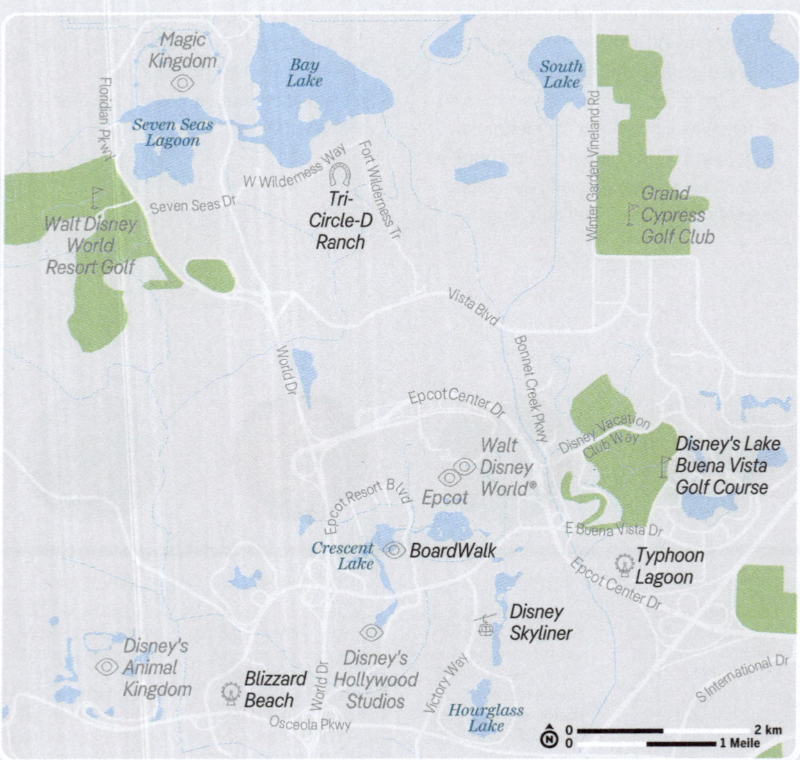

Disney-Tourbus

Zu allererst: Wie kommt man herum?

TRANSPORTMÖGLICHKEITEN

Allerlei Verkehrsmittel, zu Land, zu Wasser und in der Luft, erschließen Walt Disney World. Im Folgenden werden die Transportmöglichkeiten zusammengestellt, die für die Wege zwischen den Themenparks zur Verfügung stehen.

Charmant mit Disney-Figuren dekorierte **Busse** fahren regelmäßig zwischen den Hotels und den Parks; die Mitfahrt ist für Gäste kostenlos. Die Fahrpläne findet man in der App My Disney Experience.

Die (ebenfalls kostenlose) **Walt Disney World Monorail** fährt für die Gäste auf drei Strecken: Die **Resort Monorail Line** ist zwischen dem Transportation and Ticket Center (Magic Kingdom Parking), dem Magic Kingdom Park, Disney's Polynesian Village Resort, Disney's Grand Floridian Resort & Spa sowie Disney's Contemporary Resort unterwegs. Die **Express Line** fährt vom Transportation and Ticket Center (Magic Kingdom Parking) direkt zum Magic Kingdom Park, und die **Epcot Line** verbindet das das Transportation and Ticket Center mit Epcot.

DIE JACHT *GRAND 1*

Die beste Art, um über die Seven Seas Lagoon beim Magic Kingdom zu schippern, ist die *Grand 1*, eine 16 m lange Luxusjacht mit eigenem Kapitän und einem Butler, der mit einer Flasche gekühlten Champagners bereitsteht. Mit drei Schlafzimmern, einem Bad und sogar einer kleinen Küche bietet die *Grand 1* allen Komfort, den man von zu Hause gewohnt ist. Mitfahren können bis zu 18 Gäste.

Zwar lässt sich die Bootsfahrt zu jeder Tageszeit unternehmen, doch am schönsten ist sie während des Feuerwerks im Magic Kingdom, wenn die Lautsprecher an Bord die synchronisierte Musik der Show direkt übertragen, während man den atemberaubendsten Blick auf das Spektakel genießt.

GÜNSTIGE DISNEY-RESORTS

Disney's All-Star Movies Resort
Eine Hommage an Filmlegenden mit skurrilem Dekor. Zauberer Micky beaufsichtigt den Swimmingpool. **$$**

Disney's Art of Animation Resort
Überlebensgroße, von Disney-Filmhits inspirierte Statuen zieren das Gelände dieses künstlerisch aufgemachten Resorts. **$$**

Disney's Pop Century Resort
Dank eines Food-Courts, preiswerter Zimmer, des kostenlosen Skyliners usw. ist dieses Resort vor allem bei größeren Familien beliebt. **$$**

HIDDEN MICKEYS

Bei den „versteckten Mickeys" handelt es sich um die an alltäglichen Orten überall in Walt Disney World versteckten Silhouetten von Kopf und Ohren des liebenswerten Nagers. Die Geschichte der Hidden Mickeys geht auf den Entwurf von Epcot in den frühen 1980er-Jahren zurück, als die Imagineers (disneyeigene Bezeichnung für die kreativen Menschen, die die Parks, die Attraktionen u.a. Projekte für Disney entwickeln) begannen, Micky-Maus-Profile in die Parks und Resorts einzuschmuggeln.

„Die versteckten Mickeys sind besonders lustig für Gäste, die schon einmal in den Parks gewesen sind", erklärt Steve Barrett alias Hidden Mickey Guy. „Sie zeigen, wie viel Wert Disney auf Details legt... und diese Details sind wunderbar. Das Lustige ist, dass die Imagineers ständig neue Mickeys hinzufügen, sodass die Suche zu einem sich permanent verändernden Spiel wird."

SHEA DANIELLE/SHUTTERSTOCK ©

Disney's Contemporary Resort

Die Gäste einiger Hotels der Disney Resorts Collection können **Wassertaxis** für die Fahrt zu Themenparks und nach Disney Springs nutzen. Disney's Fort Wilderness Resort & Campgrounds, Disney's Wilderness Lodge Resort, Disney's Polynesian Village Resort sowie Disney's Grand Floridian Resort & Spa bieten alle **Bootsverbindungen** zum Magic Kingdom Park. Die Gäste in Disney's BoardWalk Inn, Disney's Yacht Club Resort und Disney's Beach Club Resort können (von den Friendship Boats) Wassertaxis nach Epcot und zu den Disney's Hollywood Studios nehmen.

Um innerhalb von Walt Disney World schnell von einem Ort zum anderen gebracht zu werden, stehen die gepunkteten **Minnie Vans** zur Verfügung. Man lädt die Lyft-App herunter und wählt den Minnie Van aus, der einen abholen soll. Gäste können mit der App auch einen behindertengerechten Accessible Minnie Van anfordern. In allen Minnie Vans gibt's zwei kostenlose Plätze für kleine Mitfahrer.

Golf in Walt Disney World®

HAPPIEST GOLF COURSE ON EARTH

Auf **Disney's Lake Buena Vista Golf Course** mischen sich Profis mit Kindern, die zum ersten Mal den Schläger schwingen. Als Veranstaltungsort der PGA Tour, der LPGA Tour und der USGA hat diese Anlage immer wieder Größen wie Tiger Woods

BESTE MITTELTEURE DISNEY-RESORTS

Disney's Caribbean Beach Resort
Üppige Landschaften, ein Pool, in den man einfach hineinläuft, und ein Wasserspielplatz – man glaubt, man wäre auf den Inseln. $$$

Disney's Coronado Springs Resort
Dieses Resort bietet ein Spa und Fitnesscenter, ein Businesscenter und Einrichtungen für Tagungen. $$$

Cabins at Disney's Fort Wilderness Resort
In diesem großen Resort kann man kanufahren, angeln, ausreiten und am Lagerfeuer mit Chip 'n' Dale (Ahörnchen und Behörnchen) singen. $$$

erlebt, doch hier können alle auch die Grundlagen des Spiels erlernen, das im 15. Jh. in Schottland entstanden ist.

Die von Audubon International als Cooperative Wildlife Sanctuary zertifizierte Anlage bietet einen Golfkurs, der zwischen Kiefern- und Palmenhainen mit funkelnden Teichen verläuft und an einem Kanal voller Boote mit einem Leuchtturm, der an das Florida von einst erinnert, entlangführt. Der Kurs mit 18 Löchern wurde von dem renommierten Golfplatzarchitekten Joe Lee entworfen. Und natürlich hat auch dieser Disney-Golfplatz einen Hidden Mickey – hier sieht man sein Profil in Form des Bunkers gleich hinter dem neunten Grün. Achten sollte man auch auf den umherziehenden Mickey-Mouse-Erfrischungswagen.

Eine Reservierung ist zwar empfehlenswert, aber auch Golfer, die einfach vorbeikommen, werden, wenn möglich, berücksichtigt – Spieler, die allein oder zu zweit kommen, haben die besseren Chancen. Gleichwohl ist es immer besser, seine Abschlagzeit vorab zu reservieren, selbst wenn es nur noch ein paar Stunden bis zum geplanten Besuch sind.

Hüh! – Auf der Tri-Circle-D Ranch

CINDERELLAS PONYS

Walt Disney liebte Pferde und jagte gern auf dem Bock seiner Postkutsche durch seine Studios in Burbank. Viele besonders denkwürdige Disney-Filmfiguren sind Pferde: Samson, Prinz Phillips Pferd aus *Dornröschen,* Ichabods Pferd aus *Die Abenteuer von Ichabod und Taddäus Kröte,* Maximus aus *Rapunzel – Neu verföhnt,* der fliegende Pegasus aus *Hercules,* Khan aus *Mulan* sowie Meridas Shire Horse Angus aus *Merida – Legende der Highlands.* Kein Wunder also, dass Walt Disney World® von Anfang an eine eigene Ranch besitzt, die **Tri-Circle-D Ranch**.

Die Ställe sind während der normalen Arbeitszeit geöffnet, und Besucher:innen können die öffentlichen Bereiche erkunden – kein „Magic Band" erforderlich! – und mehr über die Appaloosas, Araber, Belgier, Clydesdales, Paint Horses, Percherons, Quarter Horses und Shetlandponys erfahren, die hier leben – das sind dieselben Pferde, die auf dem Gelände Wagen ziehen und über die Main Street stolzieren. Kundige Disney-Mitarbeiter können alle Fragen zu den Pferden und ihrer Pflege beantworten. Die sechs liebenswewrten kleinen Ponys, die man hier sieht, begleiten im Wechsel Cinderellas Kutsche bei den Paraden und Hochzeiten.

Man kann auch durch den umliegenden Wald reiten, in dem es von Hirschen, Enten, Gürteltieren und Kaninchen wimmelt. Und kleine Kinder können auf einem am Zügel geführten Pony in den Sonnenuntergang reiten.

FLAGGEN-ZEREMONIE

Am Haupteingang aller Parks in Walt Disney World hängt eine US-amerikanische Flagge, die die WDW Security am Beginn und Ende jedes Tags aufzieht bzw. einholt. Im Magic Kingdom findet täglich um 17 Uhr eine Einholungszeremonie statt, um die Nation und die tapferen Männer und Frauen zu ehren, die sie schützen.

Zufällig ausgewählte Kinder rezitieren den Fahneneid, dann spielt eine Marschkapelle die Nationalhymne, ein Chor singt „God Bless America" und schließlich wird die Fahne eingeholt. Ein ebenfalls zufällig ausgewählter US-Veteran nimmt an der Zeremonie teil und wird mit einer speziellen Nadel und einer Urkunde geehrt.

BESTE DELUXE DISNEY-RESORTS

Disney's Contemporary Resort
Die Monorail fährt mitten durch das Resort, das zudem nur einen kurzen Fußmarsch vom Magic Kingdom entfernt ist. **$$$**

Disney's Grand Floridian Resort & Spa
Mit seinem Jahrhundertwende-Dekor und einem Spa mit allem Drum und Dran strahlt dieses Resort Luxus aus. **$$$**

Disney's Polynesian Village Resort
Ein von Vulkanen inspirierter Pool und üppig grüne Anlagen. Zwei Monorail-Haltestellen vom Magic Kingdom entfernt. **$$$**

runDisney

FITNESS-ABENTEUER

runDisney steht Läufer:innen aller Alters- und Leistungsstufen offen und veranstaltet jedes Jahr mehrere Läufe, von 5- und 10-km-Läufen bis zu Halbmarathons und Marathons, die jeweils unter dem Motto einer Figur, einer Attraktion oder eines Films stehen. Die Laufschuhe geschnürt, läuft man mit Prinzessinnen, unter dem Meer oder rast schneller als eine Rakete zu einer weit, weit entfernten Galaxis, bevor die anderen, nicht laufenden Besucher:innen eintreffen: Die Rennen bieten die Gelegenheit, die Parks ganz früh am Morgen zu erleben.

In jedem Januar gehen Tausende Fitness-bewusster Disney-Fans beim **Walt Disney World® Marathon** an den Start. Zu dem Wochenend-Event gehören ein 5-km-Lauf, ein Halbmarathon und als Hauptereignis der 42 km lange Marathonlauf durch vier Parks. Wer zusätzliche Kilometer nicht scheut, absolviert sowohl Goofy's Race und die Half Challenge (den Halbmarathon am Samstag und den Marathon am Sonntag – zusammen über 63 km an zwei Tagen) und wird dafür mit der begehrten Goofy-Medaille belohnt. Wem das nicht reicht, stellt sich der Dopey Challenge, absolviert alle vier Läufe des Wochenendes und erhält dafür eine ganz besonders niedliche Medaille mit Schneewittchens Zwergen-Freund.

Wer vor der Anstrengung in Walt Disney World® trainieren will, kann sich kostenlos das runDisney-Trainingsprogramm (13-29 Wochen) herunterladen, um selbstbewusst die Ziellinie passieren zu können (rundisney.com/running-training-programs).

LAUFSTRECKEN IN DEN RESORTS

Tonga-Toast (849 kcal), Truthahnschenkel (1136 kcal), Frühlingsrollen mit Cheeseburger-Füllung (1136 kcal)… In Walt Disney World® ist es leicht, Pfunde anzusammeln. Zum Glück gibt's zwischen den Resorts über 26 km markierte, befestigte Laufstrecken. Am schönsten ist der 1,6 km lange Trail, der am Moorea Building in Disney's Polynesian Village Resort startet und sich durch die tropischen Gärten längs der Seven Seas Lagoon und durch die gepflegten Anlagen von Disney's Grand Floridian Resort & Spa windet, an der Hochzeitskappelle vorbeiführt und am Alice-im-Wunderland-Swimmingpool endet.

Auf dieser Strecke kommt man zudem der Magic-Kingdom-Monorail nah und hat einen tollen Blick von unten auf die erhöht verlaufenden Gleise.

Der Skyliner

DER RUHIGSTE RIDE IN DISNEY WORLD

Im Jahr 2019 erhob sich erstmals der **Disney Skyliner** über Walt Disney World® in die Lüfte und brachte eine zusätzliche Portion Feenstaub und eine völlig neue Transportoption. Von einer zentralen Endstation an Disney's Caribbean Beach Resort verbindet diese 9,6 km lange Gondelbahn mit einer Reisegeschwindigkeit von 17,7 km/h Disney's Hollywood Studios und das International Gateway in Epcot mit Disney's Art of Animation Resort, Disney's Pop Century Resort und Disney's Riviera Resort. Die Fahrt über den Baumwipfeln bietet die vielleicht entspannendste Rundreise durch Walt Disney World.

Dank der atemberaubenden Aussicht aus 18 m Höhe wirkt der Skyliner wie eine Attraktion und nicht nur wie ein sehr effizientes Verkehrsmittel. Die Gondeln fahren am Eiffelturm (Epcot's World Showcase), dem imposanten Tower of Terror Hotel (Dis-

BESTE RESORTS MIT SEEBLICK UND STRÄNDEN

Disney's Beach Club
Dieses Resort ist von der Eleganz der Küste Neuenglands inspiriert und hat einen eigenen Strand und Wasserpark. **$$$**

Disney's Beach Club Villas
Diese gemütlichen Villen bieten Platz für bis zu acht Erwachsene und sind nur ein paar Schritte vom Seestrand des Resorts entfernt. **$$$**

Disney's Old Key West Resort
Das von einem Golfplatz und vier Pools umgebene Deluxe-Resort am See sorgt bei den Gästen für beste Urlaubslaune. **$$$**

Walt Disney World Swan Resort

ney's Hollywood Studios), den Stränden der Riviera (Disney's Riviera Resort) und dem Spaceship Earth vorbei, das sich von einem fernen Punkt in eine massive Kugel verwandelt. Jede Gondel kann bis zu 10 Passagiere aufnehmen. Die Kabinen sind mit Bildern von Disney-Figuren geschmückt, sodass man den Eindruck hat, sie würden ebenfalls mitfahren.

Blizzard Beach & Typhoon Lagoon

PLANSCHEN, RUTSCHEN UND SURFEN

Disneys zwei Wasserparks bieten super schnelle Rutschen, Wellenbecken und, das ist wohl das Beste, Erholung von der Hitze in Orlando. Das als ehemaliges Skiresort gestaltete **Blizzard Beach** wird von Ice Gator bewohnt, einem skiverrückten Alligator, der in einer gemütlichen Hütte auf einer Insel im Cross Country Creek, dem durch den Park fließenden Lazy River, haust. Der 37 m hohe Summit Plummet in Blizzard Beach ist die höchste und schnellste Wasserrutsche mit freiem Fall im Land.

In der Mitte von **Typhoon Lagoon** liegt der Mount Mayday, ein „schlafender Vulkan", der alle 30 Minuten eine 15 m hohe

MANDARA SPA

Das **Mandara Spa** verspricht, einen auf eine Reise der Sinne, weit entfernt von der frenetischen Energie von Walt Disney World® ins Herz von Bali zu entführen. Beim Betreten dieses mystischen, 975 m² großen Refugiums kann man seinen Stresspegel checken. Ein leises Glockenspiel kündigt einen an, wenn man den Meditationsgarten mit seinen Felsgärten und Steinlaternen durchquert. Eine fast 8 m hohe Replik des Meru-Turms erhebt sich hier als Symbol für den heiligsten Bezirk der alten balinesischen Götter.

Zu den Behandlungen hier gehören Packungen, Gesichtsbehandlungen und Massagen, vor allem traditionelle balinesische. Man kann sich für die Klangwellentherapie anmelden, bei der einen Klangschalen in einen Glückszustand versetzen.

BESTE RESORTS IN LAUFWEITE ZU EPCOT

Walt Disney World Dolphin Resort
Deluxe-Refugium mit Palmen und einer 1,2 ha großen Wasseroase. **$$$**

Walt Disney World Swan Resort
Hier genießt man die Vorteile des Marriott-Bonvoy-Treueprogramms, frühen Eintritt in den Park und abends verlängerte Öffnungszeiten. **$$$**

Walt Disney World Swan Reserve Resort
Das entspannte Resort bietet ruhige Erholung vom Trubel der Themenparks. **$$$**

PENNY-PRÄGE-AUTOMATEN

Die geprägten Pennys für nur 0,51 US$ pro Stück sind eines der günstigsten Souvenirs in Walt Disney World®, und zudem prägt man sie selber. Die App My Disney Experience gibt auf einem Lageplan die Standorte der Automaten an: Allein in den Disney's Hollywood Studios gibt's davon über 130!

Die Automaten verwandeln einen ganz normalen Penny in ein ovales Kupferstück mit dem eingeprägten Bild einer Disney-Figur, einer Attraktion oder eines Logos. Die verfügbaren Designs wechseln ständig, sodass die Kupferstücke zu begehrten Sammelobjekten werden können. Es gibt aber auch Automaten, die immer klassische Disney-Figuren aufprägen. Diese stehen meist in der Nähe der Attraktion, die dieser Figur gewidmet ist. Die meisten Souvenirläden verkaufen Alben und Rahmen, damit man seine glänzenden geprägten Pennys schön präsentieren kann.

Penny-Prägeautomat

Fontäne auswirft. Das Highlight von Typhoon Lagoon ist aber der 10 Mio. l fassende Pool im Zentrum: Die Disney-Ingenieure leisteten Pionierarbeit mit der Entwicklung von Maschinen, die riesengroße, zum Surfen geeignete Wellen erzeugen.

Disney's BoardWalk

RETROSPASS UND SPIELE

Als Nachempfindung der einstigen Vergnügungspromenaden, wie es sie in Atlantic City oder Coney Island gab, bietet Disneys 400 m langer **BoardWalk** Flussblicke, Vorführungen von Zauberern, Jongleuren und Straßenmusikanten und jede Menge Retro-Spaß. Damit ist er einer der besten Orte zum Herumschlendern in Walt Disney World®. Der BoardWalk ist zu Fuß leicht über das International Gateway zu erreichen, und man braucht zum Betreten weder eine Parkeintrittskarte noch ein Magic Band. So kann man hier einen preiswerten Abend voller Unterhaltung erleben.

Man kann sein Glück bei einem der vielen Retro-Rummelplatzspiele wie „Lob-A-Lobster“ oder „Kewpie Doll Knock Down“ probieren oder mit einem Tretauto für zwei oder vier Personen stilvoll über den Pier rollen. Die Atlantic Dance Hall im Stil der 1940er-Jahre ist ein guter Grund, die Nacht durchzutanzen.

BESTE LUXUS-RESORTS

Four Seasons Resort Orlando
Dieses Resort bietet Luxus pur und ist eines der am nächsten zum Magic Kingdom liegenden Hotels, die nicht Disney gehören. **$$$**

Waldorf Astoria Orlando
Hier erwarten einen stilvolle Raffinesse, luxuriöse Annehmlichkeiten und ein makelloser, auf die Gästewünsche zugeschnittener Service. **$$$**

Animal Kingdom Lodge
Wer ein „Savanna View“-Zimmer bucht, sieht morgens beim Aufstehen Giraffen und Zebras vor seinem Fenster. **$$$**

MAGIC KINGDOM

Im Magic Kingdom wird die klassische Disney-Mythologie lebendig, angefangen mit dem größten von „Walt's Weenies" (optisch herausragende Architekturelemente), dem Cinderella Castle, das von dem Zeichtentrickflim von 1950 inspiriert ist. Von diesem zentralen Punkt führen Wege in die sechs Themenländer des Parks: Main Street, USA, der Nachbildung eines altmodischen Einkaufsviertels; ins dschungelartige Adventureland, das von Walts preisgekrönten Naturdokumentationen über Afrika und Asien angeregt wurde; ins dem Wilden Westen verpflichtete Frontierland; zum der US-amerikanischen Geschichte gewidmeten Liberty Square, mit (animatronischen) Nachbildungen aller US-Präsidenten; ins futuristische Tomorrowland; sowie ins Fantasyland mit den ältesten und beliebtesten Fahrgeschäften in Walt Disney World®. Das Dach des Space Mountain lockt die Besucher:innen ins Tomorrowland, während der rotbraune Big Thunder Mountain sie über den Liberty Square nach Frontierland führt, dem „Land", das am weitesten vom Eingang entfernt ist.

Walt Disney überwachte persönlich die Restaurierung der alten Dampfzüge, die auf einer 2,4 km langen Strecke rund um den Park ihre Schleife drehen und dabei in Main Street, USA, in Frontierland und in Fantasyland halten.

TOP TIPP

Wenn die Natur ruft, steuert man schnurstracks die „Tangled Restrooms" an. Rapunzels Turm, der auf einer Felsklippe mit Wasserfall steht, dient als Wegweiser, sodass man die Lage dieser Gästetoiletten unter dem Turm leicht ausfindig machen kann. Außer den vielen Toiletten gibt's auch als Baumstämme getarnte Handy-Ladestationen.

Eingang, Walt Disney World®

HIGHLIGHTS
1 Cinderella Castle

SEHENSWERTES
2 Main Street, USA

UNTERHALTUNG
3 Carousel of Progress
4 Dumbo the Flying Elephant
5 Enchanted Tiki Room
6 Haunted Mansion
7 it's a small world
8 Pirates of the Caribbean

TRANSPORT
9 Walt Disney World® Railroad

EASTER EGGS IM MAGIC KINGDOM

Easter Eggs (Ostereier) sind lustige Anspielung, die überall im Magic Kingdom verstecken wurden. Dazu gehören:

Der Riese, der unter dem Dach von Sir Mickey's Gift Shop hervorlugt – eine Anspielung auf den Kurzfilm *Micky und die Bohnenstange* von 1947.

Die Stiefelabdrücke des holzbeinigen Piraten im Pflaster am Ausgang der Pirates of the Caribbean.

Der Verlobungsring, den die zukünftige Braut aus dem Haunted Mansion weggeworfen hat, im Pflaster des Bereichs, in dem die Besucher:innen anstehen.

Paul Bunyans Axt an den Wänden des Pecos Bill Tall Tale Inn and Cafe.

Walt Disney World® Railroad

EINSTEIGEN BITTE!

Schon als kleiner Junge war Walt Disney von Zügen begeistert. Vielleicht kam diese Leidenschaft von seinem Vater, der als Gleisbauer für die Union Pacific Railroad arbeitete, oder auch von seinem Job als Zeitungs-, Süßigkeiten- und Zigarrenverkäufer bei der Missouri Pacific Railway. Disney liebte Züge so sehr, dass er in seinem eigenen Hinterhof eine Bahn baute. Die Carolwood Pacific Railroad war ein Zug im Maßstab 1:8, der von der Lokomotive Lilly Belle gezogen wurde.

Als sich also die Gelegenheit ergab, eine Bahn zu bauen, die er mit der Welt teilen könnte, stellte Disney alle Signale auf Grün und ließ vier alte Schmalspur-Dampfzüge sorgfältig restaurieren. Viele Besucher:innen des Magic Kingdom schenken sich zwar die **Walt Disney World® Railroad**, eine entspannende 20-minütige, 2,4 km lange Rundfahrt, aber es lohnt sich, am Bahnhof Main Street, USA, einzusteigen und die nostalgische Fahrt durch den Park zu genießen.

Die vier Lokomotiven der Baldwin Locomotive Works, die zwischen 1916 und 1928 gebaut worden waren, wurden aus einem Eisenbahnfriedhof in Mérida, Mexiko, von Roger E. Broggie gerettet, Disneys erstem Imagineer (S. 212) und kosteten

BESTE RESTAURANTS MIT SITZMÖGLICHKEIT IM MAGIC KINGDOM

Jungle Navigation Co LTD Skipper Canteen
Die Skipper der Jungle Cruise stärken sich hier mit asiatischer, südamerikanischer und afrikanischer Kost. **$$$**

Tony's Restaurant
Man teilt sich einen Teller Spaghetti und kann neben einem Brunnen, der das Hundepaar zeigt, die Szene aus *Susi und Strolch* nachspielen. **$$$**

Be Our Guest
Versetzt die Gäste mit einem französisch inspirierten Drei-Gänge-Menü zum Festpreis in Disneys Filmklassiker *Die Schöne und das Biest*. **$$$**

32 750 US$. Sie wurden repariert, ihre originalen Holzbrenner bei der Tampa Ship Repair & Dry Dock Company durch Ölbrenner ersetzt, und dann nach Orlando gebracht, wo sie nach Disney-Ikonen benannt wurden: nach Lilly Belle (Walts Frau), Roy Disney (Walts Bruder), Roger E. Broggie (ihrem Retter) sowie Walter E. Disney (die größte Lok mit knapp unter 3,65 m Höhe).

Jede der vier Lokomotiven zieht je fünf Passagierwagen, wobei dampfgetriebene Generatoren hinten an den Tendern für Strom sorgen. Die Lokomotiven haben keine Bremsen, glücklicherweise aber die Waggons!

it's a small world

FRIEDEN IST MÖGLICH

Die ursprünglich für die New Yorker Weltausstellung von 1964 geschaffene Attraktion **it's a small world** ist einer der berühmtesten Rides im Magic Kingdom. Diese nette musikalische Fahrt lädt zu einer 10-minütigen Kreuzfahrt auf dem mythischen Seven Seaways Waterway durch alle sieben Kontinente ein. 289 animatronische Puppen repräsentieren Dutzende von Ländern. Die Puppen singen den namensgebenden Ohrwurm in vielen Sprachen, doch am Ende entsteht eine universale Harmonie beim großen Finale, einer lustigen multinationalen Tanzparty.

Die Attraktion wurde von Walt Disney persönlich betreut, um das UNO-Kinderhilfswerk (Unicef) zu unterstützen. Die Künstlerin Mary Blair, die bei mehreren Disney-Trickflimen, darunter *Cinderella* und *Alice im Wunderland*, die künstlerische Leitung hatte, schuf die launige Kulisse, während die Künstlerin Alice Davis die über 300 traditionellen Kostüme der Puppen entwarf. Die Gebrüder Sherman, die als Songwriter für Disney arbeiteten, schrieben – nach der Kubakrise von 1962 – das eingängige, von Frieden und Eintracht kündende Lied, das heute das weltweit am häufigsten aufgeführte einzelne Musikstück ist.

Die kultige Attraktion ist ein Muss für die ganze Familie, aber gerade Kleinkinder werden die Musik und die Farben dieser ruhigen Kreuzfahrt genießen – Babys können auf dem Schoß von Mutter oder Vater ebenfalls mitfahren.

Main Street, USA

EIN BUMMEL IN DIE VERGANGENHEIT

Bevor Megastores den Einzelhandel in den USA dominierten, hatte praktisch jede Kleinstadt im Land eine nette Main Street, die einen einlud, etwas langsamer zu gehen, Vorbeigehenden zuzulächeln und in familiengeführten Läden und Geschäften einzukaufen. **Main Street, USA,** ist von der Einkaufsstraße

KLASSISCHE ERLEBNISSE IM MAGIC KINGDOM

Die Fahrt mit den Attraktionen, die die Gäste seit dem Eröffnungstag im Jahr 1973 mit Disney-Magie verzaubern, sollte man auf keinen Fall versäumen.

Bei **Peter Pan's Flight** fliegt man über London und Nimmerland.

it's a small world verspricht die „glücklichste Kreuzfahrt auf Erden".

Mit der **Jungle Cruise** schippert man über die berühmtesten Flüsse der Welt.

Der **Space Mountain** bringt einen in eine andere Galaxie.

Das **Swiss Family Treehouse** ist das Baumhaus der Schweizer Familie Robinson.

Beim **Prince Charming Regal Carrousel** dreht man Runden auf Cinderellas Pony.

Im **Haunted Mansion** fährt ein Gespenst als Anhalter mit.

Mit einem benzingetriebenen Auto flitzt man mit bis 11 km/h über den **Tomorrowland Speedway.**

Bei der **Mad Tea Party** dreht man sich um sich selbst, bis einem schwindlig wird.

BESTE SCHNELLIMBISSE IM MAGIC KINGDOM

Pinocchio Village Haus
Hier stärkt man sich mit italienischer Imbisskost wie belegten Baguettes, Pizza und Pasta. **$$**

The Friar's Nook
In diesem vom Disney-Film *Robin Hood* inspirierten Lokal gibt's Frühstücks-Sandwiches mit Schinken, Ei und Käse. **$$**

Pecos Bill Tall Tale Inn and Cafe
Hier bekommt man schnelle Tex-Mex-Küche wie Tacos, Fajitas und Schweinefleisch-Carnitas-Nachos. **$$**

in Walt Disneys Heimatstadt Marceline, Missouri, und von anderen Kleinstädten in den USA des frühen 20. Jhs. inspiriert.

Als „Ouvertüre" des Magic Kingdom ist die geschäftige Hauptstraße von Läden und anderen Geschäften gesäumt und führt hinauf zum Cinderella Castle. Sieht man sich die oberen Stockwerke der Gebäude genauer an, erkennt man, dass das zweite weniger hoch ist als das erste und das dritte noch niedriger. Durch diese sogenannte „erzwungene Perspektive" wirken die Gebäude höher und größer. Die Betreibernamen auf den Fenstern ehren die Imagineers, die den Park entwarfen.

Die **City Hall** am Beginn der Straße beherbergt die Information (Guest Relations), in der man Lage- und Terminpläne bekommt sowie Essensreservierungen vornehmen, Dienstleistungen für Behinderte in Anspruch nehmen und Devisen tauschen kann. Der Laden der Main Street **Fire Station**, auch bekannt als Engine Co. 71, zeigt ein altes Feuerwehrauto und Feuerwehrabzeichen aus den gesamten USA. **Der Harmony Barber Shop** ist ein echter Friseursalon. In den Regalen des **Emporium**, des größten Geschenke- und Souvenirladens im Magic Kingdom, finden sich alle nur denkbaren Disney-Plüschfiguren.

IM MAGIC KINGDOM DER HITZE EIN SCHNÄPPCHEN SCHLAGEN

Bei einer längeren Show in einem Haus kann man sich dank der Klimaanlage erholen und seinen müden Füßen Ruhe gönnen. Das **Country Bear Jamboree**, die **Hall of Presidents** und das **Carousel of Progress** nehmen alle über 15 Minuten in Anspruch, während derer man bequem sitzen kann. Ausruhen und eine Brise genießen kann man im des offenen **Tomorrowland Transit Authority PeopleMover**.

Die nahe dem Eingang zur Jungle River Cruise stehenden sogenannten **Liki Tikis** sind Figuren, die aus ihren Mündern ständig kühlen Dampf spucken und damit eine sofortige Erholung von der Hitze bieten.

Man sollte für den Nachmittag einen Sprung in den Pool seines Resorts einplanen, um für die kühleren Stunden nach Sonnenuntergang aufzutanken.

Cinderella Castle

WÜNSCHE WERDEN WAHR

Das von dem Disney-Zeichentrickfilm von 1950 inspirierte **Cinderella Castle** erinnert einen daran, dass Wünsche auch mal in Erfüllung gehen können, wenn man sich beim Blick auf einen Stern etwas wünscht. Das Cinderella Castle dient als ein Ankerpunkt, der die Besucher:innen über die Main Street, USA, zu dem zentralen Platz lockt, von dem aus alle anderen Länder erreichbar sind. Auch das Schloss ist ein typisches Beispiel für die erzwungenen Perspektive – obwohl es nur 58 m hoch ist, scheint es riesig über den Park aufzuragen. Beim Blick hinauf zu den Turmspitzen sieht man, dass die Fenster und anderen Elemente von Etage zu Etage im Maßstab kleiner werden.

Fünf aufwändige Glasmosaike an den Wänden der Verbindungsgänge des Schlosses erzählen Cinderellas (Aschenputtels) Geschichte. Die von der Imagineerin Dorothea Redmond entworfenen 4,5 x 3 m großen Paneele bestehen aus über 300 000 bunten Steinchen aus italienischem Glas, Silber und 14-karätigem Gold.

Eine Wendeltreppe führt die Besucher:innen ins Mittelalter, wo sie an **Cinderella's Royal Table**, einem Restaurant im 2. Stock des Schlosses märchenhaft speisen können. Farbenfrohe Buntglasfenster, Webteppiche und majestätische Fahnen tragen

BESTE SCHNELLIMBISSE IM MAGIC KINGDOM

Columbia Harbour House
Hummerbrötchen sind die Stars auf der hauptsächlich Meeresfrüchte bietenden Karte dieses im Stil der Küste Neuenglands aufgemachten Restaurants. **$$**

Cosmic Ray's Starlight Cafe
Man beißt in einen mächtig langen Hotdog mit Chili und Käse, während man die Show des animatronischen außerirdischen Barsängers Sonny Eclipse genießt. **$$**

Sleepy Hollow Inn
In diesem Restaurant, das die berühmten Mickey-Waffeln mit Erdbeeren und Schlagsahne serviert, gibt's den ganzen Tag Frühstück. **$$**

SIMON CRUMPTON/ALAMY STOCK PHOTO ©

Plaza Ice Cream Parlor

zm hochherrschaftlichen Dekor bei. Auch Disney-Prinzessinnen speisen hier, und im Wartebereich unten steht meist auch Cinderella für Fotos bereit.

Das Haunted Mansion

LUSTIGES GRUSELN

Fast 1000 Geister bevölkern das stattliche, leicht unheimliche **Haunted Mansion**, und es ist durchaus noch Platz für den einen oder anderen mehr, wie das als Führer fungierende Gespenst des Grusel-Rides den törichten Sterblichen, die einzutreten gewagt haben, nur zu gern versichert.

Das Haunted Mansion ist eine der Attraktionen des Magic Kingdom, die es seit dem Eröffnungstag gibt, und es ist bei Disney-Fans besonders beliebt. Die italienisch wirkende Fassade ist dem Vorbild eines realen Herrenhauses nachgestaltet, dem 1874 erbauten Harry Packer Mansion in Jim Thorpe, Pennsylvania.

PLAZA ICE CREAM PARLOR

Der tolle Blick auf das Cinderella Castle macht die **Plaza Ice Cream Parlor** zu einem der schönsten Orte, um sich niederzulassen und eine süße Leckerei zu genießen. Man kann eine Familientradition begründen, indem man zum Abschluss eines schönen Tages im Magic Kingdom einen Eisbecher mit einer Kirsche als Krönung verputzt, während das Feuerwerk Happily Ever After den Nachthimmel erleuchtet. Besucher:innen genießen hier Eisbecher und Eiswaffeln, seit der Park am 1. Oktober 1971 eröffnet wurde. Auch zuckerfreie und vegane Angebote sind erhältlich. Für einen Platz an den altmodischen, von einem gelben Sonnenschirm überdachten Tischen mit Blick auf den Hauptknotenpunkt des Parks ist keine Reservierung erforderlich.

BESTE LÄDEN FÜR SNACKS ZUM MITNEHMEN IM MAGIC KINGDOM

Frontierland's Turkey Leg Cart
Verkauft die weltberühmten gepökelten Jumbo-Truthahnschenkel, die an rauchigen Knochenschinken erinnern. $

Aloha Isle
Nahe dem Eingang zum Enchanted Tiki Room gibt's hier die legendären Dole Whips – Vanilleeis mit Ananas. $

Casey's Corner
Man kauftt sich in dieser Bude mit Baseballmotiv einen 30 cm langen Hotdog, den man prima verzehren kann, während man durch den Park schlendert. $

DIE BESTEN SOUVENIRS IM MAGIC KINGDOM

Im Freiluftatelier der **Silhouette Artists** in Liberty Square schneidet ein talentierter Disney-Künstler Profile aus Karton aus – komplett freihändig, wirklich erstaunlich!

Die Popcornbecher im Magic Kingdom dienen einem doppelten Zweck: Popcorn gibt's überall als Snack und zudem erhält man ein Sammler-Souvenir, da auf den Bechern Disney-Figuren abgebildet sind.

Mickey-Ohren sind zweifellos das beliebteste Souvenir im Magic Kingdom. Zwar gibt es sie in Dutzenden Varianten, aber die traditionelle als schwarzer Hut mit Ohren und eingestickten Buchstaben auf der Rückseite ist für das Magic Kingdom besonders typisch. **Curtain Call Collectibles** an der Main Street, USA, verkauft eine große Auswahl von Ohren und bestickt sie gleich vor Ort.

MARK HARMEL FAP/ALAMY STOCK PHOTO ©

Besucherin mit Mickey-Mouse-Ohren

Die Hintergrundgeschichte der Gruselfahrt beginnt auf dem Friedhof gleich neben dem Wartebereich. Sechs Büsten stellen die Mitglieder der Familie Dread dar, die sich des Geldes wegen auf kreative Weise ermordeten: Bertie tötete Jacob mit Schlangengift, Florence erschoss Bertie, die Zwillinge Wellington und Forsythia töteten Florence, nachdem diese ihren Kanarienvogel umgebracht hatte, Maude erschlug die Zwillinge mit ihrem Krocketschläger und setzte sich dann versehentlich selber in Brand, weil sie sich Zündhölzer ins Haar gesteckt hatte, um ihren Dutt zusammenzuhalten! Die Geschichte ist zwar grausig, aber das Haunted Mansion ist dennoch nicht besonders gruselig, sondern ziemlich lustig: Gespenster tauchen an jeder Ecke auf und versammeln sich schließlich zu einer verrückten Tanzparty im Ballsaal. Das große Finale führt in die Krypta des Hauses, wo Gespenster als Anhalter zu den Gästen in den Doom Buggy springen.

Carousel of Progress

MORGEN IST NUR EINEN TRAUM ENTFERNT

Disney Worlds **Carousel of Progress** war von Anfang bis Ende Walts Idee. Glaubt man den Berichten war es seine Lieblingsattraktion. Das 1964 auf der New Yorker Weltausstellung vorgestellte animatronische Spektakel, das die Entwicklung der Technik zeigte, begeisterte das Publikum und gehörte zu den meistbesuchten Pavillons der Ausstellung. Am 15. Januar 1975

BESTE MAGIC-KINGDOM-RESORTRESTAURANTS

Ohana
In Disney's Polynesian Village Resort kann man ein reichhaltiges Frühstück genießen. Den mit Bananen gefüllten Tonga French Toast nicht verpassen! **$$**

Narcoossee's
Innovative Küche von der Küste und ein weiter Ausblick erwarten einen im eleganten Restaurant des Grand Floridian. **$$$**

California Grill
im 15. Stock von Disney's Contemporary Resort genießt man den Blick aufs Magic Kingdom und einfallsreiche kalifornische Küche. **$$$**

drehte sich das Carousel of Progress wieder – im Tomorrowland des Magic Kingdom. Diese Show hat mehr Vorstellungen erlebt als jede Bühnenshow des amerikanischen Theaters.

Walt beauftragte die Imagineers Roger E. Broggie und Bob Gurr mit dem Entwurf des „Karusselltheaters", eines Kreises von einzelnen Theatern mit Trennwänden, der sich im Uhrzeigersinn um sechs feste Bühnen dreht. Spuren des ursprünglichen Sponsors der Attraktion (General Electric) lassen sich immer noch unter den Requisiten entdecken, so in der Szene, die die 1940er-Jahre zeigt und in der der Staubsauger und der Kühlschrank GE-Produkte sind. Die animatronischen Figuren werden von Stimmen gesprochen, die Amerikanern vertraut sind: Jean Shepherd, der mit *A Christmas Story* berühmt wurde, lieh dem Vater seine Stimme, und Mel Blanc, der „Mann der tausend Stimmen" (u. a. von Bugs Bunny, Daffy Duck und Tweety Bird) sprach den Papagei, den Rundfunksprecher und Onkel Orville.

Die Gebrüder Sherman, das Songwriter-Duo, das *It's a Small World* und *A Spoonful of Sugar* schrieb, steuerte zu Walts Vision das Lied *There's a Great Big Beautiful Tomorrow* bei.

Enchanted Tiki Room

EINE ANIMATRONISCHE VOLIERE

Der **Enchanted Tiki Room** bietet einige der faszinierendsten animatronischen Charaktere im Park: eine farbenprächtige Schar von über 150 tropischen Vögeln. Man muss schon mit den Füßen wippen, wenn die Vögel den ebenfalls von den Sherman-Brüdern stammenden Song *The Tiki Tiki Tiki Room* anstimmen. Dessen oft wiederholter Refrain („In the Tiki Tiki Tiki Tiki Tiki Room") ist ein Ohrwurm, den man tagelang nicht vergisst.

Als die Attraktion 1963 in Disneyland eröffnet wurde, war sie die erste Show, die sich der audio-animatronischen Technologie bediente. Harriet Burns, die erste Frau, die als Designerin für Walt Disney Imagineering arbeitete, erzählte, dass die Gestaltung der Vögel für den Enchanted Tiki Room eines ihrer schwierigsten Projekte war. Bei einem Meeting beobachtete Burns einmal, wie sich Walts blauer Kaschmirpullover mit seinen Armen mitbewegte, wenn er die Ellbogen anwinkelte. Also ersetzte sie die federnbesetzten Brustplatten der Vögel durch Stoff, und diese begannen scheinbar wie echte Vögel ein- und auszuatmen.

Die Stimme von Fritz, dem Ara mit dem deutschen Akzent, ist Thurl Ravenscroft, den man auch als singende Büste im Haunted Mansion, als Stimme mehrerer Piraten in Pirates of the Caribbean und als Leitstimme im Lied *You're a Mean One, Mr. Grinch* hören kann. Er gab auch dem riesigen Wal Monstro im Disney-Klassiker *Pinocchio* (1940) seine Stimme.

DER GLÜCKLICHSTE GEBURTSTAG

Die Angestellten, die sogenannten Cast Members, von Walt Disney World lieben es, Geburtstagskinder aller Altersstufen hoch leben zu lassen. Wenn man gerade Geburtstag hat, sollte man sich unbedingt den kostenlosen **Celebratory Birthday Button** bei Guest Relations nahe dem Magic-Kingdom-Haupteingang holen und ihn stolz am Revers tragen, um während seines magischen Tags ständig beglückwünscht zu werden. Wer in einem Disney Resort wohnt und an der Rezeption Bescheid sagt, dass er oder sie Geburtstag hat, erhält morgens oder abends einen Geburtstagsanruf von einer Disney-Figur. Jede Geburtstagsfeier braucht einen Kuchen: Wer über die Hauptreservierungsnummer einen Geburtstagskuchen in Mickey-Mouse-Form vorbestellt, erhält ihn in jedem gewünschten Restaurant mit Tischservice des Magic Kingdom an den Tisch gebracht.

LOKALE FÜR DESSERTS ODER EIN GETRÄNK IM MAGIC KINGDOM

Gaston's Tavern
Hier locken Zimtschnecken mit Zuckerguss und LeFou's Brew, das unverwechselbare alkoholfreie Apfel-Marshmallow-Getränk. **$**

Tomorrowland Terrace
Man sollte einen Platz für die Fireworks Dessert Party reservieren: Zum tollen Blick auf das Feuerwerk kommen süße Leckereien und Getränke. **$**

Storybook Treats
In diesem Süßwarenladen aus dem Märchenbuch locken Eiscreme-Sodas durstige Prinzessinnen und Prinzen. **$**

Dumbo, der fliegende Elefant

ÜBER FANTASYLAND SCHWEBEN

Beim Betreten des **Storybook Circus** in Fantasyland sollte man auf den Boden blicken und versuchen, die Fußabdrücke der Zirkustiere zu identifizieren, die über den feuchten Beton marschiert sind. Diese farbenfrohe Ecke des Magic Kingdom wurde geschaffen, um eine der nostalgischsten Attraktionen des Parks hervorzuheben. Basierend auf dem klassischen Disney-Trickfilm *Dumbo* (1940), dreht hier **Dumbo the Flying Elephant** seit der Eröffnung des Parks 1971 seine Runden. Man betritt das große Zelt, wo eine interaktive Warteschlange das Anstehen lustiger macht, ehe man an Bord seines eigenen Dumbos geht. Während des geruhsamen Elefantenflugs kann man die Höhe selbst verändern.

Nach dem Flug können sich die Kids gegenüber in der **Casey Jr. Splash 'N' Soak Station** abkühlen, einem Wasserspielplatz, auf dem Zirkustiere die Besucher:innen mit Wasser bespritzen und der Zirkuszug erfrischenden „Dampf" ausstößt. Einen Badeanzug oder Kleidung zum Wechseln mitbringen, denn trocken bleibt man hier nicht! Minnie Magnifique (Minnie Maus als Zirkusartistin) und Madame Daisy Fortuna (Daisy Duck als Wahrsagerin) begrüßen gern die Gäste in **Pete's Silly Sideshow**.

Im angrenzenden **Casey Jr. RailRoad Mercantile** werden Badetücher, Sonnencreme und Kleidung als Ersatz für nass gewordene Stücke verkauft. **Big Top Souvenirs** bietet eine große Auswahl an Ware für Kinder: Snacks und Süßigkeiten, darunter hausgemachten Karamellmais, Zuckerwatte und in Schokolade getauchte Früchte.

Pirates of the Caribbean

TOTE MÄNNER ERZÄHLEN KEINE GESCHICHTEN

Am äußersten Ende von Adventureland liegt eine imposante goldene spanische Festung, wo angehende Marodeure einen Kahn besteigen können, der sie ins 17. Jh. bringt, als Piraten Westindien beherrschten und ausplünderten. **Pirates of the Caribbean** ist ein Spaß für die ganze Familie: Trotz der unvermeidlichen Begegnungen mit dem heimtückischen Blackbeard und Davy Jones ist es eine sanfte Fahrt mit nur einem schnellen und leicht feuchten „Absturz". Über 567 000 l Wasser werden verwendet, um die Karibische See nachzubilden, und mehr als 125 lebensechte animatronische Figuren bevölkern die Bühne dieses ausgelassenen Abenteuers, das zur Melodie von *Yo Ho (A Pirate's Life for Me)*, der Hymne des Rides und einer der berühmtesten Songs im Magic Kingdom, immer verrückter wird.

LOCAL TIPP
GEHEIMNISSE IM MAGIC KINGDOM

Eric Wagner, der in Orlando lebt und ein großer Disney-Fan ist, teilt seine Tipps zum Magic Kingdom.

Man sollte auf die **altmodischen Telefonzellen** in Tomorrowland unter dem PeopleMover, dem Astro Orbiter oder im Süßwarenladen in der Main Street schauen. Wer den Hörer abnimmt, bekommt dies oder das zu hören!

Während des Feuerwerks kann man ohne großes Gedränge in den **Läden an der Main Street** stöbern. Diese Läden sind bis eine Stunde nach Parkschließung geöffnet, um möglichst lange Einkaufszeiten zu haben.

In allen Ess- und Trinklokalen mit Getränkespender erhält man **kostenlose Becher mit Eiswasser**.

Verschwitzt und müde? Man holt sich einen **Dole Whip** bei Aloha Isle und eilt zum Enchanted Tiki Room, um die berühmte WDW-Leckerei bequem unter einer Klimaanlage sitzend inmitten gefiederter Freunde zu genießen.

DIE BESTEN COCKTAILBARS IN MAGIC KINGDOM RESORTS

Trader Sam's
In dieser munteren Bar in Disney's Polynesian Village Resort segelt man mit kitschigen Schirmchen-Cocktails in die Südsee.

Enchanted Rose
In dieser Bar mit dem Thema *Die Schöne und das Biest* im Disney's Grand Floridian Resort erhält man französisch angehauchte Cocktails.

Steakhouse 71 Lounge
In der komfortablen Lounge des Contemporary Resort gibt's klassische Cocktails im Stil der 1970er-Jahre und Steakhaus-Kost.

Dole Whip

Die Disneyland-Version der Pirates of the Caribbean wurde 1967 eröffnet und war die letzte Attraktion, bei deren Gestaltung Walt Disney selber eine Schlüsselrolle spielte. Die Version des Magic Kingdom öffnete 1973 ihre Tore für verwegene Piratenfans und wurde zu einer prägenden Attraktion des Parks. Sie war so beliebt, dass sie schließlich die Filmreihe *Pirates of the Caribbean* inspirierte.

A propos: Man sollte nach Captain Jack Sparrow Ausschau halten, der Hauptfigur aus den Filmen: Nahe dem Ende der Fahrt taucht er beispielsweise unerwartet aus einem Fass auf – aber das ist nicht sein einziger Auftritt…

INOFFIZIELLES VOGELHABITAT

Überall im Magic Kingdom mischen sich einheimische Wildvögel unter die Parkgäste. Zwei der elegantesten Vogelspezies, die sich an die Lebensart im Themenpark angepasst haben, sind der Silberreiher und der Ibis, die sich das Areal zwischen dem Liberty Square und den Rivers of America zu ihrem Habitat erkoren haben.

Die Vögel haben gelernt, dass die menschlichen Disney-Besucher:innen harmlos sind, daher nähern sie sich ohne Furcht, während sie auf dem Pflaster nach Essbarem suchen. Zwar mögen sie durchaus ein Stück von der Haut eines Jumbo-Truthahnschenkels, doch behält man seine Snacks besser für sich, damit sie sich gesund und ihrer Natur gemäß ernähren.

SCHLAFEN NAHE BEIM MAGIC KINGDOM

Disney's Contemporary Resort
Das Resort wurde gleichzeitig mit Walt Disney World 1971 eröffnet. Es hat ein futuristisches Design; die Monorail fährt mitten hindurch. **$$$**

Disney's Polynesian Village Resort
Ein pazifisches Paradies mit einem aktiven Vulkan (Pool), üppiger landschaftsgärtnerischer Gestaltung und einem unberührten Strand. **$$$**

Disney's Grand Floridian Resort & Spa
Ein superluxuriöses Haus mit viktorianischem Ambiente und einem Konzertflügel im Foyer. **$$$**

DISNEY'S HOLLYWOOD STUDIOS

Disney's Hollywood Studios bringen den Zauber Hollywoods nach Walt Disney World. Bei der Einweihung des Parks 1989 erklärte der damalige Disney-CEO Michael Eisner, es handele sich hier nicht um einen Ort auf der Landkarte, sondern um eine Geisteshaltung. Der Park ist in sieben Themenbereiche unterteilt, die von echten Filmlocations in L. A. oder von Welten inspiriert sind, die nur auf der Filmleinwand existieren. Der Ankerpunkt des Parks ist eine genaue Nachbildung des historischen Grauman's Chinese Theatre in Hollywood und beherbergt die Mickey & Minnie's Runaway Railway, die die Gäste in die verrückte Welt eines Micky-Maus-Kurzfilms transportiert.

Star Wars: Galaxy's Edge und Toy Story Land fügten dem Park außergewöhnliche Hightech-Attraktionen hinzu. Viele Besucher:innen betrachten Star Wars: Rise of the Resistance als besten Ride in Walt Disney World®, während die Toy Story Mania!, die ein klassisches Rummelplatz-Erlebnis wiederauferstehen lässt, bei Mr. Potato Head mit der technologisch fortschrittlichsten Animatronik aufwartet.

TOP TIPP

Bei der Toy Story Mania! kann man mit den anderen Familienmitgliedern um Punkte konkurrieren. Von der Tram schießt man auf Hunderte schnelle Ziele. Beim Dino-Darts-Spiel zielt man am besten auf die langen Ballons, die aus dem Vulkan auftauchen und je 500 Punkte bringen.

BESTE BÜHNENSHOWS IN DISNEY'S HOLLYWOOD STUDIOS

For the First Time in Forever: A Frozen Sing-Along Celebration
„Let It Go" mit Eisprinzessin Elsa – eine Bühnenshow zum Mitsingen.

Beauty & the Beast Live on Stage
Bei dieser zeitlosen Musicalshow geht's um eine Geschichte, die so alt ist wie die Zeit.

Disney Movie Magic
Dieses nächtliche Spektakel projiziert klassische Filmszenen auf die Fassade des Grauman's – perfekt, um einen dem Film gewidmeten Tag ausklingen zu lassen.

Grauman's Chinese Theatre

HOLLYWOOD IN ORLANDO

Wie das originale Hollywood Grauman's (heute TCL) Chinese Theatre hat auch die Disney-Version einen Vorplatz mit den Unterschriften und Hand- und Fußabdrücken der größten Stars aller Zeiten. Disneys **Grauman's Chinese Theatre** ist eine exakte Replik des Originals, bis hin zu den beiden riesigen Löwen, alias himmlischen Hunden, die den Eingang bewachen.

Das Theater beherbergt die **Mickey & Minnie's Runaway-Railway**, eine schienenloser Ride, die von den Kurzfilmen des Nagerduos inspiriert ist. Wenn man mit dem Zug losfährt, taucht man in eine Zeichentrickwelt ein, die von Disneys frühesten animierten Freunden bewohnt wird. Dies war übrigens der erste Ride in einem Disney-Park mit Mickey in der Starrolle.

Abends flackern projizierte Szenen denkwürdiger Disney-Momente über die Fassade des Theaters. Die 10-minütige Reise durch die Disney-Filmgeschichte zeigt beliebte Figuren und Schurken und endet mit einer Aufnahme von Walt Disney, der erklärt: „Alles begann mit einer Maus".

Walt Disney Presents

100 JAHRE DISNEY

Der in Chicago im 2. Stock im Schlafzimmer des von seinem Vater erbauten Hauses geborene Walter Elias Disney nutzte sein

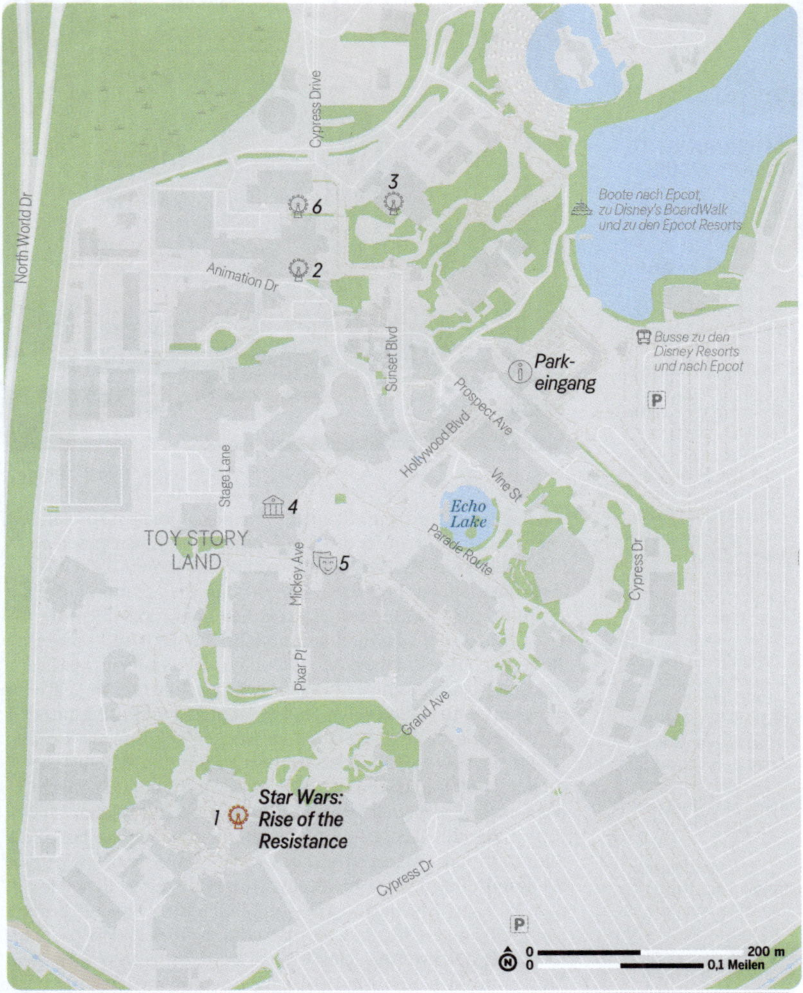

HIGHLIGHTS
1 Star Wars: Rise of the Resistance

SEHENSWERTES
2 Rock 'n' Roller Coaster Starring Aerosmith
3 Tower of Terror
4 Walt Disney Presents
5 Grauman's Chinese Theatre
6 Lightning McQueen's Racing Academy

RESTAURANTS MIT TISCHSERVICE IN DEN DISNEY'S HOLLYWOOD STUDIOS

50s Prime Time Café
Bei der Zeitreise zurück in ein Lokal der 1950er-Jahre gibt's beliebtes nostalgisches Wohlfühlessen (mit gesünderem modernen Einschlag). **$$$**

Sci-Fi Dine-In Theater Restaurant
Ein Autokino im Stil der 1950er-Jahre mit ausschließlich US-amerikanischer Küche. Die Gäste sitzen in alten Autos. **$$$**

Brown Derby
Serviert die gleichen zeitlosen Gerichte und Cocktails, die einst in dem von Promis wimmelnden Original in Hollywood aufgetischt wurden. **$$$**

BEGEGNUNG MIT DISNEY-FIGUREN

Zu den beliebten Character Meet-&-Greets gehören:

Schneemann **Olaf** empfängt Gäste hinter dem Hyperion Theater, dem Sitz des Frozen Sing-Along.

Sulley aus *Die Monster AG* findet sich mit seinem Kanister voll mit Lachen häufig hinter Walt Disney Presents, nahe dem Animation Courtyard.

Mickey und **Minnie** finden sich, elegant gekleidet, oft bei Red Carpet Dreams, nahe dem Eingang zum Sci-Fi Dine-in Theater Restaurant.

Woody und **Buzz** lassen sich in Woody's Picture Shootin' Corral am Pixar Place sehen. Die tolpatschigen **Green Army Men** sind oft zu sehen und pausieren gern, um sich mit Besucher:innen fotografieren zu lassen.

Die Figuren, die man treffen kann, und die Termine ändern sich immer wieder, den aktuellen Plan gibt's in der App My Disney Experience oder im Times Guide am Besuchstag.

GERARDO MORA/GETTY IMAGES ©

Oga's Cantina

Zeichentalent, um sein eigenes Studio in Kalifornien zu gründen, wo er zu einem Pionier des US-Zeichentrickfilms avancierte.

Walt Disney Presents, untergebracht in einem Gebäude des **Animation Courtyard**, das wie ein klassisches amerikanisches Main-Street-Filmtheater wirkt, ist eine bezaubernde, interaktive Galerie, die Disneys unglaubliche Karriere und seine Haltung, nach der nichts unmöglich ist, mit Erinnerungsstücken aus den Disney-Archiven präsentiert. Der selbstgeführte Rundgang durch die Geschichte Disneys dauert rund 15 Minuten.

Zu den wertvollen Ausstellungsstücken gehören ein Animationstisch von 1929 und der Studiotisch aus den 1930er Jahren, an dem Walt und Co. an den *Silly Symphonies* und *Schneewittchen und die sieben Zwerge* arbeitete. Ein frühes Design-Modell des Cinderella Castle im Magic Kingdom sowie der originale audio-animatronische Abraham Lincoln aus der New Yorker Weltausstellung von 1964 stehen für Walts erste Schritte auf dem Weg zur Erschaffung des „glücklichsten Orts auf Erden". Das vielleicht anrührendste Ausstellungsstück ist Walts Schultisch aus der zweiten Klasse der Park Elementary School in Marceline, Missouri. Man sollte nach seinen Initialen schauen, die er als Schuljunge in den Tisch geritzt hat.

Zur Ausstellung gehört auch ein 15-minütiger Film über Walt Disneys Leben, der im **Walt Disney Theater** gezeigt wird. In den Schaukästen vor dem Kino sind Exponate aus neuen Disney-Filmen ausgestellt.

SCHNELLIMBISSE IN DEN DISNEY'S HOLLYWOOD STUDIOS

Min & Bill's Dockside Diner
Der Imbissstand ist eine Hommage an MGMs Pre-Code-Komödiendrama *Die fremde Mutter* aus den 1930er-Jahren und seine Fortsetzung *Tugboat Annie*. **$$**

Woody's Lunch Box
Ein begehbares Restaurantschaufenster in einer Lunchbox im Retrostil. Bietet Feinschmeckerversionen von bei Kindern beliebten Gerichten. **$$**

Catalina Eddie's
Das bescheidene Lokal am Sunset Blvd konzentriert sich auf Pizza und Caesar Salad. **$$**

Rock 'n' Roller Coaster

EINE ACHTERBAHNFAHRT MIT AEROSMITH

Der **Rock 'n' Roller Coaster Starring Aerosmith** bringt die Besucher:innen in einer superlangen Stretch-Limousine zu einem Konzert. Das Highlight dieses Rides ist der Hochgeschwindigkeitsstart: Dank der elektromagnetischen Linearmotortechnologie beschleunigt das Gefährt in weniger als drei Sekunden von 0 auf 92 km/h. Die Radio-DJ-Ikone Bill St. James aus L.A. begrüßt die Mitfahrenden, dann verkündet eine Verkehrsmeldung ein ungewöhnlich hohes Verkehrsaufkommen. Ein Highwayschild leuchtet auf: „Der Verkehr nervt Sie? Dann Gas geben!", ehe die Limousine in einen nachgebauten Autobahntunnel und dann durch die simulierten hektischen Straßen von L.A. fährt. Bei der Fahrt durch drei Inversionen, darunter ein Sea-Serpent-Roll und eine Schraube, fühlt man Kräfte von bis zu 5Gs.

Stroboskoplichter und der eigens aufgenommene Aerosmith-Soundtrack geben dieser aufregenden Fahrt die Atmosphäre eines Rockkonzerts, wenn sich *Love in an Elevator* in *Love on a roller coaster* verwandelt. Jede Limousine der Bahn enthält 120 Lautsprecher: zwei Mitteltöner, zwei Hochtöner rund um jeden Mitfahrenden und einen starken Subwoofer unter dem Sitz. Da jeder Wagen unterschiedliche Aerosmith-Songs spielt, haben die Fans bei jeder Fahrt ein anderes Konzerterlebnis. Die Limo mit dem Nummernschild UGOBABE spielt *Love in an Elevator*, die mit dem Schild 2FAST4U spielt *Sweet Emotion*.

Lightning McQueen's Racing Academy

DIE MOTOREN GESTARTET!

Lightning McQueen ist das Starauto in *Cars*, dem Disney-Pixar-Blockbuster, der in einer Welt voller menschenartiger Autos spielt. Lightning erfährt in dem Film, dass Leben mehr bedeutet, als ein Rennen zu gewinnen. Gestrandet in dem abgelegenen, von der Route 66 inspirierten Kaff Radiator Springs, trifft er auf eine Reihe auto-zentrischer Charaktere, die ihm zeigen, was es bedeutet, ein wahrer Champion zu sein.

In der hochoktanigen, ausgelassenen **Lightning McQueen's Racing Academy** sitzt man im Fahrersitz eines topmodernen Rennwagensimulators mit umlaufendem Bildschirm, der einem das Gefühl gibt plötzlich auf Amerikas Mother Road zu fahren. Lightning McQueen, eine lebensgroße animatronische Figur, startet die 10-minütige Show mit einer Demonstration der Tricks und Kniffe im Rennsport, unterstützt von seinem besten Freund Tow Mater. Als Rennfahrer-Frischling testet man seine Fähigkeiten auf der Piste, während der Rennwagen-Trainer Cruz

OGA'S CANTINA

Oga's Cantina, zu finden in Star Wars: Galaxy's Edge, ist die einzige schmugglerfreundliche Cantina der Erde. Wie die Cantina aus dem Film ist diese Bar laut und meist voller Feiernden. Kleine Happen werden serviert, aber der Schwerpunkt liegt auf den Cocktails. Verspielte Cocktails wie der Jedi Mind Trick mit Grapefruit oder der Bespin Fizz mit Yuzu-Mus sind erfrischend und die Mocktails sind ideal für alle, die lieber ohne Alkohol in die Welt von *Star Wars* eintauchen wollen. Der Droid DJ R-3X, ein ehemaliger Starspeeder-3000-Pilot, legt als DJ außerirdische Musik auf, die einen zum Tanzen verleitet oder zumindest dazu, mit den Füßen zu dem abgefahrenen Beat zu wippen.

SNACKS ZUM MITNEHMEN IN DEN DISNEY'S HOLLYWOOD STUDIOS

Dinosaur Gertie's Ice Cream of Extinction
Der Eiscremestand ist von dem Stummfilm-Dinosaurier inspiriert, der jetzt im Echo Lake badet. $

The Trolley Car Café
Von dem Wagen kann man sich sein Lieblings-Starbucks-Getränk und Gebäck oder ein Sandwich für ein schnelles Frühstück to go holen. $

Epic Eats
Dieses im *Indiana Jones*-Stil aufgemachte Dessert-Lokal verkauft Strauben (*funnel cakes*), eine beliebte Karnevalsleckerei. $

MAGIC-SHOT-PHOTOPASS OPPS

Disney PhotoPass-Fotografen ziehen durch die Parks, um Familienerinnerungen aufzunehmen. Einige PhotoPass-Fotostellen bieten eine Extradosis Feenstaub: Man kann den Fotografen bitten, sein Standardfoto vor irgendeiner Attraktion in einen „Magic Shot" zu verwandeln. Wenn das Foto dann in das eigene My Disney Experience-Konto hochgeladen ist, stellt man fest, dass etwas Magie zum Bild hinzugekommen ist: So Tinker Bell bei Magic Shots, die am Hollywood Boulevard aufgenommen wurden, oder bei Aufnahmen in Star Wars: Galaxy's Edge ein Hintergrund mit Sternen und X-Wings oder ein auf der eigenen Schulter sitzender Porg. Für Magic Shots wird kein Aufpreis verlangt. Schon Minuten, nachdem das Foto aufgenommen wurde, kann man es sich in seiner Galerie anschauen – online oder über die App My Disney Experience.

Ramirez die Fähigkeiten des Neulings bewertet. Die Attraktion richtet sich zwar an kleinere Kinder (d.h. jene, die die Größenanforderungen für viele Rides nicht erfüllen), dürfte aber alle begeistern, die schnelle Autos und Spaß lieben.

Nach dem Rennen erscheinen Lightning McQueen und Tow Mater regelmäßig zu Fototerminen im **Winner's Circle** (früher Luigi's Garage) nahe den Streets of America.

The Twilight Zone Tower of Terror

STURZ IN EINE ANDERE DIMENSION

Mit dem Fahrstuhl geht's hinauf und dann hinab ... mitten in die fünfte Dimension, im **Tower of Terror**, einem Hotel, in das man einchecken kann (aber es vielleicht nie mehr verlassen wird). Dieser Ride gehört zu den spannendsten in Walt Disney World®; inspiriert wurde er von der TV-Serie *The Twilight Zone* und einem mit einem klapprigen Fahrstuhl ausgestatteten Hotel, das das goldene Zeitalter Hollywoods ins Gedächtnis ruft.

Die Otis Elevator Company war gewohnt, übliche Aufzüge zu bauen, als Disney sie mit der Schaffung eines vertikalen Fahrsystems beauftragte. Die Fahrstuhlkabinen haben Seile, die sie schneller in die Tiefe ziehen, als wenn sie „nur" frei fallen würden. Angetrieben von gewaltigen Motoren an der Spitze des Turms erleben die Besucher:innen bei dieser Fahrt mehrfach einen Fall mit bis zu 63 km/h, was Schwindel verursachen kann, insbesondere wenn sich plötzlich die Fahrstuhltüren öffnen und einen Blick auf den Park aus der Vogelperspektive freigeben.

Die Disney Imagineers wollten *Twilight Zone*-Schöpfer Rod Serling zum Teil der Attraktion machen, daher fügten sie Archivmaterial von ihm aus der Episode *It's a Good Life* in die Eröffnungssequenz des Rides ein.

Eine Kamera fängt die von Furcht geweiteten Augen der Passagiere ein, die im freien Fall Richtung Kellergeschoss sausen. Im Geschenkeladen wurde der Schalter des Hotel-Fundbüros umfunktioniert, um Fotos von der Fahrt auszustellen.

Star Wars: Rise of the Resistance

DIE SCHLACHT BEGINNT

Star Wars: Galaxy's Edge liegt zwar im sonnigen Orlando, entführt die Gäste aber zu einem entlegenen Vorposten auf dem Planeten Batuu, der von Schmugglern, Soldaten, Kopfgeldjägern und natürlich spaßsuchenden Reisenden bevölkert ist.

Das Highlight in dieser fernen Galaxie ist die derzeit technisch fortschrittlichste Themenparkattraktion überhaupt: **Star Wars:**

TRINKLOKALE IN DISNEY'S HOLLYWOOD STUDIOS

BaseLine Tap House
Ales, Lagerbiere und Cider von kalifornischen Kleinbrauereien sowie kalifornisch angehauchte Snacks serviert dieser freundliche Pub.

Star Wars: Galaxy's Edge Milk Stand
Luke Skywalker trinkt in *Star Wars: Episode IV – Eine neue Hoffnung* blaue Milch. Das exotische Getränk gibt's an diesem Stand.

Tune-In Lounge
In dieser Retrobar schlürft man Cocktails aus der Mitte des letzten Jahrhunderts, während TV-Klassiker laufen.

ORLANDO SENTINEL/GETTY IMAGES ©

Grauman's Chinese Theatre

Rise of the Resistance ist ein gewaltiger, schienenloser, 18 Minuten langer Ride, der die Teilnehmenden mitten in die Schlacht zwischen den Rebellen und der Ersten Ordnung bringt.

Da dies einer der beliebtesten Rides in den Disney-Themenparks ist, muss man auf Anstehen gefasst sein; je nach Tageszeit kann die Wartezeit zwischen einer und drei Stunden betragen.

Die Schlacht beginnt im Briefing-Raum, wo BB-8 und Rey einen über eine Drehscheibe in den **Star Destroyer** eskortieren, wo man kapselartige, von R5-Droiden gesteuerte Vehikel besteigt. Es gibt über 65 audioanimatronische Figuren, die so realistisch sind, dass man sich fragt, ob sie echt sind, darunter hohe AT-ATs (es sind nur zwei; durch den Einsatz von Spiegeln scheinen es aber vier zu sein); hinzu kommen eindrucksvolle Spezialeffekte wie Explosionen, Lichtschwerter und Blaster.

Zur Feier des Siegs kann man nach der Fahrt zu **Savi's** verstecktem **Workshop** gehen, wo man mithilfe der „Gatherer" sein eigenes Lichtschwert kreieren und zu seinem Heimatplaneten mitnehmen kann. Es ist zu empfehlen, sich vorab für dieses einzigartige Shopping-Erlebnis zu registrieren.

WARUM ICH DISNEY'S HOLLYWOOD STUDIOS LIEBE

Amy Bizzarri, Autorin

Disney's Hollywood Studios ist der einzige Themenpark, dem es gelingt, mich in das Goldene Zeitalter Hollywoods zurückzuversetzen. An einem Nachmittag kann ich Mickey und Minnie auf der Leinwand in Grauman's Chinese Theatre zuschauen, einen klassischen Cobb-Salat in einer Replik des Lokals essen, in dem er erfunden wurde (das Brown Derby) und nach dem Einchecken in den Tower of Terror in die fünfte Dimension fallen. Und als lebenslanger *Star Wars*-Fan fühle ich mich wieder wie ein 10-jähriges Mädchen, wenn ich mit einem Raumgleiter in eine weit entfernte Galaxie reise. Ich halte mich eigentlich für zu cool für Begegnungen mit Charakteren, aber eine kurze Umarmung mit Chewbacca lasse ich mir nie entgehen.

SCHLAFEN NAHE BEI DISNEY'S HOLLYWOOD STUDIOS

Disney's Pop Century Resort
In diesem Resort, das per Skyliner mit den Hollywood Studios verbunden ist, leben Modetrends von den 1950er- bis zu den 1990er-Jahren wieder auf. **$$**

Disney's Art of Animation Resort
Die preiswerte Unterkunft bietet im Kinderspielzimmer täglich Zeichenkurse. **$$**

Disney's Coronado Beach Resort
Die Oase am See bietet einen Swimmingpool mit der 15 m hohen Replik einer Maya-Pyramide in der Mitte. **$$$**

DISNEY'S ANIMAL KINGDOM

Rund 2000 Tiere, die zu 300 Arten – darunter Sumatratiger, Westliche Flachlandgorillas und Lisztaffen – gehören, leben in Disney's Animal Kingdom, dem natürlichsten aller hiesigen Themenparks. Als Mittelding aus Themenpark und Zoo ist er auch der grünste und ruhigste aller Disney-Parks.

Die Hauptattraktion des Parks, Kilimanjaro Safaris, führt die Besucher:innen in offenen Geländewagen durch Savannen, über Flüsse und felsige Hügel, um afrikanische Wildtiere zu beobachten. Pandora – The World of Avatar erweckt James Camerons Film *Avatar* (2009) und dessen mystische, monumentale und zeiglich feingliedrige Landschaften zum Leben. Der Zug von Expedition Everest erklimmt die Spitze des weltweit höchsten künstlichen Bergs, des Forbidden Mountain, wo ein einschüchternder Yeti lauert. Den Mittelpunkt des Animal Kingdom bildet der mächtige Tree of Life (Lebensbaum), der uns daran erinnert, dass wir alle eine Rolle im Kreislauf des Lebens spielen.

TOP TIPP

Wie bei allen Parks in Walt Disney World® ist der Andrang morgens am geringsten. Die Tiere sind zudem morgens besonders aktiv; während der heißen Nachmittage in Orlando suchen sie gern schattige Plätzchen für ein Nickerchen auf. Wer schon zur Parköffnung kommt, wird also unter weniger Menschen sein und kann die Tiere in Aktion erleben.

Eingang zum Animal Kingdom

JHVEPHOTO/SHUTTERSTOCK ©

SEHENSWERTES
1 Kilimanjaro Safaris
2 Pandora – The World of Avatar
3 Rafiki's Planet Watch

AKTIVITÄTEN, KURSE & TOUREN
4 Gorilla Falls Exploration Trail
5 Tree of Life

UNTERHALTUNG
6 Expedition Everest

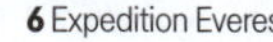

BESTE ABENTEUER-ATTRAKTIONEN

Bei den folgenden drei Attraktionen des Animal Kingdom kann man in die Rolle eines Forschenden, eines Flussfahrenden oder sogar eines Insekts schlüpfen

Dinosaur's Trackless Ride Vehicles
Eine Reise in prähistorische Zeiten, als Dinosaurier im Dunklen lauerten.

Kali River Rapids
Bei der Fahrt auf einem wilden Fluss, an deren Ende ein 9 m tiefer Fall steht, wird man richtig nass.

It's Tough to be a Bug
Stars dieser 4D-Filmattraktion sind die winzigen Charaktere aus dem Pixar-Film *Das große Krabbeln*. Vorsicht vor der Stinkwanze!

Tree of Life

DEN KREISLAUF DES LEBENS ERFAHREN

Der 44 m hohe, mächtige **Tree of Life** ist ein Wunderwerk der modernen Ingenieurkunst. Er wurde innerhalb von 18 Monaten Blatt für Blatt zusammengebaut. 20 Künstler:innen schmückten den 15 m breiten Stamm mit den Umrissen von über 300 Tieren. Der Stamm wird von einer umgebauten Ölplattform gestützt; 45 Äste führen hinauf zur Baumkrone mit ihren mehr als 103 000 Blättern.

Um die Umrisse der Tiere aus der Nähe zu sehen, machtman eine selbstgeführte Wanderung auf den malerischen **Discovery Island Trails**, bestehend aus beschaulichen Wegen, Holzbrücken und höhlenartigen Tunneln unterhalb des großen Baums. Die Disney-Geschichte von der Entstehung des Baums beginnt mit einer Ameise, die ein Samenkorn einpflanzte und um einen Baum bat, der allen Tieren Schutz bieten sollte. Eine Hommage an diese Ameise erblickt man durch ein Astloch inmitten der Schnitzereien auf dem Baum – eine nette Erinnerung daran, dass alle Lebewesen auf der Erde miteinander verbunden sind, von der winzigen Ameise bis zur hoch aufragenden Giraffe.

ESSEN & TRINKEN IN DISNEY'S ANIMAL KINGDOM

Yak & Yeti Restaurant
Das Restaurant am Fuß der Expedition Everest serviert Gerichte aus verschiedenen Regionen Asiens. Es gibt jede Menge vegetarische Speisen. **$$**

Harambe Market
Auf diesem Freiluftmarkt findet man afrikanisch inspirierte Kost. Fans von *Der König der Löwen* werden sicher einen Simba-Cupcake nehmen. **$$**

Boma
In diesem Restaurant in der Animal Kingdom Lodge gibt's ein All-You-Can-Eat-Büfett mit Gerichten aus über 50 afrikanischen Ländern. **$$$**

ANADOLU AGENCY/GETTY IMAGES ©

Giraffe

GIRAFFENHABITATE

Mit einer Höhe von bis zu 6 m sind Giraffen die größten Landtiere der Erde. Mit ihren langen, eindrucksvollen Hälsen und ihrem gefleckten Fell gehören sie auch zu den faszinierendsten. In Disney's Animal Kingdom lebt eine Giraffenherde, die man in der Regel beim Weiden in den Baumwipfeln ihres Geländes auf der Kilimanjaro Safari erlebt.

Man kann versuchen, die unter Vegetation versteckten Gräben und Zäune zu entdecken, die verhindern, dass die Tiere ihren vorgesehenen Lebensraum verlassen, oder die als abgebrochene dicke Äste getarnten Fütterungsstellen suchen.

Eine zweite Giraffenherde lebt am **Uzima Overlook** beim Jambo House der Disney's Animal Kingdom Lodge. An der Rezeption kann man Nachtsichtgläser ausleihen, um die Tiere zwischen Sonnenuntergang und 9.30 Uhr zu beobachten.

Kilimanjaro Safaris

WILD UND FREI

Kilimanjaro Safaris stellt ein ostafrikanisches Safari-Abenteuer nach: Ein großer, offener Geländewagen fährt die Gäste durch eine üppige Landschaft. Mit 45 ha ist das Safarigelände die größte Attraktion, die es weltweit in einem Disney-Themenpark gibt – das komplette Magic Kingdom würde fast in das Safarigelände passen. Jede Expedition ist ein einzigartiges Erlebnis, da die Tiere mal außer Sicht ein Schläfchen halten oder herumspringen und in Sicht kommen. Man kann vielleicht ein badendes Flusspferd sehen, einen auf einem Felsen ruhenden Löwen oder auch eine Gruppe grasender Giraffen.

Obwohl die Tiere ohne sichtbare Barrieren scheinbar frei im Park herumlaufen, ist dies die wahrscheinlich sicherste Safari weltweit. Disney revolutionierte die Welt der Wildtierhaltung, indem große Flächen mit Wasserelementen, Gräben und getarnten Zäunen als Barrieren angelegt und auf diesen sorgsam zusammengestellte Tiere und Pflanzen angesiedelt wurden, darunter Millionen Bäume, Gräser und Sträucher aus allen Kontinenten mit Ausnahme von Antarktika. Hier hat man die Gelegenheit, einige der mächtigsten Tiere des Planeten, darunter Nashörner, Flusspferde und Krokodile, aus der Nähe zu sehen, und das völlig gefahrlos.

ESSEN & TRINKEN IN DISNEY'S ANIMAL KINGDOM

Tusker House Restaurant
Hier trifft man beliebte kostümierte Figuren, während man am Frühstücksbüffet u.a. warme Zimtbrötchen genießt. **$$**

Tiffins Restaurant
Das Restaurant lädt mit einfallsreichen Abwandungen klassischer Gerichte von drei Kontinenten zu einer kulinarischen Weltreise ein. **$$$**

Pongu Pongu Lounge
Pandora hat eine eigene Bar, in der man eine Night Blossom bestellen kann, ein in Regenbogenfarben leuchtendes Limonenwasser.

Pandora – The World of Avatar

AUFBRUCH NACH PANDORA

Tiere stehen zwar im Zentrum von Disney's Animal Kingdom, doch **Pandora – The World of Avatar** transportiert die Besucher:innen zu mysteriösen Landschaften, in denen andere seltsame Kreaturen hausen. Mit **Avatar Flight of Passage**, einem 3D-Flugsimulator, der als einer der besten Rides in Walt Disney World gilt, fliegt man auf dem Rücken einer Flugechse, einem Berg-Banshee, hoch über Pandora. Nach der abenteuerlichen Luftreise kann man in der **Satu'li Canteen** auftanken, einem ruhigen Schnellrestaurant, das mit Na'vi-Kunst dekoriert ist.

DISNEY WILDERNESS EXPLORERS

Eine lustige Weise, sein Wissen über die Tierwelt zu erweitern, besteht darin, sich einer Reihe von Herausforderungen zu stellen, um ein offizieller Disney Wilderness Explorer zu werden. Wer die 25 Aufgaben zum Thema Tiere absolviert, die sich an besonderen Stationen im Park befinden, hat die Chance, den Wilderness-Explorer-Eid abzulegen. Diese Aktivitäten sind kostenlos, selbstgeführt (und insgeheim auch pädagogisch); die Aufgaben reichen von Notizenmachen über das Verhalten von Tieren bis zur Anwendung im Busch überlebenswichtiger Fähigkeiten.

Zu Beginn der Prüfung holt man sich das kostenlose Handbuch *Wilderness Explorer* im Hauptquartier (auf der Brücke zwischen der Oasis und Discovery Island) oder schaut bei einer der Wilderness Explorer Troop Leader-Stellen in Africa, Rafiki's Planet Watch, Asia, DinoLand USA oder Pandora – The World of Avatar, vorbei.

Expedition Everest

FORBIDDEN MOUNTAIN

Expedition Everest heißt der von einem Teeunternehmen betriebene Zug, der auf die schneebedeckte Spitze des höchsten (künstlichen) Bergs der Welt, des **Forbidden Mountain**, hinaufführt. Es brauchte drei Jahre, 4500 t Stahl, 9000 t Beton, 7600 l Farbe und 100 Mio. US$, um den 60 m hohen Berg mit seiner Achterbahn, die einst bei *Guinness World Records* als teuerste der Welt gelistet war, zu errichten. Der Berg ist von dem mythischen Königreich Anandapur („Stadt des Glücks") umgeben.

Nahe dem Basislager des Bergs liegt gleich hinter dem Eingang zu den Kali River Rapids ein Dschungel. Beim selbstgeführten **Maharajah Jungle Trek** stößt man auf faszinierende Tiere, darunter akrobatische Gibbons, einen Komodowaran (die, von Schlangen abgesehen, größte Schuppenechse der Welt) und Gras fressende Tapire. Geheimnisvolle Kalong-Flughunde, die zu den größten bekannten Fledertieren gehören, hängen in den Baumranken, während Tiger in dem ihnen geweihten Tempel die Passanten betrachten und drei Wasserbüffel namens Rose, Dorothy und Blanche (nach den *Golden Girls*) anmutig grasen.

Der furchteinflößende **Yeti**, der auf dem Berg lauert, ist die größte und komplexeste audioanimatronische Figur, die je von Walt Disney Imagineering gebaut wurde. Er ist fast 8 m hoch und trägt den Spitznamen „Disco-Yeti" wegen der auf ihn gerichteten Stroboskoplichter, die vortäuschen, er bewege sich.

Rafiki's Planet Watch

CONSERVATION STATION

Im fiktiven afrikanischen Harambe besteigt man den Wildlife Express Train zu einer friedlichen, 7 Minuten dauernden und ca. 2 km langen Fahrt zur **Conservation Station at Rafiki's Planet Watch**, einem Bereich, der der Erhaltung und dem Schutz von Tieren gewidmet ist.

SNACKS ZUM MITNEHMEN IN DISNEY'S ANIMAL KINGDOM

Isle of Java
Hier beginnt der Tag mit dem perfekten Frühstück für unterwegs: Mini-Zimtschnecken mit Kaffee-Karamellsauce. **$**

Mr. Kamal's
Zu den gewürzten Pommes gibt's hier vier verschiedene süße und pikante Dip-Saucen. **$**

Yak & Yeti
Gebratener Reis mit Huhn in einem praktischen Behälter zum Mitnehmen – ideal für einen Spaziergang durch den Park. **$**

Alpakas, Kühe, Rehe, Zwergesel, Ziegen, Lamas, Schweine und Schafe leben hier; einige spielen mit Fußbällen oder der Spielplatzeinrichtung. Auch Taranteln, Tausendfüßer, Skorpione und Schlangen gibt es hier, aber sicher hinter Glas. Auf dem Freiluft-Spazierweg gelangt man zu den ansässigen Lisztaffen.

Im **Veterinary Treatment Room** beobachtet man Tierärzte in Aktion, im **Nutrition Center** kann man zusehen, wie Experten das Fressen für die Tiere vorbereiten.

In der **Animation Experience** der Conservation Station können Besucher:innen lernen, ihre geliebten Tierfiguren aus berühmten Disney-Filmen selbst zu zeichnen und ein eigenes Werk mit Simba, Nala, Jafar, Pumbaa oder Timon aus *Der König der Löwen* zu schaffen. Jede Sitzung ist anders, daher werden die Teilnehmenden ermutigt, häufiger zu kommen, um ihre eigene Sammlung zu komplettieren. Ausschau halten sollte man nach Rafiki, denn dieser posiert gern mit den Gästen für Fotos in seiner dem Tierschutz gewidmeten Ecke des Parks.

SICH IN DISNEY'S ANIMAL KINGDOM ABKÜHLEN

Disney's Animal Kingdom ist zwar üppig grün, gilt aber als der heißeste und schwülste aller Disney-Themenparks. Um Abkühlung zu finden, sollte man frühmorgens kommen, einen tragbaren Fächer mitbringen (die sind auch in den meisten Geschenkeläden erhältlich) oder während der heißesten Zeit des Tages einen klimatisierten, kühlen Veranstaltungsort (z.B. It's Tough to be a Bug) aufsuchen. Man sollte sich ein Beispiel an den Tieren nehmen, die in der Nachmittagshitze ein schattiges Plätzchen zum Ausruhen suchen und nachmittags ins Hotel fahren oder den Park nach Sonnenuntergang genießen. Um Wasserverluste auszugleichen, sollte man eine Wasserflasche mitnehmen und sie an den Wasserstationen im Park wieder auffüllen. Der Ride Kali River Rapids garantiert einen großen Schwall kühlen Wassers.

Gorilla Falls Exploration Trail

GORILLAS IM NEBEL

Auch ein Familienverband Westlicher Flachlandgorillas, der größten Primaten der Erde, ist in Disney's Animal Kingdom zu Hause. Man begegnet ihnen auf dem **Gorilla Falls Exploration Trail**, einem sich schlängelnden, 600 m langen Weg, auf dem man an jeder Wegbiegung auf Tiere stößt.

Unterwegs tummeln sich oft Erdmännchen auf ihren Felshügeln, und meist entdeckt man auch in der Savanne grasende Zebras. Auch kleinere Tiere leben hier, so die niedlichen Sinai-Stachelmäuse, Nacktmulle und Spaltenschildkröten.

Mehr als 20 Vogelarten kann man vom Trail aus im Flug oder in den Bäumen nistend erblicken, darunter Oliventauben, Tamburintäubchen und Schneescheitelrötel.

Aber die Primaten, die in dem üppigen, hügligen Gelände leben, sind wohl am eindrucksvollsten. Beobachtungsstationen machen es während der selbstgeführten Wanderung leicht, die Gorillas zu beobachten und mehr über Disneys weltweite Bemühungen zum Schutz ihrer natürlichen Habitate zu erfahren. Kaum zu übersehen ist **Gino**, der im Park ansässige, 180 kg schwere Silberrücken. Er war einer der ersten Gorillas weltweit, der seinen Pflegern erlaubte, an ihm eine Herz-Ultraschalluntersuchung ohne Narkose vorzunehmen. Damit half er bei der Entwicklung einer neuen Methode zum Schutz seiner Artgenossen vor Herzerkrankungen. Gino ist Vater; man kann ihn oft mit seinen halbwüchsigen Söhnen herumtoben sehen.

SNACKS ZUM MITNEHMEN IN DISNEY'S ANIMAL KINGDOM

Satu'li Canteen
Probieren sollte man die Cheeseburger-Pods: Brötchen im Bao-Stil, gefüllt mit Rinderhack, Ketchup, Senf, Essiggurken und Cheddar. **$**

Tamu Tamu Refreshments
Das Simba Sunset ist ein Softeis mit Ananas und eingerührtem süßen Wassermelonensirup. **$**

Drinkwallah
An diesem Kiosk kann man sich mit einer eiskalten Coca-Cola erfrischen. **$**

EPCOT

Als Walt Disney die Experimental Prototype Community of Tomorrow (Epcot) erdachte, wollte er eine Stadt in kleinem Maßstab als Gegenentwurf zu der ineffizienten Infrastruktur erschaffen, die die städtische Zersiedlung der 1960er-Jahre mit sich brachte. Doch nach seinem Tod 1966 wurde das erste Epcot-Konzept verworfen, weil man die Schwierigkeiten erkannte, eine echte Stadt zu betreiben. Stattdessen wurde 1982 Epcot dann als Themenpark eröffnet.

Das Spaceship Earth ist das ikonische Wahrzeichen des Parks, der in vier „Viertel“ unterteilt ist: World Showcase und World Celebration bringen die Welt nach Florida. Elf Pavillons repräsentieren verschiedene Länder, z. B. Norwegen, wo Frozen Ever After die Besucher:innen in einem Boot durch Elsas verschneites Königreich führt, oder Frankreich, wo man bei dem Ride Remy's Ratatouille Adventure durch ein Pariser Restaurant wirbelt. World Nature und World Discovery bieten weitere Rides und interaktive Ausstellungen zu Natur und MINT-Themen. Nicht verpassen sollte man Test Track, eine hochoktanige simulierte Testfahrt mit einem Konzeptfahrzeug, sowie Mission: SPACE, einen Simulator, der mithilfe einer Zentrifuge den Start einer NASA-Rakete nachahmt.

TOP TIPP

Epcot bietet eine ganze Welt von Gaumenfreuden. Wenn man unbedingt in einem bestimmten Restaurant mit Tischservice essen will, sollte man bis zu 60 Tage im Voraus reservieren. Bei einigen, so beim Restaurant Space 220, sind die Reservierungen schon wenige Minuten, nachdem der entsprechende Tag freigeschaltet wurde, vergeben.

Eingang, Epcot

VINNIKAVA VIKTORYIA/SHUTTERSTOCK ©

HIGHLIGHTS
1 Mission: SPACE

SEHENSWERTES
2 Soarin' Around the World
3 Spaceship Earth
4 World Showcase

AKTIVITÄTEN, KURSE & TOUREN
5 Fantasia Gardens & Fairways

UNTERHALTUNG
6 Living with the Land

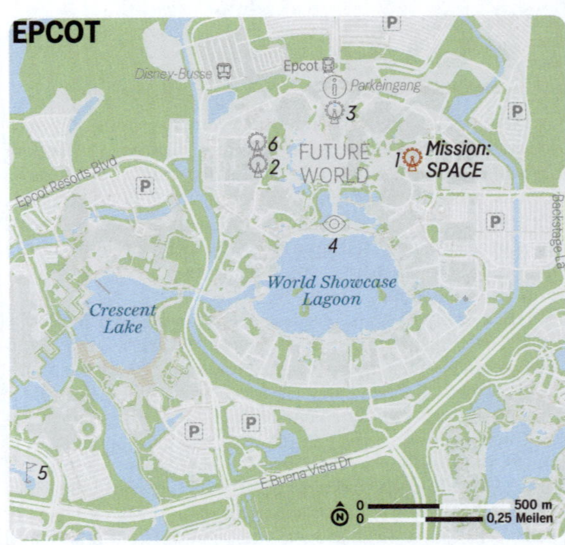

BEHIND THE SEEDS TOUR

Die **Living with the Land Behind the Seeds Tour,** eine Führung durch die Fischfarm und die Gewächshäuser, die den Pavillon **The Land** bilden, führt die Besucher:innen hinter die Kulissen. Hier erfährt man mehr über die Welse und Garnelen, mit denen die Fischfarm die Restaurants von Walt Disney World® beliefert, lernt neue Pflanzenanbauverfahren kennen und versteht, wie überdimensionale Früchte in Form von Disney-Figuren gezüchtet werden – eine vor Ort gewachsene darf man sogar probieren! Die Führung kann auf der App My Disney Experience reserviert werden. Bei der Führung muss man viel laufen, sollte also bequeme Schuhe tragen.

Spaceship Earth

DIE GESCHICHTE DER KOMMUNIKATION ERLEBEN

Der Bau des 55 m hohen, über 7000 t schweren **Spaceship Earth**, der ersten großen geodätischen Kuppel, die überhaupt gebaut wurde, dauerte fast zwei Jahre. Aber Spaceship Earth ist nicht nur ein Wahrzeichen, sondern auch Sitz der gleichnamigen Attraktion, die die Gäste in einer 15-minütigen Fahrt durch die Zeiten geleitet. Die Fahrzeuge fahren auf einer Strecke, die spiralförmig bis hinauf zur Spitze der Kugel führt.

Der Science-Fiction-Autor Ray Bradbury (*Die Mars-Chroniken*) war am Entwurf des ursprünglichen Handlungsfadens der Fahrt beteiligt. In einem Interview mit der Zeitschrift *OMNI* erklärte Bradbury 1982: „Disney zeigt der Welt, dass es alternative Wege gibt, um Dinge zu tun, die uns alle glücklich machen. Wenn wir einige Konzepte von Disneyland und Disney World und Epcot übernehmen, könnte die Welt zu einem besseren Ort werden".

Living with the Land

GARTENBAU IM DISNEY-STIL

Living with the Land, eine innovative, lehrreiche Attraktion in Epcot, ist nicht nur eine 12-minütige Bootsfahrt durch einen

RESTAURANTS MIT TISCHSERVICE IN EPCOT

Coral Reef Restaurant
Mit Blick auf das Korallenriff speist man hier mit Meeresbewohnern im Pavillon Seas with Nemo & Friends. **$$$**

Via Napoli
Das Restaurant im Italien-Pavillon serviert traditionelle neapolitanische Pizzas, die in Öfen gebacken werden, die nach Vulkanen benannt sind. **$$$**

Yorkshire County Fish Shop
Im Großbritannien-Pavillon genießt man panierten Fisch mit Chips und Fassbier und blickt dabei auf die World Showcase Lagoon. **$$$**

fantastischen Garten, sondern zeigt auch eine zukunftsweisende Farm und Forschungseinrichtung für Gartenbau und Hydrokultur. Hier werden erstaunliche Früchte und Gemüse gezogen (außerdem auch Fische), die in den Restaurants überall in Walt Disney World auf den Tisch kommen.

Die Bootsfahrt führt durch einige Gewächshaus-Laboratorien, in denen es futuristische Anbaumethoden in Aktion zu sehen gibt. Ein Gewächshaus beherbergt einen vertikalen Garten, in dem Disneys „Tomatenbaum" an einem besonderen Spalier wächst. 2006 stellt er den Rekord für die größte und ertragreichste Tomatenpflanze der Welt auf, nachdem er in nur 16 Monaten mehr als 32 000 Früchte getragen hatte! Ein anderes Gewächshaus ist der Hydrokultur gewidmet, bei der Pflanzen nur mit Wasser und Nährstoffen angebaut werden; die Forschenden produzieren hier regelmäßig über 27000 Salatköpfe.

Im gleichfalls staubfreien **Aeroponics-Gewächshaus** baumeln die Pflanzenwurzeln frei in der Luft und werden regelmäßig mit einem feinen Nährstoffnebel besprüht. Epcot ging eine Partnerschaft mit der NASA ein, um die Aerokultur als eine mögliche Methode zur Nahrungsmittelproduktion während langer Raumfahrtmissionen zu erforschen. Das Gemüse wächst direkt über den Becken mit Streifenbarschen, Buntbarschen, Welsen und Süßwassergarnelen.

Zu den unglaublichen Gemüsen, die hier zu sehen sind, zählen Kürbisse und Gurken in Mickey-Form – sie wachsen in Plastikformen – sowie Zitronen, die ein Gewicht von 7 kg erreichen!

INTERNATIONAL FLOWER & GARDEN FESTIVAL

In jedem Frühjahr zeigt sich Epcot in Walt Disney World® beim fast drei Monate langen **International Flower & Garden Festival** in voller Blütenpracht. Die Gartenlandschaften in Epcot sind immer schön, aber während dieses hochgelobten Festivals sind sie noch prachtvoller. Die Formschnitthecken in Gestalt von Disney-Figuren, die es überall im Park gibt, sind wahre Kunstwerke; jedes Jahr sind neue Figuren zu sehen, während einige besonders beliebte immer wiederkommen, so Tinker Bell mit ihrem Kleid aus Rentierflechte.

Hunderte von Schmetterlingen flattern beim Festival durch das Goodness Garden Butterfly House, wo man vielleicht sogar beobachten kann, wie die Falter aus ihren Kokons schlüpfen.

Soarin' Around the World

REISE UM DIE WELT IN FÜNF MINUTEN

Man schnallt sich an und macht sich bereit, wie ein Drachenflieger abzuheben und über sechs der sieben Kontinente und die berühmtesten Wahrzeichen der Welt zu schweben. Man fliegt über die schneebedeckten Alpen, gleitet über die großen Pyramiden Ägyptens, winkt den Eisbären in Grönland zu, zieht an Elefanten vorbei, die zum Kilimandscharo marschieren und überquert die Stromschnellen der Iguazú-Wasserfälle. **Soarin' Around the World**, der vielleicht inspirierendste Ride in Epcot, bringt die Welt zu den Besucher:innen. Obwohl dieser Flug keine Turbulenzen mit sich bringt, sollte man bei Höhenangst um einen Platz ganz hinten in der letzten Reihe bitten.

Die „Drachenflieger" steigen in ihren „Paraglider", ein Gefährt für 87 Passagiere, das von einem Auslegersystem in die Höhe gehoben wird, wo die Gäste von einem 180° abdeckenden, kuppelförmigen Bildschirm umgeben sind. Das Gefährt bewegt sich sachte zur Mitte der Kuppel, wodurch der Eindruck eines

SCHNELLIMBISSE IN EPCOT

Katsura Grill
Einer der gesündesten Schnellimbisse in Epcot bietet u.a. Sushi, Ramen und Udon mit Gemüse. **$$**

Regal Eagle Smokehouse
Die leckeren Grillrippchen, die Rinderbrust und die geräucherten Hähnchen werden hier mit einer Scheibe texanischen Knoblauchtoasts serviert. **$$**

Kabuki Café
Im Japan-Pavillon kann man sich hier mit *kakigōri* (geschabtes Eis mit Sirup und gesüßter Kondensmilch) erfrischen. **$$**

Flugs entsteht. Die Passagiere sind zwar angeschnallt, aber ihre in der Luft baumelnden Füße tragen zur Illusion bei, tatsächlich über die Welt zu schweben.

Auf die optischen Eindrücke abgestimmte angenehme Gerüche kommen hinzu, darunter Rosenblüten in der Taj-Mahal-Szene und eine südpazifische Brise beim Flug über die Fidschi-Inseln. Man sollte darauf achten, den „versteckten Mickey" zu finden, der sich bildet, wenn in der letzten, festlichen Szene das Feuerwerk über dem Spaceship Earth erstrahlt!

WORLD SHOWCASE WINE WALK

Beim 1,9 km langen **World Showcase Wine Walk** braucht man nur einen Abend, um Spitzenweine aus aller Welt zu probieren. Man schlendert über sechs Kontinente von einem stimmungsvollen Weinlokal zum nächsten. Beginnen kann man die Reise, die um den funkelnden See führt, im **Weinkeller** des Deutschland-Pavillons, einer gemütlichen Weinstube mit vielen guten deutschen Weinen.

Nächster Halt: Italien, wo der rustikale **Tutto Gusto Wine Cellar** Weinfreunde mit über 200 glanzvollen Tröpfchen und kleinen Gerichten begrüßt, bei denen Wein und Käse im Vordergrund stehen. Nur einige Schritte entfernt lockt **Les Vins des Chefs de France**, wo hervorragende Sommeliers Weine ausschenken und der Champagner strömt

Mission: SPACE

FÜHLE DIE KRAFT VON BIS ZU 2,5 G

Wer schon immer wissen wollte, wie es sich anfühlt, als Astronaut in den Weltraum zu fliegen, eilt zu **Mission: SPACE**, einem Ride, der eine Marsmission der NASA simuliert.

Bei der Einweihung dieser Attraktion im Jahr 2003 waren echte Astronauten anwesend. Vier separate, sich drehende Zentrifugen erzeugen den Eindruck eines Starts ins All. Der Ride ist so intensiv – die Passagiere erleben Andruckskräfte von bis zu 2,5 G, mehr als das Doppelte der Erdschwerkraft –, dass die Imagineers Ventilatoren gegen Reisekrankheit installierten und auch Spuckbeutel einführten, falls dem einen oder anderen Teilnehmer das Astronauten-Training denn doch zu viel sein sollte.

Die Besucher:innen haben die Wahl zwischen zwei Missionen: Die orangefarbene ist die intensivere, und die Teilnehmer müssen mindestens 1,12 m groß sein, um den simulierten Start ins All und den Wiedereintritt mitzuerleben. Die grüne Mission ist die familienfreundliche Variante mit einem Start, der mehr Spaß bietet, und keinerlei Drehungen. Aber auch für diese Mission müssen die Teilnehmenden mindestens 1 m groß sein.

Kinder, die kleiner sind, können den Weltraum in der **Space Base** erkunden, einem Spiel- und Kletterbereich am Ausgang von Mission: SPACE. Probieren kann man das Astronauteneis im Weltraum-Geschenkeladen **Cargo Bay**, wo eine lebensgroße Astronauten-Mickey-Mouse ihre Kunden begrüßt.

Fantasia Gardens & Fairways

THE FANTASTICAL WORLD OF MINI GOLF

Die **Fantasia Gardens & Fairways** liegen gegenüber der Resorts Swan and Dolphin im Resort-Bereich von Epcot und bietet zwei 18-Loch-Minigolfplätze, die beide thematisch den Film *Fantasia* aufgreifen und Erholung vom Parktrubel versprechen.

Man puttet sich durch fünf launig gestaltete Szenen, in denen die mit Tutus gekleideten Flusspferde und die tanzenden Pilze

SCHNELLIMBISSE IN EPCOT

Les Halles Boulangerie & Patisserie
Hier locken Suppen, Quiches und Sandwiches mit frisch gebackenem französischen Brot. **$$**

Lotus Blossom Cafe
Chinesisches Essen zum Mitnehmen: hier gibt's mongolisches Rindfleisch, Hühnchen mit Orange und Huhn mit gebratenem Reis. **$$**

Sunshine Seasons
Tacos, Pfannengerichte, Salate, vegetarisches Korma, Pizza – für alle ist etwas dabei in diesem Café im The Land-Pavillon. **$$**

Les Halles Boulangerie & Patisserie

aus *Fantasia* auftreten. Vorsichtig vor den marschierenden Besenstielen – sie überraschen gern mit einem Wasserspritzer. Gute Schläge werden mit Musik belohnt, und die Szene mit Beethovens Pastorale prunkt mit einem 12 m hohen Olymp inklusive Wasserfällen.

Fantasia Fairways, von *Golf Digest* als längster und anspruchsvollster Minigolf-Kurs der Welt bewertet, ist ein traditioneller Golfplatz im Miniaturformat und wunderbar für Familien mit Minigolf-Erfahrung. Sandhindernisse, Bunker, Wasserhindernisse und abschüssige Grüns sorgen dafür, dass hier Können über Zufall triumphiert.

World Showcase

REISE UM DIE WELT AN EINEM ORT

Im **World Showcase**, der 2 km langen Uferattraktion in Epcot, feiern Länderpavillons die einmalige Küche, Architektur und kulturellen Traditionen jener Länder. Der Tag beginnt mit Croissants in der **Les Halles Boulangerie & Patisserie** im Frankreich-Pavillon, gefolgt von einem 4D-Wirbel durch ein Restaurant auf einer eigenen Ratte als Gefährt in **Remy's Ratatouille Adventure**. Die mesoamerikanische Pyramide im Mexiko-Pavillon ragt über die **World Showcase Lagoon** und beherbergt ein Restaurant mit einer nächtlichen Marktkulisse sowie **The Three Caballeros**, eine gemütliche Bootsfahrt durch Mexiko

MITSUKOSHI – EPCOT'S EPISCHER DEPARTMENT STORE

Der in einem ausgedehnten, an eine kaiserliche Zeremonialhalle erinnernden Gebäude untergebrachte **Mitsukoshi Department Store** des Japan-Pavillons bietet mehr als nur Shoppen bis zum Umfallen. Der in vier Zonen namens Festlichkeit, Stille, Harmonie und Interesse unterteilte Laden ist die einzige Filiale dieser Warenhauskette außerhalb Japans - das Stammhaus wurde 1673 in Tokio eröffnet. Er ist voller importierter Waren, die sonst selten in den USA angeboten werden. Dazu gehören die immer begehrten KitKat-Riegel mit grünem Tee, traditionelle Kimonos und in Flaschen mit Glaskugelverschluss abgefüllte Ramune-Limonaden in allen erdenklichen Geschmacksrichtungenn. Disney-Figuren teilen sich hier den Platz auf den Regalen mit Anime-Figuren wie Hello Kitty und Pokémon. Auch die legendären Mikimoto-Perlen sind erhältlich.

AUSGEHEN IN EPCOT

Choza de Margarita
Die namensgebenden Margaritas (on the Rocks oder eisgekühlt) gibt's in einzigartigen Geschmacksrichtungen wie Brombeere oder Blutorange.

Champagne Kiosk
Am Ende des Tages kann man sich an diesem im Stil der Belle Époque gestalteten Stand am Ufer neben dem Frankreich-Pavillon mit Sekt zuprosten.

Joy of Tea
Neben Teespezialitäten erhält man an diesem Getränkekarren auch Tsingtao-Bier und chinesisch angehauchte Cocktails.

DER HIMMELS-TEMPEL

Der chinesische Pavillon in Epcot prunkt mit malerischen Gärten voller Lotusteiche, prächtiger Brücken und farbenprächtigen Gebäuden. In der Mitte erhebt sich eine perfekte, halb so große Nachbildung der **Halle des Erntegebets**, die einen Teil des Himmelstempels bildet, jenes kaiserlichen Komplexes religiöser Gebäude, die in Beijing ab dem 15. Jh. errichtet wurden. An diesem Ort sandten die Kaiser der Ming- und der Qing-Dynastie ihre Gebete um eine reiche Ernte direkt in den Himmel.

Wenn man in den Tempel eintritt und seinen Wunsch laut ausspricht, steigt er wortwörtlich direkt gen Himmel (wenn man genau an der richtigen Stelle steht). Weil dieser spezielle Raum eine ideale Akustik bietet, prallt der Schall an der Kuppel ab und wird direkt zu einem selbst zurückgeschickt.

CLAUDIAH/SHUTTERSTOCK ©

Kakigōri

unter Leitung von Donald Duck. Im **Royal Sommerhus** im Norwegen-Pavillon trifft man Anna und Elsa und begibt sich mit **Frozen Ever After** auf eine langsame Bootsfahrt durch Norwegen. Im China-Pavillon, einer Nachbildung des Himmelstempels in Beijing, taucht man bei der **Circle-Vision 360°** zu einem Besuch Chinas ein. Das **Biergarten Restaurant** im Deutschland-Pavillon stellt einen Biergarten in der Dämmerung samt einer Polka-Kapelle nach, während das **Via Napoli Ristorante** im Italien-Pavillon neapolitanische Holzofenpizza serviert; am Seeufer liegen authentische venezianische Gondeln vor Anker. Dann nascht man Edamame und *kakigōri* im **Kabuki Café** des Japan-Pavillons oder setzt sich mit Aladdin und Jasmin in Szene und futtert Baklava im Marokko-Pavillon. Dann verirrt man sich im Heckenlabyrinth und genießt den Nachmittagstee im britischen Pavillon oder probiert die besten Steaks in Walt Disney World® im **Le Cellier Steakhouse** des Kanada-Pavillons und deckt sich im **Northwest Mercantile** mit Ahornsirup und NHL-Outfits ein.

SCHLAFEN NAHE BEI EPCOT

Disney's Beach Club Resort
Das Resort hat neuenglischen Küstencharme, einen 1,2 ha großen Wasserpark mit Blick auf den Crescent Lake und ist nur zwei Gehminuten von Epcot entfernt. **$$$**

Disney's Yacht Club Resort
Dieses ebenfalls am Crescent Lake gelegene Resort hat die Anmutung eines schicken Jachtclubs und teilt sich die Einrichtungen mit dem angrenzenden Beach Club. **$$$**

Walt Disney World Swan
Diese ein klein wenig preiswertere Option mit mehr als 750 Zimmern gehört zu Marriott und ist nur eine kurze Bootsfahrt bzw. einen kurzen Marsch von Epcot entfernt. **$$$**

DISNEY SPRINGS

Disney Springs

Miami

Shoppen bis zum Umfallen und Spielen den ganzen Tag: Dafür steht Disney Springs, ein großer Unterhaltungsbezirk, der sich um einen See erstreckt, auf dem viele „Amphicars“ fahren – als Amphibienfahrzeuge einsetzbare Autos aus der Mitte des letzten Jahrhunderts. Neben einzigartigen Läden gibt's hier ein Multiplex-Kino, den Cirque du Soleil, eine Konzertstätte am Wasser, einen Mini-Dampfzug, eine Bowlingbahn im Retro-Stil, ein klassisches venezianisches Karussell und einen Heißluftballonaufstieg am Halteseil. Disney Springs ist zudem ein gastronomisches Ziel mit über 60 Bars und Restaurants sowie einem AMC-Restaurantkino mit 24 Kinosälen, in denen Speisen und Getränke direkt an den Zuschauerplatz gebracht werden. Bei Dockside Margaritas genießt man am Ufer den Sonnenuntergang mit Drinks, auf der Freiluftterrasse des Morimoto entspannt man bei panasiatischer Kost, und das familiengeführte Salt & Straw bietet Eis in außergewöhnlichen Geschmacksrichtungen – in Disney Springs gibt's also Restaurants für jeden, der unter der Sonne Floridas unterwegs ist.

TOP TIPP

Art of Disney ist mehr eine Galerie als ein Souvenirshop, denn hier werden limitierte Disney-Gemälde, -Drucke usw. verkauft. Der Laden bietet auch originale Disney-Cels. „Cel“ steht für „celluloid“, es handelt sich also um Trickfilmzeichnungen, die für die späteren Filme per Hand oder maschinell auf durchsichtige Folien übertragen wurden. Hier geben auch bekannte Disney-Künstler Signierstunden.

Amphicars, Disney Springs (S. 244)

AKTIVITÄTEN, KURSE & TOUREN
1 Aerophile

ESSEN
2 Boathouse
3 The Edison

SHOPPEN
4 Disney's Pin Traders

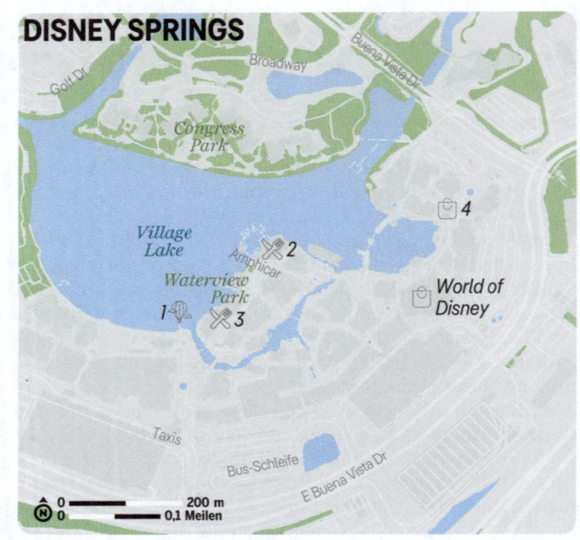

LIVEMUSIK IN DISNEY SPRINGS

Raglan Road, einer der beliebtesten Treffs am späten Abend in Disney Springs, bietet irische Kneipenkost und dazu keltische Livemusik und Tänze.

Im **Paradiso 37**, einem Restaurant mit Bar und ausgelassener, von Livemusik beflügelter Atmosphäre, kann man Tequila in 30 Sorten probieren und sich dann auf die immer volle Tanzfläche begeben.

Im legendären **House of Blues** erwarten einen Südstaatenkost und die besten Bluesmusiker:innen der USA. Durch das Platzarrangement im Cabaret-Stil hat jeder Gast eine gute Sicht auf die Bühne. Das Lokal bietet einen der besten Sonntagsbrunchs in Orlando, bei dem besondere Sänger:innen als Gäste auftreten.

Auf der **Marketplace Stage** gibt's das ganze Jahr über kostenlose Livemusik vor der wunderschönen Kulisse des Lake Buena Vista.

Amphicars

AN LAND UND AUF DEM WASSER

Ein unglaubliches Fahrzeug erregte bei der New York Auto Show 961 großes Aufsehen: das Amphicar 770, ein Auto, das als Amphibienfahrzeug an Land und auf dem Wasser fahren konnte. Der westdeutsche Hersteller erhoffte sich Verkaufszahlen von 25 000 Stück, aber der Trend war kurzlebig, da die Leistung des Autos nicht überzeugte und nach jeder Wasserfahrt die Rücksitze ausgebaut werden musste, um dreizehn Stellen am Motor nachzufetten. 1965, nachdem weniger als 4000 Amphicars gebaut waren, wurde die Produktion eingestellt. Heute existieren weltweit nur mehr 400 Exemplare.

Das **Boathouse** in Disney Springs ist der einzige Ort weltweit, wo man eine Tour auf der Straße und dem Wasser in einem alten Amphicar machen kann. Initiator ist der Gastronom und Autosammler Steven Schussler, der auch drei andere Restaurantkonzepte, das **Rainforest Café**, das **Yak & Yeti** und das **T-Rex** in Disney Springs realisierte. Er entwickelte das gehobene Restaurant am Ufer, bei dem die Boote sowohl als Retro-Traumschiffe als auch als Autos fungieren, die die Gäste her- und zurückbringen. Gut ausgebildete Kapitäne holen die Gäste ab und fahren dann mit ihnen aufs Wasser.

ESSEN IN DISNEY SPRINGS

Boathouse
Hier genießt man den Ausblick aufs Wasser, Jumbo-Crabcakes in großen Portionen, Andouille-Mac'n'Cheese und andere leckere Meeresfrüchte. **$$$**

Morimoto Asia
Das Sushi im Restaurant des Fernsehstars und Chefkochs Masaharu Morimoto wird ständig als eines der besten in Walt Disney World® bewertet. **$$$**

Sprinkles
Hier kann man den Hunger auf Süßes stillen, da der Cupcake-Automat auch noch zu später Stunde seine Ware ausgibt. **$**

Mit einer Geschwindigkeit von 13 km/h an Land und 7 Knoten auf dem Wasser werden, wenn das Wetter es zulässt, 25-minütige Rundfahrten zu den Wahrzeichen von Disney Springs in diesen einmaligen Fahrzeugen angeboten. Reservieren kann man vor Ort in der **Boathouse BOATIQUE**.

Aérophile-Ballon

WALT DISNEY WORLD® VON OBEN

In Disney Springs ermöglicht ein riesiger angeseilter Ballon, der zu den größten Heliumballons der Welt zählt, hoch über Orlando aufzusteigen (wie die Figuren im Film *Oben*). Der Ballon erreicht eine Höhe von über 120 m, wo man einen Rundblick von bis zu 32 km hat und Walt Disney World® aus der Vogelschau betrachten kann. Das acht- bis zehnminütige Erlebnis mit dem **Aerophile**-Ballon ist unglaublich friedlich und schön.

Der von dem Pariser Unternehmen Aérophile gebaute **Aéro30** ist der größte Ballon vor Ort und einer von nur 60 Megaballons weltweit. Der mit 6000 m³ Helium gefüllte Ballon zeigt beliebte Disney-Figuren, die alle vier Jahre geändert werden.

Pin Traders

KAUFEN, TAUSCHEN, SAMMELN

„Disney Pin Trading" – das Kaufen, Tauschen und Sammeln, von Emaille-Anstecknadeln (*pins*), die mit Disney-Figuren und Parkattraktionen verziert sind oder besondere Ereignisse würdigen –, ist ein Hobby, das von Walt Disney World® offiziell unterstützt und gefördert wird.

Parkmitarbeiter, die ein Band mit Pins tragen, tauschen diese gern mit Besucher:innen. Auf den Bändern sind jeweils rund ein Dutzend einmalige Nadeln zu finden. Gäste können pro Tag nur höchstens zwei Nadeln – sie müssen echt und in gutem Zustand sein – mit dem selben Mitarbeiter tauschen.

Die Läden und Kioske in den Parks und Resorts verkaufen alle ein einmaliges Pin-Sortiment. Aber die Hauptadresse unter den Verkaufsstellen ist **Disney's Pin Traders**, ein Megastore, der fast jede neue Sammelnadel verkauft. Tausende davon säumen die Wände dieses farbenfrohen Shops. Als Hauptziel fürs Pin-Trading veranstaltet Disney's Pin Traders täglich und monatlich besondere Events. Hier gibt's auch alles, um seine Pins zu zeigen, darunter Tragebänder, Westen, Alben, Taschen und Hüte.

Disney-Nadeln werden mit einer Mickey-förmigen Gummi-Rückseite ausgegeben, können aber durchaus abfallen, während man sich in den Parks vergnügt. Wer seine Pins sichern will, kauft sich passende Verschlüsse als Vorsichtsmaßnahme.

BOWLING IN DISNEY SPRINGS

Die 4200 m² großen **Splitsville Luxury Lanes** im Stil der Moderne der Mitte des letzten Jahrhunderts heben Bowling auf ein ganz neues Luxusniveau. In der Anlage gibt's neben 30 Bowlingbahnen auf zwei Etagen auch Billard, Bars, Liveunterhaltung und Livesport aus dem TV. Tagsüber sind Kinder willkommen, aber abends ist der Ort bei Erwachsenen beliebt, die hier essen, trinken, tanzen und bowlen. Handgeformtes Sushi, Holzofenpizzas, eigens gemixte Cocktails und feine Weine gehen weit über die übliche Bowling-Kost hinaus. Man bekommt alles von Gourmet-Burgern bis zu mächtigen Nachos; das Essen wird auch direkt an die Bowlingbahn geliefert. Die Desserts sind ebenfalls hervorragend und können geteilt werden.

Um längeres Warten zu vermeiden, sollte man seine Bowlingbahn vorab reservieren.

SCHLAFEN NAHE BEI DISNEY SPRINGS

Disney's Port Orleans Resort – Riverside
Die Zimmer mit Blick auf die Wälder oder den Sassagoula River erinnern ans ländliche Louisiana. **$$$**

Disney's Port Orleans Resort – French Quarter
Schmiedeeiserne Balkone, alte Lampen und Poolbereich mit Mardi-Gras-Thema. **$$$**

Grand Villas at Disney's Saratoga Springs Resort
In diesen von Kurbädern des 19. Jhs. inspirierten Villen kommen bis zu 12 Erwachsene unter. **$$$**

BESTE LÄDEN IN DISNEY SPRINGS

Basin
Hier kann man sich mit natürlichen Body- und Haarpflegeprodukten verwöhnen.

LEGO Store
In diesem Laden können Kinder ihre eigenen Meisterwerke aus Legosteinen bauen.

Stance
In dieser Socken-Boutique findet man Fußbekleidung mit allen beliebten Figuren.

Super Hero Headquarters
In diesem Laden, dem einzigen zum Thema Marvel in Walt Disney World, kann man sich mit Avengers-Ausrüstung eindecken.

Crystal Arts
Jede kleine Prinzessin braucht eine handgearbeitete Tiara aus diesem Laden.

VIAVAL/ALAMY STOCK PHOTO ©

The Edison

The Edison

DURCH DIE NACHT TANZEN

The Edison ist ein Hotspot im Steampunk- und Gothic-Stil für klassische amerikanische Küche und einfallsreiche, eigens kreierte Cocktails. Mit sieben unterschiedlichen Restaurant- und Barbereichen und einer Uferterrasse ist dies einer der besten Orte zum Essen und Ausgehen in Disney Springs. Dank eines ständigen Aufmarschs an einmaliger Unterhaltung – tagsüber familienfreundlich, abends schräg – ist ein denkwürdiger Disney-Abend garantiert. Der riesige Raum mit Zwischengeschoss soll in seiner Gestaltung an ein stillgelegtes Kraftwerk der 1920er-Jahre erinnern und die Gäste in die Zeit des Großen Gatsby versetzen.

Auf der Tanzfläche ist fast immer etwas los, falls man die Nacht durchtanzen will: Die Hausband **The Pearl Street Players** ist an den meisten Abenden im Einsatz und spielt den Blues, bevor die restliche Abendunterhaltung beginnt. Dazu gehören Burlesque-Tänzerinnen im Stil der Goldenen Zwanziger Jahre oder Luftakrobaten in altmodischen Kostümen. Stelzenläufer streifen durch den Raum, während fingerfertige Zauberkünstler an die Tische treten und ahnungslosen Gästen Streiche spielen. Eine Vorab-Reservierung ist sehr zu empfehlen.

SCHLAFEN NAHE BEI DISNEY SPRINGS

Hilton Orlando Buena Vista Palace
Hotel am Seeufer mit einer Fußgängerbrücke hinüber nach Disney Springs und Shuttles zum Magic Kingdom. **$**

Wyndham Garden Lake Buena Vista
Nach einem Tag in den Parks springt man in einen der beiden funkelnden Swimmingpools dieses Hotels. **$**

B Resort & Spa
Dieses bequeme Hotel bietet günstige, schicke zeitgenössische Zimmer und ein Spa mit allem Komfort. **$**

UNIVERSAL ORLANDO RESORT

Im Universal Orlando Resort, dem zweitgrößten Resort in Orlando nach Walt Disney World®, kann man seinem inneren Teenager mit schnellen Rides, die von den größten Figuren aus Film, Fernsehen und Popkultur inspiriert sind, so richtig Zucker geben. Die beiden unglaublichen Themenparks, zu denen noch der Wasserpark Volcano Bay und der CityWalk, ein fußläufiges Einkaufs- und Restaurantviertel, kommen, bieten jede Menge Spaß. Das 1990 eröffnete Resort ist das einzige in Orlando, in dem man seinen eigenen Achterbahn-Soundtrack auswählen kann, bevor man die Höchstgeschwindigkeit von 105 km/h erreicht, gegen 120 animatronische Aliens kämpft, den berühmten Hogwarts Express besteigt oder in die Welt klassischer Marvel-Comicbücher einsteigt. Ältere Kinder werden sich gleich auf die spannenden Fahrgeschäfte stürzen, aber jüngere – von Kleinkindern bis zu Kindern im Vorschulalter – werden an den sechs Spielbereichen, darunter Woody Woodpecker's KidZone, ihre Freude haben. Die acht Hotels innerhalb des Resort-Komplexes sind die bequemsten Optionen und bieten Zimmer aller Preisklassen.

TOP TIPP

Vor dem Besuch sollte man ein Paar gute Laufschuhe kaufen und diese gut einlaufen. Anders als in Walt Disney World® gibt es (abgesehen vom Hogwarts Express) praktisch keine Transportmittel in den Themenparks von Universal Orlando. Man muss darauf eingestellt sein, viel zu laufen und, sofern man keinen Express Pass besitzt, auch lang anzustehen.

Eingang, Universal Orlando Resort

TERRY KELLY/SHUTTERSTOCK ©

BESTE ORTE ZUM ESSEN & AUSGEHEN IM CITYWALK

The Cowfish Sushi Burger Bar
Bietet mit Burgern und Sandwiches mit Sushi und Sushi mit Burger-Zutaten neue Varianten von Surf and Turf. $$

Vivo Italian Kitchen
Hier kann man zuschauen, wie die Köche Pizza, Pasta und andere klassische italienische Gerichte zubereiten. $$

Toothsome Chocolate Emporium & Savory Feast Kitchen
Serviert alles von Steaks bis zu Seafood, ist aber am bekanntesten für hervorragende Milchshakes und Eisbecher. $$

Pat O'Brien's
Das Lokal ist tagsüber familienfreundlich, aber abends lassen es Einheimische und Besucher:innen in der munteren Bar dieses Restaurants heftig krachen.

Volcano Bay

DAS HERZ EINES AKTIVEN VULKANS

Ein Besuch von Universals **Volcano Bay** lohnt sich. Die Einrichtung, halb Wasser-, halb Themenpark, ist in vier verschiedene Bereiche unterteilt, die alle von den Inseln Polynesiens inspiriert sind; im Mittelpunkt ragt ein 60 m hoher Vulkan auf. Der Vulkan spuckt aber keine Lava, sondern Menschen: Er beherbergt den **Ko'okiri Body Plunge**, die mit 38 m höchste Bahnrutsche Amerikas mit einem nahezu vertikalen (70°) Gefälle, sowie die **Kala & Tai Nui Serpentine Body Slides**, die höchste Doppelfalltürrutschen der Welt (38 m). Der **Krakatau Aqua Coaster** ist eine Wasserachterbahn, die sich durch das Zentrum des Krakatau-Vulkans schlängelt und dann einen Wasserfall hinuntersaust.

Familien mit Kindern werden das **River Village** lieben. Man treibt auf dem trägen Kopiko Wai Winding River oder fährt auf Mehrpersonen-Flößen über zwei Rutschen den Honu hinunter. Klein- und Vorschulkinder können die Minirutschen im **Tot Tiki Reef** und **Runamukka Reef** angehen und in den Wasserspielen herumplanschen.

Im **Rainforest Village** gibt's die aufregendsten Rutschen, darunter die Mehrpersonenrutsche Maku, die die Rutschenden

SCHLAFEN IM UNIVERSAL ORLANDO RESORT

Loews Portofino Bay Hotel at Universal Orlando
Gäste, die in diesem italienisch aufgemachten Luxushotel absteigen, können abends länger in den Parks bleiben. $$

Hard Rock Hotel at Universal Orlando
Orlandos musikalischstes Hotel: Selbst im Swimmingpool tönen Melodien aus den Unterwasserlautsprechern. $$$

Loews Royal Pacific Resort at Universal Orlando
Wer eine elegant Suite im Inselstil bucht, genießt exklusive Vorteile in den Themenparks. $$$

in die Höhe schnellt, während die Puihi-Rutsche sie durch mehrere Tunnel und zwei Trichter zu einem atemberaubenden Fall befördert. TeAwa, der „Fluss der Furchtlosen" ist ein etwas wilderer Strömungskanal.

Im Wave Village befindet sich der Waturi Beach, der größte, zum Surfen geeignete Wellenpool des Parks, während The Reef ein ruhiger Pool mit sachten, entspannenden Wellen ist.

CityWalk

EPIZENTRUM DES UNGLAUBLICHEN'

Zwischen den Universal Studios und den Islands of Adventure liegt der **CityWalk**, ein energiegeladener Treffpunkt mit Restaurants, Läden und Liveunterhaltung. Der Tag beginnt mit einem Sarg voll bunter Donuts von **Voodoo Doughnuts**. Tätowieren lassen kann man sich bei der von der Motocross-Legende Carey Smith gegründeten **Hart & Huntington Tattoo Company**, einem der besten Tattoo-Studios in Orlando. Reinschauen sollte man in den **Universal Studios Store**, den größten Souvenirshop von Universal Orlando, und dann stöbert man im **The Rock Shop**, einer Rock-and-Roll-Boutique voller Instrumente, die früher von berühmten Musikern gespielt wurden, nach Rockerklamotten und Souvenirs. Im **Universal Cinemark** schaut man den neusten Film. Topaktuelle Projektoren und Lautsprechersysteme sowie übergroße Luxussessel heißen hier die Filmfans willkommen. Im **Hollywood Drive-In Golf** kann man Minigolf auf der 18-Loch-Bahn vor der Kulisse eines Sci-fi-Films aus den 1950er-Jahren spielen.

Bob Marley – A Tribute to Freedom ist eine Nachbildung des Hauses des legendären Sängers in Kingston und halb Museum, halb Restaurant. Man speist von der Karibik inspirierte Vorspeisen, Hauptgänge und Desserts, umgeben von Artefakten und Fotos. Das berühmte **Hard Rock Live Orlando** bietet tourenden Musikern und Stand-up-Comedians eine Bühne. Im **Rising Star** des CityWalk, einer munteren Bar mit Karaoke-Club, kann man angehende Stars erleben oder selbst auf der Bühne mit Untermalung einer Liveband Top-Hits schmettern. Trinken, essen und dabei ein Spiel auf einem HD-TV-Schirm beobachten, kann man im **NBC Sports Grill & Brew**. Oder man geht auf einen kulinarischen Trip südlich der Grenze und genießt frisch zubereitete mexikanische Straßenkost und Live-Mariachi-Musik im **Antojitos Authentic Mexican Food**.

Der Abend endet mit einer Runde Cocktails und Livemusik in **Jimmy Buffett's Margaritaville**, einem Restaurant, in dem immer Inselzeit herrscht.

BESTE ORTE ZUM ESSEN & AUSGEHEN IN VOLCANO BAY

Kohola Reef Restaurant & Social Club
Am Fuß des majestätischen Krakatau-Vulkans serviert das Kohola Reef Restaurant & Social Club Inselfavoriten, u.a. gegrillte Sandwiches mit Mango und Pulled-Pork und gebratene Hähnchen mit Kokoskruste. **$$$**

The Feasting Frog
Auf der Terrasse rund um dieses tropische Lokal in Froschform speist man Poke, Hähnchen-Tacos und reichhaltige Nachos. **$$**

Dancing Dragons Boat Bar
In dieser Bar mit Komplettservice in Form eines Auslegerkanus kann man sich bei tropischen Cocktails entspannen.

Die Goo Goo Dolls, Hard Rock Live Orlando

Loews Sapphire Falls Resort at Universal Orlando
Das Luxushotel auf dem Gelände hat 1000 Zimmer sowie einen großen, von Wasserfällen umgebenen Pool. **$$$**

Universal's Cabana Bay Beach Resort
Das Resort ist nur Schritte von Volcano Bay entfernt und bietet schicke, bezahlbare Zimmer und Suiten im Retrostil. **$$**

Universal's Aventura Hotel
In diesem schlichten, aber stilvollen Hotel gibt's eine muntere Bar auf dem Dach, moderne, günstige Zimmer und kostenlose Shuttles zum Park. **$$**

ISLANDS OF ADVENTURE

Schurken und mythische Ungeheuer kann man bei einem Inselabenteuer abwehren, das in einer bunten Comic-Welt spielt, die mit einer unglaublichen Vielfalt von Charakteren aufwarten kann: Betty Boop, der Grinch, Wolverine, Popeye, She-Ra, Dr. Doom und der Kater mit Hut streifen alle in diesem aus acht Inseln bestehenden Reich herum. In diesem Themenpark muss man selbst zur Rettung beitragen: auf der Marvel Super Hero Island wird man vielleicht aufgefordert, neben Spiderman zu fliegen, um die Freiheitsstatue zu beschützen; im Jurassic Park wehrt man Velociraptoren ab, während man mit einer Höchstgeschwindigkeit von 113 km/h über eine Achterbahn mit vier Inversionen saust. Eine Erholung vom Kampf gegen Schurken bietet das verspielte Seuss Landing mit seinen auf kleinere Kinder abgestimmten Attraktionen aus Büchern von Dr. Seuss. Auf der achten Insel befindet sich die Wizarding World of Harry Potter – Hogsmeade, wo drei aufregende Rides die Gäste direkt in die Seiten der berühmten Bücherserie entführen.

TOP TIPP

Wenn man nur begrenzte Zeit hat oder während der Spitzensaison hier ist, kann sich der Kauf des Universal Orlando Express Pass lohnen, ein Add-on zum regulären Eintrittsticket, mit dem man sich bei den meisten Rides an einer separaten, kürzeren Warteschlange anstellen kann.

Marvel Super Hero Island

VIAVAL TOURS/SHUTTERSTOCK ©

SEHENSWERTES
1 Seuss Landing

UNTERHALTUNG
2 Jurassic Park
3 Marvel Super Hero Island
4 Toon Lagoon
5 Wizarding World of Harry Potter – Hogsmeade

Marvel Super Hero Island

BEGEGNUNG MIT HELDEN UND SCHURKEN

Auf **Marvel Super Hero Island** könnte man gut und gern die Farbe des beliebten grünen Monsters annehmen, wenn man im **Incredible Hulk Coasters** mit über 96 km/h durch sieben Inversionen saust. Beim Herumwirbeln im **Storm Force Accelatron** kann man Magneto schlagen, indem man die Energie eines Blitzes erzeugt. Bei **Doctor Doom's Fearfall** nimmt man an einem verrückten Experiment teil, bei dem die Furcht nichtsahnender Teilnehmer bei einem 26 m tiefen Fall mit einer Geschwindigkeit von 64 km/h abgesaugt werden soll. Im 3D-Simulator **The Amazing Adventures of Spider-Man** begegnet man den heimtückischsten Schurken des Marvel Universums, während man versucht, die Entführung der Freiheitsstatue zu vereiteln. Die Gäste sind eingeladen, sich mit Spider-Man an seinem festen Treffpunkt in Szene zu setzen, man begegnet aber auf der Insel auch anderen Helden und Schurken, darunter Captain America, Storm, Wolverine und dem Green Goblin.

An ausgewählten Abenden hat man im **Cafe 4** beim Marvel Character Dinner Gelegenheit, sich bei einem italienisch inspirierten All-You-Can-Eat-Fest sich unter die Marvel-Charaktere zu mischen. Auch Schurken genießen eine gute Lesestunde im

SKULL ISLAND: REIGN OF KONG

King Kong, eines der ersten Monster auf der Filmleinwand (1933), steht synonym für Universal Pictures, daher ist es kein Wunder, dass er hier in Universal Orlando seine eigene Insel besitzt. Bei seinem Ride, **Skull Island: Reign of Kong**, startet man zu einem multidimensonalen Erlebnis in einem 72-sitzigen, nicht auf Gleisen fahrenden Expeditionsfahrzeug ins Inselinnere, wo man (dank der 3D-Technologie, in der Universal Exzellentes leistet) auf riesige Insekten und Dinosaurier stößt, ehe man King Kong, einer der eindrucksvollsten animatronischen Kreaturen in Orlando, persönlich gegenübersteht. Obwohl diese Fahrt keine Achterbahn ist, ist sie für Kinder wegen der Gruselelemente, zu denen zahllose Totenschädel zählen, vielleicht nicht besonders gut geeignet.

ESSEN IN DEN ISLANDS OF ADVENTURE

Cafe 4
Im Hauptquartier der Fantastischen Vier gibt's italoamerikanische Klassiker wie Frikadellen-Jumbosandwichs und Caesar Salad mit Huhn. **$$**

Fire Eater's Grill
Das Lokal ist am bekanntesten für sein gegrilltes Gyros und die Salate. **$$**

Doc Sugrue's Desert Kebab House
Gesunde mediterrane Kost wie Huhn-, Rindfleisch- oder vegetarische Kebabs oder griechische Salate. **$$**

MYSTIC FOUNTAIN & MYTHOS RESTAURANT

Der **Mystic Fountain** ist mehr als ein plätschernder Brunnen. Vorsicht, wenn seine glühenden Augen lebendig werden, denn dieser temperamentvolle Springbrunnen wird von einem schadenfrohen Wassergeist beherrscht, der Musik spielt, mit nichtsahnenden Besucher:innen Scherze treibt und sie sogar nass spritzt.

Nur ein paar Schritte von diesem Brunnen entfernt, geht das **Mythos Restaurant** über übliche Themenparkkost hinaus. Das feine Speiserestaurant mit Bedienung am Tisch bietet auf seiner mediterranen Karte gegrillten Oktopus, Lammburger und im Ziegelofen gebratene Hähnchen sowie vegetarische Optionen wie griechischen Salat und Ravioli mit Spinat und Knoblauch. Man erfrischt sich mit einem Mango-Lassi (Joghurtgetränk mit Mangosaft) und nimmt sich einen Augenblick, um hinter dem Restaurant die Felsformationen und Wege mit Blick auf die Lagune zu erkunden.

KAMIRA/SHUTTERSTOCK ©

The Wizarding World of Harry Potter – Hogsmeade

Comic Book Shop, wo die Regale voll sind mit Büchern, Comic-Romanen, Postern sowie Marvel-Comics und Sammelstücken.

Toon Lagoon

EINE BEGEGNUNG MIT DEN COMICS VON GESTERN

In der **Toon Lagoon**, einem Wasserparkareal, dessen Thema die klassischen Sonntagszeitungscomics des King Features Syndicate sind, kann man in Nostalgie eintauchen und mit Popeye und seinen Freunden abhängen. Kinder werden nicht unbedingt alle Gags mitbekommen und alle Figuren hier kennen, aber dafür kann man ihnen einiges über die Unterhaltung vor der Internet-Zeit erzählen oder warum Spinat Kraft gibt.

Bei der von Rocky und Bullwinkle inspirierten Wildwasserfahrt stürzt man steil in die Tiefe und wird garantiert nass. Die **Popeye & Bluto's Bilge-Rat Barges** sind 12-Personen-Flöße, die Bluto bei seinem Versuch, Olivia Oyl zu entführen, durch tückische Stromschnellen steuert. **Me Ship, The Olive** ist geeignet für coole Kids von bis zu zehn Jahren. Sie klettern über die Stufen und Leitern in das Spielplatzschiff mit drei Decks, sausen die Wasserrutsche hinunter oder schießen mit Wasserkanonen. Ein separater Spielbereich, **Sweet Pea's Playpen**, gibt auch Kleinkindern die Gelegenheit zum Planschen. „Powerful People Dryers“ stehen bereit, um sich zu trocknen (Gebühr 5 US$). Danach kann man sich einen Teller der Cheeseburger teilen, die durch Popeyes besten Kumpel Wimpy berühmt wurden.

ESSEN IN DEN ISLANDS OF ADVENTURE

Blondie's
Auf der Speisekarte des Blondie's stehen u.a. herzhafte Deli- und Jumbo-Sandwiches. **$$**

Confisco Grille
Probieren kann man hier die Ahi-Thunfisch-Nachos, das Schweinebauch-Banh-mi und andere Leckerbissen aus aller Welt. **$$**

Circus McGurkus Cafe Stoo-pendous
Unter dem großen Dach dieses von Dr. Seuss inspirierten Lokals kann man Brathähnchen, Pizzas und Burger essen. **$$**

Jurassic Park

BEGEGNUNG MIT DINOSAURIERN

Im Film ist der **Jurassic Park**, gelegen auf der Isla Nublar vor der Küste von Costa Rica, ein Naturpark, in dem wieder zum Leben erweckte Dinosaurier über die Besucher:innen herfallen. An Bord des **VelociCoaster**, der größten und schnellsten Katapultachterbahn in Orlando muss man versuchen, nicht von Velociraptoren gefressen zu werden, während man durch das Habitat saust, in dem sie leben. Bei der Fahrt über die Stromschnellen beim **Jurassic Park River Adventure** lauern Saurier in der Vegetation am Ufer.

Pteranodon Flyers lädt Kindern ein, sacht unter den 3 m langen Schwingen der größten bekannten Flugsaurier zu schweben, während im **Camp Jurassic**, einem riesigen Spielplatz, kleinere Kinder gegen imaginäre Dinos kämpfen, die in geheimen Gängen längs der Seilbrücken und in vergessenen Höhlen lauern.

Achtung auf die scharfen Zähne von Blue, dem Velociraptor, einem freundlichen lebensgroßen Dino, der bei Fotos mit Besucher:innen am **Raptor Meet and Greet** die Zähne blitzen lässt. Zusehen, wie Dino-Eier ausgebrütet werden und ein Triceratops-Baby streicheln kann man im **Jurassic Park Discovery Center**, wo Forschende Dinosaurier neu züchten wollen.

Ein munterer Nachmittag mit Dinosauriern verlangt nach einem alkoholfreien Raptor Refresher – blauer Jurassic-Punsch mit Jogurt-Boba – in der Tikibar **Isla Nu-Bar**.

The Wizarding World of Harry Potter – Hogsmeade

ZEIT MIT HARRY UND HERMIONE

The Wizarding World of Harry Potter – Hogsmeade ist ein schneebedecktes Dorf unterhalb des Schlosses von Hogwarts und Heimat von Zauberläden, einer magischen Taverne und einem verbotenen Wald. **Harry Potter and the Forbidden Journey** ist ein Hightech-Flugsimulator, der mit 3D-Spezialeffekten und immersiven Bildkulissen die Gäste glauben macht, sie besichtigten Hogwarts. Das Eintauchen in Hogwarts beginnt mit einer Warteschlange, die sich durch das Schloss schlängelt, das mit Requisiten aus der Serie angefüllt ist, bevor die Teilnehmer auf eine „magische Bank" geladen werden.

Die Begegnungen mit Dementoren, Riesenspinnen und dem Ungarischen Hornschwanz mögen kleine Kinder vielleicht ängstigen, aber die ganze Familie kann bei **Hagrid's Magical Creatures Motorbike Adventure**, einer spannenden, aber kinderfreundlichen Achterbahn, den Flug über den verbotenen Wald mit einer Spitzengeschwindigkeit von bis zu 80 km/h genießen.

DIE NIGHTTIME LIGHTS IN HOGWARTS CASTLE

Die vier Häuser von Hogwarts werden an ausgewählten Abenden mit dieser hinreißenden Light-and-Sound-Show gefeiert, die auf das majestätische Schloss projiziert wird. Im Veranstaltungskalender stehen die jüngsten Details und aktuellen Veranstaltungstermine. In der Regel beginnt die Show bei Einbruch der Dämmerung gegen 19.15 Uhr (wegen der Sommerzeit manchmal schon gegen 18.45 Uhr) und wird bis zur Schließung des Parks alle 20 Minuten wiederholt.

Die Projektionen sind bei den Shows später am Abend wegen der fortgeschrittenen Dunkelheit besser zu erkennen. Das große Feuerwerk zum Finale ist ein wunderbarer Abschluss für den Tag in Universal's Islands of Adventure. Den besten Blick hat man von der Brücke, die von Hogsmeade zum Jurassic Park führt.

SNACKS ZUM MITNEHMEN IN DEN ISLANDS OF ADVENTURE

Moose Juice, Goose Juice
Frische Fruchtsäfte und Churros gibt's im lustig aufgemachten Moose Juice, Goose Juice. $

Chill Ice Cream
Das Eis wird hier in einer frisch gebackenen Waffeltüte gereicht. $

Cinnabon
Für leckere Brötchen mit viel Zimt folgt man dem Duft der frisch aus dem Ofen kommenden Brötchen zum Cinnabon. $

KAMIRA/SHUTTERSTOCK ©

Seuss Landing

Der **Flight of the Hippogriff** gilt zwar als Ride für kleine Kinder, lohnt sich aber für alle schon allein dank des atemberaubenden Blicks auf das Schloss und das Dorf.

Im **Honeydukes**, dem größten Süßwarenladen in The Wizarding World of Harry Potter kann man sich ein Souvenirglas mit allen Süßigkeiten zusammenstellen, die Harry und seine Freunde lieben: Schokofrösche, zischende Wissbies und Bertie Botts Bohnen in allen Geschmacksrichtungen.

Seuss Landing

EINE HOMMAGE AN DIE BELIEBTESTEN BÜCHER VON DR. SEUSS

Seuss Landing versetzt Kinder direkt in die Geschichten von Dr. Seuss. Da Dr. Seuss selten gerade Linien zeichnete, ist in diesem Land alles wunderbar schräg. Alle Rides hier sind auf Passagiere von unter 1,22 m ausgelegt. Bei **The Cat in the Hat** schlingert man durch die Seiten der klassischen Geschichte und schaut der Crew zu, die versucht, das Chaos zu beseitigen, ehe Mutti nach Hause kommt. In einem fliegenden Dr. Seuss-Fisch kann man nach oben oder unten steuern, vorbei an Springbrunnen, die im Takt eines musikalischen Reims auf **One Fish, Two Fish, Red Fish, Blue Fish** Wasser spritzen. Der **The High in the Sky Seuss Trolley Train Ride!** ist ein langsam fahrender Zug mit tollem Blick auf den Park, während das **Caro-Seuss-el** mit Kreaturen bestückt ist, die durch Ziehen an den Zügeln oder Drücken des Hebels am Hals zum Leben erwachen.

Man kann hier auch die durch Dr. Seuss berühmt gewordenen grünen Eier mit Speck (grüne Eier, Schinkenwürfel und weiße Käsesauce in einer Schale knuspriger Tater Tots) probieren. Der Kater mit Hut, Jetzt-kommt-Jack und der Grinch streifen häufig durch den Park, wenn sie nicht an ihren festen Stationen nahe dem Caro-Seuss-el für Fotos mit Kindern posieren.

ALL THE BOOKS YOU CAN READ

„Je mehr du liest, umso mehr Dinge weißt du. Je mehr du lernst, umso mehr Orte wirst du aufsuchen." In seinem beliebten Buch *I Can Read With My Eyes Shut!* ermutigte Dr. Seuss zum Lesen. Durch einen Besuch im All The Books You Can Read, einem charmanten, gemütlichen Buchladen in Seuss Landing, einem seltenen pädagogischen Vorposten inmitten eines Themenparks, kann man sich selbst zum Lesen ermutigen. Auf den Regalen findet man natürlich alle farbenfrohen Klassiker von Dr. Seuss, dazu Gerätschaften und Spielsachen rund ums Thema Buch. Dank komfortabler Sessel, Tische und jeder Menge Bücher kann man hier prima ein wenig mit seinem Nachwuchs verschnaufen.

AUSGEHEN IN DEN ISLANDS OF ADVENTURE

Watering Hole
Man setzt sich unter einen Sonnenschirm und entspannt sich mit eiskalten Cocktails und Vorspeisen.

Hog's Head
Hier gibt's immer britische Kneipenkost und Butterbier, außerdem Importbiere und Cocktails.

Backwater Bar
Auf der Freiluftterrasse dieser tropischen Bar kann man sich bei einem Bier entspannen oder ein Spiel auf dem TV schauen.

UNIVERSAL STUDIOS

Universal Studios bietet den Besucher:innen einen Blick hinter die Kulissen der Produktion von Blockbustern und TV-Shows. In diesem Themenpark schlüpft man selbst in die Rolle der Stars kann wie Harry Potter mit einem Zauberstab umgehen, sich in einen liebenswerten Minion verwandeln und mit den Men in Black Aliens bekämpfen. Die neun hiesigen Themenbereiche verteilen sich um eine große Lagune und bilden den Zauber beliebter Filmlocations nach, angefangen mit Hollywood, wo man in Schwab's Pharmacy und Mel's Drive-In essen kann – Nachbauten tatsächlicher historischer Stätten. Bei Race Through New York Starring Jimmy Fallon entdeckt man New York City, taucht in die Welt der *Simpsons* in Springfield, USA, ein und schlendert in der Wizarding World of Harry Potter durch die Winkelgasse (Diagon Alley). Nicht versäumen sollte man einen Fototermin mit einigen aus der bunten Schar kostümierter Charaktere in diesem munteren Themenpark: Frankenstein, Optimus Prime, Shrek, der gestiefelte Kater, Scooby-Doo und Shaggy posieren immer gern für Besucher:innen-Selfies.

TOP TIPP

Man sollte morgens früh starten, um mindestens eine halbe Stunde vor Öffnung der Tore vor Ort zu sein. Am besten wohnt man in einem zu Universal Orlando gehörenden Resorthotel, weil deren Gäste früheren Parkeintritt erhalten und zudem nur ein paar Schritte vom Spaß entfernt sind.

Eingang, Universal Studios

HIGHLIGHTS
1 The Wizarding World of Harry Potter – Diagon Alley

UNTERHALTUNG
2 Production Central
3 San Francisco
4 Springfield, USA
5 The Bourne Stuntacular

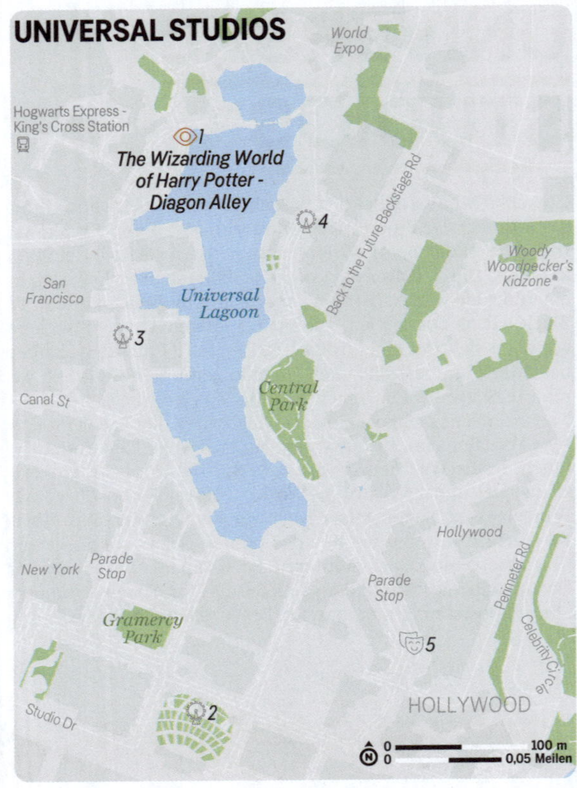

UNIVERSAL ORLANDO'S HORROR MAKE-UP SHOW

Universal Pictures gilt als Pionier des Horror-Filmgenres, und ihre bekanntesten Monster-Kreationen wie der Wolfsmensch, die Mumie oder Frankensteins Braut, versetzen noch heute das Publikum in Angst und Schrecken.

Die in einem Nachbau des historischen Pantages Theatre aus Hollywood untergebrachte faszinierende Universal Orlando's Horror Make-Up Show blickt hinter die Geheimnisse der Makeup- und Spezialeffekte, mit deren Hilfe einige der gruseligsten Figuren erschaffen wurden, die je im Film zu sehen waren. Man erfährt sogar das Rezept für filmtaugliches Kunstblut. Wer früh kommt, kann sich im Foyer die Sammlung authentischer Requisiten aus legendären Universal Horrorfilmen ansehen.

Production Central

TRANSFORMERS, MINIONS & MUMIEN

Das hinter dem Haupteingang gelegene **Production Central** ist ein wimmelndes Studiogelände, das auf das Filmproduktionsthema des Parks einstimmt. Alles was man braucht, um einen spaßigen Filmtag zu beginnen, findet sich hier, z.B. die Guest Services (Information), die Reservierungsstände und die Zentrale von **My Universal Photos**, einem Programm, mit dem Besucher:innen Fotos von Parkfotograf:innen ansehen und teilen sowie auf sie zugeschnittene Souvenirs kreieren können.

Filmfiguren springen von der Leinwand in die hiesigen Attraktionen hinein, beginnend mit den bananensüchtigen Minions, die bei **Despicable Me Minion Mayhem**, einem animierten

ESSEN IN DEN UNIVERSAL STUDIOS

Mel's Drive-In
Das Original aus L.A. wird mit alten Autos, Burgern und Rootbier neu erschaffen. **$$**

Schwab's Pharmacy
Diese Limo- und Eisdiele ist von dem originalen Treff am Sunset Blvd inspiriert. **$$**

Bumblebee Man's Taco Truck
Dieser Taco-Truck serviert mexikanische Straßenkost. **$**

Simulator, der die Teilnehmenden in Minions verwandelt, diese für ihre Sache rekrutieren. Auch die Autobots brauchen Hilfe, um im 3D-Simulator **Transformers: The Ride** den AllSpark zu retten. Man springt in den Evac, sein persönliches Transformer-Fahrzeug und kämpft an der Seite von Optimus Prime.

Von der Hinterbühne des **Studio 6-B** schwebt man mit dem 3D-Simulator **Race Through New York Starring Jimmy Fallon** mit dem Gastgeber der *Tonight Show* über das Flatiron Building, den Hudson River, die Freiheitsstatue und andere Wahrzeichen New Yorks. **Revenge of the Mummy** ist eine Themenfahrt, die auf der Serie der Filme um *The Mummy* basiert, die 1932 mit der Filmlegende Boris Karloff in der Hauptrolle der in Tücher gewickelten Mumie begann. Die Mitfahrenden erleben binnen Sekunden eine Beschleunigung von 0 auf 72 km/h, wodurch sie schnurstracks in ein verfluchtes ägyptisches Grab stürzen, in dem es von Skarabäen wimmelt. In der Stahlachterbahn **Hollywood Rip Ride Rockit** fühlen sich die Besucher:innen wie Rockstars: Mit 105 km/h geht es durch halsbrecherische Kurven zu den Klängen der größten Rockhits.

HOLLYWOOD CHARACTER ZONE

Man kann immer damit rechnen in Universal's Hollywood Character Zone einen Promi zu treffen. Bonus: Diese Stars sind keine Snobs, sondern geben gern Autogramme und posieren für Fotos. Die Figuren wechseln täglich, aber zu den vertrauten Gesichtern, die man hier findet, gehören Marilyn Monroe, Scooby-Doo, Woody Woodpecker, Betty Boop und Bart Simpson. Am Eingang des Parks wird man von einem Fotografen oder einer Fotografin begrüßt. Angeboten wird, ein Foto von der eigenen Gästegruppe zu machen und man erhält die My Universal Photos-Karte mit QR-Code.

Fotografierende stehen auch bereit, um die besten Momente des Besuchs im Park festzuhalten. Dazu gehören Fotos mit den beliebtesten Figuren an deren Treffpunkten; die Fotos kann man später digital herunterladen.

San Francisco

FAST AND FURIOUS-SPASS

Die Gäste in **San Francisco** werden von den Beat Builders begrüßt, vier Bauarbeitern, die den Fortschritt von Universals neuestem Verbesserungsprojekt aufhalten, indem sie ein Schlagzeug-Konzert mit Eimern, Schraubenschlüsseln, Hämmern und anderen Werkzeugen aufführen. Die begehrteste Attraktion hier ist **Fast & Furious – Supercharged**, eine 3D-Fahrtsimulation, die das *Fast*-Universum mit echten Filmrequisiten und aufgemotzten Fahrzeugen direkt von der Filmleinwand wiedererschafft. Die ganze Familie kann sich mit Dom, Letty, Hobbs und Roman an einer 193 km/h schnellen Straßenverfolgungsfahrt in der Welt dieser Blockbusterfilme beteiligen.

Vor oder nach der Fahrt stärkt man sich mit herzhaften oder süßen Frühstücks-Panini zum Mitnehmen bei der **San Francisco Pastry Company** oder lässt sich an den Tischen am Dock nieder und gönnt sich üppige Schichtkuchen, glasierte Éclairs oder Cupcakes in Form von Filmfiguren. Ebenfalls am Ufer befindet sich das Restaurantwahrzeichen des Parks, das an Dockrestaurants in San Francisco erinnernde **Lombard's Seafood Grille**, wo es beliebte frische Meeresfrüchtegerichte gibt, darunter Thunfisch-Poke und Hummerbrötchen. In der für Erwachsene gedachten Bar **Chez Alcatraz** kann man sich eine Cocktailstunde mit kaltem Bier, Mixgetränken und herzhaften Vorspeisen gönnen. Unbedingt sollte man ein Foto im Maul des großen weißen Hais aus dem 1975 gedrehten gleichnamigen Film schießen, der gleich nebenan hängt.

Lisa's Teahouse of Horror
Hier gibt's gesündere Optionen wie Salate, vegetarische Wraps und Obstteller. $

Krusty Burger
Krusty ist besonders bekannt für seine Burger, aber die 30 cm langen Hotdogs mit Chili lohnen sich auch. $

Louie's Italian Restaurant
Auf der Terrasse hier erhält man Pizzas, riesige Frikadellen-Sandwiches und Salate. $

The Wizarding World of Harry Potter – Diagon Alley

EIN BUMMEL DURCH DIE WELT VON HARRY POTTER

The Wizarding World of Harry Potter – Diagon Alley (Winkelgasse) ist eine Straßenlandschaft, gesäumt von Läden voller Schädel, ausgestopfter Eulen, Quidditch-Ausrüstung, Zauberstäben, Besenstielen und Bertie Botts Bohnen in allen Geschmacksrichtungen. Die von Magie erfüllte Gasse führt zu der von Drachen bewachten Gringotts Bank, in der sich einer der beliebtesten Rides des Parks befindet, die alle Sinne ansprechende Stahlachterbahn **Harry Potter and the Escape from Gringotts**, die die Gäste durch unterirdische Gewölbe sausen lässt, in denen Voldemort und Bellatrix hinter jeder Kurve lauern.

Am **Gringotts Money Exchange** tauscht man seine US-Dollars gegen Gringotts-Banknoten zu 10 und 20 $, um mit den bunten Scheinen in der Winkelgasse einzukaufen. Man besorgt sich seine Zauberergarderobe bei **Madam Malkin's Robes for All Occasions** und holt sich dann die Utensilien zur Ausübung verbotener Künste bei **Borgin and Burkes**. Alles was krächzt, kriecht oder schleicht, gibt's in Plüschtierform in der **Magical Menagerie**, während **Scribbulus** Zauberer-Schreibzeug verkauft, darunter Tinte, Tintenfässer und Federkiele. **Wiseacre's Wizarding Equipment** hat zauberhafte Gegenstände wie Kristallkugeln, Fernrohre und Sanduhren.

Britische Pubgerichte stehen im **Leaky Cauldron** auf der Karte, darunter Würstchen mit Kartoffelbrei, Fisherman's Pie, Toad-in-the-Hole sowie Ploughman's Platter; auf der Kinderkarte stehen Fish and Chips und Cottage-Mini-Pies. Im **Fountain of Fair Fortune** werden Mixturen angeboten, die es nur in der Welt von Harry Potter gibt: Kürbissaft, Kürbissprudel und natürlich Butterbier.

INTERAKTIVE ZAUBERSTÄBE

In der Winkelgasse, wo Zauberer und Hexen hinter jeder Ecke lauern, lässt sich leicht zaubern. Natürlich braucht man dazu einen Zauberstab. Interaktive Zauberstäbe in Dutzenden Stilen erhält man in **Ollivanders Wand Shop**, „Hersteller feiner Zauberstäbe seit 382 v. Chr." (Diese Zauberstäbe sind nicht billig, können aber bei jedem weiteren Besuch im Park wieder benutzt werden.) Man wedelt mit seinem Stab vor einer der vielen (mit Bronzemedaillons markierten) Zauberstellen, die sich im ganzen Park verstecken und kann so u.a. Laternen leuchten lassen, eine verdächtige Klospülung in Gang setzen, es unter einem Regenschirm regnen lassen und Schrumpfköpfe zum Schweigen bringen. Die Nichtzauberer, die einen begleiten, werden überrascht sein.

Springfield, USA

DIE HEIMAT DER SIMPSONS

Bunt, lustig und überlebensgroß: **Springfield, USA** ist die Themenpark-Heimat von Homer, Marge, Bart, Lisa und Maggie, den Mitgliedern der fiktiven Familie, deren Leben in der langlebigsten Trickfilm-TV-Serie der Geschichte beschrieben wird. **The Simpsons Ride**, ein Simulator, schickt die Gäste auf eine Achterbahnfahrt durch einen anderen Themenpark, das billige **Krustyland**, das in einer riesigen, 25 m durchmessenden Kuppel zum Leben erweckt wird. **Kang & Kodos' Twirl 'n' Hurl** ist ein Karussell, bei dem die Teilnehmer in den Untertassen der heimtückischen Aliens sitzen und Ziele aktivieren, die die Gesichter von Bürgern aus Springfield tragen.

ESSEN IN DEN UNIVERSAL STUDIOS

Cletus' Chicken Shack
In dieser Bude in Springfield gibt's Waffelsandwiches und Hähnchen. $

KidZone Pizza Company
Hier stehen immer bei Kinder sehr beliebte Sachen wie Pizzas, Fritten oder Strauben auf der Karte. $

Cafe La Bamba
Man schnappt sich einen Burrito zum Mitnehmen oder lässt sich auf der Terrasse mit Tacos und Salsa nieder. $

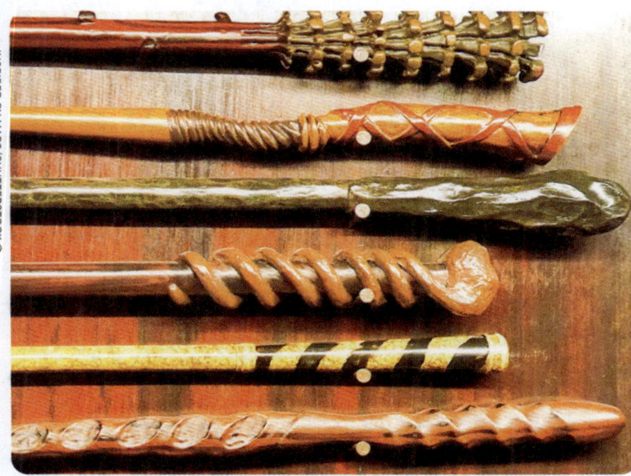
INSPIRED BY MAPS/SHUTTERSTOCK ©

Zauberstäbe, The Wizarding World of Harry Potter – Diagon Alley

Der **Fast Food Boulevard** wird von mehreren Fastfoodläden mit Simpsons-Thema gesäumt, darunter von Krusty Burger, Cletus' Chicken Shack, The Frying Dutchman und Moe's Tavern, womit die Lieblingsmahlzeiten der Simpsons abgedeckt sind: Burger, Hähnchen, panierter und frittierter Fisch sowie Alkohol – und über die Stadt ragt Lard Lad auf, der Lieferant der allseits beliebten Donuts. Der nach Springfields Gemischtwarenladen gestaltete Kwik-E-Mart verkauft Simpsons-Artikel; Bart Simpsons bester Freund Milhouse Van Houten steht am Haupteingang. Im Biergarten der **Duff Brewery** kann man sich mit einem kalten Glas von Homers Lieblingsgebräu abkühlen und beliebte *Simpsons*-Ausschnitte anschauen.

The Bourne Stuntacular

DIE GEHEIMNISSE DER HOLLYWOOD-STUNTS

Wer sich jemals fragte, wie Jason Bourne an einem Hubschrauber hängen, über die Dächer von Tanger entkommen oder mit einem Motorrad über mehrere Autos springen konnte, ohne auch nur in Schweiß zu geraten, findet Antwort bei **The Bourne Stuntacular**, einer Stuntshow, die die Kunst und Wissenschaft enthüllt, die hinter Hollywoods riskantesten Stunts steht. Die Liveshow, die auf den Bourne-Filmen mit Matt Damon beruht, folgt dem Ex-Spion auf seiner Flucht vor dem Bösen. Man darf Faustkämpfe, Schießereien und spannende Action erwarten. Alles wirkt lebensecht, bis die Geheimnisse verraten werden; danach wird man Actionfilme mit anderen Augen sehen.

ANSTEHTIPPS

Wenn die Warteschlange scheinbar endlos ist, kann man als Einzelfahrer:in an den Anfang der Schlange gehen. Da die meisten Besucher:innen in Gruppen von zwei und mehr Personen unterwegs sind, werden Einzelfahrer:innen im Alter ab 10 Jahren an den Kopf der Schlange gebeten und mit einem anderen Einzelfahrer oder einer anderen Einzelfahrerin zusammengebracht. Eine weitere Möglichkeit, die Wartezeit zu verkürzen, ist das *child swap*-Programm, das Familien mit Kleinkindern ermöglicht, gewissermaßen gleichzeitig anzustehen: Der eine Elternteil fährt nicht, sondern wartet im ausgewiesenen „Kindertausch"-Bereich mit dem Kind, das zu klein zum Mitfahren ist, auf die Rückkehr des anderen Elternteils, der an der Fahrt teilgenommen hat. Dann kann der zurückgebliebene Elternteil gleich an die Spitze der Schlange gehen und seine Fahrt antreten.

AUSGEHEN IN DEN UNIVERSAL STUDIOS

Chez Alcatraz
Man kreiert seine eigene Cocktailstunde und macht einen Schnappschuss von dem vielzahnigen Grinsen des Hais.

Duff Brewery
In dem schattigen Biergarten kann man sich mit einem eiskalten Bier oder einer eisgekühlten Margarita erfrischen.

Eternelle's Elixir of Refreshment
Hier werden vor den Augen der Gäste mysteriöse Tränke zusammengemixt.

ORLANDO

Die meisten Besucher:innen Orlandos kommen kaum aus den künstlichen Welten von Walt Disney World® und Universal Orlando heraus, aber jenseits der Themenparks bietet die Stadt Orlando mehrere fantastische Gärten und Naturschutzgebiete und ein erfreulich ruhiges Tempo. Vor 1965, als Walt Disney seine Pläne zum Bau von Walt Disney World® ankündigte, war Orlando ein verschlafenes Städtchen. Das historische Zentrum, „Old Orlando", liegt an der Church St zwischen Orange Ave und der Garland Ave. Orlando ist hauptsächlich Feuchtgebiet; die Landschaft ist mit Seen gesprenkelt, von denen der Lake Apopka der größte ist. Die Regenzeit dauert zwar von Mai bis Ende Oktober, aber in der warmen und trockenen Jahreszeit von November bis Ende April strömen wegen der angenehmen Wärme und Trockenheit Sonnenhungrige aus dem Norden nach Orlando. Der durchschnittliche Orlando-Besucher:innen begnügt sich bei seinem Aufenthalt mit der Kost in den Themenparks, aber die Einheimischen wissen, dass es nur wenige Kilometer außerhalb dieser Tourismusattraktionen einige hervorragende Restaurants und Bars gibt.

TOP TIPP

Die Hitze und Schwüle in Orlando ist im Sommer besonders stark. Mit täglichen Gewittern ist ebenfalls zu rechnen. In dieser Stadt ist zwanglose Kleidung angesagt, also sollte man solche aus leichten, atmenden Materialien einpacken, zudem gute Schuhe, einen Regen-Poncho und einen Hut mit breiter Krempe, um das Gesicht vor der Sonne zu schützen.

BESTE RESTAURANTS IN ORLANDO

Artisan's Table
Dieses Lokal setzt auf örtliche Zutaten und bietet zum Frühstück Schalen mit Eiern und Grütze sowie Bio-Smoothies. $$

Slate
Serviert Holzofenpizza, Fleischgerichte, Seafood und kleine Happen. $$

White Wolf Cafe & Bar
Das Gourmet-Bistro verwöhnt mit Frühstücksgerichten und Bloody Marys. $$

Domu
Das Ramen-Lokal macht seine Nudeln selbst. $$

Black Rooster Taqueria
In diesem Lokal mit Bedientheke beginnt man mit Guacamole und Chips und bestellt dann einen Teller mit Tacos. $

Afroamerikanisches Erbe im Wells' Built Museum

DIE GESCHICHTE UND KULTUR DER SCHWARZEN AMERIKANER

Das kleine, im Zentrum von Orlandos historischem Parramore-Bezirk gelegene **Wells' Built Museum** ist der afroamerikanischen Geschichte und Kultur in Orlando gewidmet. Es ist im ehemaligen Wells' Built Hotel zu finden, das 1926 von Dr. William Monroe Wells eröffnet wurde, um afroamerikanische Künstler:innen zu beherbergen, denen die Zimmer in den Weißen vorbehaltenen Hotels der Stadt versagt waren. Count Basie, Cab Calloway, Billie Holiday, Ella Fitzgerald und Duke Ellington übernachteten hier alle einmal. Im obersten Stock sieht man ein altes Hotelzimmer, mit Möbeln und Dekor, wie es Gäste in den 1930er-Jahren vorgefunden haben.

Eine Fahrt mit dem Wheel at ICON Park

EINE RUNDE ÜBER ORLANDO DREHEN

Das **Wheel at ICON Park** erhebt sich 122 m über Orlando. Von diesem Riesenrad aus hat man einen spektakulären Blick auf die umliegende Stadt und die Themenparks. Eine Umdrehung des gewaltigen Rades dauert rund 20 Minuten. Man verbindet sich mit dem kostenlosen Bluetooth in der Kapsel, öffnet den Music Player auf seinem Handy und drückt „Play", schon hört man eine erhellende Erzählung über die Geschichte Zentralfloridas.

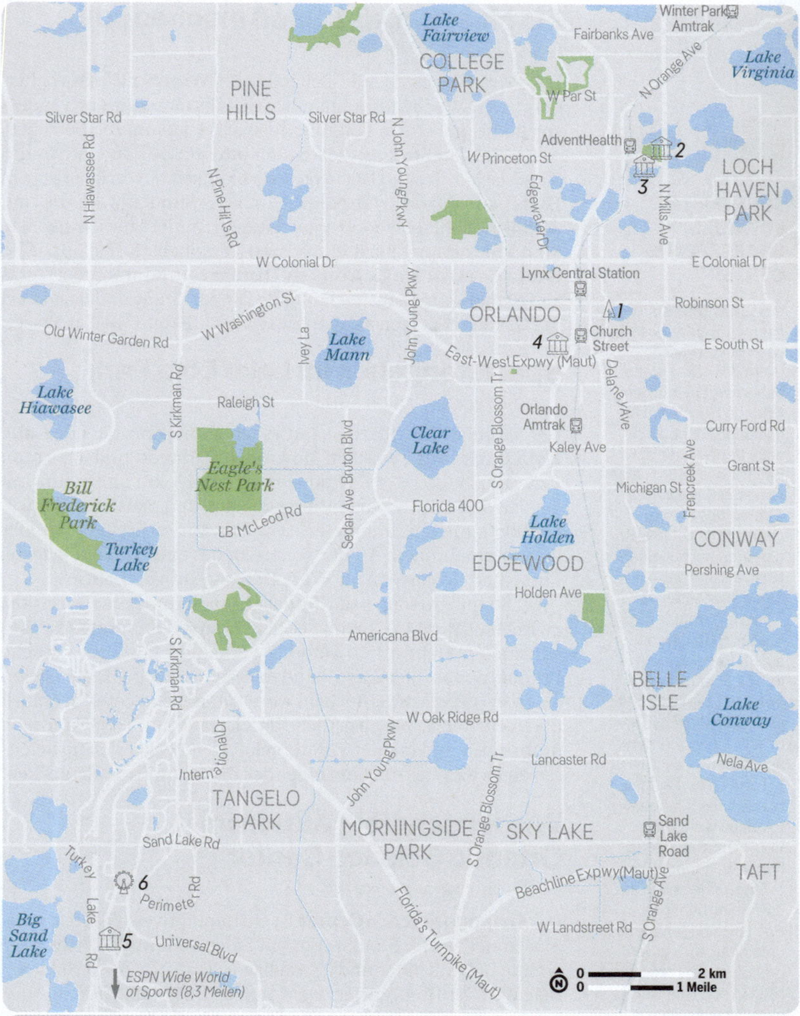

SEHENSWERTES
1 Lake Eola Park
2 Orlando Museum of Art
3 Orlando Science Center
4 Wells' Built Museum
5 WonderWorks

UNTERHALTUNG
6 The Wheel at Icon Park

SCHLAFEN IN ORLANDO

EO Inn & Spa
Dezente Eleganz und ein gutes Preis-Leistungs-Verhältnis bietet dieses Hotel, das sich in einer schattigen Enklave im Zentrum nahe dem nordöstlichen Ufer des Lake Eola versteckt. **$$**

Grand Bohemian Hotel
Das luxuriöseste Hotel im Zentrum hat einen kleinen Pool auf dem Dach, der an einen Strand der 1950er-Jahre in Miami erinnert. **$$$**

Aloft Orlando Downtown
Das Hotel hat minimalistisch gestaltete moderne Zimmer. Man trifft sich mit Freunden in der Bar WXYZ oder holt sich einen Snack von der rund um die Uhr geöffneten Theke. **$$**

JOHN & RITA LOWNDES SHAKESPEARE CENTER

Der 18 ha große Kulturcampus in Orlandos Loch Haven Park an den Ufern des Lake Estelle beherbergt neben dem Orlando Museum of Art und dem Orlando Science Center auch die Bühnen des **John & Rita Lowndes Shakespeare Center**, das Shakespeares Erbe mit fesselnden Dramen, beliebten Musicals und nettem Kindertheater feiert.

Hier ist Orlando Shakes zu Hause, die auf Shakespeare spezialisierte Theatertruppe der Stadt, die bei ihrem jährlichen PlayFest, einem Wochend-Festival neuer Stücke, auch ein Schlaglicht auf aufstrebende neue Bühnenautor:innen wirft. Die Courtyard Cabaret Series bringt Floridas beste Entertainer:innen auf die Freiluftbühne im Hof. Einzelheiten zum Spielplan gibt's unter orlandoshakes.org; hier können auch die Tickets gebucht werden.

Ein Museum, das Spaß machen soll

EDUTAINMENT VOM FEINSTEN

Das große, kopfstehende Gebäude, das **WonderWorks** beherbergt, ein Zwischending aus einem Kindermuseum, einer Videospielhalle und einem Vergnügungspark, ist kaum zu übersehen. Auf mehreren Stockwerken bieten interaktive Esponate multisensorischen Spaß in Höchstgeschwindigkeit mit erzieherischem Hintersinn. Man sitzt in einem Hurrikan-Simulator, klettert auf dem 11 m hohen Seilklettergarten der trainiert für die nächste Mondmission an Bord eines Zwei-Personen-Gyroskops. **The Outta Control Magic Comedy Dinner Show** im WonderWorks ist Orlandos am längsten laufende Dinner-Show und begeistert die Gäste mit coolen Zaubertricks und All-You-Can-Eat-Pizza.

Spazierengehen im Lake Eola Park

PICTURE-PERFECT PARK

Der hübsche und schattige, mit vielen Blumen prunkende **Lake Eola Park** liegt zwischen Downtown Orlando und Thornton Park. Ein befestigter Fußgängerweg von 1,4 km Länge umrundet den See. Es gibt einen Uferspielplatz, und man kann Schwanenboote mieten, um die echten Schwäne zu treffen, die hier herumschwimmen. An der Westseite des Sees gibt's Konzerte, Filme und Schauspiel im **Walt Disney Amphitheater**.

Am Sonntag strömen die Besucher:innen zum Park, wenn dort zwischen 10 und 15 Uhr am See der **Orlando Farmers Market** stattfindet. Mehr als 50 Händler verkaufen saisonale örtliche Produkte, Gourmet-Käse, handgefertigte Seifen, Blumensträuße, frisch gepresste Säfte, Backwaren, handgemachten Schmuck und mehr, dazu spielen örtliche Bands. Man kann ein Handtuch mitbringen und mit den gerade gekauften Leckereien im Schatten eines Baumes oder auf einer der Bänke im Park picknicken.

Wissenschaft in Aktion im Orlando Science Center

SPASS UND INFORMATION

Das **Orlando Science Center** ist ein interaktives Wissenschaftsmuseum. Die vier Stockwerke mit Sälen voller interaktiver Exponate laden Kinder und Erwachsene dazu ein, die prähistorische Welt der Dinosaurier zu erkunden, die Komplexität unseres Ernährungssystems zu erforschen und die Grundlagen von Kräften wie Elektrizität oder Schwerkraft zu testen. Die Sternwarte beherbergt Floridas größtes öffentliches Refraktor-Teleskop. Auf der fast 750 m² großen Leinwand im **Dr. Phillips**

AUSGEHEN IN ORLANDO

Icebar
In diesem auf den auf eisige Effekte setzenden ausgefallenen Lokal lässt man sich auf Eissitzen nieder und schlürft eiskalte Drinks.

Pharmacy
Die als Flüsterkneipe aufgemachte Bar (Zugang: eine Fahrstuhltür) hat Cocktails zu guten Preisen und Gerichte mit farmfrischen Zutaten.

Stubborn Mule
Der Gastropub serviert mit Flair eigens gemixte Cocktails (z. B. Moscow Mules) und zeitgenössische amerikanische Kost.

CineDome des Zentrums werden lehrreiche Filme gezeigt, während Kinder ihre Freude daran haben, in der Ausstellung **Hot Wheels: Race to Win** winzige Rennwagen zu entwerfen, zu bauen und zu testen. Man kann auch die Veranstaltung Science Live! im **Digital Adventure Theater** besuchen, um mehr über die Wissenschaft hinter den Exponaten zu erfahren.

Ein Rendezvous mit der Kunst der Welt

DIE ANLAUFSTELLE FÜR KUNST UND KULTUR

Das 1924 von örtlichen Kunstbegeisterten gegründete **Orlando Museum of Art (OMA)** zeigt mehr als 2400 Objekte, darunter zeitgenössische Kunst, afrikanische Kunst, amerikanische Kunst vom 18. Jh. bis 1945 sowie antike Kunst vom amerikanischen Doppelkontinent. Das Museum bietet auch Events und Kurse für Erwachsene und Familien inkl. Yogakurse in den Galerien und Museumsbesuche mit Kinderwagen für die kunstinteressierten Kleinen (und ihre Eltern). Am beliebten „First Thursday" werden am ersten Donnerstag jeden Monats örtliche Künstler:innen mit regionalen Werken, Livemusik und Essen aus Orlandos Restaurants gefeiert.

In der ESPN Wide World of Sports ein Spiel anschauen

JEDE MENGE LIVESPORT

Disney tauchte tief in die Welt des Sports ein, als das Unternehmen 1997 diesen 100 Mio. US$ teuren, 89 ha großen Sportkomplex eröffnete. In den neun Stätten der **ESPN Wide World of Sports** finden jährlich über 100 Leichtathletikveranstaltungen statt. In mehr als 70 verschiedenen Sportarten sind Amateure und Profis aus aller Welt vertreten. Man sollte schauen, was gerade auf dem Plan steht, wenn man in der Stadt ist. Zuschauen könnte man z. B. bei der National Jump Rope Championship, dem Pop Warner Super Bowl, den AAU Girls' Junior National Volleyball Championships oder auch der Varsity Summit All-Star Cheerleading Championship. Auf dem Gelände findet auch das Frühjahrstraining des Baseballteams der Atlanta Braves statt. Im **ESPN Wide World of Sports Grill** werden auf unzähligen TV-Bildschirmen praktisch alle Spiele der Saison aus fast jeder Profi-Sportart gezeigt.

SAK COMEDY LAB

Das von *Orlando Weekly*, der größten Zeitung der Stadt zum besten Comedy-Club Orlandos gekürte **SAK Comedy Lab** zeigt fast täglich Shows, bei denen es garantiert etwas zu lachen gibt. Viele Autor:innen und Darsteller:innen von Hit-Shows wie *Saturday Night Live* oder *Mad TV* machten hier ihre ersten Bühnenerfahrungen. Das ausgelassene Ensemble bittet das Publikum um Anregungen und improvisiert dann sofort Figuren, Lieder und Sketche. Gelegentlich gibt es hier auch für Kinder geeignete Veranstaltungen, aber die meisten Vorstellungen bieten provokanteren Humor und sind daher eher für Erwachsene oder reifere Teenager geeignet.

Eingang, ESPN Wide World of Sports

MATTHEW KAISER 7/SHUTTERSTOCK ©

UNTERWEGS VOR ORT

Viele Hotels nahe dem I-Drive und diverse beliebte Attraktionen bieten kostenlose oder günstige Shuttles. LYMMO ist der kostenlose Bus, der eine Schleife durch Downtown Orlando dreht und eine öffentliche Nahverkehrsverbindung für die Geschäfts-, Unterhaltungs- und Shoppingviertel der Innenstadt bereitstellt. Die I-Ride Trolleys bedienen das Resortgebiet am I-Drive ganzjährig täglich zwischen 8 und 22.30 Uhr; sie fahren alle 20 Minuten.

Mit Hunderten von stationslosen Rädern überall in Orlando ist HOPR Bike Share das Verkehrsmittel in Orlando, das am meisten Spaß macht. Man lädt die App HOPR Transit herunter, scannt den QR-Code auf dem Fahrrad oder Roller und kann nach Herzenslust durch die Stadt fahren. Am Ende der Fahrt schließt man das Gefährt wieder ab und lässt die App wissen, dass man sein Ziel erreicht hat.

Central Florida Zoo & Botanical Gardens
Wekiwa Springs State Park
Winter Park
Lake Louisa State Park
Orlando
Orlando Wetlands Park
Kissimmee
LEGOLAND
Bok Tower Gardens Bird Sanctuary

Rund um Orlando

Wer über die geschäftige Innenstadt und den Themenpark-Trubel hinaus ins Umland vorstößt, kann eine ruhigere Seite Zentralfloridas entdecken.

Die schönen State Parks, üppigen botanischen Gärten und kleineren Attraktionen im Großraum Orlando bieten eine angenehme Erholung von der von Tourist:innen wimmelnden Themenpark-Hauptstadt der Welt. In Greater Orlando spielt die Natur die Hauptrolle; überall in der Region finden sich Parks voller Blumen und unberührte Seen. In den State Parks können die Besucher:innen wandern, kajak- und kanufahren oder auch einfach nur ein Picknick genießen. Zentralflorida ist eine der besten Regionen für Vogelbeobachtung in den USA, daher sollte man nach Weißkopfseeadlern, Gürtelfischern, Rabengeiern und Reisstärlingen Ausschau halten. Weniger hektische Themenparks heißen Familien willkommen, die einen entspannteren Urlaubstag erleben wollen. Dabei kann man Alligatoren begegnen oder in eine Welt aus LEGO-Steinen eintauchen.

TOP TIPP

Am besten erkundet man Greater Orlando mit dem Auto. Es lohnt sich, nach Angeboten zu schauen, denn die Konkurrenz unter den Autoverleihern ist groß.

Weißkopfseeadler, Orlando

ROMEO GUZMAN PHOTOGRAPHY/SHUTTERSTOCK ©

JEFF HOLCOMBE/SHUTTERSTOCK ©

Lake Tohopekaliga

Ein Blick auf Tiffanys Schätze

DIE KUNST VON LOUIS COMFORT TIFFANY

Das **Charles Hosmer Morse Museum of American Art** in **Winter Park** ist berühmt für seine Jugendstilsammlung: Es besitzt die weltweit größte Sammlung von Meisterwerken des amerikanischen Künstlers und Designers Louis Comfort Tiffany, darunter eine Rekonstruktion seiner brillanten Tiffany Chapel, die er für die Weltausstellung in Chicago (1893) schuf.

Man kann kostenlos eine Audio-Führung auf sein Smartphone laden; Kopf- oder Ohrhörer nicht vergessen! Im Museumsshop gibt's Schmuck, Glaskunst und Keramik, die von Tiffanys Arbeiten angeregt ist. Jedes Jahr am ersten Dezemberdonnerstag läutet das Museum die Festzeit in Winter Park ein: Dann erstrahlen seine Tiffany-Fenster im Central Park, und es gibt ein Konzert mit dem Bach Festival Choir and Brass Ensemble.

Schattiges Picknick im Kraft Azalea Park

RELAXEN UNTER ZYPRESSEN

Der ganzjährig von 8 Uhr bis zur Abenddämmerung geöffnete, 2 ha große **Kraft Azalea Park** liegt an den Ufern des Lake Maitland in Winter Park, gleich nördlich von Orlando.

Turmhohe Zypressen, die über 200 Jahre alt sind, sorgen für Schatten, und im ganzen Park stehen Bänke, auf denen man ausruhen, lesen oder picknicken kann. Der Park beherbergt auch eine Reiherkolonie und einen der höchsten Banyanbäume in den USA.

ANGELN AM LAKE TOHOPEKALIGA

Angesichts von viel Sonnenschein und zahlreichen Seen ist das zentrale Florida ganzjährig ein Ziel für erfahrene Angler und auch für Neulinge. In dem gemäßigten Klima gedeiht der bekannteste und beliebteste Edelfisch der Welt – der Forellenbarsch (Wappenfisch des Bundesstaats Florida). Ausrüstung kann man in örtlichen Anglershops mieten.

Orlando Fishing Charters veranstaltet zwei- bis fünfstündige geführte Angelausflüge auf dem bei Kissimmee liegenden **Lake Tohopekaliga**, dem größten See im Osceola County. Angelruten, Köder, sonstige Ausrüstung und die Angellizenz für Florida sind im Charterpreis inbegriffen. In dem See, den die Einheimischen kurz Lake Toho nennen, kann man hoffen, Blaue und andere Sonnenbarsche, Crappies, Brassen, Tilapias, Kettenhechte und Welse zu erbeuten.

ÜBERNACHTEN RUND UM ORLANDO

LEGOLAND Hotel
Das Hotel ist 130 Schritte vom Parkeingang entfernt. Es gibt ein kostenloses Frühstücksbüfett und in jedem Zimmer einen Schlafbereich für Kinder. **$$**

Reunion Resort & Golf Club
Hier wohnt man in einer Villa mit 1 bis 3 Schlafzimmern oder einem privaten Ferienhaus mit 3 bis 13 Schlafzimmern. **$$**

Star Island Resort and Club
Bietet günstige, luxuriöse Suiten und ein Spa mit komplettem Service. **$$**

PEPPA PIG THEME PARK

Im weltweit ersten **Peppa Pig Theme Park**, der nahe bei LEGOLAND liegt, kann man sich Peppa Wutz und ihren Freunden anschließen. Klein- und Vorschulkinder lieben die Spiellandschaften, die Wasserspielbereiche, die Begegnung mit Figuren und die langsamen Fahrgeschäfte (ohne allzu einschüchternde Warteschlangen). Man kann eine Fahrt mit Daddy Pig's Roller Coaster machen, der idealen ersten Achterbahn, bei Grandad Dog's Pirate Boat Ride mit Booten in Kindergröße auf Schatzsuche gehen, oder bei Grampy Rabbit's Dinosaur Adventure auf einem schaukelnden Dinosaurier an einem rauchen Vulkan vorbeireiten.

Im Schnellrestaurant Miss Rabbit's Diner kann man sich hinsetzen und gesunde, kinderfreundliche Kost wie Erdnussbutter-Marmeladen-Sandwichs, Mac'n' Cheese oder Minipizzen (oder als Erwachsene Salate oder Sandwiches) bestellen.

ROB HAINER/SHUTTERSTOCK ©

Eingang, LEGOLAND

Eine bunte Welt aus berühmten Steinen

EIN ENTSPANNTERER THEMENPARK

Überschaubare Menschenmengen und Warteschlangen, interaktive und lehrreiche Exponate sowie eine lustige, bunte Kulisse und ein Wasserpark machen **LEGOLAND** zu einem tollen Ziel für Familien, die in den Ferien weniger Stress haben möchten. Das in Winter Haven, rund 50 Meilen (80 km) südwestlich von Downtown Orlando gelegene LEGOLAND bietet Attraktionen, die auf Kinder im Alter zwischen zwei und zwölf Jahren ausgerichtet sind. In der **Ford Driving School** können sie mit Autos durch eine künstliche Stadt fahren, während Miniland eine großes, aus LEGO-Steinen gebautes Modell amerikanischer Wahrzeichen und Städte präsentiert. Nicht verpassen sollte man die **Imagination Zone**, ein interaktives Lernzentrum, wo geübte LEGO-Baumeister Kindern aller Altersstufen helfen, ihr nächstes Meisterwerk aus den bunten Steinen zu bauen.

Ein Sumpfabenteuer in Gatorland

BEGEGNUNG MIT ALLIGATOREN

Das **Gatorland** in **Kissimmee** ist Heimat von über 2000 Alligatoren, darunter zwei „Sumpfgeistern"' – seltenen weißen, leuzistischen Alligatoren mit leuchtend blauen Augen. Zwar gibt es in diesem auf Reptilien konzentrierten Themenpark keine Achterbahnen, dafür aber eine Freiflugvoliere, einen Streichelzoo und eine Reihe lustiger (und lehrreicher) Vorführungen.

SCHLAFEN RUND UM ORLANDO

Holiday Inn Winter Haven
Das Hotel genau auf halber Strecke zwischen Orlando und Tampa hat ein Fitnesscenter, einen Swimmingpool und ein Café im Haus. **$**

Hampton Inn & Suites Lake Mary At Colonial Townpark
Bei der Übernachtung in dieser sauberen, praktischen Anlage gleich abseits der I-4 ist ein kostenloses warmes Frühstück im Preis enthalten. **$**

Artisan Downtown
Im Herzen der munteren Innenstadt von DeLand bietet das historische Artisan Downtown relaxte Boutiquehotel-Atmosphäre. **$$**

An der **Screamin' Gator Zip Line** saust man 106 m über einem Alligatorbrutgelände; in diesem Sumpf lauern über hundert riesige Alligatoren. Ein Sumpfabenteuer ist die Fahrt mit einem 3,65 m hohen Geländewagen, bei der man Bonecrusher und Cannibal Jake sieht, die beiden größten Alligatoren in Gatorland.

Gäste ab 12 Jahren, die schon immer mal einen Alligator füttern oder mit ihm rangeln wollten, erhalten bei **Trainer-for-a-Day** in Gatorland Einblick in die Arbeit mit Reptilien, die bis zu 6 m lang werden können und damit zu den größten der Welt gehören. Der Tag hinter den Kulissen beginnt mit der Pflege der gerade geschlüpften Jungtiere; dabei hat man Gelegenheit, einen Baby-Alligator zu knuddeln. Dann hilft man dem Pfleger bei der Betreuung der ausgewachsenen Alligatoren und anderen Tiere. Die Teilnahme an dem Erlebnis muss man vorab reservieren; es beginnt um 8 Uhr und dauert zwei Stunden.

Allerdings sollte man bedenken, dass die Interaktion mit Menschen für Tiere Stress bedeuten kann. Lonely Planet rät daher davon ab, Baby-Alligatoren zu streicheln.

MIT DEM SUMPFBOOT DURCH DIE EVERGLADES

Die Everglades sind ein subtropisches Feuchtgebiet, das mehr als 7700 km² in Zentral- und Südflorida umfasst. Durch dieses Feuchtgebiet mit einem Sumpfboot zu fahren, ist ein typisches Florida-Erlebnis. Auf der Fahrt erblickt man Alligatoren, aber auch Otter, Wasserschlangen und in selteneren Fällen vielleicht auch Krokodile.

Boggy Creek Airboat Adventures in Kissimmee bietet mehrere Ausflugsoptionen, darunter Tagesausflüge, Fahrten in den Sonnenuntergang, nächtliche Fahrten und private Touren. Bei allen hat man einen Blick aus der ersten Reihe auf das authentische Florida – sicher in einem Sumpfboot, das von einem von der US-Küstenwache zertifizierten Kapitän gesteuert wird. Im **Boggy Bottom BBQ**, dem am See gelegenen Restaurant vor Ort, kann man sich vor der Fahrt mit Grillgerichten aus Florida und allem übrigen stärken.

Im Louisa State Park wandern oder paddeln

IN DIE NATUR ENTKOMMEN

Der **Lake Louisa State Park** liegt nur 20 Minuten westlich von Walt Disney World in Clermont. Man kann auf dem 11 km langen Straßennetz radeln oder auf dem mehr als 40 km langen Wegenetz im Park durch Wälder und Orangenhaine wandern und dabei nach Tieren Ausschau halten, die hier zu Hause sind, darunter Rehe, Rotluchse, Weißkopfseeadler, Fischadler und Schildkröten. Vor Ort kann man Kanus, Kajaks und Paddelbretter ausleihen, um auf die drei Seen im Park, den Lake Louisa, Lake Hammond oder Lake Dixie, hinauszufahren. Im Park stehen 20 günstige Hütten mit Seeblick für Gäste bereit.

Erstaunliches über Tiere lernen

BEGEGNUNG MIT TIEREN IN IHRER ÜPPIGEN UMWELT

Im **Central Florida Zoo & Botanical Gardens** kann man gefährdeten indischen Panzernashörnern begegnen oder durch ein Schmetterlingsparadies wandern. In diesem Zoo am See leben mehr als 350 Tiere aus über 100 Arten aus aller Welt.

Außer einige der erstaunlichsten Tiere der Erde zu sehen, können sich Kinder im **Wharton-Smith Tropical Splash Ground** abkühlen und über Seilbrücken und eine Zipline durch die Baumwipfel navigieren. Von Experten geleitete Führungen und Demonstrationen, die den ganzen Tag über stattfinden, vermitteln coole Fakten über die hier lebenden Tiere.

ESSEN RUND UM ORLANDO

Donut Man
In der klassischen Bäckerei, die 8 km von LEGOLAND entfernt ist, bestellt man eine Box mit Donuts zum Mitnehmen. **$**

Prato
Das romantische Restaurant in Winter Park serviert drinnen und auf der Terrasse italienische Klassiker. **$$**

Luke's Kitchen
Die Rohkosttheke in Luke's Kitchen ist immer beliebt, während auf dem offenen Feuer Steaks und Burger gegrillt werden. **$$**

LAZY H. RANCH

Auf der **Lazy H. Ranch** in Kissimmee kann man in den Sonnenuntergang reiten. Die Ranch, die Einheimischen in sechster Generation gehört und von ihnen geführt wird, bietet malerische Ausritte durch hundert Jahre alte Eichenwäldchen und am Lake Tohopekaliga.

Unterwegs erzählt der Guide von der Pferdezucht in Florida, und man erfährt auch alles über die Florida Cracker, eine amerikanische Rinderrasse, deren Ursprünge im Florida der spanischen Kolonialzeit liegen.

Um einen wild-romantischen Blick auf das authentische Florida zu werfen, bucht man einen privaten Ausritt in den Sonnenuntergang. Die Teilnehmenden müssen mindestens 10 Jahre alt sein; das Maximalgewicht liegt bei 102 kg. Zum Reiten sind feste Schuhe erforderlich. Wie bei den meisten Outdooraktivitäten in zentralen Florida sollte man einen Hut tragen und Sonnencreme und Insektenschutzmittel mitbringen. Für die Ausritte ist eine Reservierung erforderlich.

Wandern im unberührten Ökosystem

DIE EVERGLADES ERKUNDEN

Das 47 km² große **Disney Wilderness Preserve** in Kissimmee ist eine Hommage an Walt Disneys Liebe zur Natur und ein wesentlicher Bestandteil des Everglades-Ökosystems. Das Personal im Welcome Center gibt gern Wegekarten aus, mit deren Hilfe man leicht dem White Harden Trail (800 m), dem Red Wilderness Trail (4 km) oder dem Yellow Trail (5,8 km) durch die Feuchtgebiete folgen kann. Den Red und den Yellow Trail kann man zu einer 9,7 km langen Wanderung kombinieren. Picknicken kann man auf dem Picknickgelände des Schutzgebiets am **Lake Russell**, der einer der wenigen Seen im Gebiet um Orlando ist, wo man am Ufer auf keine Menschen trifft.

Mit Vögeln Freundschaft schließen

EIN REHAZENTRUM FÜR VÖGEL

Maitland bei Winter Park ist der historische Florida-Wohnsitz des autodidaktischen Künstlers, Naturforschers und Ornithologen John James Audubon. Das am See gelegene **Audubon Center for Birds of Prey** ist ein Rehabilitationszentrum für Falken, Kreischeulen und andere krallenbewehrte Vögel, in dem man die Tiere aus der Nähe oder auf den Armen ihrer Pfleger sehen kann. Zu ihnen zählt der Weißkopfseeadler Trouble, der gerne in seiner Wanne spielt und planscht. Das Zentrum liegt auf einem 1,2 ha großen Gelände am Südufer des Lake Sybelia.

Kajakfahren im Wekiwa Springs State Park

EIN BAD IN DEN QUELLEN NEHMEN

Abkühlen kann man sich in den Quellen im **Wekiwa Springs State Park** in Apopka, ca. 20 Meilen (32 km) nordwestlich der Innenstadt von Orlando. Kilometerlange Wege laden zu Wanderungen durch die Wälder und Sümpfe und am Ufer des Wekiva River ein. Der Veranstalter **Wekiwa Springs State Park Nature Adventures** im Park vermietet Kajaks und Kanus, sodass man auf den ruhigen Gewässern paddeln kann. Über 190 Vogelarten wurden in dem Park, der zum Great Florida Birding & Wildlife Trail gehört, gezählt. Es gibt auch Campingplätze, die man aber vorab reservieren muss.

Wandern auf dem Birding Loop

WANDERUNG DURCH DEN SUMPF

Der **Orlando Wetlands Park** in Christmas, rund 30 Meilen (48 km) östlich von Downtown Orlando, wurde künstlich an-

ESSEN RUND UM ORLANDO

The Ravenous Pig
Der saisonale Gastropub in Winter Park verbindet kundig gemixte Cocktails mit hauseigenen Wurstwaren. **$$**

Woodsby's Countryside Cafe
Das Café ist auf großes Frühstück amerikanischer Art spezialisiert. Probieren sollte man das Frühstück mit gebratenem Wels und einer Portion Maisgrütze. **$**

Soseki Modern Omakase
Bietet ein intimes (10 Plätze) mehrgängiges Sushi-Erlebnis in Winter Park. **$$**

Harry P. Leu Gardens

gelegt, um zurückgewonnenes Wasser fortschrittlich aufzubereiten. Im Education Center gibt's saisonale Ausstellungen mit lebenden Tieren und interaktiven Exponaten. Dort beginnt der 3,2 km lange **Birding Loop**, einer von vielen Wegen, die sich durch den Park winden. Nicht alle sind für Radfahrer zugelassen, viele aber für Reiter. Auf den Wegen ist Vorsicht vor Alligatoren geboten – sie werden besonders von den sonnendurchwärmten Kalksteinfelsen angelockt, die viele Wege säumens.

Wandern im Bok Tower Gardens Bird Sanctuary

EIN PARADIES FÜR VOGELBEOBACHTER

Im **Bok Tower Gardens Bird Sanctuary** führen die Wege durch vier verschiedene Landschaften Floridas: eine Kiefernsavanne, ein Eichenwäldchen, durch Feuchtwiesen und ein Moor, in denen 126 Vogelarten leben. Die von dem berühmten Landschaftsarchitekten Frederick Law Olmsted Jr. gestalteten Gärten sind mit Azaleen, Kamelien und Magnolien bepflanzt, die im Frühling prächtig blühen. Zweimal am Tag spielen die 23 Bronzeglocken des den Blickfang des Gartens bildenden 62 m hohen Glockenspiels eine Melodie, die in der herrlichen Flora widerhallt. Picknickvorräte erhält man vor Ort im **Blue Palmetto Café** gleich neben dem Visitor Center. Die Bok Tower Gardens befinden sich in Lake Wales, rund eine Fahrtstunde südlich von Orlando nahe LEGOLAND.

HARRY P. LEU GARDENS

Die 20 ha großen **Harry P. Leu Gardens** sind eine eindrucksvolle botanische Oase, die nur Minuten von Downtown Orlando entfernt ist. Zu der Pflanzensammlung gehören Palmfarne (primitive Pflanzen, die schon seit fast 200 Mio. Jahren existieren), leuchtend roter Hibiskus und fast 400 Palmenarten. Die 50 verschiedenen Sorten von Zitrusbäumen im Zitrushain stellen die landwirtschaftliche Fülle Floridas heraus, während der Native Wetland Garden Watvögel und andere Wildtiere anlockt.

Führungen durch das aus dem 18. Jh. stammende Leu House finden alle 30 Minuten statt. Die frühere Eigentümerin Mary Jane Leu liebte Rosen, und ihre Sammlung alter (vor 1867 gezüchteter) Gartenrosen bildet den größten formalen Rosengarten in Florida. Man sollte Vorräte für ein Picknick am Seeufer mitbringen.

UNTERWEGS VOR ORT

Zur Erkundung von Greater Orlando sollte man ein Auto mieten. Dies ist der größte Autovermietungsmarkt der Welt. Alle großen Autoverleiher sind in der Stadt und am Orlando International Airport vertreten, wo die Abholung und Rückgabe schnell verläuft, praktisch ist und die Preise vernünftig sind.

JMARRO/SHUTTERSTOCK ©

Oben: Raketenstart, Cape Canaveral (S. 286). Rechts: Kennedy Space Center (S. 277)

DIE SPACE COAST

RAKETEN, SURFEN & WILDNIS

Raketenstarts, Lagunen voller Wildtiere, Surfer und Wissenschaft sind eine Kombination, die begeistert.

Die Space Coast, die sich über mehr als 120 km entlang der Atlantikküste Floridas östlich von Orlando erstreckt, erhielt ihren Namen in den 1980er-Jahren auf dem Höhepunkt der Space-Shuttle-Ära der NASA. Heute ist die Region das globale Epizentrum für modernste kommerzielle Weltraumforschung, mit großen Namen wie SpaceX und Blue Origin und regelmäßigen Raketenstarts – was die Bezeichnung „Space Coast" treffender denn je macht. Während viele Besucher:innen Floridas hoffen, einen Raketenstart sehen zu können oder den Visitor Complex des Kennedy Space Center besichtigen möchten, können die, die länger bleiben und die Space Coast eingehender erkunden, auch die grandiose Natur der Region genießen.

Die Indian River Lagoon, ein 250 km langes Mündungsgebiet mit seltenen und geschützten Tierarten, das parallel zum Atlantischen Ozean verläuft, erstreckt sich entlang der gesamten Space Coast. Auf Ökotouren durch die glitzernden Gewässer kann man Manatis, Delfine, zahllose Vogelarten und vielleicht sogar Biolumineszenz beobachten, ein ganz besonderes Erlebnis im Sommer.

Die goldenen Strände sind auch bei Surfern und Surferinnen sehr beliebt, denn hier gibt es für alle gute Surfspots – vom Jetty Park in Cape Canaveral über den historischen Cocoa Beach Pier bis zum Sebastian Inlet State Park im Süden.

Bei Abstechern ins Landesinnere kann man stimmungsvolle historische Viertel wie Cocoa Village und die Innenstadt von Melbourne besichtigen. Die meisten Traveller nutzen Cocoa Beach oder Titusville als Ausgangspunkt für Erkundungstouren, aber man kann hier wirklich von überall aus starten.

DIE WICHTIGSTEN ZIELE

Erste Orientierung

Die Space Coast erstreckt sich 72 Meilen (ca. 115 km) entlang der Ostküste Floridas – von Titusville im Norden bis nach Melbourne und zu den Stränden im Süden. Aber auch Abstecher ins Binnenland lohnen sich.

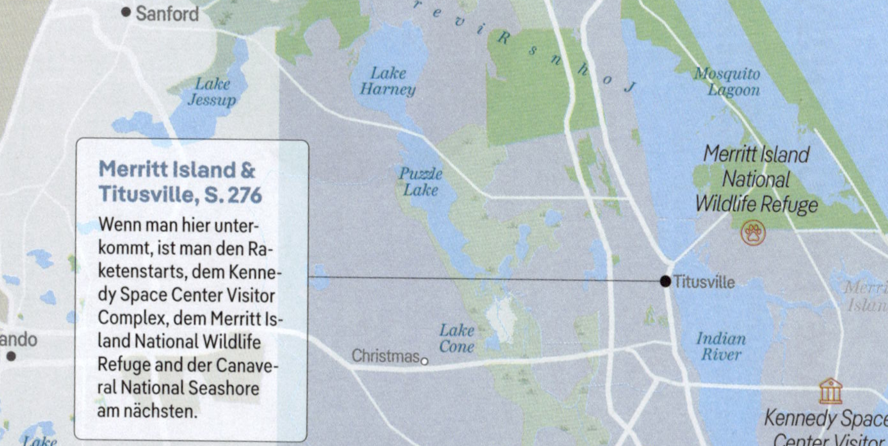

Merritt Island & Titusville, S. 276

Wenn man hier unterkommt, ist man den Raketenstarts, dem Kennedy Space Center Visitor Complex, dem Merritt Island National Wildlife Refuge and der Canaveral National Seashore am nächsten.

AUTO

Ein eigenes Auto eröffnet bei weitem die besten Möglichkeiten, die Region zu erkunden. Mit ihm kann man auf Tages-, Wochenend- oder längeren Touren die verschiedenen Strandparks, Städte und Sehenswürdigkeiten dann besuchen, wenn man möchte.

BUS

Ohne Auto nutzt man den Space Coast Area Transit (SCAT). Er verbindet die meisten Städte und Strandorte im Brevard County und an der Space Coast – es gibt 23 Strecken, feste Fahrpläne, Rollstuhllifte und Fahrradmitnahmemöglichkeiten – im Bus ist auch Platz für Surfbretter.

TROLLEY

Der Cocoa Beach Trolley (besonders beliebt bei den hiesigen Kitesurfern) fährt sieben Tage die Woche zwischen Port Canaveral im Norden der Space Coast und der 13th St in Cocoa Beach.

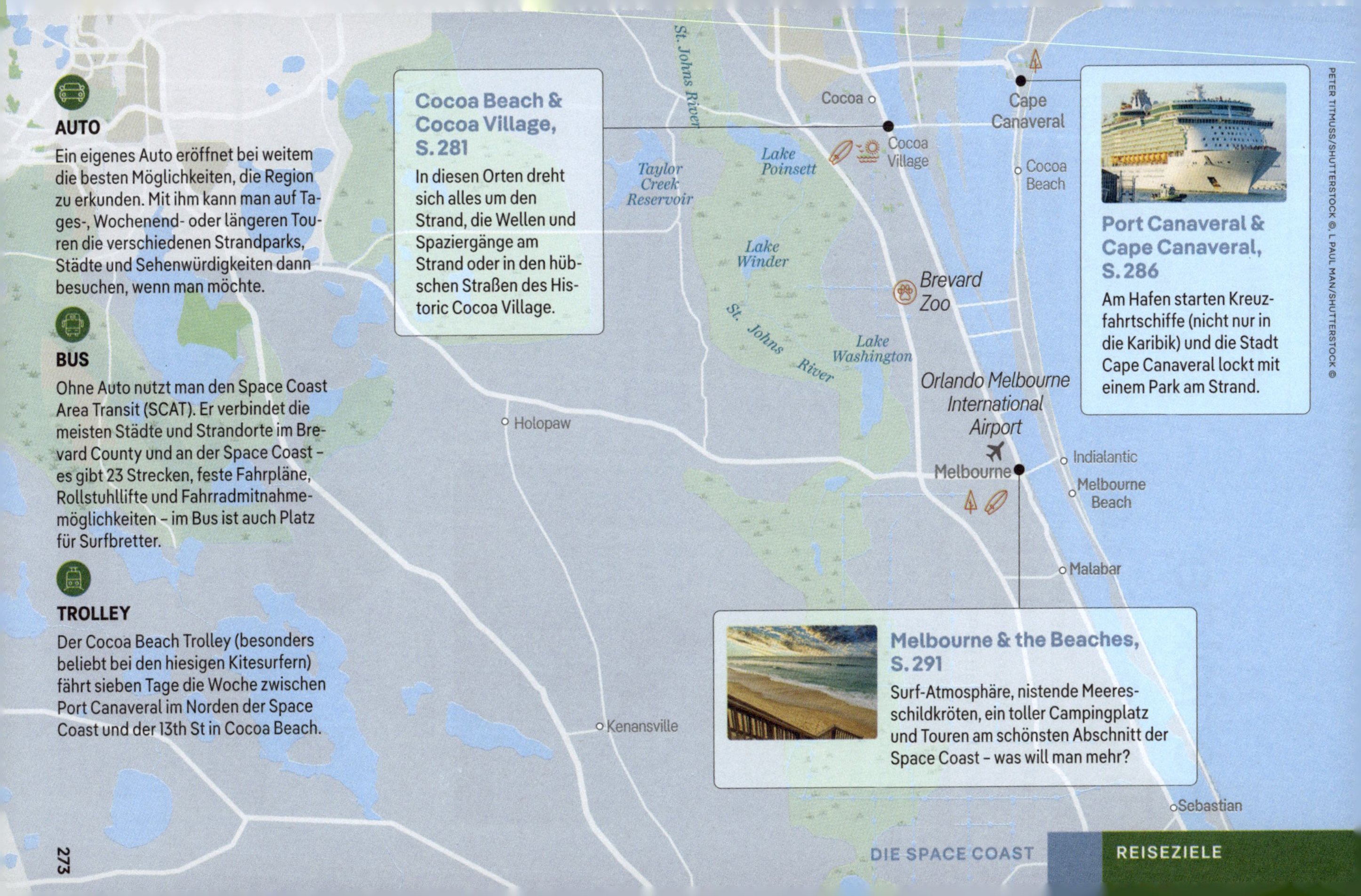

Cocoa Beach & Cocoa Village, S. 281

In diesen Orten dreht sich alles um den Strand, die Wellen und Spaziergänge am Strand oder in den hübschen Straßen des Historic Cocoa Village.

Port Canaveral & Cape Canaveral, S. 286

Am Hafen starten Kreuzfahrtschiffe (nicht nur in die Karibik) und die Stadt Cape Canaveral lockt mit einem Park am Strand.

Melbourne & the Beaches, S. 291

Surf-Atmosphäre, nistende Meeresschildkröten, ein toller Campingplatz und Touren am schönsten Abschnitt der Space Coast – was will man mehr?

Perfekte Tage

An der Space Coast gibt's eine grandiose Tierwelt, endlose Strände und die Wunder der Weltraumforschung. Man kann hier viel erleben oder es langsam angehen lassen, um die schönsten Orte und Erlebnisse noch intensiver zu erkunden.

TRUE WILLIAMS/SHUTTERSTOCK ©

Sanderling, Cape Canaveral (S. 286)

Wenig Zeit

- Wer nur wenig Zeit hat, sollte sich nicht das entgehen lassen, wofür dieser Teil Floridas so berühmt ist. Man sollte früh kommen, um einen Tag im **Kennedy Space Center Visitor Complex** (S. 277) mit seinen zahlreichen Attraktionen, Videos und Ausstellungsstücken zum Thema Weltraumforschung wirklich auskosten zu können.

- Dann geht's weiter zum nahen **Merritt Island National Wildlife Refuge** wo man auf dem **Black Point Wildlife Drive** (S. 280) viele Vogelarten und vielleicht auch Manatis und Alligatoren beobachten kann. Zum Abschluss des Tages geht man an der Canaveral National Seashore schwimmen und genießt einige der unberührtesten Strände Floridas. Anschließend besucht man den **Dolphins Waterfront Bar & Grill** (S. 288), wo man mit Blick auf den Kanal zu Abend isst.

Beste Reisezeit

Der Sommer kann sehr schwül sein, aber am Strand weht immer eine angenehme Brise. Von November bis April sind die Temperaturen milder, es gibt viel Sonne und es ist trockener.

JANUAR

Der Wickham Park in Melbourne ist Schauplatz der **Brevard Renaissance Fair**, die zu den besten im ganzen Bundesstaat gehört.

MÄRZ

Der trubelige **Spring Break** ist in vollem Gange und die Wassertemperaturen im Meer steigen.

APRIL/MAI

Luftakrobatik am Himmel bei der **Cocoa Beach Air Show** und der **Space Coast Air Show**, die in jährlichem Wechsel stattfinden.

BOB POOL/SHUTTERSTOCK ©, CHARLES T. BENNETT/SHUTTERSTOCK ©, MICROFILE.ORG/SHUTTERSTOCK ©

Drei Tage zum Erkunden

- Am ersten Tag folgt man der vorherigen Reiseroute und fährt dann weiter Richtung Süden nach Cocoa Beach, wo man direkt am Meer übernachten kann. Am nächsten Tag bietet sich ein Surfkurs in der **School of Surf** (S. 283) an oder man leiht sich ein Brett im **Ron Jon Surf Shop** (S. 285) aus und paddelt zum nahegelegenen **Westgate Cocoa Beach Pier** (S. 283).

- Den dritten Tag kann man bei einer Ökotour genießen: Mit **Cocoa Beach Dolphin Tours** (S. 285) auf den Banana River hinausfahren oder in wärmeren Monaten auf der Suche nach Biolumineszenz in die Indian River Lagoon mit **A Day Away Kayak Tours** (S. 279) paddeln. Sehr empfehlenswert sind ein Abendessen und Drinks im **Coconuts on the Beach** (S. 289) direkt am Meer.

Länger Zeit

- Die Space Coast ist es wert, länger zu verweilen und eine ganze Woche Urlaub zu machen. Wer länger Zeit hat, kann an die vorangegangenen Highlights anknüpfen und die Space Coast weiter südlich erkunden, hübsche Städte im Landesinneren besuchen wie das **historische Cocoa Village** (S. 283) oder **Melbourne** (S. 292) und die Küste bis zum **Sebastian Inlet State Park** (S. 293) entlangfahren.

- Äußerst lohnend sind ein paar Nächte in der Nähe von **Titusville** (S. 276) und **Cape Canaveral** (S. 286), vor allem, wenn gerade ein Raketenstart stattfindet. Dann geht's weiter nach Süden zu den schönen Stränden an der südlichen Grenze der Space Coast, wo sie auf Floridas Treasure Coast und den Vero Beach trifft.

JUNI

Ab Juni (und bis Juli) gibt's **nächtliche Ausflüge zu den Schildkröten**, bei denen man zusehen kann, wie nistende Mütter an Land kriechen, um Eier abzulegen.

AUGUST

Die **Biolumineszenz** in der Indian River Lagoon im lässt sich im Spätsommer und Frühherbst in ihrer schönsten Form bewundern.

OKTOBER

Den ganzen Monat Halloween kann man bei den Wochenendveranstaltungen von **Boo at the Zoo** im Brevard Zoo feiern.

DEZEMBER

Am 24. Dezember paddeln Hunderte Surfer in Weihnachtsmannkostümen hinaus, um beim jährlichen **Surfing Santas**-Event in Cocoa Beach Wellen zu reiten.

MERRITT ISLAND & TITUSVILLE

Wenn man die Space Coast besucht, um die namensgebenden Highlights der Weltraumforschung zu besichtigen, wird man sich in der Gegend um Merritt Island und das benachbarte Titusville (gleich westlich des Indian River) aufhalten. Nach dem Zweiten Weltkrieg wählte die US-Regierung 1958 die Ostküste Floridas als Basis für die neu gegründete National Aeronautics and Space Administration (NASA). Von hier aus sollten die Menschen, die ein neues Zeitalter einleiteten, Raketen, Teleskope und Raumfähren in den Orbit starten, um neue Welten und neue Galaxien zu entdecken. Hierfür wurden am nördlichen Ende von Merritt Island Tausende Hektar Buschland requiriert; ein Drittel davon rodete man, um Platz für den neuen NASA-Stützpunkt zu schaffen, während der Rest dem US Fish and Wildlife Service übergeben wurde, um das Merritt Island National Wildlife Refuge und die Canaveral National Seashore einzurichten. Natur und Technik befinden sich hier im Einklang, umgeben von wertvollen Wasserwegen und Stränden, an denen man sich wunderbar erholen kann.

TOP TIPP

Sucht man ein Hotel mit Blick auf Raketenstarts ist das Courtyard by Marriott Titusville Kennedy Space Center an der Indian River Lagoon gegenüber dem Kennedy Space Center kaum zu übertreffen. Die Starts kann man auf der Dachterrasse der Space Bar des Hotels verfolgen.

Titusville

JESSE KUNERTH/SHUTTERSTOCK ©

HIGHLIGHTS
1 Kennedy Space Center Visitor Complex
2 Merritt Island National Wildlife Refuge

SEHENSWERTES
3 American Space Museum & Space Walk of Fame
4 Space View Park

AKTIVITÄTEN, KURSE & TOUREN
5 A Day Away Kayak Tours
6 BK Adventures
7 Black Point Wildlife Drive

ESSEN
8 Moonlight Drive-In

Das beeindruckende Kennedy Space Center

WELTRAUMFORSCHUNG WIRD LEBENDIG

Kein Besuch an der Space Coast ist komplett, wenn man nicht mehrere Stunden – oder vielleicht sogar einen ganzen Tag – am Zentrum der Vergangenheit, Gegenwart und Zukunft der amerikanischen Raumfahrt verbringt. Der **Kennedy Space Center**

ÜBERNACHTEN IN TITUSVILLE

Courtyard by Marriott Titusville Kennedy Space Center
Hotel direkt am Strand mit Außenpool und Dachterrasse mit Blick auf die Startrampe. **$$$**

Hyatt Place Titusville/ Kennedy Space Center
Drei-Sterne-Hotel mit täglichem kostenlosen Frühstücksbuffet und Außenpool. **$$**

Casa Coquina Del Mar Bed & Breakfast
Eine Familie betreibt dieses historische B&B mit Blick auf den Fluss und einer Terrasse im zweiten Stock, um die Raketenstarts zu beobachten. **$$**

Saturn V, Kennedy Space Center

DAS BESTE SEAFOOD IN TITUSVILLE

Dixie Crossroads
Beliebtes Restaurant für fangfrisches Seafood und Steaks. Ein besonderes Highlight sind die butterzart gegrillten Rock Shrimps. $$

Pier 220 Seafood & Grill
In dem Restaurant am historischen Pier an der Indian River Lagoon gibt's Zackenbarsch-Tacos und Shrimps zum Selberschälen. $$

Orleans Bistro & Bar
Shrimps und Langusten werden in diesem Lokal im Stil von New Orleans nach Cajun-Art zubereitet. Unbedingt die Nola Boil probieren. $$

Visitor Complex hat jedem etwas zu bieten. Sehr empfehlenswert ist die 90-minütige Bustour für einen Blick aus nächster Nähe auf die ausgedehnten Anlagen, darunter das riesige Vehicle Assembly Building (das weltweit größte einstöckige Gebäude – die ca. 139 m hohen Türen sind ebenfalls die größten der Welt!), und einen Besuch im **Apollo/Saturn V Center**, um die größte jemals geflogene Rakete zu sehen. Man kann sich auch einen Film im **IMAX Theater** ansehen und eine spannende simulierte Weltraumreise im 2022 neu eröffneten **Gateway: The Deep Space Launch Complex** erleben; eine der großartigen virtuellen Reisen ist der Ride Red Planet, der die Teilnehmenden auf den Mars bringt.

Die Erlebnisse hier können unglaublich tiefgründig und nachdenklich stimmend (sehr empfehlenswert sind die Videos und multimedialen Exponate in der **US Astronaut Hall of Fame**) oder reiner Nervenkitzel sein – in jeden Fall lassen sie einen sprachlos zurück. Deshalb ist der Besuch hier für die mehr als 1,7 Mio. Menschen, die jedes Jahr in den Komplex kommen, auch wirklich erfüllend. Bei den täglich stattfinden **Astronaut Encounters** im KSC kann man sogar echte NASA-Astronaut:innen treffen und alles über ihre Ausbildung und Erlebnisse im Weltraum erfahren. Wenn man eine bestimmte Person kennenlernen möchte, sollte man sich vor dem Besuch im Veranstaltungskalender des Zentrums informieren.

BRAUEREIEN AN DER SPACE COAST

BeachFly Brewing Company
Vom Strand inspirierte Brausorten. Das leichte Space Kölsch und das Turtle Trax (zitroniges Weizenbier) sind sehr empfehlenswert.

Hell 'n Blazes Brewing Company
Brauerei in der Altstadt von Melbourne mit Craft-Bieren und leckerem Barbecue.

Carib Brewery
Gemütliche Schankstube in Cape Canaveral mit tropischem harten Cider, karibischem Lager und amerikanischem Pale Ale.

Biolumineszenz-Kajaktour

DURCH FUNKELNDES WASSER PADDELN

In den schwülen Sommermonaten erlebt man im flachen Wasser der Indian River Lagoon etwas Magisches: Man kann durch in grünlich-blauer Biolumineszenz leuchtendes Wasser paddeln. Wenn die Wassertemperaturen in den Sommermonaten steigen, tritt in den nährstoffreichen Gewässern der Lagune verstärkt das Phänomen der Biolumineszenz auf, das durch einzellige Organismen, den Dinoflagellaten, verursacht wird. Dann führen die in Titusville ansässigen Kajaktourenveranstalter A Day Away Kayak Tours und **BK Adventures** sowie andere lokale Anbieter Touren zu verschiedenen Stellen in der Indian River Lagoon und dem Banana River durch, um das Leuchten dort zu erleben, wo es an einem bestimmten Abend am stärksten ist. Die besten Chancen, das hellste Schauspiel zu erleben, hat man, wenn man in einer mondlosen Sommernacht hinauspaddelt (die Touren finden in der Regel von Juni bis Anfang Okt. statt), aber auch bei Mondlicht ist die Biolumineszenz gut zu sehen.

Die Touren beginnen mit einer Einweisung an Land (und mit dem großzügigen Einsprühen mit Mückenspray), bevor man in einem der durchsichtigen oder normalen Kajaks mit Leuchtstäben an der Schwimmweste in die Lagune hinauspaddelt. Wenn die Biolumineszenz richtig zur Geltung kommt, sieht man Meeräschen und andere Fische wie Raketen durch das flache Wasser schießen und helle Funken fliegen hinter ihnen her. Wer seine Hand ins Wasser taucht, kann beobachten, wie das Leuchten von seinen Fingern perlt.

Space Out

WELTRAUMMUSEEN UND EIN RETRO DINER

Wenn es um außergewöhnliche Weltraumattraktionen geht, ist der Kennedy Space Center Visitor Complex zwar mit Abstand die beste Attraktion in der Region Titusville/Merritt Island, aber es gibt noch einige andere sehenswerte Museen und Erlebnisse, die man sich nicht entgehen lassen sollten.

Die Sammlung des **American Space Museum & Space Walk of Fame** besteht aus faszinierenden gespendeten Artefakten von Astronaut:innen und anderen in der Raumfahrt Arbeitenden. In dem hübschen kleinen Museum in der Innenstadt von Titusville gibt's Trainingsanzüge, die bei den *Apollo*- und anderen Raumfahrtmissionen getragen wurden, und die Retro-Technologie der Konsolen aus dem Kontrollraum, von dem aus die Starts der *Columbia* überwacht wurden, zu bestaunen, und man erfährt mehr über weniger bekannte Helden der Raumfahrt (darunter Hausmeister- und Kantinenpersonal),

NACKTBADE-STRAND

Goldener Sand ist an diesem Küstenabschnitt Floridas eine Selbstverständlichkeit. Aber wer am Strand noch ein bisschen mehr zeigen möchte, für den gibt es an der Space Coast auch einen der schönsten und bekanntesten Nacktbadestände Floridas. Der **Playalinda** ist einer der besten Nacktbadestrände im Bundesstaat und liegt an einem unberührten und unbebauten 39 km langen Küstenstreifen (dem längsten an Floridas Ostküste), der zur Canaveral National Seashore gehört. Wer hier nicht nackt badet, ist in der Minderheit. Der Küstenstraße nach Norden bis zu den Parkplätzen 12 und 13 folgen und im Sand wie Gott einen schuf ein Sonnenbad nehmen. Aber bitte die Sonnencreme nicht vergessen!

Playalinda Brewing Company
Craft-Bier-Kleinbrauerei in einem stimmungsvollen, jahrhundertealten Eisenwarenladen im Zentrum von Titusville.

Bugnutty Brewing Company
Probierbretter, Biere und Cider werden mit Riesenbrezeln und Bierkäse im Cocoa Village serviert.

Intracoastal Brewing Company
Hier in Melbournes Eau Gallie Arts District gibt es Craft-Bier-Sorten wie Sour, Stout und IPA.

LOCAL TIPP: EINEN RAKETENSTART BEOBACHTEN

Chris Eckles, der in der kommerziellen Raumfahrtindustrie in Cape Canaveral arbeitet, teilt seine Lieblingsorte für einen Raketenstart.

Westgate Cocoa Beach Pier
Von der Tiki-Bar am Ende des Piers aus lässt sich der Horizont mit einem kühlen Getränk in der Hand am besten überblicken.

Port St. John Boat Ramp
Die Bootsrampe am Ende des Fay Blvd liegt direkt am Indian River in Port St. John. Von hier aus hat man einen herrlichen Blick auf die Startrampen.

Harbor Heights Beach
Am besten macht man es sich am Strand von Cape Canaveral gemütlich oder geht surfen und blickt nach Norden, um den Streifen am Himmel zur Startzeit zu sehen.

die dazu beigetragen haben, dass das Raumfahrtprogramm zum dem wurde, was es war. Der **Space View Park** liegt ebenfalls im Zentrum von Titusville und ist ein beliebter Ort, um die Raketenstarts auf der anderen Seite des Flusses in Cape Canaveral zu beobachten. Auch wenn kein Raketenstart ansteht, lohnt sich ein Spaziergang, um die ergreifenden Denkmäler für die *Mercury-*, *Gemini-*, *Apollo-* und anderen Raumfahrtmissionen und ihre jeweiligen Astronauten zu bewundern.

Um seinen Hunger in passender Retro-Weltraumatmosphäre zu stillen, gibt es kein besseres Restaurant als das **Moonlight Drive-In**. Das Diner katapultiert die Gäste ins Jahr 1964 zurück und trägt seinen Namen in Andenken an die *Apollo*-Missionen. Man weiß nie, ob es geöffnet hat (merkwürdige Öffnungszeiten), aber falls doch, sollte man parken, bestellen und darauf warten, dass einem köstliche Speisen wie gebratene Shrimps, sämige Milchshakes und Chili Dogs ans Auto gebracht werden.

Der grandiose Black Point Wildlife Drive

ALLIGATOREN & MANATIS BEOBACHTEN

Eine für Florida typische selbstgeführte Fahrt erwartet einen, wenn man mit dem Auto am **Merritt Island National Wildlife Refuge** ankommt. In dem 566 km² großen Naturschutzgebiet, das von der Indian River Lagoon und dem Atlantik umgeben ist, leben unzählige Vogel-, Säugetier- und Meerestierarten. Am besten lernt man diese besondere Region kennen, indem man gemütlich den 11 km langen befestigten Rundweg durch das Naturschutzgebiet fährt – den **Black Point Wildlife Drive**. Einfach die Fenster herunterlassen und den Geräuschen der Vögel und Insekten und dem Plätschern des Wassers um einen herum lauschen. Für dieses einzigartige Erlebnis in Floridas unberührtester Natur sollte sich unbedingt Zeit lassen.

Der Rundweg, der nur in eine Richtung befahrbar ist, führt vorbei an sehr vielfältigen Ökosystemen, darunter flache Salzwassermarschen und Wattflächen, niedrige Kiefernwälder, Küstendünen und Buschland. Das Schutzgebiet liegt direkt am Atlantic Flyway, einem wichtigen Vogelzugkorridor, sodass man direkt vom Auto aus Vögel beobachten kann, darunter Reiher, Ibisse, Wasservögel und die grandios gefärbten Rosalöffler. An der Strecke gibt es mehrere Haltepunkte, wo man aussteigen, sich die Beine vertreten und den malerischen Blick auf den Fluss genießen kann. Wenn man Glück hat, sieht man Alligatoren, Manatis, Otter und vielleicht sogar einen Rotluchs. Die meisten Wildtiere und Vogelarten erblickt man zwischen Oktober und März kurz vor Tagesanbruch, wenn die Tiere am aktivsten sind.

UNTERWEGS VOR ORT

Die Entfernungen zwischen den Weltraumattraktionen und den Naturschutzgebieten sowie an der langen Küste sind groß, und man braucht ein eigenes Auto, um alles zu erkunden. Wenn man nur für einen Tag aus Orlando kommt, bietet Gray Line Orlando Sightseeing-Touren in komfortablen Bussen von Disney, Kissimmee und Orlando aus zum Kennedy Space Center Visitor Complex und zurück an.

COCOA BEACH & COCOA VILLAGE

Cocoa Beach & Cocoa Village

Miami

Als die USA nach dem Zweiten Weltkrieg das Wettrennen zum Mond begannen, setzte Cocoa Beach alles daran, mit dem Wachstum Schritt zu halten. Damals baute die Stadt Dutzende Motels und erwarb sich einen Ruf als Party-Hochburg, was größtenteils immer noch gilt: Bis heute tummelt sich hier scheinbar ständig junges und spärlich bekleidetes Feiervolk, das mit Bier in der Hand unterwegs ist und für einen Tagesausflug aus Orlando zu Besuch ist. Je weiter man in Cocoa Beach nach Süden kommt, also weg vom Pier, desto entspannter wird die Stimmung.

Cocoa Beach ist außerdem noch für seine Surf-Szene bekannt – nicht zuletzt deshalb, weil die Stadt der Geburtsort des elfmaligen Surfweltmeisters Kelly Slater ist. Slater erlernte hier seine Moves und etablierte Cocoa Beach weltweit bei Surfbegeisterten als eines von Floridas führenden Surfzentren.

Wenn man vom Strand aus den Banana River und den Indian River in Richtung Westen überquert, erreicht man das historische Cocoa Village, dessen parkähnliches Zentrum mit seinen hübschen Cafés, Boutiquen und Antiquitätenläden ein etwas älteres Publikum anzieht.

TOP TIPP

Je weiter südlich man in Cocoa Beach sein Strandtuch auslegt, desto schöner und einsamer werden die Strände. Besonders schön sind die Dünen entlang des Strandes, der südlich der 13th St South in Cocoa Beach zur Patrick Space Force Base führt.

Cocoa Beach

KEVIN CAPELLA/SHUTTERSTOCK ©

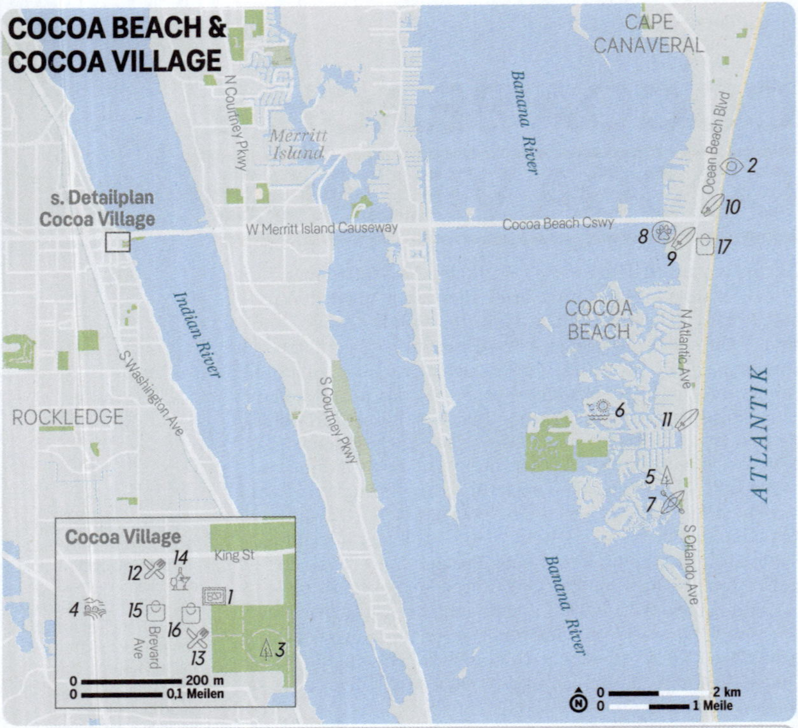

COCOA BEACH & COCOA VILLAGE

HIGHLIGHTS
1 Carolyn Seiler & Friends Gallery
2 Westgate Cocoa Beach Pier
3 Cocoa Riverfront Park
4 Cocoa Village
5 Ramp Road Park
6 Thousand Islands Conservation Area

AKTIVITÄTEN, KURSE & TOUREN
7 Adventure Kayak of Cocoa Beach
8 Cocoa Beach Dolphin Tours
9 Cocoa Beach Surf Company
10 Ron Jon Surf School
11 School of Surf

ESSEN
12 Milpa Tacos y Tortillas
13 Village Bier Garten

AUSGEHEN & FEIERN
14 Wine Lady

SHOPPEN
15 Alley
16 Antiques & Collectibles Too
17 Ron Jon Surf Shop

In die Surferkultur eintauchen

EINE WELLE REITEN

Wer schon immer einmal wissen wollte, wie es sich anfühlt, eine Welle zu fangen und vielleicht sogar auf ihr bis an den Strand zu reiten, kann sich diesen Traum bei einem Strandurlaub in

ROMANTISCHE RESTAURANTS IN COCOA BEACH & COCOA VILLAGE

Fat Snook
Das Gourmet-Seafood-Restaurant in einem Einkaufszentrum im Süden von Cocoa Beach ist perfekt für ein romantisches Essen. **$$$**

Café Margaux
An den Tischen auf der Terrasse des Cafés in Cocoa Village bekommt man französische Küche und dazu passende tolle Weine serviert. **$$**

Pompano Grill
In dem hübschen kleinen Lokal in Cocoa Beach gibt es Steaks, Seafood und Crème brûlée. Der Familienbetrieb ist für seine Gastfreundschaft bekannt. **$$**

Cocoa Beach erfüllen. Die sanften Wellen und der sandige Boden hier sind ideal für Anfänger.

Bevor man auf eigene Faust hinauspaddelt, sollte man aber ggf. einen Surfkurs machen, um die Grundlagen zu erlernen: Wie liegt man auf dem Brett, steht man auf und reitet eine Welle? Es kann nie schaden, sich von den einheimischen Wellenreitern beim Surfen inspirieren zu lassen.

Der **Westgate Cocoa Beach Pier** ist ein guter Ort, um einheimische Surfer zu beobachten, die im Meer treiben und auf eine surfbare Welle warten. Man kann dort mehr als 240 m weit über den Atlantik spazieren und die Surfer auf beiden Seiten der Tiki-Bar an der Spitze des Piers sehen, wie sie sich in die Wellen stürzen. Die Rettungsschwimmer, die hier das ganze Jahr über am Strand stationiert sind, machen den Pier zu einem beliebten Ort für Familien, um einen Tag im Sand und in der Brandung zu verbringen. Unbedingt eine gefrorene Schoko-Banane essen oder eine Bloody Mary an der Bar schlürfen.

Zahlreiche Surfshops und einheimische Surfer bieten in Cocoa Beach auch Gruppen- und Privatunterricht an, darunter die **School of Surf**, die dem einheimischen ehemaligen Profisurfer Todd Holland gehört, sowie die größeren Anbieter **Ron Jon Surf School** und **Cocoa Beach Surf Company**.

Das historische Cocoa Village

AUF ANTIQUITÄTENJAGD GEHEN & VON CAFÉ ZU CAFÉ ZIEHEN

An der Space Coast gibt es nicht nur Raketen, Surfer und wilde Tiere, sondern auch eines der stimmungsvollsten Stadtzentren Floridas. Man kann von Café zu Café ziehen, in Boutiquen shoppen und auf Antiquitätenjagd gehen. Von Cocoa Beach muss man dazu etwa 13 km landeinwärts (nach Westen) fahren und das glitzernde Wasser des Banana River und der Indian River Lagoon überqueren. Dann erreicht man das historische **Cocoa Village**, einen ehemaligen Handelsposten am Fluss, der sich in eine vibrierende und künstlerische Stadt verwandelt hat.

Die grüne Stadtoase am Rand der Lagune ist gesäumt von historischen Gebäuden, in denen sich unabhängige Restaurants und Cafés, Weinbars und Geschäfte befinden. Erkundungstouren beginnt man am besten im **Cocoa Riverfront Park**, wo in einem Amphitheater mit Blick auf den Indian River oft Konzerte und Festivals stattfinden. Der umliegende Park lädt zum Verweilen auf Bänken, die von lokalen Künstlern mit Bildern von Flamingos und Tintenfischen bemalt wurden, und zum Beobachten der vorbeifahrenden Boote ein. Von dort aus ein paar Blocks landeinwärts gibt's hübsche Einzelhandelsgeschäfte.

Die wunderbare **Carolyn Seiler & Friends Gallery** ist eine Künstlergenossenschaft, die in einem farbenfrohen Häuschen

LOCAL TIPP: SURFSPOTS FÜR ALLE WELLENREITER

Calvin Holland, der in der School of Surf im Zentrum von Cocoa Beach Surfkurse gibt, verrät seine Lieblingsplätze zum Surfen.

Cocoa Beach
Ein toller Ort für Surfanfänger, mit fast täglich brusthohen Wellen und einem weichen Sandboden. Auch das Hinauspaddeln zum Break ist eher einfach.

Sebastian Inlet
Floridas einzige Weltklassewelle und eine der besten Möglichkeiten, um im Sunshine State eine gute Barrel zu erwischen.

Satellite Beach
Durch das Muschelkalkriff entwickeln die Wellen eine immense Kraft. Hier kann man gut große Wellen surfen.

ÜBERNACHTEN IN COCOA BEACH

Beach Place Guesthouses
Direkt am Meer gelegen; Suiten mit voll ausgestatteter Küche; Hängematten und Feuerstellen direkt hinter den Dünen. **$$$**

Beachside Hotel & Suites
Retro-Surf-Vibe, Balkone mit Meerblick und ein Lazy-River-Pool für Spaß im Wasserpark. **$$**

Hilton Garden Inn Cocoa Beach Oceanfront
Drei-Sterne-Hotel mit einem Pool am Meer und einer Poolbar. **$$$**

WARUM ICH COCOA BEACH LIEBE

Terry Ward, Autorin

Florida ist voller stimmungsvoller Strandstädtchen. Aber Cocoa Beach ist mir mit jedem Besuch mehr ans Herz gewachsen. Ein Ex-Freund, ein Surfer, der diese Stadt liebte, sagte immer, sie sei wie Huntington Beach in Kalifornien in den alten Zeiten. Mittlerweile weiß ich, was er meinte. Cocoa Beach ist ein entspannter Ort mit Strandbars, in denen jeder so sein kann, wie er möchte, und mit Dünen und goldenen Sandstränden, die zu meinen absoluten Lieblingsstränden in diesem Bundesstaatgehören. Man sollte unbedingt vor Sonnenaufgang aufstehen, um am Strand südlich der 13th St spazieren zu gehen. Dort sind die Dünen besonders schön und man kann nur mit Strandläufern, Seeschwalben und dem einen oder anderen Surfer die Dämmerung genießen.

Ron Jon Surf Shop

untergebracht ist und in der man Glasschmuck, Untersetzer, Windspiele und Gemälde von über 30 Künstlern aus der Region erwerben kann. **Antiques & Collectibles Too** verfügt über eine Reihe von Räumen voller Schmuck aus Nachlässen, jahrzehntealten Disney-Schneekugeln, seltenen Schachspielen und alten Abzeichen von NASA-Missionen. Und **Alley** ist ein toller kleiner Geschenkeladen, der Kristallschmuck und schicke Damenbekleidung verkauft.

Beliebte Lokale für einen Drink oder eine Mahlzeit sind der **Village Bier Garten** im deutschen Stil, **Milpa Tacos y Tortillas**, wo man Gerichte aus Oaxaca und der Baja bekommt, sowie die Weinhandlung und Verkostungsbar **Wine Lady**.

Die Thousand Islands Conservation Area

WUNDERSCHÖNE INSELN MITTEN IM FLUSS

Die **Banana River Lagoon** ist Teil des Indian River Lagoon Systems und grenzt im Westen an Cocoa Beach. In dem seichten Brackwassergewässer befindet sich die **Thousand Islands Conservation Area**. Das grüne Labyrinth aus Mangroveninseln ist ein Paradies für Paddler, die die ruhigen Gewässer erkunden wollen, in denen sich Delfine und Manatis tummeln.

Mit einem eigenen Kajak, SUP oder Kanu ist die öffentliche Bootsrampe an der Ramp Rd der perfekte Ort, um auf eigene Faust los zu paddeln. Wer mit dem Gebiet nicht vertraut ist, für den ist eine geführte Ökotour die bessere Alternative.

LIVE-MUSIK IN COCOA BEACH

Heidi's Jazz Club & Restaurant
Cocoa Beachs bester Ort für lokale und internationale Jazz-Acts in intimer Atmosphäre.

Lou's Blues Bar & Grill
Starke Cocktails, einen tollen Meerblick und Live-Bands an den meisten Abenden gibt's in dieser Bar in Indialantic.

Grills Seafood Deck & Tiki Bar
Ein Treffpunkt in Port Canaveral mit Live-Musik von Rock- und Country-Bands.

Adventure Kayak of Cocoa Beach bietet zweieinhalbstündige geführte Ökotouren an, auf denen man vom **Ramp Road Park** aus Mangrovenpfade und Tunnel erkundet. Guides weisen auf Adler und Pelikane hin und helfen, die verräterischen Zeichen eines auftauchenden Manatis auf dem Wasser zu erkennen.

Für die, die sich nicht anstrengen möchten, bietet **Cocoa Beach Dolphin Tours** zweistündige Touren in die Thousand Islands Conservation Area an Bord eines komfortablen und schattigen 15 m langen Pontonboots mit Getränken und Toiletten sowie einem Guide an, der einen von einem trockeneren Ort aus auf Wildtiere hinweist. Die Besatzung ist meisterhaft im Aufspüren der in der Indian River Lagoon beheimateten Atlantischen Großen Tümmler, die aus nächster Nähe spektakulär anzusehen sind.

DIE HEIMATSTADT EINER SURFER-LEGENDE

Wenn man sich dem Zentrum von Cocoa Beach auf der A1A von Norden her nähert, kann man eine Statue des berühmtesten Surfers der Space Coast auf dem Mittelstreifen bewundern. Sie ist eine Hommage an Kelly Slater, der in Cocoa Beach geboren wurde und seit seinem fünften Lebensjahr an den örtlichen Stränden surfte. Slaters Können wird oft auf die beständigen, wenn auch nicht optimal geformten Wellen der Region zurückgeführt, da es schwerer ist, unvollkommene Wellen zu reiten als perfekte. Der elffache Surfweltmeister kommt noch immer gelegentlich an die Space Coast. Man weiß also nie, wann und wo man ihn beim Hinauspaddeln sieht (vor allem bei großen Wellen am Sebastian Inlet).

Shoppen bei Ron Jon im Surferstyle

EIN GESCHÄFT & EIN ERLEBNIS

Man kann über Cocoa Beach nicht sprechen, ohne seinen berühmten Surfshop zu erwähnen. Der **Ron Jon Surf Shop** hat sich seit seiner Eröffnung 1963 zu weit mehr entwickelt als zu einem einfachen Shop, in dem man Surfbretter und Surfwachs kaufen kann. Der weitläufige Komplex mit einem riesigen Wasserfall im Inneren und einem gläsernen Aufzug ist nicht zu übersehen, wenn man die A1A entlangfährt. Er leuchtet wie ein knalliger Art-Déco-Palast und davor thront eine riesige Statue des von hier stammenden Surferhelden Kelly Slater, der auf einer Welle reitet. Und egal, ob man sich für einen Surfkurs anmelden, wasserdichte Lautsprecher für den Strand kaufen, das perfekte Schwimmeinhorn für den Hotelpool finden oder eine Tasse mit dem Logo von Ron Jon und einem surfenden Astronauten erwerben möchte, hier wird man definitiv fündig.

Mit Standorten in ganz Florida sowie in New Jersey (das Original!), Alabama, South Carolina und Maryland ist Ron Jons Ableger in Cocoa Beach der größte Surfshop der Welt und erstreckt sich auf 4830 m² über zwei Stockwerke. Auf der anderen Straßenseite wird in den angrenzenden Gebäuden von Surfbrettern und Beach Cruisern bis zu Neoprenanzügen, Strandwagen und Kiteboards alles vermietet. Früher war Ron Jons 24 Stunden am Tag geöffnet, aber seit der COVID-19-Pandemie ist das nicht mehr der Fall. Man sollte genug Zeit mitbringen, denn es gibt immer etwas Verlockendes im nächsten Gang zu finden.

UNTERWEGS VOR ORT

Die drei Dammstraßen Hwy 528, Hwy 520 und Hwy 404 führen über die Indian River Lagoon, Merritt Island und den Banana River und verbinden Cocoa Beach mit dem Festland. Beim Ron Jon Surf Shop knickt der Hwy 528 (alias Minutemen Causeway) nach Süden ab und wird zum Hwy A1A (alias Atlantic Ave). Am Rand dieser Nord-Süd-Verbindung liegen diverse Kettenhotels, Restaurants, Souvenirläden und Ferienapartments. Der Hwy A1A teilt sich dann für ein paar Meilen in zwei Einbahnstraßen auf: die Orlando Ave Richtung Süden und die Atlantic Ave Richtung Norden. Diese vereinen sich dann wieder und folgen der Küste der Barriereinsel über 85 km südwärts nach Vero Beach sowie darüber hinaus.

Idealerweise kommt man mit dem eigenen Auto her. Alternativ fahren Busse von SCAT durch die Stadt: Linie 9 verbindet Cocoa Beach mit Cape Canaveral und Linie 26 fährt zu den Stränden im Süden bis hinunter nach Indialantic.

PORT CANAVERAL & CAPE CANAVERAL

1951 legte das US Army Corps of Engineers einen Kanal für Schiffe an, um den Materialtransport zum Space Center zu erleichtern. Quasi nebenbei entstand der Port Canaveral, der heute der zweitgrößte US-Kreuzfahrthafen und Heimathafen für große Kreuzfahrtlinien ist, darunter Disney Cruise Line, Royal Caribbean International und Carnival Cruise Line.

Die Cape Canaveral Space Force Station nördlich des Hafens ist bis heute das wichtigste Startgelände der Eastern Range. Im ruhigen Cape Canaveral südlich davon leben viele NASA-Angestellte und ihre Familien. Allerdings gibt's dort natürlich auch diverse Kettenhotels und Restaurants, die auf Kreuzfahrtpassagiere und Raumfahrttourist:innen abzielen. Überall in Port Canaveral und Cape Canaveral findet man Verbindungen zur Schifffahrt, zur Kreuzfahrt und zur kommerziellen Raumfahrtindustrie: durch die Menschen, die hier leben und arbeiten, und in den themenbezogenen Cafés und Geschäften.

TOP TIPP

Von Donnerstag bis Montag kann man sich den Menschenmassen anschließen, die den Port Canaveral und den Jetty Park säumen, um den Kreuzfahrtschiffen beim Auslaufen zuzusehen. Es empfiehlt sich, dies entsprechend zu planen. Manche bringen sogar riesige Schaumstoffhände mit, um den Passagieren zuzuwinken, wenn die Schiffe vorbeifahren, und tragen so zu dem lustigen Spektakel bei.

Jetty Park, Port Canaveral

EWY MEDIA/SHUTTERSTOCK ©

Ein perfekter Strandtag im Jetty Park

TOLLES SURFEN & UNBERÜHRTE STRÄNDE

Wann ist ein Park mehr als nur ein Park? Wenn es der grandiose Jetty Park ist, eine 14 ha große Oase am Hafen an der Nordspitze von Cape Canaveral. Er ist perfekt für einen schönen Strandtag, eine klare Nacht oder einen längeren Aufenthalt im Zelt oder Wohnmobil auf dem hervorragenden Campingplatz.

Findet nördlich am Cape Canaveral ein Raketenstart statt, was regelmäßig der Fall ist, bieten der goldene Strandstreifen und der ca. 350 m lange Angelpier einen hervorragenden Aussichtspunkt, um einen Start über dem Meer zu beobachten.

Die schräg abfallende Sandbank vor der Küste macht den Park wegen seiner konstant guten Wellen zu einem beliebten Surfspot. Meist beobachten hier viele Surfer:innen den Horizont und warten darauf, dass eine Welle heranrollt. Wer Lust hat, ebenfalls hinaus zu paddeln, kann sich ein Brett bei **Island Watercraft Beach Rentals** leihen. Auch Sonnenschirme, Liegestühle, Kajaks und andere Strandutensilien lassen sich hier leihen.

Ist der Angelpier nicht wegen Hurrikanschäden und Renovierungsarbeiten geschlossen, säumen ihn Angelnde und hoffen, Rotbarsche, Makrelen und andere Fische an den Haken zu bekommen.

DIE BESTEN CAMPINGPLÄTZE AN DER SPACE COAST

Long Point Park Campground
Stellplätze mit Strom nördlich vom Sebastian Inlet. Beliebt bei Surfern, Anglern und Kajakfahrern.

Manatee Hammock Campground
Campingplatz in Titusville mit hohen Kiefern und Palmen. Toller Ort, um einen Raketenstart zu beobachten.

Wickham Park Campground
Campingplatz in Melbourne: insgesamt 11 km lange Wander- und Mountainbikewege, acht Angelseen, Spielplatz und Discgolf-Anlage.

DIE BESTEN HOTELS VOR UND NACH EINER KREUZFAHRT

Homewood Suites by Hilton Cape Canaveral-Cocoa Beach
Das Drei-Sterne-Hotel mit Tiki-Bar ist nur 1 km vom Hafen entfernt. Ein warmes Frühstück ist im Preis inbegriffen. **$$$**

Holiday Inn Club Vacations Cape Canaveral Beach Resort
Direkt am Jetty Park. Familien lieben den Lazy River, die Wasserrutsche und den einfachen Zugang zum Strand. **$$$**

SpringHill Suites by Marriott Cape Canaveral Cocoa Beach
Das 2020 eröffnete Hotel in Hafennähe bietet einen Pool und Feuerstellen. Das Frühstück ist im Preis enthalten. **$$$**

Es ist ein großer Spaß, den Kreuzfahrtschiffen auf dem Weg zu den Bahamas und anderen Orten im Norden und Süden zuzuwinken, wenn sie den Hafen verlassen und dicht an der Küste aus dem Canaveral Barge Canal in den Atlantik fahren.

Der Yellow Brick Road folgen

DAS INTERAKTIVE WIZARD OF OZ MUSEUM

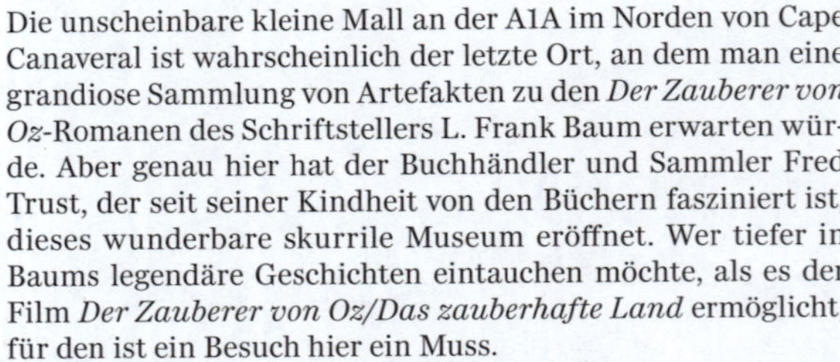

Die unscheinbare kleine Mall an der A1A im Norden von Cape Canaveral ist wahrscheinlich der letzte Ort, an dem man eine grandiose Sammlung von Artefakten zu den *Der Zauberer von Oz*-Romanen des Schriftstellers L. Frank Baum erwarten würde. Aber genau hier hat der Buchhändler und Sammler Fred Trust, der seit seiner Kindheit von den Büchern fasziniert ist, dieses wunderbare skurrile Museum eröffnet. Wer tiefer in Baums legendäre Geschichten eintauchen möchte, als es der Film *Der Zauberer von Oz/Das zauberhafte Land* ermöglicht, für den ist ein Besuch hier ein Muss.

Ein auf dem Bürgersteig gemalter gelber Ziegelsteinweg führt in das **Wizard of Oz Museum**. Dort gibt's einen Souvenirladen mit Erstausgaben von Baums Büchern im Wert von Tausenden von Dollar, Dorothy- und Toto-Weihnachtsschmuck und -Brotdosen, Nachbildungen der roten Schuhe und vieles mehr. Im Museum selbst findet man über 2000 von Trust zusammengetragene Artefakte, die bis 1850 zurückreichen, darunter Baums alte Familientagebücher, Originalrequisiten und -kostüme, Puppen usw. Mittels QR-Codes auf Vitrinen und Beschilderungen begibt man sich auf eine selbstgeführte Tour. Das Highlight ist ein interaktives Erlebnis in einem 2000 m² großen Raum im hinteren Teil, in dem 30 Projektoren Szenen aus den Büchern zum Leben erwecken und man z. B. den sich bewegenden gelben Ziegelsteinweg entlanghüpfen und einen Blick ins Schloss der Hexe werfen kann. Die Ausstellung bietet auch ein interaktives Vincent-Van-Gogh-Erlebnis und passend zur Space Coast spektakuläre Aufnahmen des James-Webb-Weltraumteleskops.

DIE BESTN SEAFOOD-RESTAURANTS IN PORT CANAVERAL

Seafood Atlantic
Das Seafood wird frisch von den Fischereiflotten angeliefert und in dem beliebten Restaurant perfekt gegrillt. $$

Rusty's Seafood & Oyster Bar
In dem beliebten alteingesessenen Restaurant direkt am Wasser werden Platten mit Austern, gedämpften Shrimps und selbstgeräuchertem Fischdip serviert. $

Rising Tide Tap & Table
In der Nähe des Canaveral Barge Canal; die Mahimahi und Shrimp-Tacos sind besonders zu empfehlen. Viele Craft-Biere aus Florida. $

Cape Canaverals historischer Leuchtturm

EINEN VERSTECKTEN LEUCHTTURM BESICHTIGEN

Selbst für einige Bewohner der Space Coast mag die Tatsache, dass man als US-Bürger das **Cape Canaveral Lighthouse** besichtigen kann, einen historischen Leuchtturm, der noch immer als aktive Navigationshilfe genutzt wird und nur einen Steinwurf von den Startrampen und Einrichtungen der Cape Canaveral Space Force Station entfernt liegt, eine Überraschung

TIKI-BARS AN DER SPACE COAST

Rikki Tiki Tavern
Hier kann man tropische Cocktails über der tosenden Brandung am Ende des Westgate Cocoa Beach Pier schlürfen.

Dolphins Waterfront Bar & Grill
Ein wunderschönes Lokal auf Merritt Island mit Blick auf den Canaveral Barge Canal.

Ellie Mae's Tiki Bar
In der netten Nachbarschaftsbar in Cape Canaveral werden Tiki-Cocktailspezialitäten und geräucherter Fischdip serviert.

Cape Canaveral Lighthouse

STATE PARKS & NATURSCHUTZGEBIETE AN DER SPACE COAST

Sebastian Inlet State Park
Unberührte Strände, tolle Wellen, einer der besten Angelpiers Floridas und eine abgeschiedene Bucht zum Schnorcheln.

Archie Carr National Wildlife Refuge
Erstreckt sich über mehr als 30 km entlang der Küste und ist ein wichtiger Lebensraum für nistende Unechte Karettschildkröten.

Merritt Island National Wildlife Refuge
Ursprünglich für das NASA-Raumfahrtprogramm erworben, bietet das 566 km² große Gelände Wanderwege und einen selbstgeführten Wildlife Drive.

sein. Der 46 m hohe gusseiserne Leuchtturm ist mit Backsteinen aus dem Jahr 1848 verkleidet. 1893 wurde er an seinen heutigen Standort im Landesinneren verlegt. Da sich der einzige Leuchtturm im Besitz der US Space Force auf einem aktiven Militärstützpunkt befindet, können aufgrund von Beschränkungen des Verteidigungsministeriums für Militäreinrichtungen derzeit nur US-Bürger nach Voranmeldung und Vorlage eines Führerscheins an den kostenlosen Führungen teilnehmen. Die Homepage des Leuchtturms (https://canaverallight.org/) bietet Infos allgemeiner Art und darüber, wie die Zugangsbeschränkungen aktuell gestaltet sind. Außerdem gibt's eine virtuelle Tour.

Die Space Coast aus dem Hubschrauber

VOM HAFEN ABHEBEN

Astronauten und kommerzielle Raumfahrer sind nicht die Einzigen, die die atemberaubende Schönheit der Space Coast aus der Vogelperspektive bewundern können. Für eine der unterhaltsamsten und aufregendsten Touren in der Region muss man

Coconuts on the Beach
Klassische Tiki-Bar am Meer, nur ein paar Schritte vom Strand in Cocoa Beach entfernt. Außerdem gibt es großartige Piña Coladas.

Beach Shack
Direkt neben dem Coconuts on the Beach, mit noch entspannterer Tiki-Atmosphäre.

Fishlips Waterfront Bar & Grill
In der Tiki-Bar auf der Dachterrasse werden kühle Drinks serviert, während man den vorbeifahrenden Kreuzfahrtschiffen in Port Canaveral zusieht.

BEACHSIDE TRIBE/SHUTTERSTOCK ©

Blick aus der Luft, Cocoa Beach

kein Raketenwissenschaftler oder Milliardär sein, sondern kann einen Flug bei **Cocoa Beach Helicopters** buchen.

Der „Goldie" genannte, knallgelbe Robinson R-44-Hubschrauber des Unternehmens bietet Platz für drei Passagiere und hebt sanft vom Landeplatz in Port Canaveral ab. Dann schwebt er wie eine Hummel über den riesigen Kreuzfahrtschiffen im zweitgrößten Kreuzfahrthafen der Welt. Die Passagiere werden wahrscheinlich auf die Lastkähne aufmerksam gemacht, die von der kommerziellen Raumfahrtindustrie zur Bergung von Raketen eingesetzt werden, und auf die Tierarten unter ihnen: Delfine und Manatis tummeln sich oft im Canaveral Barge Canal.

Es stehen verschiedene Touren zur Wahl, von schnellen Fünf-Minuten-Flügen zu den NASA-Startrampen und den Canaveral Locks bis zu Flügen vom Hafen zum Pier, bei denen man über die Surfer (und manchmal auch Haie!) am Cocoa Beach Pier fliegt. Die etwas kostspieligere **Classic Tour of Cocoa Beach and the Thousand Islands** lohnt sich für einen grandiosen Blick auf die unbewohnten Mangroveninseln im Banana River, die wie die Mini-Everglades aussehen.

DIE BESTEN BEACH PARKS IN SPACE COAST COUNTY

Lori Wilson Park
Park in Cocoa Beach mit schattigen Pavillons, Grillplätzen und einer Promenade durch die Dünen.

Canova Beach Park
Surfer und Familien strömen in den Park direkt am Strand in Indialantic. Angeleinte Hunde erlaubt; Duschen im Freien.

Spessard Holland South Beach Park
Wunderschöner Strandabschnitt von Melbourne Beach mit einer 30 m langen Strandpromenade durch die Dünen. Zum Brandungsangeln beliebt.

UNTERWEGS VOR ORT

Die Anfahrt nach Cape Canaveral erfolgt über die AIA. Dabei gibt's zwei Möglichkeiten: nordwärts ab Cocoa Beach oder in Richtung Westen über den Banana River und Merritt Island. Am besten reist man mit dem eigenen Auto an, aber vor Ort halten auch Busse von SCAT. Linie 9 verbindet die Stadt mit Cocoa Beach, Linie 4 mit Cocoa Village.

Wenn man vom Flughafen in Orlando aus anreist, bietet Go Port ab 29,99 US$ pro Person Shuttles nach Port Canaveral an.

MELBOURNE & DIE STRÄNDE

Befreite Sklaven und Ananasfarmer gründeten in den 1870er-Jahren das historische Melbourne, indem sie Gehöfte auf einer Halbinsel zwischen der Indian River Lagoon und dem Crane Creek errichteten. 1919 zerstörte jedoch ein Brand das aufstrebende Städtchen. Das daraufhin neu aufgebaute Zentrum entlang der New Haven Ave sieht heute noch größtenteils so aus wie in den 1920er-Jahren. In einer Kleinstadtatmosphäre findet man dort einige Restaurants, Cafés und am Wochenende ein pulsierendes Nachtleben. Am gegenüberliegenden Ufer der Lagune liegt das ruhigere Melbourne Beach mit den umliegenden Stränden Satellite, Indian Harbour und Indialantic und wartet mit diversen Strandunterkünften auf. Am Wochenende erwacht die Innenstadt von Melbourne abends zum Leben und lockt viele junge und feiernde Menschen an, die durch die schattigen Straßen schlendern und von Pubs zu Live-Musik-Events oder Dachterrassenbars ziehen. Die Strandszene ist geprägt von zwanglosen Freiluftrestaurants, Parks am Meer und Surfern, die an jedem Zugang zum Meer die Wellen beobachten und überlegen, wo sie hinauspaddeln sollen.

TOP TIPP

Im Juni und Juli sind geführten Nachttouren an den Stränden zu empfehlen, die für nistende Unechte Karettschildkröten und Grüne Meeresschildkröten zu den wichtigsten der Welt gehören. Unbedingt im Voraus reservieren, da die Touren schnell ausgebucht sind – und jede Menge Insektenschutzmittel mitbringen!

Melbourne Beach

DOUG FRAZIER/SHUTTERSTOCK ©

MELBOURNE & DIE STRÄNDE

HIGHLIGHTS
1 Brevard Zoo

SEHENSWERTES
2 Coconut Point Park
3 Hightower Beach Park
4 Indialantic Beach
5 Indian Harbour Beach
6 James H. Nance Park
7 Satellite Beach
8 Sebastian Inlet State Park
9 Spessard Holland North Beach Park
10 Spessard Holland South Beach Park

AKTIVITÄTEN, KURSE & TOUREN
11 Archie Carr National Wildlife Refuge
12 Balsa Bill
13 Sea Turtle Preservation Society

ESSEN
14 Da Kine Diego's Insane Burritos
15 Lone Cabbage Fish Camp
16 Long Doggers

TRANSPORT
17 Camp Holly Airboat Rides

Melbournes gechillte Strandstädte

SONNE, SURFEN, SAND & STYLE

Die gesamte Space Coast ist gesäumt von pulsierenden Orten, in denen sich das Leben darum dreht, ob die Wellen gut sind. Die Atmosphäre ist sehr entspannt und zwanglos in den coolen

ESSEN IN MELBOURNE

Crush XI
Selbstgemachte Cocktails, Wurstplatten und der Fang des Tages in stilvollem Ambiente im Zentrum Melbournes. **$$**

El Ambia Cubano
Entspanntes kubanisches Restaurant mit einer luftigen Terrasse und Gerichten wie *ropa vieja* und chicken *fricassée*. **$$**

Chart House
Gehobenes Restaurant für Surf and Turf-Gerichte mit Blick auf den Indian River. **$$$**

kleinen Strandgemeinden um Melbourne Beach und südlich des Sebastian Inlet State Park südlich von Cocoa Beach und der Patrick Space Force.

Satellite Beach wartet mit langen goldenen Sandstränden und Parks am Meer auf, die von Dünen umgeben sind, darunter der **Hightower Beach Park** mit seiner malerischen Promenade durch die Dünen. RC's ist der beste Surfspot für leichte Wellen. Neue Surfshorts oder ein Surfbrett gibt's bei **Balsa Bill**, einem coolen kleinen Surfshop, und einen Burrito für den Strand kann man bei **Da Kine Diego's Insane Burritos**, einer Surferbude im hawaiianischen Stil, am Tresen bestellen.

Die Strände **Indian Harbour** und **Indialantic** sind die nächsten Stationen. **Long Doggers**, ein Bier- und Burgerladen am Strand, ist ein Muss, ebenso wie der **James H. Nance Park**, ein wunderschöner Park direkt am Meer mit einem ausgezeichneten Lernspielplatz.

Melbourne Beach bietet weitere tolle Strandparks am Meer, darunter der **Spessard Holland North Beach Park**, der **Spessard Holland South Beach Park** und der **Coconut Point Park**.

Im Süden der Space Coast liegt der **Sebastian Inlet State Park** mit zwei der besten Surfspots Floridas (Monster Hole und First Peak), einem Angelpier, Mountainbike-Trails und einem unglaublich schönen Sandstrand.

MUSEEN AN DER SPACE COAST

Valiant Air Command Warbird Air Museum
Rund 50 historische Flugzeuge in drei Hangars, darunter Flugzeuge aus der Zeit vor und nach dem Zweiten Weltkrieg sowie ein Hubschrauber im Stil von *M*A*S*H*.

American Police Hall of Fame & Museum
Amerikanischen Polizisten gewidmet, die ihr Leben im Dienst verloren haben.

Brevard Museum of History & Natural Science
Von der Eiszeit bis zum Weltraumzeitalter: In dem Museum in Cocoa erfährt man viel über die Geschichte Floridas.

Ein Tag im Brevard Zoo

IM KAJAK AN GIRAFFEN VORBEIPADDELN

An der Space Coast gibt's in den vielen Parks, Naturschutzgebieten und Wasserstraßen so viele wunderbare Tiere zu sehen – ganz zu schweigen von den Stränden, die von nistenden Meeresschildkröten aufgesucht werden –, dass man sich fragen könnte, ob ein Besuch im Zoo hier wirklich notwendig ist. Aber der Brevard Zoo ist kein „normaler" Zoo. Und für alle Tierfans, die in diesem Teil Floridas unterwegs sind, ist er ein lohnender Abstecher ins Landesinnere bei Melbourne.

Der von der Gemeinde errichtete Zoo mit seinen über 900 Tieren aus der ganzen Welt in Freiluftgehegen ist ein ganz besonderes Erlebnis. Auf Holzstegen, die sich durch für Florida typische Hartholzwäldchen schlängeln, durchquert man die verschiedenen geografischen Zonen des Zoos, in denen die Tierwelt Floridas sowie Tiere aus Südamerika, Afrika und Australien zu sehen sind. Hier gibt es von geretteten Rotluchsen und Bären aus Florida bis zu Klammeraffen, Komodowaranen, Nashörnern und Faultieren alle möglichen Tiere zu bestaunen.

Die Gehege wurden so gebaut, dass sie sich nahtlos in die Natur einfügen. Freiflugvolieren, durch die man spazieren gehen kann, tragen zum Gefühl bei, sich in der Wildnis aufzuhalten.

ÜBERNACHTEN IN MELBOURNE

Seashell Suites Resort
Anlage nur mit Suiten an einem Privatstrand nahe des Archie Carr National Wildlife Refuge. **$$$**

Port d'Hiver Bed & Breakfast
Romantisches und luxuriöses B&B direkt am Meer in Melbourne Beach, mit beheiztem Pool und Whirlpool. **$$$**

Hotel Melby
Boutiquehotel voller Kunst direkt beim Zentrum Melbournes mit der besten Dachterrassenbar in der Gegend. **$$$**

SEHENSWERTES & GALLERIEN IM EAU GALLIE ARTS DISTRICT

Eau Gallery
Galerie für Bildende Kunst in Melbournes Eau Gallie Art District (EGAD), mit Originalwerken lokaler Künstler.

Pineapple Park
Hübscher, palmengesäumter Park am Indian River mit Picknickbänken, einem Pavillon und einem Angelsteg.

Fifth Avenue Art Gallery
Im Besitz ihrer Mitglieder und von ihnen betriebene Galerie, in der man durch handgefertigten Schmuck, Kunsthandwerk und Gemälde stöbern kann.

Anaya Coffee
Von Hand gemahlene Bohnen und selbstgemachte Espressogetränke in künstlerischem Ambiente direkt an der Highland Ave.

Rehab Vintage Market
Boutique mit Vintage-Möbeln, Haushaltstextilien, Schmuck und mehr.

JOSE ANTONIO PEREZ/SHUTTERSTOCK ©

Archie Carr National Wildlife Refuge

Für eines der einzigartigsten Erlebnisse hier können sich Besucher:innen ab fünf Jahren im Rahmen der **Expedition Africa** für eine geführte Kajakfahrt über den Nyami Nyami-Fluss des Zoos anmelden und an Giraffen, Lemuren, Nashörnern und anderen Tieren vorbeipaddeln und dabei die Tierwelt im Zoo aus einem einzigartigen Blickwinkel betrachten.

Nistende Meeresschildkröten

MAGISCHE MOMENTE AUF DEM SAND

Nächtliche Spaziergänge an den Stränden von Melbourne, bei denen man beobachten kann, wie nistende Meeresschildkröten ihre Eier ablegen, Sand umherwerfen, um die Eier zu bedecken, und ihre prächtigen, wenn auch an Land schwerfälligen Körper wieder in die Brandung werfen, gehören sicherlich zu den großartigsten Naturerlebnissen in Florida.

Das 1991 gegründete **Archie Carr National Wildlife Refuge** in Melbourne erstreckt sich über mehr als 30 km Strand und Küstenlinie in den Countys Brevard und Indian und schützt den weltweit wichtigsten Lebensraum für nistende Unechte Karettschildkröten (Brutzeit von April–Sept.). Die unter Naturschutz stehenden Strände gehören auch zu den überlebenswichtigsten in Nordamerika für nistende Grüne Meeresschildkröten, die zwischen Juni und Ende September in Florida nisten.

DACHTERRASSENBARS AN DER SPACE COAST

Space Bar
Erstklassige Lage an der Indian River Lagoon in Titusville zum Beobachten von Raketenstarts.

Landing Rooftop
In Melbournes angesagtestem Laden zum Ausgehen legen DJs auf und es gibt selbstgemachte Cocktails.

Pineapples
Dachterrassenbar in Melbournes Eau Gallie Arts District mit Livemusik und Kaktusfeigen-Margaritas.

In der zuvor genannten Jahreszeit kann man mit etwas Glück nachts eine Schildkrötenmutter an Land kommen sehen, aber im Juni und Juli hat man bei einer geführten Tour in das Schutzgebiet die besten Chancen, dies zu erleben.

Die **Sea Turtle Preservation Society** in Indialantic hat die erforderlichen Genehmigungen, um mit einem Guide Gruppen an verschiedene Orten in South Brevard County zu führen. Der Abend beginnt mit einem Vortrag über Meeresschildkröten, in dem erklärt wird, warum sie vom Aussterben bedroht sind, während Scouts die Küste nach nistenden Müttern absuchen. Ist der richtige Moment gekommen, wird man zum Nistplatz geführt und kann beobachten, wie die Mutter einer Unechten Karettschildkröte ihr Bestes gibt, um den Fortbestand ihrer Art zu sichern. Die engagierten **Friends of the Carr Refuge** bieten ebenfalls im Juni und Juli an mehreren Abenden der Woche geführte Ausflüge zu den Meeresschildkröten an.

Sumpfboot-Touren

WIE EINE WASSERWANZE GLEITEN

Bei Fahrten mit einem Sumpfboot (*airboat*) denkt man meist an die Everglades (S. 106). Aber auch an der Space Coast kann man aufregende Fahrten erleben, bei denen man in den Wasserstraßen im Landesinneren viele Arten von Wat- und Wasservögeln, Schildkröten und jede Menge Alligatoren sieht.

Das erste Mal an Bord eines Sumpfboots? Es macht wahnsinnig viel Spaß. Die Wasserfahrzeuge mit flachem Boden werden von riesigen Propellern am Heck angetrieben, die richtig viel Lärm machen. Deshalb bekommt man auch Ohrenschützer. Die besten Kapitäne wirbeln einen nicht nur so herum, dass man immer wieder das Gefühl hat, für eine Sekunde zu schweben, sondern sie halten auch an, um etwas über Floridas Tierwelt und wichtige Süßwasserquellen zu erzählen. Außerdem unterhalten sie die Gäste mit witzigen Anmerkungen wie „Ertrinken kann man hier nicht, die Alligatoren fressen einen vorher."

Zu den besten Anbietern gehört **Camp Holly Airboat Rides** in Melbourne mit einer angesagten Bar und einem Laden, in dem Alligatorfleisch verkauft wird, sowie 35-minütigen Sumpfboot-Touren auf dem St. Johns River. Sehr zu empfehlen sind auch Sumpfboot-Touren von **Lone Cabbage Fish Camp** in die grasbewachsenen Sümpfe des St. Johns River und des Lake Poinsett. Anschließend kann man sich bei einem Essen mit Alligatorschwanz, Schildkröte und Wels zusammen mit den vielen Bikern, die sich im Fish Camp tummeln, stärken.

DIE BESTEN ORTE ZUM FRÜHSTÜCKEN AN DER SPACE COAST

Juice 'N Java Cafe
In dem kunstvoll gestalteten Café in Cocoa Beach gibt's Frühstückssandwiches, Smoothies und starken Kaffee. $

Backwater
In dem beliebten Lokal im Zentrum von Melbourne kann man an lustigen Grilltischen seine eigenen Pfannkuchen machen. $$

Water's Edge Cafe
In der Nähe von Port Canaverals Jetty Park schlürft man Mimosas und isst *shrimp and grits* oder Country Fried Steaks. $

UNTERWEGS VOR ORT

Melbourne besucht man am besten mit dem eigenen Auto. Allerdings rollen diverse Buslinien von SCAT auf Rundkursen durch einige Viertel und verbinden die Stadt auch mit ihren meisten Nachbarn.

Nordöstlich von Melbourne befindet sich der Melbourne Orlando International Airport, der allerdings nur von relativ wenigen Fluglinien bedient wird.

NORDOST-FLORIDA

DAS ALTE FLORIDA & NEUE KICKS

Unberührte Strände, eine lange Geschichte und die Wildnis, kombiniert mit quirligen Metropolen und Top-Unterhaltung.

Nordost-Florida ist eine bunte Mischung aus Küstenstädten, Dörfern, Nationalparks, endlos langen Stränden und lebhaften Metropolen. Der Alltag scheint sich hier langsamer zu vollziehen als im für Florida bekannteren Süden mit seinen Städten wie Miami, Fort Lauderdale, Orlando oder Tampa. Doch auch hier gibt es jede Menge zu sehen und zu tun, angefangen mit Weltklasse-Unterhaltung wie den NFL-Spielen, Nascar-Rennen und der Bike Week. Mit gerade einmal 1,6 Mio. Einwohnern (die Metropolregion Miami allein hat 6 Mio.) hat der Nordosten die vierthöchste Bevölkerungszahl des Staates. Und hier kann man auch noch all das erleben, was die Locals „old Florida" nennen.

Dieses gute alte Florida ist durch eine freundliche, sehr gemächliche Südstaatenhaltung geprägt, die bestens zu dem subtropischen Klima passt. Das alte Florida bedeutet aber auch viele hunderte Meilen lange Wasserwege, vom grauen aufgewühlten St. Johns River bis hin zu den glasklaren Quellen, die in den riesigen, mit Spanischem Moos überwucherten Eichenwäldern entspringen. Es bedeutet aber auch Strände, die (zur richtigen Zeit am richtigen Ort) nicht selten menschenleer sind.

Das alte Florida ist jenes Florida, wie es war, nachdem die Menschen begonnen hatten, sich in den Süden aufzumachen, aber bevor sie reihenweise in Richtung der großen Städte zogen. Geblieben ist Nordost-Florida mit seinen sieben Bezirken und zwei Metropolregionen (Jacksonville und Daytona Beach), St. Augustine (die älteste Stadt der USA) und mehr als 100 Meilen an Stränden.

CARMEN ZISS/SHUTTERSTOCK ©

DIE WICHTIGSTEN ZIELE

ST. AUGUSTINE
Geschichte und Strände. S. 302

JACKSONVILLE
Die NFL, Unterhaltung und Shoppen. S. 315

AMELIA ISLAND
Historische Bezirke und üppig grüne Küste. S. 323

DAYTONA BEACH
Motorsport und Strände. S. 327

Links: Jacksonville (S. 315); oben: Skimboarder am Daytona Beach (S. 327)

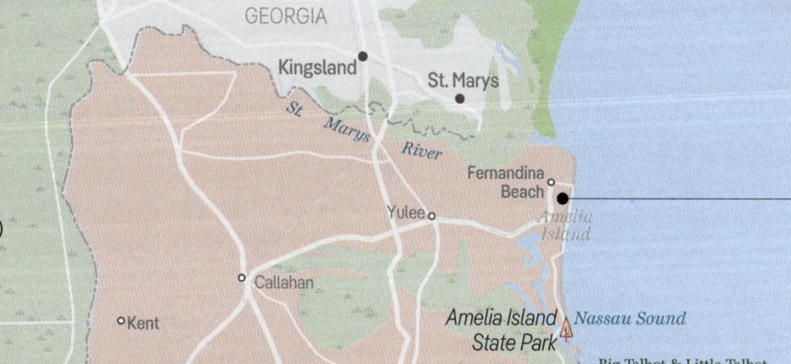

AUTO

Die Orientierung bei Autofahrten ist relativ einfach, denn hier führen die Straßen eigentlich alle zur I-95 (in nördlicher oder südlicher Rirchtung). Eine besonders schöne (wenn auch längere) Fahrt genießt man entlang der Küste und durch die Dörfer auf dem A1A Coastal Hwy (Nord oder Süd).

UBER, LYFT & TAXI

Wer kein Auto mietet, kann immer noch ein Uber, Lyft or ein Taxi rufen. In kleinen Ortschaften oder zur Rush Hour kann es aber lange Wartezeiten geben. Eine möglichst frühzeitige Reservierung empfiehlt sich daher.

ÖFFENTLICHE VERKEHRSMITTEL

In den Metropolregionen fahren die Busse sehr zuverlässig, in vielen Kleinstädten aber deutlich seltener. In Amelia Island und St. Augustine verkehren zu bestimmten Events Trolleys oder Shuttles. Amtrak schickt einige Züge von Jacksonville nach Daytona Beach.

Amelia Island, S. 323

Die makellose Barriere-Insel ist bekannt für Golf- und Luxusresorts, Altstadtflair und wundervolle Strände sowie einen State Park, der Erinnerungen an das alte Florida weckt.

Jacksonville, S. 315

Flächenmäßig eine der größten Städte des Landes, ist Jacksonville Heimat eines NFL-Teams sowie großer Events und bietet zudem geschäftiges Strandleben meilenweit.

Erste Orientierung

Jacksonvilles und Daytona Beachs Downtowns trennen zwar rund 90 Meilen, doch sind sie durch die I-95 Richtung Nord und Süd verbunden. Auch St. Augustine erreicht man über die I-95.

St. Augustine, S. 302
St. Augustine ist die landesweit älteste dauerhaft bewohnte Stadt nach europäischer Art, und ihre Gebäude sowie der Innenstadtbereich zeugen von 450 Jahren Kolonialgeschichte.

Daytona Beach, S. 327
Weiße Strände, Motorsport-Events wie die Bike Week und Rennsport rund ums Jahr (etwa die Daytona 500) haben zum Ruhm dieser Region beigetragen.

Castillo de San Marcos
St. Augustine
St. Augustine Beach
St. Johns River
Elkton
Spuds
Hastings
Washington Oaks Gardens State Park
Gainesville
Newnans Lake
Interlachen
Palatka
East Palatka
Hawthorne
Micanopy
Marjorie Kinnan Rawlings Historic State Park
Crescent Lake
Flagler Beach
Bunnell
Orange Lake
Island Grove
Citra
Crescent City
Ormond Beach
Lake George
Juniper Springs
Pierson
Daytona Beach
Daytona Beach Pier
Barberville
De Leon Springs State Recreation Area
Astor
Port Orange
0 40 km
0 20 Meilen

SEAN PAVONE/SHUTTERSTOCK ©, SEAN PAVONE/SHUTTERSTOCK ©

Perfekte Tage

Hier gibt es so unendlich viel zu sehen und zu tun, dass einem bestimmt nicht langweilig wird. Auf keinen Fall versäumen darf man die folgenden Highlights.

SEAN PAVONE/SHUTTERSTOCK ©

Daytona Beach (S. 327)

Drei Tage Zeit

- Den ersten Tag widmet man dem Strand von **Jacksonville Beach** (S. 317). Du kannst in der Sonne liegen, auf dem **Jacksonville Beach Fishing Pier** (S. 317) angeln oder surfen lernen.

- Dann geht es über den herrlichen Küstenhighway A1A in Richtung Süden nach **St. Augustine** (S. 302). Nach der Fahrt durch die traumhaft schöne Landschaft besuchst du am Morgen den **Anastasia State Park** (S. 305). Dort kannst du Muscheln suchen, angeln, baden und die Gelege von Meeresschildkröten sehen.

- Danach kannst du eine **Alligatorenfarm** (S. 307) besuchen oder über die berühmte **Bridge of Lions** (S. 308) aus den 1920er-Jahren in die Altstadt von St. Augustine fahren. Besonders sehenswert sind das **Castillo de San Marcos** (S. 305) in der **St. George Street** (S. 303) und das **Kolonialviertel** (S. 304).

Beste Reisezeit

Nordost-Florida ist bekannt für große Sportereignisse, Blues, Jazz, Seafood und Lichterfestivals in den Ferien. Und natürlich die berühmten Motorradrennen!

JANUAR

Ende Januar findet in Daytona das **Rolex 24** statt, ein 24-Stunden-Autorennen mit jeder Menge Unterhaltung für die Zuschauer.

FEBRUAR

Beim berühmtesten Nascar-Rennen **Daytona 500** (S. 328) werden 500 Meilen auf dem Daytona International Speedway gefahren.

MÄRZ

Bei der **Bike Week** (S. 329) regieren Motorräder in Daytona Beach. Beim **Lions Seafood Festival** in St. Augustine gibt's Food Trucks und Wettkämpfe.

JEAN PIERRE KATHOEFER/SHUTTERSTOCK ©, GRINDSTONE MEDIA GROUP/SHUTTERSTOCK ©, PERRIS TUMBAO/SHUTTERSTOCK ©

Fünf Tage Zeit

● In **Jacksonville Beach** (S. 317) genießt du die Sonne, bevor du nach St. Augustine in den **Anastasia State Park** (S. 305) fährst. In der **historischen Altstadt** (S. 303) von St. Augustine solltest du die St. George Street, das Castillo de San Marcos und das Kolonialviertel besuchen.

● Danach geht es weiter in Richtung Süden nach **Daytona Beach** (S. 327), das mit einem schönen Strand, Einkaufsmöglichkeiten und Restaurants mit Livemusik lockt. Auch wenn gerade kein Rennen stattfindet, lohnt sich der Besuch des **Daytona International Speedway** (S. 330). Es gibt einen Fanshop, Restaurants und Führungen auf der Rennbahn.

● Auf dem Weg nach Daytona lohnt sich ein Abstecher in den **Washington Oaks Gardens State Park** (S. 313) oder ins **River to Sea Preserve** (S. 312), um Delfine zu beobachten oder Kajak zu fahren.

Eine Woche oder länger

● Von **Jacksonville Beach** (S. 317) geht es Richtung Süden nach St. Augustine in den **Anastasia State Park** (S. 305) und danach in die **historische Altstadt** (S. 303). Nach der Besichtigung des **Flagler College** (S. 309) und des **Castillo de San Marcos** (S. 305) kannst du noch die vielen Galerien besuchen.

● Danach fährt man weiter gen Süden nach **Marineland** (S. 311), um im **River to Sea Preserve** (S. 312) zu wandern oder Kajak zu fahren und die Gartenanlagen des **Washington Oaks Gardens State Park** (S. 313) zu entdecken.

● Weiter südlich kannst du den **Strand** (S. 330) von Daytona Beach genießen, bevor du zum Rennen auf dem **Daytona International Speedway** (S. 330) gehst. Der Strand am **Ponce Inlet** (S. 331) ist sehr familienfreundlich. Schön sind auch der **Leuchtturm** und das **Museum am Ponce de León Inlet** (S. 331). Auch Kinder sind vom **Marine Science Center** (S. 331) begeistert.

MÄRZ, APRIL & MAI
Beim **Springing the Blues** in Jax Beach gibt's Gratis-Konzerte in der ganzen Stadt, beim **Jacksonville Jazz Festival** treten weltberühmte Jazzmusiker auf.

AUGUST
Die **Jacksonville Jaguars** starten in ihrem Stadion TIAA Bank Field in die Vorsaison, bevor die reguläre Football-Saison im September beginnt.

OKTOBER
Das **Biketoberfest** ist ein viertägiges Motorradtreffen in Daytona Beach. Höhepunkt des Sportjahres ist das **Fußballspiel des Florida-Georgia College.**

NOVEMBER
Mehr als 3 Mio. Lichter beleuchten St. Augustine in den **Nights of Lights**. Beim **PorchFest** in Jacksonvilles Alstadtviertel Springfield ist überall Musik zu hören.

St. Augustine
Miami

ST. AUGUSTINE

Die 1565 gegründete Stadt ist die älteste Stadt der USA mit europäischen Wurzeln. Schmale kopfsteingepflasterte Gassen, Holzbalkone, die Optik der Hauswände sowie uralte Friedhöfe lassen St. Augustine noch heute sehr europäisch wirken.

Den Mittelpunkt der Stadt bildet die historische Altstadt und hier vor allem die Plaza de la Constitución von 1573. An der Nordseite erhebt sich die imposante Cathedral Basilica, an der Westseite steht das Government House und beginnt die St. George Street, im Osten befindet sich die Bridge of Lions. Das Colonial Quarter erstreckt sich entlang der Bucht unweit der St. George Street, in der es viele Geschäfte und „Restaurants gibt. Das Castillo de San Marcos oder auch nur *the fort* ist etwas weiter nordöstlich.

Die Stadt ist gut zu Fuß zu erkunden, doch das Gros der Millionen von Besucher:innen zieht es an die Küste. St. Augustine verfügt schließlich über 42 Meilen Küstenlinie und mehrere Nationalparks, darunter den berühmten Anastasia State Park, sowie riesige Küstenwälder und einsame Strände, die noch immer für das alte Florida stehen.

TOP TIPP

Parken in der Innenstadt ist ein echtes Problem. Ein günstiger Parkplatz ist die Historic Downtown Parking Facility in der Cordova Street in der Nähe der Tourismusinformation. Von dort ist es nicht weit in die Innenstadt.

Bridge of Lions (S. 308)

ESB PROFESSIONAL/SHUTTERSTOCK ©

HIGHLIGHTS
1 Anastasia State Park
2 Bridge of Lions
3 Castillo de San Marcos

SEHENSWERTES
4 Cathedral Basilica of St. Augustine
5 Memorial Presbyterian Church
6 Oldest Wooden School House Museum & Gardens
7 Plaza de la Constitución
8 Slave Market
9 St. Augustine Alligator Farm Zoological Park
10 St. Augustine Lighthouse & Maritime Museum

ESSEN
11 Kilwin's

SHOPPEN
12 Amp Farmers Market

Spaziergang durch die St. George Street

EIN GEFÜHL FÜR DIE STADT BEKOMMEN

Der ganze Stolz der Stadt ist die St. George Street, die zwar nicht das geografische, aber das eigentliche Zentrum der Stadt ist.

Die Geschäfte in den restaurierten Kolonialhäusern verkaufen hausgemachte Süßigkeiten, ausgefallene Kleidung, mundgebla-

ÜBERNACHTEN IN ST. AUGUSTINE (BEACH)

Doubletree by Hilton St. Augustine Historic District
Das Hotel nördlich der Altstadt bietet Zimmerservice und vernünftige Preise. **$$**

Hilton St. Augustine Historic Bayfront
Hotel mit Aussicht auf die Bucht und die Bridge of Lions. **$$$**

Bayfront Westcott House Bed and Breakfast
Das B&B iin einem zweistöckigen Viktorianischen Haus befindet sich ganz in der Nähe der Altstadt. **$$$**

WARUM ICH ST. AUGUSTINE LIEBE

Die preisgekrönte Journalistin **Jennifer M. Edwards** lebt in St. Augustine und hat früher die Wochenendausgabe der örtlichen Tageszeitung *St Augustine Record* herausgebracht.

Ich kam in meine Heimatstadt zurück, weil ich hier ganz schnell in der Natur sein und in einer idyllischen und wohlhabenden Kleinstadt leben kann. Früher war der Bezirk noch sehr ländlich, und die Schnellstraße US-1 hatte statt der heutigen sechs Spuren nur zwei von Bäumen gesäumte Spuren. In den letzten Jahrzehnten hat sich die Bevölkerungszahl des Bezirks verfünffacht, doch es gibt immer noch große Areale voll unberührter Naturschönheit. Die Straßen der Innenstadt sind kopfsteingepflasterte Einbahnstraßen, und die Behörden, Einwohner und Geschäftsleute haben Gebäude, Straßen und Plätze liebevoll saniert und herausgeputzt.

Kolonialviertel

sene Glaswaren und handgefertigten Schmuck. Die Restaurants bieten duftende Backwaren, spanischen Rotwein, kräftigen Espresso und Platten voller Tapas. An den Wochenenden gibt's oft Livemusik , die sich mit dem Duft der Karamellbonbons von **Kilwin's** zu vermischen scheint.

In der St. George Street liegen auch das **Oldest Wooden School House Museum & Gardens** und dahinter das **Colonial Quarter**, das nur vom Wasser her anzufahren ist. Die Straße ist für Autos gesperrt, Taxis und die Straßenbahn halten aber an beiden Enden – im Norden an den Stadttoren, im Süden bei den Straßenlaternen neben der prachtvollen **Cathedral Basilica of St. Augustine**. Die 1797 erbaute Kathedrale wurde nach einem Brand wieder aufgebaut und 1887 eröffnet.

Vom südlichen Ende der Straße ist es nicht weit bis zur **Plaza de la Constitución**. Der kleine Marktplatz unter den riesigen alten Eichen wird auch **Slave Market** genannt, da ein solcher hier vor Jahrhunderten tatsächlich stattfand. Der Platz ist umgeben von Restaurants und einigen Galerien.

Alle Straßenkreuzungen sind fußgängerfreundlich und verfügen über Zebrastreifen und Fußgängerampeln. Die **Bridge**

ÜBERNACHTEN IN ST. AUGUSTINE (BEACH)

Embassy Suites by Hilton St. Augustine Beach
Das Resort am Strand von St. Augustine Beach hat ein eigenes Restaurant. **$$$**

Guy Harvey Resort
Das lässige Resort hat eine Hawaii-Bar, eine Boutique, ein Restaurant und einen eigenen Strand. **$$**

Casa Monica Hotel
Das schöne Hotel im spanischen Stil liegt direkt an der Plaza und bietet Einparkservice und prachtvolle Zimmer sowie ein Restaurant und einen Starbucks im Erdgeschoss. **$$$**

of Lions wurde 1927 errichtet und 2010 sorgfältig restauriert. Von der anderen Seite bietet sich ein herrlicher Blick auf die Stadt mit den roten Ziegeldächern und vielen B & Bs am Wasser.

Die Geschichte des Castillo de San Marcos

DIE FESTUNG, DIE NIEMALS FIEL

St. Augustine war immer wieder Ziel von Piratenüberfällen, militärischen Attacken, Zerstörungen, Brandschatzungen und Plünderungen. Als die Briten 1702 den spanischen Außenposten überfielen, brannten sie die ganze Stadt nieder, verschonten aber das mächtige **Castillo de San Marcos**. Nach dem Brand wurde die Stadt nach den ursprünglichen Plänen des spanischen Gouverneurs wieder aufgebaut. Da die Festung unversehrt geblieben war, ist bis heute der tiefe Burggraben zu sehen.

Damit ist die Ende des 17. Jhs. errichtetet Festung auch die einzig erhaltene Befestigungsanlage dieses Jahrhunderts in den USA. Sie besteht aus dem seltenen Muschelkalkstein, der in dieser Gegend aber wiederum recht häufig vorkommt. Nur das Fort Matanzas National Monument (S. 314) ein paar Meilen südlich von St. Augustine besteht auch aus diesem Material. Es handelt sich dabei um einen porösen Kalkstein mit Einlagerungen winziger Schalentiere, die ihn einst weiß, rosa, gelb oder violett färbten, bevor er in der Sonne Floridas zu grau und weiß ausbleichte. Die Festung wechselte mehrmals den Besitzer, konnte aber niemals eingenommen werden. Während der englischen Belagerung harrten bis zu 1500 Menschen dort aus. Bis heute stecken Kanonenkugeln in den dicken Mauern.

Mit dem Vertrag von Paris übergab Spanien die Festung schließlich 1763 an England, das sie später wieder an Spanien zurückgab, bevor sie die Amerikaner 1821 erwarben. Heute ist sie ein nationales Denkmal voller Leben, in dem regelmäßig Kanonen abgefeuert werden und Schauspieler in Originalkostümen die bewegte Geschichte nachspielen. Das gut besuchte **Museum** im Erdgeschoss bietet Führungen an.

Das Castillo befindet sich mitten in der Altstadt am Ufer des Matanzas und ist zu Fuß, mit der Straßenbahn oder der Pferdekutsche zu erreichen. Es gibt auch einige Parkplätze mit digitalen Parkuhren, die per Karte „gefüttert" werden müssen.

SCHILDKRÖTEN-SAISON

Die örtlichen Strände sind nicht nur bei Einheimischen und Gästen sehr beliebt. Auch vierbeinige Meeresbewohner statten ihnen jedes Jahr einen Besuch ab.

Eigentlich beginnt die Eiablage der Meeresschildkröten in Florida Mitte April. Hier im Norden beginnt sie jedoch erst Anfang Mai und dauert dann bis Ende Oktober. Jeden Morgen suchen Freiwillige den Strand ab und markieren die Gelege mit Stangen, um sie zu schützen.

Die Gelege sind auf diesen Schutz auch dringend angewiesen, denn von den frisch geschlüpften Schildkrötenbabys überlebt in der Regel gerade einmal ein Prozent. Die meisten Schildkröten hier sind Unechte Karettschildkröten, Grüne Meeresschildkröten und Lederschildkröten, manchmal aber auch Atlantik-Bastardschildkröten.

Unterwegs im Anastasia State Park

GELEGE VON MEERESSCHILDKRÖTEN UND UNBERÜHRTE STRÄNDE

Der knapp 6,5 km^2 große Anastasia State Park erstreckt sich östlich von St. Augustine am Atlantik entlang. Er besteht aus unberührten Stränden, goldgelben Sanddünen und grünen

ESSEN IN ST. AUGUSTINE (BEACH)

Athena
Das Lokal an der Plaza de la Constitución serviert griechische Spezialitäten wie Saganaki, Souvlaki und Retsina. **$$**

A1A Ale Works Restaurant & Taproom
Spezialität der Strandbar im 2. Stock sind die Bier-Käse-Suppe und das Craft-Bier. **$$**

Columbia
Das alteingesessene spanisch-kubanische Restaurant bietet Sangria, Tapas sowie super Cocktails und Vorspeisen. **$$$**

Küstenwäldern. Mitten im Park liegt der **Salt Run**. Hier kann man herrlich Boot oder Kajak fahren und den Blick auf das bunt gestreifte **St. Augustine Lighthouse & Maritime Museum** genießen. Im Wasser tummeln sich Delfine und Stachelrochen, am Ufer lebt eine Vielzahl an Stand- und Zugvögeln. Außerdem legen hier Meeresschildkröten ihre Eier ab.

Der Park verkörpert das alte Florida geradezu und spielte auch eine Rolle in der hiesigen Geschichte. Als die Spanier Ende des 17. Jhs. das Castillo de San Marcos und Fort Matanzas bauten, fanden sie hier den Muschelkalkstein dafür. Heute bietet der Park alle modernen Annehmlichkeiten, darunter den Verleih von Kanus, Kajaks und Segelbooten. Außerdem gibt's Slipanlagen, Toiletten, Duschen, Picknickplätze, einen Spielplatz und einen Steg zum Strand. Wer schwimmen will, muss sich aber vor den gefährlichen Strömungen in Acht nehmen.

Der Park ist auch bei Campern sehr beliebt. An den Wochenenden und in den Ferien muss der Platz bis zu 11 Monate (das Maximum) im Voraus gebucht werden. Mit 28 US$ ist Campen deutlich preiswerter als Übernachten im Hotel und bietet zudem ein wunderbares Naturerlerbnis. Es gibt Stellplätze für Zelte und Wohnmobile.

DIE BESTEN EISDIELEN

Coneheads
Die beliebte Eisdiele in St. Augustine Beach bietet üppiges Eis in vielen Sorten sowie Tische im Freien. $

Kilwin's
Der herrliche Geruch der Pralinen und Karamellbonbons von Kilwin's erfüllt die gesamte St. George Street. Und das Eis schmeckt genauso gut. $

Mayday
Die relativ neue Eisdiele in der Innenstadt bietet Sorten wie Icebox Lemon oder Kaffee & Donuts. $

Cold Cow
Der etwas weitere Weg wird mit einer Riesenauswahl an zartschmelzendem Eis belohnt. $

Wasserspaß im St. Johns County Ocean Pier Park

BADEN, SURFEN, ANGELN UND GESELLIGKEIT

Der St. Johns County Ocean Pier Park liegt im kleinen Städtchen **St. Augustine Beach** direkt am Atlantik. Der Strandpark erstreckt sich zwar nur auf 0,016 der knapp 6,5 km^2 großen Stadt, ist für die Bevölkerung jedoch von überragender Bedeutung.

Ein Weg führt direkt zu dem bei Surfern sehr beliebten Strand, im Sommer und in den Ferien werden in einem Pavillon kostenlose Konzerte geboten, und jeden Mittwoch findet von 8 bis 12 Uhr ein **Farmers Market** auf dem Parkplatz statt, der neben frischen Bioprodukten auch echtes afrikanisches Essen und Kunsthandwerk wie handgefertigte Seifen bietet. Außerdem gibt's ein großes Spaßbad, einen Spielplatz, Volleyball-Felder und natürlich den namensgebenden Pier.

Der **Pier** ragt rund 244 m weit ins Meer hinein. Für 6 US$ (Senioren und Kinder zahlen weniger) kann man den ganzen Tag lang Schafslippenfische, Schwarze Trommler, Königsfische und manchmal sogar Haie angeln oder einfach nur die Schirmquallen, Surfer und Badenden beobachten. Wer lieber an den Strand möchte, geht die Treppen von der Promenade hinunter. Es gibt Toiletten und einen kleinen Laden, der einfache Kindersnacks und Souvenirs verkauft.

ESSEN IN ST. AUGUSTINE (BEACH)

Osteen's Restaurant
Das schlichte, sehr beliebte Seafood-Restaurant serviert wechselnde Tagesgerichte sowie frische Meeresfrüchte. $$

Panama Hatties
In dem Restaurant mit Bar im 2. Stock kann man draußen sitzen und Livemusik mit Aussicht genießen. $$$

Sunset Grille
Das Restaurant in St. Augustine Beach bietet frische Meeresfrüchte, sensationelle Chowder und eine gut bestückte Bar. $$

SEAN PAVONE/SHUTTERSTOCK ©

Leuchtturm von St. Augustine

Parkplätze sind ausreichend vorhanden. Neben mehreren Hotels gibt's auch gute Strandrestaurants wie das **Sunset Grille** und **Panama Hattie's**.

Unheimliches St. Augustine Lighthouse & Maritime Museum

ATEMBERAUBENDE AUSSICHT UND SCHAURIGE GESPENSTERGESCHICHTEN

Anastasia Island, die kleine Insel vor der Küste, ist über die Bridge of Lions mit St. Augustine verbunden. Von dort ist der schwarz-weiß gestreifte Leuchtturm von 1874 gut zu sehen. Er sendet immer noch treu sein Licht aus, auch wenn hier schon lange keine Schiffe mehr einlaufen.

Das Museum beim Turm erzählt seine Geschichte. Es gibt auch einen Spielplatz, Schautafeln und Wanderwege. Die Aussichtsplattform in 50 m Höhe bietet einen spektakulären Ausblick, unter anderem auf das grüne Blätterdach des **St. Augustine Alligator Farm Zoological Park**. Über den Tümpeln mit

ZUG ODER STRASSENBAHN?

Mit Abstand die schönste Art, die älteste Stadt des Landes zu erkunden, ist mit der sogenannten „trolley“. Die Straßenbahn mit ihren langen, seitlich offenen Wagen fährt auf mehreren Linien durch die Innenstadt. Dabei unterhalten die Fahrer:innen die Leute mit Geschichten über die historischen Gebäude in den Straßen, während Mitfahrende ihre eigenen Erinnerungen beisteuern.

Die **Old Town Trolley** hat 22 Haltestellen und bietet auch saisonale und Geisterfahrten an. **Ripley's Red Train Tours** fahren regelmäßig eine Stunde lang durch die Stadt ohne anzuhalten.

AUSGEHEN IN ST. AUGUSTINE (BEACH)

Ice Plant
Die stylishe Bar mit Restaurant in einem Gebäude von 1927 war tatsächlich einmal eine Eisfabrik.

El Taberno del Caballo
Die Taverne im Colonial Quarter serviert spanischen Wein und kleine Gerichte in ihrem überdachten Innenhof.

San Sebastian Winery
Die Weinkellerei bietet eigenen Muskatellerwein, kostenlose Führungen und Verkostungen sowie eine Musikbar im Obergeschoss.

BRIDGE OF LIONS

Die 1927 gebaute zweispurige Zugbrücke ist das mit Abstand schönste der vielen schönen Bauwerke dieser Stadt, wenn es auch zum Verdruss der Einheimischen gereicht, die regelmäßig warten müssen, bis sich die Brücke wieder schließt. Von 2006 bis 2010 wurde sie umfangreich restauriert und wird nun wieder von den historischen Straßenlaternen beleuchtet. Für die Öffnung und Schließung der Brücke ist rund um die Uhr der Brückenwart zuständig. In der Weihnachtszeit wird sie, passend zur Beleuchtung der Altstadt, mit weißen Lichterketten geschmückt.

Die brücke bildet auch den Zugang zu Anastasia Island, der Badeinsel vor der Küste, zum Anastasia State Park, vielen Restaurants und zum winzigen St. Augustine Beach.

SHARKSHOCK/SHUTTERSTOCK ©

Memorial Presbyterian Church

Alligatoren und Krokodilen leben unzählige Vögel wie Rosalöffler und Schmuckreiher. Wer unter dem Blätterdach klettern möchte, muss mindestens 1,12 m groß sein.

Wie in vielen Gebäuden und Straßen der historischen Altstadt soll es auch im Leuchtturm heftig spuken. Als Beweis gilt ein Film, den **Ghost Hunters International** 2019 im Leuchtturm drehte. Auch die Museumsguides des Leuchtturms berichten gerne von gespenstischen Berührungen, unerklärlichen Gerüchen und umher schwebenden Gegenständen. Wer eine Schwäche für das Übersinnliche hat, kann beim Aufstieg über die 219 Stufen zur Aussichtsplattform vielleicht sogar selbst darauf stoßen. Besonders schön sind die Führungen zum Sonnenaufgang oder Sonnenuntergang, bei denen es manchmal auch ein Glas Wein zum Abschluss gibt.

Besuch auf dem Amp Farmers Market

WIE DIE EINHEIMISCHEN ESSEN, TRINKEN UND EINKAUFEN

Das **Amphitheater von St. Augustine** (oder auch nur *the Amp*) ist eine Freilichtbühne auf Anastasia Island, wo unzählige Veranstaltungen stattfinden und die berühmtesten Musiker des Landes auftreten. Am Samstagvormittag (8.30 –12.30 Uhr) gehört das Theater jedoch den Bauern der Umgebung, die hier ihre Waren anbieten.

AUSGEHEN IN ST. AUGUSTINE (BEACH)

Ancient City Brewing Taproom
Die Kneipe einer örtlichen Craft-Bier-Brauerei bietet nicht nur ihr Bier zur Verkostung an, sondern schenkt auch Wein aus.

Trade Winds Tropical Lounge
Freundliche Atmosphäre, Musik aus der Region und anständige Preise (für die Innenstadt).

Milltop Tavern & Listening Room
Das gemütliche Lokal bietet eine gut bestückte Bar, Kneipenessen und Livemusik.

Zum **Amp Farmers Market** strömen Einheimische und Menschen aus ganz Nordost-Florida, um Fair-Trade-Kaffee, handgefertigten Schmuck, importierte Korbwaren, Holzschnitzereien und Handarbeiten aus der Region zu kaufen. Die meisten kommen aber wegen de frischen Bioprodukte aus der Region.

Zu den Bioanbietern aus Hastings und Gainesville gehören auch **Frog Song Organics**, die neben den üblichen Bioprodukten auch außergewöhnliche Lebensmittel anbieten wie indigenen Semiolenkürbis, Igel-Stachelbart-Pilze, Holunderbeeren, heimischen Tee, Gelee und fermentierte Salsa. Andere bieten Minigemüse und limitierte Sondereditionen von Kombucha an. **Olive My Pickle** aus Jacksonville verkauft seine probiotischen fermentierten Erzeugnisse wie eingelegtes Gemüse, Sauerkraut und (natürlich) Oliven aus riesigen Holzfässern. Aus Jacksonville kommen auch leckeres Brot, Saucen und Produkte aus Büffelmilch. Ergänzt werden die Marktstände durch unzählige Food Trucks.

Selbst das regionale Gourmet-Magazin *Edible Northeast Florida* wird hier kostenlos verteilt. Dazu spielen Bluegrass-Bands aus der Region auf, und zweimal im Monat finden Yoga-Kurse gegen Spenden statt.

Wunderbare Memorial Presbyterian Church

ERGREIFENDE ERINNERUNG AN EINE VERLORENE TOCHTER

In St. Augustine allgegenwärtig ist Henry Morrison Flagler. Der reiche Industrielle starb 1913, nachdem er seine Heimatstadt mit Eisenbahnanschluss, mehreren Geschäften und Hotels zum Tourismusziel gemacht hatte. Er träumte davon, die gesamte Ostküste Floridas zu einer „amerikanischen Riviera" zu machen und verdiente ein Vermögen mit der Verwirklichung dieses Traums. Seine bekanntesten Gebäude beherbergen heute das **Flagler College** und das **Lightner Museum**. Sein schönstes Vermächtnis ist jedoch die **Memorial Presbyterian Church**, die er im Gedenken an seine Tochter Jenny Louise Benedict errichten ließ, die bei der Geburt ihres Kindes starb.

Die Kirche mit den blaugrauen Mauern und der großen Kuppel wurde 1890 geweiht. Sie gilt als Beispiel der Architektur der Zweiten Renaissance und wurde nach dem Vorbild des Markusdoms in Venedig gestaltet, allerdings mit einer Verneigung vor St. Augustine: Die Betonmauern wurden mit dem hiesigen Muschelkalkstein verkleidet. Die Kirche ist auch das Mausoleum der Familie, denn Benedict, Flagler, Flaglers Frau Mary und seine Enkelin Marjorie sind hier begraben.

FLAGLER COLLEGE

In dem von Flagler ebauten Hotel Ponce de León in der King Street ist heute das Flagler College untergebracht.

Das Gebäude im Stil der spanischen Kolonialzeit mit dem roten Ziegeldach war zugleich das erste Gebäude der USA, das aus flüssigem Beton gebaut wurde. Das fertige Hotel hatte auch als eines der ersten Häuser des Landes elektrisches Licht. Außerdem entwarf Louis Comfort Tiffany höchstpersönlich die Buntglasfenster und Glasmosaike.

Bei Führungen sind die auf Karyatiden ruhende, knapp 21 m hohe Kuppel und der Speiseraum voller Tiffanyglasfenster und Wandmalereien zu sehen. Im **Großen Frauensalon** sind österreichische Kristallwaren und persönliche Gegenstände der Familie Flagler ausgestellt. Die Führungen müssen im Voraus gebucht werden.

UNTERWEGS VOR ORT

Die Innenstadt von St. Augustine ist gut zu Fuß zu erkunden, denn sie stammt aus einer Zeit, als es noch keine Autos gab. Deshalb hat sie heute auch ein massives Parkproblem. Am besten parkt man im Historic Downtown Parking Facility am Rand der Altstadt.

Wer nicht zu Fuß gehen will, kann mit dem Zug, der Straßenbahn, dem Fahrradtaxi oder der Pferdekutsche fahren. Die Fahrten sind kommentiert. Es gibt kaum Busse, und der Strand oder andere Orte sind nur mit dem Auto zu erreichen. Es gibt Uber, Lyft und Taxis, sie sind jedoch oft nicht verfügbar.

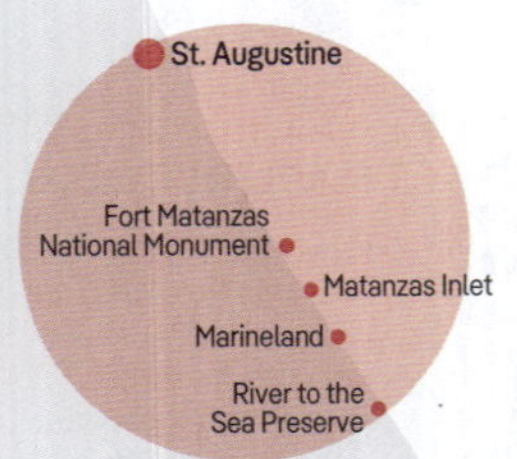

Rund um St. Augustine

Entlang der State Road A1A erstreckt sich der schmale Küstenstreifen Marineland, der oft übersehen wird, aber gerade deshalb den Abstecher lohnt.

Wer auf der atemberaubenden State Road A1A nach Süden an die Küste fährt, landet irgendwann im winzigen Städtchen Marineland. Mit nur rund einem Dutzend Einwohnern ist es vielmehr ein Außenposten als eine richtige Stadt. Doch es ist wunderbar ruhig hier, und der rotbraune Sandstrand gehört zum River to Sea Preserve, in dem es auch eine Klinik für Meeresschildkröten und das Marineland Dolphin Adventure gibt. Das von den Einheimischen nur „Marineland" genannte Ozeanarium wurde 1938 auf dem Gelände eines ehemaligen Filmstudios errichtet. Heute leben hier Delfine, Meeresschildkröten und andere Meerestiere wie Haie und Manatis, die auch im Matanzas River vorkommen. Am Fluss gibt es auch Einstiegstellen für Kajaks und Slipanlagen für Boote.

River to Sea Preserve (S. 312)

TOP TIPP

Auf ihrem Weg durch die verschiedenen Städte ändert die State Road A1A mehrmals ihren Namen. So heißt sie in Marineland auch Ocean Shore Blvd, A1A Scenic und Historic Coastal Byway.

STEPHANI ELIZABETH/SHUTTERSTOCK ©

PAUL BRENNAN/SHUTTERSTOCK ©

Marineland Dolphin Adventure

WHITNEY LABORATORY SEA TURTLE HOSPITAL

Während Besucher:innen im Marineland Dolphin Adventure die Delfine beobachten, kümmert sich das Personal der Klinik direkt gegenüber um kranke und verletzte Meerestiere.

Das **Whitney Laboratory for Marine Bioscience** an der Westseite des Ocean Shore Blvd (Staatsstr. A1A) ist ein Forschungs- und Informationszentrum und gleichzeitig die einzige Klinik für Meeresschildkröten in Nordost-Florida. Hier werden auch Fibropapillome, bei Schildkröten häufig vorkommende lebensbedrohliche Tumore, behandelt.

Bei Führungen durch die Klinik kannst du die riesigen Schildkröten – zumeist sind es Unechte Karett- und Grüne Meeresschildkröten – beobachten. Die Führungen sind kostenpflichtig und müssen unter turtletours@whitney.ufl.edu gebucht werden.

Die Meerestiere des Marineland Dolphin Adventure

EIN AQUARIUM AUS DEN GOLDENEN ZEITEN VON HOLLYWOOD

Das heutige Marineland Dolphin Adventure war früher ein weltberühmtes Aquarium, in dem Unterwasserfilme gedreht wurden, lange bevor es Tauchgeräte und Unterwasserkameras gab. Das dreistöckige Ozeanarium der Marine Studios, das 1938 unweit der A1A errichtet wurde, enthielt knapp 3,8 Mio. l Wasser. Hier wurden Filme und TV-Shows gedreht wie *Der Schrecken vom Amazonas*, *The Flamingo Rising* und *Bernie the Dolphin*. Der erste Delfin in Gefangenschaft („Spray") wurde hier 1947 geboren, und 2014 verstarb hier die 61-jährige Nellie als weltweit ältester Delfin in Gefangenschaft. Später war es dann ein familienfreundliches Aquarium mit speziellen Kinderbereichen, riesigem Haigebiss am Eingang und Delfinvorführungen.

Schäden durch Salzwasser und Hurricanes, die natürliche Alterung und die steigende Ablehnung von Tieren in Gefangenschaft führten schließlich zur Schließung des Aquariums. Nach umfangreicher Renovierung wurde es 2006 ohne Delfinvorführugen wieder eröffnet. Das Marineland Dolphin Adventure im

ÜBERNACHTEN RUND UM ST. AUGUSTINE

Beacher's Lodge
Das hübsche Hotel am Meer wenige Meilen nördlich von Marineland hat einen Swimmingpool direkt am Strand. **$$$**

Devil's Elbow Fishing Resort
Zu den Ferienhäuschen mit Meerblick nördlich von Marineland gehören eine beliebte Slipanlage, ein Angelgeschäft und ein Bootsverleih. **$$$**

Four Winds Condominiums
Die Hotelanlage in der Gegend um Crescent Beach bietet eine Vielzahl unterschiedlicher Zimmer. **$$**

DIE BESTEN OPTIONEN ZUM MITTAGESSEN

Ragga Surf Cafe
Der Food Truck am Strand bietet ausgezeichneten Kaffee, Blätterteigpasteten, Sandwiches und einige Tische. $

Captain's BBQ
Das hoch geschätzte Grillrestaurant in Bing's Landing hat Meerblick und Tische im Freien. $

JT's Seafood Shack
Lässiges amerikanisches Restaurant mit vegetarischen Gerichten, die drinnen und draußen serviert werden. $$

Bronx House Pizza & Brew Hammock
Pies, Pizza Calzone, üppige Sandwiches, Salat und ungewöhnliche Vorspeisen wie Lasagne-Kugeln oder Pommes mit Bratensoße und Mozzarella. $

JOANNE DALE/SHUTTERSTOCK ©

Kajakfahren auf dem Matanzas

Besitz der Georgia Aquariums präsentierte und informierte nun über Tümmler, Köhlerschildkröten, Stachelrochen und andere Meerestiere.

Obwohl alle Delfine hier in Gefangenschaft geboren wurden, gilt es doch als erwiesen, dass diese den Tieren schadet und sie stresst. Dennoch ist es hier auch möglich, mit den Delfinen zu schwimmen, sie zu streicheln und zu füttern. Besser ist es aber, zum Wohl der Tiere darauf zu verzichten.

Kajakfahren auf dem Matanzas

VON WILDEN DELFINEN BEGLEITET

Der größte Trumpf der Stadt ist ihre Lage am Matanzas River, einem der saubersten und schönsten Flüsse im Norden Floridas, der quer durch das malerische **River to Sea Preserve** fließt.

Das gut 36 ha große Naturschutzgebiet erstreckt sich beiderseits der State Rd A1A/Ocean Shore Blvd. Im östlichen Teil befindet sich der Strand, im Westen ziehen sich Wanderwege durch das Buschland der Küste, maritime Laubwälder werden von Hartholzbäumen gesäumt. Hier gibt es auch einen überdachten Picknickplatz, primitive Campingplätze und einen tollen Blick auf den Fluss. Der Matanzas ist Teil des Atlantischen Intracoastal Waterways, der sich über 1760 km von Key West nach Norfolk in Virginia erstreckt. Wer hier mit dem Kanu, Kajak oder Motorboot unterwegs ist, wird von verspielten Tümmlern begleitet. Hin und wieder strecken auch neugierige Meeresschildkröten

ÜBERNACHTEN RUND UM ST. AUGUSTINE

Safari by the Sea
Prachtvolle tropische Villa im Wald unweit der State Rd A1A beim Washington Oaks Gardens State Park. $$$

Sand Dollar Condominium Rentals by Coastal Realty
Die Agentur vermittelt Ferienwohnungen. $$$

Summerhouse Beach & Racquet Club
Appartments und Ferienhäuser mit vier beheizten Swimmingpools und abgesperrtem Strand. $$

den Kopf aus dem graublauen Wasser. Je nach Saison lässt sich vielleicht auch eine Seekuh blicken.

Der Matanzas gehört aber auch zu einem Forschungsgebiet an der Küste, das die Heimat von 48 unter Naturschutz stehenden Tier- und acht Pflanzenarten ist.

Zu den Fischen, die im Matanzas leben, zählen Südlicher Kugelfisch, Flunder, Roter Trommler, Pompano und verschiedene Haie. Im Park sind Haustiere erlaubt, und es gibt Toiletten. Wer kein eigenes Boot oder Kajak hat, bucht eine Tour bei **Ripple Effects**, die mit Marineland Dolphin Adventures und dem Whitney Laboratory zusammenarbeiten. Das Ökounternehmen bietet informative Kanu- und Kajaktouren an, die Motorboote fahren mit recyceltem Pflanzenöl.

Am Strand von Marineland entspannen

DER ETWAS ANDERE STRAND

Der Strand von Marineland liegt im **River to Sea Preserve** östlich der State Rd A1A/Ocean Shore Blvd. Es gibt einen Plankenweg und Toiletten. Am Vormittag und frühen Nachmittag steht ein Food Truck ganz in der Nähe.

Der Strand ist von zerklüfteten grauen Felsen gesäumt, bei Ebbe bleiben oft kleine Fische und andere Meerestiere in Spalten und Rinnen zurück. Das Wasser hat die dunklen Steine auf dem hellen Sand seltsam verformt, sodass eine recht surreale Landschaft entstanden ist. Nach heftigen Stürmen färbt sich der Sand rötlich und ist übersät mit Muscheln, Treibholz und manchmal auch Quallen. Der ideale Ort, um Stille und Einsamkeit zu genießen.

Die wilde Schönheit steht in krassem Gegensatz zum ansonsten typischen weißen Sandstrand in Florida, der total überlaufen ist. Dieser Strand hingegen ist wunderbar ursprünglich, allerdings auch unbewacht.

Die blutige Geschichte des Forts Matanzas

DER KAMPF UM DIE NEUE WELT

Die Ostküste Floridas wurde schon im 16. Jh. von Europäern besiedelt, als die Spanier das Land in Besitz nahmen und 1565 St. Augustine gründeten. Im gleichen Jahr errichteten die Franzosen einen Militärstützpunkt in Fort Caroline, das die Spanier jedoch als ihr Eigentum betrachteten. Um die Sache zu klären, wollte der Franzose Jean Ribault mit einigen Männern nach St. Augustine segeln, kam in einem Hurricane jedoch vom Kurs ab.

GÄRTEN UND EIN STRAND IN WASHINGTON OAKS

Nur wenige Meilen südlich der einmaligen Strände von Marineland befindet sich ein ebenso einzigartiger Nationalpark mit kunstvoll gestalteten und sehr gepflegten Gärten, einer Anlegestelle am Fluss und einem wilden, ursprünglichen Strand. Der **Washington Oaks Gardens State Park** ist vor allem bekannt für seinen gut 8 ha großen botanischen Garten, in dem unzählige heimische Pflanzen gedeihen. Er grenzt sowohl an den Matanzas als auch an den Atlantik.Der von uralten Felsformationen aus Muschelkalkstein geprägte Strand erinnert etwas an den Mars, insbesondere im roten Licht des Sonnenaufgangs.

Man kann überall gut angeln oder durch die Wälder und den Garten wandern und radeln. Es gibt oft Veranstaltungen zu bestimmten Themen, Pflanzenverkäufe, botanische und historische Führungen, veranstaltungen zum Earth Day und vieles mehr.

ESSEN RUND UM ST. AUGUSTINE

Viola's Pizza, Pasta & Seafood
Das kleine hübsche italienische Restaurant ist ein paar Meilen nördlich von Crescent Beach. Sehr guter Espresso! **$$**

386 A Fusion of Fine Eating
Das Restaurant im Wald an der State Rd A1A bietet tolle Prime Rib Steaks und eine große, freundliche Bar. **$$$**

Commander's Shellfish Camp
Das überaus beliebte Meeresfrüchte-Restaurant serviert die besten Austern und Fischeintöpfe. **$$**

Währenddessen griff der spanische General Pedro Menéndez de Aviles Fort Caroline an und tötete fast alle Soldaten. Als er erfuhr, dass französische Schiffbrüchige die Küste südlich von St. Augustine erreicht hatten, zog er dorthin und tötete auch sie. Zwei Wochen später erreichten weitere Schiffbrüchige, darunter Ribault, einen Meeresarm in der Nähe und wurden ebenfalls von Menéndez umgebracht. Daraufhin wurde der Meeresarm „Matanzas Inlet" (aus dem Spanischen für „Gemetzel") genannt.

Knapp 200 Jahre später errichteten die Spanier hier Fort Matanzas aus dem örtlichen Muschelkalkstein. Bei der Fertigstellung 1742 war es aber eher ein Wachturm als eine Festung. Heute ist es ein Symbol für die jahrhundertelange Herrschaft der Spanier in der Neuen Welt.

Das Infozentrum des National Park Service (NPS, 8635 A1A South) betreibt eine Fähre zur Festung hinüber, es verkehren aber auch private Boote. Fort Matanzas liegt direkt an der Flussmündung, in der es von Fischen und anderen Meerestieren nur so wimmelt. So kann man während der Überfahrt Manatis, Delfine, Meeresschildkröten und sogar Fischotter beobachten.

ANGELN IN MARINELAND

Die Atlantikküste von Marineland ist nur 800 m lang, bietet jedoch unzählige Angelmöglichkeiten. Vom Angeln direkt an der Küste über das Angeln im offenen Meer bis hin zum Hochseefischen ist alles möglich.

Oder man fährt mit dem Boot auf den Matanzas westlich des Ocean Shore Blvd (Scenic A1A). In der Gegend um Fort Matanzas kann man nicht nur sehr gut angeln, sondern auch immer wieder Manatis, Meeresschildkröten und Delfine beobachten. Ebenfalls sehr beliebt zum Angeln ist die Brücke über den Matanzas Inlet. Laut den Einheimischen ist es dort genau bei Ebbe oder Flut am besten.

Unterwegs auf dem Matanzas Inlet

VOM SCHLACHTFELD ZUM TIERPARADIES

An der State Rd A1A gut 4 km nördlich von Marineland verbindet der lange schmale Matanzas Inlet den Atlantik mit dem Matanzas River. Die guten Angelmöglichkeiten, schönen Strände und das historische Fort Matanzas lohnen einen Tagesausflug hierher.

Eine unscheinbare, zweispurige Brücke führt von Ost nach West über den Meeresarm. Sie wird von den Einheimischen gerne zum Angeln genutzt, denn im tiefen Wasser unter der Brücke tummeln sich Fische wie Flunder, Wittling und Blaufisch sowie Meeresschildkröten, Tümmler und Schirmquallen.

Bei Flut ist das Schwimmen gefährlich, doch kann man bei Ebbe auf dem langen Küstenstreifen in Richtung Westen laufen und in den Gezeitentümpeln nach Muscheln und Treibholz suchen. Dass die westliche Seite der Brücke vor Wellen geschützt und von der Straße abgewandt ist, ist sehr angenehm.

Auf der Westseite gibt es auch einen goldgelben wilden Sandstrand, wo man neben Kajaks und Luxusjachten auch oft Delfine sehen kann. Der Strand ist von beiden Seiten zugänglich, und östlich und westlich der State Rd A1A gibt es jeweils Parkplätze. Allerdings wurden manche Übergänge durch Hurricane Nicole beschädigt, Informationen dazu gibt es beim NPS. Von hier aus kann man mit der kostenlosen Fähre auch zum **Fort Matanzas National Monument** fahren.

UNTERWEGS VOR ORT

Marineland ist an sich nichts Besonderes. Die ganze Stadt, die wichtigsten Sehenswürdigkeiten und Geschäfte liegen alle an einer einzigen Straße, der State Rd A1A/Ocean Shore Blvd. Es gibt keine öffentlichen Verkehrsmittel, aber jede Menge Parkplätze bei den Stränden. Innerhalb des Orts ist alles gut zu Fuß zu erreichen.

JACKSONVILLE

Trotz Wolkenkratzern, historischer Altstadt, internationalem Flughafen, Stau zur Hauptverkehrszeit, einzigartigen Brücken, NFL-Team und fast einer Million Einwohnern wirkt Jacksonville immer noch etwas wie eine ländliche Kleinstadt in zu großen Kleidern.

Die Menschen hier sind freundlicher als in anderen Großstädten Floridas und verbringen viel Zeit im Freien. Angeln, Surfen und der Besuch von Sportveranstaltungen sind ihre Lieblingsbeschäftigungen. Sie lieben Football und sind ihren „Jaguars" in inniger Hassliebe verbunden (dulden aber nicht, dass andere schlecht über sie reden). In der Saison ist der Besuch der Spiele mindestens ebenso wichtig wie der Kirchgang. Absoluter Höhepunkt der Saison ist das Spiel Florida gegen Georgia im TIAA Bank Field.

Für Abwechslung sorgen die Strandorte östlich der Stadt. Jax Beach ist das Zentrum des Nachtlebens, Neptune Beach ist klein und bei Surfern beliebt, Atlantic Beach bietet eine tolle Natur, Geschäfte und Kunst. Alle sind sehr entspannt un keiner stört sich an Flip-Flops.

TOP TIPP

Während der Hauptverkehrszeit (an Wochentagen von 7–9 und 16–18 Uhr) sind die Interstates und großen Straßen dicht. Es kommt zu Unfällen und Staus, und die Fahrt dauert dreimal so lang. Am schlimmsten sind die I-95 in der Innenstadt und die Ost-West-Verbindungen Butler, Southside und Blanding Blvds sowie die Main Street und die Buckman- und Acosta-Brücken.

Downtown von Jacksonville am Fluss

JACKSONVILLE

HIGHLIGHTS
1 Jacksonville Beach
2 Kingsley Plantation

SEHENSWERTES
3 Acosta Bridge
4 Atlantic Beach
5 Buckman Bridge
6 Dames Point Bridge
siehe 3 FEC Strauss Trunnion Bascule Bridge
7 Fuller Warren Bridge
8 Isaiah D Hart Bridge
9 Jacksonville Beach Fishing Pier
10 Jacksonville Zoo & Gardens
11 Main Street Bridge
12 Matthews Bridge
13 Neptune Beach
14 Ortega Bridge
15 Sunshine Playground
16 TIAA Bank Field

UNTERHALTUNG
17 Adventure Landing Jacksonville Beach

Von Strand zu Strand

DEN BESTEN STRAND FINDEN

Jacksonville bietet jede Menge Unterhaltung, Restaurants und Geschäfte, doch wenn sich die Einheimischen entspannen wollen, fahren sie zu einem der Strände nur 20 Meilen außerhalb der Innenstadt. Die weiße, sandige Küste ist gespickt mit kleinen Orten, die alle ihre eigene Atmosphäre haben. Ganz im Norden der Strände liegt **Mayport**, das nicht nur Sitz eines Marinestützpunkts ist, sondern auch bekannt für die frischen, dicken Shrimps, die von hier in die ganze Region verkauft werden.

Jacksonville Beach ist der aktivste Ort und vor allem bei 20- bis 30-Jährigen beliebt, die hier tanzen, die Bars besuchen und Livemusik genießen. Die Atlantikküste begeistert mit graublauem Wasser, in dem sich Surfer, Pelikane, Boote und Fischkutter tummeln. Der Ort liegt östlich der I-295 am Beach Blvd.

Abseits des Atlantic Blvd liegt **Neptune Beach** nördlich von Jacksonville Beach. Der ruhige Wohnort entstand in den 1930er-Jahren als Feriensiedlung. Neptune Beach teilt sich das **Beaches Town Center** mit Atlantic Beach. Das Zentrum bietet kleine Boutiquen, eine Wein- und Zigarrenbar, ein Geschäft für Surfbretter und -zubehör, Restaurants mit Freisitz und einen Parkplatz für den Strand.

Atlantic Beach ist der nördlichste Strand von Jacksonville. Hier befindet sich der **Kathryn Abbey Hanna Park**, der von den Einheimischen nur „Hanna Park" genannt wird und über einen der besten Surfstrände verfügt. Außerdem gibt's ein Einkaufszentrum, Rad- und Wanderwege, ein Spaßbad und Picknickplätze. Atlantic Beach liegt am Atlantic Blvd.

Spuren im Sand von Jacksonville Beach

LEBHAFT UND FAMILIENFREUNDLICH

Jacksonville Beach ist eines der beliebtesten Ausflugsziele für Familien in Jacksonville, denn der Ort bietet jede Menge Unterhaltung und Outdoor-Aktivititäten.

In der First St beginnt der Holzsteg des 396 m langen **Jacksonville Beach Fishing Pier**, von dem man gut angeln kann. Gefangen werden hier Meeresfische vom Schwarzem Trommler bis hin zu Flundern – manchmal zeigt sich sogar ein Stachelrochen oder Hai. Auf der Pier gibt's Einrichtungen zum Schneiden der Köder und Waschen der Fische sowie ein Angelgeschäft und natürlich einen tollen Blick aufs Meer.

Der Strand hier ist ideal zum Sonnenbaden, Schwimmen und Surfen. Du kannst auch gemütlich am Strand entlang radeln

MUSIKFESTIVALS

Springing the Blues
Die kostenlosen Konzerte in Jacksonville Beach ziehen an drei Tagen im März und April bis zu 125 000 Besucher:innen an. Die Bühne ist im Seawalk Pavilion am Strand von Jacksonville Beach.

Jacksonville Jazz Festival
An einem Wochenende im Mai geben berühmte Jazzgrößen kostenlose Konzerte in der Innenstadt von Jacksonville. Zum Auftakt gibt's einen Wettbewerb der Jazzpianisten, danach spielt alles auf, was Rang und Namen hat.

Jacksonville PorchFest
Das kostenlose Festival im Mai findet auf den Veranden der historischen Häuser in Springfield und im Sesquicentennial Park in der North Main St statt.Es treten Musiker aus der Region auf, und es gibt Verkaufsstände und Food Trucks.

ÜBERNACHTEN IN JACKSONVILLE

Southbank Hotel Jacksonville Riverwalk
Das Hotel liegt sehr günstig zur Innenstadt und zum historischen Viertel San Marco. **$$**

Hyatt Regency Jacksonville Riverfront
Das Hotel mit tollem Blick auf den Fluss und die Stadt hat ein Steak- und Meeresfrüchte-Restaurant sowie einen Swimmingpool. **$$**

Hampton Inn Jacksonville-Downtown-I-96
Das saubere gemütliche Hotel am Southbank Riverwalk bietet kostenloses Frühstück. Die Lage in der Innenstadt ist unschlagbar. **$$**

GROSSE KUNST & VIEL GRÜN

Das **Cummer Museum of Art & Gardens** verbindet große Kunst mit einer wundervollen Gartenanlage zu reiner Entspannung am Fluss. Das Museum im ehemaligen Wohnhaus von Ninah Cummer in der Riverside Ave verfügt über mehr als 5000 Kunstwerke. Wesentlich interessanter ist jedoch die herrliche Gartenanlage. Im Schatten riesiger Eichen sind Wasserbecken, Skulpturen, Laubengänge, englische und italienische Gärten zu entdecken. Das Museum bietet auch Vorträge, Kinderprogramm, Konzerte und sogar Tai-chi und Geschichtenerzählen.

Es gibt auch ein Café und einen Souvenirshop. An manchen Tagen sorgen Unternehmen der Stadt für freien Eintritt. Die Termine finden sich auf der Website.

SEAN PAVONE/SHUTTERSTOCK ©

Pier in Jacksonvlile

oder auf dem Holzsteg spazieren gehen. Es gibt jede Menge Restaurants und im Sommer einen Shuttlezug zum Strand sowie einen kostenlosen Strandbuggy-Verleih.

Kinder lieben das **Adventure Landing Jacksonville Beach** am Beach Blvd. Es besteht aus einem Wasserpark mit Insel und Schiffswrack, einer Gokart-Bahn, Minigolf und einer Einkaufspassage. Der frisch renovierte **Sunshine Playground** im South Beach Park bietet jetzt neue Spielgeräte, viel Schatten und Pavillons mit Ventilatoren. Im Park gibt's auch noch eine Skateranlage, Wanderwege, Grillstellen, Volleyball-Felder und im Sommer ein kleines Wasserspiel.

Die historischen Stadtviertel von Jacksonville

UNTERWEGS IN RIVERSIDE UND AVONDALE

Die „River City" Jacksonville war jahrhundertelang eine Enklave der Native Americans mit Flussübergang, bevor sie 1822 zur Stadt erhoben wurde. Durch die folgende Ausdehnung, das feuchte Klima, Hurricanes und normalen Verfall wurden viele Gebäude aus der damaligen Zeit zerstört. Allein dem großen Stadtbrand von 1901 fielen 146 Häuserblöcke und 2368 Gebäude zum Opfer. Fast 9000 Menschen wurden damals obdachlos.

Doch in zwei der ältesten Viertel von Jacksonville, Riverside und Avondale, blieb die historische Architektur erhalten. Die

ÜBERNACHTEN IN DEN STRANDORTEN

One Ocean Resort & Spa
Das Resort in Atlantic Beach lockt mit Wellnessbereich am Meer, Swimmingpool, Fitness-Center, Pool Bar und Restaurant. **$$$**

Margaritaville Beach Hotel
Zum resortähnlichen Hotel am Strand gehören eine Bar, ein Restaurant, ein Café und ein Souvenirshop. **$**

Casa Marina Hotel and Restaurant
Das Boutiquehotel im europäischen Stil bietet eine Dachbar im 3. Stock, ein Restaurant und Blick aufs Meer. **$$**

Gemeindeorganisation Riverside Avondale Preservation (RAP) hat es sich zur Aufgabe gemacht, diese Architektur auch weiterhin zu erhalten. Schließlich stammen viele der Häuser aus dem 19. und frühen 20. Jh.

Riverside, das sich entlang des Riverside Dr erstreckt, steht auf der nationalen Liste der Historic Places. In den historischen Gebäuden, vornehmen Wohnblöcken und Häusern am Fluss leben viele jüngere Leute, und es herrscht eine lässige Atmosphäre. Hier befindet sich auch das Cummer Museum of Art & Gardens und das Viertel Five Points mit ausgefallenen Boutiquen, Vintage-Geschäften und Restaurants. In der Altstadt befinden sich auch der **Riverside Park** und der beliebte **Riverside Arts Market** unter der Fuller Warren Brücke, der am Samstagvormittag stattfindet. Die historischen Gebäude in Riverside kann man auf eigene Faust besichtigen (visitjacksonville.com/blog/historic-homes-of-riverside-tour).

Das wohlhabende und vornehme Viertel **Avondale** entlang der St. Johns Ave ist dagegen voller teurer Nobelvillen neben den historischenr Gebäuden. Der **Boone Park** hat einen Spielplatz und ausgedehnte Grünflächen, **Shoppes of Avondale** bietet Geschäfte, Restaurants und Veranstaltungen.

Go Gators! Das Florida-Georgia-Duell

GATORS UND BULLDOGS,DIE EWIGEN RIVALEN

Das mit Abstand wichtigste Ereignis in Jacksonville ist das alljährliche Duell zwischen den Bulldogs der University of Georgia und den Gators der University of Florida im Oktober. Football allein bringt die Stadt schon zum Kochen und wird ausgelassen gefeiert – doch wenn noch die uralte Rivalität der beiden Staaten hinzukommt, erreicht dies ganz andere Dimensionen. Jacksonville ist zwar eindeutig in Florida, liegt aber nur 52 km südlich der Grenze zu Georgia. Die Menschen haben die gleiche Gesellschaft, teils sogar den gleichen Arbeitgeber und die gleiche Partykultur. Eine der beliebtesten Country-Bands hier ist tatsächlich das Duo Florida Georgia Line.

Die Bulldogs und Gators treffen hier schon seit 1933 jedes Jahr aufeinander. Nur 1994 und 1995 musste das Derby ausfallen, weil das heutige Stadion **TIAA Bank Field** damals gebaut wurde. Die Fans feiern die Woche vor dem Spiel schon mit Konzerten, Festessen, Veranstaltungen und feuchtfröhlichen Versammlungen im Freien.

Die Parkplätze sind schnell belegt, und so organisiert die Stadt einen speziellen Shuttle-Service. Viele Fans kommen extra früh, um noch einen Parkplatz zu ergattern und trotz der Massen und der Security rechtzeitig ins Stadion zu kommen. Das Stadion

TIAA BANK FIELD

Das TIAA Bank Field Stadion am St. Johns River ist der Hauptveranstaltungsort der ganzen Metropolregion. Hier spielen nicht nur die Jacksonville Jaguars, sondern es finden auch Konzerte und Food-, Fitness- und Musikfestivals statt.

Das Heimstadion der Jaguars wurde 1995 an der Stelle des alten Gator Bowl errichtet. Zum Stadion gehört auch das Amphitheater **Daily's Place** mit 5500 Sitzplätzen. Hier treten Stars wie Nick Cannon, Kenny Chesney und Matchbox Twenty auf. Höhepunkte des Veranstaltungskalenders sind aber die Spiele der Jags, der TaxSlayer Gator Bowl, das Florida-Georgia-Spiel und Monster Jam.

Tipp: Wer zu einem der großen Spiele kommt, muss früh da sein, um den Anpfiff nicht zu verpassen.

ESSEN IN JACKSONVILLE

Biscotti's
Das Restaurant in Avondale bietet leckeres Bistro-Essen, Abendessen und Brunch am Wochenende. **$$**

Restaurant Orsay
Das Lieblingslokal der Einheimischen serviert Pariser Bistro-Klassiker mit einem Schuss Südstaatenküche. **$$$**

Bellwether
Die Speisekarte zeigt den Einfluss diverser Küchen. Besonders empfehlenswert sind Poutine, Char siu oder die vegane Vorspeise. **$$**

fasst bis zu 80 000 Zuschauer. Zu ihrer Sicherheit ist ein riesiges Aufgebot an Polizeikräften in Uniform und Zivil im Einsatz.

Kleiner Tipp: Auch wenn das Spiel auf der Website des TIAA manchmal als „Georgia-Florida“ angekündigt wird, es ist und bleibt das Spiel „Florida-Georgia“. (Wenn die Reihenfolge hin und wieder getauscht wird, soll das wohl für mehr Gerechtigkeit sorgen.) Gators vor!

Über Jacksonvilles Brücken

FARBENFROHE VERBINDUNGEN

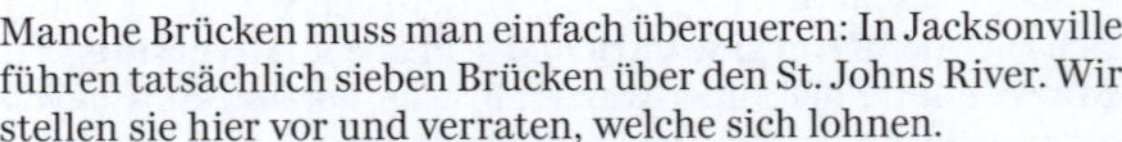

Manche Brücken muss man einfach überqueren: In Jacksonville führen tatsächlich sieben Brücken über den St. Johns River. Wir stellen sie hier vor und verraten, welche sich lohnen.

Über die 501 m lange **Acosta Bridge** aus Beton führt zwar der Acosta Express Way, doch kommt es hier zur Hauptverkehrszeit meistens zum Stau. Da sie praktisch mitten in der Innenstadt ist, wird sie auch gern zu Fuß überquert. Nachts wird sie schön beleuchtet.

Die **Buckman Bridge** aus Stahl und Beton auf der westlichen Umgehung der I-295 bietet jeweils eine Fahrbahn in Richtung Osten und Westen. Zur Hauptverkehrszeit ist hier alles dicht.

Die knapp 34 km an Stahlseilen der **Dames Point Bridge** sehen aus wie eine Harfe. Die 53 m hohe Brücke ist die schönste der Stadt und bietet einen spektakulären Ausblick.

Die **Fuller Warren Bridge** aus Beton führt die I-95 mit acht Spuren von Süden nach Norden durch die Innenstadt. Dennoch sollte man sie zur Hauptverkehrszeit meiden. Nachts wird sie farbenfroh beleuchtet.

Die **Isaiah D Hart Bridge** ist eine grüne Fachwerkbrücke aus den 1960er-Jahren. Auf ihr gehen die Fans ins TIAA Bank Field Stadion. Außerdem führt einmal im Jahr der 15 km lange Gate River Run über die Brücke.

Die blaue **Main Street Bridge** in der Innenstadt prägt die Skyline der Stadt. Auch sie wird nachts beleuchtet.

Die kastanienbraune **Matthews Bridge** aus den 1950er-Jahren führt den Verkehr von Süden in die Innenstadt und weiter zum TIAA Bank Field.

Bemerkenswerte Brücken sind zudem die **FEC Strauss Trunnion Bascule Bridge**, eine Eisenbahnzugbrücke von 1925, die unter der Acosta Bridge verläuft und nur geschlossen wird, wenn ein Zug darüber fährt. Die **Ortega Bridge** ist mit 348 m die kürzeste Brücke der Stadt und führt direkt ins wohlhabende historische Viertel Ortega.

BLACK ROCK BEACH

Der Black Rock Beach im **Big Talbot Island State Park** ist ein Paradebeispiel für das alte Florida – also das *wirklich* alte Florida. Oder sogar das uralte. Der Strand ist ganz anders als die feinen gelben Sandstrände anderswo. Der Black Rock entstand am Ende der letzten Eiszeit vor 10 000 Jahren. Und genauso sieht er auch aus. Von Wind und Wasser gebeutelte, kahle Eichen und Zedern säumen die Küste, die aus uralten Gesteinsformationen besteht. Dieser Strand eignet sich nicht zum Sonnen oder Baden, sondern erlaubt einen Blick auf die Erde, wie sie aussah, bevor der Mensch sie formte und veränderte. Der Strand an der State Rd AIA North ist 20 Autominuten vonJacksonville entfernt.

ESSEN IN JACKSONVILLE

Terra Gaucha Brazilian Steak House
Die beliebte Churrascaria bietet klassische Fleischgerichte und eine Salatbar. **$$$**

V Pizza and Sidecar
Das beliebte Restaurant serviert Steinofen-Pizza, Pasta und andere italienische Klassiker. Es gibt aber auch gute Chicken Wings. **$$**

Ruth's Chris
Das Steakhouse am Fluss ist im Riverplace Boulevard Crown Plaza Hotel. **$$$**

HAILEY GIAMARINO/SHUTTERSTOCK ©

Zoo in Jacksonville

Ein Tag im Jacksonville Zoo & Gardens

ALLES ÜBER TIERE UND PFLANZEN ERFAHREN

Im Jacksonville Zoo & Gardens leben 2500 Tiere. Neben den zu erwartenden Nashörnern, Zebras und Warzenschweinen sind dies auch exotischere Arten wie Vampirfledermäuse, Riesenameisenbären und Magellan-Pinguine. Diese sind nicht in der Antarktis heimisch, sondern vor den Küsten Südamerikas. Außerdem sind 1000 Pflanzenarten zu bewundern.

Der Zoo hat sich in den letzten Jahren stark verändert. Es gab früher weniger Gehege, die zudem kahler waren. Heute ist der Zoo wesentlich größer, engagiert sich in der Forschung und informiert umfassend. Es gibt ein 4-D-Kino, ein Kinderkarussell und eine Notfallstation für Manatis – eine der wenigen in Florida. Rund eine Million Menschen besuchen den Zoo pro Jahr.

Der rund 8 Meilen nördlich der Innenstadt von Jacksonville gelegene Zoo ist 40,5 ha groß. Das ist ganz schön viel zu laufen, vor allem für Kinder. Es gibt jedoch auch einen Zug, der diverse Haltestellen auf dem Gelände anfährt. Der Zoo ist interaktiv und bietet mehrere Veranstaltungen im Jahr, wie das Lichterfestival und eine Kostümparty zu Halloween.

Lebendige Vergangenheit auf der Kingsley Plantation

AUS DER GESCHICHTE LERNEN

1814 kam Zephania Kinglsey mit seiner Frau, einer ehemaligen Sklavin, und den drei Kindern nach Fort George Island und

MOSH

Das kleine, farbenfrohe und kinderfreundliche **Museum of Science and History** (MOSH) am Southbank Riverwalk gibt's schon seit mehr als 50 Jahren. Generationen von Familien haben das Museum schon besucht: erst als Kinder, dann zum Übernachten mit den Pfadfindern und schließlich mit ihren eigenen Kindern. Die Dauer- und Wechselausstellungen widmen sich naturwissenschaftlichen Themen, vom Wetter (mit einer Windmaschine) über Dinosaurier (mit lebensgroßen Animationen) bis hin zum menschlichen Körper. Außerdem gibt's ein Planetarium, in dem der Nachthimmel beobachtet und erklärt wird.

Bis 2026 oder 2027 soll das Museum in die für 100 Mio. US$ umgebaute alte Schiffswerft am Nordufer von Jacksonville umziehen. Bis dahin lautet die Adresse des mehrstöckigen Gebäudes 1025 Museum Circle.

ESSEN IN DEN STRANDORTEN

Seafood Kitchen
Das Lokal in Atlantic Beach bietet tolle Meeresfrüchte und Soul Food in entspannter Atmosphäre. **$$**

Dockside Seafood Restaurant
Mit Blick auf den Hafen und die Marsch werden Meeresfrüchte, aber auch Po' BoyTacos und ein Kindermenü serviert. **$**

Cantina Louie
Die wie zum Tag der Toten ausgestattete Cantina in Atlantic Beach bringt mexikanisches Street Food auf den Tisch. **$$**

FALLSCHIRM-SPRINGEN IN JACKSONVILLE

Jacksonville von oben: Vom Flugzeug in 3000 m Höhe sind die glitzernden Wolkenkratzer, nüchternen Industriebauten und das breite Band des St. Johns River gut zu erkennen. **World Skydiving Center** und **Skydive the Beach Jacksonville** bieten Fallschirmsprünge über Jacksonville an. (Achtung: Wer zum ersten Mal springt, sollte unbedingt einen Tandemsprung buchen.)

Eine weniger gefährliche Alternative bietet **iFly Indoor Skydiving**, an der Umgehung der I-295. Hier kannst du die Schwerelosigkeit ganz ohne Risiko erleben. Oder wenn das Wetter nicht mitmacht.

NICK FOX/SHUTTERSTOCK ©

Kingsley Plantation

gründete die Kingsley Plantation. Sieben Jahre später verkaufte Spanien den Staat Florida an Amerika. Damit endete die liberale Verwaltung des Gebiets, insbesondere im Hinblick auf die Situation entflohener Sklavinnen und Sklaven. Die Familie Kingsley führte die Plantage jahrzehntelang und baute Baumwolle, Zitronen, Zuckerrohr und Mais an. Die Versklavten lebten zumeist in Häusern aus „Tabby", einem Material, das auch aus Austernschalen entstand. 1898 baute der damalige Besitzer John McQueen ein neues Haupthaus, eine Küche und ein kleineres Saltbox-Haus direkt am Fort George River.

Zu sehen ist hier noch heute das älteste Plantagenhaus des Staates. Auch das gepflegte Gelände kann besichtigt werden. Es sind zudem noch Reste der vielen Häuser aus Tabby-Stein zu sehen, und es werden wunderbare Geschichten von der Kraft und dem Einfallsreichtum der versklavten Menschen erzählt. So diente Abraham Hanahan seinem Herrn Kingsley mit viel Mut und Klugheit, erlangte schließlich seine Freiheit und so großen Wohlstand, dass er später selbst Sklav:innen hatte. Ein anderer Sklave namens Carpenter Bill bzw. William Kingsley arbeitete sein ganzes Leben dafür, den Großteil seiner Familie freizukaufen.

Die Plantage liegt im **Timucuan Ecological & Historic Preserve** unter uralten, von Spanischem Moos überwucherten Eichen unweit der State Rd A1A. Die Adresse lautet 11676 Palmetto Ave. Sie kann kostenlos auf eigene Faust besichtigt werden. Die Öffnungszeiten finden sich auf der Website.

UNTERWEGS VOR ORT

Die meisten Sehenswürdigkeiten und Strände von Jacksonville sind nur mit dem Auto zu erreichen. Es gibt zwar Busverbindungen, aber nicht zu allen Orten. Du kannst ein Auto mieten oder mit dem Taxi, Uber und Lyft fahren. Es gibt auch eine kostenlose Monorail, und das St. Johns River Taxi fährt zu den Parks am Fluss, zum Hafen, einigen Hotels und zum TIAA Bank Field. In den Altstadtvierteln Riverside und Avondale kannst du das Auto abstellen und zu Fuß gehen.

Amelia Island

Miami

AMELIA ISLAND

Amelia Island liegt direkt südlich von Georgia. Die Insel bietet naturbelassene Parks und einsame Strände mit viel Geschichte. Die drei Inselgemeinden Fernandina Beach, American Beach und American City verfügen auch über eine lebendige Kulturszene. Es gibt Filmfestivals, Kammermusik, und das äußerst populäre Isle of Eight Flags Shrimp Festival im Mai. Knapp 40 000 Menschen leben das ganze Jahr auf der Insel, die wesentlich wohlhabender ist als der Rest von Nordost-Florida.

Atemberaubende State Parks wie Fort Clinch und Amelia Island locken hierher. Dank des ganzjährig guten Wetters sind zudem Aktivitäten wie Golfspielen, Wandern, Bootfahren, Kajak- und Kanufahren, Angeln und Baden immer möglich. Die Insel ist auch bekannt für ihre Pferde, die teilweise an den Stränden leben. Die Ausritte am Meer sind wunderbar.

TOP TIPP

Im Frühling und Sommer ist hier Hochsaison. Wer die Strände und die Natur in Ruhe genießen will, muss im Herbst oder Winter kommen.

Fernandina Beach, Amelia Island (S. 324)

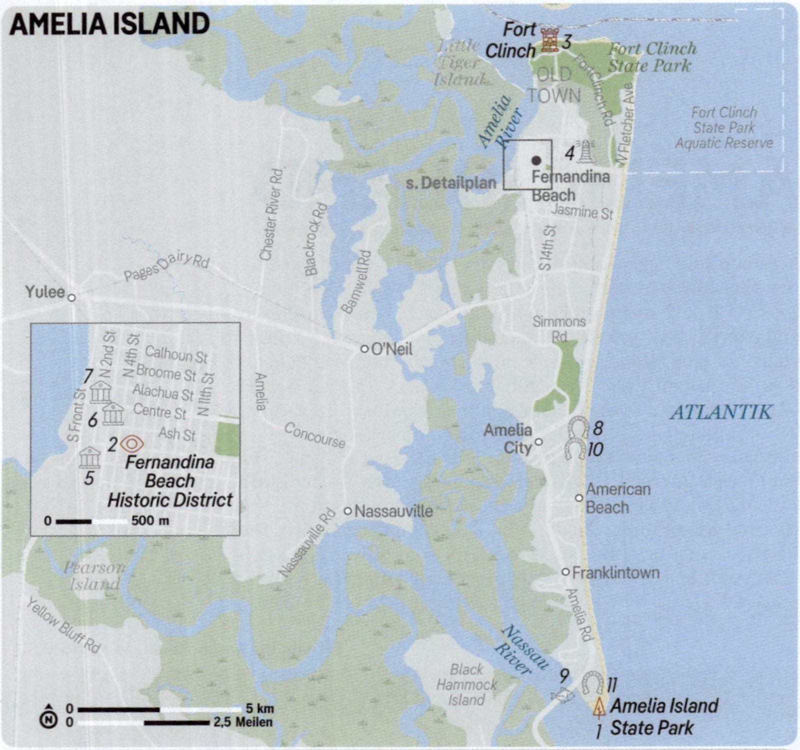

AMELIA ISLAND

HIGHLIGHTS
1 Amelia Island State Park
2 Fernandina Beach Historic District
3 Fort Clinch

SEHENSWERTES
4 Amelia Island Lighthouse
5 Amelia Island Museum of History
6 Florida House Inn
7 Palace Saloon

AKTIVITÄTEN, KURSE & TOUREN
8 Amelia Island Horseback Riding
9 George Crady Bridge Fishing Pier State Park
10 Happy Trails Walking Horses
11 Kelly Seahorse Ranch

Historic District

VIKTORIANISCHE SCHMUCKSTÜCKE UND BUNTE GESCHÄFTE

Der Historic District ist die Hauptsehenswürdigkeit in **Fernandina Beach**. Er umfasst 50 Blocks aus der Viktorianischen Zeit und steht unter Denkmalschutz. So ist er gut zu Fuß zu erkunden und bietet schöne Geschäfte. Hier befinden sich auch die älteste immer noch geöffnete Bar Floridas, der **Palace Sa-**

ÜBERNACHTEN AUF AMELIA ISLAND

Hoyt House Bed & Breakfast
Das viktorianische B&B in Fernandina Beach hat wunderschöne Zimmer, eine Veranda rund ums ganze Haus, Swimmingpool und Whirlpool. **$$$**

Beachside Motel
Schlichtes Hotel direkt am Strand mit gutem Preis-Leistungs-Verhältnis. **$**

Amelia Schoolhouse Inn
Das einzigartige Boutiquehotel mitten in Fernandina Beach wurde 1886 als erstes Schulhaus auf Amelia Island gebaut. **$$**

loon von 1903, und das älteste Hotel des Staates, das **Florida House Inn** von 1857, sowie allerhand bezaubernde B&Bs aus dieser Zeit.

Es gibt auch jede Menge Einkaufsmöglichkeiten: Galerien örtlicher Künstler, Buchläden, Kerzenmanufakturen, Surfläden und sogar ein Stickereigeschäft.

Der Historic District ist aber nicht mit der **Altstadt** zu verwechseln. Die Altstadt ist ein Wohnviertel nördlich des unter Denkmalschutz stehenden Bezirks. Das Viertel um Towngate St, Bosque Bello Cemetery, Nassau Marine St und Ladies St entstand an der Stelle des urprünglichen Fernandina Beach.

Rekordversuche im Amelia Island State Park

RUHIGE STRÄNDE UND TOLLE ANGELMÖGLICHKEITEN

Der Amelia Island State Park ist ein populäres Outdoor-Paradies. Deshalb sind auch nur maximal 600 Besucher:innen pro Tag erlaubt. Der 81 ha große Park liegt unweit der State Rd A1A North an der Südspitze von Amelia Island. Er ist wenige Meilen südlich von Fernandina Beach und ganz in der Nähe des berühmten Anglerpiers im **George Crady Bridge Fishing Pier State Park**.

Unter dem etwa eine Meile langen Pier, die über den Nassau Sound führt, tummeln sich Tarpune, Rote Schnapper, Gefleckte Umberfische und Wittlinge. Teilweise werden auch Shrimps und Meeräschen mit Netzen gefangen. Ein hiesiger Angler fing die größte Flunder der Welt. Wer hier angeln will, muss die Genehmigung mitbringen, denn im Park sind keine erhältlich.

Es ist auch der einzige Nationalpark, in dem es erlaubt ist, direkt am Strand zu reiten. Leihpferde gibt's auf der Kelly Seahorse Ranch. Haustiere sind ebenfalls erlaubt, und es gibt Toiletten und Duschen. Zur Vogelbeobachtung wurde der **Great Birding and Wildlife Trail** angelegt. Am Strand darfst du nicht nur nach Muscheln und Haifischzähnen suchen, sondern auch mit einem Jeep fahren.

Reiten am Strand

SATTEL, STEIGBÜGEL UND STRAND

Amelia Island Horseback Riding ist der älteste Reitstall der Insel. Das Angebot reicht von einstündigen Ausritten zum Sonnenuntergang oder Sonnenaufgang über romantische Ausritte zu zweit bis hin zu Tagesausflügen. Dabei wird immer am Strand geritten. Die **Kelly Seahorse Ranch** ist ein Familienbetrieb direkt am Strand und wird vom Staat Florida für die Arbeit im Amelia Island State Park unterstützt. Es werden nur

DIE BESTEN CAFÉS AUF AMELIA ISLAND

Amelia Island Coffee
Das lässige Café mitten in Fernandina Beach serviert vor Ort geröstete n Kaffee, Espresso, Frühstück und Brunch. $

Hola Cuban Coffee
Kubanischer Kaffee und kubanisches Essen kommen auf die Tische im Hof des entspannten Cafés. $

Nana Teresa's Bake Shop
Das helle, freundliche Café bietet leckeres Gebäck, Kaffee, Espresso und einen altmodischen Getränkespender. $

Mocama Coffee
Es gibt Kaffee aus der French Press, Filterkaffee, Espresso, eine monatlich wechselnde Kaffeespezialität und verschiedene Tees. $

Ausritt am Strand

Omni Amelia Island Resort
Jedes Zimmer hat Meerblick, und es gibt ein Spa, Swimmingpools und einen Golfplatz. $$$

Ritz-Carlton Amelia Island
Das Resort hat einen Golfplatz, ein Spa mit Massagen und eines der besten Restaurants der Insel. $$$

Seaside Amelia Inn
Eines der wenigen Hotels direkt am Strand von Fernandina hat einen Swimmingpool und eine Dachterrasse. An der Rezeption gibt's immer frische Kekse. $$

einstündige Ausritte angeboten. Bei **Happy Trails Walking Horses** wird auf Tennessee-Walking-Pferden geritten, einer Rasse, die einst für die Arbeit auf Plantagen gezüchtet wurden. Im Angebot sind geführte Ausritte zum Sonnenuntergang oder -aufgang und ein zweistündiger Ausritt über 21 km. Die Kosten liegen zwischen 125 und 175 US$ für eine Stunde Reiten.

Die Touren beginnen jeweils im **Peters Point Beachfront Park** in Fernandina Beach.

SHRIMPS-FESTIVAL

Normalerweise leben in Fernandina Beach rund 13000 Menschen, doch während des **Isle of Eight Flags Shrimp Festival** Anfang Mai sind es 150000. Dann wird drei Tage lang gefeiert mit Feuerwerk, Essen, einer Antiquitätenmesse, der Miss Shrimp-Wahl und dem Shrimps-Lauf.

Irgendwann stürmen Piraten das Festival, und Tage vor dem Beginn des Festivals findet ein großer Umzug statt.

Im Norden von Fernandina Beach

STRÄNDE, ARCHITEKTUR UND EIN SHRIMPS-FESTIVAL

Fernandina Beach ist die nördlichste Stadt an Floridas Ostküste, Sitz des Nassau County und der größte Ort auf Amelia Island. Wer die Insel besucht, kommt zumeist nach Fernandina. Im Historic District der Stadt befinden sich viele Gebäude aus dem 19. und frühen 20. Jh., unzählige Restaurants und Geschäfte, lange Strände und der Fort Clinch State Park. Schließlich findet hier auch das berühmte Shrimps-Festival statt. Außerdem gibt's einen kleinen Flughafen, Hotels am Strand und das **Amelia Island Museum of History**.

Sehenswert ist auch der **Leuchtturm von Amelia Island**. Der Leuchtturm von 1838 ist der älteste in Florida. Er wird von der Stadt Fernandina Beach und der Küstenwache unterhalten.

Bürgerkrieg im Fort Clinch

LEBENDIGE GESCHICHTE IN TRAUMHAFTER NATUR

Der Fort Clinch State Park bietet eine für das alte Florida typische Kombination aus traumhafter Natur und lebendiger Geschichte. Er liegt an der Nordspitze von Amelia Island direkt gegenüber der Insel Cumberland, die schon zu Georgia gehört. Er scheint Welten vom restlichen Florida entfernt zu sein. Der Weg zum Fort führt durch uralte Eichenwälder, und das Fort besteht aus gut erhaltenen Kolonialgebäuden auf gepflegtem Gelände.

Das 1847 errichtete Fort Clinch wurde in den 1930er-Jahren sorgfältig restauriert. Es besteht aus Backsteingebäuden über einem Tunnelsystem, einem erhöhten Küchenbereich und einem Museum. An einem Wochenende im Monat stellen als Unionssoldaten kostümierte Schauspieler Szenen des Bürgerkriegs nach und feuern die Kanonen ab. Tatsächlich war das Fort im Bürgerkrieg von den Konföderierten besetzt, bis General Robert E. Lee 1862 den Rückzug befahl und die Union das Fort eroberte. Kostümierte Schauspieler sind das ganze Jahr über vor Ort, zeigen altes Handwerk und beantworten Fragen.

Obwohl das Fort wirklich interessant ist, lassen es viele Leute doch links liegen und fahren lieber direkt zum Strand, um zu baden oder Muscheln, Seeigel, Haifischzähne und vieles mehr zu suchen.

UNTERWEGS VOR ORT

Für die Insel ist ein Auto sehr praktisch, doch samstags fährt auch der preiswerte „Island Hopper"-Bus, und es gibt jede Menge Shuttle-Busse von und zum Flughafen. Außerden werden auf der Insel Autos und Fahrräder verliehen.

Daytona Beach

Miami

DAYTONA BEACH

Wie der Name schon sagt, ist Daytona Beach für seine Strände bekannt: Hier warten auf 23 Meilen (37 km) lange weiße Sandstrände am herrlich blauen Meer. Im Frühjahr verbringen Schüler und Studenten aus Florida hier ihre Ferien (Spring Break). Und der in den 1920er-Jahren von der Tourismusindustrie geprägte Slogan vom „berühmtesten Strand der Welt" zieht noch heute.

Daytona Beach hat aber noch mehr bekannte Highlights: ob Nascar, Daytona 500, Motorsport oder Bike Week. Die Mischung aus Einheimischen, Reisenden, Motorsportfans und Biker:nnen sorgt für eine einzigartige Atmosphäre voller Energie. Die Stadt hat zwar nur 72 000 Einwohner:innen, doch mit den vielen Hotels und überfüllten Stränden scheint die Stadt wesentlich größer zu sein als sie ist. Die Vermarktung von Daytona Beach als Teil der „Fun Coast" passt jedenfalls.

TOP TIPP

Daytona Beach wird immer wieder von tropischen Stürmen und Hurricanes getroffen. 1992 krachte eine 5,5 m hohe Welle aus dem Nichts auf den Strand und zerstörte 100 in der Nähe geparkte Autos. Nach einem Sturm sollte man sich auf der Website von Volusia County informieren, ob die Strände zugänglich sind.

Daytona Beach

DAYTONA BEACH

HIGHLIGHTS
1 Daytona Beach Pier
2 Daytona International Speedway

SEHENSWERTES
3 Daytona Beach Bandshell
4 Downtown Historic District
5 Sun Splash Park

UNTERHALTUNG
6 Daytona Lagoon
7 News-Journal Center

SHOPPEN
8 Downtown Daytona Beach Farmers Market

INFORMATION
9 Bike Week Welcome Center

High Speed beim Daytona 500

DIE RENNLEGENDE

Die Geschichte der Autorennen von Daytona Beach beginnt mit zwei Männern, zwei Autos mit Baujahr 1903 und einem Streit darüber, welches Auto schneller sei. So fand das erste Rennen

ÜBERNACHTEN IN DAYTONA BEACH

River Lily Inn Bed & Breakfast
Das fünfstöckige Haus aus dem späten 19. Jh. liegt am Halifax und hat eine Dachplattform, Swimmingpool und Balkone. **$$$**

Hilton Daytona Beach Oceanfront Resort
Das weitläufige Resort bietet einen tollen Blick aufs Meer und den Daytona Beach Pier sowie ausgezeichnete Einrichtungen. **$$**

Club Wyndham Ocean Walk
Das Hochhaus am Strand hat einen Strömungskanal, Swimmingpool und Kinderspielplätze. **$$**

am Strand von Daytona Beach statt. Es ist zwar nicht bekannt, wer damals gewann, doch das Rennen gilt als Beginn des Motorsports in der Stadt. Die ersten Rennen wurden noch recht unorganisiert auf dem Strand gefahren. 1947 übernahm Bill France Senior die Organisation und gründete die National Association for Stock Car Auto Racing, kurz: Nascar. Im folgenden Jahr fand das erste offizielle Nascar-Rennen in Daytona statt, und zwar ebenfalls wieder am Strand.

Am 22. Februar 1959 fand dann das erste Daytona 500 mit 59 Autos und 41 000 Zuschauern auf dem Daytona International Speedway statt. Heute kommen jedes Jahr mehr als 100 000 Fans zu dem Rennen. Das Daytona 500 ist nach den 500 Meilen benannt, die auf dem 2,5 Meilen langen Rundkurs gefahren werden. Das Rennen ist der Höhepunkt einer ganzen Woche voller Rennen und Veranstaltungen und wird von Stars wie Trace Adkins, Luke Combs und Better than Ezra sowie einer Präsentation auf dem Roten Teppich begleitet.

BIKETOBERFEST

Das Biketoberfest im Herbst ist so etwas wie die Bike Week light. Mit vier Tagen ist es deutlich kürzer und zieht nur ein Viertel so viele Menschen an, die zumeist deutlich jünger sind. Die Temperaturen sind angenehmer, es ist gemütlicher und die Hotels sind nicht so teuer und voll.

Zu den Höhepunkten des Biketoberfests gehören die Rat's Hole Custom Bike and Chopper Show, der Umzug in der Main Street und jede Menge Livemusik. Die Main Street wird zum Motorrad-Korso und die örtlichen Geschäfte feiern mit speziellen Angeboten mit. Überall sind Spezialanfertigungen zu bewundern.

Bei der Bike Week auf Touren kommen

10 TAGE BIKER-VERGNÜGEN

Wenn es Frühling wird, kommt die Zeit der Bike Week, das zweite Großereignis der Stadt.

Die Bike Week geht auf das erste Motorradrennen Daytona 200 (1937) zurück und gewann seitdem immer mehr Zulauf. Schützungsweise 400 000 Menschen kommen in dieser Zeit nach Volusia County, wobei die „Woche" eigentlich zehn Tage dauert.

Es gibt ein offizielles **Bike Week Welcome Center** im One Daytona, einem Einkaufszentrum gegenüber dem Daytona International Speedway. Es gibt Tauschbörsen, Motorradausfahrten und sogar ein Motorradfeuer (das Motorrad ist knapp 23 m hoch und aus Holz) mit Stelzenläufern, Hochseilartisten, Feuerkünstlern sowie Essens- und Getränkeständen. Die Main St und State Rd A1A sind dann voller Motorräder. Im knapp 61 ha großen **Destination Daytona** sind ein Motorradmuseum und eine Harley-Davidson-Niederlassung untergebracht, die beide immer gut besucht sind.

Daytona Beach Boardwalk & Pier

VERGNÜGUNGEN AM STRAND

Die Main Street Bridge führt direkt zum Daytona Beach Boardwalk & Pier. Der vor allem bei Familien beliebte Vergnügungspark bietet Einkaufspassagen, Fahrgeschäfte, Pizza- und Eisstände sowie eine Spielhalle. Außerdem finden in der **Daytona Beach Bandshell** von Mai bis Dezember jeden Frei-

Daytona Beach Pier

ESSEN IN DAYTONA BEACH

Sloppy Joe's Daytona Beach
In dem Strandlokal neben dem Bandshell sitzen die Gäste bei den Konzerten in der ersten Reihe. $$

Sakana Japanese Steakhouse and Sushi Bar
Hier schwimmt das Sushi in kleinen Booten zu den Gästen. $$

Caribbean Jack's
Das beliebte Restaurant mit lebendiger Atmosphäre bietet tolles Essen und Livemusik mit Blick auf den Jachthafen. $$

tag kostenlose Konzerte statt. Im Sommer gibt's jeden Samstag ein Feuerwerk. Am Ende des gut 300 m langen Piers darf man angeln, ohne dass dafür eine Genehmigung erforderlich ist.

Am interessantesten sind jedoch die Fahrgeschäfte beim Holzsteg: die v-förmige „Slingshot" schießt dich 37 Stockwerke hoch in die Luft, das Vomitron (das angeblich „sogar Astronauten fürchten") rotiert mit 112 km/h und einer Kraft von 5 g. Die Bar darunter bietet Jello Shots an. Für kleinere Kinder gibt es etwas weiter nördlich die **Daytona Lagoon** mit Wasserrutschen, Lazy River, Arcade, Boxautos, Seilrutschen und Minigolf. Beim Update für 2023 sollte der Park Attraktionen wie Laser Tag, Arcade-Spiele und eine Eisdiele dazukommen.

DAYTONA INTERNATIONAL SPEEDWAY

Das Daytona 500 ist das bekannteste Event, doch finden auf der Rennbahn das ganze Jahr über Rennen und Veranstaltungen statt, etwa das „Daytona supercross indoor dirt bike race" und das „Daytona 200", ein Motorradrennen. Im Tickets-and-Tours-Gebäude befindet sich die Motorsports Hall of Fame. Sie zeigt alle Arten von Motorsport, von Rennwagen über Motorräder bis hin zu Schnellbooten. Auch Statuen der Mitglieder der Hall of Fame sind zu sehen. Bei den täglichen Führungen (25 US$) wird auch die Hall of Fame besichtigt.

Du kannst auch selber oder mit einem Guide ein paar Runden im Nascar drehen. Das kostet zwischen 176 und 352 US$.

Strandvergnügen

DAYTONAS AUSHÄNGESCHILD

Daytona Beach punktet – wie ja schon der Name vermuten lässt – vor allem mit tollen Stränden. Abertausende von Schülern und Studenten, aber auch Familien mit kleinen Kindern verbringen hier ihre Ferien. Am Strand wurden auch die ersten Autorennen gefahren, für die die Stadt weltbekannt ist.

Die Strände von Volusia County sind insgesamt 23 Meilen (37 km) lang und liegen in 15 öffentlichen Küstenparks. Es gibt folgende Beach Parks: Argosy, Cardinal Dr, Dahlia Ave, Edwin W Peck Sr, Frank Rendon, Hiles Blvd, Lighthouse Point, Mary McLeod Bethune, Al Weeks Sr North Shore, Tom Renick, Sun Splash, Smyrna Dunes, Toronita Ave, University Blvd und Winterhaven. Jeder dieser Parks ist einzigartig und auf der Website des Volusia County beschrieben.

Der Strand rund um den **Daytona Beach Pier** ist besonders beliebt – und entsprechend überlaufen. Der **Sun Splash Park** ist ideal für Kinder, da er nur fünf Minuten von der Innenstadt entfernt ist und Wasserspiele hat.

Für alle Strände gilt, dass du mit dem Auto darauf fahren darfst – solange du dich in den ausgewiesenen Gebieten aufhältst und über eine Erlaubnis verfügst. Diese kostet 20 US$ pro Tag und berechtigt beliebig oft zum Ein- und Ausfahren.

Die Strände eignen sich auch gut zum Surfen, allerdings nur in ausgewiesenen Bereichen, weit entfernt vom Schiffsverkehr und mindestens 100 m entfernt vom Pier.

Feuer ist am Strand ebenfalls erlaubt, sofern eine Feuerschale verwendet wird. Diese werden auch von der Stadt kostenlos zur Verfügung gestellt. Während der Eiablage der Meeresschildkröten sollte man aber darauf verzichten, weil es sie und die schlüpfenden Jungtiere erheblich stört.

ESSEN IN DAYTONA BEACH

The Garlic
Das beliebte Restaurant in New Smyrna Beach serviert italienische Klassiker im Freien. **$$**

Chart House
Das noble Restaurant direkt am Wasser bietet ausgezeichnetes Essen. **$$$**

Aunt Catfish's on the River
Das Restaurant in Port Orange serviert Südstaatenessen, Meeresfrüchte, Fisch und gebratenen Hai mit Cajun. **$$**

PISAPHOTOGRAPHY/SHUTTERSTOCK ©

Verkehrsschilder in Daytona Beach

Einkaufsmeile am Fluss

SHOPPEN UND SPEISEN IM HISTORISCHEN DISTRIKT

Ein Teil des **Historic Districts** von Daytona liegt direkt an der Beach Street, einer schönen Promenade am Ufer des Halifax. Unter Palmen reihen sich Häuser aus dem frühen 20. Jh. und gut 60 Geschäfte aneinander. Die Einkaufsmeile erstreckt sich in der Beach Street zwischen Bay Street und Orange Avenue. Dieser Straßenabschnitt hat das Flair des alten Florida und wirkt zugleich trotzdem recht modern.

Was das Einkaufen hier so einzigartig macht, ist die geschichtsträchtige Umgebung in Verbindung mit dem herrlichen Ausblick und dem vielfältigen Angebot. Es gibt Kunstgalerien, Buch- und Plattenläden, Yoga- und Tanzstudios. Außerdem gibt's Werkstätten für amerikanische und ausländische Fahrzeuge sowie Restaurants, die von Hot Dogs über Veganes bis hin zu venezuelanischem Essen alles auf den Tisch bringen. Und nicht zu vergessen die vielen Weinbars und Kneipen sowie ein Café und ein Reformkostladen, der bestimmt auch etwas gegen Kater hat.

Samstagvormittags findet zudem der **Downtown Daytona Beach Farmers Market** an der Ecke Magnolia Avenue zwischen Beach Street und Palmetto Avenue statt. Der kleine Markt bietet frische Lebensmittel, die nur bar bezahlt werden können.

Im nördlichen Teil der Beach Street ist auch das **News-Journal Center** des Daytona State College. Es bietet eine Kunstgalerie und Veranstaltungen der darstellenden Künste.

PONCE INLET

Ponce Inlet ist ein ruhiges Wohnviertel, das viel Geschichte und Natur bietet. Das 53 m hohe, knallrote **Ponce de León Inlet Lighthouse** wurde 1887 errichtet und beherbergt ein kleines Museum. Das **Ponce Inlet Historical Museum** daneben besteht aus zwei historischen Häusern im Florida-Cracker-Stil, von denen eines 1880 gebaut wurde, und einem 100 Jahre alten Friedhof.

Für Kinder interessant ist das **Marine Science Center** mit seinen Aquarien und Becken voller Meerestiere. Es gibt auch eine Klinik für Meeresschildkröten, Vorträge über Schildkröten und Flugvorführungen mit Raubvögeln.

UNTERWEGS VOR ORT

Wer Daytona Beach bis in die letzte Ecke erkunden will, benötigt ein Auto. Es verkehren auch ziemlich viele Busse von Votran, mit denen die wichtigsten Sehenswürdigkeiten zu erreichen sind. Außerdem gibt's Uber und Lyft, die aber im Voraus gebucht werden müssen, vor allem in der Hochsaison. Amtrak-Züge fahren von und nach Jacksonville, die Fahrt dauert allerdings knapp vier Stunden.

RYAN MCGILL/SHUTTERSTOCK ©

Oben: Siesta Key (S. 365); rechts: Downtown Tampa (S. 338)

DIE WICHTIGSTEN ZIELE

TAMPA
Uferwege, Geschichte, Museen. **S. 338**

ST. PETERSBURG
Kunstbegeisterte Stadt an der Bucht. **S. 348**

SARASOTA
Tor zu den von Stränden gesäumten Keys. **S. 359**

TAMPA BAY & SÜDWEST-FLORIDA

INSELN, OUTDOOR-AKTIVITÄTEN UND STADTLEBEN

Der Südwesten Floridas bezaubert seine Gäste seit langem mit malerischen Inseln, kunstbegeisterten Städten und dschungelbewachsenen Parks voller Wildtiere.

Im Jahr 1885 kam Thomas Edison nach Florida, um den kalten Temperaturen des Nordens zu entfliehen. Es war Liebe auf den ersten Blick, als er das Ufer des Caloosahatchee River in Fort Myers betrat. Dort baute er ein Anwesen mit vielen Gärten, in das er bis zum Ende seines Lebens häufig zurückkehrte. Edison ist nur einer von vielen Menschen, vom Zirkusmagnaten John Ringling bis zum Schriftsteller Stephen King, die dem Zauber Südwest-Floridas verfallen sind.

Auch wenn sich einiges geändert hat, seit Edison zum ersten Mal auf der Bildfläche erschien, hat dieser weite, von Inseln gesäumte Küstenstreifen nichts von seiner Anziehungskraft verloren. In der Region gibt es weiße Quarzsandstrände, kristallklare, von Quellen gespeiste Flüsse, an denen Manatis grasen, und bewaldete Gebiete mit einer vielfältigen Pflanzen- und Tierwelt.

ESB PROFESSIONAL/SHUTTERSTOCK ©

Angesichts der Schönheit der Natur verwundert es nicht, dass Menschen schon so lang in dieser Region leben. Die Calusa verteidigten ihr Land vehement gegen die ersten spanischen Eindringlinge im 16. Jh. Vor ihnen hatten wenig bekannte Stämme Jahrtausende alte Küstensiedlungen errichtet, und Archäolog:innen legen immer noch Funde frei, die auf die frühesten Bewohner der Halbinsel zurückgehen.

In jüngster Zeit hat der Aufstieg der lebendigen Städte das Leben in Südwest-Florida neu definiert. Tampas kultiges Flussufer und die aufstrebende Kunstszene von St. Petersburg gehören zu den zahlreichen Attraktionen der Region. Hinzu kommen eine dynamische Gastronomieszene, prächtige botanische Gärten und zahllose historische Sehenswürdigkeiten, die die Vergangenheit lebendig werden lassen, sowie einige der schönsten Sonnenuntergänge der Welt, um den Tag ausklingen zu lassen.

FORT MYERS
Malerisches Stadtzentrum. S. 369

NAPLES
Gärten, Strände, Restaurants. S. 372

AUTO

Wer nicht nur in den großen Städten unterwegs ist benötigt ein Auto, um die Dörfer, Strände und malerischen Keys besuchen zu können. Es gibt einige Mautstraßen hier, die meisten davon werden elektronisch überwacht und bargeldlos bezahlt.

BUS

Greyhound-Busse fahren durch Tampa, St. Peterburg, Sarasota, Fort Myers und Naples die Küste hinauf und hinunter. Nahverkehrsbusse verbinden einige Städte mit den nahen Stränden: SCAT fährt von Sarasota nach Siesta Key und der Suncoast Beach Trolley verkehrt entlang der Barriereinseln bei St. Petersburg.

SCHIFF/FÄHRE

Fahrten per Boot werden in der Region kaum angeboten, aber am Wochenende kann man die Cross Bay Ferry zwischen St. Petersburg und Tampa nutzen. Fähren fahren auch nach Caladesi Island, Egmont Key und Shell Key.

Tampa, S. 338

Die größte Stadt in Südwest-Florida hat tolle Museen, einen hübschen Riverwalk und Gastro-Ziele wie Armature Works. Nördlich des Zentrum liegt das vom Nachtleben geprägte Viertel Ybor City.

St. Petersburg, S. 348

Freigeistiger als Tampa ist St. Pete für seine Künstler, das Dalí-Museum und Parks am Wasser bekannt. Die schönen Strände der Barriereinseln sind hier nah.

Sarasota, S. 359

Hier gibt es den riesigen Ringling Museum Complex, üppige Gärten und ein zu Fuß bewältigbares Viertel rund um die Main St mit Restaurants, Läden und Galerien.

New Port Richey
Tarpon Springs
Honeymoon Island State Park
Dunedin
Clearwater Beach
Clearwater
Tampa
Lakeland
Bartow
Alafia River
St. Petersburg
St. Pete Beach
Gulfport
Tampa Bay
Fort De Soto Park
Anna Maria Island
Bradenton
Lake Manatee
Manatee River
Longboat Key
Sarasota
Lido Key
Lake Myakka
Myakka River
Siesta Key
Myakka River State Park
Arcadia
0 20 km
0 10 Meilen

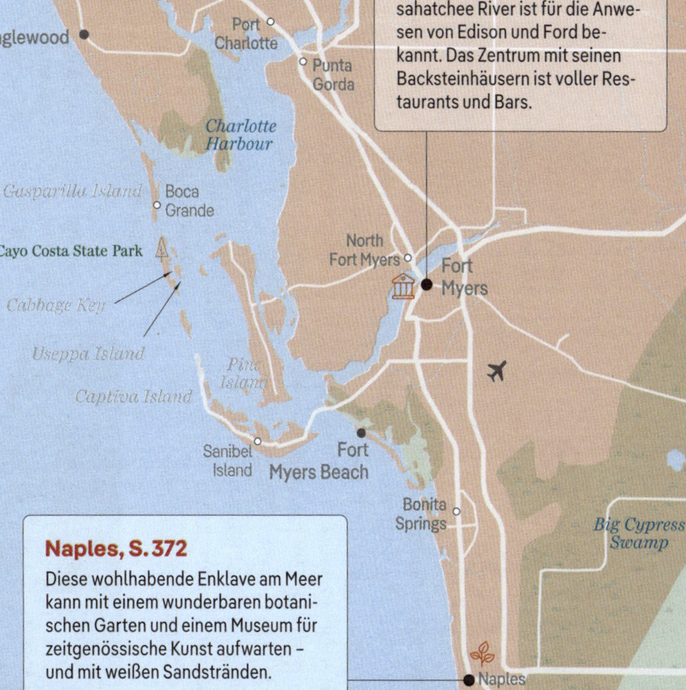

Erste Orientierung

Dieser lange Streifen Floridas erstreckt sich ca. 200 Meilen (320 km) entlang der Golfküste – von den klaren Flüssen Crystal Rivers bis zu den Sandstränden von Napels. Tampa ist das wichtigste Tor zu dieser Region.

Perfekte Tage

Südwest-Florida hat berühmte Strände zu bieten, aber abgesehen davon gibt noch viel mehr zu sehen und zu tun, von der Erkundung grüner Gärten und dem Besuch von Galerien bis zum Paddeln auf kristallklaren Flüssen und Spaziergängen durch Mangrovenfeuchtgebiete.

GABRIELE MALTINTI/SHUTTERSTOCK ©

Tampa Riverwalk (S. 339)

Kurztrip

● Der Tag beginnt auf dem **Tampa Riverwalk** (S. 339). Morgens genießt man den Blick über den Fluss, dann geht es im **Tampa Bay History Center** (S. 340) auf Zeitreise. Auf der anderen Seite des Flusses wartet das **Henry B. Plant Museum** (S. 341) mit seinen historischen Räumen aus den frühen 1900er-Jahren, die von einem Minarett gekrönt werden.

● Am Nachmittag fährt man mit der Straßenbahn nach **Ybor City** (S. 342), wo man ein spätes Mittagessen im kultigen **Columbia** (S. 342) einnimmt und anschließend im **Centennial Park** (S. 342) nach Hähnen Ausschau hält. Abends geht es zurück nach Tampa für ein Abendessen im **Armature Works** (S. 340), gefolgt von Drinks im **CW's Gin Joint** (S. 341).

Beste Reisezeit

Der Winter ist ideal für Outdoor-Aktivitäten, Frühling und Herbst bieten Strandwetter. Im Sommer sollte man für ein kühles Bad in der Wassernähe bleiben.

JANUAR

Das neue Jahr beginnt in Tampa mit dem karnevalistischen **Gasparilla Pirate Fest** Ende Januar.

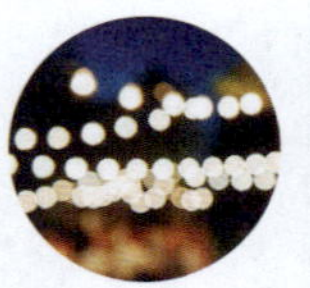

FEBRUAR

Kühle (gelegentlich frostige) Nächte und angenehme Tage machen Fort Myers zum idealen Ort für das **Edison Festival of Light**.

MÄRZ

Auf Binnengewässern wie dem Crystal River ist der März die ideale Zeit, um **Manatis zu beobachten**, die besten Monate sind Dezember bis März.

JERI BLAND/SHUTTERSTOCK ©, RUSLAN_127/SHUTTERSTOCK ©, THIERRY EIDENWEIL/SHUTTERSTOCK ©

Ein Drei-Tage-Wochenende

● Am nächsten Morgen geht's über die Bucht nach **St. Petersburg** (S. 348). Hier verbringt man den Tag damit, die Kunstwerke im **Salvador Dalí Museum** (S. 348) zu bewundern, die luftige Aussicht bei einem Mittagessen am **St. Pete Pier** (S. 350) zu genießen und die Geschäfte und Galerien entlang der Central Ave. zu durchstöbern. Am Abend lädt eine der zahlreichen **Craftbier-Brauereien** (S. 350) in St. Pete zu einem Drink ein.

● Am Schluss gönnt man sich noch etwas Zeit am Strand. Im **Honeymoon Island State Park** (S. 354) kann man am schönen Ufer entspannen. Oder man setzt mit der Fähre zur **Caladesi Island** (S. 354) über, wo man auf bewaldeten Wegen und an Mangroven gesäumten Ufern mit dem Kajak auf Entdeckungstour gehen kann.

Länger Zeit

● Frühmorgens fährt man eine Stunde hinauf zum **Weeki Wachee Springs State Park** (S. 344), wo man eine unvergessliche Paddeltour auf einem von einer Quelle gespeisten Fluss machen und eine kitschige Meerjungfrauen-Show sehen kann, die Besucher:innen seit den 1940er-Jahren begeistert. Nördlich davon kann man im **Ellie Schiller Homosassa Springs Wildlife State Park** (S. 345) die einheimische Tierwelt Floridas bewundern.

● Südlich von Tampa lohnt sich ein Abstecher ins malerische **Sarasota** (S. 359), bevor es an die Sandstrände von **Siesta Key** (S. 365) und **Anna Maria Island** (S. 366) geht. Im **Historic Spanish Point** (S. 367) mit seinen archäologischen Exponaten und frühen Pionierhäusern taucht man in die Vergangenheit ein. Schließlich unternimmt man im **Naples Botanical Garden** (S. 372) eine Reise um den Globus und genießt die berühmte Restaurantszene der Stadt.

APRIL

Die Tage sind heiß, aber erträglich, eine gute Zeit, um das **Mainsail Art Festival** in St. Petersburg oder den **Sailor Circus** (S. 359) in Sarasota zu besuchen.

JUNI

Hitze und Luftfeuchtigkeit steigen, die Menschenmassen verschwinden (**gute Hotelangebote!**). Im Juni beginnt die Hurrikansaison (bis Nov.).

OKTOBER

Im schwülen Südwesten zeigt sich der Herbst kaum, und die sonnigen Tage werden bei Veranstaltungen wie dem **Shine Mural Festival** in St. Petersburg genutzt.

DEZEMBER

Snowbirds (Menschen, die in Florida „überwintern") kommen, um der Kälte zu entfliehen und an **Weihnachtsveranstaltungen** teilzunehmen.

TAMPA

Der zweitgrößte Ballungsraum Floridas liegt rund um Tampa, eine Stadt mit knapp 400 000 Einwohnern an der Nordküste der gleichnamigen Bucht. Über die ersten Menschen, die in dieser Region lebten, ist wenig bekannt, obwohl die indigenen Stämme die frühen Versuche der Spanier, hier eine Kolonie zu gründen, im 16. Jh. zurückschlugen. In den nächsten Jahrhunderten zogen nur wenige Pioniere und saisonal Fischer durch, und die Besiedlung begann nur langsam – selbst nachdem die USA 1824 Fort Brooke im heutigen Zentrum errichtet hatten.

Der Aufschwung Tampas begann Ende des 19. Jhs. Die Entdeckung und der Abbau von Phosphaten fielen mit der Ankunft der Eisenbahn und einem Boom in der Zigarrenherstellung im Vorort Ybor City zusammen. In den historischen Sammlungen der Stadt kann man in die Vergangenheit eintauchen.

Heute sind die schönsten Seiten Tampas mit der Uferpromenade verbunden. Am fußgänger- und fahrradfreundlichen Riverwalk gibt es einige der besten Museen der Stadt sowie Hallen für darstellende Künste und Sportarenen.

TOP TIPP

Tampa hat eine ausgezeichnete Gastronomieszene, auch wenn in der Innenstadt nur sehr wenige Lokale zu finden sind. In Ybor City gibt es jede Menge, und das Viertel Seminole Heights (entlang der Florida Ave) ist ein Hipster-Treffpunkt. Im gehobenen Hyde Park Village südlich der Downtown gibt es ebenfalls zahlreiche attraktive Restaurants und Bars.

Henry B. Plant Museum (S. 341)

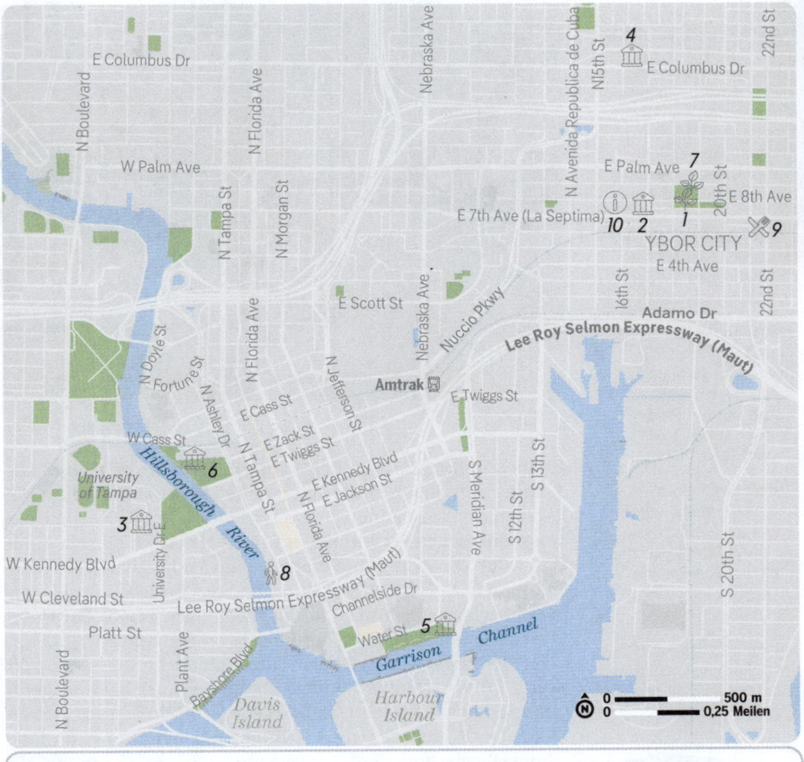

SEHENSWERTES
1 Centennial Park
2 Florida Museum of Photographic Arts
3 Tampa Bay Hotel & Henry B. Plant Museum
4 JC Newman
5 Tampa Bay History Center
6 Tampa Museum of Art
7 Ybor City Museum State Park

AKTIVITÄTEN, KURSE & TOUREN
8 Tampa Riverwalk

ESSEN
9 Columbia

PRAKTISCHES
10 Ybor City Visitor Center

Flanieren auf dem Tampa Riverwalk

PARKS, AUSBLICKE UND SEHENSWÜRDIGKEITEN

Die beliebteste Grünfläche Tampas erstreckt sich entlang des Hillsborough River und führt an einem Mix aus palmengesäumten Parks und schimmernden Wolkenkratzern vorbei, immer mit Blick auf die Wasserstraße. Wer den Riverwalk komplett

BESTE ZIELE FÜR KINDER IN TAMPA

Florida Aquarium
Einzigartige Lebensräume, z.B. Korallenriffe und Feuchtgebiete Floridas mit Alligatoren, Flussottern und Rosalöfflern.

Glazer Children's Museum
Interaktives Museum mit kreativen Spielräumen für Kinder unter 10 Jahren, von der Werkstatt eines Ingenieurs bis zur Tierklinik.

ZooTampa at Lowry Park
Die einheimischen Wildtiere Floridas wie Schwarzbären und Panther aus nächster Nähe betrachten. Es gibt auch Afrika-Safari-Fahrten.

ARMATURE WORKS

Das Armature Works, ein ehemaliger Industriekomplex, der in die beste Food Hall der Stadt umgewandelt wurde, bietet viele gastronomische Einrichtungen. Im Außenbereich am Flussufer gibt's Live-Musik und andere Veranstaltungen. Ein paar empfehlenswerte Orte:

Muchachas Mexikanisch inspirierte Straßenküche, bekannt für *quesatacos* (Tacos aus geschmortem Rindfleisch, serviert mit Consommé zum Dippen).

Ulele Gehobenes Restaurant und Brauerei, in dem einheimische regionale Zutaten in Gerichten wie Okra-Pommes und Alligatorschwanz angeboten werden.

Bake'n Babes Perfekt weiche Schoko-Cookies und dickflüssige, reichhaltige Shakes.

Tampa Riverwalk

erleben will, kann sich den Läufern, Radfahrern und Skateboardern anschließen, die die gesamte Strecke von 4 km zurücklegen und entweder im Waterworks Park in Tampa Heights oder am südöstlichen Endpunkt des Riverwalks beim Florida Aquarium starten. Dabei kann man ein paar Wahrzeichen der Stadt entdecken, z. B. die 1915 erbaute Old Steel Railroad Bridge und die silberfarbenen Minarette des ehemaligen Tampa Bay Hotel, die auf der anderen Seite des Flusses im Sonnenlicht glitzern.

Der Riverwalk ist nicht nur eine malerische Kulisse für ein wenig Fitnesstraining, sondern eignet sich auch hervorragend, um zwischen den wichtigsten Sehenswürdigkeiten zu pendeln. Bedeutende Museen (wie das Tampa Museum of Art und das Tampa Bay History Center) liegen nur ein paar Schritte von dem autofreien Weg entfernt. Der Riverwalk ist auch ein Tor zu Ausflügen auf dem Hillsborough River. Stand-up-Paddleboards und Kajaks kann man an zwei zentralen Stellen am Fluss mieten: bei **Urban Kai** in der Nähe von Armature Works und bei **Tampa Riverwalk Rentals** in der Nähe des Sail Plaza. Für weniger anstrengende Wassersportaktivitäten leiht man sich ein Elektroboot bei der Riverwalk Boating Company (ebenfalls in der Nähe des Sail Plaza).

Nachts präsentiert sich die Stadt völlig anders: Die Gehwege und Unterführungen sind bunt beleuchtet, und die Lichter der Gebäude am Ufer flackern wie Glühwürmchen auf dem Fluss.

WUNDERBARE KUNST

Auf der anderen Seite der Bucht ist das **Salvador Dalí Museum** (S. 348), ein Muss für Kunstliebhaber. Neben den Werken des Surrealisten zeigt die Galerie einige der besten Wechselausstellungen Floridas, die alle in einem großartigen Gebäude untergebracht sind.

ÜBERNACHTEN IN TAMPA

Hotel Haya
Boutiquehotel mit Zimmern voller Kunst, Pool und einem tollen Restaurant und Café in Ybor City. **$$$**

Floridian Palace
Dieses Hotel aus den 1920er-Jahren liegt zentral in der Innenstadt und bietet geräumige Zimmer, von denen einige einen herrlichen Blick auf die Stadt bieten. **$$**

Gram's Place
Eine kleines, einladendes Hostel in Seminole Heights für Reisende, die mehr Wert auf Charakter als auf perfekte Bettwäsche legen. **$**

Kunst & Geschichte

TAMPAS WICHTIGSTE MUSEEN

In Tampa gibt's viel zu entdecken, von der Erkundung des indigenen Erbes der Region bis zum Erleben modernster Kunst.

Einer der besten Orte, um etwas über die Vergangenheit zu erfahren, ist das **Tampa Bay History Center**. Drei Etagen mit interaktiven Exponaten geben Aufschluss über die Ureinwohner, die hier lebten, als die Spanier kamen, über Kunst und Kultur der Seminolen und über die Entstehung von Cigar City in den 1880er-Jahren. Sehenswert sind auch die beiden Filme, die das Aufeinandertreffen der Europäer mit den Ureinwohnern und die verheerenden Folgen der Seminolenkriege zeigen. Ein Stockwerk ist der Tampa Bay im 20. Jh. gewidmet, und eine Galerie beschäftigt sich mit Konquistadoren, Piraten und Schiffswracks. Im Erdgeschoss gibt es ein gutes Restaurant mit Blick aufs Wasser.

Das **Tampa Museum of Art** des Architekten Stanley Saitowitz scheint über dem Curtis Hixon Park mit Blick auf den Hillsborough River zu schweben. Im Inneren der Struktur zeigen sechs Galerien eine ständige Sammlung griechischer und römischer Altertümer sowie zeitgenössische Ausstellungen über Fotografie und neue Medien. Donnerstags (16–20 Uhr) ist der Eintritt frei.

Im fünfstöckigen Cube-Gebäude mit seinem hoch aufragenden Atrium ist das **Florida Museum of Photographic Arts** untergebracht. Nachdenklich stimmende Wechselausstellungen befassen sich mit Themen wie Krieg und Konflikt, dem Leben im Reservat (in Anlehnung an die TV-Serie *Reservation Dogs*) und der Interaktion zwischen Mensch und Tier.

Goldene Zeiten

EIN ALTES HOTEL WIRD ZUM MUSEUM

Die silbernen Minarette des **Tampa Bay Hotel** von Henry B. Plant von 1891 erheben sich majestätisch über den Hillsborough River. Das Bauwerk zeugt von den Ambitionen seines Erfinders, der die Eisenbahn in die Stadt brachte – und sie dann so verlängerte, dass die Gäste direkt vor der Lobby seines Hotels mit 511 Zimmern aussteigen konnten. Der nie dagewesene Luxus wie private Bäder, Telefone und Elektrizität wurde zum Stadtgespräch, ebenso wie die Ausstattung des Hotels mit venezianischen Spiegeln, französischem Porzellan und exotischen Möbeln.

Im **Henry B. Plant Museum** wird man in die Vergangenheit zurückversetzt, wenn man einen Blick in die gut erhaltenen Räume wirft, die alle mit historischen Möbeln ausgestattet sind, darunter viele Stücke, die seit Jahrzehnten in denselben Räumen stehen. Im elegant eingerichteten Speisesaal (mit unterschiedlichem Geschirr, wie es in der viktorianischen Zeit Mode war)

LOCAL TIPP: ESSEN IN TAMPA

Stephanie Swanz, Gründerin der Food-Stände Empamamas und Muchachas im Armature Works, verrät ihre Lieblingsrestaurants.

Sparkman Wharf
Ähnlich wie Armature Works, aber kleiner und auf der gegenüberliegenden Seite des Riverwalk, ist Sparkman Wharf eine Outdoor-Food-Hall aus Schiffscontainern.

Olivia
Serviert gehobene italienische Küche. Alles auf der Speisekarte ist hervorragend, besonders die Arancini.

Wicked Oak Barbeque
Ein kleines, unscheinbares Lokal mit dem besten Barbecue in Tampa.

West Tampa Sandwich Shop
Im besten kubanischen Restaurant der Stadt schmeckt alles: *picadillo*, *ropa vieja*, das Kubanische Sandwich und das gebratene *palomilla*-Steaksandwich, das ich immer nehme.

AUSGEHEN IN TAMPA

CW's Gin Joint
Ein schönes Trinklokal im Vintage-Stil mit individuellen Cocktails, die von adrett gekleideten Barkeepern zubereitet werden.

Stones Throw
Getränke und Snacks mit Blick über das Flussufer.

Magnanimous Brewing
Eine unkomplizierte Anlaufstelle für Bierliebhaber mit fachkundigem Personal, das Qualitätsbiere ausschenkt.

BESTE BARS IN YBOR CITY

Prana
Der traditionsreiche fünfstöckige Nachtclub bietet einen Tanzclub im 4. Stock und eine Bar auf dem Dach mit Blick über die Stadt.

BarrieHaus
Auf der Terrasse dieser gemeinschaftsorientierten Kleinbrauerei, nur wenige Blocks südlich des Trubels der East 7th Ave, kann man ein ausgewogenes Lagerbier oder IPA genießen.

Gaspar's Grotto
Das Gaspar's ist eine Hommage an die Piratenvergangenheit der Region, mit nautischem Schnickschnack, einem großen Außenbereich und Live-Musik oder DJs an den meisten Abenden.

werden auf der Frühstückskarte Kutteln, gebratener Maisbrei und Schweinsfüße angeboten. Im Schreib- und Lesesaal sieht man, wo sich die Industriekapitäne trafen, um Zigarren zu rauchen, Zeitung zu lesen und Briefe zu verschicken.

Heute ist das ehemalige Hotel Teil der Universität von Tampa, und die oberen Stockwerke wurden zu Unterrichtsräumen umgebaut. In anderen Teilen des Gebäudes kann man sich frei bewegen. Gegenüber dem Eingang führt ein Korridor hinunter zur Fletcher Lounge, die als eleganter Speisesaal des Hotels diente.

Das Museum bietet das ganze Jahr über Veranstaltungen an, darunter einen viktorianischen Weihnachtsspaziergang, Nachmittage mit Live-Musik und Upstairs/Downstairs at the Tampa Bay Hotel, wo eine historische Figur aus den goldenen Tagen des Hotels die Vergangenheit zum Leben erweckt (So 14 Uhr).

Cigar City entdecken

GESCHICHTE, HÄHNE UND NACHTLEBEN

Ybor City liegt nur eine kurze Auto- oder Trolleyfahrt nordöstlich des Zentrums. Dieses Mulitkulti-Viertel aus dem 19. Jh. ist das uneheliche Kind von Key West und Little Havana in Miami und bietet die lebendigste Partyszene in der Tampa Bay Area. Zudem spürt man das starke kubanische, spanische und italienische Erbe aus der Zeit, als Tampa das Zentrum der Zigarrenindustrie war. Schnell wird klar, warum der Hahn das Symbol von Ybor ist: Die Vögel sind wild und stolzieren überall herum.

Ein guter Ausgangspunkt für einen Besuch ist der **Ybor City Museum State Park** (Mi–So). Dieses kleine Geschichtsmuseum, das in einer ehemaligen Bäckerei untergebracht ist, erinnert mit seinen Ausstellungen voller Fotos und Audiogeschichten prominenter Gemeindemitglieder an eine vergangene Epoche. Zudem laden die malerischen Gärten im mediterranen Stil und drei Zigarrenarbeiterhäuser (*casitas*) von 1895 zu einem Besuch ein.

Ybor City

NICK FOX/SHUTTERSTOCK ©

Gegenüber dem Museum liegt der **Centennial Park**, das Epizentrum der Vogelwelt der Stadt. Hier leben Hühner und Hähne, die direkt von den Tieren abstammen, die vor über einem Jahrhundert von den Arbeitern in Ybor City gehalten wurden.

Die Zigarrenproduktion gehört weitgehend der Vergangenheit an, aber **JC Newman** hält die alten Traditionen in seinem kürzlich restaurierten Gebäude El Reloj am Leben. Man kann das Museum besichtigen oder eine Führung durch die Fabrik buchen, um die Kunst des Handrollens von Zigarren zu erleben.

Zum Abschluss des Tages bietet sich ein Besuch im **Columbia** an, einem beeindruckenden spanisch-kubanischen Restaurant, das es seit 1905 gibt. Das Kubanische Sandwich ist legendär.

Im **Ybor City Visitor Center** im Herzen des historischen Viertels gibt's einen Stadtplan.

UNTERWEGS VOR ORT

Die altmodischen Straßenbahnen der TECO-Linie verbinden die Sehenswürdigkeiten in der Innenstadt und fahren auch nach Ybor City, alle 20 bis 30 Minuten.

HART (Hillsborough Area Regional Transit) betreibt Busse in der Region. Das Marion Transit Center im Zentrum ist Startpunkt für Fahrten zum Zoo, Busch Gardens und zum Henry Plant Museum.

Crystal River National Wildlife Refuge
Ellie Schiller Homosassa Springs Wildlife State Park
Weeki Wachee Springs State Park
Hillsborough River State Park
Busch Gardens
Adventure Island
Tampa

Rund um Tampa

Jenseits der Metropole kann man auf verschlungenen Flüssen paddeln, nach Wildtieren Ausschau halten und seinen Puls auf haarsträubenden Achterbahnen in die Höhe treiben.

Im Großraum Tampa Bay leben zwar mehr als 3 Mio. Menschen, aber die Wildnis ist von der Stadt aus noch relativ leicht zu erreichen.

Im Hillsborough River State Park führen Wanderwege durch die mit spanischem Moos bedeckten Sumpfzypressen, während Eisvögel am Wasser entlang flitzen. Weiter nördlich tauscht man die Wanderschuhe gegen Kajaks und gleitet über von Quellen gespeiste Wasserwege, in denen sich in den Wintermonaten Manatis tummeln, oder besucht eine skurrile Meerjungfrauen-Show, die es seit fast 80 Jahren gibt.

Näher an Tampa kann man sich in Busch Gardens auf einigen der aufregendsten Achterbahnen Amerikas mit Adrenalin vollpumpen, ohne nach Orlando fahren zu müssen.

TOP TIPP

Bevor es losgeht, unbedingt mit Picknickzubehör eindecken. In dieser Gegend gibt es kaum Restaurants.

Hillsborough River State Park (S. 346)

EINTAUCHEN IN DIE NATUR

Eine 10-minütige Autofahrt westlich von Weeki Wachee Springs liegt der 55 ha große **Linda Pedersen State Park**, ein großartiger Ort für ungezwungene Aktivitäten. Man kann angeln, auf einen 40 m hohen Turm mit Blick auf die Salzwiesen klettern oder auf einem Naturpfad Wildtiere suchen (es gibt auch einen Spielplatz und schattige Plätze für ein Picknick). Der Winter ist die beste Zeit, um Manatis zu sehen.

Nordöstlich des Linda Pedersen State Park kann man zum **Bayport Park** weiterfahren (eine 10-minütige Fahrt). Auch wenn diese Grünzone recht klein ist, lohnt sich ein Besuch des malerischen Docks, wo man manchmal Manatis sehen kann. Der Sonnenuntergang hier ist ebenfalls ein Erlebnis.

Weeki Wachee Springs State Park

Meerjungfrauen & Flusskajakfahrten

SPASSIGER, KITSCHIGER STAATSPARK

Seit 1947 werden Reisende vom Sirenengesang des **Weeki Wachee Springs State Park** angelockt, nach wie vor eine der ursprünglichsten Attraktionen Floridas. Sogar Elvis Presley saß in dem gläsernen Unterwassertheater und sah zu, wie „Meerjungfrauen" mit rosa Schwänzen Pirouetten drehten, während Schildkröten und Fische vorbeischwammen. Die halbstündigen Shows sind nach wie vor ein fröhliches Fest nostalgischen Kitsches, vor allem die Hauptnummer *Die kleine Meerjungfrau*. Die Aufführungen finden zwei- bis dreimal täglich statt; vor dem Besuch das Programm checken.

Es sind keinerlei geheime Tricks im Spiel – die Meerjungfrauen atmen ganz normal durch Luftschläuche – und so kann man sich ganz dem Zauber der Vorstellung hingeben. Der Park hat auch eine gemütliche Flusskreuzfahrt zu bieten, ein Ranger informiert über die Tierwelt, und es gibt einen Badebereich mit Strand an den Quellen (sowie Wasserrutschen und Schlauchbootfahren im Sommer).

Noch beeindruckender als die Meerjungfrauen ist eine Kajaktour auf dem von einer Quelle gespeisten Fluss. Auf dem schnell fließenden, kristallklaren Wasserweg muss man nur wenig paddeln und gleitet sanft dahin. Fische schwimmen vorbei, Schildkröten sonnen sich auf Baumstämmen und Vögel

SPRUDELNDE QUELLEN

Einige der Süßwasserquellen in Florida, z.B. Weeki Wachee, werden als Quellen erster Größenordnung eingestuft, d.h. sie fördern mindestens 3 m³ Wasser pro Sekunde. Mehr Infos zu **Floridas Quellen**: S. 435.

ERFRISCHUNG IN THEMENPARKS RUND UM TAMPA

Hang Ten Tiki Bar
Im Adventure Island kann man sich mit einem gefrorenen tropischen Cocktail, Empanadas, geräuchertem Fischdip und anderen leichten Speisen abkühlen.

Zambia Smokehouse
In diesem zwanglosen Lokal im Bereich Stanleyville von Bush Gardens gibt's *briskets*, Barbecue-Rippchen und Pulled-Pork-Sandwiches.

Serengeti Overlook
Bei einem Bier in der Giraffe Bar oder einer Pizza im Oasis Pizza genießt man den Panoramablick über die Serengeti Plain von Bush Gardens.

zwitschern in den dichten Baumkronen am Ufer. Ausschau halten nach Gürtelfischern, Helmspechten und Graureihern. Im Winter kann man auch Manatis sehen. In der Nähe des Parkeingangs vermietet **Weeki Fresh Water Adventures** Kajaks für eine zweistündige Tour. Zurück geht's mit einem Shuttle. Rechtzeitig reservieren.

Wildtiere, Achterbahnen & Wasserrutschen

ABENTEUER IM FREIZEITPARK

Orlando hält nicht das Monopol auf Floridas Themenparks. Tampa bietet 16 km nördlich des Zentrums zwei riesige Attraktionen für Nervenkitzel. Wer beide besuchen will, sollte sich Kombitickets besorgen.

Im Afrika-Themenpark **Busch Gardens** gibt's einige der besten Achterbahnen des Landes und über ein Dutzend verschiedene Themenbereiche, die nahtlos ineinander übergehen. Der Park lässt sich gut zu Fuß erkunden. Im Eintrittspreis enthalten sind drei Arten von Vergnügungen: spektakuläre Achterbahnen und andere Rides, diverse Tiergehege und verschiedene Shows, Vorführungen und Unterhaltungsprogramme. Da sich all das über das Gelände verteilt, sollte man den Besuch gut planen, also im Voraus die genauen Zeiten der Shows ermitteln und überlegen, welche Rides und Tiergehege sich dazwischen anbieten. Die Warteschlangen an den Achterbahnen werden im Laufe des Tages immer länger.

Zu den Highlights gehört eine Fahrt mit der **Serengeti Railway**, auf der man frei lebende Herden afrikanischer Tiere wie Zebras und Giraffen sehen kann. Extremer geht es auf der **Iron Gwazi** zu, Nordamerikas höchster (63 m), schnellster (122 km/h) und steilster (91° Gefälle) Hybrid-Achterbahn.

Ganz in der Nähe bietet **Adventure Island** alles, was ein moderner Wasserpark der Spitzenklasse haben sollte: einen langen Lazy River, ein riesiges Wellenbad, Wildwasserbahnen, ein Schwimmbad mit Sprungplattformen, sandige Lounge-Bereiche und genügend kurvige, rasante und adrenalingeladene Wasserrutschen, dass Teenager bis zum Schluss Schlange stehen. Adventure Island bietet zudem Cafés im Freien, Picknick- und Liegeplätze, einen Souvenirladen und eine Sandvolleyball-Anlage für stundenlangen Spaß in der Sonne.

BESTE TIERBEGEGNUNGEN

Edge of Africa
Auf einer Safari zu Fuß kann man in einem afrikanisch anmutenden Fischerdorf Flusspferde, Löwen, Lemuren, Erdmännchen und Krokodile beobachten.

Animal Care Center
Lehrreiche Führungen hinter die Kulissen des Center. Man sieht Tierärzt:innen bei der Arbeit mit einigen der 200 Tierarten des Parks.

Animal Connections
Im Bereich Nairobi kann man Faultiere und andere Tiere aus nächster Nähe beobachten.

Serengeti Safari Tour
Für 40 US$ extra darf man bei einer Fahrt mit Naturexpert:innen in einem offenen Fahrzeug Giraffen und andere Wildtiere fotografieren.

Manatis, Alligatoren & Bären

NATURRESERVATE BESUCHEN

Etwa 112 km nördlich von Tampa liegt die kleine Fischereigemeinde Homosassa, in der sich der **Ellie Schiller Homosassa**

ESSEN IN DER NÄHE DER WEEKI WACHEE SPRINGS

My Nanny's
Der Tag beginnt früh mit Pfannkuchen, Maisgrütze oder Frühstücksbrötchen in diesem kleinen, lokalen Restaurant. $

LaurieCue
In diesem Imbisswagen gibt es zarte Brisket-Sandwiches, cremige Makkaroni mit Käse und sättigenden Kohlrabi. $

Masa Asian Bistro & Bar
Das Masa liegt zwar in einer Mall, serviert aber köstliche Meeresfrüchte und kreative asiatische Fusionsküche. $$

Springs Wildlife State Park befindet. Hier geht es vor allem um Tierbegegnungen unter freiem Himmel, bei denen die wichtigsten Tierarten Floridas im Mittelpunkt stehen: Amerikanische Alligatoren, Schwarzbären, Schreikraniche, Florida-Pumas, kleine Key-Weißwedelhirsche und – vor allem – Manatis.

Das Highlight von Homosassa ist ein Unterwasserobservatorium direkt über den Quellen, wo man durch Glasfenster riesige Fischschwärme (ca. 10 000 Tiere) und träge Manatis beim Knabbern von Salat beobachten kann. Täglich finden diverse Tiervorstellungen statt, aber man sollte seinen Besuch auf das Manati-Programm (11 & 13 Uhr) abstimmen.

Es lohnt sich, einen kleinen Aufpreis zu zahlen, um vom Visitor Center aus mit dem Boot zum Park zu fahren (man kann auch die Straßenbahn oder den Vogelbeobachtungspfad nehmen). Auf dieser 20-minütigen kommentierten Fahrt erfährt man etwas über die Geschichte des Parks, während man auf einem von Dschungel gesäumten Wasserweg Eisvögel und Alligatoren beobachten kann.

Wer den Tag früh beginnt, kann auch noch einen Besuch des 11 km weiter nördlich gelegenen **Crystal River National Wildlife Refuge** einplanen. Dieses Schutzgebiet besteht aus einem Großteil der Kings Bay und zieht von Mitte November bis März Hunderte von Manatis an.

Die beste Möglichkeit, diese sanften Riesen zu bewundern, ist eine Fahrt auf dem Wasser, obwohl man sie im Schutzgebiet **Three Sisters Springs** auch vom Land aus sehen kann. Das 23 ha große Gebiet bietet Bohlenwege, die an Unterwasserschloten, Sandkuhlen und kristallklarem Quellwasser mit Manatis vorbeiführen, das die Kings Bay, das Quellgebiet des Crystal River, speist.

MIT MANATIS SCHWIMMEN

Dutzende von Anbietern in Crystal River verleihen Kajaks und organisieren Bootstouren sowie die Möglichkeit, mit wildlebenden Manatis zu schwimmen – der einzige Ort in Florida, an dem das legal ist. Die Regeln sind streng: keine lauten Geräusche, die Tiere nicht anfassen und Abstand halten.

Die **Crystal River Kayak Company** hat einen ausgezeichneten Ruf für ihren nachhaltigen Ansatz und vermietet Kajaks, bietet Begegnungen mit Manatis an und führt Tauchtouren durch.

Obwohl das ganze Jahr über Manatis in der Kings Bay leben, geht die Population zwischen April und September oder Oktober auf ein paar Dutzend Tiere zurück.

Ab in den Wald

WANDERN UND KAJAKFAHREN

Nur 20 km nordöstlich von Tampa kann man den Betondschungel gegen eine grüne Oase, den ca. 14 km² großen **Hillsborough River State Park** eintauschen. Man passiert das Eingangstor (und zahlt einen moderaten Eintrittspreis) und kann dann die Stätten entlang einer Einbahnstraße erkunden, die in einer Schleife durch den Park führt.

Die erste Station vermittelt in einem kleinen Informationszentrum etwas über die Geschichte. In Vitrinen sind Hinterlassenschaften der Seminolen (Perlen, Pfeilspitzen) sowie Waffen der US-Soldaten (Musketenkugeln, Bajonette) ausgestellt, die sie von ihrem Land vertreiben sollten. Man kann auch einen Blick in die Blockhütte werfen, die 1933 vom Civilian Conser-

ÜBERNACHTEN IN CRYSTAL RIVER

Retreat at Crystal Manatee
Gehobenes Motel mit farbenfrohen, modernen Gästezimmern in grüner Lage und in der Nähe mehrerer Parks am Wasser. **$$**

Port Hotel & Marina
Preisgünstige Option mit sauberen, aber etwas betagten Zimmern mit Balkonen und großem Gelände mit Blick auf das Wasser. **$**

Plantation on Crystal River
Gut gelegenes Resort mit modernen Zimmern, Restaurants und Bars, Spa, 18-Loch-Golfplatz und Reiseveranstalter. **$$**

DENNIS MACDONALD/ALAMY STOCK PHOTO ©

Fort Foster State Historic Site

vation Corps (CCC) erbaut wurde, der ehrgeizigen Arbeitsbeschaffungsmaßnahme von Präsident Roosevelt, die während der Großen Depression ins Leben gerufen wurde.

Ein großer Teil des Parks wurde im Rahmen des CCC erschlossen, und man sieht immer noch die ursprüngliche rustikale Architektur, vor allem entlang des 2 km langen **River Rapids Trail** (Station 3). Hier kann man durch dichte Wälder am Ufer des malerischen Hillsborough River wandern. Am Anfang des Weges sieht man einige kleine Stromschnellen (gleich flussaufwärts eines Dickichts aus Sumpfzypressen und Eichen, die mit Epiphyten bewachsen sind). Vorbei an den kleinen grünen Flussinseln überquert man die fotogene Hängebrücke aus riesigen Baumstämmen.

An Station 3 vermietet eine Außenstelle **Tourenräder** sowie **Kanus** und **Kajaks** für Ausflüge auf dem ruhigen Fluss. Egal, ob man zu Fuß oder mit dem Boot unterwegs ist, man sollte immer auf die Tierwelt achten, z. B. auf Alligatoren, Rehe, Füchse, Stelzvögel, Greifvögel und den einen oder anderen Rotluchs.

Der Park ist von 8 Uhr morgens bis Sonnenuntergang geöffnet, aber wer ein Zelt dabei hat, kann es auf dem Campingplatz aufschlagen. Die Plätze sind schattig, bieten aber wenig Privatsphäre.

FORT FOSTER STATE HISTORIC SITE

Weniger als 1 Meile (1,6 km) von der Abzweigung zum Hillsborough River State Park entfernt befindet sich das **Fort Foster,** der Nachbau eines Holzforts, das 1836 im Zweiten Seminolenkrieg errichtet wurde. US-Truppen wurden mit dem Bau einer Versorgungsbrücke über den Fluss und der Errichtung eines Forts zum Schutz der Brücke beauftragt. Noch vor seiner Fertigstellung versuchten Seminolen, das Fort in Brand zu setzen, doch ihr Angriff wurde abgewehrt. Danach nutzten die Truppen das Fort nur noch für kurze Zeit, bevor es 1855 endgültig aufgegeben wurde.

UNTERWEGS VOR ORT

Busch Gardens ist von Tampa aus mit der Buslinie 5 zu erreichen, aber für alle anderen hier genannten Ziele benötigt man ein Auto.

ST. PETERSBURG

Ein ungewöhnlicher Zufall spielte bei den Geschicken dieser Stadt eine entscheidende Rolle. Mitte des 19. Jhs. lebten nur eine Handvoll Siedler in diesem Gebiet. Peter Demens sah in der Landschaft viel Potenzial und ließ 1888 eine Eisenbahnlinie hierher bauen. Das einzige Problem: Der Ort hatte keinen Namen. Also benannte Demens, ein in Russland geborener Aristokrat, ihn nach seiner Geburtsstadt.

Viele Jahre später, als zwei begeisterte Sammler aus Cleveland nach einem Ort suchten, an dem sie ihre surrealistischen Kunstschätze ausstellen konnten, stahl St. Petersburg größeren Städten wie New York und Los Angeles die Show, gewann die Werke von Dalí und ebnete den Weg für die kulturelle Renaissance der Stadt. Heute ist St. Petersburg für sein dynamisches Kunstviertel bekannt, in dem sich Galerien mit kreativen Restaurants, lebhaften Cafés und Craft-Brauereien abwechseln. Die Einheimischen lieben auch ihre Parks am Wasser, darunter den nachhaltig (neu) gestalteten St. Pete Pier.

TOP TIPP

Samstags findet auf dem Parkplatz des Al Lang Field einer der besten Freiluftmärkte Floridas statt (9–14 Uhr). Mehr als 130 Anbieter verkaufen Lebensmittel aus aller Welt, Getränke, Kunsthandwerk, Haushaltswaren und Kleidung, und es gibt auch Live-Musik. Von Juni bis September zieht der Markt in den schattigeren Williams Park um.

WARUM ICH ST. PETERSBURG LIEBE

Regis St. Louis, Autor

Das Dalí-Museum hat mich vor Jahren zum ersten Mal hierher gelockt, und seither habe ich erlebt, wie passend es ist, dass St. Petersburg über die größte Sammlung von Werken des surrealistischen Malers außerhalb Spaniens verfügt. Die Stadt ist seit langem ein Magnet für Künstler mit einer wachsenden Galerieszene. Hinzu kommen die ästhetischen Vorzüge von St. Pete, vom Hafen bis zu den Stränden im Westen. Obwohl Dalí nie in St. Pete war, ließ er sich von der katalanischen Küste inspirieren, und ich kann mir vorstellen, dass er sich freuen würde, wenn sein Werk in einer kreativen Stadt am Meer weiterlebt.

Surrealistisches Wunderland

MODERNSTE KUNST UND ARCHITEKTUR

Das dramatische Äußere des **Salvador Dalí Museum** lässt Großes erahnen: Aus einem Loch in dem meterhohen weißen „Schuhkarton" quillt ein 22 m breites, geodätisches Glasatrium hervor. Drinnen wird es dann noch spektakulärer, den es findet sich hier alles, was ein Museum für moderne Kunst haben sollte, oder zumindest eines, das sich Salvador Dalí widmet. Selbst wer zerfließenden Uhren und dem gezwirbelten Schnurrbart nichts abgewinnen kann, wird von diesem Museum und den Kunstwerken wie dem *Halluzinogenen Torero* begeistert sein.

Die Ausstellungsfläche von 1858 m² wurde so gestaltet, dass alle 96 Ölgemälde der Sammlung sowie die wichtigsten Werke aus allen Schaffensperioden Platz finden. Darunter sind Zeichnungen, Drucke, Skulpturen, Fotos, Manuskripte, Filme und sogar ein Virtual-Reality-Exponat. Die Werke sind chronologisch geordnet und im Zusammenhang erklärt. Der Garten ist mit einem Wunschbaum, einer Bank in Form einer dahinfließenden Uhr, einer riesigen Schnurrbartskulptur sowie herrliche Aussichten auf die Bucht ebenso atemberaubend.

Die ausgezeichneten, kostenlosen Museumsführungen, die über den Tag verteilt stattfinden, sind sehr empfehlenswert. Auf das Smartphone kann man die Salvador-Dalí-Museum-App laden, die einen selbstgeführten Rundgang durch die Sammlung bietet und ein einzigartiges Erlebnis ermöglicht, bei dem statische Werke mithilfe der Technik der erweiterten Realität in dynamische, traumhafte Installationen verwandelt werden, die auch verborgene Facetten der Werke enthüllen.

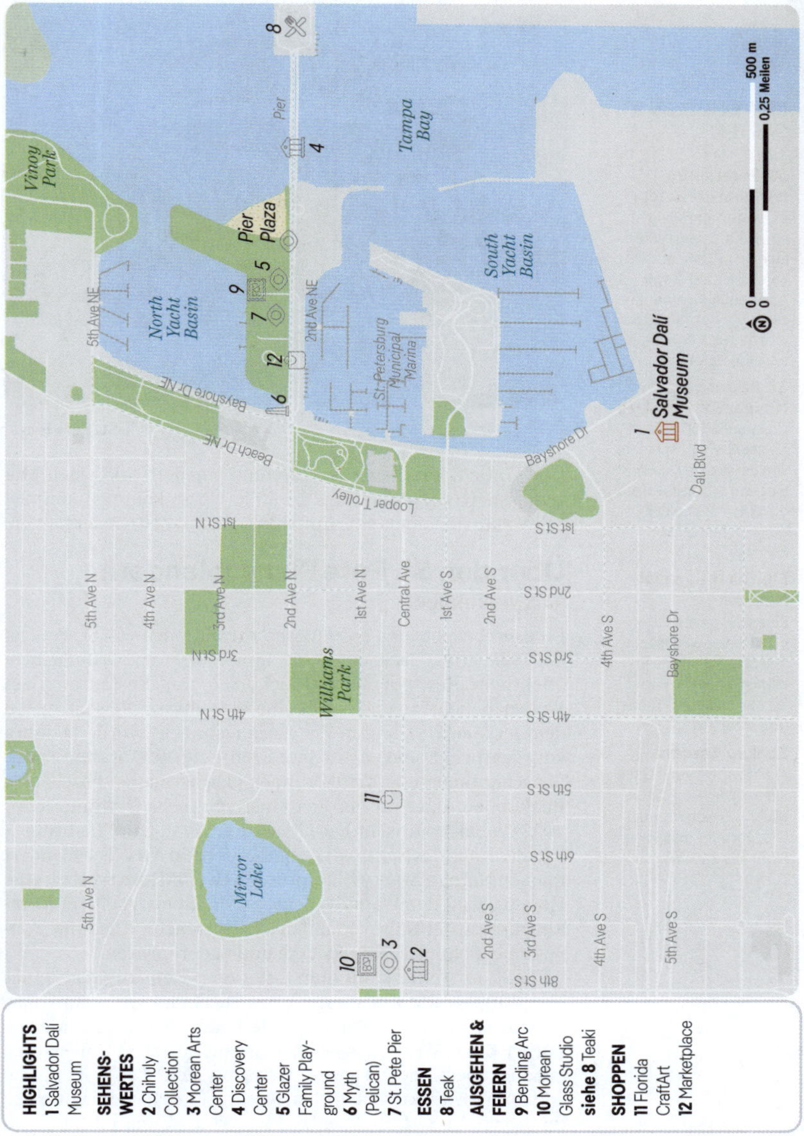

HIGHLIGHTS
1 Salvador Dalí Museum

SEHENSWERTES
2 Chihuly Collection
3 Morean Arts Center
4 Discovery Center
5 Glazer Family Playground
6 Myth (Pelican)
7 St. Pete Pier

ESSEN
8 Teak

AUSGEHEN & FEIERN
9 Bending Arc
10 Morean Glass Studio
siehe 8 Teaki

SHOPPEN
11 Florida CraftArt
12 Marketplace

ESSEN IN ST. PETERSBURG

Pardeco Coffee Roasters
In diesem lebhaften Art-Déco-Café mit Kaffeerösterei beginnt der Tag mit Avocado-Toast und schaumigem Milchkaffee. **$**

Bodega
Lateinamerikanisch inspiriertes Lokal mit Sandwiches, die man am besten auf der Terrasse hinten genießt. **$**

The Mill
Im scheunenartigen Innenraum bietet das The Mill eine vielfältige Speisekarte und den besten Brunch in St. Pete. **$$$**

BESTE MUSEEN & GÄRTEN

St. Petersburg Museum of History
Schräge Sammlung mit einer 3000 Jahre alten Mumie und einem zweiköpfigen Kalb sowie Ausstellungen über die Ökologie der Tampa Bay und das sich entwickelnde Hafenviertel.

St. Petersburg Museum of Fine Arts
Umspannt 5000 Jahre Menschheitsgeschichte, von der Antike bis zur Gegenwart, und verfolgt die Entwicklung der Kunst in fast allen Epochen.

Florida Holocaust Museum
Eines der größten Holocaust-Museen des Landes präsentiert die Ereignisse der Mitte des 20. Jhs. mit bewegender Direktheit.

Sunken Gardens
Kleine, aber grüne Oase mit ansässigen Flamingos, Koi-Teichen und einzigartiger tropischer Flora aus aller Welt.

SUNSHOWER SHOTS/SHUTTERSTOCK ©

St. Pete Pier

Es gibt ein katalanisches Café und einen erstklassigen Museumsshop. Da pro Tag bis zu 5000 Gäste kommen können, sollte man im Voraus eine Eintrittskarte mit Zeitfenster kaufen.

Über den St. Pete Pier schlendern

HAFENERKUNDUNG

Eine der beliebtesten kostenlosen Attraktionen von St. Pete ist der 10 ha große Park, der in die Tampa Bay ragt. Grünflächen, öffentliche Kunstwerke, Picknickplätze und Restaurants am Wasser ziehen Tag und Nacht eine Vielzahl von Reisenden. An dem 93 Mio. US$ teuren Erneuerungsprojekt wurde 14 Jahre lang gearbeitet, und nach seiner Eröffnung 2020 erntete es von Besucher:innen und Kritiker:innen gleichermaßen begeisterte Reaktionen. U.a. war der Pier einer von sechs Gewinnern der 2022 Global Awards for Excellence des Urban Land Institute.

In der Nähe des Zugangs gegenüber der 2nd Ave NE schlendert man an Nathan Mabrys Skulptur **Myth (Pelikan)** vorbei, eine Hommage an den Wahrzeichenvogel der Stadt. Auf dem **Marketplace** in der Nähe verkaufen lokale Anbieter Kleidung, Sonnenhüte, Schmuck, Kunstwerke und andere Waren.

Ein Stück weiter kann man unter dem **Bending Arc**, einer Netzskulptur der Künstlerin Janet Echelman aus Tampa Bay, entlanggehen. Das 130 m breite Werk nimmt Bezug auf Martin Luther Kings Worte: „Der Bogen des moralischen Universums ist lang, aber er neigt sich zur Gerechtigkeit."

Mehrere Attraktionen locken Familien hierher, darunter der bunt bemalte **Glazer Family Playground** und ein Plansch-

AUSGEHEN IN ST. PETERSBURG

Floridian Social Club
Die beeindruckende Beaux-Arts-Kulisse ist am Wochenende ein beliebter Ort für Cocktails, Tanz, Konzerte und Kabarett.

Green Bench
Craftbierbrauerei mit Biergarten und Programm mit Live-Musik, Sportübertragungen und Filmabenden.

Intermezzo
Tagsüber Kaffee, abends Cocktails – das stilvolle Intermezzo liegt an einem belebten Abschnitt der Central Ave.

becken, in dem sich die Kinder unter den spritzenden Fontänen des **Pier Plaza** abkühlen können. Außerdem gibt es den Spa Beach, wo man die Zehen in den Sand stecken kann, und ein **Discovery Center** zum Thema Wasser (Erw./Kind 5/3 US$). Am Ostende des Piers steht ein dreistöckiges Gebäude mit mehreren Lokalen, darunter das auf Fisch und Meeresfrüchte spezialisierte Bistro **Teak** mit raumhohen Fenstern, von denen man das Wasser überblicken kann, und das **Pier Teaki** auf dem Dach, eine Bar mit tollen tropischen Getränken, luftiger Aussicht und Snacks (Zackenbarsch-Sandwiches, Fisch-Tacos).

Am Pier finden eine Reihe von Veranstaltungen statt, darunter kostenlose Open-Air-Konzerte, Filmvorführungen und Yoga-Kurse bei Sonnenuntergang.

Der pulsierende Central Arts District

EPIZENTRUM DER KUNSTSZENE

Galerien, Ateliers und unabhängige Boutiquen säumen die Central Ave. in St. Petes wichtigstem Kunstviertel, das grob von 4th und 8th Streets begrenzt wird. Am besten startet man bei **Florida CraftArt**, einer gemeinnützigen Galerie, die die Werke von über 200 Kunstschaffenden aus Florida ausstellt (und verkauft). Hier gibt's Unikate aus Keramik, Fasern, Metall, Holz und anderen Materialien sowie Infos zu den Kunstschaffenden.

Die Straße rauf kann man in der **Chihuly Collection** die Arbeit eines der bekanntesten Glaskünstler Amerikas kennenlernen. Die Arbeiten von Dale Chihuly sind im Metropolitan Museum of Art in New York, im Louvre in Paris und an vielen anderen Orten ausgestellt, aber die wichtigsten Werke befinden sich hier in St. Petersburg. Das Museum ist zwar klein, beherbergt aber großformatige Installationen wie den *Ruby Red Icicle Chandelier* sowie andere entrückte Stücke wie *Tumbleweeds* und die gewundenen Formen der *Persians*.

Die Eintrittskarten für die Galerie beinhalten eine Glasbläservorführung im nahen **Morean Glass Studio** (Mo & Di geschl.). Diese finden von Mittwoch bis Sonntag stündlich von 13 bis 16 Uhr statt. Für ein noch intensiveres Erlebnis meldet man sich im Voraus für ein „individuelles Glas-Event" an (90 US$) und nimmt seine eigene Kreation mit nach Hause. Das benachbarte **Morean Arts Center** (So geschl.) beherbergt wechselnde Ausstellungen aller Medien.

KUNST IN NAPLES

Eine weitere Säule der zeitgenössischen Kunstszene ist das **Baker Museum** (S. 372) in Naples. Hier findet man bahnbrechende Werke von Malern, Bildhauern und Videokünstlern aus der ganzen Welt.

LOCAL TIPP: DIE KUNSTSZENE VON ST. PETERSBURG

Der renommierte Glaskünstler und Galerist **Duncan McClellan** ist fester Bestandteil des Warehouse Arts District und verrät seine Tipps für die Kunstszene in St. Petersburg.

Florida CraftArt
Ein großartiger Überblick über alle Kunstschaffenden aus Florida. Katie Diets ist die Leiterin, wir können uns glücklich schätzen, sie zu haben.

James Museum
Manche Leute sind überrascht, hier in St. Petersburg westliche Kunst zu finden. Die Gründer Tom und Mary kaufen nur von lebenden Kunstschaffenden und sind wahre Unterstützer der Kunst der amerikanischen Ureinwohner.

Warehouse Arts District
Die ArtsXchange mit 28 und die Soft Water Gallery mit 14 Künstlern und Künstlerinnen muss man gesehen haben. Carrie Jadus bei Soft Water ist eine der besten Malerinnen in St. Pete.

UNTERWEGS VOR ORT

Der Downtown Looper ist ein altmodischer Trolleybus, der alle 15 bis 20 Minuten eine Runde durch die Innenstadt fährt. Mit dem kostenlosen SunRunner-Bus kann man die Sehenswürdigkeiten an der Central Ave erkunden. Er fährt im Westen auf der 1st Ave N und im Osten auf der 1st Ave S.

Rund um St. Petersburg

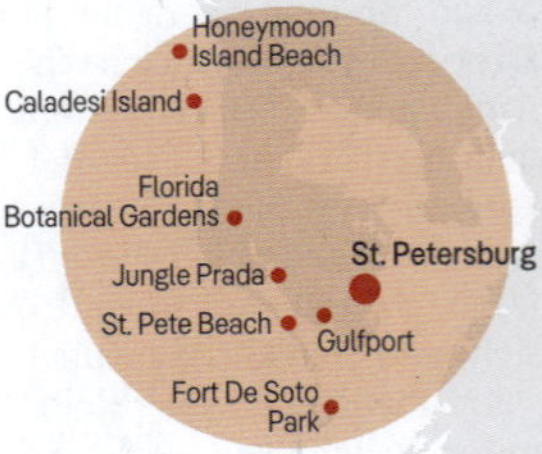

Ob beim Entspannen am Strand oder beim Kajakfahren durch die Mangroven in einem State Park – man sollte sich die atemberaubenden Küsten in der Nähe von St. Petersburg nicht entgehen lassen.

Honeymoon Island Beach
Caladesi Island
Florida Botanical Gardens
Jungle Prada
St. Petersburg
St. Pete Beach
Gulfport
Fort De Soto Park

Keys voller Palmen und sandige Barriereinseln säumen die Küste außerhalb von St. Petersburg, und für viele Reisende ist dies Florida von seiner schönsten Sonnenseite. Puderzuckerstrände und malerische Binnengewässer bestimmen den langen Küstenstreifen, der in einigen Abschnitten voller Restaurants, Ferienanlagen und Urlaubstrubel ist, während andere Gebiete glücklicherweise unbebaut sind.

In mehreren State Parks in der Umgebung gibt es noch Überreste des alten Florida. In Fort De Soto kann man sich an wilden Stränden sonnen, nach Herzenslust angeln oder unter dem Sternenhimmel zelten. Honeymoon Island und Caladesi Island sind weitere Orte, an denen man die friedliche Meeresküste genießen kann. Die Region hat auch einige Überraschungen zu bieten, darunter die Bohème-Enklave Gulfport, die berühmten Tümmler im Mote Aquarium und einen Dschungelpark mit präkolumbischer Vergangenheit.

TOP TIPP

Am frühen Abend sollte man sich an der Küste aufhalten, um die oft beeindruckenden Sonnenuntergänge nicht zu verpassen.

Caladesi Island und Honeymoon Island State Park (S. 354)

St. Pete Beach

MARIAKRAY/SHUTTERSTOCK ©

SEASIDE SEABIRD SANCTUARY

Abgesehen von den Stränden beherbergt die Kette der Barriereinseln das größte Wildvogelkrankenhaus Nordamerikas, das zu einem Schutzgebiet gehört, in dem über 100 See- und Landvögel zu beobachten sind. Hier leben dauerhaft verletzte Pelikane, Eulen, Möwen und Raubvögel, darunter ein Weißkopfseeadler. Es gibt auch mehrere Papageien mit frechen Persönlichkeiten. Jährlich werden mehrere tausend Vögel behandelt und wieder in die Freiheit entlassen. Vom Aussichtsturm im hinteren Teil des Geländes hat man einen herrlichen Blick auf den Strand.

Strandabenteuer

HERRLICHE STRANDAUSFLÜGE

Die nächstgelegene Strandpromenade ist **St. Pete Beach**, der an guten Tagen nur 15 Autominuten von der betriebsamen Central Ave in St. Petersburg entfernt ist. Das wichtigste Wahrzeichen der Küste ist das hoch aufragende maurisch-mediterrane **Don CeSar Hotel**, ein historisches Gebäude von 1928, das manchmal auch als „rosa Palast" bezeichnet wird.

Der besonders breite Strand ist für seine Schönheit bekannt und zieht viele Sonnenhungrige an, die sich am Wasser entspannen, Spaziergänge machen und feurige Sonnenuntergänge erleben möchten. Durch die Nähe zur Stadt ist St. Pete der besterschlossene Strand der Barriereinseln, mit Resorts, Motels und Restaurants nur wenige Schritte vom Dünenstrand entfernt.

Von St. Pete kommend, liegt **Pass-a-Grille** am Südende von Long Key. Hier ist der idyllischste Strand der Barriereinseln, ein schmaler Sandstreifen, hinter dem nur Strandhäuser und gebührenpflichtige Parkplätze liegen. Man kann den Booten zusehen, die durch den Pass-a-Grille Channel fahren, mit dem **Shell Key Shuttle** (Abfahrt 10, 12 & 14 Uhr) zur unberührten **Shell Key** fahren und sich im entspannten Dorfzentrum (im Wesentlichen 8th Ave) zum Essen und Eisessen niederlassen.

Nördlich von St. Pete erstrecken sich schmale Barriereinseln mit einer Handvoll Ortschaften, von Tourifallen wie **John's Pass Village** bis zum ruhigeren, familienfreundlichen **Indian Rocks**

ESSEN IN ST. PETE & AUF DEN BARRIEREINSELN

Paradise Grille
Zwangloses Lokal mit leckeren Meeresfrüchten, kalten Getränken und Picknicktischen mit Blick auf den Strand. **$**

Spinners
Ein rotierendes Restaurant der Spitzenklasse mit 360°-Aussicht von seiner Lage im 12. Stock. **$$$**

Salt Rock Grill
Elegantes Abendlokal (plus Mittagessen am Wochenende), bekannt für Seafood und Steaks. **$$$**

FRÜHER LEBTE ICH IM PARADIES

Myrtle Scharrer Betz war 87 Jahre alt, als sie beschloss, über ihre Kindheit auf einem Pionierhof zu schreiben. Sie wurde 1895 auf Caladesi Island geboren und von ihrem Vater zu absoluter Selbstständigkeit erzogen. Als sie neun Jahre alt war, ruderte sie jeden Tag über den St. Joseph Sound zu einer Einraumschule in Dunedin. In den 1920er- und 1930er-Jahren arbeitete sie an der Seite ihres Mannes als Berufsfischerin. Später sorgte sie dafür, dass ihre geliebte Insel als Park erhalten bleibt. Mehr über sie erfährt man in ihren Memoiren *Yesteryear I Lived in Paradise*.

ANASTASIIA SHADRINA/SHUTTERSTOCK ©

Gulfport

Beach. Hier befindet sich das **Indian Rocks Beach Nature Preserve** mit einem kurzen Bohlenweg, der durch Mangroven zu einem Aussichtspunkt an der Boca Ciega Bay führt.

Unberührte Inseln

STATE PARKS AUF UNBERÜHRTEN INSELN

Zwei der besten Strände der USA liegen nördlich von Clearwater: **Honeymoon Island**, zu der man mit dem Auto fahren kann, und die nur mit der Fähre erreichbare **Caladesi Island**. Tatsächlich waren die beiden Inseln früher eine einzige Barriereinsel, bis sie 1921 von einem Hurrikan zweigeteilt wurde – eine Erinnerung an die Naturgewalten, die den Bundesstaat manchmal heimsuchen. Zusammen bestehen sie aus rund 4 km² unberührter Wildnis, in der sich seit der ersten Vermessung durch die spanischen Entdecker Mitte des 16. Jhs. nicht viel verändert hat.

Die unbebauten Ufer des **Honeymoon Island State Park** bieten viel Platz, um ein idyllisches Stück Subtropen zu erkunden. Das **Cafe Honeymoon** verkauft Snacks und vermietet Fahrräder für Touren auf den autofreien Wegen (7 km) im Park. In der Nähe des Cafés kann man Kajaks und Stand-up-Paddelboards für eine Fahrt am Ufer entlang mieten. Die Insel bietet eine Handvoll Wanderwege, darunter der treffend benannte **Osprey Trail**, ein 3,5 km langer Rundweg, auf dem man oft Fischadler (und ihre Nester) sehen kann, die an den kahlen Stämmen über dem alten Küstenwald hocken.

ESSEN IN DER NÄHE DER INSELN

Dunedin Downtown Market
Auf diesem Markt am Freitag- und Samstagmorgen gibt es Backwaren, Käse, Obst und andere Picknickzutaten. $

Dunedin Brewery
Bei IPAs und Fisch-Tacos auf der Terrasse der Craft-Brauerei in Florida auf die Abenteuer des Tages anstoßen. $

High & Dry Grill
Ein Lokal mit Strohdach direkt am Strand, das Wraps, Bratwurst und Snacks auf dem Damm zur Honeymoon Island serviert. $

Gleich hinter dem Eingang zur Honeymoon Island startet die Fähre nach **Caladesi Island** (20 Min.; ab 10 Uhr alle 30 Min.; letztes Boot zurück um 16 Uhr). Weniger besucht als Honeymoon, wirkt diese Insel wie ein vergessener Teil des alten Florida. Hier führt ein 4,3 km langer Pfad durch den Wald, vorbei an uralten Eichen, unberührten Kiefernwäldern und kuriosen Gebilden wie dem „Harfenbaum" – eine doppelstämmige Kiefer, die mindestens seit dem 19. Jh. existiert. Man kann auch Kajaks für einen gut ausgeschilderten 2,4 km langen Wasserweg durch die Mangroven mieten.

Die Küstenstadt Gulfport

KREATIVES DORF AM WASSER

Das außerhalb von St. Pete kaum bekannte Gulfport ist eine charmante, unkonventionelle Stadt am Meer, die nicht an den Stränden der Barriereinseln liegt. Am Ende der Halbinsel in der Boca Ciega Bay gelegen, verströmt diese LGBTIQ+-freundliche Künstlergemeinde die unbeschwerte, lebenslustige Einstellung, die Florida berühmt gemacht hat. An warmen Abenden, wenn die Bäume am Beach Blvd. im Lichterglanz erstrahlen und es in den Restaurants fröhlich zugeht, entfaltet sich der unwiderstehliche Zauber so richtig.

Am Rande des Chase Park gibt das winzige **Gulfport History Museum** (Di–Fr 10–14 Uhr) mit alten Fotos und Erinnerungsstücken aus der Blütezeit der Stadt zu Beginn des 20. Jhs. einen Einblick in die Vergangenheit der Stadt.

Von dort aus schlendert man den Beach Blvd. hinunter, vorbei am Zentrum mit seinen Cafés, Kunsthandwerksläden und Restaurants bis zum Hafenviertel. Im **Sumitra** gibt's Kaffee, gut gemachte Drinks und ein starkes Gemeinschaftsgefühl. Oder man erfrischt sich mit einem Craft-Bier im **North End Taphouse**, das einen einladenden Innenhof direkt an der Hauptstraße hat. Das beste Restaurant der Stadt ist **Pia's Trattoria**, bekannt für köstliche italienisch-amerikanische Küche, zu der auch die butterweichen Scampi gehören. Am besten isst man hier im Freien und hört Live-Musik in **Pia's Veranda** nebenan.

Etwas Natur erleben kann man im nahen **Clam Bayou Nature Park**, einem kleinen Naturschutzgebiet mit kurzen Wanderwegen und Holzstegen, die an den Mangroven entlang zu Aussichtspunkten am Wasser führen.

Gulfport ist natürlich nicht zu vergleichen mit den Barriereinseln, aber es hat einen Strand mit Spielplatz und einem schattigen Picknickplatz. Bei Sonnenuntergang schließt man sich den Einheimischen auf dem **Bert and Walter Williams Pier** an und genießt den glühenden Ausklang des Tages.

ÜBERNACHTEN IN GULFPORT

Wer in Gulfport übernachten möchte, dem sei das **Historic Peninsula Inn** ans Herz gelegt, eine stimmungsvolle Unterkunft. Das fröhliche gelbe Gästehaus, das 1905 seine Pforten öffnete, diente in den frühen 1900er-Jahren als Fischerhütte, nach dem Zweiten Weltkrieg als Krankenhaus für verletzte Veteranen und später als Pflegeheim. In den 1980er-Jahren war es mit Brettern vernagelt und wäre fast abgerissen worden. Dann wurde es aber von zwei Unternehmern vor dem Vergessen bewahrt, die das Gebäude Anfang der 2000er-Jahre zu einer Herberge mit zwölf Zimmern umbauten.

Heute wird die Pension von einer reiseerfahrenen Frau geführt. Veronica Champion hat bereits Häuser in der Karibik, in Dschibuti und im Südsudan geleitet und nach dem Kauf des Hotels 2016 in eine umweltfreundliche Renovierung investiert.

ESSEN & AUSGEHEN AM WASSER

O'Maddy's
Diese klassische amerikanische Grillbar ist vor allem für ihre Sandwiches, wie das dekadente Hummer-BLT, bekannt. **$$**

Caddy's
Das Caddy's ist ein einladendes Lokal mit Tischen im Freien, tropischen Cocktails und Live-Musik von Donnerstag bis Samstag. **$$**

Neptune Grill
Auf der Außenterrasse werden einige der besten Meeresfrüchte von Gulfport sowie klassische griechische Gerichte serviert. **$$**

LOCAL TIPP: DIE BESTEN HISTORISCHEN STÄTTEN AUSSERHALB VON ST. PETE

David Anderson, Historiker und Gründer von Discover Florida Tours, gibt Empfehlungen für die Beschäftigung mit der Geschichte der amerikanischen Ureinwohner.

Egmont Key
Egmont Key ist mit dem Boot von Fort De Soto aus zu erreichen und bietet eine tolle Kombination aus Stränden, Naturerlebnis und historischen Stätten. Das Volk der Seminolen betrachtet diesen Ort als ihr Alcatraz, da sie hierher gebracht wurden, bevor man sie aus Südflorida verbannte.

Weedon Island
Hier liegt das größte, jemals in Florida gefundene Kanu der Ureinwohner (14 m lang). Es wirft ein neues Licht auf die Menschen, die in der Tocobaga-Zeit hier lebten, und darauf, wie weit sie gereist sind – möglicherweise in die Karibik oder nach Mexiko. Das Kanu ist im naturkundlichen Zentrum von Weedon Island ausgestellt.

Prähispanische Tage in Jungle Prada

INDIGENE GESCHICHTE ERLEBEN

Im Westen von St. Petersburg (etwa 13 km vom Zentrum entfernt) verbirgt das grüne Viertel Jungle Prada eine wichtige präkolumbische Stätte, die den meisten Floridianern kaum bekannt ist. Sie liegt im Wald am Ufer der Boca Ciega Bay und war etwa sechs Jahrhunderte lang (etwa 1000–1600 n. Chr.) eine Siedlung des Tocobaga-Volkes. Hier lebten schätzungsweise 14 000 Menschen. Sie errichteten große Erdwälle (*mounds*), von denen einer noch heute in der Gegend zu finden ist.

Auf einer geführten Tour in kleinen Gruppen begegnet man hier lebenden Pfauen und erfährt etwas über die Tocobaga. Das indigene Volk erntete Pflanzen wie die Coontie, deren Wurzeln zwar essbar, aber giftig sind, und erst durch Einweichen genießbar werden. Sie stellten auch einen Tee aus den (getrockneten und gerösteten) Blättern der Yaupon-Stechpalme her. Das koffeinhaltige Getränk, das auch „schwarzes Getränk" genannt wurde, diente bei Reinigungszeremonien als Brechmittel – auf das starke Erbrechen folgte ein klarer Kopf, der zu scharfer Einsicht führte.

Man steigt auf die „Plaza", einen erhöhten Bereich etwa 7 m über dem Meeresspiegel, und erhält einen Einblick in die aus Muscheln hergestellten Werkzeuge, Schmuckstücke und Utensilien der Tocobaga.

Der Ort war auch der mutmaßliche Landeplatz von Pánfilo de Narvaez, dem spanischen Eroberer, der 1528 auf der Suche nach Gold in Florida eintraf. Man erfährt, wie seine Expedition schrecklich schief ging und nur vier der 300 Soldaten überlebten.

Die Besichtigung erfolgt über **Discover Florida Tours**, ein kleines Unternehmen unter der Leitung von David Anderson, der in einem Haus auf dem Jungle-Prada-Gelände aufgewachsen ist. Andersons Eltern betreiben in Jungle Prada das Sacred Lands, wo Live-Musikveranstaltungen sowie regelmäßige Meditationsworkshops und Trommelkreise stattfinden.

Auf in den Fort De Soto Park

STRÄNDE, FISCHEN UND GESCHICHTE

Der Fort De Soto Park erstreckt sich über fünf Keys südwestlich von St. Petersburg und umfasst ca. 4,6 km² unberührte Wildnis. Die größte Attraktion hier ist die glitzernde 11 km lange Küstenlinie mit weißen Sandstränden am Golf von Mexiko. Der Park ist nach einem Fort aus dem 19. Jh. benannt, dessen Überreste noch von seiner Rolle bei der Küstenverteidigung zeugen.

Strandbesucher:innen haben viele Möglichkeiten, ihr eigenes subtropisches Stückchen Paradies zu finden, vor allem am **North**

ESSEN AUF DER NAHEN TREASURE ISLAND

Crabby's on the Pass
Bei Kokosnussgarnelen, Muschelkroketten und gegrilltem Zackenbarsch nach Delfinen Ausschau halten. **$$**

Caddy's Treasure Island
Dieses zwanglose Restaurant mit Bar direkt am Strand bietet das perfekte Setting für den Sonnenuntergang. **$$**

Shake Shop
Um der Hitze zu trotzen, empfiehlt sich dieses kleine Lokal, das Milchshakes und Softeis anbietet. **$**

BRIAN LASENBY/SHUTTERSTOCK ©

Angelsteg, Fort De Soto Park

EGMONT KEY

Südwestlich vom Fort De Soto Park bietet Egmont Key weiße Sandstrände und klares Wasser. Zudem ist keine Bebauung in Sicht – abgesehen von einem Leuchtturm und den Ruinen von Fort Dade, einem Militärstandort aus dem 19. Jh. Etwa die Hälfte der 110 ha großen Insel ist ein Naturschutzgebiet, in dem Unechte Karettschildkröten, die an den Ufern nisten, und über 100 Arten von einheimischen und Zugvögeln geschützt werden.

Hier kann man sich sonnen, schnorcheln oder Muscheln und wilde Tiere, darunter Gopherschildkröten, suchen. Die einstündige Bootsfahrt vom Fort De Soto Park aus ist ein lohnendes Erlebnis; vielleicht begegnet man unterwegs Delfinen. Tickets gibt's im Voraus bei **Hubbards Marina**.

Beach, einer geschützten Lagune, die bei Familien wegen ihres ruhigen, flachen Wassers und des einfachen Zugangs beliebt ist. Der Strand hat im Lauf der Jahre viele Auszeichnungen erhalten und taucht regelmäßig in den Top-10-Listen der besten Strände Floridas auf. Der **East Beach** hingegen ist kleiner und rauer und daher weniger überlaufen.

Zwischen den Stränden gibt es zwei lange **Angelstege**, und in den Geschäften am Anfang der Stege kann man Köder, Angelzeug und andere wichtige Dinge kaufen. Bevor man sich aber auf die Lauer nach Makrele, Pompano und Rotbarsch legt, solltest man sich einen Angelschein besorgen (den kann man online unter myfwc.com kaufen).

In der südwestlichen Ecke von Mullet Key, gegenüber dem 300 m langen Gulf Pier, kann man das **Fort** erkunden, das aus dem Spanisch-Amerikanischen Krieg von 1898 stammt. Man kann durch die kühlen, leeren Räume wandern, die einst zum Stützpunkt gehörten, einen Blick in die Kanonen mit Kaliber 40 werfen oder auf einen Aussichtspunkt über dem Wasser steigen. In der Nähe befindet sich das rekonstruierte **Quartermaster Storehouse** mit Ausstellungsstücken zur menschliche Präsenz auf den Keys.

Den Park erreicht man über den Pinellas Bayway (gebührenpflichtig). Vom Zentrum von St. Petersburg aus sind es etwa 20 Autominuten. Wer länger bleiben möchte, sollte früh buchen, um einen Platz am Wasser auf dem **Fort De Soto Campground** zu ergattern.

ARCHÄOLOGISCHE SCHÄTZE

Historic Spanish Point (S. 367) bietet weitere Einblicke in die Kulturen, die vor Ankunft der Europäer an der Golfküste existierten. Es gibt sogar einen gut erhaltenen Muschelhügel.

AKTIVITÄTEN IM FORT DE SOTO

Paddeln
Bei Topwater Kayak kann man ein Kajak oder ein SUP mieten und auf einer ruhigen, von Mangroven gesäumten Flussmündung paddeln.

Fahrradfahren
Parallel zur Straße gelegen, bietet der Park über 11 km befestigte Mehrzweckpfade. Topwater Kayak vermietet auch Fahrräder.

Wandern
In der Nähe von North Beach kann man den 2,5 km langen Arrowhead Nature Trail in Angriff nehmen, einen Rundweg durch den Küstenwald.

CLEARWATER MARINE AQUARIUM

Etwa 8 Meilen (13 km) nördlich der Florida Botanical Gardens (eine 20-minütige Fahrt) widmet sich das Clearwater Marine Aquarium der Rettung und Pflege von verletzten Meerestieren wie Delfinen, Seeottern, Fischen, Rochen, Karett- und Bastardschildkröten. Viele der Tiere werden für immer hier leben, weil ihre Verletzungen eine Rückkehr in die freie Wildbahn nicht zulassen. Das Aquarium bietet auch Bootstouren durch die Clearwater Bay an. Leider ist der Star des Aquariums, Winter, dessen Rettungsgeschichte 2011 im Film *Mein Freund, der Delfin* zu sehen war, 2021 gestorben. Doch man kann nach Hope, Winters Co-Star in der Fortsetzung *Mein Freund, der Delfin 2* Ausschau halten.

DREW HORNE/SHUTTERSTOCK ©

Heritage Village

Botanische Schönheiten

FLORA, FAUNA UND HISTORISCHE ARCHITEKTUR

Nur 30 Autominuten (20 Meilen/32 km) nördlich von St. Petersburg liegen die **Florida Botanical Gardens**, die sich über mehr als 40 ha erstrecken und etwa 1500 Pflanzenarten aus sechs Kontinenten präsentieren. Im Gegensatz zu ähnlichen Gärten im Bundesstaat (und anderswo) kostet der Besuch hier nichts.

Man kann viele verschiedene Abschnitte erkunden, die durch 4 km an Wegen verbunden sind. In den Schmetterlingsgärten lassen sich geflügelte Schönheiten bewundern, ca. 75 verschiedene Arten wurden dort schon gesichtet. Der Wetlands Walkway and Wildlife führt über Holzstege an mit Seerosen bewachsenen Teichen vorbei, während im Palmengarten Dutzende von Palmenarten zu sehen sind – von der treffend benannten Flaschenpalme (die auf den Maskarenen beheimatet ist) bis zur neukaledonischen Rotblattpalme.

Auch die Tierwelt trägt zum Reiz des Gartens bei. Mit etwas Glück hört man das Kreischen von Mönchssittichen, die über die Baumkronen fliegen, entdeckt eine Gopherschildkröte beim Mampfen am Wegesrand oder einen Alligator, der sich am Wasser sonnt. Frühmorgens sind die Chancen am größten, Wildtiere zu sehen. Die Gärten sind täglich von 7 bis 17 Uhr geöffnet.

An die Gärten grenzt das **Heritage Village** mit einer Sammlung restaurierter und nachgebauter Gebäude, die bis ins 19. Jh. zurückgehen. Man kann ein einräumiges Schulhaus aus der Kolonialzeit sowie eine Kirche von 1905 besichtigen und sich das Leben der Siedler vorstellen, die einst im ältesten Gebäude des Geländes wohnten – der McMullen-Blockhütte von 1852, die früher in der Nähe von Clearwater stand. Das Dorf ist von Mittwoch bis Samstag von 10 bis 16 Uhr und am Sonntag von 13 bis 16 Uhr geöffnet; der Eintritt ist ebenfalls frei.

UNTERWEGS VOR ORT

Von Downtown St. Petersburg aus erreicht man St. Pete Beach mit dem kostenlosen SunRunner-Bus. Draußen an der Küste fährt der Sun Coast Beach Trolley (SCBT) am Ufer entlang zwischen St. Pete Beach und Clearwater.

SARASOTA

Wie viele andere Teile Südwest-Floridas war auch Sarasota einst die Heimat der Seminolen, eines Volks der amerikanischen Ureinwohner, das in den 1700er-Jahren in dieser Gegend dominierte. Ihre Vorherrschaft endete in den Jahrzehnten nach dem Verkauf Floridas durch Spanien an die USA (1819). Bundestruppen vertrieben die Seminolen von ihrem Land, um die Region für die Besiedelung durch Europäer zu öffnen.

Im Jahr 1910 lebten nur wenige Siedler in der Küstengemeinde, als mehrere der Ringling-Brüder – zukünftige Zirkusmagnaten – in der Gegend Anwesen bauten. Die Zeit der Ringlings fiel mit den wilden 1920er-Jahren zusammen, als Sarasota seinen ersten Boom erlebte. Heute wirkt Sarasota wie eine noble Hafenstadt mit einem überschaubaren Stadtzentrum voller Restaurants und Galerien, botanischer Gärten und einem fotogenen Jachthafen. Die Stadt verfügt auch über hervorragende Museen und einen vollen Veranstaltungskalender – ein Teil des Vermächtnisses der kunstbegeisterten Familie Ringling.

TOP TIPP

Sarasota hat eine lebendige Theaterszene, und es lohnt sich, nachzusehen, was gerade gespielt wird. Die Westcoast Black Theatre Troupe zeigt hochwertige Musicals und anspruchsvolle Theaterstücke. Das Asolo Repertory Theatre führt berühmte Werke auf, während das kleinere Players Theatre ein angesehenes, gemeinnütziges Theater ist.

Ein schillerndes Zirkus-Anwesen

ZIRKUSGESCHICHTE UND WELTKLASSE-KUNST

Das ca. 27 ha große Winterquartier des Eisenbahn-, Immobilien- und Zirkusbarons John Ringling und seiner Frau Mable ist eine der berühmtesten Attraktionen der Golfküste. Man kann gut einen halben Tag damit verbringen, diesen Komplex mit seinen verschiedenen Museen inmitten der üppigen Gärten am Ufer zu erkunden.

Nachdem man sich im **McKay Visitors Pavilion** orientiert hat, geht es weiter zum **Circus Museum**, das sich auf zwei Gebäude verteilt. Im ersten wird eine erstaunliche Miniaturwelt namens *Howard Bros Circus Model* vorgestellt – ein Modell im Maßstab 1:16 des gesamten Ringling Bros and Barnum & Bailey Circus in Aktion. Zu seinen 40 000 Bestandteilen gehören Elefanten, die auf Bällen balancieren, Artisten, die sich schminken, und Menschen, die für ein Eis anstehen. Das aufwendige Modell ist das in 60 Jahren mit viel Liebe gestaltete Werk eines Mannes, Howard Tibbals.

NACHWUCHS-AKROBATEN

Kinder bilden einen der eindrucksvollsten Zirkusse Sarasotas. Der **Sailor Circus** ist eine Aktivität für Schülerinnen und Schüler aus Sarasota County, die mehrere Shows Ende Dezember und im März oder April zeigen. Sie nennen sie „The Greatest Little Show on Earth“ (Die größte kleine Show der Welt), aber daran ist nichts klein. Sie umfasst Akrobatik, Hochseil und Trapez. Eintrittskarten gibt's über das **Circus Arts Conservatory**.

KUNST IN SARASOTA

Sarasota Art Museum
Das Erfolgsrezept: sachkundige Dozenten und sorgfältig kuratierte zeitgenössische Ausstellungen.

Marietta Museum of Art & Whimsy
In diesem hellrosa Museum mit Skulpturengarten werden Werke lokaler Künstler ausgestellt.

Art Center Sarasota
Gemeinnützige Galerie mit neuen Werken von innovativen Malern, Bildhauern und Mixed-Media-Künstlern.

SEHENSWERTES
1 Bayfront Park
2 Main Street
3 The Bay
4 Unconditional Surrender

ESSEN
5 C'est La Vie
6 O'Leary's Tiki Bar & Grill

SHOPPEN
7 Art Uptown
8 A Parker's Books

TRANSPORT
9 LeBarge Tropical Cruises

Andere Teile des Museums widmen sich berühmten Zirkusnummern aus vergangenen Jahren – von den winzigen Stiefeln des 68 cm großen Tom Thumb bis zu den Auftritten der Flying Wallendas, einer waghalsigen Gruppe aus sieben Hochseilartisten, die ohne Sicherheitsnetz auftraten (und mehrere Tragödien erlebten). Die Geschichtsgalerien zeigen spektakuläre Zirkusplakate, einen 8-t-Wagen und den prächtigen Privattriebwagen, mit dem die Ringlings durch das Land reisten.

Geht man Richtung Uferpromenade kommt man zum **Ca' d'Zan** (venezianisch für „Johns Haus"). Das Winterhaus der Ringlings wurde in den 1920er-Jahren erbaut und ist ein gewagter Mix aus mediterranem Revival-Stil mit italienischen, spanischen, maurischen und venezianischen Elementen. Für die Tour durchs Haus kann man einen kostenlosen Audioguide herunterladen. Zu den Highlights gehören die gemalten Tänzerinnen und Tänzer aus aller Welt, die die Decke des Ballsaals schmücken, und die palastartige Große Halle mit ihren Wandteppichen und dem beeindruckenden Blick durch Buntglasfenster auf das Wasser. Noch besser ist die Aussicht auf der Terrasse, von wo aus sich die kunstvolle Architektur (das Dach war einst mit spanischen Ziegeln aus dem 16. Jh. gedeckt) und der Rundblick über die Sarasota Bay genießen lässt.

Nach Verlassen des Hauses schlendert man durch die **Bayfront Gardens** und betrachtet die hoch aufragenden Banyanbäume, die mit Dschungelmoos bewachsenen Eichen und die 1913 von Mable Ringling angelegten Rosengärten.

Der größte Komplex des Anwesens ist das **John & Mable Ringling Museum of Art**. Die Ringlings strebten danach, ernsthafte Kunstkenner zu werden, und trugen eine beeindruckende Sammlung von Werken aus dem späten Mittelalter bis zum 20. Jh. zusammen. Das Museum in einem großen Palazzo im mediterranen Stil umfasst 21 Galerien, in denen zahlreiche Werke europäischer Meister, darunter Velázquez, Tintoretto und Veronese, ausgestellt sind. Die Galerie startet mit Rubens' *Triumph der Eucharistie*, fünf riesigen Gemälden, die für die spanische Prinzessin Isabella Clara Eugenia gemalt wurden.

Einige der Zimmer sind selbst Kunstwerke. Die spätgotische Galerie mit ihren vergoldeten Türen und Vertäfelungen ist einem Raum der Villa Palmieri nachempfunden, in der Boccaccio angeblich das *Decamerone* schrieb und aufführte. Der **Innenhof** im italienischen Renaissancestil mit seinen Kolonnaden und symmetrischen Gärten wird von einer lebensgroßen Bronzenachbildung von Michelangelos *David* bewacht.

Der **Searing Wing** zeigt einige wechselnde Ausstellungen und eine ständige Sammlung zeitgenössischer Kunst sowie den *Joseph's Coat*, einen atemberaubenden, von dem Land-Art-Künstler James Turrell entworfenen „Skyspace" mit einer Fläche von 278 m². Der neueste Flügel beherbergt historische und zeitgenössische asiatische Kunst. Das Kunstmuseum und das Gelände sind montags kostenlos (für das Zirkusmuseum und das Ca' d'Zan zahlt man allerdings den vollen Preis).

BESONDERE VERANSTALTUNGEN IM RINGLING

Historic Asolo Theater
Im Historic Asolo Theater (einem Saal im italienischen Stil von 1798, der 1949 vom Museum erworben wurde) finden regelmäßig Konzerte, Theaterstücke, Tanzaufführungen, Puppenspiele und Filmvorführungen statt. Das Saison-Programm steht unter „Art of Performance" auf der Ringling-Homepage.

Ca' d'Zan
Die Terrasse des Ca' d'Zan wird zur Freiluftbühne für Yogakurse, Meditationsworkshops und sogar Klangbäder – akustische Reisen, die den Geist beruhigen sollen.

Bayfront Gardens
Von Samstag bis Montag kann man um die Mittagszeit einen geführten Rundgang durch die Gärten buchen. Von Ende November bis Mitte Mai findet mit „Ringling by the Bay" eine Konzertreihe im Freien statt, bei der Bands Rock, Funk, Soul und Blues spielen.

ESSEN IN SARASOTA

Owen's Fish Camp
Hervorragende Meeresfrüchte und eine gesellige Atmosphäre. Keine Reservierung möglich, also früh kommen. **$$**

Boca Sarasota
Die breit gefächerte, internationale Speisekarte bietet saisonale Gerichte, gute Teller zum Teilen und kreative Cocktails. **$$**

Indigenous
Küchenchef Steve Phelps zaubert in diesem Old-Florida-Bungalow neue amerikanische Kreationen aus nachhaltiger Produktion. **$$$**

Eine innovative Grünfläche

PARK AM WASSER MIT VIELEN AKTIVITÄTEN

Der 2022 eröffnete **Bay Park** ist Sarasotas neuer, nachhaltig gestalteter Outdoor-Bereich, der sich in Downtown-Nähe am Wasser erstreckt und einen bunten Mix aus Einheimischen und Auswärtigen anlockt. Hier gibt es einen kurzen Mangroven-Wanderweg, einen hübschen Spielplatz mit riesigen Ibissen, einen Mini-Strand mit Adirondack-Stühlen und einen Rasen vor einer Bühne, auf der Open-Air-Konzerte stattfinden.

Im Park gibt es zahlreiche Veranstaltungen, die alle kostenlos sind. Man kann Yoga-, Zumba- und Tai-Chi-Kurse besuchen, während der Astronomienächte geführte Sternbeobachtungen machen, an einer Naturwanderung teilnehmen und das ganze Jahr über Live-Musik hören. Filmabende für Familien und Wochenendvorführungen von Profispielen (Rays, Buccaneers) gehören ebenfalls zum Programm.

Am Ufer kann man Manatis Ausschau halten. Um die Tierwelt an der Küste aus der Nähe zu erleben, leiht man am besten bei **Ride & Paddle** Kajaks und Paddelboards aus, die täglich an einem barrierefreien Startplatz im Mangrovengebiet zur Verfügung stehen (gelegentlich auch geführte Touren).

Infos zum Park gibt es im blau gekachelten **Welcome Center** beim Tamiami Trail (Hwy 41). Weitere Erschließungsmaßnahmen sind im Gang: In Phase 2 des Projekts werden nördlich der Bucht weitere Verbesserungen an der Küste vorgenommen. Die Fertigstellung des gesamten 21 ha großen Parkgebiets (geschätzte Kosten: ca. 300 Mio. US$) ist für 2026 geplant.

LOCAL TIPP: NATURERLEBNISSE IN SARASOTA

Frances Bermudez, Activation Program Manager bei der The Bay Park Conservancy, verrät ihre Lieblingsausflüge in die Natur.

Marie Selby Botanical Gardens
Die wunderschönen Gärten begeistern jeden, und man kann hier auch viel lernen. Unglaubliche Orchideensammlung und visionäre Pläne für die Zukunft.

Celery Fields
Der höchste Aussichtspunkt in Sarasota County grenzt an das Big Cat Habitat, daher kann man auf diesen Wanderwegen Löwengebrüll hören.

John Ringling Causeway
Ein Spaziergang über diese Brücke bietet einen schönen Blick über Sarasota, besonders bei Sonnenaufgang oder Sonnenuntergang.

Das Herz von Sarasota

SHOPPEN UND DINIEREN

Das Herz von Downtown Sarasota ist die **Main Street**, vor allem ein Abschnitt, der sich über etwa ein Dutzend Blocks von der Osprey Ave bis zur Marina Plaza in der Nähe des Ufers erstreckt. Hier kann man von morgens bis abends auf Entdeckungstour gehen, es gibt Galerien und Geschäfte sowie Cafés, Restaurants und Bars.

Der Tag beginnt verheißungsvoll mit einem Brunch oder Gebäck (vielleicht das beste in Sarasota) im **C'est La Vie**, einem zwanglosen, Franzosen gehörenden Bistro mit Bäckerei und schattigen Tischen auf dem Bürgersteig. Ein Stück weiter kann man bei **A Parker's Books**, einem Paradies für Bücherfreunde, in der gut sortierten Auswahl an gebrauchten und antiquarischen Titeln stöbern. Bei **Art Uptown** gibt es verschiedenste Werke von mehr als zwei Dutzend Künstlern aus der Region.

AUSGEHEN IN SARASOTA

Pangea Alchemy Lab
In dieser schummrigen Kneipe, die man durch eine Gasse hinter der Main St. erreicht, gibt's die besten Cocktails Sarasotas.

Mandeville Beer Garden
Kinder- und hundefreundlicher Biergarten mit mehr als 30 Biersorten vom Fass und guter Pub-Küche.

The Mable
Kronleuchter, Ölgemälde und ein Pferdekopf schmücken die Wände dieser entspannten Grill-Bar nördlich des Stadtzentrums.

SUNCOAST AERIALS/SHUTTERSTOCK ©

Bayfront Park

Wer eine Pause von den Straßen der Stadt braucht, besucht die Bucht und spaziert am Jachthafen entlang. Dabei kommt man an der riesigen, nicht unumstrittenen Statue **Unconditional Surrender** (Bedingungslose Kapitulation) vorbei, die den berühmtesten Kuss am Ende des Zweiten Weltkriegs abbildet. Die kleine, mit Palmen gesprenkelte Grünfläche, der **Bayfront Park,** bietet einen herrlichen Blick auf das Wasser, in der Nähe gibt es mehrere gut gelegene Restaurants und Bars, darunter das festliche **O'Leary's Tiki Bar & Grill**.

Bei einer Bootsfahrt im Sonnenuntergang mit **LeBarge Tropical Cruises** kann man den Tag wunderbar ausklingen lassen. Der Anbieter hat auch Tagesausflüge in die Natur und entspannte Ausflüge in die Bucht im Programm, die von Live-Musik begleitet werden – Steeldrums, die den Ausflügen von LeBarge ein tropisches Flair verleihen.

DOWNTOWN HAPPENINGS

First Fridays, Fresh Fridays
Die lebhafteste Zeit im Zentrum ist der First Friday Sip & Shop, wenn die Läden Schampus ausschenken und Live-Musik auf der Main St erklingt (Okt.–Mai, 17–20 Uhr). Weiter geht es (19–22 Uhr) bei den Fresh Fridays, einer kostenlosen Tanzparty im Freien mit Essensständen.

Sarasota Farmers Market
Samstags (7–13 Uhr) kann man bei der Kreuzung von Main St und Lemon Ave superfrische Produkte kaufen. Neben Obst und Gemüse der Saison gibt's auch selbstgemachtes Brot, Käse, Smoothies, Kaffeegetränke, Crêpes und Pizza. Die nicht essbaren Versuchungen reichen von Kleidung und Schmuck bis zu Meeresschwämmen und Vegetabowls – Tonschalen, die in echten Obst- und Gemüseformen gegossen wurden.

LEGACY TRAIL

Wer eine Pause vom Stadtleben braucht, kann eine Runde auf dem **Legacy Trail** (S. 368) drehen, einem malerischen grünen Weg, der bis nach Venice führt. Er beginnt an der Fruitville Rd., ca. 1,6 km östlich der Main St.

UNTERWEGS VOR ORT

Die Buslinie 99 von SCAT (Sarasota County Area Transit) verkehrt zwischen der Innenstadt und Bradenton und hält nahe des Ringling-Museums.

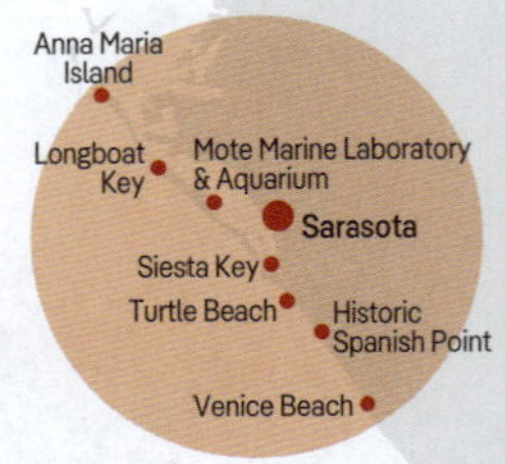

Rund um Sarasota

Ob man nur einen Nachmittagsbesuch macht oder einen mehrtägigen Roadtrip entlang der Keys plant, die herrliche Küste bei Sarasota sollte man nicht verpassen.

Puderweiße Sandstrände, tierreiche Buchten und feurige Sonnenuntergänge: Es ist leicht, sich in die dramatische Küstenlinie vor den Toren der Stadt zu verlieben. Man frage nur den amerikanischen König des Horrors Stephen King, einen der vielen berühmten Einwohner von Sarasota County.

Siesta Key ist wahrscheinlich die bekannteste der Barriereinseln an diesem Abschnitts der Golfküste, aber man könnte leicht ein paar Tage damit verbringen, diese Gegend zu erkunden. Hier kann man morgens an weiten, leeren Stränden spazieren gehen, nachmittags durch Mangroven paddeln, in denen sich Manatis tummeln, und bei Sonnenuntergang Cocktails in gut platzierten Bars mit Blick aufs Wasser genießen.

Weiter südlich kann man am Historic Spanish Point in die präkolumbische Vergangenheit der Region eintauchen und mit dem Fahrrad entlang einer ehemaligen Bahnlinie fahren, die heute als Greenway fungiert und Sarasota mit Venice verbindet.

TOP TIPP

Sonntagabends sollte man den Siesta Key Drum Circle nicht verpassen. Das Trommel-Event beginnt in der Nähe der 948 Beach Rd etwa eine Stunde vor Sonnenuntergang.

Rettungsschwimmerstation, Siesta Key

KDOTAYLOR/SHUTTERSTOCK ©

SARAH SHUMWAY/SHUTTERSTOCK ©

Turtle Beach

Zauberhafte Inseln

ATEMBERAUBENDE STRÄNDE UND WASSERABENTEUER

Sarasotas Hinterhof besteht aus einer langen Reihe von Barriereinseln, die durch Brücken mit dem Festland verbunden sind. Vom Zentrum aus sind es weniger als 20 Minuten Fahrt zum **Siesta Key** mit einem der schönsten Küstenabschnitte Floridas. Der Strand erstreckt sich hier über 13 km und besteht aus reinem Quarzsand, der so fein wie Puderzucker ist. An dem riesigen kostenlosen Parkplatz (an der Ecke Beach Rd und Beach Way) gibt es einen Info-Stand, der über alle Arten von Aktivitäten und Wassersportarten in der Umgebung aufklärt. Außerdem findet man hier reichlich Umkleidemöglichkeiten, eine Snackbar und überdachte Essbereiche. Eine flache, ca. 140 m lange Matte ermöglicht es Rollstühlen und Kinderwagen, das Ufer zu erreichen.

Weiter südlich entkommt man den Menschenmassen am etwas abgelegeneren **Turtle Beach**. Die Sonne und das türkisfarbene Wasser sind identisch, aber der Strand ist schmaler und der Sand aschgrau, weshalb ihn nur wenige bevorzugen. Nicht so die Meeresschildkröten, die hier von Mai bis Oktober nisten. Im Hinterland von Turtle Beach kann man bei **Kayaking SRQ** Kajaks mieten und sich auf ein Paddelabenteuer vorbei an den Mangroveninseln und versteckten Stränden des **Jim Neville Marine Preserve** begeben. Auf dem Weg lassen sich Manatis, Fischadler und andere Wildtiere beobachten.

ST. ARMANDS CIRCLE

Der von John Ringling in den 1920er-Jahren konzipierte St. Armands Circle ist eine gehobene Outdoor-Mall, die als Erweiterung des Zentrums von Sarasota fungiert. Hier flaniert man am frühen Abend, macht einen Schaufensterbummel und futtert dabei eine Eiswaffel von Kilwin's. Zahlreiche Restaurants, vom Diner bis zur gehobenen Küche, sind den ganzen Tag über geöffnet. Der Circle ist aber auch ein unvermeidbarer Verkehrsknotenpunkt; am schlimmsten sind die Pendlerströme am Vormittag und am späten Nachmittag. Nicht vergessen, für das Parken zu bezahlen, das wird streng kontrolliert.

ÜBERNACHTEN AUF DEN SARASOTA KEYS

Anna Maria Island Inn
Sieben verschiedene Standorte auf Anna Maria, vom preisgünstigen Haleys bis zum gehobenen Seaside. **$$**

Capri at Siesta
Charmante Pension in Laufnähe zum Crescent Beach und Restaurants an der Midnight Pass Rd. **$$**

Turtle Beach Resort & Inn
Entlegene, tropische Atmosphäre mit Suiten und Cottages mit Blick auf eine Lagune in der Nähe des Südendes von Siesta Key. **$$$**

PINE AVENUE

Die Pine Ave, ein charmantes Stück altes Florida auf Anna Maria Island, sollte man nicht verpassen. Hier schlendert man an farbenfrohen Cottages vorbei, in denen Galerien, Läden und Restaurants untergebracht sind, und erhält eine Dosis Inselgeschichte bei der **Anna Maria Island Historical Society**. Das Museum ist teilweise in einem Haus aus den 1920er-Jahren untergebracht, das aus der Bucht gerettet wurde und in dem winzigen Gefängnis saßen einst Aufrührer. Die Straße endet nahe des City Pier, wo man bis zum Ende des Docks schlendern und die Aussicht auf die **Sunshine Skyway Bridge** bewundern kann. Am Ende des Piers ist Gelegenheit, einen Happen zu essen (oder einen Köder zum Angeln zu kaufen).

SUNCOAST AERIALS/SHUTTERSTOCK ©

Anna Maria Island

Einige Keys liegen sogar noch näher am Zentrum von Sarasota und sind über den John Ringling Causeway zu erreichen. Sobald man sich durch den Verkehr am St. Armands Circle manövriert hat, kann man zum **Mote Marine Laboratory and Aquarium** fahren. Zu den Exponaten gehören außerirdisch anmutende Quallen, ein Haifischbecken und ein konservierter Riesenkalmar (beim Fang 11 m lang). In einem separaten Gebäude ermöglicht das Aquarium Begegnungen mit geretteten Meeresschildkröten sowie Manatis, Ottern und Alligatoren.

Weiter geht's nach Norden über die New Pass Bridge zum **Longboat Key**. Einst ein ruhiges Fischereidorf, ist der 19 km lange Landstrich von Longboat Key heute von gehobenen Resorts und Eigentumswohnungen gesäumt. Die wenigen winzigen öffentlichen Parkplätze erschweren Tagesausflüge. **Beer Can Island** an der Nordspitze von Longboat ist einer der schönsten Strände der Gegend.

Der Star von Sarasotas Küste ist **Anna Maria Island**, die durch eine Zugbrücke mit dem Nordende von Longboat Key verbunden ist. Anna Maria Island ist der perfekte Gegenentwurf zur partyfreudigen Siesta Key und wirkt wie eine Zeitreise in die 1950er-Jahre. Hier gibt es sonnenverblichene Schindelhäuser, Teenager, die vor Eisdielen herumhängen, und

REISEN MIT DEM BOOT

Der **Historic Spanish Point** wird von den Selby Gardens in Sarasota betrieben. Samstags gibt's ganztägige Bootstouren, die geschichtliche Erläuterungen, den Eintritt zu beiden Stätten und ein Mittagessen beinhalten.

ESSEN AUF DEN SARASOTA KEYS

Ginny's & Jane E's
Ein altes Lebensmittelgeschäft im Norden von Anna Maria Island, heute ein beliebtes Café, Restaurant und Kuriositätengeschäft. **$**

Sandbar
In diesem beliebten Lokal auf Anna Maria Island kann man am Strand zwanglos Meeresfrüchte und jede Menge tropische Cocktails genießen. **$$**

Miguel's
Perfekt zubereitete Jakobsmuscheln, französische Zwiebelsuppe oder Filet Mignon in einem französischen Old-School-Bistro auf Siesta Key. **$$**

einige gute Meeresfrüchterestaurants. Die Insel hat drei Strandorte: **Bradenton Beach** am Südende, **Holmes Beach** in der Inselmitte und **Anna Maria Village** an der Nordspitze.

Das südlichste Prunkstück von Anna Maria ist der **Coquina Beach**, ein ruhiger, sanfter, weißer Sandstrand, der von australischen Kiefern gesäumt wird. Auf der anderen Straßenseite kann man auf den Promenadenwegen des kleinen Naturschutzgebiets **Coquina Baywalk** am **Leffis Key** wandern.

Auch die nördlichen Ausläufer von Anna Maria bieten wunderschöne Strände. Hier findet man niedrige Dünen mit Blick auf die Uferpromenade am **Bean Point Beach** und weniger Andrang als im Zentrum der Insel am Manatee Public Beach.

Echos der Vergangenheit am Historic Spanish Point

ALTE VÖLKER UND PIONIERE

Etwa 16 km südlich von Sarasota können auf einer 12 ha großen Halbinsel, die in die Little Sarasota Bay hinausragt, verschiedene Epochen der Vergangenheit erkundet werden. Muschelhaufen, kleine Hütten der Pioniere und Gärten geben einen faszinierenden Einblick in das Leben der Menschen, die hier einst gelebt haben. Ein 1,6 km langer **Rundweg** führt durch die grünen Anlagen, die die gut erhaltenen Stätten umgeben.

Vor über 4000 Jahren ließen sich die Ureinwohner in der Nähe einer Süßwasserquelle nieder und ernteten Venusmuscheln, Austern, Jakobsmuscheln und Wellhornschnecken aus dem Meer. Aus den Muscheln errichteten sie einen Hügel, der später eine Basis für die Siedlungen bildete (6 m über dem Meeresspiegel). Nach ihnen kamen weitere Gruppen und errichteten neue Hügel, die schließlich der Halbinsel ihre Form gaben.

Die ersten nicht-einheimischen Siedler kamen 1867. Auf der Suche nach Land erfuhr die Pionierfamilie Webb von spanischen Fischern von diesem Ort und errichtete dort eine Siedlung. Als Webb beim Pflügen seines Gartens menschliche Überreste fand, wandte er sich an die Smithsonian Institution. So begannen die archäologischen Forschungen in diesem Gebiet, die bis in die frühen 1960er-Jahre andauerten.

Unter den Funden befinden sich einige der ältesten bekannten indigenen Töpferwaren. Diese und weitere einzigartige Stücke sieht man, wenn man einen teilweise ausgegrabenen Muschelhügel betritt. Dies ist die einzige Stätte dieser Art in Florida, bei der man die Schichten von Muschelresten und prähistorischen Gebrauchsgegenständen sehen kann.

Auf dem Rundweg (es gibt auch Touren per Elektroauto) sieht man das hölzerne Packhaus, die Mary's Chapel, den Friedhof der Familie Webb sowie Frank Guptills Holzhaus von 1901.

GUPTILL HOME

Frank Guptill, ein Bootsbauer aus Maine, freundete sich in den 1870er-Jahren mit den Webbs an und heiratete schließlich in die Familie ein. Frank ehelichte Ginnie 1877 und nach ihrem tragischen Tod im Jahr darauf heiratete er ihre Schwester Lizzie. Sie lebten eine Zeit lang auf einem Boot, bis Guptill das Haus auf einem kleinen Hügel errichtete (wo sich heute ein Muschelhügel befindet). Dank Guptills Weitsicht, die Gelbkiefer aus Florida zu verwenden, die resistent gegen Termiten und stark genug ist, um Wirbelstürme zu überstehen, ist das Gebäude bemerkenswert gut erhalten.

Innen kann man sich Franks Fiedel und Lizzies Klavier ansehen, mit denen die beiden die Gäste im Webb-Winterresort unterhielten. Dozentinnen und Dozenten halten zusätzliche Infos zu der Stätte bereit.

NATUR AM HISTORIC SPANISH POINT

Sunken Gardens
Man holt sein Mittagessen am Imbisswagen und bewundert die Aussicht durch die von Bougainvillea umrankte Pergola.

Cock's Footbridge
Hier lassen sich das Leben in den Mangroven und Knopfbäumen sowie die Watvögel in der Bucht beobachten.

Butterfly House
Hier flattern riesige Schwalbenschwänze, Zebrafalter (Floridas Staatsschmetterling) und andere geflügelte Schönheiten vorbei.

UNTERWEGS AUF DEM LEGACY TRAIL

Eines der bestgehüteten Geheimnisse in Sarasota County ist eine ehemalige Bahnlinie, die zum Greenway umfunktioniert wurde und sich über 30 km zwischen Venice und der Fruitville Rd. in Sarasota (östlich von Downtown Sarasota) erstreckt. Der landschaftlich reizvolle **Legacy Trail** führt an grünen Parks und Vorstadthinterhöfen vorbei und über mehrere Brücken über den Intracoastal Waterway. In Venice beginnt der Weg am historischen Zugdepot von 1927. Von dort sind es noch 8 km bis zum Oscar Scherer State Park, einem weiteren Highlight der Strecke. Nahe des Startpunkts kann man Fahrräder bei Real Bikes oder E-Bikes bei Big Bam mieten.

GISELEESPINDOLA/SHUTTERSTOCK ©

Caspersen Beach

Strand-Hopping & Haifischzahn-Jagd in Venice

YOGA, KONZERTE, ANGELN UND FOSSILIENSUCHE

Die schönen Strände von Venice sind ein lohnender, unkomplizierter Abstecher, und am Ufer gibt es kostenlose Parkplätze.

Die breite Sandküste von **Venice Beach** liegt am Ende der West Venice Ave und erstreckt sich von Norden nach Süden. Hier nisten Meeresschildkröten, und man kann sehr gut Vögel beobachten. Täglich um 8 und 9 Uhr sowie montags bis donnerstags um 17 Uhr finden hier **kostenlose Yogakurse** statt. Außerdem ist jeden Abend ab etwa 18 Uhr Live-Musik zu hören.

Etwa 2 Meilen (3,2 km) südlich (zu Fuß oder per Auto erreichbar) ist der 213 m lange **Venice Pier** ein toller Ort für den Sonnenuntergang. Auch zum Angeln ist der Pier beliebt, mit einem Köder- und Snackshop und einem schönen Blick über das Meer. In der Abenddämmerung zieht das **Sharky's** eine muntere Gästeschar an, die für Drinks und Meeresfrüchte kommt.

Weiter in Richtung Süden (weitere 1,5 Meilen/2,4 km vom Pier) erreicht man **Caspersen Beach**, ein Gebiet, das für seine an Land gespülten Haifischzähne bekannt ist – darunter auch versteinerte prähistorische Stücke. Am besten leiht man sich bei **Papa's Bait Shop** am Venice Pier einen Siebkorb (auch bekannt als „Florida-Schneeschaufel") und gesellt sich zu den anderen Schatzsuchern.

Ein weiterer hübscher, von Palmen gesäumter Strand liegt nördlich von Venice auf Casey Key: der **Nokomis Beach**. Mittwochs und samstags wird's hier eine Stunde vor Sonnenuntergang so richtig groovy, wenn sich der **Nokomis Beach Drum Circle** trifft und die Trommelrhythmen gut und gern mehrere Hundert Leute anlocken.

UNTERWEGS VOR ORT

Der kostenlose Bay Runner Trolley fährt von Downtown Sarasota zum St. Armands Circle und nach Lido Key. Es ist komplizierter, Siesta Key mit dem Bus zu erreichen (man muss umsteigen), aber wenn man einmal dort ist, kann man sich mit dem kostenlosen Siesta Key Breeze Trolley fortbewegen. Auch auf Anna Maria Island gibt es einen kostenlosen Trolley-Service.

FORT MYERS

Die Calusa waren nicht die ersten Bewohner dieses Teils von Südwestflorida, aber sie waren diejenigen, auf die die Spanier im 16. Jh. trafen. Sie lebten in Stelzenhütten, die mit Palmetto-Blättern gedeckt waren, und ernährten sich von Fisch und Schalentieren – einige der großen Hügel aus ihren weggeworfenen Muschelschalen und Fischknochen sind heute noch erhalten. Das heutige Fort Myers liegt am Caloosahatchee („Fluss der Calusa“).

Die Stadt selbst wurde nach einem US-Militärfort benannt, das während der Seminolenkriege (Mitte des 19. Jhs.) errichtet wurde. Bis 1885 lebten hier nur wenige Viehzüchter, als sich der Erfinder Thomas Edison in diese Gegend verliebte. Er und seine Frau trieben die Entwicklung voran, pflanzten Königspalmen entlang der Allee und trugen zur Elektrifizierung der Stadt bei. Fort Myers verfügt über ein gut erhaltenes historisches Viertel, das heute von Restaurants, Geschäften und Cafés gesäumt wird und das einen faszinierenden Einblick in die Vergangenheit bietet.

TOP TIPP

Wer nach Key West reisen, aber nicht mit dem Auto fahren möchte, sollte den Key West Express buchen. Der Katamaran fährt in knapp vier Stunden von San Carlos Island bei Fort Myers Beach nach Key West, täglich um 8 Uhr morgens hin und um 17 Uhr zurück.

Edison Theatre (S. 370)

HIGHLIGHT
1 Edison & Ford Winter Estates

SEHENSWERTES
2 Edison Theatre
3 Sidney & Berne Davis Art Center

UNTERHALTUNG
4 Arcade Theatre

SHOPPEN
5 Franklin Shops

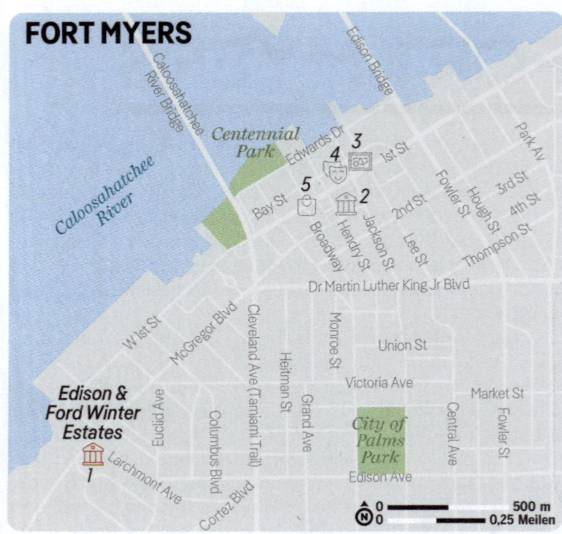

HURRIKAN IAN

Ende September 2022 brauste ein Hurrikan der Kategorie 4 in der Nähe von Fort Myers Beach an Land und verursachte katastrophale Schäden im gesamten Südwesten Floridas. Über 140 Menschen starben, womit Hurrikan Ian der tödlichste Sturm war, der den Bundesstaat seit 1935 traf. Das Ausmaß der Verwüstung war kaum zu fassen: Hunderte von Häusern wurden zerstört, große Fischereifahrzeuge wurden wie Spielzeugboote an Land geschleudert und Brücken wurden weggerissen, darunter auch die einzige Straße nach Sanibel Island. Insgesamt erlitt der Staat Schäden in Höhe von schätzungsweise 50 Mrd. US$, und nicht wenige befürchteten, dass die schwer getroffenen Gemeinden sich nie wieder erholen würden.

Die Seele von Fort Myers

SÜDWEST-FLORIDAS FOTOGENSTE INNENSTADT

Die Ziegelsteinstraßen des **River District** werden von eindrucksvollen Gebäuden gesäumt, die eine wachsende Zahl von Geschäften, Cafés und Restaurants beherbergen. Es ist ein entspannter Ort für einen Spaziergang, vor allem während des **Art Walk** (erster Freitag im Monat), wenn Künstler und Kunsthandwerker ihre Kreationen auf den Bürgersteigen verkaufen. Beim **Music Walk** (dritter Freitag im Monat) treten Bands und Solisten in den Straßen der Stadt auf.

Das **Edison Theatre,** eine Art-déco-Schönheit aus den 1920er-Jahren, wird zwar nicht mehr als Veranstaltungsort genutzt, ist aber dennoch sehenswert. Etwas weiter kann man in den **Franklin Shops** nach Geschenkideen stöbern. Das zweistöckige Geschäft befindet sich in einem Gebäude von 1937 mit einer Vitrolite-Glasfassade und bietet einzigartige Artikel wie Meeresschwämme aus der Region, Armbänder mit Sand vom Fort Myers Beach, Honig und Gemälde von Künstlern aus Südflorida an. Es gibt sogar Wein aus Fort Myers mit Pfirsichnote.

Etwas weiter in der First St steht das **Arcade Theatre**, ein weiterer Prachtbau, der 1915 als Varietégebäude errichtet wur-

AUSGEHEN IN FORT MYERS

Social House
Ein Innen- und Außenbereich mit selbstgemachten Cocktails und kreativen Snacks sowie sanfter Live-Musik.

86 Room
Das 86 Room beim Innenhof Patio de Leon bietet 1920er-Jahre-Flair und klassische Getränke.

Beacon Social Drinkery
In der 12. Etage des Luminary Hotels kann man Tampas besten Blick über den Fluss genießen.

de. Heute werden hier Musicals und Theaterstücke des Florida Repertory Theatre aufgeführt.

Ein Block weiter östlich liegt das **Sidney and Berne Davis Art Center**, eine der besten Adressen in Fort Myers. Das 1933 aus Korallengestein von den Florida Keys errichtete Gebäude im neoklassizistischen Stil diente als Postamt und später als Bundesgericht, bevor es in jüngster Zeit in ein Kunstzentrum umgewandelt wurde. Heute finden auf dem Dach Kunstausstellungen, Konzerte, Theaterstücke, Tanzpartys und DJ-Sessions statt.

Touren durch die Edison & Ford Winter Estates

HISTORISCHES VERMÄCHTNIS AMERIKANISCHER INNOVATOREN

Thomas Edison baute 1885 sein Winterhaus in Florida und lebte bis zu seinem Tod 1931 saisonweise hier. Edisons Freund Henry Ford errichtete 1916 seinen Bungalow nebenan. Gemeinsam, und manchmal auch Seite an Seite in Edisons Labor, veränderten diese beiden Erfinder, Geschäftsleute und Nachbarn die Welt. Das ausgezeichnete **Museum** zeigt das überwältigende Spektrum ihrer Leistungen. Man kann die kostenlose Edison-Ford-App herunterladen und sich auf eigene Faust orientieren, oder sich einem der sachkundigen Historiker in einer der Führungen durch das Anwesen anschließen, die den ganzen Tag über stattfinden.

Edison, Ford und Harvey Firestone waren engagierte „Blechdosen-Touristen", die gern mit dem Auto durch Amerika fuhren und zelteten. Die Exponate berichten von ihren Reisen und davon, wie sie dabei das Automobil weiterentwickelten. Der Hauptzweck von Edisons Labor in Fort Myers war die Entwicklung einer einheimischen Kautschukquelle (in erster Linie mithilfe von Goldrutenpflanzen) für den Automobilbau, obwohl Edison später insgesamt 1093 Patente für Dinge wie die Glühbirne, den Phonographen, das Waffeleisen und das Kinetoskop anmeldete.

Die üppigen **botanischen Gärten** und die **vornehmen Häuser** scheinen förmlich zu strahlen und sind mit historischen Möbeln und einigen Originalstücken ausgestattet – wie dem Klavier von Mina, Edisons Frau, und ihren grünen Korbmöbeln auf der Veranda. Der riesige Banyanbaum ist nicht zu übersehen. Er wurde 1927 als einzelner Setzling gepflanzt und ist heute der größte seiner Art auf dem amerikanischen Festland, mit einem Kronendach von 4000 m².

SANIBEL ISLAND

Sanibel, das durch den Hurrikan Ian schwere Schäden erlitten hat, ist anders als andere Strandgemeinden in Florida. Die Insel ist stolz auf ihren egalitären Geist, und Reichtum wird selten zur Schau gestellt. Die Entwicklung hier wurde behutsam gesteuert: So gehört die nördliche Inselhälfte fast vollständig zum Naturschutzgebiet des **JN „Ding" Darling National Wildlife Refuge**, einem 2500 ha großen Schutzgebiet voller Wildtiere.

Die schönen Strände der Insel sind berühmt für die Qualität ihrer Muscheln. Engagierte Jäger erkennt man an ihrem „Sanibel-Buckel". Der Wiederaufbau nach dem Hurrikan Ian wird wahrscheinlich noch Jahre dauern; Besucher:innen können helfen, indem sie die lokalen Geschäfte auf der Insel unterstützen.

UNTERWEGS VOR ORT

Fort Myers hat ein gutes Verkehrsnetz, darunter zwei kostenlose Trolleybusse, die saisonal verkehren (Dez.–April). Mit der blauen Linie gelangt man zu den Edison & Ford Winter Estates.

NAPLES

Naples ist schon lang einer der begehrtesten Orte in Florida für den Ruhestand, und das Durchschnittsalter der Einwohner liegt bei 66 Jahren. Schöne Strände, Sonnenschein das ganze Jahr über und gepflegte Straßen tragen ebenso zur Attraktivität der Stadt bei wie Museen, botanische Gärten und ein reichhaltiges Freizeitangebot. Selbst diejenigen, die noch nicht in den goldenen Jahren sind, geben Naples oft gute Noten. 2021 wurde die Stadt von dem Magazin *Travel + Leisure* auf Platz eins der besten Strandstädte gewählt.

Benannt nach der bezaubernden süditalienischen Stadt Neapel, wurde Naples 1886 gegründet und präsentierte sich von Anfang an als Tourismusziel. Die frühen Förderer der Stadt (die weniger als 100 Einwohner hatte) eröffneten 1889 das erste Hotel und bauten einen ambitionierten, 180 m langen Pier, der in den Golf ragte und den Zugang zu Dampfschiffen ermöglichen sollte. Obwohl der Pier 2022 von Hurrikan Ian beschädigt wurde, ist er auch heute noch ein Wahrzeichen der Stadt (eine Neugestaltung ist geplant).

TOP TIPP

Naples hat zwei primäre Einzelhandelskorridore: Der wichtigste ist die 5th Ave zwischen 9th St und 3rd St Ein weiterer Geschäftsbezirk verläuft an der 3rd St S zwischen Broad Ave S und 14th St S. Dieses Gebiet, genannt Third Street South, ist das Herz der Altstadt und bietet regelmäßige Veranstaltungen, z.B. einen Farmers Market am Samstagvormittag.

EPIZENTRUM DER KÜNSTE

Artis-Naples ist eine der wichtigsten Kultureinrichtungen in Südwest-Florida und ein Schauplatz für darstellende und bildende Kunst. Im **Baker Museum** kann man Werke von Künstlern des 20. und 21. Jhs. besichtigen. In früheren Ausstellungen waren Ran Hwang, Magritte, Mauricio Lasansky und Helen Frankenthaler zu sehen.

Neben dem Baker liegen zwei Veranstaltungsorte von Artis-Naples. In der **Hayes Hall** werden Broadway-Shows, Ballette und Konzerte der Naples Philharmonic aufgeführt. Im **Daniels Pavilion** mit 283 Plätzen gibt es Jazz, Comedy und Kammermusik.

Naples in voller Blüte

ÜPPIGE GÄRTEN UND WILDE NATUR

Der **Naples Botanical Garden**, einer der schönsten Gärten Floridas, umfasst sowohl gepflegte Flächen als auch wilde Bereiche, die die Ökosysteme Südwestfloridas präsentieren.

Der **Brazilian Garden** strotzt nur so vor Bromelien, Palmen und anderen Arten aus den Tropen, darunter ein Florettseidenbaum und die Jurema, deren Zweige an einen sich windenden Bodybuilder erinnern. Unter einem Wandgemälde des brasilianischen Landschaftsarchitekten Roberto Burle Marx ergießt sich ein Wasserfall in einen Teich voller Amazonas-Riesenseerosen.

Dann geht man durch den **Caribbean Garden** und erfreut sich am Reichtum an tropischen Obstsorten. Man überquert den kleinen River of Grass und genießt die Brise im **Florida Garden**. Die Wege schlängeln sich vorbei an von Wildblumen gesäumten Wasserfällen, Oolithfelsen und alten Bäumen.

Ganz in der Nähe kann man die meditative Ruhe des **Asian Garden** genießen. Man setzt sich in einen Pavillon im balinesischen Stil und lauscht dem Rauschen des Wassers, das durch die Lotusteiche fließt. Natürlich sitzt ein Stein-Buddha unter einem Feigenbaum – eine ähnliche Art wie der heilige Bodhi-Baum.

Asian Garden, Naples Botanical Garden

Artis-Naples
Baker Museum
Cleveland Ave (Tamiami Trail)
Pine Ridge Rd
Everglades Parkway (Alligator Alley) (toll)
Tamiami Trail
Golden Gate Pkwy
Caribbean Gardens
Golf von Mexiko
Naples Airport
Naples
Tamiami Trail
Naples Botanical Gardens
0 2 km
0 1 Meile

Nachdem man die Gärten erkundet hat, kann man im **Schutzgebiet** mit seinen Kiefernwäldern, Sümpfen und Mangroven die wildere Seite der Natur entdecken. Von einem Bohlenweg durch ein Süßwassersumpfgebiet aus kann man nach Wildtieren Ausschau halten und beim Umkreisen des Sees ein Fischadlernest sehen. Außerdem gibt's einen Vogelbeobachtungsturm.

UNTERWEGS VOR ORT

Naples hat ein nummeriertes, farblich gekennzeichnetes Bussystem. Mehrere Linien fahren in einer Schleife durch die Innenstadt, darunter die Linien 13 und 14, die beide zum Naples Botanical Garden weiterfahren.

Rund um Naples

Küstenorte, Einkaufszentren und Country Clubs säumen das Zentrum von Naples, und gleich hinter der Stadt liegt ein herrliches Schutzgebiet der Audubon Society.

Ob man nun nach Norden oder nach Süden fährt, innerhalb einer halben Autostunde von Naples trifft man auf atemberaubende Küstenabschnitte. Gepflegte Strände mit Resorts und Eigentumswohnungen säumen die Küsten. Weiter im Landesinneren schlängeln sich die belebten Straßen an Luxus-Einkaufszentren, kleinen Gemeinden und hochklassigen Country Clubs vorbei – kein Wunder, wenn man bedenkt, dass sich Naples selbst als „Golfhauptstadt der Welt" bezeichnet.

Doch nicht alles wurde den Göttern des Konsums geopfert. In die Landschaft eingebettet sind Naturschutzgebiete, Grünflächen an den Buchten und Gemeindeparks mit Seen und Waldwegen. Überraschenderweise gibt es in der Gegend sogar noch Gebiete mit altem Pflanzenbestand. Das Corkscrew Swamp Sanctuary ist eine Fundgrube für reichhaltige Feuchtgebiete voller Leben, die man bei einem Besuch hier keinesfalls verpassen sollte.

TOP TIPP

Die Zahl der täglichen Besucher:innen im Corkscrew Swamp Sanctuary ist beschränkt. Deshalb sollte man Tickets dafür unbedingt im Voraus reservieren.

Bohlenweg, Corkscrew Swamp Sanctuary

CLKRAUS/SHUTTERSTOCK ©

Wandern im Corkscrew Swamp Sanctuary

SPEKTAKULÄRER ALTER WALD

Das Kronjuwel unter den Naturschutzgebieten der National Audubon Society ist das Corkscrew Swamp Sanctuary. Es bietet einen guten Einblick in sechs unberührte Lebensräume, die man auf einem schattigen, 3,6 km langen Holzplankenweg erkunden kann. Kernstück des Parks ist der größte und älteste Sumpfzypressenurwald der Welt, dessen majestätische Riesen teilweise über 600 Jahre alt und fast 40 m hoch sind.

Auf dem Weg dorthin durchquert man einen Kiefernwald, bevor man an einem Teich mit Sauergras entlang geht. Farne wachsen am Fuße schlanker Sumpfzypressen und Epiphyten sprießen aus deren Stämmen und Ästen. Ein kurzer Abstecher führt zum Plume Hunters Camp, wo Unmengen von Vögeln wegen ihrer Federn getötet wurden, bevor Wildhüter von Audubon 1910 mit der Bewachung der Anlage begannen.

Von hier aus hat man einen windigen Blick auf die feuchte Prärie (oder Sumpf), in der Gräser und Seggen auf dem gesättigten Boden wachsen. Nun wird der Wald höher und dunkler, und man betritt das Reich der unberührten Sumpfzypressen. Lässt man den jüngeren Wald hinter sich, markiert **Sentry** die Grenze – einer von mehr als einem Dutzend Bäumen, die so alt und groß sind, dass sie Namen haben.

Man sollte diesen Wald in Ruhe durchstreifen, auf das Klopfen der Spechte lauschen, nach Grasmücken Ausschau halten, die durch die Baumkronen flattern, und auf Bewegungen in den dunklen Gewässern achten. Seltene Pflanzen, darunter die berühmte Geisterorchidee, verstecken sich zwischen den Ästen einiger Zypressen. Mit etwas Glück erspäht man auch Schlangenhalsvögel, die ihre Flügel in der Sonne trocknen, Alligatoren, die sich auf kleinen Inseln sonnen, Bäume voller Ibisse und Otter, die in der Nähe der Holzstege schwimmen.

HÜTER DER FEDER

Ende des 19. Jhs. war das Tragen eines Hutes mit den Federn von Stelzvögeln der Hit der Damenmode. Da eine Unze Reiherfedern mehr wert war als eine Unze Gold, töteten die Jäger Millionen von Vögeln und brachten einige Arten an den Rand des Aussterbens. Besorgte Bürger schlugen Alarm und gründeten 1900 die Florida Audubon Society. Sie kämpften für die Rettung der Vögel und brachten schließlich den Gesetzgeber dazu, Schutzgesetze zu erlassen. Da es aber an deren Umsetzung mangelte, stellte Audubon Wildhüter ein, darunter Rhett Green, der bei der Verteidigung der Krähenkolonien sein Leben riskierte. Eine Sumpfzypresse im Wald trägt seinen Namen und zieht passenderweise Schwärme von Zugvögeln an.

NATURBEGEGNUNGEN IN SÜDFLORIDA

Noch mehr Vögel, Alligatoren und Orchideen findet man in den Wildreservaten weiter südlich. In rund einer Autostunde erreicht man das **Big Cypress National Preserve** (S. 115) mit einem Plankenweg, von dem aus man Feuchtgebiete voller Tiere überblicken kann

UNTERWEGS VOR ORT

Leider gibt es keine öffentlichen Verkehrsmittel, die zum Corkscrew Swamp Sanctuary fahren, man benötigt also ein eigenes Fahrzeug, um dorthin zu gelangen.

PANHANDLE

WILDE STRÄNDE, KÜSTENGEBIETE UND SÜSSWASSERQUELLEN ERKUNDEN

Hier warten über 160 unverbaute Strandkilometer, diverse Schiffswracks und naturbelassene Süßwasserquellen.

Die 13 Counties des Florida Panhandle drängen sich wie Herzmuscheln am klaren und grünen Golf von Mexiko. Die größte Stadt der Region ist Tallahassee (ca. 200 000 Ew.) – gefolgt von Pensacola (54 000 Ew.) und Navarre (40 000 Ew.). Weißer „Zuckersand" bedeckt die Strände und Wälder am Golf und eine wilde Landschaft mit natürlichen Süßwasserquellen umgibt die Kleinstädte.

Mit seinem meist ländlichen Charakter entspricht der Panhandle viel mehr der Vorstellung vom tiefen Süden der USA als die anderen Küstengebiete Floridas: Das Leben verläuft hier langsam, entspannt und verträumt. Die kleinsten Nester wirken wie Kulissen in alten Schwarz-Weiß-TV-Serien. Interstate- und Küsten-Highways verbinden die über 160 Kilometer langen Strände der Region. Unterwegs locken auch Flohmärkte und Straßenstände mit gekochten Erdnüssen, saisonalem Gemüse oder Pfirsichen aus Georgia.

Von den tollen weißen Sandstränden am Rand der Küstenstädte bekommt man fast nicht genug. Falls doch, einfach landeinwärts fahren: Dort warten Kanu- und Tube-Trips auf kühlen natürlichen Quellen, die sich kaum verändert haben, seit die Ureinwohner hier einst frei umherzogen.

Pensacola an der Grenze zum Bundesstaat Alabama markiert den Westrand des Panhandle; Tallahassee ist die größte Stadt am Ostrand. Im Süden erstreckt sich der Golf. Und ein paar Meilen weiter nördlich beginnt Georgia.

DIE WICHTIGSTEN ZIELE

PENSACOLA
Strände mit smaragdgrünem Wasser und jeder Menge Seafood. **S. 382**

DESTIN
Unberührte Strände plus regelmäßige Unterhaltung. **S. 389**

PANAMA CITY
Weiße Sandstrände und Familienspaß. **S. 397**

JOSHUA WHITCOMB/SHUTTERSTOCK ©

Links: Tauchen, Panama City (S. 397); oben: Pensacola Beach (S. 382)

APALACHICOLA
Historisches Fischerdorf im Stil des alten Floridas.
S. 401

TALLAHASSEE
Aussicht vom State Capitol und tolle Süßwasserquellen. **S. 404**

Erste Orientierung

Ab der Grenze zum Bundesstaat Alabama erstreckt sich der Panhandle entlang des Golfs und südwärts bis zum Küstenbogen namens Big Bend. Die US 98 verbindet die Groß- und Kleinstädte am Meer miteinander. An der I-10 liegen Mobile, Tallahassee und Jacksonville.

Pensacola, S. 382

Wunderschöne Strandstadt mit historischem Kern an der Pensacola Bay. Bis zum smaragdgrünen Golf von Mexiko sind's nur ein paar Minuten.

Destin, S. 389

Ruhiger Strandort mit weißen, perfekten Sandstreifen und zahllosen Möglichkeiten zum Relaxen in der Sonne.

Panama City, S. 397

Klares, warmes Golf-Wasser und weißer Quarzsand nahe dem Apalachicola National Forest.

AUTO & MOTORRAD

Die Städte des Panhandle lassen sich leicht per Auto erreichen und erkunden. Die US 98 verläuft entlang der Küste. Die I-10 verbindet Pensacola mit Jacksonville und führt ohne Schlenker zur Küste auch durch Tallahassee. In den größeren Städten gibt's Lyft, Uber und normale Taxis.

FLUGZEUG

Dank einiger Regionalflughäfen kann man auch auf dem Luftweg zwischen Städten im Panhandle pendeln. Die Frage ist aber, ob das sinnvoll ist: Im Vergleich zu Autotouren zwischen regionalen Zielen dauert Fliegen länger. Dennoch: bei Bedarf eine Option.

BUS

Die größeren Städte haben ausgedehnte Busnetze. Pensacola bietet den ECAT und Gratis-Strandshuttles (nur saisonal). Der EC Rider fährt nach Destin, Miramar Beach (mit Sandestin) und Fort Walton Beach. In Panama City gibt's die Busse des Bay Town Trolley, in Tallahassee die StarMetro.

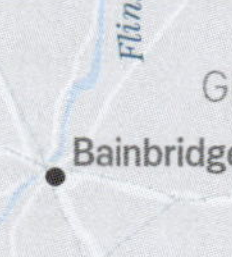

Tallahassee, S. 404

Hier erkundet man den historischen Capitol-Komplex und macht Abstecher zu naturbelassenen Süßwasserquellen und erholsamen State Parks.

Apalachicola, S. 401

Historisches Fischereinest mit Blicken auf unberührte Flüsse, mit Stränden und Küstenwäldern à la Old Florida.

MATT BUIKEMA/SHUTTERSTOCK ©, FELIX MIZIOZNIKOV/SHUTTERSTOCK ©

Perfekte Tage

Der Panhandle ist für schneeweiße Sandstrände am glasklaren, aquamarinblauen Golf von Mexiko berühmt. Hier warten aber auch uralte Küsteneichen, noch ältere historische Bezirke und perfekte Parks.

ROTORHEAD 30A PRODUCTIONS/SHUTTERSTOCK ©

Destin, Crab Island (S. 391)

Drei Tage zum Erkunden

- Am ersten Tag relaxt man am **Casino Beach** (S. 386) mit Sonnenbaden, Schwimmen, Schnorcheln oder Angeln vom Pier. Auf diesem lässt sich später auch der Sonnenuntergang genießen – zuvor lockt aber noch ein Mittagessen in der Umgebung. Zum Schluss eine gute Mütze voll Schlaf nehmen.

- Am zweiten Tag geht's ins historische Herz von **Pensacola** (S. 382): Dort stehen Sightseeing, Essen, Shoppen und ein Besuch des **Historic Pensacola Village** (S. 387) auf dem Programm.

- Am letzten Tag führt der Weg zum Gulf Islands National Seashore, wo **Fort Pickens** (S. 388) von 1861 und sein Visitor Center zu Erkundungen einladen. Zudem empfiehlt sich Schwimmen am **Langdon Beach** (S. 388), der mit Toiletten, einem schattigen Pavillon und Gratis-Shuttles aufwartet.

Beste Reisezeit

Der Panhandle weiß zu feiern: Die regionalen Festivals lohnen immer einen Besuch. Hier werden Mardi Gras, Feiertage und Gastro-Events im großen Stil begangen.

FEBRUAR

Das **PCB Mardi Gras & Music Festival** und den großen Umzug **Mardi Gras at the Beach** (veranstaltet von der Organisation Krewe of Dominique Youx) erleben.

APRIL–MAI

South Walton Beaches Wine and Food Festival (Sandestin) Stars der Wein- und Gastro-Szene auf dem Grand Boulevard.

JULI

Überall Feuerwerk am 4. Juli; eine Woche später findet die **Pensacola Beach Airshow** (S. 385) statt.

CHERYL CASEY/SHUTTERSTOCK ©, CARLO PREARO/SHUTTERSTOCK ©, CHERYL CASEY/SHUTTERSTOCK ©

Fünf Tage unterwegs

● Zuerst dem Dreitagesplan folgen. Am vierten Tag geht's dann Richtung Osten nach **Destin** (S. 389; 48 Meilen/77 km über die US 98, je nach Verkehr ca. 1 Std.). Dort gibt der tolle **Henderson Beach State Park** (S. 390) einen raren Einblick in die schönste und ursprünglichste Seite des alten Floridas. Danach genießt man außerhalb der Stadt fangfrisches, leckeres Seafood aus der Region.

● Am fünften Tag ist **Destin Harbor** (S. 391) an der Reihe: Neben zahlreichen Einkaufsmöglichkeiten lockt dort die Strandpromenade mit belebter Atmosphäre im Karnevalsstil (vor allem während Events). Zudem kann man Touren mit Mietbooten buchen, an Bord eines Piratenschiffs gehen oder das **HarborWalk Village** (S. 391) mit vielen Shopping-Optionen und kinderfreundlichen Aktivitäten besuchen.

Sechs Tage oder mehr

● Nun geht's noch weiter gen Osten nach **Panama City** (S. 397; 47 Meilen/75 km über den Hwy 98).

● Am sechsten Tag erfreut man sich in **Panama City Beach** (S. 398) an weißen Quarzsand-Stränden und klarem Wasser – gefolgt von Sightseeing auf dem **Russell-Fields Pier** (S. 398). Später sind dann Essen und Shoppen im beliebten Outdoor-Komplex des **Pier Park** (S. 398) angesagt. Am siebten Tag taucht man im **St. Andrews State Park** (S. 398) in Floridas nasse Wildnis ein. Alternativ bietet sich ein Besuch des **ZooWorld Zoological Park** (S. 399) an.

● Hat man noch mehr Zeit empfiehlt sich ein Abstecher nach **Tallahassee** (S. 404), um das **State Capitol** (S. 406) zu besichtigen. Oder ein Ausflug nach **Apalachicola** (S. 401), wo Outdoor-Aktivitäten und ultimativ frisches Seafood warten.

SEPTEMBER

Der **Gulf Coast Jam** (Panama City Beach) ist ein dreitägiges Country-Musikfestival; beim **SandJam** erklingen Alternative-Sounds.

OKTOBER

Destin Seafood Festival (Destin Harbor) Lockt ca. 70 000 Besucher:innen mit Livemusik, regionalem Seafood und vielen Verkaufsständen.

NOVEMBER

Florida Seafood Festival (Apalachicola; S. 402) Frisches regionales Seafood, Wettläufe und Wettbewerbe im Austernessen bzw. -knacken im Zentrum.

DEZEMBER

Beach Ball Drop (Panama City Beach) Silvesterparty am Strand; vor Weihnachten findet das Erleuchten des Baums und ein Umzug statt.

PENSACOLA

Die westlichste Stadt Floridas wurde rund um die Pensacola Bay erbaut und liegt im Schutz von Santa Rosa Island. Sie ist berühmt für schneeweiße Sandstrände mit glasklarem Wasser – ebenso für ihre saisonalen Festivals und Umzüge. Hinzu kommen viele Wassersport-Optionen (z. B. Segeln, Tauchen, Schorcheln, Schwimmen, Angeln) und natürlich das hervorragende Seafood. Pensacola ist zwar recht klein (ca. 54 000 Ew.), bildet aber das Verwaltungszentrum des Escambia County und ist Teil der Pensacola Metropolitan Area (über 500 000 Ew.).

1559 errichtete der Spanier Don Tristan de Luna hier einen Außenposten, der nach einem Hurrikan aber schon bald wieder aufgegeben wurde. Erst 1698 entstand vor Ort eine dauerhafte Siedlung. Von Pensacolas Kolonialerbe zeugt das Zentrum mit seinem Mix aus historischer Architektur und luxuriösen Apartments. Mitten durch das historische Zentrum mit seinen 40 Blocks verläuft die Palafox St mit Galerien, Boutiquen, Restaurants, Parks und historischen Bauwerken.

TOP TIPP

Unfälle oder starker Verkehr sorgen oft für Staus vor bzw. auf der Pensacola Bay Bridge (alias Three-Mile Bridge), die vom Zentrum nach Gulf Breeze führt: Darum für die Überquerung genügend Benzin und Geduld mitbringen. In Gulf Breeze immer ans Tempolimit halten!

Küste bei Pensacola

SEHENSWERTES
1 African American Heritage Society
2 Children's Museum
3 Fort Barrancas
4 Fort Pickens
5 Fort Pickens Area of Gulf Islands National Seashore
6 Historic Pensacola Village
7 Langdon Beach
8 NAS Pensacola
9 National Naval Aviation Museum
10 Pensacola Beach Gulf Pier
11 Pensacola Lighthouse & Maritime Museum
12 Pensacola Museum of Art
13 Pensacola Museum of History
14 Santa Rosa Island

ESSEN
15 Casino Beach Bar & Grille

SHOPPEN
16 Palafox Market
17 Pensacola Beach Boardwalk on Quietwater Beach

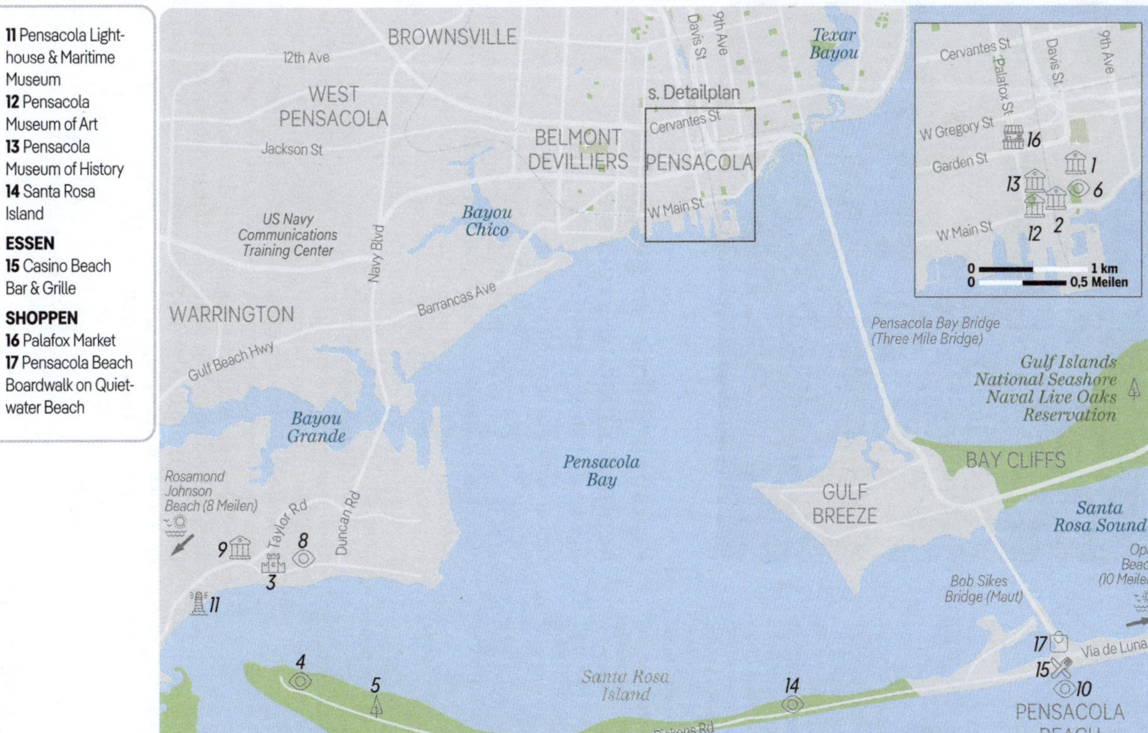

AUSGEHEN IN PENSACOLA

McGuire's Irish Pub
Nicht verpassen: Der Pub ist bekannt für Livemusik, seinen Irish Wake (ein Drink) und einen ausgestopften Elchkopf, den man küssen muss.

Seville Quarter
Früheres Lagerhaus mit sieben verschiedenen „Räumen" (jeweils mit Tresen, Thema und/oder Tanzfläche). Dazu gehört z.B. das Rosie O'Grady's mit komplett ausgestatteter Bar und Klavier-Duellen.

Sir Richard's Public House
Britisch angehauchter Pub mit einzigartigen Drinks, Kneipenessen, Dartscheiben, Pooltischen und gemütlicher Atmosphäre.

BOWN MEDIA/SHUTTERSTOCK ©

Palafox St, Pensacola

Kolonialzeitliche Vergangenheit, kosmopolitische Gegenwart

SHOPPEN UND KUNST IN DOWNTOWN PENSACOLA

Downtown Pensacola mit vielen Blocks voller Museen, Parks, Restaurants und Einkaufsmöglichkeiten ist das Herz der Stadt. Alles ist hier zu Fuß oder mit dem Rad erreichbar. Mitten hindurch verläuft die Palafox St von Norden nach Süden. An ihrem Nordende findet man Boutiquen und andere Läden. Am Südende blickt man auf die Pensacola Bay, den Palafox Pier und die Plaza de Luna. Die Plaza bietet Möglichkeiten zum Radeln und Angeln bei Aussicht aufs Wasser.

Auf dem **Palafox Market** (Sa morgens) gibt's neben frischen Agrarprodukten (z. B. Obst, Gemüse, Pilze) auch Brot und Kunsthandwerk. Eins der größten Highlights in Downtown ist aber die **Gallery Night** (monatlich) mit Livemusik, Foodtrucks und einheimischen Künstlern bzw. deren Werken. Ansonsten laden hier viele Museen zu Besuchen ein – z. B. das **Pensacola Children's Museum** (Zaragoza St), das **African American Heritage Society** (Church St), das **Pensacola Museum of Art** oder das **Pensacola Museum of History** (beide South Jefferson St).

Im Viertel **Belmont-DeVilliers** lebten ursprünglich Afro-Amerikaner, bis die Jim-Crow-Gesetze die Rassentrennung vor Ort verschärften. Heute kann man hier hervorragende, authentische Küche im Stil der Südstaaten genießen. In Pensacola

ESSEN IN PENSACOLA

Leisure Club
Beliebtes, zwangloses Brunch-Lokal mit Frühstück, Mittagessen, Kaffee-Bar und veganen Optionen. $

Misu Food Truck
Cooler FoodTruck im Herzen der Innenstadt; serviert mexikanisch-amerikanisches Straßenessen und ein paar von Pensacolas besten Burgern. $

Grand Marlin of Pensacola Beach
Kombiniert die tolle Aussicht mit einem beliebten Hausdrink (ein Rumcocktail mit Fruchtsaft). $$$

traten einst auch Jazz- und Bluesgrößen wie Billie Holiday und Etta James auf.

Die kolonialzeitlichen Bauten im Zentrum erinnern an das French Quarter in New Orleans. Dazwischen mischen sich elegante, moderne Apartment-Häuser und noble Ladenzeilen. Insgesamt entsteht so eine hübsche Kulisse fürs Shoppen und viele Events (Festivals, Umzüge, Feiertagsfeste) rund ums Jahr.

Marineflieger am Himmel

DIE EINDRUCKSVOLLEN FLUGSHOWS DER BLUE ANGELS

Das US-Militär ist in Pensacola stark vertreten: Die örtliche Naval Air Station (NAS; Marineflieger-Basis) beschäftigt 16 000 aktive Navy-Angehörige und 7400 zivile Mitarbeiter:innen im nahegelegenen Warrington. Ausbildungszentren und Büros der US-Marine verteilen sich über die ganze Stadt. Hinzu kommt das **National Naval Aviation Museum** (3,25 ha).

Zweimal jährlich kann man hier einen weiteren Teil von Pensacolas Marine-Legende bewundern: die Kunstflug-Staffel der **US Navy Blue Angels**. Diese absolviert jährlich ca. 62 Shows in den ganzen USA, hat aber die NAS Pensacola als Basis.

Die beiden hiesigen Demonstrationen der Blue Angels vermitteln Einheimischen und Reisenden auch einen Eindruck von den Aufgaben der US-Marine. Bei der **Pensacola Beach Airshow** (Juli) verfolgen Zehntausende vom Strand aus die zweitägige Flugshow und die vorangehenden Generalproben. Viel größer ist aber die ebenfalls zweitägige **Pensacola Blue Angels Homecoming Airshow** (Nov.): Dann sehen sich 150 000 bis 180 000 Menschen auf dem Sherman Field (NAS Pensacola) Flugzeuge am Boden und zahlreichen Vorführungen in der Luft an. Das Event ist gratis; Stühle sind aber selbst mitzubringen.

Glanz & Gloria

ANGELN BEI TRAUMAUSSICHT

Selbst in dieser Stadt mit vielen Zugängen zum Meer sticht der **Pensacola Beach Gulf Pier** (41 Fort Pickens Rd) mit seinen Möglichkeiten zum Angeln und Spazierengehen hervor.

Der 448 m lange Pier abseits des Casino Beach kostet Eintritt (2,25 US$/Pers.). Dafür sind hier möglicherweise Meeresbewohner (Delfine, Stachelrochen, Quallen) im Wasser und Flugzeuge am Himmel zu sehen. Bei herrlichem Blick auf die Küste oder das Meer kann man hier auch lizenzfrei Flundern, Wittlinge, Segelfische und Stachelmakrelen angeln (7,50 US$).

Zum Genießen des Sonnenuntergangs ist der Pier im ganzen Panhandle wohl kaum zu schlagen. Zudem ist er ein sehr beliebter Ort für das Beobachten einer Blue-Angels-Flugshow. Im Umkreis gibt's normalerweise viele Möglichkeiten zum Parken.

DIE ÄLTESTE STADT DER USA

St. Augustine bezeichnet sich selbst als älteste US-Stadt mit europäischen Wurzeln. In Wahrheit gebührt diese Ehre aber Pensacola – zumindest theoretisch:

Der spanische Entdecker Pedro Menéndez gründete St. Augustine im Jahr 1565. Doch bereits 1559 waren spanische Siedler unter der Führung des Konquistadors Don Tristan de Luna nach Florida gekommen und hatten am Standort des heutigen Pensacola ein kleines Lager errichtet. Dieses wurde aber bereits nach einem Jahr wegen eines Hurrikans und Mangel an Vorräten wieder aufgegeben. Die spanische Krone enthob Luna später wegen mangelnder Führungsfähigkeiten seines Amtes. Erst nach weiteren 138 Jahren kehrten die Spanier hierher zurück.

ÜBERNACHTEN IN PENSACOLA

Margaritaville Beach Hotel
Die Resort-Empfehlung der Einheimischen. Mit Poolbar und Zugang zu den beliebtesten Stränden. **$$$**

Oyster Bay Boutique Hotel
Besondere Unterkunft in einem Bau aus dem 19. Jh. im historischen Zentrum. **$$$**

Paradise Inn
Moderne im Stil der 1950er-Jahre am Santa Rosa Sound. In der Nähe gibt's Shops, Restaurants und Unterhaltung. **$$**

Strand-Jackpot

DER RELAXTE CASINO BEACH

Am **Casino Beach** wird nicht gezockt: Benannt ist der Strand nach einem 1931 errichteten Zentrum für die unterschiedlichsten Aktivitäten, das Pensacola Casino hieß. Bis zu dessen Abriss (1972) gab es darin ein Hallenbad, Läden, ein Restaurant und regelmäßige Boxkämpfe. Der Casino Beach punktet mit Rettungsschwimmern, Strandvolleyball, einem schattigen Pavillon, vielen Restaurants und Livemusik im **Casino Beach Bar & Grille**. Direkt daneben liegt zudem der **Pensacola Beach Gulf Pier**. Die Strandabschnitte rechts und links davon sind beliebt bei Sonnenanbetern, die gern Leute beobachten.

Der Casino Beach ist Teil des Pensacola Beach und liegt auf **Santa Rosa Island**. Diese Barriereinsel erstreckt sich wie ein Bandfisch entlang der Küste. Dort findet man auch den **Gulf National Seashore** und den **Pensacola Beach Boardwalk on Quietwater Beach** – eine Strandpromenade mit Läden nahe dem Casino Beach.

DIE VERSENKUNG DER *SAN PABLO*

Im Gegensatz zu einigen anderen Wracks am Florida Panhandle Shipwreck Trail wurde die *San Pablo* absichtlich versenkt – und das sogar zweimal:

Nach seinem Stapellauf in Belfast diente das Schiff ab 1915 als Bananenfrachter zwischen Mittelamerika und den USA. 1942 wurde es im Hafen von Puerto Limón (Costa Rica) von einem deutschen U-Boot torpediert. 1944 hob das US-Militär das Wrack, um ein schwimmfähiges Zielschiff für ferngesteuerte Versuchs-Motorboote mit explosiver Ladung zu erhalten. Im Rahmen der Tests erhielt die San Pablo dann einen Volltreffer mit ca. 2,5t Sprengstoff, was Pensacola ein neues künstliches Riff bescherte. Dieses gleicht eher einem Trümmerfeld (Kessel, Kühlschlangen, verbogenes Metall) als einem Schiff.

Übrigens: Trotz seiner nordirischen Herkunft erhielt das Schiff von einheimischen Tauchern den Spitznamen „russischer Frachter".

Licht im Dunklen

DIE GESCHICHTE BELEUCHTEN

Das **Pensacola Lighthouse & Maritime Museum** ist ein malerisches Wahrzeichen in Schwarz und Weiß. Wer die 177 Stufen des Leuchtturms von 1859 besteigt, wird mit einer unschlagbaren Aussicht auf die Golfküste belohnt. Zudem gibt's Führungen durch das frühere Wärterhäuschen, das nun ein Museum für Regionalgeschichte (inkl. Naturgeschichte) ist.

Ein Besuch des Leuchtturms bietet zudem Zivilisten eine seltene Gelegenheit, auf das Gelände der **NAS Pensacola** zu gelangen. Diese ist ein aktiver Marine-Stützpunkt und normalerweise nur für US-Soldaten (Aktive oder Veteranen) mit einem Ausweis des US-Verteidigungsministeriums zugänglich. Zivile Besucher:innen müssen sich daher vorab anmelden und direkt den Shuttlebus zum Leuchtturm nehmen (aktuelle Infos zu Events mit Zugang für Nichtsoldaten und bezüglich des Besuchs von Gästen aus dem Ausland gibt's auf der Website).

Unterwasserwelt

PFAD DER SCHIFFSWRACKS

Klares Wasser, Riffe (natürlich oder künstlich), Sandwatten, geologische Formationen und vielerlei Meeresbewohner machen den Panhandle zum äußerst beliebten Tauchrevier. Hier lockt auch der **Florida Panhandle Shipwreck Trail** mit insgesamt 20 Wracks vor Pensacola, Destin, Panama City und Port St. Joe.

ÜBERNACHTEN IN PENSACOLA

Pensacola Beach RV Resort
Kleinere und ideale Option für Wohnmobil-Fans. Mit Tiki-Bar und Privatstrand. **$**

Surf and Sand
Leicht kitschiges Themenhotel im Stil der 1950er-Jahre. Direkt am Wasser gibt's hier auch einen Privatstrand und Stehpaddelbretter. **$$**

Holiday Inn Resort Pensacola Beach Gulf Front
Prima Preis-Leistungs-Verhältnis dank vieler Einrichtungen (darunter ein Strömungskanal) in hervorragender Lage. **$$**

JAMES KIRKIKIS/SHUTTERSTOCK ©

Historic Pensacola Village

Zu den Wracks gehören Ölfeld-Versorgungsschiffe, ein Minenräumer aus dem Zweiten Weltkrieg und der Schlepper *Miss Louise*. Einige der Schiffe gingen unabsichtlich unter, andere dagegen wurden gezielt versenkt, um Habitate für Meereslebewesen und Attraktionen für Taucher zu schaffen – so auch 2006 die *USS Oriskany* (alias „Mighty O" bzw. „Great Carrier Reef"). Der Flugzeugträger war u. a. im Korea- und Vietnamkrieg im Einsatz. Heute bildet er das größte künstliche Riff der Welt.

Historisches Dorfleben

FENSTER IN DIE VERGANGENHEIT

Im **Historic Pensacola Village** kann man locker einen Tag verbringen: In bzw. zwischen den schön restaurierten Gebäuden aus den 1800er- und 1900er-Jahren sind hier Darsteller in historischen Kostümen zu finden.

Unter den 28 Bauwerken des historischen Dorfs (ca. 3,4 ha zw. Plaza Ferdinand VII. und Seville Sq) befinden sich Museen, alte Kirchen und restaurierte Wohnhäuser bzw. Cottages. Die Architektur reicht dabei vom viktorianischen Stil bis zum Neoklassizismus. Es gibt Führungen mit Guides aber auch Besichtigungen auf eigene Faust. Erhältlich sind auch Kombitickets für das

STARKER KAFFEE

Bodacious Brew
Café mit Espresso-Bar an der Palafox St (Innenstadt). Serviert vielerlei Kaffeeoptionen mit verschiedenen Braumethoden. **$**

The Drowsy Poet Coffee Company
Zauberhaftes, gemütliches Café mit täglicher Eigenröstung. Serviert neben normalem Kaffee auch gefrorene *poetchinos*, Backwaren, Salate und Sandwiches. **$**

Coffee Guy Cafe
Lange Karte mit einer Vielzahl von Kaffeevarianten, Smoothies, Teesorten und anderen Getränken (z.B. dem Pensacolada). **$**

Quality Inn & Suites Bayview
Budgethotel mit Pool, Restaurant, Bar (nur Sa & So) und schnellem Zugang zur I-10. **$**

Red Roof Inn Pensacola Fairgrounds
Hotel nahe der I-10 und 15 Minuten vom Zentrum aus. Mit guten Preisen und einem Swimmingpool. **$**

Hilton Garden Inn Pensacola Airport-Medical Center
Helles, sauberes Hilton-Hotel mit Bar, Restaurant, Pool und kostenlosen Regionalshuttles. **$$**

Dorf, das **Pensacola Museum of History**, das **Pensacola Children's Museum** sowie das **Pensacola Museum of Art**.

Tipp: Zu Spitzenzeiten (z. B. Sommer, Schulferien) am besten eine geführte Tour buchen und die Tickets online kaufen.

FORT-TRIO

Am Gulf Islands National Seashore gibt's auch drei historische Forts: Fort Pickens, Fort Barrancas und Advanced Redoubt – aber nur **Fort Pickens** ist für normale Reisende zugänglich. Das Bollwerk wurde von Sklaven errichtet (1829–1834) und sah Kampfhandlungen im US-Bürgerkrieg. Ab 1861 wurde es auch zu einer Station der Underground Railroad, dem Hilfsnetzwerk für entflohene Sklaven. Das örtliche Visitor Center wartet mit Ausstellungen, einem Buchladen und Führungen mit Ranger:innen auf. Zudem beherbergt es ein Museum zur langen Geschichte des Forts (inkl. US-Bürgerkrieg und Apachenkriege).

Fort Barrancas von 1844 und **Advanced Redoubt** (1870 nach 25-jähriger Bauzeit vollendet) gehören zum nahen Gelände der NAS Pensacola. Zugang haben daher nur US-Soldaten (Aktive oder Veteranen) mit entsprechendem Ausweis.

Einsamkeit am Meer

ABENTEUER AN GESCHÜTZTEN STRÄNDEN

Als Nationalpark schützt der **Gulf Islands National Seashore** diverse Barriereinseln an der Golfküste. Dazu gehören auch Perdido Key (Pensacola) und Santa Rosa Island (Fort Walton Beach), die das Festland wie dekorative Geländer säumen.

Dank des Schutzstatus sind die langen, schneeweißen Sandstrände des Parks bis heute unverbaut und menschenleer. So können Besucher:innen die natürliche Schönheit von Küste, Meer und Himmel in herrlicher Einsamkeit genießen.

Schwimmen ist hier aber nicht überall möglich. Zu den beliebtesten Optionen gehören dabei der **Rosamond Johnson Beach** (Perdido Key), der **Langdon Beach** (bei Fort Pickens; mit Angel-Pier), der **Opal Beach** (Santa Rosa Island) und **Okaloosa Island**. Der Langdon Beach ist bei Einheimischen besonders beliebt: In ruhiger, recht menschenleerer Atmosphäre gibt's dort Rettungsschwimmer (saisonal), Toiletten, Freiluftduschen und einen schattigen Pavillon. Der Florida National Scenic Trail verbindet den örtlichen Campingplatz mit dem Langdon Beach und dem historischen Zentrum.

Fort Barrancas, Fort Pickens und Naval Live Oaks bieten zudem Visitor Centers und Wanderwege. Wandern auf eigene Faust ist auch auf Perdido Key möglich.

Afro-amerikanisches Erbe

SPAZIERGANG DURCH DIE GESCHICHTE

Pensacola war schon immer multikulturell geprägt. Dies reicht von spanischen und britischen Kolonisten bis zu indigenen und Afro-Amerikanern. Die **African American Heritage Society** beleuchtet das afro-amerikanische Leben in der Region mit einem Museum im historischen **Coulson House** von 1865. Dessen Personal empfiehlt Besucher:innen auch den **African American Heritage Trail** mit 19 historischen Stätten von kultureller Bedeutung (Details s. Website). Dazu gehören Kirchen, Museen, Wahrzeichen und Wohnhäuser überall im Stadtzentrum sowie im traditionell afro-amerikanischen Viertel **Belmont-DeVilliers**.

UNTERWEGS VOR ORT

Pensacola liegt fast direkt an der I-10. Die meisten örtlichen Sehenswürdigkeiten (inkl. Strand und Zentrum) befinden sich aber südlich der Interstate. Von der I-10 führt die I-110 südwärts ins Herz der Innenstadt. Über die Three-Mile Bridge geht's nach Gulf Breeze und zu den Stränden.

DESTIN

Destin im Okaloosa County erfreut sich einer tollen Lage auf einer schmalen Halbinsel, die die Choctawhatchee Bay vom Golf von Mexiko trennt. Die kleinere Stadt (ca. 14 000 Ew.) ist für ihre schönen, weißen Sandstrände am Golf bekannt – genauso wie für ihre unberührten State Parks und dem leichten Zugang zu vielerlei Aktivitäten im, am oder auf dem Wasser: Reisende aus aller Welt kommen zum Tauchen, Schnorcheln, Angeln, Surfen, Wasserskilaufen und Parasailing hierher. Viele kinderfreundliche Outdoor-Aktivitäten, Restaurants und Dienstleister machen dies auch zu einem tollen Familienziel. Destin liegt nur etwa 11 Meilen (18 km) von Sandestin entfernt, sollte aber nicht damit verwechselt werden: Destin ist die historisch gewachsene Stadt, während das trendige Sandestin als jüngere Satelliten-Siedlung weiter östlich am Miramar Beach liegt.

Destin liegt auf halber Strecke zwischen Pensacola (Osten) und Panama City (Westen). Verbindung zum Festland besteht über die State Rd 293 und die Mid-Bay Toll Bridge.

TOP TIPP

Papier, Plastik, Glas... und Austernschalen? Ja, auch diese sind recycelbar: Mindestens zwölf regionale Restaurants sammeln ihre Abfall-Schalen, aus denen dann neue Austernriffe in der nahen Choctawhatchee Bay werden – eine Maßnahme gegen den dortigen Bestandsrückgang.

HIGHLIGHTS
1 Henderson Beach State Park
3 Crystal Beach

SEHENSWERTES
2 Crab Island

AKTIVITÄTEN, KURSE & TOUREN
4 Destin Harbor Boardwalk

UNTERHALTUNG
5 Big Kahuna's Water Park

SHOPPEN
6 Destin Commons
7 HarborWalk Village

William T. Marler Bridge, Destin

Entspannen am Golf

STRANDIDYLLE À LA OLD FLORIDA

Im **Henderson Beach State Park** ist der Golf von Mexiko am schönsten und am leichtesten zugänglich. Der Park liegt nicht weit von Destins Zentrum und dessen Kaufhäusern entfernt. Dennoch versetzt er einen direkt zurück ins alte Florida: Hier kann man 9 m hohe, schneeweiße Sanddünen bewundern und in klarem Wasser planschen. Das 81 ha große Schutzgebiet ist das letzte naturbelassene Stück Küsten-Buschland im Bereich von Destin – und sehr beliebt bei Besucher:innen, die hier auch Meeresschildkröten und Delfinschulen beobachten können.

Destin rühmt sich seiner vielen Angelmöglichkeiten (u. a. Brandungsangeln auf Stachelmakrelen und Wittlinge). Auch Paddler und Schwimmer kommen auf ihre Kosten. Doch Vorsicht: Hier gibt's keine Rettungsschwimmer! Darum nie leichtsinnig sein und jede Warnbeflaggung bezüglich Brandungsstärke bzw. -rückströmung und Quallen beachten! Der örtliche Campingplatz mit vielen Stellplätzen ist sehr populär (früh reservieren!). Am Strand sind Haustiere nicht erlaubt. Ein Wanderpfad kann je-

AUSGEHEN IN DESTIN

Lucky's Rotten Apple
Lädt unscheinbar und ruhig zum Relaxen ein: Hier kann man gut Sport im TV schauen und günstig Poolbillard spielen.

Jester Mardi Gras Daiquiri
Hat sich am HarborWalk auf Pizza und starke Drinks mit Eiswürfeln spezialisiert.

Red Door Saloon
Ist nach seiner markanten Eingangstür benannt und lockt viele Einheimische mit Hafenblick. Starker Betrieb am Wochenende.

Tailfins Waterfront Grill
Familienfreundliches Restaurant am Destin Harbor. Mit Bar und Schwerpunkt auf Sport im Fernsehen.

ESSEN IN DESTIN

Edge Seafood Restaurant & SkyBar
Hundefreundliches Restaurant mit toller Aussicht und Futterspender für Fische (Untergeschoss). **$$**

East Pass Seafood and Oyster House
Spezialisiert auf regionales Seafood (inkl. Austern). Im HarborWalk Village. **$$**

Beach Walk Cafe at Henderson Park Inn
Romantisches, elegantes Lokal (keine kleinen Kinder!) mit schönem Strandblick. **$$$**

doch mit Hunden begangen werden. Unterwegs lassen sich mitunter Florida-Gopherschildkröten blicken.

Kristallklares Wasser

SPASS AUF WEICHEM ZUCKERSAND

Direkt neben dem Henderson Beach State Park ist der **Crystal Beach** noch ein Beispiel für Floridas tolle Golfstrände: Grünblaue, klare Wellen branden hier an weißen und weichen Sand, auf dem sich Hochzeitsgesellschaften, Verliebte und Familien tummeln. Mit vielerlei Gebäuden voller (Ferien-)Wohnungen wirkt der Strand nicht so einsam wie manche seiner regionalen Pendants. Die Bebauung lockert den kilometerlangen Streifen aus Sand, Meer und Himmel aber auch optisch etwas auf.

Am Strand gibt's Toiletten, Duschen und einen schattigen Pavillon. Die Parkmöglichkeiten sind allerdings begenzt – darum früh herkommen! Bonus: Rund 1 Meile (1,6 km) weiter nördlich liegt das extrem beliebte Einkaufszentrum **Destin Commons** mit diversen Restaurants.

Für Strandkrabben

FLORIDAS BELIEBTESTE SANDBANK ERKUNDEN

Die Inselstrände auf der Golfseite sind zweifellos ein Highlight. Unbedingt besuchen sollte man aber auch **Crab Island,** das im Norden an der Choctawhatchee Bay liegt und zu den beliebtesten Zielen im Umkreis von Destin zählt. Der Name ist heute etwas ungenau: Zeit und Meer haben das Eiland inzwischen eher zu einer Sandbank der unterhaltsamen Art reduziert. Sie bietet Blick auf die William T. Marler Bridge und ist nur per Boot bzw. Wassertaxi erreichbar (5 Min. ab Destin Harbor).

Je nach Gezeitenstand erstrahlt die Sandbank in Türkis- oder Smaragdtönen. Die Strömungen rundum sind mitunter gefährlich. Im flachen Wasser auf der eigentlichen Sandbank kann man aber toll (und sicher) mit Kindern herumplanschen und Wasserspielzeug oder Frisbee-Scheiben verwenden.

Früher waren auf Crab Island viele aufblasbare Schwimmhilfen und Händlerboote zu sehen. Durch neue Bestimmungen ist damit nun Schluss. Dennoch kann man hier weiterhin ankern und z. B. Cocktails auf der Heckplattform des Bootes genießen. Aber Achtung: Der Skipper muss komplett nüchtern bleiben!

Ein besonderes Hafendorf

BUMMELN IM HARBORWALK VILLAGE

Wer vor Floridas starker Sonne oder Regengüssen am Nachmittag flüchten will, kann unten am Destin Harbor das **Har-**

DIE BESTEN ANGELSPOTS IN DESTIN

Destins Spitzname („Glücklichstes Fischereidorf der Welt") ist Programm: Hier warten viele Angelmöglichkeiten.

Okaloosa Island Pier
Pier-Angeln mit einer Tageskarte und einem herrlichen Blick auf den Sonnenuntergang.

The Jetties und East Pass
An den Stegen östlich vom Destin Harbor gehen Stachelmakrelen, Flundern und Rotbarsche an den Haken. Vorsicht: Die künstlichen Felsen sind rutschig!

Destin Bridge
Bei toller Aussicht beißen hier z.B. Tarpune, Schnapper und Königsfische.

Norriego Point
Uferangeln (Flundern, Rotbarsche) – und vielleicht ein spontanes Bad.

Camille's at Crystal Beach
Mix aus einem Café (Frühstück, Mittagessen) und einem Restaurant, das mit Abendessen, Sushi, Kindergerichten und Livemusik (Do) aufwartet. **$$**

Boshamps Seafood and Oyster House
Uferlokal mit hervorragenden Gerichten aus den Südstaaten, Livemusik und zwei komplett ausgestatteten Bars. **$$**

Merlin's Pizza
Beliebte Institution mit klassischen und kreativen Pizzas – ergänzt durch Salate und Chicken Wings. **$**

borWalk Village erkunden. Dieses säumt den Harbor Boardwalk und den Hafen, an dem u.a. Bootsausflüge angeboten werden. Zudem liegt hier mit der Destin Fishing Fleet die angeblich größte Angelboot-Charterflotte der USA.

Das Village ist ein stets belebtes Einkaufszentrum mit Rummel-Atmosphäre und Optionen für jeden Geschmack: Clubs, Bars, bunte Läden und viele Aktivitäten für Kinder bzw. Teenager. Darunter sind z. B. Hüpfburgen, eine vierstöckige Kletterwand aus Kunstfels, die HarborWalk Adventures Zip Line (300 m) mit Hafenblick und ein saisonaler Zug für Kinder (Abfahrt vor dem Restaurant Harry T's).

Hinzu kommen allerlei Live-Events wie Konzerte (Main Stage), Feiertags-Themenpartys und Feuerwerk-Shows (wöchentlich).

DIE BESTEN ORTE FÜR EINEN KAFFEE IN DESTIN

Bad Ass Coffee of Hawaii
Fröhliches Café mit Spezialisierung auf (wie man sich denken kann) hawaiianischen Kaffee – ergänzt durch Smoothies und Tee.

Capriccio Coffee
Kleines einheimisches Café mit guten Koffeingetränken und beliebten Crêpes (z.B. mit Nutella, Mascarpone oder Prosciutto).

Birds Cafe+Coffee
Einheimisches Frühstücks- bzw. Brunchlokal mit modernen Kaffeevarianten, Craft-Bieren, Weinen und getoasteten Erdnussbutter-Marmelade-Sandwiches.

East Past Coffee Co
Kleines und ruhiges Café, das abseits der US 98 (Harbor Blvd) auch Acai-Bowls und Smoothies serviert.

Buntes Buchtleben

UNTERHALTSAME PROMENADE

Der **Destin Harbor Boardwalk** (400 m) eignet sich perfekt, um ein Festival oder einen Umzug zu genießen – oder um Charterboote bei der Hafendurchquerung zu beobachten. Entlang des ganzen Boardwalks gibt es Restaurants, die oft das Zubereiten des eigenen Fangs anbieten (sofern man denn im „glücklichsten Fischereidorf der Welt" etwas Lohnenswertes geangelt hat). Das angrenzende HarborWalk Village bietet viel Unterhaltung für Kinder (z. B. Seilrutschen, Kletterwand, Freifallturm). Am Hafen gibt's zudem Fahrten mit einem Piratenschiff und Bootstouren mit Angeln oder Delfinbeobachtung.

Ab dem HarborWalk Village verläuft der Boardwalk ostwärts bis zum Destin Yacht Club. Hinweis: Ab dem Nachmittag ist sie oft stark belebt; dann ist das Parken meist kostenpflichtig.

Big Kahuna

EIN WASSERPARK DER ANDEREN ART

Nach ein paar tollen Entspannungstagen an den Stränden ist vielleicht etwas Abwechslung gefragt. Im **Big Kahuna's Water Park** kann man in Floridas beliebtestem natürlichen Element Spaß haben – aber mit zusätzlichem Highspeed-Nervenkitzel.

Kahuna bietet alle typischen Standards regionaler Wasserparks: einen Lazy River (Strömungskanal), ein Wellenbecken, künstliche Wasserfälle und Blick auf elegante Wolkenkratzer. Bei den feuchten Attraktionen gibt's auch immer Spinde und Liegestühle – Eltern können also in Ruhe genug Urlaubsbräune zum Mitnehmen aufbauen. Die tolle Auswahl an bunten, kurvigen Wasserrutschen reicht von lang bis kurz. Darunter ist z. B. die fünfstöckige Kowabunga Speed Slide, die zum Wettrutschen

ÜBERNACHTEN IN DESTIN

Henderson Beach Resort
Großartiges Resort zwischen dem Strand und einem riesigen Naturschutzgebiet. Bietet u.a. fünf Restaurants, eine Dachbar und ein Spa. **$$$**

Hampton Inn & Suites Destin
Hotel mit Pool und Fitnesszentrum nahe dem Henderson Beach State Park. **$$$**

Inn at Crystal Beach
Schöner Apartment-Komplex mit Wohneinheiten (2–7 Schlafzimmer) am Wasser. **$$**

Destin Harabor Boardwalk

mit anderen Besucher:innen einlädt. Für weitere Unterhaltung sorgen etwas harmlosere Planschbereiche und ein Minigolfplatz mit 54 Löchern.

Touren mit Charterbooten

HINAUS AUFS WASSER

Eines von Destins Highlights ist die Auswahl an Fahrten mit Charterbooten. Hierbei reicht das Spektrum von Tauchen und Hochseeangeln bis zu Schnorcheln und Muschelsuchen.

HarborWalk Charters hat über ein Dutzend Angelboote für Gruppen- und Individualtouren. Je nach Saison gehen dabei vielleicht Vermilion-Schnapper, Spanische Makrelen, Thunfische und Haie (diese ganzjährig) an den Haken. Schnorchelanbieter wie **Destin Snorkel** oder **Flippers Snorkel Adventure** veranstalten ebenfalls Bootsausflüge. Gleiches gilt für diverse anderen Firmen, die Taucher zu Schiffswracks entlang der Küste bringen. Manchmal gibt's auch Delfinbeobachtungstouren, Sonnenuntergangsfahrten und Schnellboot-Abenteuer.

DIE BESTE EISCREME IN DESTIN

Shake's Frozen Custard
Ultimatives Creme-Eis (*frozen custard*) aus täglich frischer Produktion.

Wave Ice Cream & Boba Tea
Für Koffein- und Zuckerjunkies: Farbenfrohe Eisdiele, die auch Kaffee und Tee serviert.

Moo La La
Zauberhafte kleine Eisdiele mit mehreren Dutzend Optionen (darunter auch Malzeis, Eiscreme-Soda und Shakes).

Bruster's Real Ice Cream
Bei Einheimischen beliebter Laden mit cremigen Shakes, altmodischem Vibe und vielen Tischen draußen.

UNTERWEGS VOR ORT

Die schmale Barriereinsel lässt sich sehr leicht erreichen und erkunden: Einfach dem Hwy 98 (führt als Hauptstraße durch Destin) ab Fort Walton Beach ostwärts über die William T. Marler Bridge (Destin Bridge) folgen – oder westwärts ab Panama City.

Rund um Destin

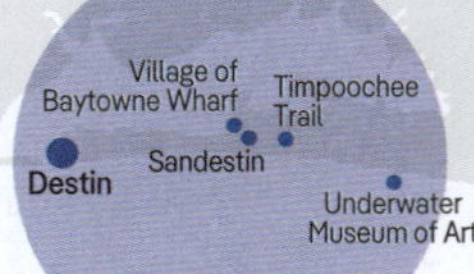

Das belebte Resort Sandestin nimmt den Großteil des Miramar Beach ein. Bekannt ist es für seine Unterhaltungs- und Einkaufsmöglichkeiten.

Fremde verwechseln das Sandestin Golf and Beach Resort (lokal Sandestin genannt) oft mit Destin. Rund 11 Meilen (18 km) östlich der Stadt nimmt das riesige Gebiet den Großteil des Miramar Beach ein – begrenzt von der Choctawhatchee Bay (Norden) und dem Golf von Mexiko (Süden). Sandestin punktet u. a. mit Live-Unterhaltung, Festivals, Einkaufsmöglichkeiten, Restaurants und Nachtleben. Umgeben von aquamarinblauem Wasser warten hier auch 30 „Stadtviertel" (Themenbereiche), 19 Pools, 15 Tennisplätze und vier turniertaugliche Golfplätze.

Das Village of Baytown Wharf nördlich des Hwy 98 ist die größte Entertainment- und Shoppingzone des Resorts. Einheimische lieben es für seine zahlreichen Livekonzerte.

TOP TIPP

Um einen möglichst einfache Zugang zu haben, sollten Festival-Besucher:innen am besten im Village of Baytowne Wharf unterkommen.

Sandestin Golf and Beach Resort

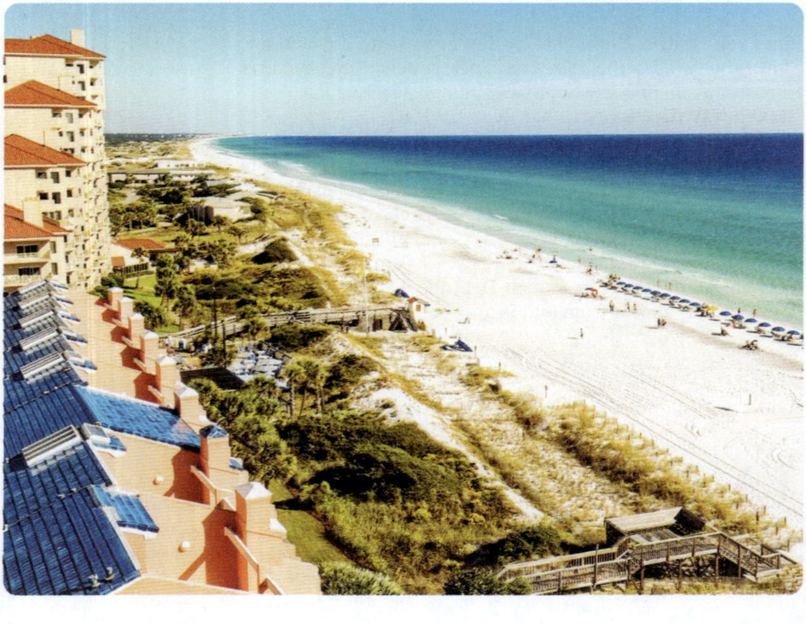

Village of Baytowne Wharf

Entertainment aller Art

DIE QUAL DER WAHL

Wer einen Ausflug nach Sandestin plant, denkt dabei wohl zuerst an das **Village of Baytowne Wharf** mit seinem üppigen Unterhaltungsangebot. Der Entertainment- und Restaurantkomplex ist Teil des Sandestin Golf and Beach Resort, aber auch für reine Tagesbesucher:innen zugänglich.

Zu den zahlreichen örtlichen Attraktionen gehören die Aussicht auf die Choctawhatchee Bay und die vielen saisonalen Events bzw. Festivals. Hierzu gehören z. B. der Mardi-Gras-Umzug mit Straßenfest, die Feierlichkeiten am St.-Patricks-Tag, diverse Gastro-Festivals (Gumbo, Wein) und das Freiluftkino (Mo) auf der Veranstaltungswiese. Das Unterhaltungsprogramm umfasst auch viel Livemusik: An bestimmten Tagen gibt's hier u. a. Gratiskonzerte von lokalen und regionalen Künstlern.

Hinzu kommen diverse Spitzenrestaurants, jede Menge Läden und der **Baytowne Farmers Market** (jeden Sa plus 2. & 4. So des Monats jeweils 10–14 Uhr).

DIE BESTEN RESTAURANTS IN SANDESTIN

Seagar's Prime Steaks & Seafood
Bekanntes Steakhaus im Hilton Sandestin Beach Golf Resort & Spa Watch. Die Kellner bereiten das Essen direkt am Tisch zu. **$$$**

Donut Hole
Bäckerei am Hwy 98 mit tollen Donuts, Backwaren, Brunch und umfassender Auswahl an leckerem Frühstück. **$**

Rum Runners
Kinderfreundliches Restaurant mit Inselthema und Piano-Duellen als Highlight. **$$**

ÜBERNACHTEN IN SANDESTIN

Hilton Sandestin Beach Golf Resort & Spa
Bietet mehrere Restaurants, ein nobles Spa, ein Fitnesszentrum und Zimmer mit Stockbetten für Kinder. **$$$**

Sleep Inn near Sandestin Beach
Gute, schön gelegene Budget-Option mit Gratisfrühstück. **$**

Sandestin Golf and Beach Resort
Strandresort mit diversen Zimmern und Apartments auf 9,71 km² Fläche. **$$$**

DIE BESTEN ORTE FÜR LIVEMUSIK IN SANDESTIN

Marina Bar and Grill
Bar-Restaurant am Hafen mit Blick auf den Sonnenuntergang und Livemusik (Fr) als Highlight.

Lulu's Destin
Fröhlicher Laden mit belebter Atmosphäre, regelmäßiger Unterhaltung und Blick aufs Wasser. Inhaberin ist Lucy Buffett (Jimmys Schwester).

Graffiti & the Funky Blues Shack
Schräges, familienfreundliches Restaurant mit zwei Bars. Bei Einheimischen beliebt für sein Liveprogramm von Alternative bis Zydeco.

Club LA
Bei Einheimischen beliebt für seine Livekonzerte (u.a. tourende und Tribute-Bands), Tanzpartys und Drinks.

Sandestin mit Kindern

ABENTEUER AM WASSER

Beim Besuch des Village of Baytowne Wharf entdecken Familien wohl gleich ein paar der vielen kinderfreundlichen Attraktionen am Village Boardwalk. Darunter befinden sich ein Spielplatz, ein altmodisches Karussell, ein Abenteuerpark und ein Gaming-Komplex, der Videospiele mit einem Laser-Labyrinth kombiniert.

Die **Baytowne Adventure Zone** wartet mit Klettertürmen, Seil-Parcours und einer Seilrutsche auf. Bei der Golf Challenge schlägt man Übungs-Golfbälle auf eine schwimmende Plattform. In der Nähe lockt das **Blast Arcade & Laser Maze** mit einem Laser-Labyrinth und 40 verschiedenen Videospielen (Klassiker und aktuelle Games).

Skulpturen im Meer

KUNST ALS HABITAT

Kunst-, Museums- und/oder Tauchfans finden in der Region eine neue sowie höchst ungewöhnliche Attraktion:

Weniger als 1 Meile (1,6 km) vor dem Grayton Beach State Park erstreckt sich im Meer das **Underwater Museum of Art**. Die bislang 34 Werke (eine Erweiterung ist geplant) im ersten dauerhaften Unterwasser-Skulpturengarten der USA sind wunderschön und haben zudem eine ökologische Funktion. Zu sehen sind beispielsweise abstrakte Designs, ein Oktopus, ein Baum und ein Totenschädel.

Auf einer ansonsten kahlen Sandwatt-Fläche sind die Skulpturen im Lauf der Zeit zu Habitaten für allerlei Meeresbewohner (u.a. Fische, Korallen, Delfine, Schildkröten) geworden. Hierher geht's nur per Boot – z.B. mit den regelmäßigen Touren von **Dive30A** (ab Grayton Beach) oder **Emerald Coasts Scuba** (ab Destin). Je nach Anbieter ist die Tauchausrüstung selbst mitzubringen.

Der Timpoochee Trail

RADELN AN DER KÜSTE

Begeisterte Radler lieben den **Timpoochee Trail** (18,5 Meilen/30 km), der parallel zum Scenic Hwy 30A verläuft. Nahe dem Eingang zum **Topsail Hill Preserve State Park** mit einsamen Stränden beginnt die Route in Dune Allen. Von dort aus schlängelt sie sich u.a. durch mehrere Parks. Der Radweg passiert zudem Sanddünen, Seen, Wälder und 16 Strandorte. Dann durchquert er diverse Stadtviertel mit unterschiedlicher Architektur und endet schließlich in Inlet Beach. Unterwegs stößt man auf viele Restaurants und schöne Fleckchen, die zum Sightseeing, Picknicken oder Verschnaufen einladen.

UNTERWEGS VOR ORT

Von Norden her ist Sandestin über den Hwy 331 erreichbar, aus Osten oder Westen über den Hwy 98. Letzterer ist auch die Hauptstraße. Ein recht regelmäßiges Straßenraster prägt die Umgebung.

PANAMA CITY

In der größten Stadt zwischen Pensacola und Tallahassee verbringen zahllose College-Studierende ihre Spring-Break-Ferien. Im Verlauf eines Jahres kommen aber auch noch viele andere Reisende hierher, auch dank eines Flughafens und vielen Bus- und Zugverbindungen hierher. Das US-Militär ist ebenfalls stark vertreten: Die Stadt liegt nahe der Tyndall Airforce Base und ist Sitz der Naval Support Activity Panama City.

Wie andere Städte des Panhandle bietet auch Panama City Traumstrände aus weißem Quarzsand. In der Stadt selbst säumen diese die St. Andrews Bay. In Panama City Beach jenseits der Hathaway Bridge warten weitere 43 Strandkilometer an der Bucht und am Golf von Mexiko. Entlang der Küste kann man hier hervorragend schnorcheln. Und draußen im Meer laden viele Schwiffswracks und künstliche Riffe zum Tauchen ein.

Die Strände und Küsten-State-Parks im Bereich von Panama City gehören zu den besten in der Region. Das frische lokale Seafood ist auch nicht zu verachten.

TOP TIPP

Die Stadt ist ein beliebtes Ziel von Touristen und College-Studenten. Wer den stärksten Verkehr und die höchsten Preise umgehen will, meidet die Spitzenzeiten (z.B. Spring Break).

SEHENSWERTES
1 Panama City Beach
2 Russell-Fields Pier
3 St. Andrews State Park
4 St. Andrews State Park Pier

AKTIVITÄTEN, KURSE & TOUREN
5 ZooWorld Zoological Park

UNTERHALTUNG
6 Shipwreck Island Waterpark

SHOPPEN
7 Pier Park

Jede Menge Wassersport

EINE WILDNIS AUF FRÜHEREM MILITÄRGELÄNDE

Der **St. Andrews State Park** (4,8 km²) auf einem ehemaligen Militärgelände ist nun ein Outdoor-Paradies zwischen der St. Andrews Bay und dem Golf von Mexiko. Hier ist Wassersport aller Art möglich.

Besucher:innen können auf diversen Stegen angeln oder an diesen entlangschnorcheln. Kanu- bzw. Kajakfahren, Tauchen (inkl. Kurse) und Windsurfen (mit interessiertem Publikum) sind ebenfalls sehr beliebt. Gleiches gilt für Wanderungen durch Flatwood-Kiefernwälder und Tierbeobachtungen: Der Park ist ein Rastplatz von Zugvögeln und wandernden Schmetterlingen. Seinen Festlandsteil säumen 2,4 Strandkilometer mit weichem, weißem Sand. Eine Fähre schippert hinüber zur unerschlossenen **Shell Island** (Achtung: Dort gibt's keine Toiletten!). Der **Angelpier** am Golf wurde im April 2022 aufgrund schwerer Stumschäden teilweise gesperrt; zum Zeitpunkt der Recherche war noch kein Termin für die Wiedereröffnung bekannt.

SOCKEN IN FLAMMEN

Jeden Mai segnen Einheimische und Traveller die Flotte, verbrennen ihre Socken und futtern Backfisch: Das eintägige Event **Blessing of the Fleet, Fish Fry & Burning of the Socks** an der St. Andrews Marina (West 10th St) beginnt morgens mit der Eröffnung von Verkaufsständen. Darauf folgen eine Parade aus Booten bzw. Schiffen, deren Segnung und eine Backfisch-Party. Diese dauert entweder den Großteil des Tages – oder bis der letzte Fisch verspeist ist. Mitunter spielt dabei auch das Ukulele Orchestra of St. Andrews auf. Zudem hat man Gelegenheit, symbolisch seine Socken zu verbrennen und Flip-Flops anzuziehen: Nun beginnen die warme Jahreszeit und die Strandsaison.

Pier Nr. 1

ANGELN, SONNENBADEN UND SHOPPEN

Aufgrund der leichten Erreichbarkeit gehören der **Panama City Beach** und sein **Russell-Fields Pier** zu den beliebtesten Zielen der Gegend. Dazu tragen auch die vielen umliegenden Restaurants und der nahegelegene Pier Park (eine populäre Outdoor-Mall) bei. Andere Strände im Umkreis sind zwar ruhiger, aber auch weiter von den vielen örtlichen Aktivitäten entfernt.

Abgesehen von der Lage besteht die hiesige Hauptattraktion in der natürlichen Schönheit des weißen Sandes und des smaragdgrünen Wassers. An dem belebten Strand mit reichlich Möwen brüten mitunter auch Meeresschildkröten. Ansonsten lassen sich oft auch Delfine blicken. Wer vom Pier (460 m) aus angeln will, kann vor Ort eine Tageslizenz kaufen und Ausrüstung ausleihen.

Auch Nichtangler begeistert der Pier mit Traumblicken auf himmlische Sonnenaufgänge, glühende Sonnenuntergänge und die Brandung an der Küste.

Der Pier Park

SHOPPEN, ESSEN UND BUMMELN

Nicht mit dem Russell-Fields Pier in der Nähe verwechseln: Der **Pier Park** ist eine zu Fuß erkundbare riesige Outdoor-Mall mit Läden, Restaurants und Unterhaltungsoptionen. Gegenüber vom Panama City Beach findet man hier einen Mix aus Main-

ESSEN IN PANAMA CITY

Bayou Joe's Marina and Grill
Komfortabler, zwangloser Laden im Stil des alten Floridas am Massalina Bayou. **$**

Firefly
Gehobenes Restaurant mit frischem Seafood aus dem Golf – serviert unter einer weiß beleuchteten Eiche. **$$$**

Dave's Sno-Balls
Restaurant im New-Orleans-Stil mit Sandwiches (Po'boy, Muffuletta), Krapfen und dem namensgebenden Crushed-Ice-Dessert. **$**

PUGALENTHI INIABARATHI/SHUTTERSTOCK ©

St. Andrews State Park

DIE BESTEN HOTELS IN PANAMA CITY

Holiday Inn Resort Panama City Beach
Gehobenes Strandresort mit Pool, Lazy River und Cocktail-Lounge. **$$**

Bluegreen's Bayside Resort
Resort in einem Naturschutzgebiet an der St. Andrews Bay. Bietet u.a. mehrere Restaurants und Pools sowie Dinner-Touren mit einer hauseigenen Jacht. **$$**

Radisson Panama City Beach – Oceanfront
Strandhotel mit beheiztem Freiluftpool. **$$$**

Pearl Hotel
Luxuriöse Boutiqueunterkunft im nahegelegenen Rosemary Beach. **$$$**

stream-Labels (z. B. LOFT, Bath & Body Works, Dillards), einheimischen Einzelhändlern und Boutiquen mit Meeresthema.

Zu den vielen Kettenrestaurants gehören Ableger von Buffalo Wild Wings, Longhorn Steakhouse, Margaritaville und Chipotle. Kinder bzw. Teenager freuen sich über den Gaming-Komplex **Dave and Buster's** (Videospiele plus Spiegel- und Laser-Labyrinth) und das **Grand Imax Pier Park 16 Theatre**. Die **Tootsie's Orchid Lounge** (Mindestalter 21 Jahre ab 20 Uhr) bietet live gespielte Country-Musik und Gelegenheit zum Tanzen.

Zoobesuch

NATURSCHUTZ, BILDUNG UND LEMUREN

Für einen Besuch des **ZooWorld Zoological Park** in Panama City Beach sollte man einen ganzen Tag einplanen. Der Tierpark mit Schwerpunkt auf Naturschutz bietet Bildungsmöglichkeiten und tägliche Shows. Zu seinen mehr als 200 Tierarten gehören z. B. Giraffen, Lemuren, Ziegen, Kängurus, Tapire und Wasserschweine.

Schooner's
Relaxtes Restaurant mit hervorragendem Seafood, Livemusik und Drinks während der Wartezeit. **$$**

Hunt's Oyster Bar and Seafood Restaurant
Familiengeführtes, bei Einheimischen beliebtes Lokal mit regionalem Seafood (inkl. Austern). **$$**

Nick's Slice of Heaven Pizzeria and Bar
Beliebt für Pizza im NYC-Stil, Stromboli-Cocktails, warme Sandwiches und Bier. **$**

FLLUXE ARTS FESTIVAL

Eines der neuesten Events auf Panama Citys langem Veranstaltungskalender ist das zweitägige, kostenlose **Flluxe Arts Festival** (ausgesprochen: Florida Luxe Arts Festival) im Frühling – spaßig, bunt und etwas für jedermann. Beteiligt sind lokale, regionale und auswärtige Kreative, die im innenstädtischen Künstlerbezirk zu finden sind. Interessierte können selbst aktiv werden und die Bürgersteige mit Kreidebildern verzieren, bei Kunstvorführungen (z.B. Graffiti-Sprayen) dabei sein, Livemusik lauschen, sich an Foodtrucks stärken, Verkaufsstände abklappern und sich das Gesicht bemalen lassen. Die Website liefert auch Tipps zu Parkmöglichkeiten.

TONY CAMPBELL/SHUTTERSTOCK ©

Junger Alligator

Eins der örtlichen Highlights sind separat zu buchende Tierbegegnungen unter der Leitung des Zoopersonals (für Details s. Website). Wer beispielsweise schon immer mal ein Faultier streicheln wollte, kann das hier tun – was vor allem bei Kindern beliebt ist. Alternativ kann man auch „seinen normalen Menschenverstand ausschalten" und einen (Baby-)Alligator auf den Arm nehmen. Manche Tierschützer sehen derlei Aktivitäten allerdings kritisch.

Shipwreck Island

SPASS IM WASSERPARK

Der spaßige, saubere und gut gepflegte Wasserpark **Shipwreck Island** (geöffnet letzter Sa im April–Labor Day) ist bei Einheimischen wie Besucher:innen jeden Alters sehr beliebt.

Das 6 ha große Gelände in Panama City Beach umfasst alle für Florida typische feuchte Attraktionen: einen Lazy River, ein Wellenbecken, einen Planschbereich mit Eimern, eine künstliche Wildwasserschlucht und einige andere (steile) Wasserrutschen. Das Ganze ist etwas kleiner als ähnliche Parks in der Region, dafür aber auch preiswerter.

UNTERWEGS VOR ORT

In der Region fällt die Orientierung leicht: Einfach der Küstenhauptstraße (Hwy 98) folgen, die dann Richtung Osten wieder aus Panama City hinausführt. Die Hathaway Bridge verbindet Panama City Beach mit der eigentlichen Stadt.

APALACHICOLA

Gelegen an der Apalachicola Bay säumt Apalachicola die Mündung des Apalachicola River. Der kleinere Ort (gegr. 1831) gehört zu Floridas ältesten Hafenstädten. Hier leben etwa 2000 Menschen – und wesentlich mehr Austern. Apalachicola ist so berühmt für seine begehrten Schalentiere und seine übrigen Meeresfrüchte, dass hier Jahr für Jahr das Florida Seafood Festival mit zahllosen Besucher:innen stattfindet. Diese genießen dann einen Tag lang das Frischeste aus den heimischen Gewässern.

Die freundliche Ortschaft liegt an der sogenannten Forgotten Coast, die als letztes Stück ursprünglicher Golfküste beworben wird. Die restaurierten historischen Gebäude im Ortskern beherbergen viele malerische Läden und Restaurants.

TOP TIPP

St. George Island auf der anderen Seite der Apalachicola Bay ist bei einheimischen Anglern und Krabbenfängern sehr beliebt.

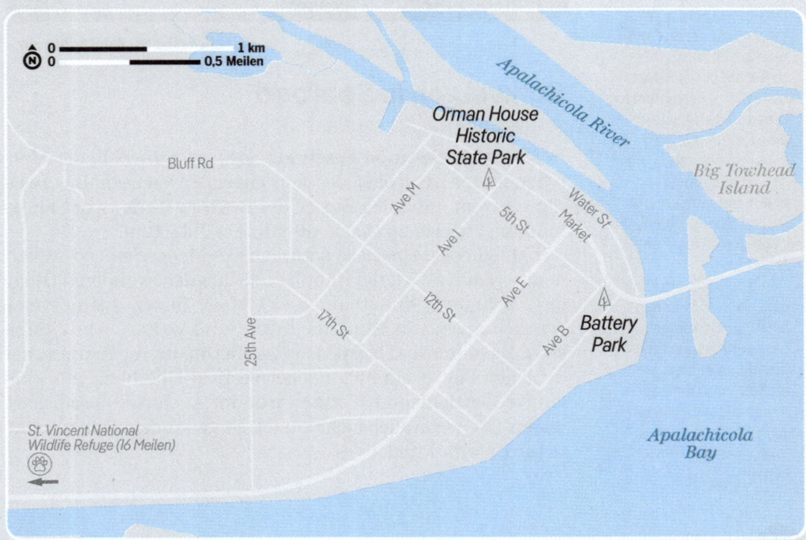

AUSTERN IN NOT

Aus der Apalachicola Bay kamen früher einmal 90% von Floridas wilden Austern (10% der Gesamtmenge in den USA). Doch die hiesige Austernindustrie erlitt einen schweren Schlag, als der Bestand durch Umweltprobleme und Naturkatastrophen (z.B. Meeresverschmutzung, veränderter Salzgehalt des Wassers, Hurrikane, Unwetter) stark zurückging. Daher beschloss die Florida Fish & Wildlife Conservation Commission 2020, die Austernernte in der Bucht bis 2025 zu verbieten: Dies soll den Austern eine Erholungszeit bescheren, während diverse Organisationen an einem gemeinsamen Plan zur Wiederbelebung des Ökosystems arbeiten.

In Apalachicola kann man aber noch immer jede Menge Austern (von anderswo) und regionales Seafood genießen – und einen erneuten Besuch planen, wenn Austern wieder lokal geerntet werden können.

EVENFH/SHUTTERSTOCK ©

Fischereiboot, Apalachicola

Schwelgen in Seafood

EIN FEST DER MEERESFRÜCHTE

Das **Florida Seafood Festival** (Nov.) lässt die Zahl der Menschen in Apalachicola jedes Jahr enorm anwachsen. Das zweitägige Event unter den Eichen des **Battery Park** an der Flussmündung feierte 2023 sein 60-jähriges Jubiläum.

Highlight des Ganzen ist natürlich jede Menge Seafood. Außerdem verkaufen vielerlei Händler alle möglichen anderen Dinge (z. B. Schmuck, Kunsthandwerk). Meist finden auch diverse Ausstellungen mit Kunsthandwerk und weitere Aktivitäten statt. Darunter sind beispielsweise ein Umzug, die Segnung der örtlichen Flotte, ein historischer Festival-Überblick, ein 5 km langer Wettlauf und Wettbewerbe im Austernknacken bzw. -essen. Oft (wenn auch nicht immer) sorgen zudem Fahrgeschäfte für Unterhaltung.

ÜBERNACHTEN IN APALACHICOLA

Apalachicola Bay Inn
Schlichte Budgetunterkunft etwa 1 Meile (1,6 km) außerhalb des historischen Bezirks. **$**

Coombs House Inn & Suites
Historisches Gästehaus von 1905, das mehrere Suiten mit einer Veranda im Südstaaten-Stil (inkl. Schaukelstühlen) kombiniert. **$$**

Gibson Inn
Boutiquehotel in einem historischen Bau von 1907, der neben 45 Zimmern auch die beliebte Franklin Café and Parlor Bar beherbergt. **$$$**

Natur pur

ALLEIN IN DER WILDNIS

Die beiden Barriereinseln der **St. Vincent National Wildlife Refuge** (Gesamtfläche über 48 km²) sind bis heute komplett naturbelassen. Das Schutzgebiet ist nur mit einem Boot erreichbar (selbst steuern oder Charter mit Skipper). Die kurze Anfahrt über den St. Vincent Sound oder die Apalachicola Bay belohnt einen am Ziel mit tollen Möglichkeiten zum Angeln, Paddeln, Radfahren, Fotografieren und Beobachten der Natur.

St. Vincent ist ein wichtiger Rastplatz von Zugvögeln. Unter den anderen lokalen Tierarten ist auch ein Zuchtpaar von bedrohten Rotwölfen. Wer das Schutzgebiet besucht, ist ganz auf sich allein gestellt und muss die komplette Ausrüstung samt Vorräten selbst mitbringen: Vor Ort gibt's weder Toiletten noch Trinkwasser noch erschlossene Zeltplätze – nur holperige, komplett unmarkierte Sandpfade bzw. -pisten.

Beim ganzjährig möglichen Angeln sieht man eventuell Unechte Karettschildkröten. Während der drei großangelegten Jagden mit ausgelosten Teilnehmern (Nov.–Jan.) ist das Schutzgebiet für alle anderen Besucher:innen gesperrt: Zelten dürfen dann nur die Jäger, die Weißwedelhirschen, Wildschweinen, Waschbären und bis zu 320 kg schweren Pferdehirschen nachstellen.

GRAND HOUSE & GÄRTEN

Der **Orman House Historic State Park** beschwört die Vergangenheit herauf. Er ist etwas unpassend benannt: Sein bestimmendes Merkmal ist kein Haus, sondern eine Villa mit Gartenanlage. In der Zeit vor dem US-Bürgerkrieg errichtete Thomas Orman das Anwesen im Jahr 1838, nachdem er als Baumwollhändler reich geworden war. Seine Familie lebte hier insgesamt 165 Jahre lang. Von Ormans Heim fällt der Blick auf Apalachicola, dessen Hafen durch seine Geschäfte florierte. Die Villa und die benachbarten **Chapman Botanical Gardens** können besichtigt werden.

HEIDI BESEN/SHUTTERSTOCK ©

Orman House

UNTERWEGS VOR ORT

Apalachicola liegt ca. 60 Meilen (97 km) östlich von Panama City (über den Hwy 98) und ca. 75 Meilen (121 km) südwestlich von Tallahassee (über Hwy 319 und 98). Als örtliche Hauptstraße führt der Hwy 98 auch über die John Gorrie Memorial Bridge nach East Point. Von dort geht's entlang der State Rd 300 South über die Bryant Patton Bridge nach St. George Island.

TALLAHASSEE

Tallahassee ist für Geschichte, College-Football und Regierungsbetrieb bekannt: In Floridas Hauptstadt befinden sich das State Capitol, die Staatsregierung, der Gouverneurssitz, über 20 Behörden, viele Verwaltungseinrichtungen und der Florida Supreme Court. Auch das Leon County wird von hier aus verwaltet.

Die Florida State University (FSU) mit über 45 000 Studenten sorgt vor Ort für ordentlich Betrieb: Ihr Einfluss zeigt sich u. a. an den vielen trendigen Cafés, innovativen Restaurants und unkonventionellen Boutiquen.

Mit seinen uralten Eichen voller Louisiana-Moos und seiner traditionellen Galanterie ist Tallahassee auch tief im Alten Süden verwurzelt. Zusammen mit dem schwülen Klima à la New Orleans sorgt dies für eine fast idyllische Atmosphäre. Die Stadt liegt im Landesinnern und hat keinen Zugang zur Küste. Dafür erstrecken sich rundum riesige, dichte Wälder und Naturschutzgebiete mit tollen Möglichkeiten für Outdoor-Fans.

TOP TIPP

Am besten im Frühling herkommen: Dann stehen die Gärten und State Parks in voller Blüte und es ist noch nicht so schwül. Im März und April liegen die Höchsttemperaturen ca. zwischen 25 und 29 °C und es regnet weniger. Wer Menschenmassen und hohe Preise umgehen will, meidet die Spring-Break-Zeit.

HIGHLIGHTS
1 Florida State Capitol

SEHENSWERTES
siehe 5 Doak S. Campbell Stadium
2 Edward Ball Wakulla Springs State Park
3 Florida Agricultural and Mechanical University (FAMU)
4 Florida Historic Capitol Museum
5 Florida State University
6 Mission San Luis

AKTIVITÄTEN, KURSE & TOUREN
7 Cherokee Sink

ESSEN
8 Edward Ball Dining Room

Florida State University

NAGEL PHOTOGRAPHY/SHUTTERSTOCK ©

Staatsgeist

FSU-FOOTBALL, HITORISCHER CAMPUS

Ein paar Kilometer westlich des State Capitol liegt das weitläufige Gelände (ca. 2 km²) der **Florida State University (FSU)**. Über 45 000 Studenten und deren Dozenten verleihen dieser aktiven wissenschaftlichen Einrichtung eine kraftvolle Atmosphäre. Vor dem amerikanischen Bürgerkrieg wurde die Universität im Jahr 1851 als Mädchenpensionat gegründet. 1905 wurde daraus das Florida State College for Women, das weißen Frauen vorbehalten war. Nach dem Zweiten Weltkrieg erhielt die Hochschule ihren heutigen Namen und führte die Aufnahme männlicher Studenten ein. Ab 1963 konnten sich dann auch Afro-Amerikaner einschreiben.

Die Geschichte der Universität ist auch in ihrer Architektur im Collegiate-Gothic-Stil (das meiste davon stammt aus den frühen 1900er-Jahren). Für Gäste gibt's geführte, selbstgeführte und virtuelle Touren. Die Führungen mit Guides sind meist schnell ausgebucht (rechtzeitig reservieren).

Die Seminoles, das Football-Team der FSU, treten auf dem Bobby Bowden Field im **Doak S. Campbell Stadium** (Ecke Pensacola St & Stadium Dr) an. Bei ihren wichtigsten Spielen füllen über 84 000 Fans das Stadion mit der 17 m hoher Videoleinwand – so auch bei den Matches gegen die Erzrivalen der Seminoles: die University of Florida Gators.

DIE HEIMAT DER RATTLERS

Die **Florida Agricultural & Mechanical University (FAMU)** liegt ca. 1 Meile (1,6 km) südlich der FSU. Als Floridas ältestes öffentliches College für Afro-Amerikaner wurde sie 1887 unter dem Namen State Normal College for Colored Students gegründet. Damals gab es hier nur 15 Studenten und zwei Dozenten. Heute liegt die Zahl der Immatrikulierten bei ca. 10 000.

Der historische Bereich der FAMU steht unter Denkmalschutz. Dazu gehören ca. 1,5 km² Campusfläche mit 14 Gebäuden (erb. 1924–1940), die meist Beispiele für den Georgian-Revival-Stil aus rotem Backstein sind. Das gesamte Uni-Gelände (ca. 1,7 km²) mit 132 Gebäuden kann virtuell oder persönlich per Führung besichtigt werden.

Bei der Fahrt durch Tallahassee sieht man viele Autos und Passanten, die mit den FAMU-Farben (Grün und Orange) erkennen lassen, dass sie das Uni-Sportteam namens The Rattlers unterstützen.

ÜBERNACHTEN IN TALLAHASSEE

Hyatt House Tallahassee Capitol – University
Modernes Hotel im Railroad Square Art District in Laufentfernung zur FSU. **$$$**

Hotel Indigo Tallahassee – Collegetown
In der Nähe der FSU und des Doak Campbell Stadium gibt's hier moderne Einrichtungen und einen Blick auf den Stadion-Komplex. **$$$**

Doubletree by Hilton Tallahassee
Dach-Lounge (17. Stock) mit großartigem Stadtblick nahe dem State Capitol. **$$**

DIE BESTEN ORTE ZUM SHOPPEN IN TALLAHASSEE

Der Railroad Square Art District mit seinen unkonventionellen Läden ist eine Alternative zur Governor's Square Mall. Das Viertel bietet zudem Livemusik, Foodtrucks und ein Straßenfest (1. Fr des Monats).

Other Side of Vintage
Vintage- bzw. Retro-Artikel (Herren- und Damenbekleidung, Einrichtungsgegenstände, Schallplatten) in 35 Shops.

Wonsaponatime Vintage
Laden am Railroad Square mit „bewusst kuratierten" Vintage-Artikeln (1950er- bis 1990er-Jahre).

Curio
Verkauft neben Vintage-Artikeln auch Aktuelles von Künstlern, Kunsthandwerkerinnen und Independent-Labels.

SEAN PAVONE/SHUTTERSTOCK ©

Florida Historic Capitol Museum

Das Florida State Capitol

DEN SITZ DER STAATSREGIERUNG ERKUNDEN

Das **Florida State Capitol** (Ecke Apalachee Pkwy & Monroe St) alias „Turm auf dem Hügel" ist das höchste Gebäude der Stadt und Machtzentrum des Bundesstaats.

Allerdings ist das Gebäude an sich nicht gerade beliebt: Schon seit 1977 bemängeln Einheimische die angebliche Tristesse des „neuen" Kapitols. Das schnörkellose Hochhaus mit 22 Stockwerken erhebt sich zwischen zwei niedrigen, symmetrischen Nebengebäuden mit Kuppeldächern.

Architekturgeschmack hin oder her: Die Bedeutung des Komplexes ist nicht zu ignorieren. Das eigentliche Capitol Building beherbergt Floridas Exekutive und Legislative. In den beiden Nebengebäuden sind das Repräsentantenhaus und der Senat untergebracht. Vor Ort gibt's auch **Führungen** (Mo–Fr 8–17 Uhr).

Grünflächen im Zentrum der Gebäudegruppe umgeben das alte restaurierte Capitol Building mit Buntglaskuppel. Darin ist das **Florida Historic Capitol Museum** mit Dauer- und Wechselausstellungen untergebracht. Besucher:innen können auch das Außengelände erkunden und an Führungen teilnehmen. Alternativ gibt's virtuelle Touren.

ESSEN IN TALLAHASSEE

Momo's
Verkauft hervorragende Pizzas in mächtigen Stücken und hat drei Filialen (zwei nahe der FSU, eine im Market District). **$**

Bird's Aphrodisiac oyster shack by FSU
Spaßiges, behagliches Lokal mit Künstler-Touch und sehr gutem Essen. Liegt nahe der FSU und ist bei Einheimischen beliebt. **$$**

Crum Box Gastgarden
Serviert Sandwiches (u. a. Klassiker, XXL-Varianten) in einem alten roten Güterzug-Begleitwagen im Railroad Square Art District. **$**

Im Namen Gottes

VEREINIGUNG ZWEIER KULTUREN

Die **Mission San Luis** im heutigen Tallahassee war von späten 17. bis zum frühen 18. Jh. die westliche Hauptstadt von Spanisch-Florida. 1703 lebten hier neben spanischen Kolonisten auch bis zu 1500 Kinder indigener Apalachee, die von Konquistador Hernando de Soto vertrieben oder getötet worden waren. Später vermischten sich die Kulturen auch in Form von Ehen. Die folgenden Generationen verbanden spanische und indigene Bräuche und Lebensweisen miteinander – auch in kulinarischer Hinsicht.

Heute erweckt dieses Museum das spanisch-indigene Kulturerbe zum Leben: Freiwillige in historischen Kostümen bevölkern hier Nachbauten von Missionsgebäuden. Dabei demonstrieren sie auch traditionelles Handwerk wie Schmiedekunst oder indigene Töpferei. Spanische Militärpraktiken sind ebenfalls zu sehen. In den indigenen Museumsgärten nach originalem Vorbild wachsen Mais, Bohnen und Kürbisse. Zudem gibt's spanische Pendants mit Heilkräutern (z. B. Beinwell, Minze, Schafgarbe) und Küchenkräutern (z. B. Koriander, Estragon, Lorbeer). In ganz Florida ist dies die einzige Rekonstruktion einer spanischen Mission. Vor Ort gibt's auch einen Souvenirladen und eine Kunstgalerie, die uralte Artefakte und kolonialzeitliche Werke zeigt.

Außerdem veranstaltet das Museum diverse Workshops (z. B. traditionelles Kochen oder Korbflechten) sowie Trainings, die Waffenfans den sicheren Umgang mit Vorderlader-Kanonen und Steinschlossbüchsen vermitteln.

Weltrekord

DIE TIEFSTE SÜSSWASSERQUELLE DES PLANETEN ERKUNDEN

Rund 16 Meilen (26 km) südlich von Tallahassees Zentrum liegt der **Edward Ball Wakulla Springs State Park** mit der weltweit größten und tiefsten Süßwasserquelle: Im Schatten eines uralten Zypressensumpfs sprudelt hier ein reißender, dunkelblauer Wasserstrom an die Oberfläche. Dessen Temperatur liegt ganzjährig bei erfrischenden bzw. kühlen 21 °C.

Hier kann man schwimmen, schnorcheln, tauchen und vom fast 7 m hohen Sprungturm hüpfen. Bei den Flussboot-Trips fällt der Blick auf Schildkröten, Manatis, Weißwedelhirsche und Alligatoren. Weitere Highlights sind Naturlehrpfade (insges. 14,5 km), Ausritte und Tauchmöglichkeiten in der **Cherokee Sink**.

Übernachten kann man in einer restaurierten Lodge aus den 1930er-Jahren. Der Bau im spanischen Stil beherbergt auch den **Edward Ball Dining Room** mit Mittag- und Abendessen (auch für Tagesbesucher:innen). Im Frühling und Herbst sollte man bis zur Abenddämmerung bleiben: Dann kehren die Schornsteinsegler zu ihren Nestern in den Kaminen der Lodge zurück.

WARUM ICH DIE ALFRED B. MACLAY GARDENS LIEBE

Jennifer Edwards, Autorin

Der reiche Bankier und Florida-Urlauber Alfred B. Maclay legte die Gärten 1923 in Tallahassees **Killearn Plantation Archeological and Historic District** (lokal nur „Killearn" genannt) an. Der zauberhafte Ort vereint die verschiedenen Perioden und Stimmungen des Gebiets: Hier warten u. a. klassische, gepflegte Gartenflächen mit glitzernden Teichen und gepflasterten Spazierwegen. In der Nähe steht der ruhige **Lake Hall** mit glasklarem Wasser und Sandstrand für das gute alte Florida vor der modernen Erschließung. Bei einem spontanen Kajaktrip hat man den See mitunter ganz für sich allein. Zurück an Land führt der Weg unter uralten Eichen hinweg. Diese sind älter als man selbst und werden einen wohl noch lange überleben.

UNTERWEGS VOR ORT

Die I-10 führt nach Tallahassee. In die Stadt hinein geht's aber über den Hwy 90, der dort zur Tennessee St wird. Diese verläuft von Osten nach Westen und bietet Zugang zur FSU. Über die Monroe St (Hwy 27) in Nord-Süd-Richtung gelangt man zum Governor's Mansion und State Capitol.

PRAKTISCHES

Die wichtigsten Informationen für die perfekte Reise nach Florida im Überblick. Nützliche Tipps, Tricks und Hintergründe zur Orientierung und Vorbereitung.

Nine Mile Pond (S. 124)

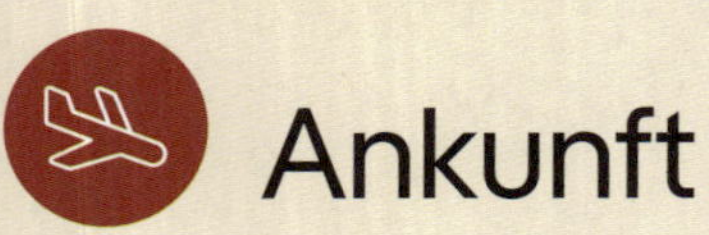

Ankunft

Florida hat 24 internationale Flughäfen. Die meisten Traveller reisen aber über eins der vier größten regionalen Luftkreuze an: Miami, Orlando, Tampa oder Fort Lauderdale–Hollywood. Dort gibt's jeweils moderne Einrichtungen (inkl. Gratis-WLAN, viele Restaurants) und kostenlose Shuttlebusse zu Autovermietern außerhalb der Terminals (falls dort nicht direkt vertreten).

Einreise

Das **Visa Waiver Program** (VWP) gestattet EU-Bürger:innen und Schweizer:innen maximal 90-tägige USA-Aufenthalte zu geschäftlichen oder touristischen Zwecken. Längere Aufenthalte und/oder andere Aufenthaltszwecke erfordern jeweils ein separates sowie stets vorab zu erlangendes Visum. Voraussetzung für die Teilnahme am VWP ist ein elektronisch lesbarer Reisepass mit Speicherchip. Das US-**Außenministerium** (US Department of State; travel.state.gov) informiert über alle aktuellen Einreisebestimmungen. Ergänzend lohnt sich ein Blick auf die Website des eigenen Außenministeriums.

Vom Flughafen in die Stadt

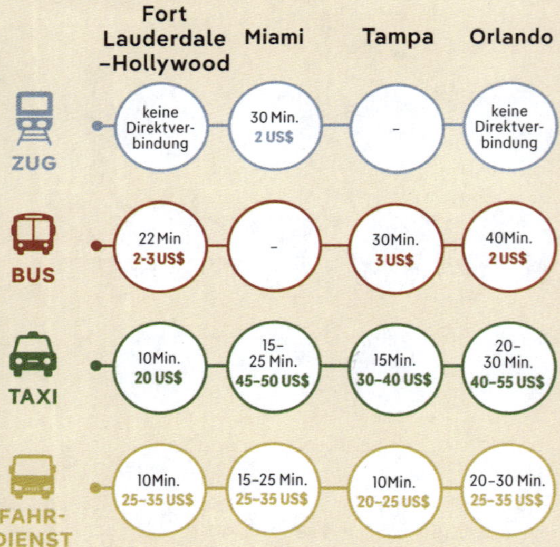

	Fort Lauderdale–Hollywood	Miami	Tampa	Orlando
ZUG	keine Direktverbindung	30 Min. 2 US$	–	keine Direktverbindung
BUS	22 Min 2-3 US$	–	30Min. 3 US$	40Min. 2 US$
TAXI	10Min. 20 US$	15–25 Min. 45–50 US$	15Min. 30–40 US$	20–30 Min. 40–55 US$
FAHRDIENST	10Min. 25–35 US$	15–25 Min. 25–35 US$	10Min. 20–25 US$	20–30 Min. 25–35 US$

FLUGHÄFEN: VOR- & NACHTEILE

Fort Lauderdale–Hollywood (FLL)
Pro: Günstigste Flüge in Florida. Kontra: Unübersichtlich, schlechte Orientierung für Selbstfahrende, ständige Bauarbeiten.

Orlando (MCO)
Pro: Effizienter Service, viele Fluglinien. Kontra: Oft extremer Betrieb, großer Zeitaufwand.

Tampa (TPA)
Pro: Günstige Flüge, leichte Orientierung, weniger Betrieb. Kontra: Berichten zufolge teils mangelhafter Service.

Miami (MIA)
Pro: Zentrale Lage, leichte Erreichbarkeit. Kontra: Extremer Betrieb, lange Warteschlangen, häufige Verzögerungen. Berichten zufolge teils mangelhafter Service und oberflächliche Gepäckkontrolle.

Reisen mit Kindern

Wer allein mit Kind(ern) in die USA fliegt, sollte unbedingt eine notariell beglaubigte Reisegenehmigung des anderen Elternteils bzw. jeweiligen Erziehungsberechtigten (inkl. aller Reisetermine und -ziele) mitführen: Andernfalls wird die Einreise potenziell verwehrt.

Geld

WÄHRUNG: US-DOLLAR (US$)

Kreditkarten

Kreditkarten werden in ganz Florida akzeptiert. Bei nicht-amerikanischen Varianten fallen aber potenziell internationale Transaktionsgebühren an (oft 2,5 %).

Debitkarten

Die meisten internationalen Debitkarten funktionieren in Florida. Dies ist aber oft mit horrenden Transaktionsgebühren verbunden (vorab bei der eigenen Bank nachfragen).

Verkaufssteuer

Zu Floridas bundesstaatlicher Verkaufssteuer von 6 % (Stand: 2023) kommt potenziell noch eine separate kommunale Variante von 1,5 % hinzu (insgesamt also 7,5 %). Ausländische Reisende können sich US-Verkaufssteuern nicht rückerstatten lassen (im Gegensatz zur Mehrwertsteuer einiger anderer Länder).

Trinkgeld

Achtung: Viele Restaurants und Bars in Florida addieren automatisch 18 % Trinkgeld zur Rechnung – oft ohne einen entsprechenden Hinweis für Gäste. Wer das nicht weiß, spendiert potenziell doppelt. Natürlich kann man die 18 % aber immer noch freiwillig erhöhen.

WIEVIEL KOSTET …

Ein Parkplatz am Strand
3–6 US$/Std.

Der Besuch eines State Parks
6 US$

Valet-Parken (Trinkgeld)
3–5 US$ bei Auto-Rückgabe

Eine Strandliege (Leihgebühr)
25–45 US$/Tag

WIE … die Einheimischen Geld sparen

Kein Geheimnis: Wo viele Touris hingehen, wird's teuer – mitunter extrem. Häufig gibt's aber günstigere Einheimischen-Preise im nahen Umkreis. Darum: Mithilfe dieses Buchs nach versteckten, bei Locals beliebten Restaurants, Bars und Cafés suchen. Zudem ins Gespräch kommen und nachfragen: Einheimische meiden die örtlichen Tourismusfallen und empfehlen sparbewussten Travellern oft gern ihre eigenen Lieblings-Lokale.

SENIOR:INNENRABATTE

Viele Einzelhändler in Florida gewähren Senior:innenrabatte (oft 5–25 %) gegen entsprechenden Altersnachweis (Mindestalter 50–65 Jahre; direkt vor Ort nachfragen).

SPAREN BEIM GELDUMTAUSCH

Im Vergleich zu lokalen Banken und Wechselstuben (vor allem an Flughäfen oder in Hotels) bietet die eigene Kreditkartenfirma oft einen besseren Wechselkurs. Diesen gibt's teils auch bei Barabhebungen mit internationalen Debitkarten an US-Geldautomaten. Achtung: Dabei fallen aber jedes Mal erneut Transakationsgebühren an! Für den Umtausch hoher Beträge auf einmal (z. B. zwecks Reiseverlängerung oder Immobilienkauf) empfehlen sich die Dienste professioneller Geldwechsel-Unternehmen: Deren Konditionen sparen oft kräftig Bares.

Unterwegs vor Ort

In ganz Florida kommt man gut voran. Hierfür sorgen u. a. ein modernes Straßennetz, Personenzüge und Flughäfen (öffentlich wie privat).

REISEKOSTEN

Mietwagen
Ab 38 US$/Tag

Tanken
Ca. 3,40 US$/ US-Gallone

Ladesäulen
Oft gratis; falls nicht: ca. 0,43 US$/kWh

Leihfahrrad
Ab 35 US$/Tag

Mietwagen

Kunden von Floridas vielen Autovermietern können ihr Vehikel oft auch an einem anderen Filialstandort zurückgeben. Der Preis beinhaltet meist unbegrenzte Fahrtkilometer – bei Bedarf ergänzt um optionalen Versicherungsschutz. Mietwagenkunden müssen mindestens 21 Jahre alt sein (eventueller Aufpreis unter 25 Jahren).

Wichtige Highways

Zu Floridas Infrastruktur gehören vier große Interstate-Highways: Die I-75 (Miami–Michigan; Westküste, nordwärts), die I-95 (Miami–Georgia; Ostküste, nordwärts), die I-4 (Tampa–Daytona; ostwärts) und die I-10 (Jacksonville–Alabama; westwärts).

TIPP

Viele Kreditkarten mit "Reiseprämien" beinhalten eine Versicherung für Mietwagen (Deckung und Konditionen beim jeweiligen Kartenaussteller erfragen).

UNBEDINGT BEACHTEN

Handy-Benutzung am Steuer während der Fahrt ist **strikt verboten** (außer GPS-Nutzung mit Gerät im Halter)!

Die zulässige Höchstgeschwindigkeit beträgt innerorts 30 mph (48 km/h) und 55 mph (88 km/h) auf Highways. Manche Interstates erlauben bis zu 70 mph (112 km/h).

0,08 ‰

Die Promillegrenze liegt bei 0,08 g/l.

HIGHWAY-MAUT

Floridas mautpflichtige Highways werden aktuell auf elektronische, bargeldlose Bezahlsysteme umgestellt: Mittels digitaler Nummernschild-Erkennung kommt die Rechnung dann automatisch per Post. Regelmäßige Streckennutzende sparen mit einem Transponder von SunPass (Floridas Prepaid-Programm für Mautstraßen) bis zu 25 %. Solche Geräte sind vor Ort bei vielen Läden erhältlich, müssen aber selbst installiert und aktiviert werden. Die meisten Autovermieter verlangen einen Aufpreis für ein Fahrzeug mit Transponder. Ob sich das lohnt, offenbart sorgsame Routenplanung mit Maut-Kalkulation im Voraus.

Bus

Für Trips durch Florida ist ein eigenes Fahrzeug die beste Option. Jedoch pendeln Fernlinien von **Greyhound Lines** (Details unter greyhound.com) zwischen 40 regionalen Großstädten. Diese Busse sind teils sehr langsam, aber auch umweltfreundlicher und günstiger im Vergleich zum Auto. **Megabus** (megabus.com) bedient ebenfalls Miami, Orlando und Jacksonville.

Zug

Regionalzüge diverser Firmen kompensieren teilweise die begrenzten Amtrak-Verbindungen innerhalb Floridas: **Tri-Rail** (Tri-Rail.com) verkehrt zwischen Großstädten im Süden. **SunRail** (SunRail.com) bedient 16 Ziele im Zentrum. **Brightline** (gobrightline.com) betreibt günstige Hochgeschwindigkeitszüge zwischen Miami und West Palm Beach (Erweiterung bis Orlando ab 2023).

Flugzeug

Florida hat viele internationale und regionale Flughäfen mit Inlandsverbindungen. **Southwest Airlines** (southwest.com) ist hier eine beliebte Option für schnelle Trips zu anderen Großstädten. Falls dafür kein dringender Bedarf besteht, sparen Selbstfahrende oder Regionalzüge den Flughafenstress.

ENTFERNUNGEN (AUTO IN MEILEN/KM)

FLORIDA

	Tampa	Fort Lauderdale	Fort Myers	Jacksonville	Key West	Miami	Orlando	Pensacola	St. Augustine
Fort Lauderdale	265/426								
Fort Myers	125/201	140/225							
Jacksonville	200/322	325/523	315/507						
Key West	415/668	190/306	300/482	505/813					
Miami	280/451	30/48	155/249	345/555	160/257				
Orlando	85/137	215/346	155/249	140/225	390/628	235/378			
Pensacola	465/748	650/1046	590/950	360/579	830/1336	675/1086	450/724		
St. Augustine	190/306	290/467	260/418	40/64	465/748	310/499	105/169	395/636	
Tallahassee	275/443	455/732	390/628	165/266	640/1030	480/772	260/418	195/314	205/330

Übernachten

Hausboote

Wer schon immer mal auf einem Hausboot leben wollte, kann das in Florida bestens testen: Im ganzen Bundesstaat vermieten mehrere Firmen auch kurzfristig Kähne von kleinen Schleppern bis hin zu Ultra-Luxusjachten. Die Preise variieren entsprechend (kleines Hausboot für max. 4 Personen ca. 130 US$/Übern., mind. 2 Übernachtungen). Interessenten müssen mindestens 25 Jahre alt sein und vorab einen Gratiskurs zum sicheren Bootsbetrieb absolvieren. Oft gibt's auch spezielle Angebote für Kunden mit Handicap.

Mietoptionen

Für die Suche nach mietbaren Wohnungen, Häusern, Wohnmobilen oder Hausbooten sind entsprechende Online-Plattformen ideal: Deren Verzeichnisse lassen sich z. B. nach Preis, Option und/oder Ort sortieren. Während ihrer Abwesenheit vermieten viele Snowbirds ihre gepflegten Wohnhäuser in Florida, um die Kosten zu decken. Selbstversorgung spart generell kräftig Bares. Gute Angebote für kürzere und längere Mietzeiträume gibt's z. B. über Airbnb.com, VRBO.com oder VacationRentals.com.

Ökobewusste Optionen

Seit 2004 betreibt das Florida Department of Environment Protection (DEP) sein Florida Green Lodging Program. Dieses erfasst und bewirbt Unterkünfte, die die wertvollen Naturressourcen des Bundestaats freiwillig auf nachhaltige Weise bewahren und schützen (z. B. über Müllreduzierung, Wassersparen, mehr Energie-Effizienz). Die entsprechenden Verzeichnisse gibt's unter atfloridadep.gov/osi/green-lodging.

WIEVIEL KOSTET EINE NACHT IN …

einem Hotelzimmer
80 US$

einem Glamping-Zelt
130–200 US$

einer möblierten Hütte
125–200 US$

Glamping

Glamping (Luxus-Camping) boomt in Florida. Die fest installierten Zelte mit Vollausstattung verfügen u. a. über Queensize-Betten, Bettwäsche, Strom und Kaffeemaschinen. Mitunter sind sie sogar klimatisiert. Aktuell möglich ist Glamping in sechs State Parks (teils nahe Orlando und Tampa) sowie auf vielen privaten Campingplätzen im ganzen Bundesstaat. Insgesamt 19 State Parks vermieten auch ähnlich eingerichtete Hütten. Interessierte brauchen aber jeweils ein eigenes Vehikel: Die meisten Parks und Campingplätze liegen in abgeschiedenen Ecken.

Hotels & Motels

Bei Hotels und Motels reicht das Spektrum von schäbigen, billigen Absteigen bis hin zu Fünfsterne-Resorts mit allen Schikanen. Vorsicht: Wenn Einrichtungen und Unterhaltungsprogramm ein Hotel als Resort qualifizieren, fallen meist zusätzliche "Resortgebühren" an – und das oft erst als unangenehme Überraschung beim Auschecken. Für spontan veranlagte Naturen empfehlen sich gute Last-Minute-Deals (z. B. von **hotwire.com** oder **HotelTonight.com**).

PREIS VS. STRANDZUGANG

In den meisten Küstenorten Floridas gilt: Je weiter weg vom Strand, desto günstiger die Unterkünfte. Unterkünfte direkt am Meer sind dennoch reizvoll: Man duscht sich den Sand in direkter Quartiernähe weg und relaxt dann zum Rhythmus der Brandung. Wer aus Ersparnisgründen auf diese praktische Nähe verzichtet, wird aber trotzdem weitere Dollars los – über Benzinkosten und Gebühren für Strandparkplätze (sofern nicht alle Ausrüstung zu Fuß geschleppt wird). Insgesamt erweist sich das dann eventuell sogar als vergleichsweise teurer.

Sicher reisen

VERSICHERUNG

Florida nur mit einer guten Reise(kranken-)versicherung besuchen: Die medizinischen Behandlungskosten in den USA sind extrem hoch. Der Schutz sollte auch Rettungsflüge in die Heimat beinhalten. Idealerweise deckt die Police auch Verlust, Diebstahl und Reiserücktritt oder -unterbrechung ab.

Quallen & Seeigel

Vor allem nach starken Unwettern sieht man diese zahlreich direkt in Küstennähe oder angespült am Strand. Ihre Stiche sind schmerzhaft, aber nur sehr selten tödlich. Erstmaßnahmen: Die Quallen-Tentakeln (inkl. Nesselkapseln) bzw. Seeigel-Stacheln jeweils vollständig per Pinzette aus der Haut entfernen, dann die betroffene Körperstelle in heißes Wasser tauchen. Anschließend schnellstmöglich medizinische Hilfe suchen!

Hurrikans

Kein Geheimnis: Hurrikans suchen Florida regelmäßig heim (Saison Juni–Okt., Spitzenzeit Aug. & Sept.). Dabei gehen die gefährlichen Wirbelstürme mit Starkregen und tobendem Meer einher. Um Sach- und/oder Personenschäden möglichst zu vermeiden, sollte man alle behördlichen Weisungen bei Sturmwarnung unbedingt vollständig befolgen.

LEITUNGS-WASSER

Floridas Leitungswasser ist zwar nicht erstklassig, kann aber sicher getrunken werden: Alle US-Vorschriften in puncto Wasserqualität werden hier strikt befolgt.

SICHER SCHWIMMEN UND BADEN

Grüne Flagge
Sicherer Badestrand

Gelbe Flagge
Sicher am Ufer, aber kein Hinausschwimmen

Rote Flagge
Gefahr, Schwimmen und Baden verboten

Zwei Flaggen rot + No Swimming
Das Wasser ist für die Öffentlichkeit komplett gesperrt.

Blaue und violette Flagge
Gefährliche Meereslebewesen wurden gesichtet

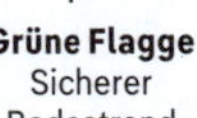

Drogen

Der Freizeitkonsum von Cannabis-Produkten ist in Florida verbreitet, aber illegal: Nur mit einer gültigen Genehmigung für medizinischen Konsum (Medical Marijuana Use Authorization) kann Cannabis ist es legal. Ohne Genehmigung gilt der Besitz von max. 20 g als geringfügiges Vergehen, das Haft- und Geldstrafen nach sich zieht. Achtung: Bei nachgewiesenem Besitz, Verkauf und/oder Konsum anderer illegaler Drogen fallen die Strafen deutlich härter aus!

PERSÖNLICHE SICHERHEITSVORKEHRUNGEN

In Florida können sich Stadtviertel und Sicherheitsrisiken schon nach kurzer Laufdistanz sehr stark ändern. Darum immer den gesunden Menschenverstand benutzen und angemessen vorsichtig sein! Problemviertel liegen oft in der Nähe von (Bus-)Bahnhöfen. Aggressive Fahrweise (z. B. Rasen, Kurvenschneiden, Ignorieren von Ampeln bzw. Schildern) ist in größeren Städten ein Problem. Fußgänger und Radfahrer sollten daher stets wachsam sein.

Essen, Trinken & Feiern

WIEVIEL KOSTET …

ein normaler Kaffee
2,50–3,50 US$

eine Kaffeespezialität
5–6 US$

eine große Pizza mit Fleischzutaten
10–15 US$

eine Kugel Eis
4–5 US$

eine Flasche Bier
7–8 US$

ein Glas Wein
10–12 US$

Locations

Floridas große kulinarische Vielfalt bietet etwas für alle Geschmäcker: Das Spektrum reicht von Michelin-Sternerestaurants bis hin Kneipen, Food-Trucks, Diners (teils familiengeführt), Imbissständen (z. B. mit Pies, Seafood) und Food Courts mit zahllosen Kiosken. Bei den Locations zum Ausgehen bzw. Feiern ist die Auswahl ähnlich riesig: Darunter sind z. B. Sport- und Pianobars oder Jazz- und Blues-Clubs. Hinzu kommen pulsierende Discos für alle Ansprüche in puncto Musikstil, Niveau oder Fetisch. Wer gerne isst und Party macht, ist im Sunshine State somit goldrichtig.

Happy Hours in Florida

Abhängig von den jeweiligen Lokalen variieren die Zeiten für Happy Hours in Florida sehr stark (meist Mo–Fr 16–19 Uhr, teils schon ab 12 Uhr). Neben vergünstigten Drinks gibt's dabei oft auch leckere Häppchen zum Schnäppchenpreis: Je nach Bar bzw. Restaurant kann man dann insgesamt bis zu 50 % sparen.

Alkoholkonsum

In Florida kann man zwar ab 18 Jahren als Barkeeper arbeiten, darf aber Alkohol legal erst ab 21 Jahren (US-Standard) trinken. Und das keinesfalls öffentlich – also weder auf der Straße noch auf Parkplätzen oder am Strand. Viele örtliche Läden (inkl. Supermärkte, Tankstellen-Shops) verkaufen Bier und Wein. Spitiruosen gibt's aber nur bei ausgewiesenen Spirituosen-Geschäften. Deren Öffnungszeiten variieren lokal (z. B. in Miami-Dade tgl. 24 Std.). Vor allem im Panhandle herrscht in einigen "trockenen" Bezirken nach wie vor ein Verkaufsverbot für Alkohol. Achtung: Wer dort mit einem gefälschten Ausweis erwischt wird, muss mit fünf Jahren Haft und 5000 US$ Geldstrafe rechnen! In ganz Florida gelten auch sehr harte Strafen für Kraftfahrer oder Bootskapitäne, die mehr als 0,08 % Alkohol im Blut haben.

FLORIDAS DESSERT-KRIEGE

2006 wurde der berühmte Key Lime Pie offiziell zu Floridas "Staatsdessert" erklärt. 2022 erfolgte diesbezüglich die Ablösung durch den Strawberry Shortcake – mit der Absicht, Floridas milliardenschwere Erdbeer-Industrie (produziert im Winter stolze 75 % des US-Bedarfs) zu fördern. Die geschockte Key-Lime-Lobby initiierte daraufhin mehrere Petitionen für ein Duell zwischen Plant City und Key West: Die Bürgermeister der Städte sollten ihre jeweiligen Spezialitäten als Waffen verwenden, um das Ganze per Kuchenschlacht zu entscheiden. Derlei kuriose Lösungsvorschläge sind für Florida generell nicht ganz untypisch.

Fünf von Floridas beliebtesten Cocktails

- Mojito
- Miami Vice
- Piña Colada
- Key Lime Daiquiri
- Rum Runner Margarita

Reisen mit Kindern

Florida zählt zu den familienfreundlichsten Reisezielen der Welt: Junge und jung gebliebene Besucher:innen kommen hier voll auf ihre Kosten. Dafür sorgen u.a. das tolle Klima, die 1328 sandigen Strandkilometer, die Themenparks, die zahllosen Wassersportmöglichkeiten und die vielen Parks mit Optionen für Outdoor-Abenteurer.

Kinderrabatte

Orlandos Themenparks gewähren meist freien Eintritt für Kinder unter drei Jahren. Zwischen drei und neun Jahren gibt's Ermäßigung; ab zehn Jahren ist dann der Erwachsenenpreis zu bezahlen. Zum Recherchezeitpunkt erfolgte die Altersangabe jeweils auf Vertrauensbasis (kein Nachweis per Ausweis erforderl.). Auch außerhalb von Orlando sind Kinderrabatte die Regel, wobei allerdings oft andere Altersbegrenzungen gelten.

Spaß abseits der Themenparks

Neben den Themenparks bietet Florida noch viel mehr Unterhaltung – die Möglichkeiten sind praktisch unendlich: An den Stränden können Kinder u.a. nach angeschwemmten Muschelschalen, Wertgegenständen und prähistorischen Haizähnen suchen – oder riesige Sandburgen bauen und Meeresschildkröten beobachten. Faszinierend sind z.B. auch Schnorcheltrips durch die Unterwasserwelt oder Alligator-Touren per Propellerboot in den Everglades.

TIPPS

Orlandos Themenparks (S. 204)
Disney, Universal, LEGOLAND ... stets eine Spitzenwahl.

Kennedy Space Center (S. 277)
Startrampen besichtigen, Simulatoren erleben, eventuell echte Astronaut:innen treffen.

Propellerboot-Touren in den Everglades (S. 267)
Alligatoren und Schildkröten in den Sümpfen erspähen.

Mel Fisher's Treasure Museum (S. 202)
Gehobene Schätze bestaunen und mit einem gemieteten Metalldetektor selbst den Strand absuchen.

Daytona International Speedway (S. 330)
Gelände und Museum besichtigen oder ein spannendes Nascar-Autorennen verfolgen.

Einrichtungen & Leihausrüstung

Die meisten großen Attraktionen verleihen Kinderwagen. Oft haben sie auch Schließfächer für das Lagern von schwerem oder sperrigem Baby- bzw. Kinderbedarf bis zum Gebrauch. Normalerweise gibt's zudem Wickeltische in den Herren-, Damen- und Familientoiletten. Ein paar größere Parks besitzen auch Stillkabinen.

Kindersitze

Vorschriften in Florida: Kinder unter drei Jahren sind in staatlich zugelassenen Kindersitzen zu transportieren (unter einem Jahr oder 20 lb/9,1 kg Körpergewicht stets entgegen der Fahrtrichtung). Nachwuchs zwischen vier und fünf Jahren (bzw. unter 4 ft 9 in/125 cm Körpergröße und/oder 80 lb/36,3 kg) benötigt eine Sitzerhöhung. Unter 13 Jahren gilt Rücksitzpflicht.

SPARTIPPS FÜR FAMILIEN

Mietwagen-Touren mit Fahrzeugrückgabe an einem anderen Ort sparen die Kosten für Flüge und Flughafen-Parkplätze. Familien meiden bestenfalls die Spitzenzeiten mit Höchstpreisen und langen Warteschlangen (Sommer, Feiertage, Spring-Break-Periode). Vergünstigter Online-Ticketkauf spart ebenfalls – wie das Mitnehmen eigener Snacks und kalter Getränke: Große Attraktionen (inkl. Themenparks) haben damit kein Problem, sofern nichts erhitzt werden muss und/oder sich nicht in Glasbehältern befindet. In puncto Unterkunft empfehlen sich Optionen für Selbstversorgende oder Hotels mit Gratisfrühstück und kostenlosen Ride-Fahrten in Themenparks. Zudem sollte vorab ein Tages-Budget festgelegt werden, um Diskussionen vor Ort zu verhindern.

Verantwortungsbewusst reisen

Reisen & Klimawandel

Nicht zu ignorieren: Jede Reise verursacht klimaschädliche Emissionen. Lonely Planet fordert daher alle Traveller auf, nachhaltig zu reisen und ihren CO2-Fußabdruck möglichst gering zu halten. Über zahlreiche Online-Kohlenstoffrechner (z. B. resurgence.org/resources/carbon-calculator.html) lässt sich die Emissionsmenge pro Trip einschätzen. Diese kann dann oft proportional in Spendenbeträge an internationale Klimaschutz-Initiativen umgerechnet werden. Auch viele Fluglinien und Buchungsportale bieten diese Möglichkeit, die Lonely Planet weiterhin für alle Angestelltenreisen nutzt. Dennoch ist uns bewusst, dass das mehr Schadensminderung als Lösung ist.

Freiwilligenarbeit

Bei entsprechend Zeit und Lust bietet Florida allerlei Möglichkeiten für Freiwillige: Viele regionale Organisationen bewahren die Natur und die Ressourcen des Sunshine State mithilfe von Ehrenamtlichen. Beispiele:

The Nature Conservancy (nature.org) Schützt Floridas Natur zu Lande und zu Wasser; fördert zudem Nachhaltigkeit in puncto Lebensmittel und Wasser.

Keep Florida Beautiful (keepfloridabeautiful.org) Engagiert sich für kommunalen Öko-Wandel und trägt u. a. mit der regelmäßigen Überwachung regionaler Verschmutzungsgrade zum Naturschutz bei.

Auffangstationen für Wildtiere Retten und pflegen verletzte bzw. kranke Wildtiere (oft inkl. Meeresschildkröten), die nach ihrer Gesundung meist wieder in die Natur entlassen werden. Eins der vielen regionalen Beispiele ist das **Busch Wildlife Sanctuary** (Jupiter; S. 196)

Zeit im Grünen verbringen

Botanische Gärten und Baumgärten vermitteln Wissen über ökologisches Gärtnern und den nachhaltigen Umgang mit Ressourcen. Naturlehrzentren und staatliche Naturschutzgebiete informieren über lokale Maßnahmen und Hilfsmöglichkeiten. Spenden sind immer willkommen.

Meeresschildkröten respektieren

Am Strand eierlegende Meeresschildkröten (Mai–Okt.) sind faszinierend. Zu starkes Annähern, helles Licht oder Fotografieren mit Blitz sind aber aus gutem Grund streng verboten: Solche Störungen können die Tiere verschrecken bzw. desorientieren.

OBEN: SPATULETAIL/SHUTTERSTOCK ©, GEGENÜBER: ALEXANDER SPATARI/GETTY IMAGES ©

Einen positiven Abdruck hinterlassen

Nach Möglichkeit immer ökologische Transport- bzw. Erkundungsmittel wählen: Im größtenteils sehr fahrradfreundlichen Florida lassen sich überall Drahtesel mieten. Alternativ legt man kürzere Distanzen einfach per pedes zurück. Vielerorts sind auch ähnlich umweltfreundliche Kanus bzw. Kajaks ausleihbar.

Strände sauber halten

An Strandzugängen gibt's oft Mülleimer – bitte immer benutzen!

In Floridas vielen Nationalparks, State Parks und Forests zelten. Eine Alternative sind die zahllosen privaten Campingplätze bzw. Wohnmobilparks.

Möglichst Bio-Regionalprodukte auf örtlichen Bauernmärkten (Verzeichnis unter farmersmarket.net) kaufen.

INFOS IM INTERNET

Wearefcc.org Website der Florida Conservation Coalition.

Eco-usa.net/orgs/fl.shtml Alphabetisch sortiertes Verzeichnis mit Floridas Umweltschutz-Organisationen.

Centralfloridasierra.org Floridas Ableger der ältesten und größten Graswurzel-Umweltschutz-Bewegung in den USA.

LGBTIQ+-Traveller

Seit 2022 verbietet das umstrittene Gesetz Don't Say Gay das Erwähnen aller LGBTIQ+-Themen an Floridas Schulen. Dennoch zählt der Sunshine State immer noch zu den beliebtesten Szene-Zielen der Welt: Weiterhin hissen hier viele tolerante Kommunen (inkl. Fort Lauderdale, Palm Beach, Orlando, Miami, Key West) die Regenbogenflagge und bereiten den zahllosen LGBTIQ+-Reisenden einen herzlichen Empfang.

Große LGBTIQ+-Festivals

Pridefest (Key West; Juni) Einwöchiges Straßenfest mit Bootsfahrten zu Sonnenuntergang.
Fantasy Fest (Key West; Okt.) Fünf Tage mit bunten Kostümen und einem großen Umzug.
White Party Week (Miami; Nov.) Party-Event von Amerikas ältester und größter Spendensammel-Organisation in Sachen HIV/AIDS.
Pride Fort Lauderdale (Feb.) Einwöchige Party mit Livemusik.
Gay Days (Orlando; Juni) Zahllose Themenpark-Besucher:innen in roten Hemden.
Pride Fest (Sarasota; Okt.) Steigt jedes Jahr.
Sunshine Stampede Gay Rodeo (Davie; April) Nicht verpassen.

GEFÜHRTE LGBTIQ+-TOUREN

In Miami informiert die **Gay & Lesbian Walking Tour** (2. Sa des Monats, 11 Uhr, 90 Min.) über die vielen bedeutenden LGBTIQ+-Beiträge zur Stadtgeschichte. Die Spaziergänge ab dem **Art Deco Welcome Center** (1001 Ocean Dr) besuchen auch aktuelle Szene-Hotspots.

Beste „Gayborhoods"

Wilton Manors (Fort Lauderdale)
LGBTIQ+-Hotspot mit Bars, Restaurants und Nachtclubs.

Duval Street (Key West)
Berühmt für ihre Szenebars bzw. -clubs und zahllosen Läden (Tipp: die unterhaltsamen Travestieshows der 801 Bourbon Bar).

GaYbor District (Tampa)
Zwölf Pride-Blocks am Westende des historischen Viertels Ybor City.

LGBTIQ+-HOCHZEITSTOURISMUS IN FLORIDA

Seit der Legalisierung gleichgeschlechtlicher Ehen in Florida (2015) boomt hier der LGBTIQ+-Hochzeitstourismus: An den regionalen Stränden heiraten viele LGBTIQ+-Paare aus den USA und aller Welt – selbst wenn das in ihrer jeweiligen Heimat nicht möglich sein sollte. Vor Ort sorgt das auch für kräftige Umsätze (Verzeichnis mit spezifischen Geschäften und Dienstleistern unter EnGaygedWeddings.com/florida-gay-wedding.html).

LGBTIQ+-freundliche Strände

Sebastian Street Beach (Fort Lauderdale)
Viele fröhliche und freundliche Sonnenanbetende.

12th Street Beach (Miami)
Mitunter laut und Miamis bekanntester LGBTIQ+-Strand.

North Lido Beach (Sarasota)
Vergleichsweise abgeschiedener und bis heute einer von Floridas besten LGBTIQ+-Stränden.

WEITERE INFOS

South Florida Gay News: sfgn.com
Visit Lauderdale (LGBTQ+-Infos): sunny.org/lgbt
Fort Lauderdale (LGBTQ+-Infos inkl. Tourismus und Unterhaltung): gayftlauderdale.com
Key West (LGBTQ+-Infos): gaykeywestfl.com
Florida (LGBTQ+-Nachtleben): hotspotsmagazine.com
Miami (LGBTQ+-Szene): miamiandbeaches.com/travel-interests/lgbtq-miami/

Barrierefrei reisen

Seit 2018 hat der Sunshine State gezielt große Fortschritte in puncto Barrierefreiheit gemacht. Die Kampagne Limitless Florida (Start: 2021) demonstriert die Bemühungen von Visit Florida, hier das weltweit beste Ziel für Reisende mit Handicap zu schaffen.

Barrierefreie Strände

Viele der beliebtesten Regionalstrände verfügen über Promenaden mit Rollstuhlrampen. Oft gibt's dort auch gratis ausleihbare Strand-Rollstühle und *Mobi Mats* (ausrollbare Matten, die sich zu barrierefreien Bahnen auf dem Sand verbinden lassen).

Am Flughafen

Die Terminals von Floridas Flughäfen bieten überall barrierefreie Zugangswege und Unterstützungs-Services (inkl. Mobilitätshilfe in bestimmten Bereichen). Rollstuhl-Bedarf bei Ankunft sollte unbedingt rechtzeitig bei der gewählten Fluglinie angefordert werden.

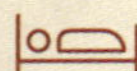

Übernachten

Kleinere Unterkünfte setzen den Americans with Disabilities Act (ADA) teils nicht komplett um (Grad der Barrierefreiheit vorab erfragen). Die meisten Hotels und Resorts ab der Mittelklasse aufwärts haben aber komplett ADA-konforme Einrichtungen bzw. Services. Gleiches gilt für alle State Parks und viele Campingplätze.

Eingeschränkte Sehfähigkeit

Immer mehr Touristenattraktionen haben nun Infobroschüren und -tafeln auf Braille. Per Gesetz sind ausgebildete Begleithunde in allen öffentlich zugänglichen Einrichtungen erlaubt. Floridas viele hundefreundliche Geschäftsinhaber:innen haben damit ohnehin kein Problem.

Barrierefreie Bootsfahrten

In Florida beschränken Mobilitätsprobleme keinesfalls den Spaß auf dem Wasser: Im ganzen Sunshine State gibt's barrierefreie Trips mit Katamaranen, Segel- oder Motorbooten. Spezielle Touranbieter wie Shake-A-Leg (Miami) machen Ausflüge mit Handicap komfortabel und vergnüglich.

ATTRAKTIONEN MIT HOHER BARRIEREFREIHEIT

Disney-Themenparks Vorbildliche Barrierefreiheit (u. a. Ride-Fahrten im Rollstuhl möglich).
Kennedy Space Center Bietet Services für Reisende mit Handicap bezüglich Mobilität, Sehen und Hören. Verleiht auch Rollstühle, E-Roller, Handwagen und Laufhilfen.
Zoo Tampa Verleiht Rollstühle und E-Roller.
The Ringling (Sarasota) Ehrt das Leben des Zirkus-Magnaten John Ringling. Das barrierefreie Museum bietet auch spezifische technische Hilfsmittel für Reisende mit eingeschränkter Seh- oder Hörfähigkeit.

WEITERE INFOS

Visit Florida (visitflorida.com/things-to-do/accessible-travel) Umfangreiches Verzeichnis mit barrierefreien Attraktionen in der Region – ergänzt um weitere wichtige Aspekte für Reisende mit Handicap. Dies umfasst auch Empfehlungen bzw. Links in puncto Leihausrüstung (z. B. Rollstühle, E-Roller, Sauerstoffgeräte) und Services (z. B. Kinderbetreuung).
Bright Feats (brightfeats.com) Hilft Angehörigen von Kindern mit Handicap bei der erfolgreichen Urlaubsplanung in vielen Regionen Floridas (u. a. mit Empfehlungen und Veranstaltungstipps).

EINGESCHRÄNKTE HÖRFÄHIGKEIT

Viele Attraktionen stellen Guides mit Gebärdensprache zur Verfügung (Reservierung teils bis zu zwei Wochen im Voraus erforderl.). Bei Führungen durch Museen und Kunstgalerien gibt's oft gedruckte Infobroschüren. Mancherorts verbessern Hörhilfssysteme (Assistive Listening Systems; ALDs) die Audioqualität von Hörgeräten und Cochlea-Implantaten.

Kurz & Knapp

SHOPPEN: ÖFFNUNGSZEITEN

Die Öffnungszeiten variieren je nach Ort und Ladentyp: Große Ketten-Kaufhäuser (z. B. Walmart) und Outlet-Malls haben teils länger geöffnet als der Einzelhandel (meist Mo–Fr bis 21, Sa & So bis 17 od. 18 Uhr).

KAMIRA/SHUTTERSTOCK ©

Rauchen

In Florida herrscht gesetzliches Rauchverbot in den meisten öffentlichen Einrichtungen und geschlossenen Arbeitsräumen (inkl. Restaurants und deren Außenbereiche). Counties und Gemeinden können zusätzliche Rauchverbote für ihre Strände und Parks verhängen (lokale Bestimmungen ermitteln).

GUT ZU WISSEN

Bevölkerung
21,78 Mio.

Landesvorwahl
+1

Notfallnummer
911

Zeitzone
US-Ostküstenzeit (Eastern Standard Time, EST; MEZ -6 Std.)

FEIERTAGE & FERIEN

Im Jahresverlauf begeht Florida acht öffentliche Feiertage. Behörden, Banken und die meisten Firmen haben dann geschlossen (bis auf Einrichtungen der Grundversorgung).

Neujahr
1. Januar

Geburtstag von Martin Luther King Jr.
Dritter Montag im Januar

Memorial Day
Letzter Montag im Mai

US-Unabhängigkeitstag
4. Juli

Labor Day
Erster Montag im September

Veterans Day
11. November

Thanksgiving
Vierter Donnerstag im November

Weihnachten
25. Dezember (falls Sonntag, ist der Montag ebenfalls ein offizieller Feiertag)

Maße & Gewichte

In Florida gelten die üblichen US-Einheiten: inches (Zoll), feet (Fuß), miles (Meilen), gallons (Gallonen), pounds (Pfund) und Fahrenheit (Temperaturangabe).

WLAN

Die meisten Restaurants, Cafés, Parks, (Bus-)Bahnhöfe und Flughäfen bieten Gratis-WLAN.

Strom 120 V/60 Hz

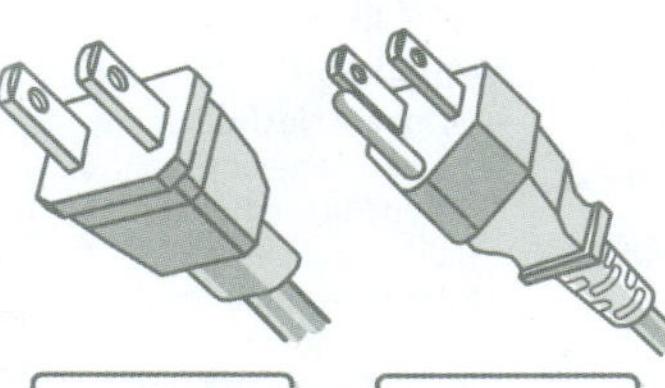

Type A
120 V/60 Hz

Type B
120 V/60 Hz

Sprache

Amerikaner, Briten, deutsche Geschäftsleute und norwegische Wissenschaftler, der indische Verwaltungsbeamte und die Hausfrau in Kapstadt – fast jeder scheint Englisch zu sprechen. Und wirklich: Englisch ist die am weitesten verbreitete Sprache der Welt. Hier folgen nur die wichtigsten Begriffe und Wendungen, um sich in Florida und dem Rest der USA durchzuschlagen.

Nützliches

Ja. Yes.
Nein. No.
Bitte. Please.
Danke/Vielen Dank. Thank you (very much).
Bitte (sehr). You're welcome.
Entschuldigen Sie, ... Excuse me, ...
Entschuldigung. Sorry.
Es tut mir leid. I'm sorry.
Hallo. Hello.
Auf Wiedersehen. Goodbye.
Bis später. See you later.
Tschüss. Bye.
Wie geht es Ihnen/dir? How are you?
Danke, gut. *Fine. And you?*
Und Ihnen/dir? ... and you?
Wie ist Ihr Name? What's your name?
Mein Name ist... My name is...

Unterwegs

Wo ist ...? Where's a ...?
Ich habe mich verlaufen. I'm lost.
Geradeaus. Straight ahead.
Links abbiegen. Turn left.
Rechts abbiegen. Turn right.
Weit weg. Far away
Nahe. Nearby
Gepäckaufbewahrung. Left-luggage office
Eine ... nach (Tallahassee). A... to (Tallahassee).
einfache Fahrkarte One-way ticket
Rückfahrkarte Return ticket
Fahrkarte 1. Klasse 1st-class ticket
Fahrkarte 2. Klasse 2nd-class ticket

Schilder

Eingang. Entrance /Entry.
Ausgang. Exit.
Geschlossen. Closed.
Offen. Open.
Damen. Woman.
Herren. Man.
Gasse/Weg. Lane/alley.
Straße. Street.
Toilette. Toilette/Restrooms.

Uhrzeit & Datum

Wie spät ist es? What time is it?
morgens/vormittags am
nachmittags/abends pm
Gestern. Yesterday.
Heute. Today.
Morgen. Tomorrow.

Notfall

Hilfe! Help!
Es ist ein Notfall! It's an emergency!
Rufen Sie die Polizei! Call the police!
Rufen Sie einen Arzt! Call a doctor!
Rufen Sie einen Krankenwagen! Call an ambulance!

Essen & Ausgehen

Wann macht er/sie/es auf/zu? When does ist open?
Wie viel/viele? How much/many?

ZAHLEN

1 one
2 two
3 three
4 four
5 five
6 six
7 seven
8 eight
9 nine
10 ten

FALSCHE FREUNDE
aktuell = *current*; *actual*= wirklich, tatsächlich
bald = *soon*; *bald*= glatzköpfig

HERKUNFT

Das amerikanische Englisch wurde stark von den englischen Dialekten der Einwanderer aus Großbritannien geprägt, aber auch Einflüsse auch Frankreich, Spanien und der Native Americans haben die Sprache geformt.

Amtsprache

Nicht in allen Staaten der USA ist Englisch die offizielle Amtsprache, sondern nur in 31. So hat Hawaii zusätzlich Hawaiianisch und South Dakota Sioux. Florida akzeptiert auch das Spanische als Zweitsprache. In manchen Teilen wird sogar nur noch Spanisch gesprochen.

Zehn lokaltypische Phrasen

Hi/Hallo – Oye
Alligator – Gator
Harmlose Mücken – Love Bugs
Kleine blutsaugende Mücken – No See Ums
Jemand jüngeres/Kind – Jit
Hervorragendes Essen – Buss/bussin
Regenschauer trotz Sonnenschein – Sun Shower
Chillen – Vibin
Wir haben am anderen Ende der Welt geparkt! – We're parked in Goofy!
Reisende, die im Winter ins warme Florida kommen – Snowbirds

WER SPRICHT ENGLISCH?

Mit etwa 273 Mio. Muttersprachler:innen ist englisch nach chinesisch die meistgesprochene Muttersprache der Welt. Amtssprache ist Englisch in über 50 Ländern. Hier eine Auswahl:

STORYBOOK

Mit sieben Reportagen tief in den Alltag Floridas eintauchen.

Surfer, Miami (S. 50)

DIE GESCHICHTE FLORIDAS IN 15 ORTEN

Das Land der Wirbelstürme, der Sümpfe und des lebensfeindlichen Klimas (zumindest in den Tagen vor der Klimaanlage) war im Lauf der Jahrhunderte Bühne vieler Dramen – über spanische Entdecker auf der Suche nach Gold bis zu Industrietitanen, die beim Verlegen von Eisenbahnschienen über das Meer ebensolche Reichtümer vor Augen hatten.

1896 STIESSEN ARCHÄOLOGEN auf Key Marco auf eines der ältesten erhaltenen Artefakte Nordamerikas: eine kleine, schön geschnitzte Figur, halb Mensch, halb Katze, die wahrscheinlich vor über 1000 Jahren geschaffen wurde. Obwohl sie heute im Smithsonian in Washington, D. C., ausgestellt wird, steht das Werk für die erstaunlichen historischen Geheimnisse, die auf Amerikas südöstlichster Halbinsel schlummern.

Florida nahm schon immer einen anderen Weg als andere Teile der USA. Die älteste europäische Siedlung Nordamerikas blieb während ihrer ersten beiden Jahrhunderte in spanischem Besitz, ging dann an die Engländer, dann zurück an die Spanier, bevor die USA Schutzmacht wurden (bevor Florida 1845 deren 27. Bundesstaat wurde), schloss sich dann den Konföderierten an, bevor der Bundesstaat nach dem Ende des Bürgerkriegs 1865 wieder in die Union aufgenommen wurde. Teile Floridas standen im 18. Jh. sogar mehrere Jahre lang unter französischer Herrschaft.

Florida ist die stolze Heimat des einzigen unbesiegten indigenen Volkes in den USA. Es war auch Schauplatz einiger der ehrgeizigsten Projekte des 20. Jhs., von Meilensteinen der Architektur bis zu einer Startrampe ins All. In gewisser Weise ist Florida ein Ort ständiger Neuerfindung, mit einem unablässigen Zustrom von Einwanderern (sowohl aus dem Ausland als auch aus dem Inland) und dem häufigen Wiederaufbau nach Stürmen. Dennoch ist die Vergangenheit in vielen Teilen Floridas noch sehr lebendig.

1. Historic Spanish Point

FLORIDAS INDIGENE VÖLKER

Überall in Florida hinterließen präkolumbische Kulturen Muschelhaufen, Fischknochen, Tonscherben, Stücke alter Seile, weggeworfene Schmuckstücke und andere Dinge. Während das meiste von späteren Bewohnern zerstört wurde, blieben die Hügelgräber am Spanish Point jahrhundertelang unberührt und lieferten den Archäologen, die den Ort im 19. und 20. Jh. ausgruben, eine Fülle von Informationen über alte Kulturen. So fanden sie u. a. heraus, dass der Ort bereits vor über 4000 Jahren von Menschen bewohnt war und damit zu den ältesten Siedlungen Floridas gehört. *S. 367.*

2. Castillo de San Marcos

EINE FESTUNG IN AMERIKAS ÄLTESTER STADT

Die Siedlung St. Augustine existierte bereits seit mehr als einem Jahrhundert, als die Festung Castillo de San Marcos 1695 fertiggestellt wurde. Und so befindet sich in der ältesten Stadt Amerikas das älteste gemauerte Fort. Es sollte als Bollwerk dienen gegen Piratenangriffe wie jenen verheerende Überfall von Robert Searle 1668.

An den Wochenenden kann man Kanonendonner hören (sofern das Wetter die Vorführung gestattet) und sich dabei vorstellen, wie es sich bei der Belagerung von 1702 anfühlte, als englische Truppen die Festung angriffen. Sie konnten sie zwar nicht einnehmen, brannten aber bei ihrem Rückzug St. Augustine bis auf die Grundmauern nieder. *S. 305.*

3. Dry Tortugas

EINE INSEL MIT GEHEIMNISVOLLER VERGANGENHEIT

Wenige Monate nachdem der Entdecker Ponce de León in der Nähe des heutigen St. Augustine an Land gegangen war, kam er an einem Archipel vor der Südküste Floridas vorbei. Er und seine Mannschaft fingen über 150 Meeresschildkröten, weshalb er die kleinen Inseln Las Tortugas taufte (*tortugas* – Schildkröten). Da man auf den Inseln kein Trinkwasser fand, kam später der Beiname *dry* (trocken) hinzu. Die Geschichte dieses isolierten Außenpostens (heute ein Nationalpark) lässt sich an Land ebenso erforschen wie in den umliegenden Gewässern (mit Wracks, die bis ins 17. Jh. zurückreichen). Das gut erhaltene Fort (s. Abb.) stammt aus der Mitte des 19. Jhs. *S. 157.*

CHRIS LABASCO/SHUTTERSTOCK ©

4. Ah-Tah-Thi-Ki

LAND DER UNBESIEGTEN

Das Ah-Tah-Thi-Ki Museum liegt im nördlichen Teil der Everglades in der Big Cypress Indian Reservation und ist der Geschichte und der Kultur der Seminolen gewidmet. Ausgestellt sind z. B. Einbäume, Kleidung und Kunsthandwerk. Im hinteren Teil des Geländes führt ein Weg an den Pflanzen und Bäumen vorbei, die für das Wohlergehen des Stammes eine wichtige Rolle gespielt haben. Die Seminolen können ihre Wurzeln in diesem Gebiet bis in die 1700er-Jahre zurückverfolgen. Sie haben Kriege und den Verrat durch die US-Regierung überlebt und nennen sich selbst stolz „Das unbesiegte Volk". *S. 119.*

5. Kingsley Plantation

AUF TUCHFÜHLUNG MIT DER GESCHICHTE DER SKLAVEREI

Ein Besuch der nordöstlich von Jacksonville gelegenen, von National Park Service verwalteten, ältesten noch erhaltenen Plantage Floridas führt in eine der dunkelsten Epochen des Landes. Das in den 1790er-Jahren erbaute, gut erhaltene Haupthaus ist von den Resten von 23 Hütten umgeben, in denen einst einige der versklavten Menschen wohnten. Über ein Jahrhundert lang lebten Hunderte von ihnen in Zwangsarbeit auf diesem einst weitläufigen Anwesen. Einige ihrer Geschichten wurden mündlich überliefert und werden bei einer geführten Tour weitergegeben. *S. 322.*

6. Tampa Bay Hotel

LUXUS AUS EINER ANDEREN EPOCHE

Bei einem Spaziergang über das üppige Gelände unter den silbernen Minaretten des ehemaligen Tampa Bay Hotel lässt sich leicht vergessen, dass man sich inmitten einer der größten Städte Floridas befindet. Das Gebäude, eine eklektische Mischung aus maurischer und türkischer Architektur, beherbergte bei seiner Eröffnung 1891 eines der besten Hotels Amerikas. Das in einem Flügel untergebrachte Henry B. Plant Museum gibt einen Einblick in die Zeit, in der sich die High Society hier in den prächtigen Zimmern entspannte, im Lesesaal tratschte und die abendliche Unterhaltung genoss. Im Spanisch-Amerikanischen-Krieg waren hier US-Truppen untergebracht – und auch Teddy Roosevelt und weitere Kommandeure, die in Schaukelstühlen auf der Terrasse Pläne schmiedeten. *S. 341.*

7. Das historische Cocoa Village

EIN LADEN AUS URALTER ZEIT

In den 1880er-Jahren lebten in Florida rund 300 000 Menschen, die meisten davon mussten ohne Straßen auskommen, denn es gab kaum welche. So lieferte Samuel Franklin Travis mit einem Boot vom Dorf Cocoa aus seine Waren auf dem Wasserweg und verkaufte sie entlang des Indian River. Als sein Geschäft wuchs, kaufte er 1902 einen Laden, wo er alles von Lebensmitteln bis zu Möbeln anbot. Die hier verkauften Waren trugen zum Bau von Cocoa Village, dem Kennedy Space Center und der Banana River Naval Air Station bei. Das Geschäft der SF Travis Company, das sich noch immer im Besitz derselben Familie befindet, ist das älteste Backsteingebäude der Stadt und einer der ältesten Eisenwarenläden Floridas. *S. 283.*

8. Pigeon Key

EISENBAHNGLEISE ÜBER DAS MEER

In den frühen 1900er-Jahren war Key West mit über 20 000 Einwohnern zwar die größte Stadt Floridas, doch die einzige Möglichkeit, die Insel zu erreichen, war mit einem Boot. Der Industriemagnat Henry Flagler wollte den Handel mit Lateinamerika ausweiten und ließ deshalb die Stadt durch eine ehrgeizige über das Meer führende Eisenbahn namens Overseas Railroad mit dem Festland verbinden. Das Mammutprojekt, an dem 4000 Arbeiter sieben Jahre lang arbeiteten (und drei Wirbelstürme überstanden), wurde schließlich 1912 fertiggestellt. Pigeon Key diente als Basislager für die Männer, und einige der Gebäude sind bis heute erhalten. Ihre Besichtigung gibt einen Einblick in die Entbehrungen, die die Arbeiter des einst als „achtes Weltwunder" bezeichneten Bauwerks auf sich nehmen mussten. *S. 154.*

9. Art Deco Historic District & Colony Hotel

EINE ARCHITEKTURIKONE

Im Jahr 1926 wurde Miami Beach von einem verheerenden Hurrikan heimgesucht. Als der Wiederaufbau begann, suchten die Bauherren nach neuen Designformen für die Stadt. Der erfolgreiche Architekt Henry Hohauser aus Miami spielte eine entscheidende Rolle bei der Entwicklung des Art-Déco-Stils, der bald allgegenwärtig werden sollte. Er entwarf viele aufsehenerregende Bauwerke, darunter das 1935 eröffnete Colony Hotel, eines der ersten Art-déco-Gebäude in Miami. Das kühne, aber verspielte geometrische Design zeigt von horizontalen Überhängen, die fast wie Augenbrauen wirken, beschattete Fenster, abgerundete Ecken und ein anziehendes, auffälliges Neonschild. Das Colony gilt als Ikone der Architektur in South Beach und ist eines der meistfotografierten Gebäude der Stadt. *S. 56.*

10. Ybor City Museum State Park

BOOMZEIT DES TABAKS

Vom späten 19. Jh. bis in die 1920er-Jahre war Ybor City dank der boomenden Zigarrenindustrie eine der pulsierensten Städte Floridas. Ein kleines Geschichtsmuseum, untergebracht in einer ehemaligen Bäckerei aus jener Zeit, beleuchtet das Leben der Arbeiter. Nachdem man sich die Ausstellungen angesehen und einen Blick in ein paar restaurierte *casitas* (kleine Häuser) geworfen hat, sollte man den Park auf der anderen Straßenseite besuchen, in dem es viele freilaufende Hühner und Hähne gibt – Nachfahren jenes Gefieders, das einst von den Familien der Zigarrenhersteller aufgezogen wurden (heißt es). *S. 342.*

11. Vizcaya

EIN STÜCK ALTE WELT IN MIAMI

Vizcaya, benannt nach der baskischsprachigen Provinz in Nordspanien, ist ein großartiges Stück Europa am Rand von Miamis Coconut Grove. 1910 erwarb der Geschäftsmann James Deering das Land, auf dem er dann sein Anwesen errichtete, ein Werk des in den USA geschaffenen Mediterranean Revival mit Gärten im Renaissance-Stil voller Skulpturen. Nach dem Landkauf bereiste Deering mehrmals Europa und kaufte Kunstwerke, Wandteppiche und Möbel, um damit seinen Quasi-Palast zu füllen. Heute beherbergt das Museum des Hauses viele der ursprünglichen Antiquitäten und Möbel und bietet einen bemerkenswerten Einblick in Deerings Leben. *S. 93.*

12. Salvador Dalí Museum

EINE AUSSERGEWÖHNLICHE SAMMLUNGG

Genauso wie das von Frank Gehry entworfene Guggenheim-Museum die spanische Stadt Bilbao verändert hat, hat auch in St.

Petersburg ein Museum eine ganz besondere Wirkung entfaltet. Das von dem einheimischen Architekten Yann Weymouth entworfene Salvador Dalí Museum (s. Abb.) wurde 2011 in fantastischen neuen Räumen (wieder)eröffnet und half, die Stadt in ein Kunstmekka zu verwandeln. Die Sammlung, die größte ihrer Art außerhalb Spaniens, fand hier ein Zuhause, weil sich die Stadtverwaltung bereit erklärte, dem Ehepaar Morse, begeisterten Dalí-Sammlern aus Cleveland, eine Galerie am Wasser zur Verfügung zu stellen. Das ursprüngliche Gebäude aus dem Jahr 1982 erwies sich jedoch als unzureichend, sodass 2008 der Grundstein für Weymouths avantgardistisches Design gelegt und damit eine neue Ära für St. Petersburg eingeläutet wurde. *S. 348*.

13. Wells' Built Museum

ORLANDOS AFROAMERIKANISCHE GESCHICHTE

Als der afroamerikanische Arzt Dr. William Monroe Wells 1917 nach Orlando zog, gab es keine Hotels oder Clubs für Afro-Amerikaner. Also eröffnete er 1926 das Wells' Built Hotel und nebenan ein Kasino und einen Veranstaltungsort für Darstellende Künste. Einige der besten Sänger der damaligen Zeit wohnten hier und traten nebenan auf, darunter Ella Fitzgerald, Ray Charles und B. B. King. Auch andere Berühmtheiten wie Thurgood Marshall und Jackie Robinson wohnten hier. Obwohl das Kasino inzwischen abgerissen wurde, lässt sich das ursprüngliche Gebäude, das das kulturelle Leben in Orlando mitgestaltet hat und in den gefährlichen Tagen der Rassentrennung eine wichtige Lebensader für Afro-Amerikaner war, noch immer besichtigen. *S. 260*.

14. Walt Disney World® & das Prince Charming Regal Carrousel

EIN STÜCK DISNEY-GESCHICHTE LÄDT ZUM MITFAHREN EIN

Als Floridas berühmtester Themenpark 1971 eröffnet wurde, gab es eine seiner Attraktionen bereits seit fast einem halben Jahrhundert. Das älteste Fahrgeschäft in Walt Disney World®, das Prince Charming Regal Carrousel, verfügt über 90 kunstvolle Holzpferde, die 1917 in der Philadelphia Toboggan Company geschnitzt wurden. Bevor es in wärmere Gefilde umzog, begeisterte das Fahrgeschäft einst Kinder im Belle Isle Park in Detroit. Wer heute eine Runde auf dem Karussell dreht und dabei die Aussicht auf das nahe Cinderella Castle bewundert, wird das gleiche Gefühl der Freude verspüren, das Menschen seit über 100 Jahren ein Lächeln ins Gesicht zaubert. *S. 210*.

15. Kennedy Space Center

AB IN DIE ZUKUNFT

Als mit Gründung der NASA 1958 der Wettlauf in die Zukunft begann, suchten die Raumfahrtingenieure nach dem idealen Standort für einen Raketenstartplatz. Mit Merritt Island an der Ostküste Floridas fanden sie diesen Ort, denn durch die Nähe zum Äquator können die Raketen die Rotationsgeschwindigkeit der Erde optimal ausnutzen. Anfang der 1960er-Jahre begann man mit dem Bau von Anlagen für das ehrgeizige Ziel eines Tages Menschen von hier aus ins All zu fliegen. Seitdem sind Dutzende von Missionen vom Kennedy Space Center aus gestartet – von denen einige die Vorstellung davon, was jenseits unseres kleinen Planeten liegt, verändert haben. *S. 277*.

TRIFF DIE EINHEIMISCHEN

Die Einheimischen sind ein bunter Mix aus Menschen unterschiedlichster Herkunft und Kultur, die aus so vielen Gründen hierhergezogen sind, wie es Sonnentage im Jahr gibt. TERRY WARD stellt ihre Mitmenschen vor.

WÜRDE MAN WAHLLOS LEUTE IN DEN USA FRAGEN, was sie sich unter Floridianer:innen vorstellen, ist die Wahrscheinlichkeit groß, dass sie mit irgendeiner Variante des Internet-Memes *Florida Man* (S. 442) antworten – Geschichten, über die auch die Floridianer:innen selbst gerne lachen. Bei den zumeist bebilderten Meldungen geht's um reale (oder erfundene), schlagzeilenträchtige und oft völlig absurde Dinge, die Menschen hier (angeblich) erlebt haben.

Zum Glück ist die Realität für die meisten von uns Einheimischen viel differenzierter. Floridianer:innen kommen aus Großbritannien, haben Floridianer:innen geheiratet und den grauen Himmel ihrer Inseln gegen unsere Sonne eingetauscht. Oder sie wurden hier geboren, zogen dann gen Norden, um in den großen Städten das große Geld zu finden, und die sich geschworen hatten, nie wieder zurückzukommen – nur um während der Kälte der Winter dort von der Wärme hier zu träumen.

Es sind haitianische Amerikaner:innen und Amerikaner:innen im Ruhestand, die nach Jahrzehnten in New Jersey in den Süden geflohen waren, um sich aufzuwärmen und zu erholen, oder ehemalige Streitkräfte aus Michigan, die sich während ihrer Stationierung im Ausland verliebten und ihrem Herzen nach Süden folgten.

Es sind Menschen, die vor Jahrzehnten Kuba auf Flößen verließen, oder erst vergangenes Jahr nach einer langen und gefährlichen Reise nach Norden an der US-Grenze ankamen (und die diesem Staat dankbar sind, und die einem gerne erzählen, warum).

Floridianer:innen studieren die Ozeane, tauchen, bauen Raketen, suchen nach Schätzen, steuern Flugzeuge, lotsen Schiffe in unsere Häfen und sind glücklich, in diesem Staat den perfekten Ort gefunden zu haben, um ihre Träumen wahrwerden zu lassen und ihren Lebensunterhalt mit dem zu verdienen, was sie lieben.

Floridianer sind aus Kabul geflohen, als es von den Taliban eingenommen wurde, oder sie kamen aus Kolumbien und lassen keinen Sonntag aus, um in ihrer Kirche Gitarre zu spielen.

Es sind Menschen, die in Florida geboren und aufgewachsen sind, die alle Schwächen des Staates kennen, aber nirgendwo anders leben wollen, weil sie jene milden Winter mit milden Temperaturen und pausenlosem Sonnenschein genießen, nach dem sich der Rest des Landes sehnt.

Es sind Menschen, denen in New York ein Immobilienangebot unterbreitet wurde, dem sie nicht widerstehen konnten, oder Leute aus Kanada, die sich einfach nur aufwärmen wollen, oder Menschen aus den Staaten Südamerikas, die es dorthin gezogen hatte, wo sie jeden Tag Outlet-Shopping betreiben können. Sie kommen aus Marokko und Mexiko, arbeiteten in jungen Jahren in Disneys EPCOT, oder organisieren in der vierten Generation Angelausflüge in den Florida Keys.

Oft sind Floridianer:innen aber einfach nur Leute, die nie wieder Schnee schippen wollen – und sie sind noch so viel mehr!

Wahrlich ein Schmelztiegel

Vielfalt ist die Würze des Lebens in Florida, der Heimat von mehr als 22 Mio. Menschen. Über 25 % der Bevölkerung sind Latinos, und mehr als 20 % der Floridianer:innen wurden im Ausland geboren.

OBEN LINKS: FOTOLUMINATE LLC/SHUTTERSTOCK © OBEN RECHTS: PEOPLEIMAGES.COM - YURI A/SHUTTERSTOCK © UNTEN LINKS: FOTOLUMINATE LLC/SHUTTERSTOCK © UNTEN RECHTS: JONI HANEBUTT/SHUTTERSTOCK ©

MEIN FLORIDA

Ich war 20, als ich nach Florida kam, hatte gerade das College hinter mir und konnte meiner verschneiten Universität in Pennsylvania nicht schnell genug entkommen. Das erste Mal als ich mit neuen Freund:innen zu den Florida Keys fuhr, um im kristallklaren Wasser der Karibik zu schnorcheln, in dem es von Fischen in allen Farben des Regenbogens nur so wimmelte, begann für mich ein völlig neues Leben. Ich konnte nicht glauben, dass es einen derart tropischen Ort in meinem eigenen Land gibt, und dass man einfach in ein Auto steigen und dorthin fahren konnte.

Wenn ich mir die Freund:innen ansehe, die ich in den 20 Jahren, in denen ich den Sunshine State mein Zuhause nenne, gefunden habe, dann sind sie ein gutes und vielfältiges Abbild jener Menschenvielfalt, die man hier auch im Urlaub antrifft – sei es in der Schlange für ein kubanisches Sandwich in Miami, beim Beobachten eines Raketenstarts an der Space Coast oder all den schönen Stränden und Städten dazwischen. Um Florida in vollen Zügen zu genießen, muss man nur loslassen, eintauchen und genießen, was einem dieses Fleckchen Erde bietet.

James Gibson (1938–2017), einer der ersten Florida Highwaymen

DON BARTLETTI/LOS ANGELES TIMES/GETTY IMAGES ©

DIE BEEINDRUCKENDE GESCHICHTE DER FLORIDA HIGHWAYMEN

Die Träume der Arbeiter:innen, die sich im Florida der 1950er Jahre Tag für Tag auf den Zitrusfrucht- und Baumwollfeldern plagten, wurden schließlich in einer leidenschaftlichen Kunstbewegung verwirklicht. Von David Gibb.

IN DER NACHKRIEGSZEIT der 1950er Jahre erlebte Florida einen wirtschaftlichen Aufschwung. Angelockt durch das Versprechen auf Wohlstand (und dem sonnigen Klima), strömten die Menschen in den Südstaat und sorgten für einen sprunghaften Anstieg der Bevölkerungszahl. Auch der Tourismus erreichte neue Höchststände. Hunderttausende pilgerten jedes Jahr zu den brandneuen Themenparks wie Cypress Gardens und Marineland. Doch trotz der geografischen Reize und der finanziellen Möglichkeiten Floridas waren die Zustände in gesellschaftlicher Hinsicht oft mehr als unruhig.

Rassische Spannungen

Die Rassentrennung blieb in Fort Pierce tief verwurzelt. Von Bussen bis hin zu Stränden gab es getrennte Bereiche für ‚Weiße' und ‚Farbige'. Bürgerrechtsbewegungen gewannen an Boden, doch obwohl Florida tatsächlich als Vorreiter dieser Bewegung galt, scheiterte es häufig an der Umsetzung. People of Color wurden weiterhin diskriminiert insbesondere bei der Jobwahl.

Von den People of Color wurde erwartet, dass sie in Zitrusplantagen und in Fabriken schufteten, niemals aber in Fachberufen, als Unternehmer:innen oder als Kunstschaffende. Doch eine kleine Gruppe aus Fort Pierce wagte es, den Status quo in Frage zu stellen und gegen die Stereotypen anzukämpfen. Sie tauschten die Macheten der Farmen gegen Farben und begannen sich durch Kunst auszudrücken. Am Ende waren es 26 Personen, vorwiegend männlich, mit unterschiedlichsten Geschichten, deren einzige Gemeinsamkeiten die Hautfarbe und ihre Leidenschaft für die Malerei waren.

Kunstaktivismus am Straßenrand

Einer jener Männer, die diese neue künstlerische Bewegung mitbegründeten, war Harold Newton, ein 20-jähriger Autodidakt, der in Florida geboren, aber in Georgia aufgewachsen war. Nach Jahren mühevoller Arbeit auf Tabak- und Baumwollfeldern und dem Verkauf von handgefertigten religiösen Gemälden aus schwarzem Samt kehrte Newton in seinen Geburtsort zurück. Dort faszinierten ihn die Gemälde des herausragenden Landschaftsmalers Albert Ernest (‚Beanie') Backus. Jener nahm Newton unter seine Fittiche und überzeugte ihn, von religiösen Gemälden auf Landschaftsmalerei umzusteigen. Um die Farben aufzutragen, arbeitete Newton lediglich mit einem Malmesser – eine damals übliche Technik.

Da sich Galerien weigerten, Werke von People of Color auszustellen, fuhr Newton die US 1 (damals Floridas Hauptverkehrsstraße) entlang und verkaufte Bilder für 25 Dollar,

am Straßenrand, direkt aus seinem Kofferraum – eine Methode, die später von allen Highwaymen übernommen wurde.

Roy McLendon, der nur einen Steinwurf von Newton entfernt wohnte, wurde inspiriert, als er Newton vor seinem Haus malen sah. Er bannte Sonnenuntergangshimmel, mondbeschienene Strände und luftige Palmen auf billige Upson-Pappe und Sockelleisten, aus denen er Rahmen gestaltete – und wurde über Nacht berühmt.

Roys Landschaften spiegeln sein großes Geschick wider, selbst feinste Lichtänderungen einzufangen. Im Laufe der Jahre malte er neben Landschaften auch Stillleben, Porträts und Wildtiere – das breiteste Spektrum aller Highwaymen.

Als bescheidener Mann ging Roy nie davon aus, dass seine Bilder eines Tages ihren Weg in eine Galerie oder ein Museum finden würden. In letzter Zeit wurden sie jedoch unter anderem im AE Backus Museum in Fort Pierce, im Fort Lauderdale Museum of Art (jetzt NSU Art Museum Fort Lauderdale), im Orlando Museum of Art, im Vero Beach Museum of Art und im Tampa Museum of Art ausgestellt.

Roys Söhne Ray und Roy Jr. sind heute ebenfalls erfolgreiche Maler, ebenso wie seine Enkelkinder Mish und Cee, deren Werk dem ihres Großvaters verblüffend ähnlich ist. Im reifen Alter von 90 Jahren schafft Roy weiterhin Meisterwerke in seinem gemütlichen Atelier in einer Gasse in Vero Beach, Florida.

Dorethas Geschichte – die einzige Highwaywoman

1959 trat die damals 16-jährige Doretha Smith aus einem Greyhound-Bus in die pralle Sonne von Fort Pierce, Florida. Einige Monate nach ihrer Ankunft wurde sie an einem Drive-in von einem neugierigen jungen Mann angesprochen. Wie sie später erzählte, machte er einen merkwürdigen ersten Eindruck auf sie.

(Zitat) „Gehen Neger und Weiße in West Virginia auf verschiedene Schulen?", fragte er. (Nein.) Doch diese Frage, die vielleicht die einzigartigste Anmache aller Zeiten war, war der Beginn einer dauerhaften Romanze zwischen Doretha und Alfred Hair, einem zukünftigen Highwayman. Doretha bekam einen Job am Busbahnhof, nur ein paar Straßen von Beanie Backus' Kunstatelier entfernt. Alfred Hair nahm dort am Kunstunterricht teil. Er schuf seinen eigenen Malprozess, der es ihm ermöglichte mehr und schneller zu malen. Sein Fließband-Stil des ‚schnellen Malens' wurde später zu einem Maßstab der Highwaymen.

Alfred und Doretha heirateten alsbald und gründeten eine Familie. Später, nachdem Alfred sein Atelier zu Hause eingerichtet hatte, brachte er seine Frau das Malen bei und förderte sie so bei der Umsetzung ihrer eigene Träume. 1969 kündigte Doretha ihren Job als Grundschullehrerin, um sich ganztags ihrer Leidenschaft zu widmen und im Atelier ihres Mannes zu malen.

Leider war ihrem Glück nur wenig Zeit beschieden – Alfred wurde 1970 im Alter von 29 Jahren vor einer Bar ermordet. Mit nur 27 Jahren verwitwet, kehrte Doretha zunächst in den Schuldienst zurück, bevor sie sich später neu erfand, diesmal in New Jersey. 2010 kehrte sie nach Fort Pierce zurück. Sie hatte erfahren, dass das Haus, das sie mit Alfred geteilt hatte, vor dem Verkauf zur Begleichung von Steuerschulden stand. Es gelang Doretha dies zu verhindern. Mit tatkräftiger Unterstützung der Stadt Fort Pierce plant sie, im Sommer 2023 ein Museum zu eröffnen, das den Highwaymen gewidmet sein soll, damit deren künstlerischer Stil, aber auch ihr hartnäckiger Kampf für Gleichberechtigung, zukünftige Generationen inspirieren möge.

Die Highwaymen von heute

Der Begriff ‚Florida Highwaymen' wurde erst 1994 geprägt, als der Kunsthistoriker Jim Fitch den Namen aufgrund der frühen Verkaufsmethoden der Künstler vorschlug. Heute leben von den ursprünglich 26 Mitgliedern nur noch sieben, von denen die meisten immer noch aktiv ihrer Leidenschaft nachgehen. Al Black und Curtis Arnett geben auch oft Malkurse bei Paint the Town Citrus in Tampa. Die Kunst der Highwaymen (und jener einen Highwaywoman) ist inzwischen weltberühmt und wird von Sammler:innen wie Steven Spielberg, Michelle Obama und Jeb Bush geschätzt. Gemälde, die einst für 25 Dollar am Straßenrand verkauft wurden, erzielen heute bei Kunstausstellungen Preise von mehreren Tausend Dollar aufwärts. Im Jahr 2004 wurde die Gruppe in die Florida Artists Hall of Fame aufgenommen.

FLORIDAS LANDSCHAFTEN

Kristallklare Quellen, wilde Feuchtgebiete und uralte Riffe sind der Inbegriff der subtropischen Halbinsel.

AUF DER LANDKARTE erkennt man Florida gleich: Es erstreckt sich vom südöstlichen Rand des Festlandes aus wie eine Pfote, die ins Meer eintaucht. Der höchste Punkt liegt südlich der Grenze zu Alabama in Britton Hill (105 m). Somit ist Florida auch der flachste Staat der Nation, mit einer Höhe von selten mehr als 8 m über dem Meeresspiegel.

Trotz seiner ebenen Topografie ist Floridas Ökologie bemerkenswert vielfältig und beherbergt Dutzende von Ökoregionen: von Laub- und Kiefernmischwäldern in den Western Highlands des Panhandle bis hin zu Küstengebirgen und trockenen Präriesümpfen bei Miami. Dazwischen erstrecken sich Gebiete mit Kalkstein aus dem Miozän, riesige Zypressensümpfe und uralte Dünen, ganz zu schweigen von den über 7000 Seen.

Wasser, überall Wasser

Es passt, dass die apokryphe Geschichte von Ponce de León auf der Suche nach dem Jungbrunnen in Florida spielt, wo eine der größten Süßwasserquellen der Küstenebene zu finden ist. Über 700 gibt es im Bundesstaat, und sie reichen von Rinnsalen bis hin zu riesigen Quellen, die die Oberläufe von Flüssen bilden. Insgesamt strömen täglich etwa 30 Mrd. Liter aus Floridas Quellen. Einige beherbergen ganze Ökosysteme und sogar Manatis, die das wärmere Wasser, etwa bei Three Sisters Springs, anzieht.

Im Uhrzeigersinn von oben links: Everglades National Park (S. 112); Captiva Island und Sanibel Island (S. 371); Mangrovensumpf, Florida Keys (S. 134); Grayton Beach (S. 396)

Der Lake Okeechobee wird manchmal auch als Floridas Binnenmeer bezeichnet. Mit einer durchschnittlichen Tiefe von 2,7 m ist er mancherorts so flach, dass man fast hindurchwaten könnte ... was angesichts der 30000 Alligatoren, die darin leben, keine so gute Idee wäre. Der See ist für die Ökologie des südlichen Floridas von entscheidender Bedeutung. Bis 1900 floss das Wasser des Kissimmee ungehindert in den Lake Okeechobee und von dort nach Süden in das größte subtropische Wildnisgebiet Amerikas.

Die heute als Everglades bekannten seichten Gewässer bedeckten einst eine Fläche von fast 28 000 km² und bildeten einen Flickenteppich aus Süßwassertümpeln, Sägegras- und Zypressensümpfen sowie bewaldeten Hochebenen. Seitdem hat der Mensch die Landschaft verändert. Die Sümpfe wurden entwässert, um Ackerland und Städte zu schaffen, und Kanäle und Dämme wurden gebaut, um den Wasserfluss zu steuern. Von den ursprünglichen Feuchtgebieten sind heute nur noch etwa 50 % übrig, obwohl 2000 ein Jahrzehnte andauerndes, 10 Mrd. Dollar teures Renaturierungsprojekt ins Leben gerufen wurde.

Vielseitige Mangroven

In der Vergangenheit benötigte das Wasser aus dem Lake Okeechobee etwa 16 Monate, um durch die Everglades in die Florida Bay zu gelangen. Und wo sich Süß- und Salzwasser vermischen, gedeihen Mangroven. In Florida kommen drei verschiedene Arten von ihnen vor: Die weiter verbreiteten Roten Mangroven haben stelzenartige Stützwurzeln, während Schwarze Mangroven eher in höheren Lagen wachsen und an fingerartigen Fortsätzen (Pneumatophoren) zu erkennen sind, die in der Nähe des Baumstamms aus dem Boden ragen. Weiße Mangroven haben keine sichtbare Wurzelstruktur und wachsen eher im Landesinneren, obwohl man in den Everglades manchmal alle drei Arten beeinander finden kann. Der Nationalpark bewahrt den größten zusammenhängenden Bestand an geschützten Mangrovenwäldern in der westlichen Hemisphäre.

Mangroven wurden einst rücksichtslos zerstört, um Platz für die Erschließung durch den Menschen zu schaffen. Dabei sind sie von entscheidender Bedeutung für den Schutz der Küsten vor Stürmen. Sie schwächen die Wind- und Wellenbewegungen ab und verhindern die Erosion, indem sie Böden aufbauen und binden. Sie sind ein wichtiger Lebensraum für Fische, Krebse, Muscheln und Wasservögel – ohne Mangroven bricht das Ökosystem an der Küste zusammen.

Von Stein und Sand

Am östlichen Rand der Florida Bay finden sich Inseln, die aus ehemaligen Korallenriffen und Sandbänken bestehen: die Florida Keys. Dabei handelt es sich um ein halbmondförmiges Archipel aus über 800 Inseln, das sich südlich von Miami über Key West bis zu den unbewohnten Dry Tortugas erstreckt. Vor etwa 130 000 Jahren, während der letzten Zwischeneiszeit in Nordamerika, lag der Meeresspiegel um sechs bis neun Meter höher. Zu jener Zeit waren die Inseln noch Korallenriffe. Als der Meeresspiegel sank, versteinerten die freigelegten Riffe und formten das Gestein der Inseln.

Nach der letzten Eiszeit vor etwa 10 000 Jahren stieg der Meeresspiegel wieder an und es entstand das Florida Reef, das einzige lebende Korallenriff in den USA. Obwohl es die meisten mit den Keys in Verbindung bringen, erstreckt es sich über mehr als 560 km – von den Dry Tortugas bis zum St. Lucie Inlet an der Atlantikküste – und ist das drittgrößte Korallenriffsystem der Welt. Es ist mit mehr als 6000 Arten von Meereslebewesen ein absoluter Hotspot in Sachen Artenvielfalt. Mit Seegraswiesen, von Mangroven gesäumten Inseln und unzähligen Wracks ist es Teil des Florida Keys National Marine Sanctuary. Doch der Klimawandel gefährdet all das: Massenhaftes Korallensterben ist die Folge höherer Temperaturen und der Übersäuerung der Meere durch zu viel Kohlendioxid aus der Atmosphäre.

Floridas Strände haben eine noch längere Geschichte als die felsigen Keys: Viele Strände bestehen zu 99 % aus Quarz, was für eine weiche, mehlartige Textur sorgt. Der weiße Sand entlang des Golfs war einst Teil der Appalachen. Vor Äonen erodierte diese Gebirgskette (die die Rocky Mountains überragte), und im Laufe der Jahrmillionen wurden die Felsen von den Flüssen nach Süden getragen, wo sie zu winzigen Körnern zermahlen wurden, bevor sie den Golf und die Küste erreichten. Ein Spaziergang an Puderstränden wie Grayton Beach am Panhandle ist also wie ein Ausflug in die Berge, die vor langer Zeit dem Ruf des Meeres gefolgt sind.

EINE FANTASTISCHE TIERWELT

Die Tierwelt Floridas beflügelte die Phantasie früher Entdecker. Die Wesen der Feuchtgebiete, Wasserstraßen und Strände sind aber sogar noch seltsamer als in der Fiktion.

VOR JAHRHUNDERTEN glaubten Seefahrer, dass in den unerforschten Meeren geheimnisvolle Wesen lebten. Geschichten von Riesen, Schlangen, die Boote zerquetschen, und Sirenen, die die Menschen mit ihrem Gesang in den Tod lockten, machten die Runde. Es gab auch angebliche Sichtungen von Meerjungfrauen, darunter ein Bericht von Christoph Kolumbus, der 1493 in seinem Schiffslogbuch drei Meerjungfrauen vor der Küste der heutigen Dominikanischen Republik beschrieb, die „nicht halb so schön waren, wie sie gemalt werden".

Mit ihren dunklen, rehbraunen Augen, den runden Gesichtern und den breiten Schwänzen handelte es sich bei diesen Kreaturen, die vielleicht in einer nebligen Nacht gesehen wurden, mit großer Sicherheit um Manatis (Seekühe). Diese Pflanzenfresser, die seit über 45 Mio. Jahren in Florida leben, halten sich meist nahe der Wasseroberfläche auf, wo sie pro Tag bis zu 45 kg Seegras fressen. In Anbetracht ihres enormen Körperumfangs (die größten werden bis zu 4 m lang und wiegen über 600 kg) könnte man annehmen, dass sie viel Speck haben. Tatsächlich haben sie aber nur sehr wenig Körperfett und können bei Wassertemperaturen unter 20 °C nicht lang überleben. Im Sommer wandern die Florida-Manati, eine Unterart

Im Uhrzeigersinn von oben links: Manati, Alligator, Unechte Karettschildkrötenbaby, Rosalöffler

der Westindischen Seekühe, bis nach Texas und die Atlantikküste hinauf bis Massachusetts. Aber im Winter ziehen sie in die wärmeren Gefilde Floridas. Die Manatis sammeln sich, manchmal zu Hunderten, in natürlichen Quellen, wo die Temperatur das ganze Jahr über konstant bleibt.

Leider verschwindet das Seegras in einigen Gewässern Floridas aufgrund der Verschmutzung, und die Manatis verhungern. 2021 verhungerten rekordverdächtige 1100 Manatis – rund 10 % der Population in Florida. Die staatlichen Wildtierbehörden griffen zu extremen Lösungen, um sie zu retten. In einem 2022 gestarteten Versuchsprogramm wurden die Tiere mit 55 t Kopfsalat gefüttert. Rettungsteams kümmerten sich zudem in Einrichtungen in Florida um Dutzende von verwaisten Kälbern. Diese Maßnahmen haben geholfen, obwohl Naturschützer langfristige Lösungen zur Sanierung der Ökosysteme fordern. Das Parlament von Florida bewilligte 8 Mio. US$ für Projekte zur Erneuerung von Seegras im Bundesstaat, allerdings wird weit mehr benötigt, um die Verschmutzung der Küstengewässer zu stoppen.

Im 16. Jh. lauerten vor der Küste Floridas Seeungeheuer – zumindest laut einer Karte des Kartographen Jacques Le Moyne de Morgues, der 1564 an einer französischen Expedition nach Nordflorida teilnahm. Le Moyne zeichnete zwar keine detaillierten Nahaufnahmen der zahnbewehrten Meeresbewohner, aber er zeigte Begegnungen mit anderen Bestien, darunter auch Kämpfe der Ureinwohner mit einem uralten Reptil, das es schon in der Kreidezeit gab. Die Spanier nannten es *el lagarto* („die Eidechse"), eine Bezeichnung, die mit der Zeit zu „Alligator" verfälscht wurde. Der Alligator, der bis zu 4,5 m lang und bis zu 450 kg schwer werden kann, ist eng mit Florida verbunden und gilt seit langem als Symbol für die ungezähmte Wildnis des Staates.

Auch Alligatoren spielen eine entscheidende Rolle für das Ökosystem der Everglades. Ohne sie wären fast alle Wasserlebewesen gefährdet. So schaffen Alligatoren in den Feuchtgebieten Vertiefungen (Alligatorlöcher), die in der Trockenzeit Wasser speichern, wenn andere Wasserquellen versiegen. Diese kleinen Teiche beherbergen Tierarten wie Insekten, Fische, Schildkröten und Watvögel. Nach der Paarungszeit bauen die Weibchen ihre Nester oberhalb des Wasserspiegels, um sie vor Überflutungen zu schützen. Die alten Nester werden später von Schildkröten zum Ausbrüten ihrer Eier genutzt. Außerdem bieten sie erhöhte Flächen für Pflanzen, die weniger hochwassertolerant sind. Alligatoren – zumindest die Weibchen – investieren viel in die Aufzucht ihrer Jungen, was bei Reptilien selten ist. In der Brutzeit bleibt die Mutter nahe ihres Geleges von etwa 30 Eiern, um Raubtiere fernzuhalten. Sobald die Jungtiere geschlüpft sind, trägt die Alligatormama sie in Gruppen von etwa 10 im Maul zum Wasser, wo sie sie durch sanftes Schütteln des Kopfes zum Schwimmen anregt. Die Jungtiere bleiben zusammen und ein Jahr oder länger in der Nähe ihrer Mutter.

Naturschauspiele finden oft unbeobachtet statt. Während des jährlichen Vogelzugs überfliegen mehrere Milliarden Vögel die USA. Riesige Schwärme füllen den Himmel und sind teilweise über 130 km lang. Diese Flüge finden jedoch in der Nacht und in Höhen von über 1,5 km statt, sodass das erstaunliche Ereignis meist unbemerkt bleibt.

Am Ufer spielt sich ein weiteres nächtliches Spektakel ab. Tagsüber wimmelt es an Floridas Stränden von Badegästen, doch im Dunkeln werden die leeren Strände zur Kulisse für ein fantastisches Schauspiel: Aus den Wellen steigt eine Meeresschildkröte an Land. In Florida handelt es sich wahrscheinlich um eine Unechte Karettschildkröte, eine Grüne Meeresschildkröte oder, noch seltener, eine Lederschildkröte. Sie überquert den Strand und sucht einen Platz aus. Mit den Hinterflossen gräbt sie ein Nest in den Sand, das etwa 0,6 m tief ist, und legt dort ca. 100 Eier ab. Dieser Vorgang, der 30 bis 60 Minuten dauert, findet sowohl an der Atlantik- als auch an der Golfküste statt. Jedes Jahr legen über 130 000 Meeresschildkröten ihre Eier an den Stränden Floridas ab.

Nach einer zweimonatigen Brutzeit schlüpfen die Jungtiere und machen sich auf den Weg ins Meer. Dort verbringen die Glücklichen (weniger als ein Tier von 1000 erlebt das Erwachsenenalter) den Großteil oder sogar den Rest ihres Lebens. Nach Erreichen der Geschlechtsreife, was bei einer Grünen Meeresschildkröte eventuell erst im Alter von 40 Jahren der Fall ist, paart sich das Weibchen, reist zurück zu dem Strand, an dem sie Jahrzehnte zuvor geboren wurde und setzt so den Lebenszyklus eines der am meisten gefährdeten Bewohner Floridas fort.

DER KAMPF UM RECHTE IM SONNENSTAAT

Der Kampf um Gleichberechtigung hat nicht nur die Geschichte Floridas bestimmt, sondern prägt auch weiterhin die moderne politische Landschaft des Landes.

SKYLER SARGENT/SHUTTERSTOCK ©

DIE AMERIKANISCHE BÜRGERRECHTSBEWEGUNG wird oft als Reihe von symbolträchtigen Momenten dargestellt: die „Ich habe einen Traum"-Rede von Dr. Martin Luther King Jr., der Freiheitsmarsch von Montgomery nach Selma und die Rassenintegration in öffentlichen Schulen in Little Rock. Diese Ereignisse fanden alle im amerikanischen Süden statt, einer geografischen Region, zu der auch Florida gehört, aber dieser Staat wird in der allgemeinen Geschichtsschreibung zu Unrecht oft übersehen.

Denn Florida hat schon immer eine Rolle im Kampf gegen die Unterdrückung gespielt: Während der Kolonialzeit und der Territorialherrschaft flohen Versklavte aus Georgia häufig in die Sümpfe Floridas, um bei den einheimischen Seminolen Zuflucht zu suchen, die ihrerseits einen der ersten erfolgreichen Guerillakriege um ihr eigenes Land führten. Letztendlich ist die relativ geringe Beachtung Floridas in der Bürgerrechtsgeschichte in der Mitte des 20. Jhs. darauf zurückzuführen, dass sich viele der dramatischeren Ereignisse im so genannten tiefen Süden, d. h. in Alabama, Georgia, Louisiana und Mississippi, abspielten.

Der Süden des Süden

Ja, Florida liegt im Süden – weiter südlich kommt man in den 48 zusammenhängenden Staaten nicht, aber in diesem Fall ist es sowohl ein kulturelles als auch ein geografisches Merkmal. Ein Phänomen: Je weiter man in Florida nach Norden kommt, desto „südlicher" wird der Staat. Es ist eine Binsenweis-

Black-Lives-Matter-Protest, Tampa (S. 338)

heit, dass der Süden der gekochten Erdnüsse und Magnolien nicht in Südflorida zu finden ist – das nach allgemeiner Auffassung mehr von der Karibik als vom Staatenbund geprägt ist –, sondern im Sauergras des Panhandle und in den Seen sowie Quellen um Ocala und Jacksonville. Amelia Island liegt näher an den mondänen, aber dennoch ländlichen Seebädern Georgias als an jedem anderen Ort in den Florida Keys.

Und doch war Florida der dritte der konföderierten Staaten, der sich von dem Bündnis abspaltete. Vom Panhandle bis Key West wurden Milizen aufgestellt, um die Sezession und die Sklaverei zu verteidigen, aber da Florida der am dünnsten besiedelte Rebellenstaat war, waren die Scharmützel, die hier zwischen 1860 und 1865 ausgefochten wurden (hauptsächlich um Jacksonville, Tampa und Gainesville), relativ unbedeutend. Doch während der Bürgerkrieg den Grundstein für die Jim-Crow-Gesetze zur Rassentrennung legte, die die Bürgerrechtsbewegung erforderlich machten, stärkte er auch das entschiedene Engagement vieler weißer Floridianer:innen für die weiße Vorherrschaft unter dem Deckmantel der „Rechte der Staaten". Der Gouverneur der Konföderierten in Florida erschoss sich am Ende des Krieges, nachdem er geschrieben hatte, dass die Nordstaatler:innen „einen so abscheulichen Charakter entwickelt haben, dass der Tod einer Wiedervereinigung mit ihnen vorzuziehen wäre".

Florida im Zeitalter der Bürgerrechte

Infolge dieses Vermächtnisses wurde Florida zu einem Schlachtfeld im Kampf um die gesetzliche Rassentrennung und Rassengerechtigkeit. 1904 eröffnete die Aktivistin und Pädagogin Mary McLeod Bethune die Daytona Literacy and Industrial Training School for Negro Girls in Daytona Beach, eine Schule, die sich von einem kleinen Haus, das für 11 $ pro Monat gemietet wurde, zur Bethune-Cookman University, einer großen privaten Einrichtung und HCBU (historisch afroamerikanische Colleges oder Hochschulen), entwickelt hat. Dennoch blieb Florida gespalten. Nach dem Zweiten Weltkrieg zogen mehr Zuwander:innen hierher, aber das verdrängte die alten Machtstrukturen nicht. Am 24. Dezember 1950 wurden die Pädagog:in und Bürgerrechtler: in Harry T. und Harriette Moore, die gemeinsam den Ortsverband Brevard County der National Association for the Advancement of Colored People (NAACP) aufgebaut hatten, von Mitgliedern des Ku-Klux-Klan ermordet.

Fünf Jahre später rückte der Busboykott in Montgomery die legalisierte Rassentrennung ins Rampenlicht. Kurz darauf wiederholten Studierende einer anderen HBCU, der Florida A&M University, diesen Boykott in Tallahassee. 1964 kam es in St. Augustine in der von Rassentrennung geprägten Monson Motor Lodge, in der Dr. Martin Luther King Jr. einen Sitzstreik anführte, zum berühmtesten Bürgerrechtskonflikt in Florida. King wurde verhaftet und appellierte an seinen Freund Rabbi Israel Dresner, aus Solidarität einen jüdischen Protest zu organisieren. Eine Woche später schloss sich eine Gruppe von 17 Rabbinern aus den gesamten USA den Demonstranten bei einem Marsch vom ehemaligen Sklavenmarkt der Stadt an, der in einem rassenübergreifenden „Swim-in" im Schwimmbad von Monson gipfelte, und es kam zu weiteren Festnahmen. Der Hotelbesitzer schüttete Salzsäure in den Pool, um die Demonstrierenden zu vertreiben, wie in einer Reihe von inzwischen bekannten Fotos festgehalten. Am nächsten Tag wurde auf Bundesebene der Civil Rights Act verabschiedet, der die Rassentrennung aufhob. Die Monson Motor Lodge wurde 2003 abgerissen und durch ein anderes Hotel ersetzt; eine Gedenktafel am Eingang erinnert an die historischen Ereignisse.

Ein moderner politischer Kampfschauplatz

Aber auch hart erkämpfte Rechte können wieder verloren gehen, und der Kampf um soziale Gerechtigkeit wird immer noch ausgetragen, insbesondere in Florida. Die aktuellen Kulturkriege um Abtreibungsrechte, Bürgerrechte für Transgender, Sicherheit für die LGBTIQ+-Gemeinschaft und die Black-Lives-Matter-Bewegung stehen im Mittelpunkt vieler politischer Debatten in Florida, zumal die politischen Entscheidungsträger hier immer weiter nach rechts gerückt sind. Ron DeSantis, der 2019 zum Gouverneur gewählt wurde, sagt gerne, dass „Florida der Ort ist, an dem »Woke« stirbt" – und erließ zu diesem Zweck Gesetze, die Folgendes verbieten: Abtreibung nach der 15. Woche, Unterricht über historischen Rassismus oder Sexualität in öffentlichen

Schulen, geschlechtsangleichende medizinische Versorgung für Minderjährige und die Teilnahme von Transgender-Mädchen am Schulsport. Die Tatsache, dass der Mörder von Trayvon Martin 2013 des Mordes für nicht schuldig befunden wurde, inspirierte eine neue Generation von Aktivist:innen zur Gründung der Black-Lives-Matter-Bewegung. Ähnlich aufrüttelnd war die Schießerei im Pulse Nightclub in Orlando im Jahr 2016, bei der 49 Besucher:innen getötet wurden und die der tödlichste Angriff auf LGBTIQ+-Menschen in der Geschichte der USA war.

Obwohl Florida in den letzten Jahren eher den Republikanern nahestand, gilt es seit langem als „Swing State". Die Wähler:innen haben hier kürzlich Referenden zur Wiederherstellung des Wahlrechts für verurteilte Straftäter:innen und zur Erhöhung des Mindestlohns angenommen, und lokale Aktivist:innen kämpfen weiterhin gegen die Gesetzesagenda von Gouverneur DeSantis. Obgleich Florida in den Diskussionen über die historische Bürgerrechtsbewegung nicht immer eine Rolle spielt, steht es heute im Mittelpunkt vieler politischer Kämpfe um Freiheit.

DIE VIELEN MISSGESCHICKE DER FLORIDA MENSCHEN

Neben traumhaften Stränden, dem lässigen Lebensstil und exotischen Tieren ist Florida noch für etwas anderes bekannt: kuriose Vorfälle.

RUND 22 MIO. MENSCHEN leben in Florida, und eine kleine Minderheit von ihnen ist, wie soll man es nett ausdrücken, etwas seltsam. Und einige von ihnen schaffen es regelmäßig in die landesweiten Nachrichten, weil sie Dinge tun, die nur Menschen in Florida einfallen können. Haben sie vielleicht ein Problem mit der Impulskontrolle, neigen sie zur Rücksichtslosigkeit oder sind sie zu oft betrunken? Eine Erklärung ist schwierig, aber das Phänomen ist allgemein als „Florida Man" bzw. „Florida-Mensch" bekannt.

Was macht den Florida Man aus?

Der Florida Man, wie er in den Zeitungen nur noch genannt wird, bezeichnet eine(n) Einwohner(in) von Florida, der oder die etwas illegales, oft absurdes und auf jeden Fall absolut komisches getan hat. Wurden am Anfang nur weiße Männer der Unterschicht so bezeichnet, die etwas blödes angestellt hatten und dafür verhaftet wurden, bezieht sich der Begriff heute auf Menschen jedes Geschlechts, jeder Hautfarbe und aus allen sozialen Schichten. Auf einen typischen Vertreter dieser Gattung bezog sich die Schlagzeile: „Betrunkener Florida Man auf Segway erwischt" (WFTV 2019). Tatsächlich war ein 43-jähriger Mann auf einem Segway in Schlangenlinien am Büro des Sheriffs in Davenport vorbei gefahren.

Mehreren Quellen zufolge tauchte das Phänomen erstmals Anfang der 2000er-Jahre auf, setzte sich aber erst 2013 durch, nachdem der Redakteur eines Lifestyle-Magazins unter dem Twitter-Account @_FloridaMan Nachrichten über Florida-Menschen postete. Schon bald hatte er mehr als 340 000 Follower. Als weitere soziale Medien das Thema aufnahmen, war ein neuer Trend geboren, der immer mehr solcher Nachrichten hervorbrachte.

Florida Man trifft auf Florida-Alligator

Bei vielen Nachrichten schien es sich aber eher um Fantastereien zu handeln, und sehr oft spielten Alligatoren eine wichtige Rolle. Hier eine kleine Auswahl:

FLORIDA MAN NIMMT 1,50 M LANGEM ALLIGATOR IN KNEIPE MIT. CHAOS BRICHT AUS

(Thrillist, 2018)

Der Mann nahm den Alligator zu einer Kneipentour in Jacksonville mit und vertrieb damit natürlich die anderen Gäste. Dann ging er mit dem Alligator wieder nach draußen, wo ihn ein anderer Mann am Hals packte und schrie: „'Florida State, baby! Florida State, baby! Florida State, baby!" (Die Football-Mannschaft Seminoles der Florida State University sind die ewigen Gegner der AlliGators.) Der Mann mit dem Alligator gab später zu, betrunken gewesen zu sein.

FLORIDA MAN WIFT ALLIGATOR IN WENDY'S

(Washington Post, 2015)

Ein 23-jähriger Mann fuhr zu einem Drive-In in Loxahatchee. Nachdem er seine Bestellung erhalten hatte, warf er einen Alligator durchs Fenster. Der Esquire bezeichnete diesen Vorfall als Meisterleistung eines Florida-Menschen. Als der Mann verhaftet und wegen des Angriffs mit einer tödlichen Waffe angeklagt wurde, bat er das Gericht um Gnade und erhielt nur ein Jahr auf Bewährung. Wendy's bekam es jedoch ein zweites Mal mit einem Reptil zu tun. Im May 2021 jagte ein riesiger Alligator die Kunden über den Wendy's-Parkplatz in Lehigh Acres.

FLORIDA MAN BEIM DISCGOLF VON ALLIGATOR INS GESICHT GEBISSEN

(New York Post, 2020)

Ein 40-jähriger Mann wurde von einem Alligator ins Gesicht gebissen, als er versuchte, seine Golfscheibe aus einem Teich des Golfplatzes in Largo zu holen. (Zwei Jahre später wurde ein Mann von einem Alligator im gleichen Teich getötet.)

Nachrichten ohne Beteiligung von Reptilien, aber nicht weniger skurril

Nicht immer haben die Missgeschickte der Florida-Menschen mit Alligatoren zu tun, witzig sind sie trotzdem.

„DUMM GELAUFEN, BRAD": FLORIDA MAN BEI LADENDIEBSTAHL IN EINEM WALMART VOLLER POLIZISTEN ERWISCHT

(Fox News, 2022)

Der Sheriff von Osceola County meldete die Verhaftung eines Mannes mit Vornamen Brad, der versucht hatte, Parfüm und Handschuhe in einem Walmart zu stehlen, während dort gerade eine Veranstaltung der Polizei stattfand. Neben 40 Polizisten, mehreren Forensikern und Gemeindeangestellten war auch Sheriff Marcos R Lopez anwesend. Brad wurde wegen Ladendiebstahl verhaftet. Auf Facebook schrieb der Sheriff später: „Dumm gelaufen, Brad."

FLORIDA MAN BRACHTE GRANATE AUS ZWEITEM WELTKRIEG IN EIN TACO BELL. SOFORTIGE EVAKUIERUNG.

(ABC7, 2019)

Ein Mann, der in Ocklawaha nach Altmetall suchte, fand eine Granate und brachte sie in ein Taco Bell. Dort informierte er die Polizei über seinen Fund. Diese bestätigte, dass es sich um eine Handgranate aus dem Zweiten Weltkrieg handelte. Das Restaurant wurde sofort evakuiert und der Kampfmittelbeseitigungsdienst gerufen. Es wurde niemand verletzt, und das Restaurant konnte später wieder öffnen.

OFFENSICHTLICH BETRUNKENE FRAU MUSS VON POLIZISTEN AUF MOTORROLLER IN FLUGHAFEN VON FLORIDA VERFOLGT WERDEN

(Fox KTVU, 2021)

Ein Polizist auf einem Motorroller verfolgte und verhaftete eine Frau, die nicht an Bord eines Flugzeugs gehen durfte, weil sie offensichtlich betrunken war. Daraufhin versuchte sie auf ihrem motorgetriebenen Koffer aus dem Flughafen zu flüchten.

Sonstige Nachrichten

- 2020 wurde ein Mann in Casselberry verhaftet, der sich als Polizist ausgab, nachdem er einen echten Polizisten (der aber außer Dienst war) überwältigt und gezwungen hatte, mit seinem Auto zu fahren.
- Ebenfalls 2020 versuchte ein Mann in Orlando sich seiner Verhaftung zu entziehen, indem er sich aus dem Griff des Polizisten befreite und dann Räder schlug, um zu entkommen.
- Auf der Flucht vor der Polizei krachte ein Florida Man 2018 mit seinem Auto voller gestohlener Postsäcke in einen Anhänger mit Alpakas.
- Ebenfalls 2018 überfielen zwei Männer, einer davon als Stier verkleidet, das Haus einer ehemaligen Geliebten in DeLand und versuchten es mit kochender Tomatensoße und einem Teppich am Herd in Brand zu setzen.

All diese Nachrichten sind jedoch nur ein Bruchteil der unendlich vielen Nachrichten, die von Florida-Menschen ständig produziert werden. Mittlerweile gibt's sogar die Website floridamanbirthday.org, wo für jeden (Geburts)Tag die entsprechenden Nachrichten abgerufen werden können.

Warum gibt es so viele „Florida-Menschen"?

Angesichts der Vielzahl dieser Nachrichten stellt sich unweigerlich die Frage, warum gerade die Menschen in Florida so seltsam und skurril sind. Doch Reporter:innen, die über Verbrechen in anderen Staaten berichten, meinen, dass es solche Vorfälle überall gibt. In Florida wird aber mehr darüber berichtet. Damit lautet die Frage dann, warum das gerade dort so ist.

Der Grund sind die sogenannten „Sunshine-Gesetze", die den Medien uneingeschränkten Zugang zu öffentlichen Registern gewähren. Alle Einwohner:innen von Florida können (mit nur wenigen Ausnahmen) Polizeiakten, Berichte über Verhaftungen, Gerichtsprotokolle und viele andere Dokumente, die von einer öffentlichen Einrichtung erstellt oder verwahrt werden, jederzeit einsehen. Alle Regierungs- und Justizbehörden müssen die Unterlagen auf Anfrage herausgeben. Es ist ihnen nur erlaubt, sehr sensible Daten wie Sozialversicherungsnummern oder die Namen von Opfern zurückzuhalten. Dieses Gesetz ist absolut einzigartig in den USA.

Im Allgemeinen arbeiten die Regierungs- und Justizbehörden in Florida schon von sich aus sehr transparent und warten zumeist nicht, bis die Medien die Unterlagen anfordern, sondern senden Berichte über Verhaftungen und aktuelle Listen der örtlichen Gefängnisse per E-Mail an die Reporter:innen. Viele Behörden veröffentlichen aufsehenerregende Verhaftungen sogar auf ihrer Website oder auf Facebook – wie oben erwähnter Sheriff von Osceola County.

So sorgt allein die jederzeit zugängliche Masse an Polizeiberichten dafür, dass auch von privaten Blogger:innen und diversen Accounts die witzigsten und skurrilsten Vorfälle veröffentlicht werden. Und wenn ein Vorfall bizarr genug ist, schafft er es auch in die Medien außerhalb des Staates und sogar des ganzen Landes.

RANDALL HILL/ALAMY STOCK PHOTO ©

LANE PITTMAN VERSTÄRKTE SEINE NEU GEWONNENE BERÜHMTHEIT MIT VIDEOS, IN DENEN ER HALBNACKT HEAVY METAL INMITTEN EINES HURRICANES DER STÄRKE 5 ZUM BESTEN GAB.

Die Kehrseite des Florida-Menschen

Obwohl die Nachrichten von Florida-Menschen zumeist äußerst unterhaltsam sind, können sie manchmal auch unerfreulich, beleidigend und sogar grausam sein. Deshalb sehen viele Leute den Missbrauch von Mitmenschen zur allgemeinen Unterhaltung sehr kritisch. Viele Florida-Menschen leiden auch an verschiedenen Krankheiten wie psychischen Störungen und Alkohol- oder Drogenabhängigkeit. Einige sind obdachlos und leben auf der Straße, sind Opfer häuslicher oder anderer Gewalt. Einer der schlimmsten Tage (oder Entscheidungen) ihres Lebens katapultierte sie ins gnadenlose Licht der Öffentlichkeit und stellte sie für immer im Internet bloß. 2019 schloss der Begründer von @_FloridaMan offiziell den Account, weil er erkannte, dass diese Nachrichten immer mehr Menschen der nationalen (und auch internationalen) Häme aussetzten.

Wer dennoch nicht auf diese Nachrichten verzichten möchte, sollte deshalb lieber mit dem Florida Man als über ihn lachen können – wie z. B. die des „Lane Pitt“-Mannes aus Jacksonville, der die Nationalhymne so verunglimpfte, dass die Polizei ihn verhaften musste (Orlando Weekly, 2015). Der sehr patriotische Lane Pittman spielte am 4. Juli „Star-Spangled Banner“ auf seiner E-Gitarre vor dem Haus eines Freundes und zog damit rund 200 Zuhörer:innen an. Die Polizei sah darin eine „Behinderung des Verkehrs“ und verhaftete ihn wegen „Störung der öffentlichen Ordnung“. Er verstärkte seine neu gewonnene Berühmtheit in den sozialen Medien dann mit diversen Videos, in denen er mit nacktem Oberkörper Heavy Metal inmitten eines Hurricanes der Stärke 5 zum besten gab (siehe Foto).

Und du wirst dich bei der riesigen Auswahl an Nachrichten über Florida-Menschen sicherlich geschickter anstellen als der jeweilige Florida Man selbst.

REGISTER

Verweise auf Karten **000**

Verweise auf Karten **000**

N

Verweise auf Karten **000**

T

U

V

W

ÜBER DIESES BUCH

Dies ist die 5. deutschsprachige Ausgabe von Lonely Planet *Florida*, basierend auf der 10. englischen Auflage. Dieser Reiseführer wurde von den folgenden Personen produziert:

Designentwicklung Marc Backwell

Inhaltliche Entwicklung Mark Jones, Sandie Kestell, Anne Mason, Joana Taborda

Kartografische Entwicklung Katerina Pavkova

Produktentwicklung Sandie Kestell, Fergal Condon

Leitung der Buchserienentwicklung Darren O'Connell, Piers Pickard, Chris Zeiher

Projektredaktion Sandie Kestell

Produktredaktion Sofie Andersen, Clare Healy

Buchdesign Nicolas D'Hoedt

Kartografie Mark Griffiths, Rachel Imeson, Chris Lee-Ack, Bohumil Ptáček

Redaktionsassistenz Nigel Chin, Soo Hamilton, Ali Lemer, Anne Mulvaney, Karyn Noble, Charlotte Orr, Simon Williamson

Umschlagrecherche Norma Brewer

Dank an Ronan Abayawickrema, Jessica Boland, Karen Henderson, Alison Killilea, Ania Lenihan, Katerina Pavkova, Caroline Trefler

„Es gibt auf der Welt keine vergleichbare Wildnis wie die Everglades (S. 107). Dieser ‚Fluss aus Gras' ist nicht nur ein Feuchtgebiet, ein See, ein Fluss oder eine Wiese."

REGIS ST. LOUIS

„Key West (S. 156) ist die Insel am Rand: ausgefallener und exzentrischer als die anderen Keys, aber auch fesselnder. In ihrem Herzen fühlt sich diese 18 km² große Insel wie eine tropische Oase an."

ADAM KARLIN

LINKS: FLORIDASTOCK/SHUTTERSTOCK ©, RECHTS: LUNAMARINA/SHUTTERSTOCK ©

ÜBER DIESES BUCH

Lonely Planet Global Limited

Digital Depot, Roe Lane (off Thomas Street)

Digital Hub

Dublin 8

D08 TCV4

Ireland

Verlag der deutschen Ausgabe:

MAIRDUMONT
Marco-Polo-Str. 1
73760 Ostfildern

www.lonelyplanet.de, www.mairdumont.com, lonelyplanet-online@mairdumont.com

Florida

5. deutsche Auflage Dezember 2023 übersetzt von *Florida*, September 2023, Lonely Planet Global Limited

Deutsche Ausgabe © Lonely Planet Global Limited, Dezember 2023

Fotos © wie angegeben 2023

Printed in China

Redaktion: Hannah Biller, Annegret Gellweiler, Sophie Härter, Susanne Junker, Olaf Rappold, Lisa Spägele, Stephanie Ziegler (red.sign, Stuttgart)

Übersetzung:

Tobias Ewert, Derek Frey, Marion Gref-Timm, Sonja Hofmann, Gabriela Huber Martins, Laura Leibold, Julie Rinkel-Bacher, Dr. Christian Rochow, Beate Staib

FSC® MIX Paper from responsible sources FSC® C124385 www.fsc.org

Dieses Buch wurde auf FSC® zertifiziertem Papier gedruckt. FSC® ist ein internationales Zertifizierungssystem für nachhaltigere Waldwirtschaft. Das Holz für diese Papier kommt aus Wäldern, die verantwortungsvoller bewirtschaftet werden.